Projeto de Algoritmos

Dados Internacionais de Catalogação na Publicação (CIP)
(Câmara Brasileira do Livro, SP, Brasil)

Ziviani, Nivio.
   Projeto de algoritmos : com implementações em Java
e C++ / Nivio Ziviani ; consultoria em Java e C++
de Fabiano Cupertino Botelho. - São Paulo : Cengage
Learning, 2023.

   7. reimpr. da 1. ed. de 2007.
   Bibliografia
   ISBN 978-85-221-0525-0

   1. Algoritmos de computadores 2. C++ (Linguagem de
programação para computadores) 3. Dados - Estruturas
(Ciência da computação) 4. Java (Linguagem de
programação para computadores) I. Botelho, Fabiano
Cupertino. II. Título.

06-7021   CDD-005.1

Índice para catálogo sistemático:

1. Algoritmos: Programação de computadores: Implementação em
      Java e C++: Processamento de dados 005.1

Projeto de Algoritmos

Com implementações em Java e C++

Nivio Ziviani, Ph.D.
Professor titular

Consultoria em Java e C++ de
Fabiano Cupertino Botelho, M.Sc.

Austrália • Brasil • México • Cingapura • Reino Unido • Estados Unidos

Projeto de Algoritmos – Com implementações em Java e C++

Nivio Ziviani

Gerente Editorial: Patricia La Rosa

Editora de Desenvolvimento: Ligia Cosmo Cantarelli

Supervisor de Produção Editorial: Fábio Gonçalves

Supervisora de Produção Gráfica: Fabiana Alencar Albuquerque

Produtora Editorial: Renata Siqueira Campos

Copidesque: Mônica Cavalcante Di Giacomo

Revisão: Andréa Vidal

Composição: Nivio Ziviani e Fabiano Cupertino Botelho

Capa: F.Z.Dáblio Design Studio

© 2007 Cengage Learning Edições Ltda.

Todos os direitos reservados. Nenhuma parte deste livro poderá ser reproduzida, sejam quais forem os meios empregados, sem a permissão, por escrito, da Editora.
Aos infratores aplicam-se as sanções previstas nos artigos 102, 104, 106 e 107 da Lei nº 9.610, de 19 de fevereiro de 1998.

Esta editora empenhou-se em contatar os responsáveis pelos direitos autorais de todas as imagens e de outros materiais utilizados neste livro. Se porventura for constatada a omissão involuntária na identificação de algum deles, dispomo-nos a efetuar, futuramente, os possíveis acertos.

> Para informações sobre nossos produtos, entre em contato pelo telefone **0800 11 19 39**
>
> Para permissão de uso de material desta obra, envie seu pedido para **direitosautorais@cengage.com**

© 2007 Cengage Learning. Todos os direitos reservados.

ISBN-13: 978-85-221-0525-0
ISBN-10: 85-221-0525-1

Cengage Learning
Condomínio E-Business Park
Rua Werner Siemens, 111 – Prédio 11 – Torre A – Conjunto 12
Lapa de Baixo – CEP 05069-900 – São Paulo – SP
Tel.: (11) 3665-9900 – Fax: (11) 3665-9901
SAC: 0800 11 19 39

Para suas soluções de curso e aprendizado, visite
www.cengage.com.br

Impresso no Brasil
Printed in Brazil
7. reimpressão – 2023

À memória dos meus pais, Nelson e Célia;
Patricia e Paula, minhas filhas.

Gastei uma hora pensando um verso
que a pena não quer escrever.

No entanto ele está cá dentro
inquieto, vivo.

Ele está cá dentro
e não quer sair.

Mas a poesia deste momento
inunda minha vida inteira.

Carlos Drummond de Andrade – "Jornal de Poesia"

Apresentação

Al-Khorezmi nunca pensou que seu apelido, que significa "um nativo de Khorezmi", seria a origem de palavras mais importantes do que ele mesmo, como álgebra, logaritmo e algoritmo. Graças a esse pouco conhecido matemático árabe do século IX, hoje temos conhecimento de conceitos tão básicos quanto o número zero da Índia ou boa parte da matemática desenvolvida na Grécia.

E sobre algoritmos? Algoritmos e estruturas de dados formam o núcleo da ciência da computação, sendo os componentes básicos de qualquer software. Ao mesmo tempo, aprender como programar está intimamente ligado a algoritmos, já que um algoritmo é a abstração de um programa. Logo, aprender algoritmos é crucial para qualquer pessoa que deseja desenvolver software de qualidade.

Paradigmas de programação estão naturalmente associados a técnicas de projeto e disciplinas introdutórias de ciência da computação são usualmente disciplinas de introdução a algoritmos. Inicialmente, a concepção de algoritmos necessita apenas de técnicas básicas de programação. Quando a complexidade dos problemas e sua análise tornam-se importantes, como no caso deste livro, algoritmos requerem lógica, matemática discreta e alguma fundamentação teórica do tipo teoria de autômatos e linguagens formais.

Entretanto, aprender algoritmos não é fácil, uma vez que precisamos ter a combinação correta de conhecimentos matemáticos e de bom senso. Citando Knuth, *a melhor teoria é inspirada na prática e a melhor prática é inspirada na teoria*. O balanceamento entre teoria e prática é sempre uma tarefa difícil.

Este livro mostra esse balanceamento entre teoria e prática. Os primeiros três capítulos lançam as bases necessárias para um bom projeto de algoritmos: técnicas de projeto, ferramentas de análise e estruturas de dados básicas. Em particular, o Capítulo 2 cobre os principais paradigmas de projeto de algoritmos usados em outros capítulos para diferentes problemas. Paradigmas como indução, recursividade, divisão e conquista ou uso de heurísticas são essenciais a um bom projeto de algoritmos.

Os três capítulos seguintes cobrem os dois problemas algorítmicos mais importantes: ordenação e pesquisa. Para ambos os casos, versões para memória primária e secundária são consideradas. Ordenação e pesquisa em memória secundária formam os pilares para bancos de dados.

Os próximos dois capítulos cobrem dois tipos de estruturas de dados muito importantes: grafos e cadeias. Grafos ocorrem em muitas aplicações práticas. Por outro lado, a pesquisa e a compressão de cadeias de caracteres formam a base para o processamento de documentos e, ultimamente, para as máquinas de busca da Web.

O capítulo final cobre problemas de grande complexidade computacional, em que todos os algoritmos conhecidos requerem tempo exponencial. Uma alternativa para esse problema é encontrar soluções com erro limitado, obtendo o que é chamado de algoritmo aproximado. Assim, trocamos a qualidade da resposta pelo menor tempo de processamento.

Esses três últimos capítulos, juntamente com os demais, ampliam muito o escopo deste livro. Além disso, os exercícios propostos, muitos com soluções, tornam todo o conteúdo um recurso de ensino muito valioso, um verdadeiro livro-texto.

Existem muitas linguagens de programação. Entretanto, nas últimas décadas, a orientação a objetos se tornou o paradigma padrão para o desenvolvimento de software. Todos os algoritmos deste livro foram implementados nas duas linguagens de programação orientadas a objetos mais importantes da atualidade: Java, o padrão multiplataforma da internet, e C++, a escolha usual para aplicações eficientes.

Acredito que este livro já é um clássico no Brasil. Esta nova versão vai fortalecer essa posição para o benefício de todos os professores e estudantes relacionados com o mundo dos algoritmos.

Ricardo Baeza-Yates
Santiago, Chile, Dezembro de 2003
Barcelona, Espanha, Julho de 2006

Sumário

Prefácio xiii

1 Introdução 1
- 1.1 Algoritmos, Estruturas de Dados e Programas 1
- 1.2 Tipos de Dados e Tipos Abstratos de Dados 2
- 1.3 Medida do Tempo de Execução de um Programa 3
  - 1.3.1 Comportamento Assintótico de Funções 11
  - 1.3.2 Classes de Comportamento Assintótico 15
- 1.4 Técnicas de Análise de Algoritmos 20
- 1.5 Java 24
  - 1.5.1 Programação Orientada a Objetos 24
  - 1.5.2 Principais Componentes de um Programa em Java . . . 25
  - 1.5.3 Diferenças entre Java e C++ 40
- Notas Bibliográficas 44
- Exercícios 45

2 Paradigmas de Projeto de Algoritmos 51
- 2.1 Indução 51
- 2.2 Recursividade 54
  - 2.2.1 Como Implementar Recursividade 55
  - 2.2.2 Quando Não Usar Recursividade 56
- 2.3 Algoritmos Tentativa e Erro 58
- 2.4 Divisão e Conquista 62
- 2.5 Balanceamento 66
- 2.6 Programação Dinâmica 68
- 2.7 Algoritmos Gulosos 72
- 2.8 Algoritmos Aproximados 74
- Notas Bibliográficas 74
- Exercícios 75

3 Estruturas de Dados Básicas 81
- 3.1 Listas Lineares 81
  - 3.1.1 Implementação de Listas por meio de Arranjos 83
  - 3.1.2 Implementação de Listas por meio de Estruturas Auto-Referenciadas 85
- 3.2 Pilhas 92
  - 3.2.1 Implementação de Pilhas por meio de Arranjos 93
  - 3.2.2 Implementação de Pilhas por meio de Estruturas Auto-Referenciadas 93
- 3.3 Filas 98
  - 3.3.1 Implementação de Filas por meio de Arranjos 98
  - 3.3.2 Implementação de Filas por meio de Estruturas Auto-Referenciadas 100
- Notas Bibliográficas 100
- Exercícios 101

4 Ordenação 111
- 4.1 Ordenação Interna 114
  - 4.1.1 Ordenação por Seleção 115
  - 4.1.2 Ordenação por Inserção 117
  - 4.1.3 Shellsort 118
  - 4.1.4 Quicksort 120
  - 4.1.5 Heapsort 124
  - 4.1.6 Comparação entre os Métodos 131
  - 4.1.7 Ordenação Parcial 135
- 4.2 Ordenação Externa 142
  - 4.2.1 Intercalação Balanceada de Vários Caminhos 143
  - 4.2.2 Implementação por meio de Seleção por Substituição 145
  - 4.2.3 Considerações Práticas 148
  - 4.2.4 Intercalação Polifásica 150
  - 4.2.5 Quicksort Externo 152
- Notas Bibliográficas 160
- Exercícios 161

5 Pesquisa em Memória Primária 171
- 5.1 Pesquisa Seqüencial 172
- 5.2 Pesquisa Binária 174
- 5.3 Árvores de Pesquisa 175
  - 5.3.1 Árvores Binárias de Pesquisa sem Balanceamento 175
  - 5.3.2 Árvores Binárias de Pesquisa com Balanceamento 180
- 5.4 Pesquisa Digital 189
  - 5.4.1 Trie 189
  - 5.4.2 Patricia 191
- 5.5 Transformação de Chave (*Hashing*) 195
  - 5.5.1 Funções de Transformação 197

            5.5.2   Listas Encadeadas 198
            5.5.3   Endereçamento Aberto 199
            5.5.4   *Hashing* Perfeito 203
    Notas Bibliográficas 215
    Exercícios 216

6   **Pesquisa em Memória Secundária**   **227**
    6.1 Modelo de Computação para Memória Secundária 228
            6.1.1   Memória Virtual 229
            6.1.2   Implementação de um Sistema de Paginação 232
    6.2 Acesso Seqüencial Indexado 235
            6.2.1   Discos Ópticos de Apenas Leitura 237
    6.3 Árvores de Pesquisa 240
            6.3.1   Árvores B 241
            6.3.2   Árvores B* 251
            6.3.3   Acesso Concorrente em Árvores B* 253
            6.3.4   Considerações Práticas 259
    Notas Bibliográficas 262
    Exercícios 262

7   **Algoritmos em Grafos**   **267**
    7.1 Definições Básicas 268
    7.2 O Tipo Abstrato de Dados Grafo 272
            7.2.1   Implementação por meio de Matrizes de Adjacência . 273
            7.2.2   Implementação por meio de Listas de Adjacência Usando
                    Estruturas Auto-Referenciadas 276
            7.2.3   Implementação por meio de Listas de Adjacência Usando
                    Arranjos 279
            7.2.4   Programa Teste para as Três Implementações 281
    7.3 Busca em Profundidade 283
            7.3.1   Classificação de Arestas 286
            7.3.2   Teste para Verificar se um Grafo é Acíclico 287
    7.4 Busca em Largura 288
    7.5 Ordenação Topológica 292
    7.6 Componentes Fortemente Conectados 294
    7.7 Árvore Geradora Mínima 297
            7.7.1   Algoritmo Genérico para Obter a Árvore Geradora Mínima 298
            7.7.2   Algoritmo de Prim 300
            7.7.3   Algoritmo de Kruskal 304
    7.8 Caminhos mais Curtos 305
    7.9 O Tipo Abstrato de Dados Hipergrafo 311
    Notas Bibliográficas 317
    Exercícios 317

8   **Processamento de Cadeias de Caracteres**   **321**
    8.1 Casamento de Cadeias 321

	8.1.1	Casamento Exato	324
	8.1.2	Casamento Aproximado	336

8.2	Compressão	342
	8.2.1 Por Que Usar Compressão	342
	8.2.2 Compressão de Textos em Linguagem Natural	343
	8.2.3 Compressão de Huffman Usando Palavras	344
	8.2.4 Codificação de Huffman Usando *Bytes*	355
	8.2.5 Pesquisa em Texto Comprimido	368

Notas Bibliográficas 373
Exercícios 374

9 Problemas $\mathcal{NP}$-Completo e Algoritmos Aproximados — 377
9.1 Problemas $\mathcal{NP}$-Completo 378
    9.1.1 Algoritmos Não-Deterministas 381
    9.1.2 As Classes $\mathcal{NP}$-Completo e $\mathcal{NP}$-Difícil 383
9.2 Heurísticas e Algoritmos Aproximados 390
    9.2.1 Algoritmos Exponenciais Usando Tentativa e Erro 391
    9.2.2 Heurísticas para Problemas $\mathcal{NP}$-Completo 394
    9.2.3 Algoritmos Aproximados para Problemas $\mathcal{NP}$-Completo 395
Notas Bibliográficas 403
Exercícios 403

A Programas em C++ do Capítulo 1 — **415**

B Programas em C++ do Capítulo 2 — **427**

C Programas em C++ do Capítulo 3 — **433**

D Programas em C++ do Capítulo 4 — **449**

E Programas em C++ do Capítulo 5 — **465**

F Programas em C++ do Capítulo 6 — **493**

G Programas em C++ do Capítulo 7 — **505**

H Programas em C++ do Capítulo 8 — **531**

I Programas em C++ do Capítulo 9 — **551**

J Programas em C++ do Apêndice K — **555**

K Respostas para Exercícios Selecionados — **565**

Caracteres ASCII — **597**

Referências Bibliográficas — **599**

Índice Remissivo — **609**

Prefácio

Este livro apresenta uma introdução ao estudo de algoritmos. As principais técnicas de projeto de algoritmos são ensinadas mediante explicação detalhada de algoritmos e estruturas de dados para o uso eficiente do computador. Essas explicações são dadas do modo mais simples possível, mas sem perder a profundidade e o rigor matemático.

O conteúdo é dirigido principalmente para ser utilizado como livro-texto em disciplinas sobre algoritmos e estruturas de dados. Pelo fato de apresentar muitas implementações de algoritmos práticos, o texto é igualmente útil para profissionais engajados no desenvolvimento de sistemas de computação e de programas de aplicação.

As técnicas de projeto de algoritmos são ensinadas seguindo o paradigma de orientação a objetos, por meio de refinamentos sucessivos até o nível de uma implementação na linguagem Java. Todo programa Java tem um programa C++ correspondente nos apêndices. Existe também uma versão disponível do livro para as linguagens Pascal e C, intitulado *Projeto de Algoritmos com Implementações em Pascal e C*.

Conteúdo

O livro apresenta as principais técnicas utilizadas para a implementação de estruturas de dados e de algoritmos para ordenação e pesquisa em memória primária e memória secundária, grafos, processamento de cadeias de caracteres, problemas $\mathcal{NP}$-completo e heurísticas. Os tópicos estão agrupados em nove capítulos, cada um com o seguinte conteúdo:

1. Conceito de algoritmo, estrutura de dados e tipo abstrato de dados, medida do tempo de execução de um programa, técnicas de análise de desempenho de algoritmos, linguagem Java.

2. Paradigmas de projeto de algoritmos: indução, recursividade, algoritmos tentativa e erro, divisão e conquista (teorema mestre), balanceamento, programação dinâmica, algoritmos gulosos e algoritmos aproximados.

3. Estruturas de dados básicas: listas lineares, pilhas e filas.

4. Métodos de ordenação em memória primária: por inserção, por seleção, shellsort, quicksort, heapsort e ordenação parcial; métodos de ordenação em memória secundária: intercalação balanceada, intercalação polifásica e quicksort externo.

5. Métodos de pesquisa em memória primária: pesquisa seqüencial, pesquisa binária, árvores de pesquisa, *hashing* universal e *hashing* perfeito.

6. Métodos de pesquisa em memória secundária: seqüencial indexado e árvores B.

7. Algoritmos em grafos: representação, busca em profundidade, busca em largura, ordenação topológica, componentes fortemente conectados, árvore geradora mínima, caminhos mais curtos e hipergrafos.

8. Processamento de cadeias de caracteres: busca exata e aproximada de padrões, compressão de textos em linguagem natural.

9. Problemas $\mathcal{NP}$-completo: classes $\mathcal{NP}$-completo e $\mathcal{NP}$-difícil, transformação polinomial, teorema de Cook, algoritmos exponenciais usando tentativa e erro, heurísticas e algoritmos aproximados para o problema do caixeiro-viajante.

Palavras ou frases que aparecem em negrito no texto estão no **Índice remissivo**. Isso permite utilizar o livro como um hipertexto, possibilitando uma leitura não linear, baseada em associações de idéias e conceitos. As palavras ou frases em negrito agem como portas virtuais que abrem caminhos para outras informações.

Linguagens de Programação

A linguagem de programação utilizada para apresentação do refinamento final dos algoritmos apresentados é a Java, e todo programa Java tem um programa C++ correspondente. Este livro utiliza extensivamente tipos abstratos de dados como base para o projeto de algoritmos. Um tipo abstrato de dados é como um modelo matemático, acompanhado das operações definidas sobre o modelo. O conjunto dos inteiros acompanhado das operações de adição e subtração forma um exemplo de um tipo abstrato de dados.

A vantagem de se usar Java e C++ é que os programas podem ser escritos usando o conceito de programação orientada a objetos. A programação orientada a objetos permite que objetos do mundo real que compartilham propriedades, atributos e comportamentos comuns sejam agrupados em classes que podem ser usadas em diferentes aplicações.

Resumindo, os programas ao longo do livro são baseados em tipos abstratos de dados, programação modular e programação orientada a objetos, o que facilita o encapsulamento e a independência de implementação de tipos abstratos de dados e permite o reaproveitamento de código. Por exemplo, nos algoritmos de ordenação, o tipo da chave de ordenação dos itens de um conjunto é genérico, permitindo que os usuários dos algoritmos possam definir um tipo de dados qualquer que atenda às suas necessidades, sem causar nenhum impacto nos códigos dos algoritmos de ordenação. Outro exemplo, os algoritmos em grafos utilizam operadores de um tipo abstrato de dados, o que permite implementar os algoritmos de forma independente da representação escolhida para o grafo.

Ao Professor

O material apresentado é adequado para ser utilizado como livro-texto em cursos de graduação, pós-graduação e extensão para formação de programadores na área de Algoritmos e Estruturas de Dados. É recomendável que o estudante já tenha tido um curso de programação (ou experiência equivalente) em uma linguagem de alto nível, tal como Java ou C++, assim como conhecimentos de utilização de sistemas de computação.

Versões preliminares deste livro foram utilizadas em disciplinas na Universidade Federal de Minas Gerais, a saber:

- Algoritmos e Estruturas de Dados I, lecionada para o curso de Bacharelado com ênfase em Ciência da Computação, Matemática Computacional e Sistemas de Informação, para as Engenharias de Computação, Controle e Automação, Elétrica, Eletrônica e Mecânica, com carga horária de 60 horas e um semestre de duração. Além do estudo de uma primeira linguagem de programação, tipicamente Pascal ou Java, são ensinados tipos abstratos de dados; introdução à análise de algoritmos; indução matemática; algoritmos recursivos; listas lineares, pilhas e filas.

- Algoritmos e Estruturas de Dados II, lecionada para o curso de Bacharelado com ênfase em Ciência da Computação, Matemática Computacional e Sistemas de Informação, para as Engenharias de Computação, Controle e Automação, Elétrica, Eletrônica e Mecânica, com carga horária de 60 horas e um semestre de duração, possui a seguinte ementa: introdução à análise de algoritmos; ordenação em memória primária: seleção direta, inserção direta, shellsort, quicksort, heapsort, mergesort, radixsort e ordenação parcial; pesquisa em memória primária: seqüencial, binária e transformação de chave (*hashing*); árvores de pesquisa: sem balanceamento, com balanceamento, tries e patricia; ordenação externa; pesquisa em memória secundária: memória virtual, indexado seqüencial e árvore B.

- Algoritmos e Estruturas de Dados III, lecionada para o curso de Bacharelado com ênfase em Ciência da Computação, Matemática Computacional e Sistemas de Informação, com carga horária de 60 horas e um semestre de duração, possui a seguinte ementa: estudo mais elaborado de projeto e análise de algoritmos; paradigmas de projeto de algoritmos; algoritmos em grafos; problemas $\mathcal{NP}$-completo, heurísticas e algoritmos aproximados; processamento de cadeias de caracteres.

- Projeto e Análise de Algoritmos, lecionada para os cursos de Mestrado e Doutorado em Ciência da Computação, com carga horária de 60 horas, possui a seguinte ementa: técnicas de análise de algoritmos; paradigmas de projeto de algoritmos; algoritmos em grafos; problemas $\mathcal{NP}$-completo, heurísticas e algoritmos aproximados; processamento de cadeias de caracteres; algoritmos paralelos.

O ensino de algoritmos é usualmente dividido por tópicos ou tipos de problemas. O mesmo acontece com este livro. Entretanto, um curso aprofundado de projeto e análise de algoritmos pode ser dividido em paradigmas de projeto de algoritmos, em vez da divisão por tópicos ou tipos de problemas. Nesse caso, o Capítulo 2 pode ser usado como guia. Essa mudança na forma de ensinar pode levar a melhores projetos e realça a importância da análise de algoritmos.

Ao final de cada capítulo são incluídos exercícios, e o Apêndice K apresenta respostas para uma parte considerável dos exercícios propostos. Alguns exercícios são do tipo questões curtas, para testar os conhecimentos básicos sobre o material apresentado. Outros exercícios são do tipo questões mais elaboradas, podendo exigir do leitor um trabalho de vários dias, devendo ser realizados em casa ou em laboratório. Assim, os exercícios propostos devem ser utilizados em testes e trabalhos práticos para avaliação da aprendizagem.

Também ao final de cada capítulo é apresentada uma discussão da literatura, apontando as principais referências relacionadas com o capítulo em questão. O objetivo da seção não é esgotar as referências bibliográficas sobre cada assunto, mas apenas apresentar um pequeno histórico da bibliografia, procurando relatar as referências mais significativas em cada momento.

Para cada capítulo existe um conjunto de transparências para serem usadas em sala de aula pelo professor. Cada um desses conjuntos segue fielmente o texto correspondente no livro, e o formato é de uma transparência por página. Para facilitar a distribuição impressa de cópias das transparências para os estudantes existe um conjunto equivalente contendo quatro transparências por página. As transparências estão nos formatos *PostScript* ou *PDF*, podendo ser projetadas diretamente de um computador usando um navegador (*browser*), com o uso de um leitor de arquivos *PostScript*, ou um leitor de arquivos *PDF*. As transparências podem ser obtidas diretamente do *site* do livro no endereço www.dcc.ufmg.br/algoritmos-java.

Ao Estudante

O estudo do comportamento dos algoritmos tem um papel decisivo no projeto de algoritmos eficientes. Técnicas de análise de algoritmos são consideradas partes integrantes do processo moderno de resolver problemas, permitindo escolher, de forma racional, um dentre vários algoritmos disponíveis para uma mesma aplicação. Por isso, neste livro são apresentadas informações sobre as características de desempenho de cada algoritmo apresentado. As técnicas de projeto de algoritmos são ensinadas de forma simples, seguindo o paradigma de orientação a objetos, por meio de refinamentos sucessivos, passo a passo, procurando fazer com que aqueles mais difíceis possam ser entendidos facilmente. Além disso, uma grande ênfase é dada aos principais paradigmas de projeto de algoritmos. Esperamos, assim, que este livro proporcione ao aluno uma iniciação agradável à área de projeto e análise de algoritmos.

Com relação aos pré-requisitos necessários para a leitura deste livro, o ideal é ter alguma experiência em programação de computadores. Em particular, é necessário entender algoritmos recursivos e também saber lidar com estruturas de dados mais simples usando arranjos e apontadores. A parte matemática utilizada para apresentar os resultados analíticos é autocontida e exige muito pouco conhecimento matemático prévio para ser entendida. Algumas partes do texto demandam pequeno conhecimento de cálculo elementar e matemática discreta.

Ao Profissional

Este texto pode também ser utilizado como manual para programadores que já tenham familiaridade com o assunto, pois são apresentadas implementações de algoritmos de utilidade geral. A maioria dos algoritmos mostrados tem grande utilidade prática, e considerações sobre implementação são discutidas ao longo do texto. Para muitos dos problemas discutidos são apresentadas várias alternativas de soluções, e em muitos casos existe um estudo comparativo do comportamento dos algoritmos envolvidos em cada alternativa.

Os algoritmos propostos são completamente implementados nas linguagens Java e C++ e as operações envolvidas são descritas mediante a apresentação de exemplos de execução. Os códigos em Java e C++ podem ser obtidos diretamente do *site* do livro no endereço *www.dcc.ufmg.br/algoritmos-java*, no qual os métodos em Java e C++ já vêm acompanhados de um programa principal que permite executar imediatamente um pequeno teste.

Agradecimentos

Muitos amigos e colegas contribuíram para a qualidade das muitas versões deste livro ao longo dos últimos 15 anos. Agradeço a todos pela ajuda e pelas críticas construtivas, em especial a Alberto Henrique Frade Laender, Antônio Alfredo Loureiro, Berthier Ribeiro-Neto, Carlos Eduardo Corradi Fonseca, Carlos José Pereira de Lucena, Cilio Rosa Ziviani, Cleber Hostalácio de Melo, Dorgival Olavo Guedes Neto, Eduardo Fernandes Barbosa, Gonzalo Navarro, José Monteiro da Mata, José Nagib Cotrim Árabe, Jussara Marques de Almeida, Letícia Simonetti Garcia, Lilia Tavares Mascarenhas, Luiz Carlos de Abreu Albuquerque, Márcio Luiz Bunte de Carvalho, Mariza Bigonha, Maurício Antônio de Castro Lima, Murilo Silva Monteiro, Osvaldo Sérgio Farhat de Carvalho, Regina Helena Bastos Cabral, Renato Antonio Celso Ferreira, Roberto da Silva Bigonha, Roberto Márcio Ferreira de Souza, Rosângela Fernandes, Routo Terada, Virgilio Augusto Fernandes Almeida, Wagner Meira Jr. e Wagner Toledo Corrêa.

O trabalho realizado junto com Fabiano Cupertino Botelho para criar o estilo de programar em Java usado neste livro sempre foi muito prazeroso. Além disso, meus agradecimentos para Fabiano, pela redação da seção sobre Quicksort externo, participação da redação e criação dos programas sobre compressão de textos e trabalho com as respostas de exercícios.

A Ricardo Baeza-Yates agradeço a sugestão de criar o capítulo sobre paradigmas de projeto de algoritmos e o texto de apresentação deste livro. Um agradecimento especial para Bruno Augusto Vivas e Pôssas e Roberto da Silva Bigonha pelas sugestões sobre os programas nas linguagens Java e C++.

Dos professores que me ensinaram muito sobre algoritmos, agradeço particularmente a Antônio Luz Furtado, Frank Tompa, Gaston Gonnet, Ian Munro e Pal Larson.

As diversas versões deste livro foram realizadas em um ambiente excelente para a elaboração de um livro-texto, o Departamento de Ciência da Computação da Universidade Federal de Minas Gerais. Os estudantes de graduação e pós-graduação contribuíram significativamente e a eles sou grato. Dos monitores das disciplinas Algoritmos e Estruturas de Dados II, Algoritmos e Estruturas de Dados III e Projeto e Análise de Algoritmos, agradeço particularmente a Bruno Augusto Vivas e Pôssas, Claudine Santos Badue, Cláudio Ricardo Guimarães Sant'Ana, Cristina Duarte Murta, Daniel Tavares de Castro, Edleno Silva de Moura, Fabiano Cupertino Botelho, Fabrício Benevenuto de Souza, Helvécio Guimarães Ribeiro, Ilmério Reis, Maria Cláudia Guimarães Guatimosim, Maria Dalva Resende, Patricia Seno Fusaro, Robert Pereira Pinto, Rodrigo Lima Carceroni, Sérgio Augusto Ávila Maria e Thierson Couto Rosa.

Aos estudantes de pós-graduação que me auxiliaram na elaboração desta obra meus agradecimentos, especialmente para Adriano César Machado Pereira, Bruno Dias Abrahão, Bruno Diniz de Paula, Cristiane Amorim Mendes, Fernando Caixeta Sanches, Flávia Perigrinelli Ribeiro, Goedson Teixeira Paixão, Gustavo Menezes Siqueira, Ligiane Alves de Souza, Márcio Drumond Araújo, Pavel Calado, Patricia Correia Saraiva, Ramurti Barbosa e Wesley Dias Maciel. Um agradecimento especial para os seguintes estudantes: Charles Ornelas Almeida, pela criação do estilo LaTeX, desenho de todas as figuras do livro, formatação de todo o texto, teste de programas e participação na seção sobre *hashing* perfeito; Danilo Ferreira e Silva, pelo teste exaustivo dos programas em Java e C++; Davi de Castro Reis, pelo estudo comparativo dos algoritmos de ordenação parcial; Juliano Palmieri, pela participação da redação e criação dos programas sobre compressão de textos; Leonardo Henrique Machado, pelo suporte computacional e Thierson Couto Rosa, pelo trabalho com as respostas de exercícios.

Entre as pessoas que gentilmente apontaram erros nas diversas versões agradeço a Alessandro Justiniano Mendes, André Gustavo dos Santos, Anísio Mendes Lacerda, Bruno Muller Júnior, Daniel Pablo Herschel, Daniel Walter Berns, Elisa Tuler de Albergaria, Fabiano M. Atalla da Fonseca, Frederico Paiva Quintão, Gustavo Cota Guimarães Mendonça, Héctor Alejandro Virgolini, Ichiro Aoki, Juan Luis Almará, Kêmio de Oliveira Couto, Klaus de Geus, Leonardo Chaves Dutra da Rocha, Luis Joaquin Vazquez, Marco Antônio Pinheiro de Cristo, Marco Aurélio Barreto Modesto, Marco Aurélio de Souza Mendes, Maria Gabriela Maidana, Pablo Velo e Ruiter Braga Caldas.

Diversas versões preliminares do livro foram encadernadas por Alexandre Guimarães Dias, Geraldo Felício de Oliveira, Sheila Lúcia dos Santos e Orlando Rodrigues da Silva, a quem agradeço.

Foi importante o apoio recebido do CNPq – Conselho Nacional de Desenvolvimento Científico e Tecnológico e da Finep – Financiadora de Estudos e Projetos, mediante os seguintes projetos: CNPq/CT-INFO/Gerindo – Gerência e Recuperação de Informação em Documentos, processo CNPq 55.2087/02-5 e Bolsa de pesquisa – Ambientes para Recuperação de Informação na WWW, processo CNPq 520.916/94-8.

Trabalhar com a Thomson tem sido um prazer. Desde os primeiros contatos, a fase de revisão e de formatação do texto, até a impressão final do livro, sempre houve um suporte leve, ágil, competente e profissional.

Nivio Ziviani
Belo Horizonte
Julho de 2006

Prefácio do Consultor Java e C++

Minha paixão por algoritmos surgiu na graduação, durante o curso de Projeto e Análise de Algoritmos. Eu fiquei fascinado ao perceber que em um único curso eu poderia exercitar a criatividade, o pensamento lógico e muita matemática para analisar o desempenho dos algoritmos projetados. Desde então, tenho estudado e me especializado na área de algoritmos e foi com imensa satisfação que aceitei o convite do Professor Nivio Ziviani para trabalhar com ele neste livro. Obrigado, Nivio, pela oportunidade.

Nas implementações dos algoritmos e estruturas de dados em Java priorizamos a obtenção de códigos de fácil compreensão. Portanto, foram evitadas construções que poderiam comprometer a compreensão dos algoritmos apresentados. Práticas de programação defensiva para detecção e correção de erros foram evitadas, embora estejam presentes nas situações mais simples nas quais a didática dos códigos não foi comprometida.

Os códigos em Java e C++ foram escritos de forma ortogonal sempre que possível. Por exemplo, em Java todo vetor possui um atributo chamado *length* que armazena o seu tamanho e, portanto, não seria necessário passar o tamanho de um vetor para um método. No entanto, como tal característica não existe em C++, optamos por passar os tamanhos dos vetores para os métodos em Java quando necessário.

Sempre que possível procuramos gerar códigos eficientes em Java. Assim, as implementações podem ser facilmente incorporadas em sistemas computacionais a serem desenvolvidos para os mais diversos cenários. Cabe ressaltar que os códigos em C++ apresentados nos apêndices foram escritos para estarem o mais próximo possível dos respectivos códigos em Java. Por conseqüência, nem sempre os códigos são tão eficientes quanto poderiam ser. Mas, em contrapartida, fica fácil compreender os códigos em C++ a partir da descrição feita para os respectivos códigos em Java.

Eu gostaria de agradecer à minha família pelo apoio emocional recebido durante a realização deste trabalho. Em especial, gostaria de agradecer à minha amável esposa Janaína, pelo carinho e compreensão por tantas noites de trabalho dedicadas ao livro. Também gostaria de agradecer aos professores Marcus Vinícius Alvim Andrade, por ter despertado em mim o prazer pelo estudo de algoritmos e estruturas de dados, José Luis Braga, pela enorme influência na minha formação, e orientador Nivio Ziviani, que tem me ensinado a estudar algoritmos e estruturas de dados com profundidade e dedicação.

Fabiano Cupertino Botelho
Belo Horizonte
Julho de 2006

Capítulo 1
Introdução

1.1 Algoritmos, Estruturas de Dados e Programas

Os algoritmos fazem parte do dia-a-dia das pessoas. As instruções para o uso de medicamentos, as indicações de como montar um aparelho, uma receita culinária são alguns exemplos de algoritmos. Um algoritmo pode ser visto como uma seqüência de ações executáveis para a obtenção de uma solução para determinado tipo de problema. Segundo Dijkstra (1971), um **algoritmo** corresponde a uma descrição de um padrão de comportamento, expresso em termos de um conjunto finito de ações. Ao executarmos a operação $a + b$ percebemos um padrão de comportamento, mesmo que a operação seja realizada para valores diferentes de a e b.

Estruturas de dados e algoritmos estão intimamente ligados. Não se pode estudar estruturas de dados sem considerar os algoritmos associados a elas, assim como a **escolha dos algoritmos** em geral depende da representação e da estrutura dos dados. Para resolver um problema é necessário escolher uma abstração da realidade, em geral mediante a definição de um conjunto de dados que representa a situação real. A seguir, deve ser escolhida a forma de representar esses dados.

A **escolha da representação** dos dados é determinada, entre outros fatores, pelas operações a serem realizadas sobre os dados. Considere a operação de adição. Para pequenos números, uma boa representação pode ser feita por meio de barras verticais, caso em que a operação de adição é bastante simples. Já a representação por dígitos decimais requer regras relativamente complicadas, que devem ser memorizadas. Entretanto, a situação se inverte quando consideramos a adição de grandes números, sendo mais fácil a representação por dígitos decimais, devido ao princípio baseado no peso relativo da posição de cada dígito.

Programar é basicamente estruturar dados e construir algoritmos. De acordo com Wirth (1976, p. XII), **programas** são formulações concretas de algoritmos abstratos, baseados em representações e estruturas específicas de dados. Em outras palavras, programas representam uma classe especial de algoritmos capazes de serem seguidos por computadores.

Entretanto, um computador só é capaz de seguir programas em linguagem de máquina, que correspondem a uma seqüência de instruções obscuras e desconfortáveis. Para contornar tal problema é necessário construir linguagens mais adequadas, que facilitem a tarefa de programar um computador. Segundo Dijkstra (1976), uma linguagem de programação é uma técnica de notação para programar, com a intenção de servir de veículo tanto para a expressão do raciocínio algorítmico quanto para a execução automática de um algoritmo por um computador.

1.2 Tipos de Dados e Tipos Abstratos de Dados

Em linguagens de programação é importante classificar constantes, variáveis, expressões e funções de acordo com certas características, que indicam o seu **tipo de dados**. Esse tipo deve caracterizar o conjunto de valores a que uma constante pertence, ou que podem ser assumidos por uma variável ou expressão, ou que podem ser gerados por uma função (Wirth, 1976, p. 4-40).

Tipos simples de dados são grupos de valores indivisíveis, como os tipos básicos *int, boolean, char* e *float* de Java. Por exemplo, uma variável do tipo *boolean* pode assumir o valor verdadeiro ou o valor falso, e nenhum outro valor. Os tipos estruturados em geral definem uma coleção de valores simples ou um agregado de valores de tipos diferentes. A linguagem Java oferece uma grande variedade de tipos de dados, como será mostrado na Seção 1.5.

Um **tipo abstrato de dados** pode ser visto como um modelo matemático, acompanhado das operações definidas sobre o modelo. O conjunto dos inteiros acompanhado das operações de adição, subtração e multiplicação forma um exemplo de um tipo abstrato de dados. Aho, Hopcroft e Ullman (1983) utilizam extensivamente tipos abstratos de dados como base para o projeto de algoritmos. Nesses casos, a implementação do algoritmo em uma linguagem de programação específica exige que se encontre alguma forma de representar o tipo abstrato de dados, em termos dos tipos de dados e dos operadores suportados pela linguagem considerada. A representação do modelo matemático por trás do tipo abstrato de dados é realizada mediante uma estrutura de dados.

Tipos abstratos de dados podem ser considerados generalizações de tipos primitivos de dados, da mesma forma que procedimentos são generalizações de operações primitivas tais como adição, subtração e multiplicação. Da mesma maneira que um procedimento é usado para encapsular partes de um algoritmo, o tipo abstrato de dados pode ser usado para encapsular tipos de dados. Nesse caso, a definição do tipo e todas as operações definidas sobre ele podem ser localizadas em uma única seção do programa.

Como exemplo, considere uma aplicação que utilize uma lista de inteiros. Poderíamos definir um tipo abstrato de dados Lista, com as seguintes operações sobre a lista:

1. faça a lista vazia;
2. obtenha o primeiro elemento da lista; se a lista estiver vazia, então retorne nulo;
3. insira um elemento na lista.

Existem várias opções de estruturas de dados que permitem uma implementação eficiente para listas. Uma possível implementação para o tipo abstrato de dados Lista é pelo tipo estruturado arranjo. A seguir, cada operação do tipo abstrato de dados é implementada como um procedimento na linguagem de programação escolhida. Se existe necessidade de alterar a implementação do tipo abstrato de dados, a alteração fica restrita à parte encapsulada, sem causar impactos em outras partes do código.

Cabe ressaltar que cada conjunto diferente de operações define um tipo abstrato de dados diferente, mesmo que todos os conjuntos de operações atuem sob o mesmo modelo matemático. Uma forte razão para isso é que a escolha adequada de uma implementação depende fortemente das operações a serem realizadas sobre o modelo.

1.3 Medida do Tempo de Execução de um Programa

O projeto de algoritmos é fortemente influenciado pelo estudo de seus comportamentos. Depois que um problema é analisado e decisões de projeto são finalizadas, o algoritmo tem de ser implementado em um computador. Neste momento, o projetista deve estudar as várias opções de algoritmos a serem utilizados, em que os aspectos de tempo de execução e espaço ocupado são considerações importantes. Muitos desses algoritmos são encontrados em áreas tais como pesquisa operacional, otimização, teoria dos grafos, estatística, probabilidades, entre outras.

Na área de análise de algoritmos, existem dois tipos de problema bem distintos, conforme apontou Knuth (1971):

(i) **Análise de um algoritmo particular**. Qual é o custo de usar um dado algoritmo para resolver um problema específico? Neste caso, características importantes do algoritmo em questão devem ser investigadas. Geralmente faz-se uma análise do número de vezes que cada parte do algoritmo deve ser executada, seguida do estudo da quantidade de memória necessária.

(ii) **Análise de uma classe de algoritmos**. Qual é o algoritmo de menor custo possível para resolver um problema particular? Neste caso, toda uma família de algoritmos para resolver um problema específico é investigada com o objetivo de identificar um que seja o melhor possível. Isso significa colocar **limites** para a complexidade computacional dos algoritmos pertencentes à classe. Por exemplo, é possível estimar o número mínimo de comparações necessárias para ordenar n números por meio de comparações sucessivas, conforme veremos adiante no Capítulo 4.

Quando conseguimos determinar o menor custo possível para resolver problemas de determinada classe, como no caso de ordenação, temos a medida da dificuldade inerente para resolver tais problemas. Além disso, quando o custo de um algoritmo é igual ao menor custo possível, podemos concluir, então, que o algoritmo é **ótimo** para a medida de custo considerada.

Em muitas situações podem existir vários algoritmos para resolver o mesmo problema, sendo pois necessário escolher o melhor. Se a mesma medida de custo é aplicada a diferentes algoritmos, então é possível compará-los e escolher o mais adequado para resolver o problema em questão.

O custo de utilização de um algoritmo pode ser medido de várias maneiras. Uma delas é mediante a execução do programa em um computador real, sendo o tempo de execução medido diretamente. As medidas de tempo obtidas desta forma são bastante inadequadas e os resultados jamais devem ser generalizados. As principais objeções são: (i) os resultados são dependentes do compilador, que pode favorecer algumas construções em detrimento de outras; (ii) os resultados dependem do *hardware*; (iii) quando grandes quantidades de memória são utilizadas, as medidas de tempo podem depender desse aspecto. Apesar disso, Gonnet e Baeza-Yates (1991, p. 7) apresentam argumentos a favor de se obterem medidas reais de tempo para algumas situações particulares, por exemplo, quando existem vários algoritmos distintos para resolver o mesmo tipo de problema, todos com um custo de execução dentro da mesma ordem de grandeza. Assim, são considerados tanto os custos reais das operações quanto os custos não aparentes, tais como alocação de memória, indexação, carga, entre outros.

Uma forma mais adequada de medir o custo de utilização de um algoritmo é por meio do uso de um modelo matemático baseado em um computador idealizado, por exemplo, o computador MIX proposto por Knuth (1968). O conjunto de operações a serem executadas deve ser especificado, assim como o custo associado com a execução de cada operação. Mais usual ainda é ignorar o custo de algumas das operações envolvidas e considerar apenas as operações mais significativas. Ou seja, para algoritmos de ordenação consideramos o número de comparações entre os elementos do conjunto a ser ordenado e ignoramos as operações aritméticas, de atribuição e manipulações de índices, caso existam.

Para medir o custo de execução de um algoritmo é comum definir uma função de custo ou **função de complexidade** f, em que $f(n)$ é a medida do tempo necessário para executar um algoritmo para um problema de tamanho n. Seguindo Stanat e McAllister (1977), se $f(n)$ é uma medida da quantidade do tempo necessário para executar um algoritmo em um problema de tamanho n, então f é chamada função de **complexidade de tempo** do algoritmo. Se $f(n)$ é uma medida da quantidade da memória necessária para executar um algoritmo de tamanho n, então f é chamada função de **complexidade de espaço** do algoritmo.

A não ser que haja uma referência explícita, f denotará uma função de complexidade de tempo daqui para a frente. É importante ressaltar que a complexidade de tempo na realidade não representa o tempo diretamente, mas o número de vezes que determinada operação considerada relevante é executada.

Para ilustrar alguns desses conceitos, considere o algoritmo para encontrar o maior elemento de um vetor de inteiros $v[0..n-1]$, $n \geq 1$, implementado em Java[1], conforme mostrado no Programa 1.1. Seja f uma função de complexidade tal que $f(n)$ é o número de comparações entre os elementos de v, se v contiver n elementos. Logo,

$$f(n) = n - 1, \text{ para } n > 0.$$

Vamos provar que o algoritmo apresentado no Programa 1.1 é **ótimo**.

Programa 1.1 *Algoritmo para obter o máximo de um conjunto*

```
package cap1;
public class Max {
  public static int max (int v[], int n) {
    int max = v[0];
    for (int i = 1; i < n; i++) if (max < v[i]) max = v[i];
    return max;
  }
}
```

Teorema: Qualquer algoritmo para encontrar o maior elemento de um conjunto com n elementos, $n \geq 1$, faz pelo menos $n - 1$ comparações.

Prova: Deve ser mostrado, por meio de comparações, que cada um dos $n - 1$ elementos é menor do que algum outro elemento. Logo $n - 1$ comparações são necessárias. □

O teorema anterior nos diz que, se o número de comparações for utilizado como medida de custo, então o método *max* da classe *Max* é ótimo.

A medida do custo de execução de um algoritmo depende principalmente do tamanho da entrada dos dados. Por isso, é comum considerar o tempo de execução de um programa como uma função do tamanho da entrada. Entretanto, para alguns algoritmos, o custo de execução é uma função da entrada particular dos dados, não apenas do tamanho da entrada. No caso do método *max* do Programa 1.1, o algoritmo possui a propriedade de que o custo é uniforme sobre todos os problemas de tamanho n. Já para um algoritmo de ordenação isso não ocorre: se os dados de entrada já estiverem quase ordenados, então o algoritmo pode ter de trabalhar menos.

---

[1] O significado das palavras **class**, **package**, **public**, **static**, bem como outras palavras chave da linguagem Java, está explicado na Seção 1.5.

Temos então de distinguir três cenários: melhor caso, pior caso e caso médio. O **melhor caso** corresponde ao menor tempo de execução sobre todas as possíveis entradas de tamanho n. O **pior caso** corresponde ao maior tempo de execução sobre todas as entradas de tamanho n. Se f é uma função de complexidade baseada na análise de pior caso, então o custo de aplicar o algoritmo nunca é maior do que $f(n)$.

O **caso médio** (ou caso esperado) corresponde à média dos tempos de execução de todas as entradas de tamanho n. Na análise do caso esperado, uma **distribuição de probabilidades** sobre o conjunto de entradas de tamanho n é suposta, e o custo médio é obtido com base nessa distribuição. Por essa razão, a análise do caso médio é geralmente muito mais difícil de obter do que as análises do melhor e do pior caso. É comum supor uma distribuição de probabilidades em que todas as entradas possíveis são igualmente prováveis. Entretanto, na prática isso nem sempre é verdade. Por isso, a análise do caso esperado dos algoritmos a serem estudados só será apresentada quando esta fizer sentido.

Para ilustrar esses conceitos considere o problema de acessar os **registros** de um arquivo. Cada registro contém uma **chave** única, que é utilizada para recuperar registros do arquivo. Dada uma chave qualquer, o problema consiste em localizar o registro que contenha essa chave. O algoritmo de pesquisa mais simples que existe é o que faz uma **pesquisa seqüencial**. Esse algoritmo examina os registros na ordem em que eles aparecem no arquivo, até que o registro procurado seja encontrado ou fique determinado que ele não se encontra no arquivo.

Seja f uma função de complexidade tal que $f(n)$ é o número de registros consultados no arquivo, isto é, o número de vezes que a chave de consulta é comparada com a chave de cada registro. Os casos a considerar são:

$$\begin{aligned}
\text{melhor caso} &: f(n) = 1 \\
\text{pior caso} &: f(n) = n \\
\text{caso médio} &: f(n) = (n+1)/2
\end{aligned}$$

O melhor caso ocorre quando o registro procurado é o primeiro consultado. O pior caso ocorre quando o registro procurado é o último consultado ou então não está presente no arquivo; para tal, é necessário realizar n comparações.

Para o estudo do caso médio, vamos considerar que toda pesquisa recupera um registro, não existindo, portanto, pesquisa sem sucesso. Se p_i for a probabilidade de que o i-ésimo registro seja procurado, e considerando que para recuperar o i-ésimo registro são necessárias i comparações, então,

$$f(n) = 1 \times p_1 + 2 \times p_2 + 3 \times p_3 + \cdots + n \times p_n.$$

Para calcular $f(n)$ basta conhecer a distribuição de probabilidades p_i. Se cada registro tiver a mesma probabilidade de ser acessado que todos os outros, então $p_i = 1/n, 0 \leq i < n$. Nesse caso:

$$f(n) = \frac{1}{n}(1 + 2 + 3 + \cdots + n) = \frac{1}{n}\left(\frac{n(n+1)}{2}\right) = \frac{n+1}{2}.$$

A análise do caso esperado para a situação descrita revela que uma pesquisa com sucesso examina aproximadamente metade dos registros.

Finalmente, considere o problema de encontrar o maior e o menor elementos de um vetor de inteiros $v[0..n-1], n \geq 1$. Um algoritmo simples para resolver esse problema pode ser derivado do algoritmo apresentado no Programa 1.1, conforme mostrado no Programa 1.2. O vetor *maxMin* definido localmente no método *maxMin1* é utilizado para retornar nas posições 0 e 1 o maior e o menor elemento do vetor v, respectivamente. Seja f uma função de complexidade tal que $f(n)$ é o número de comparações entre os elementos de v, se v contiver n elementos. Logo,

$$f(n) = 2(n-1), \text{ para } n > 0,$$

para o melhor caso, o pior caso e caso médio.

Programa 1.2 *Implementação direta para obter o máximo e o mínimo*

```
package cap1;
public class MaxMin1 {
  public static int [] maxMin1 (int v[], int n) {
    int max = v[0], min = v[0];
    for (int i = 1; i < n; i++) {
      if (v[i] > max) max = v[i];
      if (v[i] < min) min = v[i];
    }
    int maxMin[] = new int[2];
    maxMin[0] = max; maxMin[1] = min;
    return maxMin;
  }
}
```

O Programa 1.2 pode ser facilmente melhorado. Basta observar que a comparação $v[i] < min$ somente é necessária quando o resultado da comparação $v[i] > max$ é falso. Uma nova versão do algoritmo pode ser vista no Programa 1.3. Para essa implementação, os casos a considerar são:

melhor caso : $f(n) = n - 1$
pior caso : $f(n) = 2(n-1)$
caso médio : $f(n) = 3n/2 - 3/2$

O melhor caso ocorre quando os elementos de v estão em ordem crescente. O pior caso ocorre quando os elementos de v estão em ordem decrescente. No caso médio, $v[i]$ é maior do que *max* a metade das vezes. Logo,

$$f(n) = n - 1 + \frac{n-1}{2} = \frac{3n}{2} - \frac{3}{2}, \text{ para } n > 0.$$

Programa 1.3 Implementação melhorada para obter o máximo e o mínimo

```
package cap1;
public class MaxMin2 {
  public static int [] maxMin2 (int v[], int n) {
    int max = v[0], min = v[0];
    for (int i = 1; i < n; i++) {
      if (v[i] > max) max = v[i];
      else if (v[i] < min) min = v[i];
    }
    int maxMin[] = new int[2];
    maxMin[0] = max; maxMin[1] = min;
    return maxMin;
  }
}
```

Considerando o número de comparações realizadas, existe a possibilidade de obter um algoritmo mais eficiente para este problema? A resposta é sim. Considere o seguinte algoritmo:

1) Compare os elementos de v aos pares, separando-os em dois subconjuntos de acordo com o resultado da comparação, colocando os maiores em um subconjunto e os menores no outro, conforme mostrado na Figura 1.1, a um custo de $\lceil n/2 \rceil^2$ comparações.

2) O máximo é obtido do subconjunto que contém os maiores elementos, a um custo de $\lceil n/2 \rceil - 1$ comparações.

3) O mínimo é obtido do subconjunto que contém os menores elementos, a um custo de $\lceil n/2 \rceil - 1$ comparações.

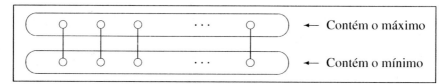

Figura 1.1 Partição de v em dois subconjuntos.

A implementação do algoritmo descrito anteriormente é apresentada no Programa 1.4.

---

[2] A função $\lceil \ \rceil$ é chamada de função **teto**: se x é um número real qualquer, então $\lceil x \rceil$ corresponde ao menor inteiro maior ou igual a x. Da mesma forma, a função $\lfloor \ \rfloor$ é chamada de função **piso**: $\lfloor x \rfloor$ corresponde ao maior inteiro menor ou igual a x. Se $e = 2,71828\ldots$ então $\lceil e \rceil = 3$, $\lfloor e \rfloor = 2$, $\lceil -e \rceil = -2$, $\lfloor -e \rfloor = -3$.

Programa 1.4 *Outra implementação para obter o máximo e o mínimo*

```java
package cap1;
public class MaxMin3 {
  public static int [] maxMin3 (int v[] , int n) {
    int max, min, FimDoAnel;
    if ((n % 2) > 0) { v[n] = v[n-1]; FimDoAnel = n; }
    else FimDoAnel = n-1;
    if (v[0] > v[1]) { max = v[0]; min = v[1]; }
    else { max = v[1]; min = v[0]; }
    int i = 2;
    while ( i < FimDoAnel) {
      if (v[i] > v[i+1]) {
        if (v[i] > max) max = v[i];
        if (v[i+1] < min) min = v[i+1];
      }
      else {
        if (v[i] < min) min = v[i];
        if (v[i+1] > max) max = v[i+1];
      }
      i = i + 2;
    }
    int maxMin[] = new int[2];
    maxMin[0] = max; maxMin[1] = min;
    return maxMin;
  }
}
```

Os elementos de v são comparados dois a dois, os elementos maiores são comparados com max e os elementos menores são comparados com min. Quando n é ímpar, o elemento que está na posição $v[n-1]$ é duplicado na posição $v[n]$ para evitar um tratamento de exceção. Para essa implementação,

$$f(n) = \frac{n}{2} + \frac{n-2}{2} + \frac{n-2}{2} = \frac{3n}{2} - 2, \text{ para } n > 0,$$

para o melhor caso, o pior caso e o caso médio.

A Tabela 1.1 apresenta uma comparação entre os algoritmos dos Programas 1.2, 1.3 e 1.4, considerando o número de comparações como medida de complexidade. Os algoritmos *MaxMin2* e *MaxMin3* são superiores ao algoritmo *MaxMin1* de forma geral. O algoritmo *MaxMin3* é superior ao algoritmo *MaxMin2* com relação ao pior caso e bastante próximo quanto ao caso médio.

Considerando novamente o número de comparações realizadas, existe possibilidade de obter um algoritmo mais eficiente para esse problema? Para responder a essa questão é necessário conhecer o **limite inferior** para a classe de algoritmos para obter o maior e o menor elemento de um conjunto.

Tabela 1.1 Comparação dos algoritmos para obter o máximo e o mínimo

Os três algoritmos	$f(n)$		
	Melhor caso	Pior caso	Caso médio
MaxMin1	$2(n-1)$	$2(n-1)$	$2(n-1)$
MaxMin2	$n-1$	$2(n-1)$	$3n/2 - 3/2$
MaxMin3	$3n/2 - 2$	$3n/2 - 2$	$3n/2 - 2$

Uma técnica muito utilizada para obter o limite inferior para uma classe qualquer de algoritmos é o uso de um oráculo.[3] Dado um modelo de computação que expresse o comportamento do algoritmo, o oráculo informa o resultado de cada passo possível, que, no nosso caso, seria o resultado de cada comparação. Para derivar o limite inferior, o oráculo procura sempre fazer com que o algoritmo trabalhe o máximo, escolhendo como resultado da próxima comparação aquele que cause o maior trabalho possível necessário para determinar a resposta final.

O teorema a seguir, apresentado por Horowitz e Sahni (1978, p. 476), utiliza um oráculo para derivar o **limite inferior** no número de comparações necessárias para obter o máximo e o mínimo de um conjunto com n elementos.

Teorema: Qualquer algoritmo para encontrar o maior e o menor elementos de um conjunto com n elementos não ordenados, $n \geq 1$, faz pelo menos $3\lceil n/2 \rceil - 2$ comparações.

Prova: A técnica utilizada define um oráculo que descreve o comportamento do algoritmo por meio de um conjunto de n–tuplas, mais um conjunto de regras associadas que mostram as tuplas possíveis (estados) que um algoritmo pode assumir a partir de uma dada tupla e uma única comparação.

O comportamento do algoritmo pode ser descrito por uma 4–tupla, representada por (a, b, c, d), onde a representa o número de elementos que nunca foram comparados; b representa o número de elementos que foram vencedores e nunca perderam em comparações realizadas; c representa o número de elementos que foram perdedores e nunca venceram em comparações realizadas; d representa o número de elementos que foram vencedores e perdedores em comparações realizadas. O algoritmo inicia no estado $(n, 0, 0, 0)$ e termina com $(0, 1, 1, n-2)$. Dessa forma, após cada comparação a tupla (a, b, c, d) consegue progredir apenas se ela assume um dentre os seis estados possíveis, mostrados na Figura 1.2.

O primeiro passo requer necessariamente a manipulação do componente a. Observe que o caminho mais rápido para levar o componente a até zero requer $\lceil n/2 \rceil$ mudanças de estado e termina com a tupla $(0, n/2, n/2, 0)$, por intermédio da comparação dos elementos de a dois a dois. A seguir, para reduzir o componente b até um são necessárias $\lceil n/2 \rceil - 1$ mudanças de estado, correspondentes ao

---

[3] De acordo com o *Novo Dicionário Aurélio da Língua Portuguesa*, um **oráculo** é: 1. Resposta de um deus a quem o consultava. 2. Divindade que responde consultas e orienta o crente: o oráculo de Delfos. 3. *Fig.* Palavra, sentença ou decisão inspirada, infalível ou que tem grande autoridade: os oráculos dos profetas, os oráculos da ciência.

$$
\begin{array}{ll}
(a-2, b+1, c+1, d) & \text{se } a \geq 2 \quad \{ \text{ dois elementos de } a \text{ são comparados } \} \\
(a-1, b+1, c, d) \text{ ou} & \quad \{ \text{ um elemento de } a \text{ comparado com} \\
(a-1, b, c+1, d) \text{ ou} & \quad \quad \text{um de } b \text{ ou um de } c \} \\
(a-1, b, c, d+1) & \text{se } a \geq 1 \\
(a, b-1, c, d+1) & \text{se } b \geq 2 \quad \{ \text{ dois elementos de } b \text{ são comparados } \} \\
(a, b, c-1, d+1) & \text{se } c \geq 2 \quad \{ \text{ dois elementos de } c \text{ são comparados } \}
\end{array}
$$

Figura 1.2 *Seis estados possíveis assumidos pela tupla* (a, b, c, d).

número mínimo de comparações que é necessário para obter o maior elemento de b. Idem para c, com $\lceil n/2 \rceil - 1$ mudanças de estado. Logo, para obter o estado $(0, 1, 1, n-2)$ a partir do estado $(n, 0, 0, 0)$ são necessárias

$$\lceil n/2 \rceil + \lceil n/2 \rceil - 1 + \lceil n/2 \rceil - 1 = 3\lceil n/2 \rceil - 2$$

comparações. □

O teorema anterior nos diz que se o número de comparações entre os elementos de um vetor for utilizado como medida de custo, então o algoritmo *MaxMin3* do Programa 1.4 é **ótimo**.

1.3.1 Comportamento Assintótico de Funções

Como já foi observado anteriormente, o custo para obter uma solução para um dado problema aumenta com o tamanho n do problema. O número de comparações para encontrar o maior elemento de um conjunto de n inteiros, ou para ordenar os elementos de um conjunto com n elementos, aumenta com n. O parâmetro n fornece uma medida da dificuldade para se resolver o problema, no sentido de que o tempo necessário para resolver o problema cresce quando n cresce.

Para valores suficientemente pequenos de n, qualquer algoritmo custa pouco para ser executado, mesmo os algoritmos ineficientes. Em outras palavras, a **escolha do algoritmo** não é um problema crítico para problemas de tamanho pequeno. Logo, a análise de algoritmos é realizada para valores grandes de n. Para tal, considera-se o comportamento de suas funções de custo para valores grandes de n, isto é, estuda-se o comportamento assintótico das **funções de custo**. O comportamento assintótico de $f(n)$ representa o limite do comportamento do custo quando n cresce.

A análise de um algoritmo geralmente conta com apenas algumas operações elementares e, em muitos casos, somente com uma operação elementar. A medida de custo ou medida de complexidade relata o crescimento assintótico da operação considerada. A definição seguinte relaciona o comportamento assintótico de duas funções distintas.

Definição: Uma função $f(n)$ **domina assintoticamente** outra função $g(n)$ se existem duas constantes positivas c e m tais que, para $n \geq m$, temos $|g(n)| \leq c \times |f(n)|$.

O significado da definição no parágrafo anterior pode ser expresso em termos gráficos, conforme ilustra a Figura 1.3.

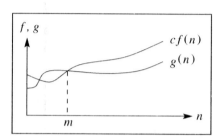

Figura 1.3 Dominação assintótica de $f(n)$ sobre $g(n)$.

Exemplo: Sejam $g(n) = n$ e $f(n) = -n^2$. Temos que $|n| \leq |-n^2|$ para todo n pertencente ao conjunto dos números naturais. Fazendo $c = 1$ e $m = 0$, a definição anterior é satisfeita. Logo, $f(n)$ domina assintoticamente $g(n)$. Observe que $g(n)$ não domina assintoticamente $f(n)$ porque $|-n^2| > c|n|$ para todo $n > c$ e $n > 1$, qualquer que seja o valor de c.

Exemplo: Sejam $g(n) = (n+1)^2$ e $f(n) = n^2$. As funções $g(n)$ e $f(n)$ dominam assintoticamente uma à outra, desde que $|(n+1)^2| \leq 4|n^2|$ para $n \geq 1$ e $|n^2| \leq |(n+1)^2|$ para $n \geq 0$.

Knuth (1968, p. 104) sugeriu uma notação para a dominação assintótica. Para expressar que $f(n)$ domina assintoticamente $g(n)$ escrevemos $g(n) = O(f(n))$, em que se lê $g(n)$ é da ordem no máximo $f(n)$. Por exemplo, quando dizemos que o tempo de execução $T(n)$ de um programa é $O(n^2)$, isso significa que existem constantes c e m tais que, para valores de n maiores ou iguais a m, $T(n) \leq cn^2$. A Figura 1.3 mostra um exemplo gráfico de dominação assintótica que ilustra a notação O. O valor da constante m mostrado é o menor valor possível, mas qualquer valor maior também é válido.

As funções de complexidade de tempo são definidas sobre os inteiros não negativos, ainda que possam também ser não inteiros. A definição a seguir formaliza a notação de Knuth.

Definição notação O: Uma função $g(n)$ é $O(f(n))$ se existem duas constantes positivas c e m tais que $g(n) \leq cf(n)$, para todo $n \geq m$.

Exemplo: Seja $g(n) = (n+1)^2$. Logo, $g(n)$ é $O(n^2)$, quando $m = 1$ e $c = 4$. Isso porque $(n+1)^2 \leq 4n^2$ para $n \geq 1$.

Exemplo: A função $g(n) = 3n^3 + 2n^2 + n$ é $O(n^3)$. Basta mostrar que $3n^3 + 2n^2 + n \leq 6n^3$, para $n \geq 0$. A função $g(n) = 3n^3 + 2n^2 + n$ é também $O(n^4)$, entretanto essa afirmação é mais fraca do que dizer que $g(n)$ é $O(n^3)$.

Exemplo: Suponha $g(n) = n$ e $f(n) = n^2$. Sabemos pela definição anterior que $g(n)$ é $O(n^2)$, pois para $n \geq 0$, $n \leq n^2$. Entretanto, $f(n)$ não é $O(n)$. Suponha que existam constantes c e m tais que para todo $n \geq m$, $n^2 \leq cn$. Logo, $c \geq n$ para qualquer $n \geq m$, e não existe uma constante c que possa ser maior ou igual a n para todo n.

Exemplo: A função $g(n) = \log_5 n$ é $O(\log n)$. O $\log_b n$ difere do $\log_c n$ por uma constante que no caso é $\log_b c$. Como $n = c^{\log_c n}$, tomando o logaritmo base b em ambos os lados da igualdade, temos que $\log_b n = \log_b c^{\log_c n} = \log_c n \times \log_b c$.

Algumas **operações** que podem ser realizadas com a **notação** O são apresentadas na Tabela 1.2. As provas das propriedades podem ser encontradas em Knuth (1968) ou em Aho, Hopcroft e Ullman (1983).

Tabela 1.2 Operações com a notação O

$f(n)$	$=$	$O(f(n))$
$c \times O(f(n))$	$=$	$O(f(n))$ $c = constante$
$O(f(n)) + O(f(n))$	$=$	$O(f(n))$
$O(O(f(n)))$	$=$	$O(f(n))$
$O(f(n)) + O(g(n))$	$=$	$O(max(f(n), g(n)))$
$O(f(n))O(g(n))$	$=$	$O(f(n)g(n))$
$f(n)O(g(n))$	$=$	$O(f(n)g(n))$

Exemplo: A regra da soma $O(f(n)) + O(g(n))$ pode ser usada para calcular o tempo de execução de uma seqüência de trechos de programas. Suponha três trechos de programas cujos tempos são $O(n)$, $O(n^2)$ e $O(n \log n)$. O tempo de execução dos dois primeiros trechos é $O(max(n, n^2))$, que é $O(n^2)$. O tempo de execução de todos os três trechos é então $O(max(n^2, n \log n))$, que é $O(n^2)$.

Exemplo: O produto de $[\log n + k + O(1/n)]$ por $[n + O(\sqrt{n})]$ é $n \log n + kn + O(\sqrt{n} \log n)$.

Dizer que $g(n)$ é $O(f(n))$ significa que $f(n)$ é um limite superior para a taxa de crescimento de $g(n)$. A definição a seguir especifica um limite inferior para $g(n)$.

Definição notação Ω: Uma função $g(n)$ é $\Omega(f(n))$ se existirem duas constantes c e m tais que $g(n) \geq cf(n)$, para todo $n \geq m$.

Exemplo: Para mostrar que $g(n) = 3n^3 + 2n^2$ é $\Omega(n^3)$, basta fazer $c = 1$, e então $3n^3 + 2n^2 \geq n^3$ para $n \geq 0$.

Exemplo: Sejam $g(n) = n$ para n ímpar $(n \geq 1)$ e $g(n) = n^2/10$ para n par $(n \geq 0)$. Nesse caso $g(n)$ é $\Omega(n^2)$, bastando considerar $c = 1/10$ e $n = 0, 2, 4, 6, \ldots$

A Figura 1.4(a) mostra intuitivamente o significado da notação Ω. Para todos os valores que estão à direita de m, o valor de $g(n)$ está sobre ou acima do valor de $cf(n)$.

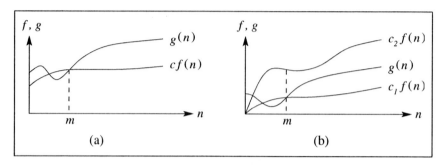

Figura 1.4 Exemplo gráfico para as notações Ω e Θ: (a) $g(n) = \Omega(f(n))$. (b) $g(n) = \Theta(f(n))$.

Definição notação Θ: Uma função $g(n)$ é $\Theta(f(n))$ se existirem constantes positivas c_1, c_2 e m tais que $0 \leq c_1 f(n) \leq g(n) \leq c_2 f(n)$, para todo $n \geq m$.

A Figura 1.4(b) mostra intuitivamente o significado da notação Θ. Dizemos que $g(n) = \Theta(f(n))$ se existirem constantes c_1, c_2 e m tais que, para todo $n \geq m$, o valor de $g(n)$ está sobre ou acima de $c_1 f(n)$ e sobre ou abaixo de $c_2 f(n)$. Em outras palavras, para todo $n \geq m$, a função $g(n)$ é igual a $f(n)$ a menos de uma constante. Neste caso, $f(n)$ é um **limite assintótico firme**.

Exemplo: Seja $g(n) = n^2/3 - 2n$. Vamos mostrar que $g(n) = \Theta(n^2)$. Para isso, temos de obter constantes c_1, c_2 e m tais que:

$$c_1 n^2 \leq \frac{1}{3} n^2 - 2n \leq c_2 n^2,$$

para todo $n \geq m$. Dividindo por n^2 leva a:

$$c_1 \leq \frac{1}{3} - \frac{2}{n} \leq c_2.$$

O lado direito da desigualdade será sempre válido para qualquer valor de $n \geq 1$ quando escolhemos $c_2 \geq 1/3$. Da mesma forma, escolhendo $c_1 \leq 1/21$, o lado esquerdo da desigualdade será válido para qualquer valor de $n \geq 7$. Logo, escolhendo $c_1 = 1/21$, $c_2 = 1/3$ e $m = 7$, é possível verificar que $n^2/3 - 2n = \Theta(n^2)$. Outras constantes podem existir, mas o importante é que existe alguma escolha para as três constantes.

O limite assintótico superior definido pela notação O pode ser assintoticamente firme ou não. Por exemplo, o limite $2n^2 = O(n^2)$ é assintoticamente firme, mas o limite $2n = O(n^2)$ não é assintoticamente firme. A notação o apresentada a seguir é usada para definir um limite superior que não é assintoticamente firme.

Definição notação o: Uma função $g(n)$ é $o(f(n))$ se, para qualquer constante $c > 0$, então $0 \leq g(n) < cf(n)$ para todo $n \geq m$.

Exemplo: $2n = o(n^2)$, mas $2n^2 \neq o(n^2)$.

As definições das notações O e o são similares. A principal diferença é que em $g(n) = O(f(n))$ a expressão $0 \leq g(n) \leq cf(n)$ é válida para alguma constante $c > 0$, mas, em $g(n) = o(f(n))$, a expressão $0 \leq g(n) < cf(n)$ é válida para todas as constantes $c > 0$. Intuitivamente, na notação o, a função $g(n)$ tem um crescimento muito menor que $f(n)$ quando n tende para o infinito. Alguns autores usam o limite a seguir para a definição da notação o:

$$\lim_{n \to \infty} \frac{g(n)}{f(n)} = 0.$$

Por analogia, a notação ω está relacionada com a notação Ω da mesma forma que a notação o está relacionada com a notação O.

Definição notação ω: Uma função $g(n)$ é $\omega(f(n))$ se, para qualquer constante $c > 0$, então $0 \leq cf(n) < g(n)$ para todo $n \geq m$.

Exemplo: $\frac{n^2}{2} = \omega(n)$, mas $\frac{n^2}{2} \neq \omega(n^2)$.

A relação $g(n) = \omega(f(n))$ implica:

$$\lim_{n \to \infty} \frac{g(n)}{f(n)} = \infty,$$

se o limite existir.

1.3.2 Classes de Comportamento Assintótico

Se f é uma **função de complexidade** para um algoritmo F, então $O(f)$ é considerada a **complexidade assintótica** ou o comportamento assintótico do algoritmo F. Igualmente, se g é uma função para um algoritmo G, então $O(g)$ é considerada a complexidade assintótica do algoritmo G. A relação de dominação assintótica permite comparar funções de complexidade. Entretanto, se as funções f e g dominam assintoticamente uma à outra, então os algoritmos associados são equivalentes. Nesses casos, o comportamento assintótico não serve para comparar os algoritmos. Por exemplo, dois algoritmos F e G aplicados à mesma classe de problemas, sendo que F leva três vezes o tempo de G ao ser executado, isto é, $f(n) = 3g(n)$, sendo que $O(f(n)) = O(g(n))$. Logo, o comportamento assintótico não serve para comparar os algoritmos F e G, porque eles diferem apenas por uma constante.

Programas podem ser avaliados por meio da comparação de suas funções de complexidade, negligenciando as constantes de proporcionalidade. Um programa com tempo de execução $O(n)$ é melhor que um programa com tempo de execução $O(n^2)$. Entretanto, as constantes de proporcionalidade em cada caso podem alterar essa consideração. Por exemplo, é possível que um programa leve $100n$ unidades de tempo para ser executado, enquanto outro leve $2n^2$ unidades de tempo. Qual dos dois programas é melhor?

A resposta a essa pergunta depende do tamanho do problema a ser executado. Para problemas de tamanho $n < 50$, o programa com tempo de execução $2n^2$ é melhor do que o programa com tempo de execução $100n$. Para problemas com entrada de dados pequena é preferível usar o programa cujo tempo de execução é $O(n^2)$. Entretanto, quando n cresce, o programa com tempo $O(n^2)$ leva muito mais tempo que o programa $O(n)$.

A maioria dos algoritmos possui um parâmetro que afeta o tempo de execução de forma mais significativa, usualmente o número de itens a ser processado. Esse parâmetro pode ser o número de registros de um arquivo a ser ordenado ou o número de nós de um grafo. As principais **classes de problemas** possuem as **funções de complexidade** descritas a seguir.

1. $f(n) = O(1)$. Algoritmos de complexidade $O(1)$ são ditos de **complexidade constante**. O uso do algoritmo independe do tamanho de n. Nesse caso, as instruções do algoritmo são executadas um número fixo de vezes.

2. $f(n) = O(\log n)$. Um algoritmo de complexidade $O(\log n)$ é dito de **complexidade logarítmica**. Esse tempo de execução ocorre tipicamente em algoritmos que resolvem um problema transformando-o em problemas menores. Nesses casos, o tempo de execução pode ser considerado como menor do que uma constante grande. Quando n é mil e a base do logaritmo é 2, $\log_2 n \approx 10$, quando n é 1 milhão, $\log_2 n \approx 20$. Para dobrar o valor de $\log n$ temos de considerar o quadrado de n. A base do logaritmo muda pouco esses valores: quando n é 1 milhão, o $\log_2 n$ é 20 e o $\log_{10} n$ é 6.

3. $f(n) = O(n)$. Um algoritmo de complexidade $O(n)$ é dito de **complexidade linear**. Em geral, um pequeno trabalho é realizado sobre cada elemento de entrada. Essa é a melhor situação possível para um algoritmo que tem de processar n elementos de entrada ou produzir n elementos de saída. Cada vez que n dobra de tamanho, o tempo de execução também dobra.

4. $f(n) = O(n \log n)$. Esse tempo de execução ocorre tipicamente em algoritmos que resolvem um problema quebrando-o em problemas menores, resolvendo cada um deles independentemente e depois juntando as soluções. Quando n é 1 milhão e a base do logaritmo é 2, $n\log_2 n$ é cerca de 20 milhões. Quando n é 2 milhões, $n\log_2 n$ é cerca de 42 milhões, pouco mais do que o dobro.

5. $f(n) = O(n^2)$. Um algoritmo de complexidade $O(n^2)$ é dito de **complexidade quadrática**. Algoritmos dessa ordem de complexidade ocorrem quando os itens de dados são processados aos pares, muitas vezes em um anel dentro de outro. Quando n é mil, o número de operações é da ordem de 1 milhão. Sempre que n dobra, o tempo de execução é multiplicado por 4. Algoritmos desse tipo são úteis para resolver problemas de tamanhos relativamente pequenos.

6. $f(n) = O(n^3)$. Um algoritmo de complexidade $O(n^3)$ é dito de **complexidade cúbica**. Algoritmos dessa ordem de complexidade são úteis apenas para resolver pequenos problemas. Quando n é 100, o número de operações é da ordem de 1 milhão. Sempre que n dobra, o tempo de execução fica multiplicado por 8.

7. $f(n) = O(2^n)$. Um algoritmo de complexidade $O(2^n)$ é dito de **complexidade exponencial**. Algoritmos dessa ordem de complexidade geralmente não são úteis do ponto de vista prático. Eles ocorrem na solução de problemas quando se usa **força bruta** para resolvê-los. Quando n é 20, o tempo de execução é cerca de 1 milhão. Quando n dobra, o tempo de execução fica elevado ao quadrado.

8. $f(n) = O(n!)$. Um algoritmo de complexidade $O(n!)$ é também dito de complexidade exponencial, apesar de a **complexidade fatorial** $O(n!)$ ter comportamento muito pior do que a complexidade $O(2^n)$. Algoritmos dessa ordem de complexidade geralmente ocorrem na solução de problemas quando se usa **força bruta** para resolvê-los. Quando n é 20, $20! = 2432902008176640000$, um número com 19 dígitos. Quando n é 40, $40! = 815915283247897734345611269596115894272000000000$, um número com 48 dígitos.

Para ilustrar melhor a diferença entre as classes de comportamento assintótico, Garey e Johnson (1979, p. 7) apresentam a Tabela 1.3. Essa tabela mostra a razão de crescimento de várias **funções de complexidade** para tamanhos diferentes de n, em que cada função expressa o tempo de execução em microssegundos. Um algoritmo linear executa em um segundo um milhão de operações.

Outro aspecto interessante é o efeito causado pelo aumento da velocidade dos computadores sobre os algoritmos com as funções de complexidade citadas anteriormente. A Tabela 1.4 mostra como um aumento de 100 ou de 1.000 vezes na velocidade de um computador atual influi na solução do maior problema possível de ser resolvido em uma hora. Note que um aumento de 1.000 vezes na velocidade de computação resolve um problema dez vezes maior para um algoritmo de complexidade $O(n^3)$, enquanto um algoritmo de complexidade $O(2^n)$ apenas adiciona dez ao tamanho do maior problema possível de ser resolvido em uma hora.

Um algoritmo cuja função de complexidade é $O(c^n), c > 1$, é chamado de **algoritmo exponencial** no tempo de execução. Um algoritmo cuja função de complexidade é $O(p(n))$, em que $p(n)$ é um polinômio, é chamado de **algoritmo**

Tabela 1.3 Comparação de várias funções de complexidade

Função de custo	Tamanho n					
	10	20	30	40	50	60
n	0,00001 s	0,00002 s	0,00003 s	0,00004 s	0,00005 s	0,00006 s
n^2	0,0001 s	0,0004 s	0,0009 s	0,0016 s	0,0035 s	0,0036 s
n^3	0,001 s	0,008 s	0,027 s	0,64 s	0,125 s	0,316 s
n^5	0,1 s	3,2 s	24,3 s	1,7 min	5,2 min	13 min
2^n	0,001 s	1 s	17,9 min	12,7 dias	35,7 anos	366 séc.
3^n	0,059 s	58 min	6,5 anos	3855 séc.	10^8 séc.	10^{13} séc.

Tabela 1.4 Influência do aumento de velocidade dos computadores no tamanho t do problema

Função de custo de tempo	Computador atual	Computador 100 vezes mais rápido	Computador 1.000 vezes mais rápido
n	t_1	$100\, t_1$	$1000\, t_1$
n^2	t_2	$10\, t_2$	$31,6\, t_2$
n^3	t_3	$4,6\, t_3$	$10\, t_3$
2^n	t_4	$t_4 + 6,6$	$t_4 + 10$

polinomial no tempo de execução. A distinção entre esses dois tipos de algoritmos torna-se significativa quando o tamanho do problema a ser resolvido cresce, conforme ilustra a Tabela 1.3. Essa é a razão pela qual na prática algoritmos polinomiais são muito mais úteis do que algoritmos exponenciais.

Os algoritmos exponenciais são geralmente simples variações de pesquisa exaustiva, enquanto algoritmos polinomiais são geralmente obtidos mediante o entendimento mais profundo da estrutura do problema. Um problema é considerado intratável quando ele é tão difícil que não existe um algoritmo polinomial para resolvê-lo, enquanto um problema é considerado bem resolvido quando existe um algoritmo polinomial para resolvê-lo.

Entretanto, a distinção entre algoritmos polinomiais eficientes e algoritmos exponenciais ineficientes possui várias exceções. Por exemplo, um algoritmo com função de complexidade $f(n) = 2^n$ é mais rápido que um algoritmo $g(n) = n^5$, para valores de n menores ou iguais a 20. Da mesma forma, existem algoritmos exponenciais que são muito úteis na prática. Por exemplo, o algoritmo Simplex para programação linear possui complexidade de tempo exponencial para o pior caso (Garey e Johnson, 1979), mas executa muito rápido na prática.

Infelizmente, exemplos como o do algoritmo Simplex não ocorrem com freqüência na prática, e muitos algoritmos exponenciais conhecidos não são muito úteis. Considere, como exemplo, o seguinte problema: um **caixeiro-viajante** deseja visitar n cidades de tal forma que sua viagem inicie e termine na mesma cidade, e cada cidade deve ser visitada uma única vez. Supondo que sempre exista uma estrada entre duas cidades quaisquer, o problema é encontrar a menor rota que o caixeiro-viajante possa utilizar na sua viagem.

A Figura 1.5 ilustra o exemplo anterior para quatro cidades, c_1, c_2, c_3, c_4, em que os números nos arcos indicam a distância entre duas cidades. O percurso $< c_1, c_3, c_4, c_2, c_1 >$ é uma solução para o problema, cujo percurso total tem distância 24.

Um algoritmo simples para esse problema seria verificar todas as rotas e escolher a menor delas. Como existem $(n-1)!$ rotas possíveis e a distância total percorrida em cada rota envolve n adições, então o número total de adições é $n!$. Para o exemplo da Figura 1.5 teríamos 24 adições. Suponha agora 50 cidades: o número de adições seria igual ao fatorial de 50, que é aproximadamente 10^{64}. Considerando um computador capaz de executar 10^9 adições por segundo, o tempo total para resolver o problema com 50 cidades seria maior do que 10^{45} séculos somente para executar as adições. Embora o problema do caixeiro-viajante apareça com freqüência em problemas relacionados com transporte, existem também aplicações muito importantes que estão relacionadas com a otimização do caminho percorrido por ferramentas de manufatura. Por exemplo, considere o braço de um robô destinado a soldar todas as conexões de uma placa de circuito impresso. O menor caminho que visita cada ponto de solda exatamente uma vez define o caminho mais eficiente para o robô percorrer. Uma aplicação similar aparece na minimização do tempo total que um *plotter* gráfico leva para desenhar uma dada figura. Problemas desse tipo são tratados no Capítulo 9.

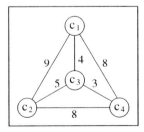

Figura 1.5 *Problema do caixeiro-viajante.*

1.4 Técnicas de Análise de Algoritmos

A determinação do tempo de execução de um programa qualquer pode se tornar um problema matemático complexo quando se deseja determinar o valor exato da função de complexidade. Entretanto, a determinação da ordem do tempo de execução de um programa, sem haver preocupação com o valor da constante envolvida, pode ser uma tarefa mais simples. É mais fácil determinar que o número esperado de comparações para recuperar um registro de um arquivo utilizando pesquisa seqüencial é $O(n)$ do que efetivamente determinar que esse número é $(n + 1)/2$, quando cada registro tem a mesma probabilidade de ser procurado.

A análise de algoritmos ou programas utiliza técnicas de matemática discreta, envolvendo contagem ou enumeração dos elementos de um conjunto que possuam uma propriedade comum. Essas técnicas utilizam a manipulação de somas, produtos, permutações, fatoriais, coeficientes binomiais, solução de **equações de recorrência**, entre outras. Algumas dessas técnicas serão ilustradas informalmente com exemplos.

Infelizmente, não existe um conjunto completo de regras para **analisar programas**. Aho, Hopcroft e Ullman (1983) enumeram alguns princípios a serem seguidos. Muitos desses princípios utilizam as propriedades sobre a notação O apresentadas na Tabela 1.2. São eles:

1. O tempo de execução de um comando de atribuição, de leitura ou de escrita pode ser considerado como $O(1)$. Existem exceções para as linguagens que permitem a chamada de funções em comandos de atribuição, ou quando atribuições envolvem vetores de tamanho arbitrariamente grande.

2. O tempo de execução de uma seqüência de comandos é determinado pelo maior tempo de execução de qualquer comando da seqüência.

3. O tempo de execução de um comando de decisão é composto pelo tempo de execução dos comandos executados dentro do comando condicional mais o tempo para avaliar a condição, que é $O(1)$.

4. O tempo para executar um anel é a soma do tempo de execução do corpo do anel mais o tempo de avaliar a condição para terminação, multiplicado pelo número de iterações do anel. Geralmente, o tempo para avaliar a condição para terminação é $O(1)$.

5. Quando o programa possui procedimentos não recursivos, o tempo de execução de cada procedimento deve ser computado separadamente, um a um, iniciando com os procedimentos que não chamam outros procedimentos. A seguir, devem ser avaliados os procedimentos que chamam os procedimentos que não chamam outros procedimentos, utilizando os tempos dos procedimentos já avaliados. Esse processo é repetido até chegar ao programa principal.

6. Quando o programa possui **procedimentos recursivos**, a cada procedimento é associada uma função de complexidade $f(n)$ desconhecida, na qual n mede o tamanho dos argumentos para o procedimento, conforme será mostrado mais adiante.

Com o propósito de ilustrar os vários conceitos descritos anteriormente, vamos apresentar alguns programas e, para cada um deles, mostrar com detalhes os passos envolvidos em sua análise.

Exemplo: Considere o algoritmo para ordenar os n elementos de um vetor v, cujo princípio é o seguinte:

1. Selecione o menor elemento do vetor.
2. Troque esse elemento com o primeiro elemento $v[0]$.

A seguir, repita essas duas operações com os $n-1$ elementos restantes, depois com os $n-2$ elementos, até que reste apenas um elemento. O Programa 1.5 mostra a implementação do algoritmo anteriormente descrito para um conjunto de inteiros implementado como um vetor $v[0..n-1]$.

Programa 1.5 *Programa para ordenar*

```
package cap1;
public class Ordenacao {
  public static void ordena (int v[], int n) {
(1) for (int i = 0; i < n - 1; i++) {
(2)    int min = i;
(3)    for (int j = i + 1; j < n; j++)
(4)       if (v[j] < v[min])
(5)          min = j;
       /* Troca v[min] e v[i] */
(6)    int x = v[min];
(7)    v[min] = v[i];
(8)    v[i] = x;
    }
  }
}
```

O número n de elementos do conjunto representa o tamanho da entrada de dados. O programa contém dois anéis, um dentro do outro. O anel mais externo engloba os comandos de (2) a (8), sendo que o anel mais interno engloba os comandos (4) e (5). Nesse caso, devemos iniciar a análise pelo anel interno.

O anel mais interno contém um comando de decisão que, por sua vez, contém apenas um comando de atribuição. O comando de atribuição leva um tempo constante para ser executado, assim como a avaliação da condição do comando de decisão. Não sabemos se o corpo do comando de decisão será executado ou não: nessas situações devemos considerar o pior caso, isto é, assumir que a linha (5) será sempre executada.

O tempo para incrementar o índice do anel e avaliar sua condição de terminação também é $O(1)$, e o tempo combinado para executar uma vez o anel composto pelas linhas (3), (4) e (5) é $O(max(1,1,1)) = O(1)$, conforme a regra da soma para a notação O. Como o número de iterações do anel é $n - i$, então o tempo gasto no anel é $O((n-i) \times 1) = O(n-i)$, conforme a regra do produto para a notação O.

O corpo do anel mais externo contém, além do anel interno, os comandos de atribuição nas linhas (2), (6), (7) e (8). Logo, o tempo de execução das linhas (2) a (8) é $O(max(1, (n-i), 1, 1, 1)) = O(n-i)$. A linha (1) é executada $n-1$ vezes, e o tempo total para executar o programa está limitado ao produto de uma constante pelo **somatório** de $(n-i)$, a saber:

$$\sum_{i=1}^{n-1}(n-i) = \frac{n(n-1)}{2} = \frac{n^2}{2} - \frac{n}{2} = O(n^2).$$

Se considerarmos o número de comparações como a medida de custo relevante (no caso representada pelo número de vezes que a linha (4) do Programa 1.5 é executada), então o programa faz $(n^2)/2 - n/2$ comparações para ordenar n elementos. Se considerarmos o número de trocas (linhas (6), (7) e (8) do Programa 1.5) como uma medida de custo relevante, o programa realiza exatamente $n-1$ trocas.

Se existirem procedimentos recursivos, então o problema deve ser tratado de forma diferente: para cada procedimento recursivo é associada uma função de complexidade $f(n)$ desconhecida, onde n mede o tamanho dos argumentos para o procedimento. A seguir, obtemos uma equação de recorrência para $f(n)$, conforme será mostrado no exemplo a seguir. Uma **equação de recorrência** é uma maneira de definir uma função por uma expressão envolvendo a mesma função.

Exemplo: Considere o algoritmo mostrado no Programa 1.6. O algoritmo inspeciona os n elementos de um conjunto e, de alguma forma, isso permite descartar $2/3$ dos elementos e então fazer uma chamada recursiva sobre os $n/3$ elementos restantes.

Programa 1.6 Algoritmo recursivo

```
     void pesquisa(n) {
(1)    if (n <= 1)
(2)      'inspecione elemento' e termine
       else {
(3)      para cada um dos n elementos 'inspecione elemento';
(4)      pesquisa(n/3);
       }
     }
```

Seja $T(n)$ uma função de complexidade tal que $T(n)$ represente o número de inspeções nos elementos de um conjunto com n elementos. O custo de execução das linhas (1) e (2) é $O(1)$. O custo de execução da linha (3) é exatamente n. Quantas vezes a linha (4) é executada, isto é, quantas chamadas recursivas vão ocorrer?

Uma forma de descrever esse comportamento é por meio de uma **equação de recorrência**. Em uma equação de recorrência o termo $T(n)$ é especificado como uma função dos termos anteriores $T(1)$, $T(2)$, ..., $T(n-1)$. No caso do algoritmo anterior temos:

$$T(n) = n + T(n/3), \quad T(1) = 1, \tag{1.1}$$

em que $T(1) = 1$ significa que para $n = 1$ fazemos uma inspeção.

A Eq.(1.1) define a função de forma única, permitindo computar o valor da função para valores de $k \geq 1$ que sejam potências de 3. Por exemplo, $T(3) = T(3/3) + 3 = 4$, $T(9) = T(9/3) + 9 = 13$, e assim por diante. Entretanto, para calcular o valor da função seguindo a definição são necessários $k-1$ passos para computar o valor de $T(3^k)$. Seria muito mais conveniente ter uma fórmula fechada para $T(n)$, e é isso o que vamos obter a seguir.

Existem técnicas para resolver equações de recorrência. Em alguns casos, a solução de uma equação de recorrência pode ser difícil de obter. Um caminho possível para resolver a Eq.(1.1) é procurar substituir os termos $T(k)$, $k < n$, no lado direito da equação até que todos os termos $T(k)$, $k > 1$, tenham sido substituídos por fórmulas contendo apenas $T(1)$. No caso da Eq.(1.1) temos:

$$\begin{aligned} T(n) &= n + T(n/3) \\ T(n/3) &= n/3 + T(n/3/3) \\ T(n/3/3) &= n/3/3 + T(n/3/3/3) \\ &\vdots \quad \vdots \\ T(n/3/3\cdots/3) &= n/3/3\cdots/3 + T(n/3/3/3\cdots/3) \end{aligned}$$

Adicionando lado a lado, obtemos:

$$T(n) = n + n \cdot (1/3) + n \cdot (1/3^2) + n \cdot (1/3^3) + \cdots + T(n/3/3\cdots/3).$$

Essa equação representa a soma de uma série geométrica de razão $1/3$, multiplicada por n e adicionada de $T(n/3/3\cdots/3)$, que é menor ou igual a 1. Se desprezarmos o termo $T(n/3/3\cdots/3)$, quando n tende para infinito, então,

$$T(n) = n \sum_{i=0}^{\infty} (1/3)^i = n \left(\frac{1}{1 - \frac{1}{3}} \right) = \frac{3n}{2}.$$

Se considerarmos o termo $T(n/3/3/3\cdots/3)$ e denominarmos x o número de subdivisões por 3 do tamanho do problema, então $n/3^x = 1$, e $n = 3^x$. Logo, $x = \log_3 n$. Lembrando que $T(1) = 1$, temos:

$$T(n) = \sum_{i=0}^{x-1} \frac{n}{3^i} + T(\frac{n}{3^x}) = n\sum_{i=0}^{x-1}(1/3)^i + 1 = \frac{n(1-(\frac{1}{3})^x)}{(1-\frac{1}{3})} + 1 = \frac{3n}{2} - \frac{1}{2}.$$

Logo, o Programa 1.6 é $O(n)$. A Seção 2.2, no Capítulo 2, estuda algoritmos recursivos.

1.5 Java

O objetivo desta seção é apresentar apenas alguns aspectos da linguagem Java, facilitando assim a leitura deste livro para as pessoas pouco familiarizadas com essa linguagem. Os programas apresentados no decorrer do livro usam apenas as características básicas da linguagem.

1.5.1 Programação Orientada a Objetos

A **programação orientada a objetos** nasceu porque algumas **linguagens procedimentais**, como Pascal e C, se mostraram inadequadas para a construção de programas de grande porte. Existem dois tipos de problema:

1. Falta de correspondência entre o programa e o mundo real. Esse problema está relacionado com a modelagem do mundo real. Os procedimentos implementam tarefas, enquanto as estruturas de dados armazenam informação, mas a maioria dos objetos do mundo real contém as duas coisas. O painel de controle de um forno elétrico, por exemplo, contém tarefas como ligar e desligar o forno, mas também armazena informação sobre a temperatura corrente e a temperatura desejada. Ao escrever um programa de controle do forno elétrico em uma linguagem orientada a procedimentos, o programador cria dois procedimentos, *ligaForno* e *desligaForno*, mas também duas variáveis globais, *temperaturaCorrente* (fornecida por um termômetro) e *temperaturaDesejada* (fornecida pelo usuário). Claramente, os dois procedimentos e as duas variáveis globais não formam uma unidade.

2. Organização interna dos programas. Em linguagens procedimentais os programas são organizados por meio da divisão em procedimentos, mas fica difícil encontrar uma boa solução para o tratamento dos dados. Geralmente os dados são locais para um procedimento particular ou são globais e, portanto, acessíveis por todos os procedimentos. Não existe uma maneira flexível para dizer que determinados procedimentos pode-

riam acessar uma variável enquanto outros não. Essa inflexibilidade causa problemas quando muitos procedimentos precisam acessar os mesmos dados. Para ser acessível por mais de um procedimento as variáveis precisam ser globais. Entretanto, dados globais podem ser inadvertidamente acessados por qualquer procedimento do programa, o que constitui uma das maiores fontes de erro em programas.

A programação orientada a objetos permite que objetos do mundo real que compartilham propriedades (ou atributos) e comportamentos comuns sejam agrupados em classes. Esse estilo de programação é diretamente suportado pelo conceito de classe em Java. Além disso, pode-se também impor restrições de visibilidade aos dados de um programa, evitando assim o problema descrito no parágrafo anterior. Classes e objetos são os conceitos fundamentais nas linguagens orientadas a objeto e serão detalhados na próxima seção.

A linguagem Java possui um grau de orientação a objetos maior do que a linguagem C++, apesar de não ser totalmente orientada a objetos como a linguagem **Smalltalk**, na qual tudo é objeto. Java não é totalmente orientada a objetos porque, por questões de eficiência, foram mantidos alguns tipos primitivos e suas operações.

1.5.2 Principais Componentes de um Programa em Java

O objetivo desta seção é apresentar as características básicas e os principais componentes de um programa em Java.

Objetos

A idéia de **objetos** surgiu como uma solução para os problemas relacionados com as linguagens procedimentais apontados na seção anterior. Em Java, as funções e os procedimentos são chamados de **métodos**. A partir de agora, vamos nos referir a procedimentos como métodos. Um objeto contém métodos e variáveis que representam seus campos de dados (atributos). Por exemplo, um objeto *painelDeControle* deveria conter não somente os métodos *ligaForno* e *desligaForno*, mas também as variáveis *temperaturaCorrente* e *temperaturaDesejada*.

O conceito de objeto resolve bem os problemas apontados anteriormente. Em geral, um objeto nesse contexto não somente se aproxima muito mais de um objeto do mundo real, como também elimina o problema criado por variáveis globais. Os métodos *ligaForno* e *desligaForno* podem acessar as variáveis *temperaturaCorrente* e *temperaturaDesejada*, mas elas ficam escondidas de outros métodos que não fazem parte do objeto *painelDeControle*.

Classes

O conceito de classe nasceu da necessidade de se criar diversos objetos de um mesmo tipo. Uma **classe** é uma especificação para um ou mais objetos. Dizemos que um objeto pertence a uma classe ou, mais comumente, que é uma **instância** de uma classe. O Programa 1.7 apresenta a classe *PainelDeControle*. A palavra chave **class** introduz a classe *PainelDeControle*. A palavra chave **void** é utilizada na definição dos métodos *ligaForno* e *desligaForno* para indicar que os métodos não retornam nenhum valor. A seguir aparecem os campos e os métodos da classe.

Programa 1.7 Classe *PainelDeControle*

```
package cap1;
class PainelDeControle {
  private float temperaturaCorrente;
  private float temperaturaDesejada;

  public void ligaForno () {
    // código do método
  }
  public void desligaForno() {
    // código do método
  }
}
```

Um objeto em Java é criado usando a palavra chave **new**. No momento em que um objeto é criado torna-se necessário armazenar uma referência para ele em uma variável do mesmo tipo da classe. Na realidade, uma referência corresponde ao endereço do objeto. O comando

   PainelDeControle painel1, painel2;

cria duas referências para o tipo *PainelDeControle*. Os comandos

   painel1 = **new** PainelDeControle ();
   painel2 = **new** PainelDeControle ();

criam dois novos objetos do tipo *PainelDeControle* e armazenam referências para eles em *painel1* e *painel2*.

A criação de um objeto é chamada de **instanciação** e o objeto passa a ser uma instância da classe. Após a especificação de uma classe e a criação de alguns objetos daquela classe, outras partes do programa interagem com os métodos dos objetos por meio do operador (.), o qual associa um objeto com um de seus métodos. O comando

   painel1.ligaForno ();

diz para o objeto *painel1* ligar o forno.

Herança e Polimorfismo

A criação de uma classe a partir de uma outra classe é chamada de **herança**. A classe é derivada ou estendida a partir da classe base usando a palavra chave **extends**) A classe estendida tem todas as características da classe base mais alguma característica adicional. Em Java, a classe base é chamada de **superclasse** e a classe estendida é chamada de **subclasse**. A herança permite adicionar características a uma classe já existente, sendo um recurso importante para o projeto de programas com muitas classes relacionadas. Assim, a herança é um recurso que torna mais fácil a reutilização de classes a partir de pequenas alterações na classe base.

O Programa 1.8 ilustra o conceito de herança. Por exemplo, uma classe *Secretaria* pode ser derivada de uma classe mais geral chamada *Empregado* e incluir um campo de dados chamado *velocidadeDeDigitacao*, que não existe na classe *Empregado*. Outro exemplo, uma classe *Gerente* pode também ser derivada da mesma classe *Empregado* e incluir um campo de dados chamado *bonus*.

Programa 1.8 *Exemplo de herança e polimorfismo*

```java
package cap1;
class Empregado {
  protected float salario;
  public float salarioMensal () { return salario; }
  public void imprime () { System.out.println ("Empregado"); }
}
class Secretaria extends Empregado {
  private int velocidadeDeDigitacao;
  public void imprime () { System.out.println ("Secretaria"); }
}
class Gerente extends Empregado {
  private float bonus;
  public float salarioMensal () { return salario + bonus; }
  public void imprime () { System.out.println ("Gerente"); }
}
public class Polimorfismo {
  public static void main (String[] args) {
    Empregado empregado = new Empregado ();
    Empregado secretaria = new Secretaria ();
    Empregado gerente = new Gerente ();
    empregado.imprime (); secretaria.imprime (); gerente.imprime ();
  }
}
```

O tratamento de objetos de classes diferentes de uma mesma forma é chamado de **polimorfismo**. Para isso ser possível as classes diferentes têm de ser derivadas da mesma classe base. A classe *Polimorfismo* no Programa 1.8 ilustra o conceito de polimorfismo. Por exemplo, uma chamada do método *imprime* para o objeto *secretaria* faz com que seja chamado o método de impressão da classe *Secretaria*, enquanto uma chamada idêntica para o objeto *gerente* chama o método de impressão dentro da classe *Gerente*. Isso simplifica e torna mais claros o projeto e a codificação de programas.

Objetos e Tipos Genéricos

Uma estrutura de dados é genérica quando o tipo dos dados armazenados na estrutura é definido na aplicação que a utiliza. Uma forma de implementar estruturas de dados genéricas é por meio de objetos genéricos. Um **objeto genérico** pode ser de qualquer tipo, isto é, pode armazenar uma referência para um objeto de qualquer classe. Os objetos da classe ***Object***, que é uma superclasse para toda classe definida em Java, possuem essa característica. São os mecanismos de **herança** e **polimorfismo** que permitem a implementação de estruturas de dados genéricas.

O Programa 1.9 apresenta uma estrutura de dados genérica chamada *Lista* O objeto *item* é definido como um objeto genérico pelo fato de ser uma instância da classe *Object*. Isso significa que *Lista* pode ter objetos de classes distintas em cada item. Essa liberdade de ter objetos de classes distintas em uma mesma lista obriga o usuário a ter que especificar o tipo de cada objeto a ser inserido e a ser retirado. O exemplo *Vestibular* apresentado na página 87 da Seção 3.1.2 sobre listas lineares ilustra a utilização de objetos genéricos.

Programa 1.9 *Definição da estrutura de dados Lista utilizando objetos genéricos*

```
package cap1.objetogenerico;
public class Lista {
  private static class Celula {
    Object item; Celula prox;
  }
  private Celula primeiro, ultimo;
}
```

Para evitar que o usuário da lista tenha que declarar o tipo de cada objeto a ser inserido ou retirado da lista, a **Versão 5** da linguagem Java introduziu um mecanismo de definição de um tipo genérico. Um **tipo genérico** consiste na definição de um parâmetro de tipo que deve ser especificado na aplicação que utiliza a estrutura de dados, fazendo com que os itens armazenados na estrutura de dados sejam todos do mesmo tipo.

O Programa 1.10 ilustra a definição da estrutura de dados genérica *Lista* por meio da especificação do parâmetro de tipo T. Agora o objeto *item* tem de ser uma instância de um tipo genérico T que será fornecido quando um objeto da classe *Lista* for instanciado. Por exemplo, para instanciar uma lista de inteiros basta declarar o comando "Lista<Integer> lista = **new** Lista<Integer>();".

Programa 1.10 *Definição da estrutura de dados Lista utilizando tipos genéricos*

```
package cap1.tipogenerico;
public class Lista<T> {
  private static class Celula<T> {
    T item;
    Celula<T> prox;
  }
  private Celula<T> primeiro, ultimo;
}
```

Nesse livro optamos por utilizar objetos genéricos para implementar as estruturas de dados estudadas a partir do Capítulo 3, ao invés de utilizar tipos genéricos. A razão para essa escolha é para manter a compatibilidade com as versões da linguagem Java anteriores a Versão 5.

Sobrecarga

A **sobrecarga** acontece quando determinado objeto se comporta de diferentes formas. A sobrecarga é um tipo de **polimorfismo** *ad hoc*. Na sobrecarga um identificador representa vários métodos com computações distintas. O Programa 1.11 apresenta um exemplo de sobrecarga do método *salarioMensal* da classe *Gerente* mostrada no Programa 1.8, em que um *desconto* é subtraído de *salario + bonus*. Note que o método *salarioMensal* do Programa 1.11 possui uma assinatura diferente da assinatura apresentada no Programa 1.8. Isto é o que caracteriza a sobrecarga de um método.

Programa 1.11 *Método da classe Gerente sobrecarregado*

```
public float salarioMensal (float desconto) {
  return salario + bonus − desconto;
}
```

Sobrescrita

A ocultação de um método de uma classe mais genérica em uma classe mais específica é chamada de **sobrescrita**. Por exemplo, o método *imprime* da classe *Empregado* apresentada no Programa 1.8 foi sobrescrito nas classes *Gerente* e *Secretaria*. Para sobrescrever um método em uma subclasse é preciso que ele tenha a mesma assinatura na superclasse.

Programa Principal

O Programa 1.12 modela uma conta bancária típica e contém os seguintes passos: cria uma conta com um saldo inicial, imprime o saldo, realiza um depósito, realiza um saque e imprime o novo saldo. O programa está armazenado em um arquivo chamado *AplicacaoBancaria.java*.

Programa 1.12 Programa *AplicacaoBancaria.java*

```java
package cap1;
class ContaBancaria {
  private double saldo;

  public ContaBancaria (double saldoInicial) {
    saldo = saldoInicial;
  }
  public void deposito (double valor) {
    saldo = saldo + valor;
  }
  public void saque (double valor) {
    saldo = saldo - valor;
  }
  public void imprime () {
    System.out.println ("saldo=" + saldo);
  }
}
public class AplicacaoBancaria {
  public static void main (String[] args) {
    ContaBancaria conta1 = new ContaBancaria (200.00);
    System.out.print ("Antes da movimentacao, ");
    conta1.imprime ();
    conta1.deposito (50.00);
    conta1.saque (70.00);
    System.out.print ("Depois da movimentacao, ");
    conta1.imprime ();
  }
}
```

Existem duas classes no programa *AplicacaoBancaria.java*: *ContaBancaria* e *AplicacaoBancaria*. A classe *Contabancaria* tem um campo de dados chamado *saldo* e três métodos chamados *deposito*, *saque* e *imprime*, os quais modelam as operações de adicionar um valor ao saldo, retirar um valor do saldo e imprimir o valor do saldo, respectivamente.

Para **compilar** o Programa 1.12 a partir de uma linha de comando em MS-DOS ou Linux, fazemos:

javac -d ./ *AplicacaoBancaria.java*

e para executá-lo, fazemos:

java *cap1.AplicacaoBancaria*

Esse comando diz para o interpretador Java procurar na classe *AplicacaoBancaria* do pacote *cap1* um método chamado *main*. A execução do programa começa no início de *main*. O método *main* cria um objeto da classe *ContaBancaria* armazenando uma referência na variável *conta1*. O objeto criado é inicializado com o valor 200.00, que corresponde ao saldo de abertura da conta. O método *System.out.print* imprime a cadeia de caracteres que aparece como parâmetro do método e o saldo é impresso pelo método *conta1.imprime*. A seguir, o programa realiza um depósito e um saque em *conta1*, imprime o seu saldo e termina.

Construtores

A classe *ContaBancaria* tem um método especial denominado **construtor**, que é chamado automaticamente sempre que um novo objeto é criado com o comando **new**. O construtor tem sempre o mesmo nome da classe. No caso do Programa 1.12, o construtor *ContaBancaria* tem um parâmetro que é usado para realizar o depósito inicial quando a conta é criada.

Modificadores de Acesso Public, Private, Protected e Static

Os modificadores de acesso determinam quais outros métodos podem acessar um campo de dados ou um método. Um campo de dados ou um método que seja precedido pelo modificador **private** pode ser acessado somente por métodos que fazem parte da mesma classe. No caso do Programa 1.12, o campo de dados *saldo* não pode ser acessado por comandos de *main*, porque *main* não é um método da classe *ContaBancaria*.

A classe *AplicacaoBancaria* do Programa 1.12 tem um papel especial. Note que ela é modificada com o modificador **public**. Isso indica que a classe é visível externamente ao pacote (**package** cap1) em que ela foi definida. Além disso, em cada arquivo de um programa Java só pode existir uma classe modificada por **public**, e o nome do arquivo deve ser o mesmo dado à classe.

Um campo de dados ou um método que seja precedido pelo modificador **public** pode ser acessado por métodos de outras classes. No caso do Programa 1.12, todos os métodos da classe *ContaBancaria* são **public** e os comandos em *main* podem usar os métodos *deposito*, *saque* e *imprime*.

Os campos de dados de uma classe são geralmente feitos **private** e os métodos são tornados **public**. Isso protege os dados de serem acidentalmente modificados por outras classes. Qualquer entidade externa que necessite acessar dados de uma classe tem de fazê-lo usando um método da mesma classe.

O modificador **protected** é utilizado para permitir que somente subclasses de uma classe mais genérica possam acessar os campos de dados precedidos com **protected**. No Programa 1.8, o campo *salario* da classe *Empregado* pode ser acessado a partir das suas subclasses, como foi feito na classe *Gerente*. No entanto, ele não pode ser acessado a partir do método *main* da classe *Polimorfismo*, pois esta classe não é uma subclasse da classe *Empregado*.

Um campo de dados ou um método de uma classe declarado como **static** pertence à classe e não às suas instâncias. Isso significa que somente um campo de dados ou um método será criado pelo compilador para todas as instâncias. Além disso, os métodos de uma classe que foram declarados **static** operam somente sobre os campos da classe que também foram declarados **static**. Se além de **static** o método for declarado **public** será possível acessá-lo com o nome da classe e o operador (.). No Programa 1.13, o campo de dados *total* pertence somente à classe *A*, enquanto o campo de dados *media* pertence a todas as instâncias da classe *A*. Ao final da execução do método *main*, os valores de *a.total* e *b.total* são iguais a 7, enquanto os valores de *a.media* e *b.media* são iguais a 5 e 7, respectivamente.

Programa 1.13 Exemplo de utilização do modificador **static**

```
package cap1;
class A {
  public static int total;
  public int media;
}
public class B {
  public static void main (String[] args) {
    A a = new A(); a.total = 5; a.media = 5;
    A b = new A(); b.total = 7; b.media = 7;
  }
}
```

Interfaces

Uma **interface** em Java é uma **classe abstrata** que não pode ser instanciada. Os métodos de uma interface devem ser **public** e somente as suas assinaturas são definidas. Uma interface é sempre implementada por outras classes. A interface pode ser utilizada para prover a especificação de um comportamento que seja comum a um conjunto de objetos. Por exemplo, a interface permite que o tipo da chave de um registro seja genérico e possibilite aos usuários dos métodos que manipulam o registro definir o tipo de dados da chave de acordo com suas necessidades.

O Programa 1.1 para obter o máximo de um conjunto de inteiros pode ser alterado para encontrar o máximo de um conjunto de registros contendo uma chave genérica. O Programa 1.14 apresenta uma versão generalizada do Programa 1.1. Note que a comparação entre *max* e *v[i]* é realizada pelo método *compara*, que é quem conhece o tipo de dados da chave de cada registro.

Programa 1.14 Algoritmo para encontrar o registro de maior chave independentemente do tipo da chave

```java
package cap1;
import java.io.*;
public class Max {
  public static Item max (Item v[], int n) {
    Item max = v[0];
    for (int i = 1; i < n; i++) if (max.compara (v[i]) < 0) max = v[i];
    return max;
  }
}
```

Para permitir a generalização do tipo de dados da chave é necessário criar a interface *Item*, conforme ilustra o Programa 1.15. A interface *Item* apresenta a assinatura do método abstrato *compara*.

Programa 1.15 Interface para um *Item*

```java
package cap1;
public interface Item {
  public int compara (Item it);
}
```

A interface *Item* é implementada pela classe *MeuItem* apresentada no Programa 1.16. É dentro da classe *MeuItem* que o tipo de dados da chave é definido e que o método *compara* é implementado. O método *compara* é utilizado para comparar dois registros a e b, retornando um valor menor do que zero se $a < b$, um valor maior do que zero se $a > b$, e um valor igual a zero se $a = b$.

O Programa 1.17 ilustra a utilização do método *compara* apresentado no Programa 1.16. Note que para atribuir a um objeto da classe *MeuItem* o valor máximo retornado pelo método *max* do Programa 1.14 é necessário fazer uma

Programa 1.16 *Classe MeuItem que representa um registro*

```java
package cap1;
import java.io.*;
public class MeuItem implements Item {
  public int chave;
  // outros componentes do registro

  public MeuItem (int chave) { this.chave = chave; }
  public int compara (Item it) {
    MeuItem item = (MeuItem) it;
    if (this.chave < item.chave) return -1;
    else if (this.chave > item.chave) return 1;
    return 0;
  }
}
```

conversão do tipo *Item* para o tipo *MeuItem*, conforme ilustra a penúltima linha do método *main* do Programa 1.17.

Programa 1.17 *Programa para testar o método que encontra o registro de maior chave independentemente do tipo da chave*

```java
package cap1;
public class EncontraMax {
  public static void main (String[] args) {
    MeuItem v[] = new MeuItem[2];
    v[0] = new MeuItem (3); v[1] = new MeuItem (10);
    MeuItem max = (MeuItem) Max.max (v, 2);
    System.out.println ("Maior chave: " + max.chave);
  }
}
```

Pacotes

A linguagem Java permite agrupar as classes e as interfaces em pacotes[4] (do inglês, **package**). Os **pacotes** são convenientes para organizar e separar as classes de um conjunto de programas de outras bibliotecas de classes. O uso de pacotes evita colisões entre nomes de classes desenvolvidas por uma equipe composta por muitos programadores.

---

[4]Em C++, os espaços de nomes (do inglês **namespace**) realizam um papel equivalente ao dos pacotes em Java.

Para definir o pacote de uma classe ou de uma interface basta utilizar a palavra chave **package** seguida pelo nome do pacote. Por exemplo:

package cap1;

A declaração de um pacote deve ser realizada sempre na primeira linha do arquivo fonte. Neste texto foi adotada a convenção de se definir um pacote para cada capítulo. Quando necessário é possível definir subpacotes separados por ".". Por exemplo, para definir o subpacote *arranjo* do pacote *cap3* fazemos:

package cap3.arranjo;

A utilização de uma classe definida em outro pacote é realizada através da palavra chave **import**[5]. Por exemplo, para utilizar a estrutura de dados *Lista* implementada por meio de arranjos (vide Cap. 3) utiliza-se o seguinte comando:

import cap3.arranjo.Lista;

Para utilizar todas as classes de um pacote basta fazer:

import cap3.arranjo.*;

Também é possível utilizar determinada classe de um pacote sem importá-la. Para isso basta prefixar o nome da classe com o nome do pacote durante a declaração de uma variável. Por exemplo:

cap3.arranjo.Lista lista;

Para que uma classe possa ser importada em um pacote diferente do que ela foi definida é preciso declará-la como pública por meio do modificador **public**. Por exemplo, a classe *B* do Programa 1.13 pode ser importada fora do pacote *cap1* no qual foi definida. Já a classe *A* só pode ser utilizada por outras classes internas ao pacote *cap1*.

Visibilidade de Pacote

Toda classe pertence a um pacote. Se o comando **package** não é colocado no código fonte, então Java adiciona as classes daquele código fonte no que é chamado de pacote *default*.

Quando um campo (ou método) de uma classe não é prefixado por nenhum dos modificadores **private**, **protected** ou **public**, diz-se que o campo (ou método) possui visibilidade *default* ou de pacote, o que significa que qualquer objeto de uma classe do pacote pode acessar diretamente aquele campo (ou método).

---

[5]Em C++, a palavra chave **using** é utilizada para se ter acesso às classes definidas em um espaço de nomes.

Classes Internas

A linguagem Java permite realizar aninhamento de classes, isto é, pode-se declarar uma classe dentro da declaração de outra classe. O Programa 1.18 ilustra a declaração da classe *Celula*, que é interna à classe *Lista*. Classes internas são muito úteis para evitar conflitos de nomes na implementação de estruturas de dados, como apresentado no Capítulo 3.

Programa 1.18 *Declaração de uma classe interna*

```
package cap1;
public class Lista {
  // Código da classe Lista
  private class Celula {
    // Código da classe Celula
  }
}
```

Os campos e métodos declarados na classe externa podem ser diretamente acessados dentro da classe interna, mesmo os declarados como **protected** ou **private**. No entanto, o contrário não é verdadeiro. Somente os campos ou métodos públicos da classe interna podem ser acessados na classe externa.

As classes externas só podem ser declaradas como públicas ou com visibilidade de pacote (*default*). Já as classes internas podem também ser qualificadas com os modificadores **private**, **protected** e **static**. O efeito desses modificadores sobre a visibilidade de uma instância da classe interna é o mesmo obtido sobre qualquer atributo da classe externa.

O Objeto this

Toda instância de uma classe possui uma variável especial chamada **this**, que contém uma referência para a própria instância. Isso é necessário em algumas situações para resolver questões de ambigüidade. O Programa 1.19 ilustra uma situação na qual o uso do objeto **this** se faz necessário. Note que o parâmetro *saldo* do método *alteraSaldo* possui o mesmo nome do campo de instância *saldo* da classe *Conta*. Para diferenciá-los é necessário qualificar o campo da instância com o objeto **this**.

Exceções

As exceções são erros ou anomalias que podem ocorrer durante a execução de um programa, tais como a divisão por zero, a indisponibilidade de memória principal

Programa 1.19 *Utilização do objeto* **this**

```
package cap1;
public class Conta {
  private double saldo;
  public void alteraSaldo (double saldo) {
    this.saldo = saldo;
  }
}
```

ou a falta de espaço em disco magnético. Uma exceção deve ser obrigatoriamente representada por um objeto de uma subclasse da classe ***Throwable***. A classe *Throwable* possui duas subclasses diretas: (i) ***Exception*** e (ii) ***Error***. A subclasse *Exception* será muito utilizada nos capítulos a seguir.

Uma abordagem simples para tratar uma exceção é exibir uma mensagem relatando o erro ocorrido e retornar para quem chamou ou finalizar o programa, como ilustra o Programa 1.20. O comando **try** trata uma exceção que tenha sido disparada em seu interior por um comando **throw**. A exceção é representada por um objeto que é uma instância da subclasse *Exception*. O comando **throw** instancia o objeto que representa a exceção e o envia para ser capturado pelo trecho de código que vai tratar a exceção. O comando **catch** captura a exceção e fornece o tratamento adequado.

Programa 1.20 *Tratamento da exceção no local onde ela ocorre*

```
int divisao (int a, int b) {
  try {
    if (b == 0) throw new Exception ("Divisao por zero");
    return (a/b);
  }
  catch (Exception objeto) {
    System.out.println ("Erro:" + objeto.getMessage());
    return (0);
  }
}
```

Uma abordagem mais elaborada para tratar uma exceção é separar o local onde a exceção é tratada do local onde ela ocorreu. Essa separação é importante pelo fato de que um trecho de código em um nível mais alto pode possuir mais informação para decidir como melhor tratar a exceção. Nesse caso a exceção não é tratada no local onde ela ocorreu, e esse fato é explicitamente indicado pelo comando **throws**, conforme ilustra o Programa 1.21.

Programa 1.21 *Tratamento da exceção em local diferente do local onde ela ocorre*

```
int divisao (int a, int b) throws {
  if (b == 0) throw new Exception ("Divisao por zero");
  return (a/b);
}
```

Considerando que o método *divisao* está inserido em uma classe chamada *Divisao*, o trecho de código abaixo ilustra como capturar o objeto exceção que pode ser criado no método:

```
Divisao d = new Divisao ();
try {
  d.divisao (3, 0);
}
catch(Exception objeto) {
  System.out.println("Erro:"+objeto.getMessage());
}
```

Saída de Dados

Os tipos primitivos e objetos do tipo *String* podem ser impressos com os comandos

```
System.out.print (var);
System.out.println (var);
```

O método *print* deixa o cursor na mesma linha e o método *println* move o cursor para a próxima linha de saída. O argumento de cada um dos métodos pode ter diversas variáveis separadas por sinais de adição. Por exemplo, se a variável *data* contém o valor 27:

```
System.out.println ("Data do evento = "+ data);
```

então o resultado impresso será:

Data do evento = 27.

Entrada de Dados

Todo programa em Java que tenha leitura de dados tem de incluir o comando

import java.io.*;

no início do programa.

Geralmente a entrada de dados ocorre por meio de um objeto da classe *String*. Um método para ler do teclado uma cadeia de caracteres terminada com a tecla *Enter* seria:

public static String getString () **throws** IOException {
  InputStreamReader inputString = **new** InputStreamReader (System.in);
  BufferedReader buffer = **new** BufferedReader (inputString);
  String s = buffer.readLine ();
  return s;
}

Para realizar a entrada de um caractere a partir do teclado, uma maneira segura é realizar a leitura de um objeto da classe *String* e usar outro método para considerar apenas o primeiro caractere. No exemplo

public static char getChar () **throws** IOException {
  String s = getString ();
  return s.charAt (0);
}

o método *charAt* da classe *String* retorna um caractere da posição especificada no objeto da classe *String*. Nesse caso, o primeiro caractere é retornado, o qual está na posição 0.

Se o que está sendo lido é de outro tipo, então é necessário realizar uma conversão do objeto *String* para o tipo desejado. No exemplo:

public int getint () **throws** IOException {
  String s = getString ();
  return Integer.parseInt (s);
}

o método ***parseInt*** da classe *Integer* converte a cadeia de caracteres para o tipo **int**. Um método semelhante de nome ***parseLong*** pode ser usado para converter a cadeia de caracteres para o tipo **long**.

Todos os tipos primitivos possuem um mecanismo de conversão semelhante. No exemplo a seguir é mostrado como realizar a conversão da cadeia de caracteres para os tipos **float** e **double**. Cada tipo primitivo possui uma classe associada, isto é, o tipo **int** possui a classe *Integer*, o tipo **double** possui a classe *Double*, o tipo **float** possui a classe *Float* e assim sucessivamente. Existem outros mecanismos de conversão, mas estão além do escopo deste livro. Para mais detalhes, consulte o manual disponível em http://java.sun.com.

public double getDouble () **throws** IOException {
  String s = getString ();
  return Double.parseDouble (s);
}
public float getFloat () **throws** IOException {
  String s = getString ();
  return Float.parseFloat (s);
}

Em todos os exemplos não consideramos a verificação de erros nas rotinas de entrada de dados. Quando o usuário digita a cadeia de caracteres de forma errada, um erro de exceção é disparado e deve ser tratado adequadamente. Nos exemplos de entrada de dados mostrados anteriormente, a ocorrência de uma exceção causa o término do programa.

Convenção de Codificação em Java

A comunidade de programadores Java adota uma convenção de codificação em que os identificadores associados às classes devem iniciar com letra maiúscula, enquanto os identificadores de variáveis e métodos devem iniciar com letra minúscula. Mais detalhes sobre convenção podem ser obtidos por meio do *link* http://java.sun.com/docs/codeconv/html/CodeConvTOC.doc.html.

1.5.3 Diferenças entre Java e C++

Esta seção não pretende cobrir todas as diferenças entre Java e C++, mas apenas mostrar as principais características que diferenciam a linguagem Java da linguagem C++.

Ausência de Apontadores

A maior diferença entre Java e C++ é a ausência de apontadores em Java. Na realidade Java não utiliza apontadores explicitamente, mas apontadores estão sempre presentes na forma de referências a posições de memória. Nesse aspecto poderíamos dizer que quase tudo em Java é um apontador, embora a aritmética de ponteiros não esteja presente na linguagem, como ocorre em C++.

O primeiro aspecto a considerar é que Java trata tipos de dados primitivos, tais como **int**, **double** e **float**, de forma diferente do tramento dado a objetos. Por exemplo, consideremos os comandos:

   int variavelInteira;
   ContaBancaria conta1;

No primeiro comando, uma localização de memória chamada *variavelInteira* pode ter um valor numérico tal como 257, assumindo que o valor tenha sido colocado lá. Entretanto, a localização de memória *conta1* não contém um valor do objeto *ContaBancaria*. Em vez disso, ela contém o endereço de um objeto da classe *ContaBancaria* que realmente está armazenado em algum outro lugar da memória. Logo, o nome *conta1* é uma referência para este objeto, não o objeto propriamente dito. Em Java, uma referência pode ser vista como um apontador com a sintaxe de uma variável. A linguagem C++ tem variáveis referência, mas elas têm de ser especificadas de forma explícita com o símbolo &.

Atribuição

Outra diferença significativa está relacionada com o operador de atribuição (=). Em C++, o comando

   conta1 = conta2;

copia todos os dados não alocados dinamicamente de um objeto chamado *conta2* em um objeto chamado *conta1*, isto é, após a execução do comando, passam a existir dois objetos com os mesmos dados estáticos. Em Java, esse mesmo comando de atribuição copia o endereço de memória a que *conta2* se refere em *conta1*, e tanto *conta1* quanto *conta2* se referem ao mesmo objeto. Assim, após a execução do comando acima, os dois comandos

   conta1.saque (100.00);
   conta2.saque (100.00);

retiram cada um R$100.00 do mesmo objeto da classe *ContaBancaria*.

Em Java, para copiar os dados de um objeto para outro é necessário ter dois objetos separados e então copiar cada campo separadamente, porque o comando de atribuição não é capaz de realizar tal tarefa.

Alocação Dinâmica de Memória

Em Java e em C++ os objetos são criados utilizando o operador **new**. Entretanto, em Java o valor retornado é uma referência ao objeto criado, enquanto em C++ o valor retornado é um apontador para o objeto criado. Os comandos

   ContaBancaria conta1;
   conta1 = **new** ContaBancaria ();

criam um objeto *conta1* do tipo *ContaBancaria*.

A eliminação de apontadores em Java tem por objetivo tornar o *software* mais seguro. O fato de não ser possível manipular o endereço de *conta1* evita que alguém possa acidentalmente corromper o endereço.

Em C++, a memória alocada pelo operador **new** tem de ser liberada pelo programador quando não é mais necessária, utilizando o operador **delete**. Em Java, a liberação de memória é realizada pelo sistema de forma transparente para o programador. Java procura periodicamente por referências válidas para cada objeto alocado por **new**. Se não existirem mais referências, a memória alocada para o objeto é devolvida para o espaço de memória livre. Esse processo é conhecido como **coleta de lixo** (do inglês *garbage collection*).

Parâmetros

Em Java, os objetos são passados para métodos como referências aos objetos criados. No exemplo:

```
void metodo1 () {
  ContaBancaria conta1 = new ContaBancaria (100.00);
  metodo2 (conta1);
}
void metodo2 (ContaBancaria conta2) {
}
```

as referências *conta1* e *conta2* referem-se ao mesmo objeto. Entretanto, os tipos primitivos de dados em Java são sempre passados por valor, uma nova variável é criada dentro do método e o valor do parâmetro é copiado nela.

Em C++, no exemplo:

```
void metodo1 () {
  ContaBancaria conta1 (100.00);
  metodo2 (conta1);
}
void metodo2 (ContaBancaria conta2) {
}
```

conta2 é um novo objeto copiado de *conta1*.

Em C++, para passar objetos grandes evitando o custo de copiar o objeto dentro do método utiliza-se o &. No exemplo:

```
void metodo1 () {
  ContaBancaria conta1 (100.00);
  metodo2 (conta1);
}
void metodo2 (ContaBancaria &conta2) {
}
```

conta2 refere-se ao objeto *conta1*.

Operador de Igualdade

No caso de tipos primitivos de dados, tanto em Java quanto em C++ o operador de igualdade (==) diz se duas variáveis são iguais, isto é, se elas contêm o mesmo valor. Por exemplo:

```
int varInteira1 = 33;
int varInteira2 = varInteira1;
if (varInteira1 == varInteira2)
  System.out.println ("Valores sao iguais");
```

No caso de objetos, em C++ o operador diz se dois objetos contêm o mesmo valor. Em Java, o operador de igualdade diz se duas referências são iguais, isto é, se apontam para o mesmo objeto. Por exemplo:

CargoDoFuncionario funcionario1 = **new** CargoDoFuncionario ("Gerente");
CargoDoFuncionario funcionario2 = funcionario1;
if (funcionario1 == funcionario2)
   System.out.println ("As referências são iguais");

Em Java, para verificar se dois objetos diferentes contêm o mesmo valor é necessário utilizar o método *equals* da classe *Object*. Em Java, todos os objetos são implicitamente derivados da classe *Object*. Por exemplo:

CargoDoFuncionario funcionario1 = **new** CargoDoFuncionario ("Gerente");
CargoDoFuncionario funcionario2 = **new** CargoDoFuncionario ("Gerente");
if (funcionario1.equals (funcionario2))
   System.out.println ("Valores são iguais");

Para que os valores dos dois objetos sejam comparados é necessário sobrescrever o método *equals* na classe *CargoDoFuncionario*. O programador deve realizar a sobrescrita para estabelecer a relação de igualdade entre dois objetos da classe *CargoDoFuncionario*, a qual não é conhecida *a priori*.

Sobrecarga de Operadores

Em C++ é possível redefinir operadores como +, −, ∗, =, de tal forma que eles se comportem de maneira diferente para os objetos de uma classe particular. Em Java, não existe sobrecarga de operadores.

Tipos Primitivos de Dados

Por questões de eficiência foram mantidos diversos tipos primitivos de dados. A Tabela 1.5 apresenta os **tipos primitivos de dados** em Java. As variáveis declaradas como um tipo primitivo em Java permitem acesso direto ao seu valor, exatamente como ocorre em C++. Todos os outros tipos não mostrados na tabela são classes (por exemplo, *String*).

Em Java, o tipo **boolean** pode assumir os valores **false** ou **true**, enquanto em C++ os valores inteiros 0 e 1 representam falso e verdadeiro, respectivamente. O tipo **byte** não existe em C++. O tipo **char** é sem sinal e usa dois bytes para acomodar a representação **Unicode** de caracteres, o qual acomoda caracteres internacionais de línguas tais como chinês e japonês. O tipo **short** tem tratamento parecido em Java e C++. Em Java, o tipo **int** tem sempre 32 *bits*, enquanto em C++ o tipo **int** varia de tamanho, dependendo de cada arquitetura do computador onde vai ser executado. O tipo **float** usa o sufixo F (por exemplo, 2.357F); o tipo

Tabela 1.5 Tipos primitivos de dados em Java

Nome	Tamanho (bits)	Intervalo de valores
boolean	1	true ou false
byte	8	-127 a +128
char	16	'\u0000' a '\uFFFF'
short	16	-32.768 a +32.767
int	32	-2.147.483.648 a +2.147.483.647
long	64	-9.223.372.036.854.775.808 a +9.223.372.036.854.775.807
float	32	10^{-38} a 10^{+38}; 7 dígitos significativos
double	64	10^{-308} a 10^{+308}; 15 dígitos significativos

double não necessita de sufixo. O tipo **long** usa o sufixo L (por exemplo, 33L); quaisquer outros tipos inteiros não necessitam de sufixo.

Notas Bibliográficas

Estudos básicos sobre os conceitos de algoritmos, estruturas de dados e programas podem ser encontrados em Dahl, Dijkstra e Hoare (1972), Dijkstra (1971; 1976), Hoare (1969), Wirth (1971; 1974; 1976).

Existem muitos livros que apresentam técnicas para medir o tempo de execução de programas. Knuth (1968; 1973; 1981), Stanat e McAllister (1977), Cormen, Leiserson, Rivest e Stein (2001), Manber (1989), Horowitz e Sahni (1978), Greene e Knuth (1982), Rawlins (1991) são alguns exemplos.

A análise assintótica de algoritmos é hoje a principal medida de eficiência para algoritmos. Existem muitos livros que apresentam técnicas para analisar algoritmos, tais como somatórios, equações de recorrência, árvores de decisão, oráculos, entre outras. Knuth (1968; 1973; 1981), Graham, Knuth e Patashnik (1989), Aho, Hopcroft e Ullman (1974), Stanat e McAllister (1977), Cormen, Leiserson, Rivest e Stein (2001), Manber (1989), Horowitz e Sahni (1978), Greene e Knuth (1982), Rawlins (1991) são alguns exemplos. Artigos gerais sobre o tópico incluem Knuth (1971), Knuth (1976), Weide (1977), Lueker (1980), Flajolet e Vitter (1987). Tarjan (1985) apresenta **custo amortizado**: se certa parte de um algoritmo é executada muitas vezes, cada vez com um tempo de execução diferente, em vez de considerar o pior caso em cada execução, os diferentes custos são amortizados.

Existe uma enorme quantidade de livros sobre a linguagem **Java**, que foi desenvolvida pela SUN Microsystems, tendo sido lançada em 1995. Uma descrição completa da linguagem, bem como ambientes de desenvolvimento de programas, pode ser obtida no *site* java.sun.com. O livro de Deitel e Deitel (2005) apresenta uma descrição precisa e ao mesmo tempo didática da linguagem Java.

Existem também muitos livros sobre a linguagem **C++**. O livro de Stroustrup (2000) apresenta uma descrição precisa da linguagem. Para uma descrição mais didática da linguagem o livro de Deitel e Deitel (2005b) é mais adequado.

A maior parte das estruturas de dados estudadas nesse livro estão implementadas dentro do pacote java.util por meio da da API (*Application Programming Interface*). A documentação das implementações podem ser acessadas por meio do link http://java.sun.com/j2se/1.5.0/docs/api/. A linguagem C++ também possui uma biblioteca de classes padrão chamada STL (*Standard Template Library*). A documentação da biblioteca STL pode ser acessada por meio do link http://www.sgi.com/tech/stl/.

Exercícios

1. Dê o conceito de:

    a) algoritmo;

    b) tipo de dados;

    c) tipo abstrato de dados.

2. O que significa dizer que uma função $g(n)$ é $O(f(n))$?

3. O que significa dizer que um algoritmo executa em tempo proporcional a n?

4. Explique a diferença entre $O(1)$ e $O(2)$.

5. Qual algoritmo você prefere: um algoritmo que requer n^5 passos ou um que requer 2^n passos?

6. Prove que $f(n) = 1^2 + 2^2 + \cdots + n^2$ é igual a $n^3/3 + O(n^2)$.

7. Indique se as afirmativas a seguir são verdadeiras ou falsas e justifique a sua resposta.

    a) $2^{n+1} = O(2^n)$

    b) $2^{2n} = O(2^n)$

    c) $f(n) = O(u(n))$ e $g(n) = O(v(n)) \Rightarrow f(n) + g(n) = O(u(n) + v(n))$

    d) $f(n) = O(u(n))$ e $g(n) = O(v(n)) \Rightarrow f(n) - g(n) = O(u(n) - v(n))$

8. Sejam duas funções não negativas $f(n)$ e $g(n)$. Diz-se que

    $f(n) = \Theta(g(n))$ se $f(n) = O(g(n))$ e $g(n) = O(f(n))$.

    Mostre que $\max(f(n), g(n)) = \Theta(f(n) + g(n))$.

9. Suponha um algoritmo A e um algoritmo B com funções de complexidade de tempo $a(n) = n^2 - n + 549$ e $b(n) = 49n + 49$, respectivamente. Determine quais são os valores de n pertencentes ao conjunto dos números naturais para os quais A leva menos tempo para executar do que B.

10. Implemente os três algoritmos apresentados nos Programas 1.3, 1.4 e 2.7, para obter o máximo e o mínimo de um conjunto contendo n elementos. Execute os algoritmos para valores suficientemente grandes de n, gerando casos de teste para o melhor caso, o pior caso e o caso esperado. Meça o tempo de execução para cada algoritmo com equação aos três casos desta questão. Comente os resultados obtidos.

11. São dados $2n$ números distintos distribuídos em dois arranjos com n elementos A e B ordenados de maneira tal que (Carvalho, 1992):

$$A[1] > A[2] > A[3] > \cdots > A[n] \text{ e } B[1] > B[2] > B[3] > \cdots > B[n].$$

O problema é achar o n-ésimo maior número dentre estes $2n$ elementos.

a) Obtenha um limite inferior para o número de comparações necessárias para resolver este problema.

b) Apresente um algoritmo cuja complexidade no pior caso seja igual ao valor obtido na letra a), ou seja, um algoritmo ótimo.

12. É dada uma matriz $n \times n$ A, na qual cada elemento é denominado A_{ij} e $1 \leq i, j \leq n$. Sabemos que a matriz foi ordenada de modo a (Carvalho, 1992):

$$A_{ij} < A_{ik}, \text{ para todo } i \text{ e } j < k,$$
$$A_{ij} < A_{kj}, \text{ para todo } i \text{ e } j < k.$$

Apresente um algoritmo que ache a localização de determinado elemento x em A e analise o comportamento no pior caso. (Dica: Existe um algoritmo que resolve este problema em $O(n)$ comparações no pior caso.)

13. Apresente um algoritmo para obter o maior e o segundo maior elementos de um conjunto. Apresente também uma análise do algoritmo. Você acha o seu algoritmo eficiente? Por quê? Procure comprovar suas respostas.

14. Considere o problema de inserir um novo elemento em um conjunto ordenado

$$A[1] > A[2] > A[3] > \cdots > A[n].$$

a) Apresente um limite inferior para essa classe de problemas.

b) Apresente uma prova informal para o limite inferior.

c) Apresente um algoritmo para resolver o problema desta questão. O seu algoritmo é ótimo?

15. Dada uma lista ordenada de n elementos de valor inteiro, o problema de unificação de lista consiste em realizar seguidamente a operação de remover os dois elementos de menor valor da lista e inserir um novo elemento com valor igual à soma dos dois primeiros. A cada operação a lista passa a ter um elemento a menos. A unificação termina quando restar somente um elemento na lista.

a) Apresente um algoritmo que realiza a unificação da lista em tempo $O(n)$.

b) É possível realizar a unificação da lista em tempo sublinear? Justifique a sua resposta.

c) Qual o limite inferior para o problema da unificação?

16. Avalie as somas:

a) $\sum_{i=1}^{n} i$

b) $\sum_{i=1}^{n} a^i$

c) $\sum_{i=1}^{n} i a^i$

d) $\sum_{i=0}^{n} \binom{n}{i}$

e) $\sum_{i=1}^{n} i \binom{n}{i}$

f) $\sum_{i=1}^{n} \frac{1}{i}$

g) $\sum_{i=1}^{n} \log i$

h) $\sum_{i=1}^{n} i 2^{-i}$

i) $1 + 1/7 + 1/49 + \cdots + (1/7)^n$

j) $\sum_{i=1}^{k} 2^{k-i} i^2$

k) $\sum_{i=m}^{n} a_i - a_{i-1}$

17. Resolva as seguintes **equações de recorrência**:

a) $\begin{cases} T(n) = T(n-1) + c & c \text{ constante, } n > 1 \\ T(1) = 0 \end{cases}$

b) $\begin{cases} T(n) = T(n-1) + 2^n & n \geq 1 \\ T(0) = 1 \end{cases}$

c) $\begin{cases} T(n) = cT(n-1) & c, k \text{ constantes, } n > 0 \\ T(0) = k \end{cases}$

d) $\begin{cases} T(n) = 3T(n/2) + n & n > 1 \\ T(1) = 1 \end{cases}$

e) $\begin{cases} T(n) = 3T(n-1) - 2T(n-2) & n > 1 \\ T(0) = 0 \\ T(1) = 1 \end{cases}$

f) $\begin{cases} T(n) = \sum_{i=1}^{n-1} 2T(i) + 1 & n > 1 \\ T(1) = 1 \end{cases}$

g) $\begin{cases} T(n) = T(\sqrt{n}) + \log n, \text{ para } n \geq 1 \\ T(1) = 1 \end{cases}$
Dica: use mudança de variáveis.

h) $\begin{cases} T(n) = 2T(\lfloor n/2 \rfloor) + 2n\log_2 n \\ T(2) = 4 \end{cases}$

cuja solução satisfaz $T(n) = O(n \log^2 n)$.

Prove usando indução matemática em n (Manber, 1989, p. 56).

18. Considere o algoritmo a seguir: Suponha que a operação crucial é o fato de inspecionar um elemento. O algoritmo inspeciona os n elementos de um conjunto e, de alguma forma, isso permite descartar 2/5 dos elementos e então fazer uma chamada recursiva sobre os $3n/5$ elementos restantes.

```
void pesquisa (int n) {
  if  (n <= 1)
    'inspecione elemento' e termine
  else {
    para cada um dos n elementos 'inspecione elemento';
    pesquisa(3n/5);
  }
}
```

a) Escreva uma **equação de recorrência** que descreva esse comportamento.

b) Converta essa equação para um somatório.

c) Dê a fórmula fechada para esse somatório.

19. Considere o algoritmo a seguir:

```
void sort2 (int v[] , int i , int j) {
/*--- n uma potência de 3 e v um vetor de 1 a n ---*/
  if (i < j) {
    k = ((j - i) + 1 )/3;
    sort2 (v, i, i + k - 1);
    sort2 (v, i + k, i + 2k - 1);
    sort2 (v, i + 2k, j );
    merge (v, i , i + k, i + 2k, j );
    /* merge intercala
       v[i..(i + k - 1)], v[(i + k)..(i +2k - 1)] e
       v[i + 2k..j] em v[i..j]
       a um custo 5n/3 - 2
    */
  }
}
```

a) Escreva uma **equação de recorrência** que descreva esse comportamento.

b) Converta essa equação para um somatório.

c) Dê a fórmula fechada para esse somatório.

20. Problema dos ovos (Baeza-Yates, 1997):

Dado um edifício de n andares e k ovos especiais (ovos caipira), nós desejamos resolver o seguinte problema: qual é o andar mais alto do qual podemos arremessar um ovo sem que ele se quebre? Apresente o melhor algoritmo para cada um dos casos a seguir. Discuta se seu algoritmo é ótimo ou não em cada caso.

a) Temos apenas um ovo.

b) Temos dois ovos.

c) Temos muitos ovos.

Capítulo 2
Paradigmas de Projeto de Algoritmos

O objetivo deste capítulo é apresentar os principais paradigmas e técnicas de projeto de algoritmos, a saber: indução, recursividade, algoritmos tentativa e erro, divisão e conquista, balanceamento, programação dinâmica, algoritmos gulosos e algoritmos aproximados. Na apresentação dos tópicos, será apontado ao longo do texto onde cada paradigma é empregado.

2.1 Indução

A indução matemática tem um papel importante no projeto de algoritmos, pois é uma ferramenta muito útil para provar asserções sobre a correção e a eficiência de algoritmos. A indução consiste em inferir uma lei geral a partir de instâncias particulares. De acordo com o *Dicionário Houaiss da Língua Portuguesa*, indução é o "raciocínio que parte de dados particulares (fatos, experiências, enunciados empíricos) e, por meio de uma seqüência de operações cognitivas, chega a leis ou conceitos mais gerais, indo dos efeitos à causa, das conseqüências ao princípio, da experiência à teoria". Esta seção apresenta uma breve introdução do princípio da indução matemática por meio de exemplos.

A indução matemática é uma técnica muito poderosa para provar asserções sobre os números naturais. A técnica funciona como segue. Seja T um teorema que desejamos provar, suponhamos que T tenha como parâmetro um número natural n. Em vez de tentar provar diretamente que T é válido para todos os valores de n, basta provar as duas condições a seguir:

1. T é válido para $n = 1$;
2. Para todo $n > 1$, se T é válido para $n - 1$, então T é válido para n.

A condição 1 é usualmente simples de provar, e é chamada de **passo base**. Na maioria das vezes, provar a condição 2 é mais fácil do que provar o teorema diretamente, uma vez que podemos usar a asserção de que T é válido para $n - 1$. Essa afirmativa é chamada de **hipótese de indução** ou **passo indutivo**.

Por que as duas condições na página anterior são suficientes? As condições 1 e 2 implicam diretamente que T é válido para $n = 2$. Se T é válido para $n = 2$, então a condição 2 implica que T também é válido para $n = 3$, e assim por diante. O princípio da indução é básico e, por isso, é colocado como um axioma na definição dos números naturais.

Exemplo: Vamos considerar a expressão para a soma dos primeiros números naturais n, isto é, $S(n) = 1 + 2 + \cdots + n$. Vamos provar que a soma dos n primeiros números naturais é $S(n) = n(n+1)/2$.

A prova é por indução em n. Se $n = 1$, então a asserção é verdadeira porque $S(1) = 1 = 1 \times (1+1)/2$ (passo base). Agora assumimos que a soma dos primeiros n números naturais $S(n)$ é $n(n+1)/2$ (hipótese de indução), e provamos que essa asserção implica que a soma dos primeiros $n + 1$ números naturais é $S(n + 1) = (n + 1)(n + 2)/2$. Pela definição de $S(n)$ sabemos que $S(n + 1) = S(n) + n + 1$. Porém, pela hipótese de indução, $S(n) = n(n+1)/2$, logo $S(n + 1) = n(n + 1)/2 + n + 1 = (n + 1)(n + 2)/2$, que é exatamente o que queremos provar.

Exemplo: Vamos utilizar a indução para resolver uma equação de recorrência. Considere a seguinte equação de recorrência definida para valores de n que são potências de 2:

$$T(2n) \leq 2T(n) + 2n - 1, \quad T(2) = 1. \tag{2.1}$$

A Seção 1.4 apresenta uma maneira de resolver a Eq.(2.1) e obter uma fórmula fechada para encontrar o valor da função para qualquer valor que seja uma potência de 2. Entretanto, em muitas situações, é difícil obter a solução de uma equação de recorrência. Nesses casos, pode ser mais fácil tentar adivinhar a solução ou chegar a um limite superior para a ordem de complexidade da solução da equação de recorrência.

Adivinhar a solução funciona bem para uma grande quantidade de equações de recorrência, especialmente quando estamos interessados apenas em um limite superior, em vez da solução exata. O método de adivinhar é útil porque mostrar que um limite existe é mais fácil do que obter o limite. Repare que a Eq.(2.1) é apresentada como uma inequação, e não como uma equação. Nesse caso, o objetivo é encontrar um limite superior na notação O, em que o lado direito da desigualdade representa o pior caso. Em outras palavras, desejamos encontrar uma função $f(n)$ tal que $T(n) = O(f(n))$, mas procurando fazer com que $f(n)$ seja o mais próximo possível da solução real para $T(n)$.

Vamos considerar um palpite como sendo $f(n) = n^2$. Queremos provar que $T(n) = O(f(n))$ utilizando indução matemática em n. Primeiro, devemos verificar o passo base, que no caso é $T(2) = 1 \leq f(2) = 4$. No passo de indução, vamos provar que $T(n) \leq f(n)$ implica $T(2n) \leq f(2n)$. A prova é como segue:

$$\begin{aligned} T(2n) &\leq 2T(n) + 2n - 1, \quad \text{(pela definição da recorrência)} \\ &\leq 2n^2 + 2n - 1, \quad \text{(pela hipótese de indução)} \\ &< (2n)^2, \end{aligned}$$

que é exatamente o que queremos provar. Logo, $T(n) = O(n^2)$. Será n^2 uma boa estimativa para $T(n)$? No último passo da prova, a expressão $2n^2 + 2n - 1$ foi substituída por $4n^2$, o que apresenta uma diferença de $2n^2$ entre as duas expressões, um indicativo de que n^2 possa ser uma estimativa folgada para $T(n)$.

Vamos tentar um palpite menor, digamos $f(n) = cn$, para alguma constante c. Queremos provar que $T(n) \leq cn$ implica $T(2n) \leq c2n$. Assim:

$$\begin{aligned} T(2n) &\leq 2T(n) + 2n - 1, \quad \text{(pela definição da recorrência)} \\ &\leq 2cn + 2n - 1, \quad \text{(pela hipótese de indução)} \\ &> c2n. \end{aligned}$$

Nesse caso, está claro que cn cresce mais lentamente do que o crescimento de $T(n)$, uma vez que $c2n = 2cn$ e não existe espaço para o valor $2n - 1$, que está sobrando. Logo, $T(n)$ está entre cn e n^2.

Vamos então tentar $f(n) = n \log n$. No passo base $T(2) < 2 \log 2$. No passo de indução, vamos assumir que $T(n) \leq n \log n$. Queremos mostrar que $T(2n) \leq 2n \log 2n$. Assim:

$$\begin{aligned} T(2n) &\leq 2T(n) + 2n - 1, \quad \text{(pela definição da recorrência)} \\ &\leq 2n \log n + 2n - 1, \quad \text{(pela hipótese de indução)} \\ &< 2n \log 2n, \end{aligned}$$

que é exatamente o que queríamos provar. A diferença entre as fórmulas agora é de apenas 1, o que significa que estamos bem perto da solução. De fato,

$$T(n) = n \log n - n + 1$$

é a solução exata de:

$$T(n) = 2T(n/2) + n - 1, \ T(1) = 0,$$

equação de recorrência que descreve o comportamento do algoritmo de ordenação *Mergesort*, cuja solução exata é apresentada na Seção 2.5.

2.2 Recursividade

Um método que chama a si mesmo, direta ou indiretamente, é dito **recursivo**. O uso da recursividade geralmente permite uma descrição mais clara e concisa dos algoritmos, especialmente quando o problema a ser resolvido é recursivo por natureza ou utiliza estruturas recursivas, tais como as árvores.

Exemplo: Considere a árvore binária de pesquisa mostrada na Figura 2.1 (as árvores de pesquisa são estudadas detalhadamente na Seção 5.3). Uma **árvore binária de pesquisa** é uma árvore binária em que todo nó interno contém um registro com a seguinte propriedade: todos os registros com chaves menores estão na subárvore esquerda e todos os registros com chaves maiores estão na subárvore direita.

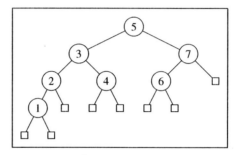

Figura 2.1 *Árvore binária de pesquisa.*

O Programa 2.1 mostra a estrutura de dados para a árvore da Figura 2.1.

Programa 2.1 *Estrutura de dados para árvores binárias de pesquisa*

```
package cap2;
public class ArvoreBinaria {
  private static class No {
    Object reg;
    No esq, dir;
  }
  private No raiz;
}
```

Vamos considerar um algoritmo para percorrer todos os registros que compõem a árvore. Existe mais de uma ordem de **caminhamento** em árvores, mas a mais utilizada para árvores de pesquisa é a chamada **ordem de caminhamento central**. Esse caminhamento é melhor expresso em termos recursivos, a saber:

1. caminha na subárvore esquerda na ordem central;
2. visita a raiz;
3. caminha na subárvore direita na ordem central.

O Programa 2.2 mostra o método *central* da classe *ArvoreBinaria* apresentada no Programa 2.1, o qual implementa o caminhamento central de forma recursiva. No caminhamento central, os nós são visitados em ordem lexicográfica das chaves. Percorrer a árvore da Figura 2.1 usando caminhamento central recupera as chaves na ordem 1, 2, 3, 4, 5, 6 e 7.

Programa 2.2 Caminhamento central

```
private void central (No p) {
  if (p != null) {
    central (p.esq);
    System.out.println (p.reg.toString());
    central (p.dir);
  }
}
```

Quando o método *central* é chamado com o valor do objeto de referência p referenciando o nó raiz da árvore, o primeiro comando verifica a condição de terminação, perguntando se p != **null**. Se for diferente de **null**, então *central* é chamado recursivamente seguindo a referência ao filho à esquerda, até encontrar uma referência **null**. Quando encontra $p==$**null**, o método simplesmente retorna para quem chamou, no caso *central*, e o comando seguinte é executado, imprimindo o valor da chave que rotula o nó. No caso de ser a primeira vez que $p==$**null**, o valor 1 é impresso, e *central* é chamado recursivamente, seguindo a referência ao filho à direita.

2.2.1 Como Implementar Recursividade

Um compilador implementa um método recursivo por meio de uma **pilha**, na qual são armazenados os dados usados em cada chamada de um método que ainda não terminou de processar (vide Seção 3.2). Todos os dados não globais vão para a pilha, pois o estado corrente da computação deve ser registrado para que possa ser recuperado de uma nova ativação de um método recursivo, quando a ativação anterior deverá prosseguir.

No caso do caminhamento central para árvores binárias de pesquisa apresentado no Programa 2.2, para cada chamada recursiva ao método *central* o valor de p e o endereço de retorno da chamada recursiva são armazenados na pilha, por meio de um operador semelhante ao operador *empilha* apresentado na Seção 3.2. Quando encontra $p ==$**null**, o método retorna para quem chamou, utilizando o endereço de retorno que está no topo da pilha, por meio de um operador igual ao operador *desempilha* apresentado na Seção 3.2.

Como todo comando repetitivo, métodos recursivos introduzem a possibilidade de iterações que podem não terminar, implicando a necessidade de se considerar o problema de **terminação**. Uma exigência fundamental é que a chamada recursiva a um método P esteja sujeita a uma condição B, a qual se torna não satisfeita em algum momento da computação. Wirth (1976) apresenta um esquema para métodos recursivos como sendo uma composição $\mathcal{C}$ de comandos S_i e P, a saber:

$$P \equiv \textbf{if } B \textbf{ then } \mathcal{C}[S_i, P].$$

A técnica básica para demonstrar que uma repetição termina é definir uma função $f(x)$, na qual x é o conjunto de variáveis do programa, tal que:

1. $f(x) \leq 0$ implica a condição de terminação;
2. $f(x)$ é decrementada a cada iteração.

Uma forma simples de garantir a terminação é associar um parâmetro n para P (no caso **por valor**) e chamar P recursivamente com $n-1$. Logo, a substituição da condição B por $n > 0$ garante a terminação, o que pode ser formalmente expresso por:

$$P \equiv \textbf{if } n > 0 \textbf{ then } \mathcal{P}[S_i, P(n-1)].$$

Concluindo, na prática é necessário garantir que o nível mais profundo de recursão seja não apenas finito, mas também possa ser mantido pequeno, pois, na ocasião de cada ativação recursiva de um método P, uma parcela de memória é necessária para acomodar variáveis a cada chamada. Assim, um aspecto importante para manter o tamanho da pilha pequeno é o balanceamento, uma técnica básica para um bom projeto de algoritmos, que é o tema da Seção 2.5.

2.2.2 Quando Não Usar Recursividade

Algoritmos recursivos são apropriados quando o problema a ser resolvido ou os dados a serem tratados são definidos em termos recursivos. Entretanto, isso não garante, para tais definições de natureza recursiva, que um algoritmo recursivo seja o melhor caminho para resolver o problema. Os problemas nos quais o uso de algoritmos recursivos deve ser evitado podem ser caracterizados pelo esquema:

$$P \equiv \textbf{if } B \textbf{ then } (S, P). \tag{2.2}$$

Programas recursivos correspondendo ao Esquema 2.2 são facilmente transformáveis em uma versão não recursiva, a saber:

$$P \equiv (x = x_0; \textbf{ while } B \textbf{ do } S). \tag{2.3}$$

Exemplo: Considere o cálculo dos **números de Fibonacci** definidos pela seguinte equação de recorrência:

$$\begin{cases} f_0 = 0,\ f_1 = 1, \\ f_n = f_{n-1} + f_{n-2} \quad \text{para } n \geq 2. \end{cases} \quad (2.4)$$

Esses números são assim chamados por terem sido introduzidos por Fibonacci, matemático italiano do século XII, em publicação de 1202, na qual relacionou a seqüência de números produzidos pela recorrência acima com a velocidade de reprodução de coelhos. A seqüência inicia com $0, 1, 1, 2, 3, 5, 8, 13, 21, 34, 55, \ldots$ e possui inúmeras aplicações na matemática, teoria de jogos e ciência da computação. A solução da Eq.(2.4) foi apresentada por De Moivre, a saber:

$$f_n = \frac{1}{\sqrt{5}}[\Phi^n - (-\Phi)^{-n}],$$

em que $\Phi = (1 + \sqrt{5})/2 \approx 1,618$ é a **razão de ouro**. Como $(-\Phi)^{-n}$ é pequeno quando n é grande ($0 < \Phi^{-1} < 1$), então o valor de f_n é aproximadamente $\Phi^n/\sqrt{5}$, que é $O(\Phi^n)$. Entretanto, a equação é de pouca utilidade prática para o cálculo exato de f_n, pois, quando n cresce, o grau de precisão necessário para calcular os valores de $\sqrt{5}$ e Φ fica muito alto.

O método recursivo obtido diretamente da Eq.(2.4) pode ser visto no Programa 2.3. O programa é extremamente ineficiente porque recalcula o mesmo valor várias vezes. Por exemplo, para calcular *fibRec*(5) são necessários os valores de *fibRec*(4) e *fibRec*(3). Entretanto, *fibRec*(4) também chama recursivamente para o cálculo de *fibRec*(3). Assim, *fibRec*(3) vai ser calculado duas vezes, *fibRec*(2) três vezes, *fibRec*(1) cinco vezes e *fibRec*(0) três vezes. Os números de chamadas de *fibRec*(5), *fibRec*(4), *fibRec*(3), *fibRec*(2) e *fibRec*(1) são $1, 1, 2, 3, 5$, respectivamente.

Programa 2.3 *Método recursivo para calcular a seqüência de Fibonacci*

```
package cap2;
public class Fibonacci {
  public static int fibRec (int n) {
    if (n < 2) return n;
    else return (fibRec (n-1) + fibRec (n-2));
  }
}
```

Se considerarmos que a medida de complexidade de tempo $f(n)$ é o número de adições, e o número de chamadas recursivas é $O(\Phi^n)$, então $f(n) = O(\Phi^n)$. Apesar do número de chamadas ser $O(\Phi^n)$, o número de chamadas colocadas na pilha de recursão é linear, pois equivale a um caminho na árvore de recursividade que vai do nó raiz até um nó folha. Como a árvore de recursividade tem $O(\Phi^n)$ nós, e esse caminho tem comprimento igual a **altura** da árvore, então a complexidade de espaço para calcular f_n pelo Programa 2.3 é $O(\log \Phi^n) = O(n)$, pois cada chamada recursiva é empilhada e esse número é $O(n)$.

A versão recursiva do Programa 2.3 segue o Esquema (2.2). O Programa 2.4 apresenta uma versão iterativa para calcular f_n, de acordo com o Esquema (2.3).

Programa 2.4 *Método iterativo para calcular números de Fibonacci*

```java
package cap2;
public class Fibonacci {
  public static int fibIter (int n) {
    int i = 1, f = 0;
    for (int k = 1; k <= n; k++) {
      f = i + f;
      i = f - i;
    }
    return f;
  }
}
```

O Programa 2.4 tem complexidade de tempo $O(n)$ e complexidade de espaço $O(1)$. Brassard e Bradley (1996, p.73) apresentam um quadro comparativo de tempos de execução dos Programas 2.3 e 2.4, os quais reproduzimos na Tabela 2.1. Os tempos do método *fibRec* para $n \geq 50$ foram estimados. Concluindo, devemos evitar o uso de recursividade quando existe uma solução óbvia por iteração.

Tabela 2.1 *Comparação dos métodos fibRec e fibIter*

n	10	20	30	50	100
fibRec	8 ms	1 s	2 min	21 dias	10^9 anos
fibIter	1/6 ms	1/3 ms	1/2 ms	3/4 ms	1,5 ms

2.3 Algoritmos Tentativa e Erro

A recursividade pode ser usada para resolver problemas cuja solução é tentar todas as alternativas possíveis. A idéia para algoritmos **tentativa e erro** é decompor o processo em um número finito de subtarefas parciais que devem ser exploradas exaustivamente. O processo geral pode ser visto como um processo de pesquisa ou de tentativa que gradualmente constrói e percorre uma árvore de subtarefas, conforme mostrado na Figura 2.2. Os algoritmos tentativa e erro não seguem regra fixa de computação, e funcionam da seguinte maneira:

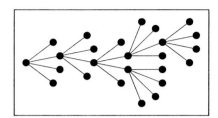

Figura 2.2 Árvore de subtarefas.

- Passos em direção à solução final são tentados e registrados;
- Caso esses passos tomados não levem à solução final, eles podem ser retirados e apagados do registro.

Muitas vezes, a pesquisa na árvore de soluções cresce rapidamente; outras vezes, exponencialmente. Nesses casos, a pesquisa na árvore tem de usar **algoritmos aproximados** ou **heurísticas**, que não garantem a solução ótima, mas são rápidos. A Seção 9.2 trata de problemas desse tipo.

Exemplo: Passeio do cavalo no tabuleiro de xadrez (Wirth, 1976, p. 137).

Dado um tabuleiro com $n \times n$ posições, o cavalo movimenta-se segundo as regras do xadrez. A partir de uma posição inicial (x_0, y_0), o problema consiste em encontrar, se existir, um passeio do cavalo com $n^2 - 1$ movimentos, tal que todos os pontos do tabuleiro são visitados uma única vez.

Um caminho para resolver o problema é considerar a possibilidade de realizar o próximo movimento ou verificar que ele não é possível. O Programa 2.5 apresenta um primeiro refinamento do algoritmo que tenta um próximo movimento.

***Programa 2.5** Tenta um próximo movimento*

```
void tenta () {
  inicializa seleção de movimentos;
  do {
    seleciona próximo candidato ao movimento;
    if (aceitável) {
        registra movimento;
        if (tabuleiro não está cheio) {
            tenta novo movimento;  // Chamada recursiva para tenta
            if (não sucedido) apaga registro anterior;
        }
    }
  } while (movimento não sucedido e não acabaram candidatos a movimento);
}
```

O tabuleiro pode ser representado por uma matriz $n \times n$. A situação de cada posição do tabuleiro pode ser representada por um inteiro para recordar a história das ocupações:

$t[x, y] = 0$ campo $<x, y>$ não visitado,

$t[x, y] = i$ campo $<x, y>$ visitado no i-ésimo movimento, $1 \leq i \leq n^2$.

As regras do xadrez para os movimentos do cavalo podem ser vistas na Figura 2.3. A partir de um ponto de partida x, y existem oito pontos de destino possíveis: o primeiro ponto é obtido somando 2 à abscissa x e 1 à ordenada y, o segundo somando 1 à abscissa x e 2 à ordenada y, e assim sucessivamente.

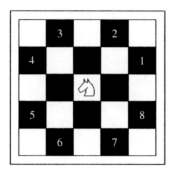

Figura 2.3 Oito movimentos possíveis do cavalo no tabuleiro de xadrez.

O Programa 2.6 apresenta o programa completo contendo a definição das estruturas de dados e a chamada para o método *tenta* da classe *PasseioCavalo*. As variáveis x, y do método *tenta* representam as coordenadas do ponto de partida, i é o número do pulo para ser registrado, q é um booleano para relatar o resultado, k controla o próximo movimento dentro do comando **do while** e os vetores a e b contêm as abscissas e ordenadas, respectivamente, que vão orientar o próximo passo do cavalo a partir de x, y em direção a u, v. Os parâmetros do método devem determinar as condições de partida para o próximo movimento do cavalo. O relato sobre o sucesso do movimento é feito com o valor de retorno do método. O tabuleiro não está cheio quando $i < n^2$, e a variável local q registra sucesso quando $i = n^2$. A Figura 2.4 mostra uma solução para um tabuleiro de tamanho 8×8.

1	60	39	34	31	18	9	64
38	35	32	61	10	63	30	17
59	2	37	40	33	28	19	8
36	49	42	27	62	11	16	29
43	58	3	50	41	24	7	20
48	51	46	55	26	21	12	15
57	44	53	4	23	14	25	6
52	47	56	45	54	5	22	13

Figura 2.4 Instância do passeio do cavalo no tabuleiro de xadrez de tamanho 8×8.

Programa 2.6 *Refinamento final do algoritmo que tenta o próximo movimento do cavalo*

```java
package cap2;
public class PasseioCavalo {
  private int n; // Tamanho do lado do tabuleiro
  private int a[], b[], t[][];

  public PasseioCavalo (int n) {
    this.n = n;
    this.t = new int[n][n]; this.a = new int[n]; this.b = new int[n];
    a[0] = 2;  a[1] = 1;  a[2] =-1; a[3] =-2;
    b[0] = 1;  b[1] = 2;  b[2] = 2; b[3] = 1;
    a[4] = -2; a[5] = -1; a[6] = 1; a[7] = 2;
    b[4] = -1; b[5] = -2; b[6] =-2; b[7] = -1;
    for (int i = 0; i < n; i++) for (int j = 0; j < n; j++) t[i][j] = 0;
    t[0][0] = 1; // escolhemos uma casa do tabuleiro
  }
  public boolean tenta (int i, int x, int y) {
    int u, v, k; boolean q;
    k = -1; // inicializa seleção de movimentos
    do {
      k = k + 1; q = false;
      u = x + a[k]; v = y + b[k];
      /* Teste para verificar se os limites do tabuleiro
         serão respeitados. */
      if ((u >= 0) && (u <= 7) && (v >= 0) && (v <= 7))
        if (t[u][v] == 0) {
          t[u][v] = i;
          if (i < n * n) { // tabuleiro não está cheio
            q = tenta (i+1, u, v); // tenta novo movimento
            if (!q) t[u][v] = 0; // não sucedido apaga reg. anterior
          }
          else q = true;
        }
    } while (!q && (k != 7)); // não há casas a visitar a partir de x,y
    return q;
  }
  public void imprimePasseio () {
    for (int i = 0; i < n; i++) {
      for (int j = 0; j < n; j++) System.out.print ("\t" +this.t[i][j]);
      System.out.println ();
    }
  }
  public static void main (String[] args) {
    PasseioCavalo passeioCavalo = new PasseioCavalo (8);
    boolean q = passeioCavalo.tenta (2, 0, 0);
    if (q) passeioCavalo.imprimePasseio();
    else System.out.println ("Sem solucao");
  }
}
```

O método *tenta* do Programa 2.5 apresenta um esquema geral para algoritmos tentativa e erro. A Seção 9.2.1 volta a tratar de algoritmos tentativa e erro, apresentando novamente o esquema geral para esses algoritmos, mas na forma de um algoritmo de **busca em profundidade** (vide Seção 7.3).

2.4 Divisão e Conquista

O paradigma **divisão e conquista** consiste em dividir o problema a ser resolvido em partes menores, encontrar soluções para as partes e então combinar as soluções obtidas em uma solução global. O uso do paradigma para resolver problemas nos quais os subproblemas são versões menores do problema original geralmente leva a soluções eficientes e elegantes, em especial quando é utilizado recursivamente.

Para ilustrar a técnica, vamos retomar o problema de encontrar simultaneamente o maior e o menor elemento de um vetor de inteiros, $v[0..n-1]$, $n \geq 1$, apresentando uma versão recursiva para a solução do problema (vide Seção 1.3 para três outras soluções iterativas).

Exemplo: Considere o algoritmo para obter o maior e o menor elemento de um vetor de inteiros $v[0..n-1]$, $n \geq 1$, conforme mostrado no Programa 2.7.

Programa 2.7 *Versão recursiva para obter o máximo e o mínimo*

```
package cap2;
public class MaxMin4 {
  public static int [] maxMin4 (int v[], int linf, int lsup) {
    int maxMin[] = new int[2];
    if (lsup - linf <= 1) {
      if (v[linf] < v[lsup]) {maxMin[0] = v[lsup]; maxMin[1] = v[linf];}
      else { maxMin[0] = v[linf]; maxMin[1] = v[lsup]; }
    }
    else {
      int meio = (linf + lsup)/2;
      maxMin = maxMin4 (v, linf, meio);
      int max1 = maxMin[0], min1 = maxMin[1];
      maxMin = maxMin4 (v, meio + 1, lsup);
      int max2 = maxMin[0], min2 = maxMin[1];
      if (max1 > max2) maxMin[0] = max1; else maxMin[0] = max2;
      if (min1 < min2) maxMin[1] = min1; else maxMin[1] = min2;
    }
    return maxMin;
  }
}
```

Os parâmetros *linf* e *lsup* são inteiros, $0 \leq linf \leq sup \leq n-1$. O vetor *maxMin* definido localmente no método *maxMin4* é utilizado para retornar nas posições 0 e 1 o maior e o menor elemento do vetor v, respectivamente. O efeito produzido a cada chamada de *maxMin4* é o de atribuir às variáveis *maxMin*[0] e *maxMin*[1] o maior elemento e o menor elemento em $v[linf], v[linf+1], \ldots, v[lsup]$, respectivamente.

Seja $T(n)$ uma função de complexidade tal que $T(n)$ é o número de comparações entre os elementos de v, se v contiver n elementos. Logo:

$$\begin{cases} T(n) = 1, & \text{para } n \leq 2, \\ T(n) = T(\lfloor n/2 \rfloor) + T(\lceil n/2 \rceil) + 2, & \text{para } n > 2. \end{cases} \quad (2.5)$$

Quando $n = 2^i$, para algum inteiro positivo i, então:

$$\begin{aligned} T(n) &= 2T(n/2) + 2 \\ 2T(n/2) &= 4T(n/4) + 2 \times 2 \\ 4T(n/4) &= 8T(n/8) + 2 \times 2 \times 2 \\ &\vdots \quad \vdots \\ 2^{i-2}T(n/2^{i-2}) &= 2^{i-1}T(n/2^{i-1}) + 2^{i-1} \end{aligned}$$

Adicionando lado a lado, obtemos:

$$T(n) = 2^{i-1}T(n/2^{i-1}) + \sum_{k=1}^{i-1} 2^k = 2^{i-1}T(2) + 2^i - 2 = 2^{i-1} + 2^i - 2 = \frac{3n}{2} - 2.$$

Logo, $T(n) = 3n/2 - 2$ para o melhor caso, o pior caso e o caso médio.

De acordo com o Teorema da página 10, o algoritmo anterior é **ótimo**, tendo o mesmo tipo de comportamento do algoritmo *MaxMin3* do Programa 1.4. Entretanto, na prática, o algoritmo acima deve ser pior do que os algoritmos *MaxMin2* e *MaxMin3* dos Programas 1.3 e 1.4, respectivamente, podendo até ser pior do que o algoritmo *MaxMin1* do Programa 1.2. Conforme vimos na Seção 2.2, na implementação da versão recursiva, a cada chamada do método *maxMin4* o compilador salva em uma estrutura de dados os valores de *linf*, *lsup*, *maxMin*[0] e *maxMin*[1], além do endereço de retorno da chamada para o método. Além disso, uma comparação adicional é necessária a cada chamada recursiva para verificar se $lsup - linf \leq 1$. Outra observação relevante sobre a implementação acima é que n deve ser menor do que a metade do maior inteiro que pode ser representado pelo compilador a ser utilizado, porque o comando

$$meio = (linf + lsup)/2;$$

pode provocar *overflow* na operação $linf + lsup$.

A técnica divisão e conquista é utilizada para resolver diversos problemas ao longo do livro. Por exemplo, o algoritmo *Quicksort* para ordenar um conjunto de elementos (vide Seção 4.1.4) usa recursividade e divisão e conquista. O *Quicksort* é um dos algoritmos mais elegantes que existem, além de ser o mais rápido para a maioria das aplicações práticas existentes.

Uma vez que equações de recorrência ocorrem na análise da complexidade de algoritmos recursivos do tipo divisão e conquista, vamos considerar a solução para o caso geral. O teorema apresentado a seguir é denominado teorema mestre em Cormen, Leiserson, Rivest e Stein (2001).

Teorema Mestre: Sejam $a \geq 1$ e $b > 1$ constantes, $f(n)$ uma função assintoticamente positiva e $T(n)$ uma medida de complexidade definida sobre os inteiros. A solução da equação de recorrência:

$$T(n) = aT(n/b) + f(n), \qquad (2.6)$$

para b uma potência de n é:

1. $T(n) = \Theta(n^{\log_b a})$, se $f(n) = O(n^{\log_b a - \epsilon})$ para alguma constante $\epsilon > 0$,
2. $T(n) = \Theta(n^{\log_b a} \log n)$, se $f(n) = \Theta(n^{\log_b a})$,
3. $T(n) = \Theta(f(n))$, se $f(n) = \Omega(n^{\log_b a + \epsilon})$ para alguma constante $\epsilon > 0$, e se $af(n/b) \leq cf(n)$ para alguma constante $c < 1$ e todo n a partir de um valor suficientemente grande.

A Eq.(2.6) diz que estamos dividindo o problema a ser resolvido em a subproblemas de tamanho n/b cada um. Os a subproblemas são resolvidos recursivamente em tempo $T(n/b)$ cada um. A função $f(n)$ descreve o custo de dividir o problema em subproblemas e de combinar os resultados de cada subproblema. Por exemplo, a Eq.(2.5) relativa à versão recursiva para obter o máximo e o mínimo de um conjunto tem $a = 2$, $b = 2$ e $f(n) = O(1)$.

A prova do teorema mestre é apresentada em uma seção para leitores mais avançados em Cormen, Leiserson, Rivest e Stein (2001). Entretanto, a prova do teorema mestre não precisa ser entendida para que o leitor possa aplicar o teorema, conforme veremos em exemplos mostrados mais adiante. A prova para o caso em que $f(n) = cn^k$, onde $c > 0$ e $k \geq 0$ são duas constantes inteiras, é tratada no Exercício 11.

Antes de ilustrar a utilização do teorema mestre é importante entender o que diz o teorema. Em cada um dos três casos a função $f(n)$ é comparada com a função $n^{\log_b a}$ e a solução de $T(n)$ é determinada pela maior dessas duas funções. No caso 1, se a função $f(n)$ é menor do que $n^{\log_b a}$, então $T(n) = \Theta(n^{\log_b a})$. No caso 3, se a função $f(n)$ é maior do que $n^{\log_b a}$, então $T(n) = \Theta(f(n))$. No caso 2, se as duas funções são iguais, então $T(n) = \Theta(n^{\log_b a} \log n) = \Theta(f(n) \log n)$.

Além disso, existem outros aspectos a considerar. No caso 1, $f(n)$ tem de ser polinomialmente menor do que $n^{\log_b a}$, isto é, $f(n)$ tem de ser assintoticamente menor do que $n^{\log_b a}$ por um fator de n^ϵ, para alguma constante $\epsilon > 0$. No caso 3, $f(n)$ tem de ser polinomialmente maior do que $n^{\log_b a}$ e, além disso, satisfazer a condição de que $af(n/b) \leq cf(n)$. Logo, os três casos não cobrem todas as funções $f(n)$ que poderemos encontrar. Existem algumas poucas aplicações práticas que ficam entre os casos 1 e 2 (quando $f(n)$ é menor do que $n^{\log_b a}$, mas não polinomialmente menor) e entre os casos 2 e 3 (quando $f(n)$ é maior do que $n^{\log_b a}$, mas não polinomialmente maior). Assim, se a função $f(n)$ cai em um desses intervalos ou se a condição $af(n/b) \le cf(n)$ não é satisfeita, então o teorema mestre não pode ser aplicado.

A seguir vamos ilustrar como o teorema mestre pode ser usado.

Exemplo: Considere a equação de recorrência:

$$T(n) = 4T(n/2) + n,$$

onde $a = 4$, $b = 2$, $f(n) = n$ e $n^{\log_b a} = n^{\log_2 4} = \Theta(n^2)$. O caso 1 se aplica porque $f(n) = O(n^{\log_b a - \epsilon}) = O(n)$, onde $\epsilon = 1$, e a solução é $T(n) = \Theta(n^2)$.

Exemplo: Considere a equação de recorrência:

$$T(n) = 2T(n/2) + n - 1,$$

onde $a = 2$, $b = 2$, $f(n) = n - 1$ e $n^{\log_b a} = n^{\log_2 2} = \Theta(n)$. O caso 2 se aplica porque $f(n) = \Theta(n^{\log_b a}) = \Theta(n)$, e a solução é $T(n) = \Theta(n \log n)$.

Exemplo: Considere a equação de recorrência:

$$T(n) = T(2n/3) + n,$$

onde $a = 1$, $b = 3/2$, $f(n) = n$ e $n^{\log_b a} = n^{\log_{3/2} 1} = n^0 = 1$. O caso 3 se aplica porque $f(n) = \Omega(n^{\log_{3/2} 1 + \epsilon})$, onde $\epsilon = 1$ e $af(n/b) = 2n/3 \le cf(n) = 2n/3$, para $c = 2/3$ e $n \ge 0$. Logo, a solução é $T(n) = \Theta(f(n)) = \Theta(n)$.

Exemplo: Considere a equação de recorrência:

$$T(n) = 3T(n/4) + n \log n,$$

onde $a = 3$, $b = 4$, $f(n) = n \log n$ e $n^{\log_b a} = n^{\log_3 4} = n^{0.793}$. O caso 3 se aplica porque $f(n) = \Omega(n^{\log_3 4 + \epsilon})$, onde $\epsilon \approx 0.207$ e $af(n/b) = 3(n/4)\log(n/4) \le cf(n) = (3/4)n \log n$, para $c = 3/4$ e n suficientemente grande. Logo, a solução é $T(n) = \Theta(f(n)) = \Theta(n \log n)$.

Exemplo: O teorema mestre não se aplica à equação de recorrência:

$$T(n) = 3T(n/3) + n \log n,$$

onde $a = 3$, $b = 3$, $f(n) = n \log n$ e $n^{\log_b a} = n^{\log_3 3} = n$. O caso 3 não se aplica porque, embora $f(n) = n \log n$ seja assintoticamente maior do que $n^{\log_b a} = n$, a função $f(n)$ não é polinomialmente maior: a razão $f(n)/n^{\log_b a} = (n \log n)/n = \log n$ é assintoticamente menor do que n^ϵ para qualquer constante ϵ positiva.

2.5 Balanceamento

O exemplo usado para ilustrar a técnica divisão e conquista divide o problema em subproblemas de mesmo tamanho. Este é um aspecto importante no projeto de algoritmos: procurar sempre manter o **balanceamento** na subdivisão de um problema em partes menores. Cabe ressaltar que divisão e conquista não é a única técnica em que balanceamento é útil. O Capítulo 5 contém vários exemplos nos quais o balanceamento do tamanho de subárvores ou o balanceamento do custo de duas operações resulta em algoritmos mais eficientes. Para ilustrar o princípio do balanceamento, vamos apresentar um exemplo de ordenação em que o contraste entre o efeito de dividir o problema em subproblemas desiguais e o efeito de dividir em subproblemas iguais fique claro.

Considere novamente o exemplo de problema de ordenação apresentado na página 21. O algoritmo seleciona o menor elemento do conjunto $v[0..n-1]$ e então troca este elemento com o primeiro elemento $v[0]$. O processo é repetido com os $n-1$ elementos, resultando no segundo maior elemento, que é trocado com o segundo elemento $v[1]$. Repetindo o processo para $n-2, n-3, \ldots, 2$ ordena a seqüência. O algoritmo leva à equação de recorrência:

$$T(n) = T(n-1) + n - 1, \quad T(1) = 0, \tag{2.7}$$

para o número de comparações realizadas entre os elementos a serem ordenados.

Como vimos anteriormente, um caminho possível para resolver a Eq.(2.7) é procurar substituir os termos $T(k)$, $k < n$, no lado direito da equação até que todos os termos $T(k)$, $k > 1$ tenham sido substituídos por fórmulas contendo apenas $T(1)$. No caso da Eq.(2.7) temos:

$$\begin{aligned} T(n) &= T(n-1) + n - 1 \\ T(n-1) &= T(n-2) + n - 2 \\ &\vdots \\ T(2) &= T(1) + 1 \end{aligned}$$

Adicionando lado a lado, obtemos:

$$T(n) = T(1) + 1 + 2 + \cdots + n - 1 = \frac{n(n-1)}{2}.$$

Logo, o algoritmo é $O(n^2)$.

Embora o algoritmo possa ser visto como uma aplicação recursiva de divisão e conquista, ele não é eficiente para valores grandes de n. Para se obter um algoritmo de ordenação assintoticamente eficiente, é necessário conseguir um balanceamento. Em vez de dividir um problema de tamanho n em dois subproblemas, um de tamanho 1 e outro de tamanho $n-1$, o ideal é dividir o problema em dois subproblemas de tamanhos aproximadamente iguais.

Exemplo: A operação de unir dois arquivos ordenados gerando um terceiro arquivo ordenado é denominada **intercalação** (*merge*). Essa operação consiste em colocar no terceiro arquivo o menor elemento entre os menores dos dois arquivos iniciais, desconsiderando esse mesmo elemento nos passos posteriores. Esse processo deve ser repetido até que todos os elementos dos arquivos de entrada sejam escolhidos.

Essa idéia pode ser utilizada para construir um algoritmo de ordenação. O processo é o seguinte: dividir recursivamente o vetor a ser ordenado em dois vetores até obter n vetores de um único elemento. Aplicar o algoritmo de intercalação tendo como entrada dois vetores de um elemento e formando um vetor ordenado de dois elementos. Repetir esse processo formando vetores ordenados cada vez maiores até que todo o vetor esteja ordenado. Na literatura, esse método é conhecido como **Mergesort**.

Considere a seqüência de inteiros $v[0..n-1] = a_0, a_1, \ldots, a_{n-1}$. Para simplificar, considere n como uma potência de 2. Para o processo de intercalação de duas seqüências ordenadas vamos usar o método $merge(v, i, m, j)$, que recebe como entrada duas seqüências ordenadas $v[i..m]$ e $v[m+1..j]$ e produz uma outra seqüência ordenada consistindo dos elementos de $v[i..m]$ e $v[m+1..j]$. Como $v[i..m]$ e $v[m+1..j]$ estão ordenados, $merge$ requer no máximo uma comparação a menos do que a soma dos comprimentos de $v[i..m]$ e $v[m+1..j]$, isto é, $n-1$, em que n é o número total de elementos em $v[i..m]$ e $v[m+1..j]$. O método $merge$ seleciona repetidamente o menor dentre os menores elementos restantes em $v[i..m]$ e $v[m+1..j]$. Quando houver empate, retira de uma delas, por exemplo $v[i..m]$.

O método $mergesort(v, i, j)$ mostrado no Programa 2.8 ordena a subseqüência de inteiros $v[i..j] = a_i, a_{i+1}, \ldots, a_j$, assumindo que a subseqüência tem comprimento 2^k para algum $k \geq 0$. Para ordenar uma dada seqüência $v[0..n-1] = x_0, x_1, \ldots, x_{n-1}$, basta chamar $mergesort(v, 0, n-1)$.

Programa 2.8 *Mergesort*

```
package cap2;
public class Ordenacao {
  public static void mergeSort (int v[], int i, int j) {
    if ( i < j ) {
      int m = (i + j)/2;
      mergeSort (v, i, m);
      mergeSort (v, m + 1, j);
      merge (v, i, m, j); // Intercala v[i..m] e v[m+1..j] em v[i..j]
    }
  }
}
```

Na contagem de comparações realizadas para ordenar n inteiros, o comportamento do Programa 2.8 pode ser representado pela equação de recorrência:

$$T(n) = 2T(n/2) + n - 1, \quad T(1) = 0.$$

No caso da equação anterior, temos:

$$\begin{aligned} T(n) &= 2T(n/2) + n - 1 \\ 2T(n/2) &= 2^2 T(n/2^2) + 2\frac{n}{2} - 2 \times 1 \\ &\vdots \quad \vdots \\ 2^{i-1} T(n/2^{i-1}) &= 2^i T(n/2^i) + 2^{i-1} \frac{n}{2^{i-1}} - 2^{i-1} \end{aligned}$$

Adicionando lado a lado, obtemos:

$$\begin{aligned} T(n) &= 2^i T(n/2^i) + \sum_{k=0}^{i-1} n - \sum_{k=0}^{i-1} 2^k \\ &= in - \frac{2^{i-1+1} - 1}{2 - 1} \\ &= n \log n - n + 1. \end{aligned}$$

Logo, o algoritmo é $O(n \log n)$. Para valores grandes de n, o balanceamento dos tamanhos dos subproblemas levou a um resultado muito superior, pois saímos de uma complexidade $O(n^2)$ para uma complexidade $O(n \log n)$.

2.6 Programação Dinâmica

Recursividade é uma técnica muito útil quando o problema a ser resolvido pode ser dividido em subproblemas a um custo não muito grande e os subproblemas podem ser mantidos pequenos. Por exemplo, quando a soma dos tamanhos dos subproblemas é $O(n)$, então é provável que o algoritmo recursivo tenha **complexidade polinomial**. Em contrapartida, quando a divisão de um problema de tamanho n resulta em n subproblemas de tamanho $n - 1$, então é provável que o algoritmo recursivo tenha **complexidade exponencial**.

Quando o algoritmo recursivo tem complexidade exponencial, a técnica de programação dinâmica[1] pode levar a um algoritmo mais eficiente. A programação dinâmica calcula a solução para todos os subproblemas, partindo dos subproblemas menores para os maiores, armazenando os resultados em uma tabela. A vantagem do método está no fato de que uma vez que um subproblema é resolvido, a resposta é armazenada em uma tabela e o subproblema nunca mais é recalculado.

---

[1] No caso da programação dinâmica, ela é mais uma técnica de programação do que um paradigma propriamente dito.

Aho, Hopcroft e Ullman (1974) ilustram a técnica de programação dinâmica por meio de um exemplo sobre a avaliação do produto de n matrizes

$$M = M_1 \times M_2 \times \cdots \times M_n,$$

em que cada M_i é uma matriz com d_{i-1} linhas e d_i colunas. A ordem na qual as matrizes são multiplicadas pode ter um efeito enorme no número total de operações de adição e multiplicação necessárias para obter M, conforme se verifica no exemplo a seguir.

Exemplo: Considere o produto de uma matriz $p \times q$ por outra matriz $q \times r$ cujo algoritmo requer $O(pqr)$ operações. Considere o produto

$$M = M_1[10, 20] \times M_2[20, 50] \times M_3[50, 1] \times M_4[1, 100], \qquad (2.8)$$

em que as dimensões de cada matriz são mostradas entre colchetes. A avaliação de M na ordem

$$M = M_1 \times (M_2 \times (M_3 \times M_4))$$

requer 125.000 operações, enquanto a avaliação de M na ordem

$$M = (M_1 \times (M_2 \times M_3)) \times M_4$$

requer apenas 2.200 operações. □

Tentar todas as ordens possíveis de multiplicações para avaliar o produto de n matrizes de forma a minimizar o número de operações $f(n)$ é um processo exponencial em n, onde $f(n) \geq 2^{n-2}$ (vide exercício 2.31 de Aho, Hopcroft e Ullman (1974)). Entretanto, usando programação dinâmica é possível obter um algoritmo $O(n^3)$, conforme mostrado a seguir.

Seja m_{ij} o menor custo para computar o produto $M_i \times M_{i+1} \times \cdots \times M_j$, para $1 \leq i \leq j \leq n$. Nesse caso,

$$m_{ij} = \begin{cases} 0, & \text{se } i = j, \\ \text{Min}_{i \leq k < j} \left(m_{ik} + m_{k+1,j} + d_{i-1} d_k d_j \right), & \text{se } j > i. \end{cases} \qquad (2.9)$$

O termo m_{ik} representa o custo mínimo para calcular:

$$M' = M_i \times M_{i+1} \times \cdots \times M_k.$$

O segundo termo, $m_{k+1,j}$ representa o custo mínimo para calcular:

$$M'' = M_{k+1} \times M_{k+2} \times \cdots \times M_j.$$

O terceiro termo, $d_{i-1} d_k d_j$, representa o custo de multiplicar $M'[d_{i-1}, d_k]$ por $M''[d_k, d_j]$. A Eq.(2.9) diz que m_{ij}, $j > i$, representa o custo mínimo de todos os valores possíveis de k entre i e $j - 1$ da soma dos três termos.

O enfoque programação dinâmica calcula os valores de m_{ij} na ordem crescente das diferenças nos subscritos. O cálculo inicia com m_{ii} para todo i, depois $m_{i,i+1}$ para todo i, depois $m_{i,i+2}$, e assim sucessivamente. Desta forma, os valores m_{ik} e $m_{k+1,j}$ estarão disponíveis no momento de calcular m_{ij}. Isso acontece porque $j - i$ tem de ser estritamente maior do que ambos os valores de $k - i$ e $j - (k + 1)$ se k estiver no intervalo $i \leq k < j$.

O Programa 2.9 mostra a implementação do algoritmo para computar a ordem de multiplicação de n matrizes, $M_1 \times M_2 \times \cdots \times M_n$, de forma a obter o menor número possível de operações. O algoritmo recebe como entrada o número n de matrizes e $d_0, d_1, \ldots, d_n$, em que d_{i-1} e d_i são as dimensões da matriz M_i.

Programa 2.9 *Obtém a ordem de multiplicação de n matrizes usando programação dinâmica*

```java
package cap2;
import java.io.*;
public class AvaliaMultMatrizes {
  public static void main (String[] args) throws IOException {
    int n, maxn = Integer.parseInt (args[0]);
    int d[] = new int[maxn + 1];
    int m[][] = new int[maxn][maxn];
    BufferedReader in = new BufferedReader (
                        new InputStreamReader (System.in));
    System.out.print ("Numero de matrizes n:");
    n = Integer.parseInt (in.readLine());
    System.out.println ("Dimensoes das matrizes:");
    for (int i = 0; i <= n; i++) {
      System.out.print (" d["+i+"] = ");
      d[i] = Integer.parseInt (in.readLine());
    }
    for (int i = 0; i < n; i++) m[i][i] = 0;
    for (int h = 1; h < n; h++) {
      for (int i = 1; i <= n - h; i++) {
        int j = i + h;
        m[i-1][j-1] = Integer.MAX_VALUE;
        for (int k = i; k < j; k++) {
          int temp = m[i-1][k-1] + m[k][j-1] + d[i-1] * d[k] * d[j];
          if (temp < m[i-1][j-1]) m[i-1][j-1] = temp;
        }
        System.out.print(" m["+i+"]["+j+"]= "+m[i-1][j-1]);
      }
      System.out.println ();
    }
  }
}
```

A execução do Programa 2.9 obtém o custo mínimo para multiplicar as n matrizes, assumindo que são necessárias pqr operações para multiplicar uma matriz $p \times q$ por outra matriz $q \times r$. A execução do programa para as quatro matrizes em (2.8), em que d_0, d_1, d_2, d_3, d_4 são 10, 20, 50, 1, 100, resulta nos valores de m_{ij} mostrados na Tabela 2.2. A ordem na qual as multiplicações devem ser realizadas pode ser obtida registrando, para cada entrada da Tabela 2.2, o valor de k que resultou no mínimo visto na Eq.(2.9).

Tabela 2.2 Custos para calcular os produtos $M_i \times M_{i+1} \times \cdots \times M_j$

$m_{11} = 0$	$m_{22} = 0$	$m_{33} = 0$	$m_{44} = 0$
$m_{12} = 10.000$	$m_{23} = 1.000$	$m_{34} = 5.000$	
$m_{13} = 1.200$	$m_{24} = 3.000$		
$m_{14} = 2.200$			

A solução eficiente para o problema da multiplicação de n matrizes usando programação dinâmica está baseada no **princípio da otimalidade** (do inglês *principle of optimality*). O princípio diz que, em uma seqüência ótima de escolhas ou de decisões, cada subseqüência deve também ser ótima. A Eq.(2.9) diz que $m_{ij}, j > i$ representa o custo mínimo de todos os valores possíveis de k entre i e $j - 1$, da soma de três termos: o primeiro termo m_{ik} representa o custo mínimo para calcular $M' = M_i \times M_{i+1} \times \cdots \times M_k$, o segundo termo $m_{k+1,j}$ representa o custo mínimo para calcular $M'' = M_{k+1} \times M_{k+2} \times \cdots \times M_j$, e o terceiro termo $d_{i-1} d_k d_j$ representa o custo de multiplicar $M'[d_{i-1}, d_k]$ por $M''[d_k, d_j]$. Nesse caso, cada subseqüência representa o custo mínimo, assim como $m_{ij}, j > i$. Assim, todos os valores da Tabela 2.2 representam escolhas ótimas.

Apesar de o princípio da otimalidade parecer óbvio, ele não pode ser aplicado indiscriminadamente. De acordo com Brassard e Bradley (1996), um bom indicativo sobre a possibilidade de se usar com sucesso a programação dinâmica é justamente quando o princípio da otimalidade se aplica. Quando o princípio não se aplica, é provável que o problema em questão não possa ser resolvido por meio de programação dinâmica. Por exemplo, esse é o caso quando o problema utiliza recursos limitados. Nessa situação, pode ser que a solução ótima para uma instância não possa ser obtida combinando soluções ótimas de duas ou mais subinstâncias, se o total de recursos usados nas subinstâncias for maior do que os recursos disponíveis.

Por exemplo, se o caminho mais curto entre Belo Horizonte e Curitiba passa por Campinas, então o caminho entre Belo Horizonte e Campinas também é o mais curto possível, assim como o caminho entre Campinas e Curitiba. Logo, o princípio da otimalidade se aplica. A Seção 7.4 trata do problema de encontrar o caminho mais curto entre dois vértices de um grafo.

Em contrapartida, considere o problema de encontrar o caminho mais longo entre duas cidades usando um dado conjunto de estradas. Um caminho simples nunca visita a mesma cidade duas vezes. Se sabemos que o caminho mais longo entre Belo Horizonte e Curitiba passa por Campinas, isso não significa que o caminho possa ser obtido tomando o caminho simples mais longo entre Belo Horizonte e Campinas, e depois o caminho simples mais longo entre Campinas e Curitiba. Quando os dois caminhos simples são juntados, é pouco provável que o caminho resultante também seja simples. Logo, o princípio da otimalidade não se aplica. O problema de encontrar o caminho mais longo entre duas cidades aparece na página 378 e também no Exercício 9.17.

2.7 Algoritmos Gulosos

Algoritmos gulosos são tipicamente usados para resolver problemas de otimização. Um exemplo é o algoritmo para encontrar o caminho mais curto entre dois vértices de um grafo. Um algoritmo guloso escolhe a aresta que parece mais promissora em qualquer instante, e nunca reconsidera essa decisão, independentemente do que possa acontecer mais tarde. Não existe necessidade de avaliar alternativas, nem de empregar algoritmos sofisticados que permitam desfazer decisões tomadas previamente. A razão de o algoritmo ser chamado guloso é que o algoritmo escolhe, a cada passo, o candidato mais evidente que possa ser adicionado à solução.

Considere o seguinte problema geral: a partir de um conjunto C deseja-se determinar um subconjunto $S \subseteq C$ tal que (i) S satisfaça uma dada propriedade P, e (ii) S é mínimo (ou máximo) em relação a algum critério α. Ou seja, S é o menor (ou maior) subconjunto de C, segundo α, que satisfaz P. O **algoritmo guloso** para resolver o problema geral consiste em um processo iterativo em que S é construído adicionando-se a ele elementos de C um a um. De acordo com Brassard e Bradley (1996), algoritmos gulosos e os problemas que eles conseguem resolver são caracterizados pelas seguintes considerações:

- ❑ Considere um problema em que a solução ótima deve ser obtida. Para construir a solução existe um conjunto ou lista de candidatos, como, por exemplo, as arestas de um grafo que podem ser usadas para construir um caminho.

- ❑ Na medida em que o algoritmo procede, dois outros conjuntos são acumulados. Um contém candidatos que foram considerados e escolhidos, e o outro contém candidatos que foram considerados e rejeitados.

- ❑ Existe uma função que verifica se um conjunto particular de candidatos produz uma *solução* para o problema, sem considerar questões de **otimalidade** naquele momento. Por exemplo, as arestas selecionadas produzem um caminho para o vértice que deve ser atingido?

- ❑ Uma segunda função verifica se um conjunto de candidatos é *viável*, isto é, se é possível completar o conjunto adicionando mais candidatos de tal forma que pelo menos uma solução possa ser obtida. Aqui também não existe preocupação com a otimalidade.

- Uma outra função, chamada *função de seleção*, indica a qualquer momento quais dos candidatos restantes que não foram nem escolhidos nem rejeitados são os mais promissores.

- Finalmente, uma *função objetivo* fornece o valor da solução encontrada, como o comprimento do caminho construído. Ao contrário das três funções mencionadas anteriormente, a função objetivo não aparece explicitamente no algoritmo guloso.

O Programa 2.10 apresenta um pseudocódigo de um algoritmo guloso genérico. Inicialmente, o conjunto S de candidatos escolhidos está vazio. A seguir, a cada passo, o melhor candidato restante ainda não tentado é considerado, sendo o critério de escolha ditado pela função de seleção. Se o conjunto aumentado de candidatos se torna inviável, o candidato corrente é rejeitado e nunca mais considerado. Entretanto, se o conjunto aumentado é viável, o candidato é adicionado ao conjunto S de candidatos escolhidos, onde permanece a partir de então. Cada vez que o conjunto S é aumentado ao receber um novo candidato, é necessário verificar se S constitui uma solução ótima. Quando um algoritmo guloso funciona corretamente, a primeira solução encontrada dessa maneira é sempre ótima. O Programa 7.12 da Seção 7.7.1 mostra o algoritmo guloso genérico para obter uma **árvore geradora mínima**.

Programa 2.10 Algoritmo guloso genérico

```
Conjunto guloso (Conjunto C) {  /* C: conjunto de candidatos */
  S = ∅;  /* S contém conjunto solução */
  while ((C ≠ ∅) && not solução(S)) {
    x = seleciona (C);
    C = C - x;
    if (viável (S + x)) S = S + x;
  }
  if (solução (S)) return S else return ("Não existe solução");
}
```

A função de seleção é geralmente relacionada com a função objetivo. Se o objetivo é maximizar o ganho, então provavelmente será escolhido qualquer um dos candidatos restantes que proporcione o maior ganho individual. Se o objetivo é minimizar o custo, então será escolhido o candidato restante de menor custo, e assim por diante. Além disso, o algoritmo nunca muda de idéia. Uma vez que um candidato é escolhido e adicionado à solução, ele lá permanece para sempre. Da mesma maneira, uma vez que um candidato é excluído do conjunto solução, ele nunca mais é reconsiderado. Outro exemplo é o algoritmo para encontrar o caminho mais curto entre dois vértices de um grafo, apresentado na Seção 7.4. O Programa 7.16 mostra o algoritmo guloso genérico para resolver o problema.

2.8 Algoritmos Aproximados

Problemas que podem ser resolvidos por algoritmos polinomiais são considerados "fáceis", enquanto problemas que só podem ser resolvidos por algoritmos exponenciais são considerados "difíceis". Problemas considerados difíceis ou intratáveis são muito comuns na natureza e nas diversas áreas do conhecimento. Um exemplo visto na Seção 1.3.2 é o **problema do caixeiro-viajante**, cuja complexidade de tempo é $O(n!)$. O Capítulo 9 é dedicado ao estudo de problemas considerados difíceis.

Diante de um problema difícil é comum remover a exigência de que o algoritmo tenha sempre de obter a solução ótima. Nesse caso, procuramos por algoritmos eficientes que não garantam obter a solução ótima, mas tentam encontrar uma solução que seja a mais próxima possível da solução ótima. Para problemas deste tipo, existem dois tipos de algoritmos: heurísticas e algoritmos aproximados.

Uma **heurística** é um algoritmo que pode produzir um bom resultado, ou até mesmo obter a solução ótima, mas pode também não produzir solução alguma ou uma solução que está distante da solução ótima.

Um **algoritmo aproximado** é um algoritmo que gera **soluções aproximadas** dentro de um limite para a razão entre a solução ótima e a produzida pelo algoritmo aproximado. O comportamento de algoritmos aproximados é monitorado do ponto de vista da qualidade dos resultados.

A Seção 9.2 apresenta um estudo detalhado sobre heurísticas e algoritmos aproximados.

Notas Bibliográficas

O ensino de algoritmos é usualmente dividido por tópicos ou tipos de problemas. O mesmo acontece com este livro, cujo conteúdo está dividido em tópicos e tipos de problemas, distribuídos ao longo de nove capítulos. Entretanto, Baeza-Yates (1995) argumenta que um curso aprofundado de projeto e análise de algoritmos deve ser dividido em paradigmas ou técnicas, em vez da divisão por tópicos ou tipos de problemas. Segundo Baeza-Yates, essa mudança na forma de ensinar leva a melhores projetos e realça a importância da análise de algoritmos. O livro de Brassard e Bradley (1996) parece ser o único que adota quase completamente o enfoque orientado por paradigmas. Aho, Hopcroft e Ullman (1974) realçam as técnicas de recursividade e programação dinâmica. Manber (1988) e Manber (1989) tratam da utilização de indução matemática como único paradigma para o projeto de algoritmos.

Um paradigma de projeto de algoritmos que vem ganhando importância é o de **algoritmos paralelos**. Um computador paralelo é capaz de realizar uma mesma operação dezenas ou mesmo centenas de vezes em um mesmo instante de tempo. Nesse caso, o ideal é conseguir aumentar a velocidade dos algoritmos por um fator equivalente, uma tarefa na maioria das vezes difícil. O livro de Quinn (1994) apresenta uma introdução ao estudo de algoritmos paralelos sob o ponto de vista teórico e também prático. Outras referências são Akl (1989) e Gibbons e Rytter (1988). Diversos livros sobre algoritmos dedicam um capítulo a algoritmos paralelos, como Cormen, Leiserson, Rivest e Stein (2001), e Brassard e Bradley (1996).

Exercícios

1. Apresente a complexidade de espaço para o método recursivo para calcular a seqüência de Fibonacci do Programa 2.3.

2. Prove por **indução** que $T(2k+1) = T(2k) = 2^{k+1} - 1$, na qual k é um número inteiro qualquer e:
$$\begin{cases} T(n) = 2T(n-2) + 1, \text{para } n \geq 1 \\ T(n) = 1, \text{para } n < 2 \end{cases}$$

3. Prove por **indução** que existem três números inteiros positivos e constantes x, y e z tal que $xn! \leq T(n) \leq yn! - zn$ para todos os valores de n suficientemente grandes, e:
$$\begin{cases} T(n) = bn + nT(n-1), \text{para } n \geq 2 \\ T(n) = 1, \text{para } n = 1 \end{cases}$$

4. Determine por **indução** todos os valores inteiros positivos de n tais que $n^3 > 2^n$.

5. Responda às seguintes questões sobre **recursividade**:

a) Quando se deve e quando não se deve utilizar a recursividade para resolver problemas utilizando o computador?

b) Por que é preferível usar a versão iterativa em vez da versão recursiva quando a estrutura do programa é do tipo P = **if** B **then** (S;P)?

6. Determine o que faz o método recursivo a seguir:

```
package cap2;
public class Recursiva {
  public static int recursiva (int n) {
    if (n <= 0) return 1;
    else return (recursiva (n - 1) + recursiva (n - 1));
  }
}
```

7. Construa um algoritmo recursivo para encontrar o maior elemento das entradas $v[0], v[1], \ldots, v[n-1]$ de um vetor v. O algoritmo deve dividir o arranjo em duas partes de tamanhos aproximadamente iguais.

a) Derive uma relação de recorrência para a função de complexidade f, em que $f(n)$ é definida como o número de comparações entre os elementos de v, e n pode ser considerado uma potência de 2.

b) Resolva a relação de recorrência.

8. O que aconteceria com a eficiência dos algoritmos baseados em **divisão e conquista** se recorrêssemos no máximo r vezes, para uma dada constante r, e depois utilizássemos o subalgoritmo básico, em vez de um limite para decidir quando reverter para o subalgoritmo?

9. Apresente um esboço do esquema geral de algoritmos de *backtracking*.

10. Seja P um conjunto de pontos definidos a partir das coordenadas cartesianas em um plano. Apresente um algoritmo baseado em **divisão e conquista** para encontrar o par de pontos mais próximos em tempo equivalente a $O(n \log n)$ no pior caso.

11. Apresente a prova do **teorema mestre** para $f(n) = cn^k$, onde a, b, e c são constantes não negativas e $k \geq 0$. Prove que a solução de:

$$\begin{cases} T(1) = c & n = 1 \\ T(n) = aT(n/b) + cn^k & n > 1 \end{cases}$$

para n uma potência de b é:

$$T(n) = \begin{cases} O(n^k), & \text{se } a < b, \\ O(n^k \log n), & \text{se } a = b, \\ O(n^{\log_b a}), & \text{se } a > b. \end{cases}$$

12. Para a afirmativa a seguir indique se é V (verdadeira) ou F (falsa), justificando sua resposta. Pelo caso 2 do **teorema mestre**, a solução da recorrência $T(n) = 3T(n/3) + O(\log n)$ é $T(n) = \Theta(n \log n)$.

13. Como uma função de n, quantas árvores binárias de pesquisa existem para n chaves distintas? Utilize **programação dinâmica**.

14. Sejam n objetos a serem ordenados de acordo com as seguintes relações: "$<$" e "$=$". Por exemplo, com 3 objetos existem 13 ordenações possíveis.

$$\begin{array}{lllll} a = b = c & a = b < c & a < b = c & a < b < c & a < c < b \\ a = c < b & b < a = c & b < a < c & b < c < a & b = c < a \\ c < a = b & c < a < b & c < b < a \end{array}$$

Apresente um algoritmo baseado em **programação dinâmica** que possa calcular, como função de n, o número de diferentes ordenações possíveis. Seu algoritmo deve ter desempenho em relação ao tempo de execução equivalente a $O(n^2)$ e $O(n)$ em relação à complexidade de espaço.

15. O algoritmo de ordenação por seleção pode ser considerado um **algoritmo guloso**? Se sim, quais são as várias funções envolvidas (a função de viabilidade, a função de seleção etc.)?

16. Suponha que o custo de instalação de um cabo telefônico a partir de a para b seja proporcional à distância euclideana de a para b. Considere que certo número de prédios esteja conectado a um custo mínimo. Encontre um exemplo de **algoritmo guloso** em que seja mais vantajoso dispor os cabos usando ligações situadas entre os prédios do que usar somente ligações diretas.

17. Sejam P_1, P_2, ..., P_n n programas a serem armazenados em disco. Cada programa P_i necessita de s_i kilobytes para ser completamente armazenado, e a capacidade do disco corresponde a D kilobytes, onde $D < \sum_{i=1}^{n} s_i$.

a) Suponha que gostaríamos de maximizar o número de programas armazenados em disco. Prove ou apresente um contra-exemplo em que podemos utilizar um **algoritmo guloso** para selecionar os programas em ordem não decrescente de s_i.

b) Suponha que gostaríamos de usar a maior capacidade possível do disco. Prove ou apresente um contra-exemplo em que podemos utilizar um algoritmo guloso para selecionar os programas em ordem não crescente de s_i.

18. Apresente um **algoritmo aproximado** eficiente para determinar se um grafo pode ser colorido com somente duas cores. Se existir tal algoritmo, mostre como colorir o grafo.

19. Mostre que qualquer grafo planar[2] pode ser colorido usando no máximo quatro cores.

20. Utilize um algoritmo **tentativa e erro** para resolver o problema descrito a seguir. Um estudante de Ciência da Computação da Universidade Federal de Minas Gerais, Jorge Monte Carlo, resolveu comemorar o final do semestre escolar. Na sua cervejaria favorita do baixo Belô, a antiga Cervejaria Brasil (que hoje não existe mais), ele consumiu vasta quantidade de cerveja, e logo após estava bastante embriagado. No momento de sair, a polícia estava nas ruas, pronta para prender quem estivesse dirigindo sob influência de álcool. Apesar do estado inebriante de sua mente, ele percebeu que poderia evitar a polícia enquanto dirigia para casa.

Sua estratégia para tentar chegar em casa foi a seguinte: ao chegar em uma esquina, ele olharia em direção aos cruzamentos seguintes, um de cada vez, e prosseguiria em direção à primeira esquina onde não houvesse sinal de polícia. Com um pouco de esperteza, ele percebeu que poderia caminhar em ziguezague, mas de forma que não voltasse a um mesmo cruzamento que já tivesse visitado. Chegando a um cruzamento, se a única rua não bloqueada fosse exatamente aquela por onde havia vindo, ele retornaria por esta rua e continuaria o algoritmo a partir do cruzamento anterior.

---

[2]Um **grafo planar** pode ser desenhado em uma folha de papel sem que nenhuma de suas arestas se cruzem.

Apesar de a polícia estar em massa pelas ruas na noite em questão, ela pode cobrir apenas 40% das esquinas, isto é, a probabilidade de que Jorge Monte Carlo possa prosseguir em direção a qualquer esquina deve ser $p = 0,6$, e a probabilidade de que a polícia esteja ocupando qualquer esquina é $p = 0,4$. Após sua saída, a polícia chegou à Cervejaria Brasil. Caso ele retornasse pelo caminho utilizado até a cervejaria, seria preso, autuado e levado para a prisão (tendo de pagar multa e sem direito à fiança).

A Figura 2.5 representa o mapa adaptado do baixo Belô, mostrando a localização da Cervejaria Brasil (Aimorés com Maranhão), a casa de Jorge Monte Carlo (Rua Rio Grande do Norte com Tomé de Souza), e a casa da sua namorada (Pernambuco com Gonçalves Dias), lugar igualmente aceitável como refúgio para "curtir o pileque". O problema proposto é o seguinte: encontre a probabilidade de que Jorge Monte Carlo seja capaz de chegar em sua casa ou na casa da namorada partindo da Cervejaria Brasil.

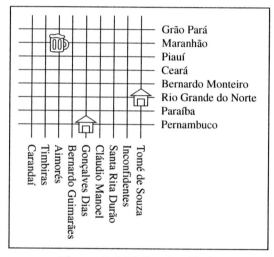

Figura 2.5 Malha da cidade.

A versão final do programa deve gerar uma única tentativa de chegar em casa ou na casa da namorada a partir da Cervejaria Brasil. Imprima o resultado dessa tentativa ("Sucesso" ou "Insucesso"), bem como a situação de cada esquina ("S" tem policial e "N" não tem policial) linha a linha, sendo a esquina de número 1 *Grão Pará X Carandaí*, a de número 2, na mesma linha, *Grão Pará X Timbiras*, a de número 10, na linha abaixo, *Maranhão X Carandaí*, e assim sucessivamente, até a de número 72, na linha 8, *Pernambuco X Tomé de Souza*.

Observações:

a) Um dos usos mais importantes de computadores é na simulação de sistemas físicos para os quais o uso da matemática é difícil ou impossível. Ao estimar a probabilidade de ocorrência de um evento complexo, pode-se simular um número independente de amostras da situação e computar a proporção de vezes em que o evento ocorre. Esse método é conhecido como **Método de Monte Carlo**. Utilize o esquema geral para algoritmos **tentativa e erro** do Programa 2.5.

b) Sugerimos que você simule mil tentativas de chegar em casa ou na casa da namorada a partir da Cervejaria Brasil, e conte o número de vezes em que Jorge Monte Carlo foi bem-sucedido.

c) *Sugestão opcional*: para cada vez que ele for bem-sucedido, compute os seguintes dados:

i) o número de quarteirões que ele percorreu (se ele for e voltar no mesmo quarteirão, conte duas vezes);

ii) o número médio de quarteirões que ele percorreu nas tentativas bem-sucedidas;

iii) a quantidade de vezes que cada esquina é visitada e o número médio de visitas por esquina;

iv) varie a porcentagem de esquinas ocupadas por policiais, de forma a determinar a correlação entre esses valores e os dados computados no item anterior.

d) Para sua simulação, você pode utilizar um gerador de números aleatórios existentes na biblioteca do sistema.

e) Ignorar as modificações que o Departamento de Trânsito introduziu na malha de tráfego (isto é, vale qualquer sentido a esta hora da madrugada, desde que a rua esteja transitável).

Capítulo 3
Estruturas de Dados Básicas

3.1 Listas Lineares

Uma das formas mais simples de interligar os elementos de um conjunto é por meio de uma lista. Lista é uma estrutura em que as operações inserir, retirar e localizar são definidas. Listas são estruturas muito flexíveis, porque podem crescer ou diminuir de tamanho durante a execução de um programa, de acordo com a demanda. Itens podem ser acessados, inseridos ou retirados de uma lista. Duas listas podem ser concatenadas para formar uma lista única, assim como uma lista pode ser partida em duas ou mais listas.

Listas são adequadas para aplicações nas quais não é possível prever a demanda por memória, permitindo a manipulação de quantidades imprevisíveis de dados, de formato também imprevisível. Listas são úteis em aplicações tais como manipulação simbólica, gerência de memória, simulação e compiladores. Na manipulação simbólica, os termos de uma fórmula podem crescer sem limites. Em simulação dirigida por relógio, pode ser criado um número imprevisível de processos, que têm de ser escalonados para execução de acordo com alguma ordem predefinida.

Uma **lista linear** é uma seqüência de zero ou mais itens $x_1, x_2, \cdots, x_n$, na qual x_i é de determinado tipo e n representa o tamanho da lista linear. Sua principal propriedade estrutural envolve as posições relativas dos itens em uma dimensão. Assumindo que $n \geq 1$, x_1 é o primeiro item da lista, e x_n é o último item da lista. Em geral, x_i precede x_{i+1} para $i = 1, 2, \ldots, n-1$, e x_i sucede x_{i-1} para $i = 2, 3, \ldots, n$, e o elemento x_i é dito estar na i-ésima posição da lista.

Para criar um **tipo abstrato de dados** *Lista*, é necessário definir um conjunto de operações sobre os objetos do tipo *Lista*. O conjunto de operações a ser definido depende de cada aplicação, não existindo um conjunto de operações que seja adequado a todas as aplicações. Um conjunto de operações necessário à maior parte das aplicações é apresentado a seguir. Outras sugestões para o conjunto de operações podem ser encontradas em Knuth (1968, p. 235) e Aho, Hopcroft e Ullman (1983, p. 38-39).

1. Criar uma lista linear vazia.
2. Inserir um novo item imediatamente após o i-ésimo item.
3. Retirar o i-ésimo item.
4. Localizar o i-ésimo item para examinar e/ou alterar o conteúdo de seus componentes.
5. Combinar duas ou mais listas lineares em uma lista única.
6. Partir uma lista linear em duas ou mais listas.
7. Fazer uma cópia da lista linear.
8. Ordenar os itens da lista em ordem ascendente ou descendente, de acordo com alguns de seus componentes.
9. Pesquisar a ocorrência de um item com um valor particular em algum componente.

O item 8 é objeto de um estudo cuidadoso no Capítulo 4, e o item 9 será tratado com mais detalhes nos Capítulos 5 e 6.

Um conjunto de operações necessário para as diversas aplicações a serem apresentadas neste e em outros capítulos é apresentado a seguir.

1. Criar uma lista vazia.
2. Pesquisar um item na lista a partir do valor da chave.
3. Inserir o item x após o último item da lista.
4. Retirar um item da lista a partir do valor da chave.
5. Retirar o primeiro item da lista.
6. Retornar uma referência para o primeiro item da lista.
7. Retornar uma referência para o próximo item da lista.
8. Verificar se a lista está vazia. Essa operação retorna *true* se a lista estiver vazia; senão retorna *false*.
9. Imprimir os itens da lista na ordem de ocorrência.

Existem várias estruturas de dados que podem ser usadas para representar listas lineares, cada uma com vantagens e desvantagens particulares. As duas representações mais utilizadas são as implementações por meio de arranjos e de estruturas auto-referenciadas. A implementação mediante **cursores** (Aho, Hopcroft e Ullman, 1983, p. 48) pode ser útil em algumas aplicações.

3.1.1 Implementação de Listas por meio de Arranjos

Em um tipo estruturado arranjo, os itens da lista são armazenados em posições contíguas de memória, conforme ilustra a Figura 3.1. Nesse caso, a lista pode ser percorrida em qualquer direção. A inserção de um novo item pode ser realizada após o último item com custo constante. A inserção de um novo item no meio da lista requer um deslocamento de todos os itens localizados após o ponto de inserção. Da mesma forma, retirar um item do início da lista requer um deslocamento de itens para preencher o espaço deixado vazio.

	Itens
primeiro = 0	x_1
1	x_2
	$\vdots$
último -1	x_n
	$\vdots$
maxTam -1	

Figura 3.1 *Implementação de uma lista mediante arranjo.*

A estrutura da lista usando arranjo e uma possível implementação para as nove operações definidas anteriormente para o **tipo abstrato de dados** *Lista* são mostradas no Programa 3.1. Na estrutura da lista usando arranjo, o campo *item* é o principal componente da classe *Lista*. Os itens são armazenados em um arranjo de tamanho suficiente para armazenar a lista. O campo *ultimo* da classe *Lista* contém uma referência para a posição seguinte a do último elemento da lista. O *(i+1)*-ésimo item da lista está armazenado na *i*-ésima posição do arranjo, $0 \leq i < ultimo$. O campo *pos* é utilizado para armazenar a posição corrente na lista. A constante *maxTam* passada como parâmetro no construtor da classe define o tamanho máximo permitido para a lista.

A estrutura de dados é encapsulada na classe *Lista* por meio da utilização do modificador **private**, enquanto as interfaces dos operadores tornam-se visíveis por meio do modificador **public**. Assim, podemos modificar tanto a estrutura de dados quanto a implementação das operações sem provocar alterações nos programas que utilizam a classe *Lista*, desde que as interfaces dos operadores sejam preservadas.

Observe que a operação de criar uma lista vazia é implementada utilizando o construtor da classe que representa o tipo abstrato de dados *Lista*. Outro aspecto a ressaltar é que a classe *Lista* é constituída de objetos genéricos. Um **objeto genérico** em Java é um objeto que pode ser de qualquer tipo. Por exemplo, o tipo

Programa 3.1 *Estrutura e operações sobre listas usando arranjo*

```java
package cap3.arranjo;
public class Lista {
  private Object item[];
  private int primeiro, ultimo, pos;
  // Operações
  public Lista (int maxTam) { // Cria uma Lista vazia
    this.item = new Object[maxTam]; this.pos = -1;
    this.primeiro = 0; this.ultimo = this.primeiro;
  }
  public Object pesquisa (Object chave) {
    if (this.vazia () || chave == null) return null;
    for (int p = 0; p < this.ultimo; p++)
      if (this.item[p].equals (chave)) return this.item[p];
    return null;
  }
  public void insere (Object x) throws Exception {
    if (this.ultimo >= this.item.length)
      throw new Exception ("Erro: A lista esta cheia");
    else { this.item[this.ultimo] = x; this.ultimo = this.ultimo + 1; }
  }
  public Object retira (Object chave) throws Exception {
    if (this.vazia () || chave == null)
      throw new Exception ("Erro : A lista esta vazia");
    int p = 0;
    while (p < this.ultimo && !this.item[p].equals (chave)) p++;
    if (p >= this.ultimo) return null; // Chave não encontrada
    Object item = this.item[p]; this.ultimo = this.ultimo - 1;
    for (int aux = p; aux < this.ultimo; aux++)
      this.item[aux] = this.item[aux + 1];
    return item;
  }
  public Object retiraPrimeiro () throws Exception {
    if (this.vazia ()) throw new Exception ("Erro : A lista esta vazia");
    Object item = this.item[0]; this.ultimo = this.ultimo - 1;
    for (int aux = 0; aux < this.ultimo; aux++)
      this.item[aux] = this.item[aux + 1];
    return item;
  }
  public Object primeiro () { this.pos = -1; return this.proximo (); }
  public Object proximo () {
    this.pos++;
    if (this.pos >= this.ultimo) return null;
    else return this.item[this.pos];
  }
  public boolean vazia () { return (this.primeiro == this.ultimo); }
  public void imprime () {
    for (int aux = this.primeiro; aux < this.ultimo; aux++)
      System.out.println (this.item[aux].toString ());
  }
}
```

de cada item a ser inserido na lista é definido na aplicação no momento de cada inserção. Entretanto, essa liberdade de ter objetos de tipos diferentes em uma mesma lista obriga o usuário da lista a especificar o tipo do objeto a ser retirado (esse fato será ilustrado no exemplo *Vestibular* apresentado mais adiante). Um objeto genérico é implementado por meio da classe Object[1].

A implementação de listas por meio de arranjos tem como vantagem a economia de memória, pois os apontadores são implícitos nessa estrutura. Como desvantagens citamos: (i) o custo para inserir ou retirar itens da lista, que pode causar um deslocamento de todos os itens, no pior caso; (ii) em aplicações em que não existe previsão sobre o crescimento da lista, a utilização de arranjos pode exigir a realocação de memória. Essa é uma operação de alto custo em termos de tempo e de memória, pois é preciso alocar uma nova área com mais posições do que a atual e copiar todos os itens para ela (vide Exercício 1 na página 101).

3.1.2 Implementação de Listas por meio de Estruturas Auto-Referenciadas

Em uma implementação de listas por meio de estruturas auto-referenciadas, cada item da lista contém a informação que é necessária para alcançar o próximo item. Esse tipo de implementação permite utilizar posições não contíguas de memória, sendo possível inserir e retirar elementos sem haver necessidade de deslocar os itens seguintes da lista.

A Figura 3.2 ilustra uma lista representada dessa forma. Observe que existe uma **célula cabeça** que aponta para a célula que contém x_1. Apesar de a célula cabeça não conter informação, é conveniente fazê-la com a mesma estrutura que uma outra célula qualquer para simplificar as operações sobre a lista.

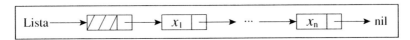

Figura 3.2 Implementação de uma lista por meio de estruturas auto-referenciadas.

A estrutura da lista usando estruturas auto-referenciadas e uma possível implementação para as nove operações definidas anteriormente para o **tipo abstrato de dados** *Lista* são mostradas no Programa 3.2. A lista é constituída de células; cada célula contém um item da lista e uma referência para a célula seguinte, de acordo com a classe *Celula*. A classe *Lista* contém uma referência para a célula cabeça, uma referência para a última célula da lista e uma referência para armazenar a posição corrente na lista.

---

[1]A **classe Object** é uma **superclasse** para qualquer classe definida em Java.

Programa 3.2 *Estrutura e operações sobre lista usando estruturas auto-referenciadas*

```java
package cap3.autoreferencia;
public class Lista {
  private static class Celula { Object item; Celula prox; }
  private Celula primeiro, ultimo, pos;
  // Operações
  public Lista () { // Cria uma Lista vazia
    this.primeiro = new Celula (); this.pos = this.primeiro;
    this.ultimo = this.primeiro; this.primeiro.prox = null;
  }
  public Object pesquisa (Object chave) {
    if (this.vazia () || chave == null) return null;
    Celula aux = this.primeiro;
    while (aux.prox != null) {
      if (aux.prox.item.equals (chave)) return aux.prox.item;
      aux = aux.prox;
    } return null;
  }
  public void insere (Object x) {
    this.ultimo.prox = new Celula (); this.ultimo = this.ultimo.prox;
    this.ultimo.item = x; this.ultimo.prox = null;
  }
  public Object retira (Object chave) throws Exception {
    if (this.vazia () || (chave == null))
      throw new Exception ("Erro: Lista vazia ou chave invalida");
    Celula aux = this.primeiro;
    while (aux.prox!=null && !aux.prox.item.equals(chave)) aux=aux.prox;
    if (aux.prox == null) return null; // Chave não encontrada
    Celula q = aux.prox; Object item = q.item; aux.prox = q.prox;
    if (aux.prox == null) this.ultimo = aux;  return item;
  }
  public Object retiraPrimeiro () throws Exception {
    if (this.vazia ()) throw new Exception ("Erro: Lista vazia");
    Celula aux = this.primeiro; Celula q = aux.prox;
    Object item = q.item; aux.prox = q.prox;
    if (aux.prox == null) this.ultimo = aux;  return item;
  }
  public Object primeiro () { this.pos = primeiro; return proximo (); }
  public Object proximo () {
    this.pos = this.pos.prox;
    if (this.pos == null) return null; else return this.pos.item;
  }
  public boolean vazia () { return (this.primeiro == this.ultimo); }
  public void imprime () {
    Celula aux = this.primeiro.prox;
    while (aux != null) {
      System.out.println (aux.item.toString ()); aux = aux.prox; }
  }
}
```

Observe que a estrutura de dados é encapsulada na classe *Lista* por meio da utilização do modificador **private**, enquanto as interfaces dos operadores tornam-se visíveis por meio do modificador **public**. Assim como na implementação de listas por meio de arranjos, podemos modificar tanto a estrutura de dados quanto a implementação das operações sem provocar alterações nos programas que utilizam a classe *Lista*.

A implementação por meio de estruturas auto-referenciadas permite inserir ou retirar itens do meio da lista a um custo constante, aspecto importante quando a lista tem de ser mantida em ordem. Em aplicações em que não existe previsão sobre o crescimento da lista, é conveniente usar **listas encadeadas** implementadas por meio de estruturas auto-referenciadas, porque nesse caso o tamanho máximo da lista não precisa ser definido *a priori*. A maior desvantagem desse tipo de implementação é a utilização de memória extra para armazenar as referências.

Exemplo: Considere o seguinte exemplo proposto por Furtado (1984). Durante o exame vestibular de uma universidade, cada candidato tem direito a três opções para tentar uma vaga em um dos sete cursos oferecidos. Para cada candidato é lido um registro contendo os campos mostrados no Programa 3.3.

Programa 3.3 *Campos do registro de um candidato*

```
short  chave;       // assume valores de 1 a 999.
byte   notaFinal;   // assume valores de 0 a 10.
byte   opcao[];     // arranjo de 3 posições;
```

O campo *chave* contém o número de inscrição do candidato (o que identifica de forma única cada registro de entrada). O campo *notaFinal* contém a média das notas do candidato. O campo *opcao* é um vetor contendo a primeira, a segunda e a terceira opções de curso do candidato (os cursos são numerados de 0 a 6).

O problema consiste em distribuir os candidatos entre os cursos, segundo a nota final e as opções apresentadas por candidato. No caso de empate, serão atendidos primeiro os candidatos que se inscreveram mais cedo, isto é, os candidatos com mesma nota final serão atendidos na ordem de inscrição para os exames.

Um possível caminho para resolver o problema de distribuir os alunos entre os cursos contém duas etapas, a saber:

1. ordenar os registros pelo campo *notaFinal*, respeitando-se a ordem de inscrição dos candidatos;

2. percorrer cada conjunto de registros com mesma *notaFinal*, iniciando-se pelo conjunto de *notaFinal* 10, seguido do conjunto da *notaFinal* 9, e assim por diante. Para um conjunto de mesma *notaFinal* tenta-se encaixar cada registro desse conjunto em um dos cursos, na primeira das três opções em que houver vaga (se houver).

Um primeiro refinamento do algoritmo pode ser visto no Programa 3.4.

Programa 3.4 *Primeiro refinamento do programa* Vestibular

```
void Vestibular {
  ordena os registros pelo campo notaFinal;
  for (nota = 10; nota >= 0; nota--)
    while (houver registro com mesma nota)
      if (existe vaga em um dos cursos de opção do candidato)
        insere registro no conjunto de aprovados
      else insere registro no conjunto de reprovados;
  imprime aprovados por curso;
  imprime reprovados;
}
```

Para prosseguirmos na descrição do algoritmo, somos forçados a tomar algumas decisões sobre representação de dados. Uma boa maneira de representar um conjunto de registros é usar listas. O **tipo abstrato de dados** *Lista* definido anteriormente, acompanhado do conjunto de operações definido sobre os objetos do tipo *Lista*, mostra-se bastante adequado ao nosso problema.

O refinamento do comando "ordena os registros pelo campo notaFinal" do Programa 3.4 pode ser realizado da seguinte forma: ao serem lidos, os registros são armazenados em listas para cada nota, conforme ilustra a Figura 3.3. Após a leitura do último registro os candidatos estão automaticamente ordenados por *notaFinal*. Dentro de cada lista, os registros estão ordenados por ordem de inscrição, desde que os registros sejam lidos na ordem de inscrição de cada candidato e inseridos nessa ordem.

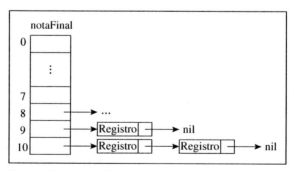

Figura 3.3 *Classificação dos alunos por* notaFinal.

Dessa estrutura passa-se para a estrutura apresentada na Figura 3.4. As listas de registros da Figura 3.3 são percorridas, inicialmente com a lista de *notaFinal* 10, seguida da lista de *notaFinal* 9, e assim sucessivamente. Ao percorrer uma lista, cada registro é retirado e colocado em uma das listas da Figura 3.4, na primeira das três opções em que houver vaga. Se não houver vaga, o registro é colocado em uma lista de reprovados. Ao final, a estrutura da Figura 3.4 conterá uma relação de candidatos aprovados em cada curso.

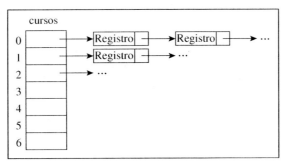

Figura 3.4 Lista de aprovados por curso.

Após as decisões mais importantes sobre a representação dos dados, é possível obter-se mais um refinamento, conforme mostra o Programa 3.5.

Programa 3.5 Segundo refinamento do programa *Vestibular*

```
void Vestibular {
  lê número de vagas para cada curso;
  inicializa listas de classificação, de aprovados e de reprovados;
  lê registro;    // vide formato no Programa 3.3
  while (chave ≠ 0) {
    insere registro nas listas de classificação, conforme notaFinal;
    lê registro;
  }
  for (nota = 10; nota >= 0; nota--)
    while (houver próximo registro com mesma notaFinal) {
      retira registro da lista;
      if (existe vaga em um dos cursos de opção do candidato) {
        insere registro na lista de aprovados;
        decrementa o número de vagas para aquele curso;
      }
      else insere registro na lista de reprovados;
      obtém próximo registro;
    }
  imprime aprovados por curso;
  imprime reprovados;
}
```

Nesse momento, somos forçados a tomar decisões sobre a implementação do **tipo abstrato de dados** *Lista*. Considerando-se que o tamanho das listas varia de forma totalmente imprevisível, a escolha deve cair sobre a implementação com o uso de estruturas auto-referenciadas. As classes *Definicoes* e *Registro* internas à classe *Vestibular* no Programa 3.6 apresentam as definições dos tipos de dados utilizados no último refinamento do algoritmo. Note que a classe *Registro* possui um método *toString* que especifica como o objeto é formatado. Esse método deve ser sobrescrito para ser utilizado pelo método *imprime* do tipo abstrato de dados *Lista* apresentado no Programa 3.2. O método *leRegistro* lê o registro de cada candidato. Observe que na operação de retirar um registro da lista o tipo do objeto a ser retirado tem de ser especificado (como é o caso do tipo *Registro*).

O refinamento final do algoritmo pode ser visto no Programa 3.6. O programa *Vestibular* ilustra bem a utilização de **objetos genéricos**. A classe *Registro* define a estrutura de dados do objeto *registro*, que se tornará um item do **tipo abstrato de dados** *Lista* implementado por meio de arranjos no Programa 3.1, ou por meio de estruturas auto-referenciadas no Programa 3.2. Observe que na operação *retiraPrimeiro* o tipo do item a ser retirado da lista tem de ser declarado (*registro* é do tipo *Registro*).

O programa Programa 3.6 é completamente independente da implementação do tipo abstrato de dados *Lista*. Isso significa que podemos trocar a implementação do tipo *Lista*, que utiliza estruturas auto-referenciadas, para a que utiliza arranjo, bastando trocar a linha "**import** cap3.autoreferencia.Lista;" no Programa 3.6 pela linha "**import** cap3.arranjo.Lista;". Isso fará com que a *Lista* utilizada seja a do Programa 3.1. Essa substituição pode ser realizada sem causar impacto em nenhuma outra parte do código.

Esse exemplo mostra a importância de escrever programas de acordo com as operações para manipular **tipos abstratos de dados**, em vez de utilizar detalhes particulares de implementação. Dessa forma, é possível alterar a implementação das operações rapidamente, sem haver necessidade de procurar as referências diretas às estruturas de dados por todo o código.

Programa 3.6 *Refinamento final do programa Vestibular*

```
package cap3;
import java.io.*;
import cap3.autoreferencia.Lista; // vide Programa 3.2
public class Vestibular {
  private class Definicoes {
    public static final int nOpcoes = 3;
    public static final int nCursos = 7;
  }
  private static class Registro {
    short chave;   byte notaFinal;
    byte opcao[] = new byte[Definicoes.nOpcoes];
    public String toString () { return new String ("" + this.chave); }
  }
  private static BufferedReader in = new BufferedReader (
                                    new InputStreamReader (System.in));
  static Registro leRegistro () throws IOException {
    // os valores lidos devem estar separados por brancos
    Registro registro = new Registro ();
    String str = in.readLine ();
    registro.chave = Short.parseShort (str.substring (0,
                                       str.indexOf (" ")));
    registro.notaFinal = Byte.parseByte (str.substring (
                                         str.indexOf (" ") + 1));
```

Continuação do Programa 3.6

```
      for (int i = 0; i < Definicoes.nOpcoes; i++)
        registro.opcao[i] = Byte.parseByte (in.readLine ());
      return registro;
    }
    public static void main (String[] args) {
      Registro registro = null;
      Lista classificacao[] = new Lista[11];
      Lista aprovados[] = new Lista[Definicoes.nCursos];
      Lista reprovados = new Lista ();
      long vagas[] = new long[Definicoes.nCursos];
      boolean passou;
      int i;
      try {
        for (i = 0; i < Definicoes.nCursos; i++)
          vagas[i] = Long.parseLong (in.readLine ());
        for (i = 0; i < 11; i++) classificacao[i] = new Lista ();
        for (i = 0; i < Definicoes.nCursos; i++)
          aprovados[i] = new Lista ();
        registro = leRegistro ();
        while (registro.chave != 0) {
          classificacao[registro.notaFinal].insere (registro);
          registro = leRegistro ();
        }
        for (int Nota = 10; Nota >= 0; Nota--) {
          while (!classificacao[Nota].vazia ()) {
            registro = (Registro) classificacao[Nota].retiraPrimeiro ();
            i = 0; passou = false;
            while (i < Definicoes.nOpcoes && !passou) {
              if (vagas[registro.opcao[i] - 1] > 0) {
                aprovados[registro.opcao[i] - 1].insere (registro);
                vagas[registro.opcao[i] - 1]--; passou = true;
              }
              i++;
            }
            if (!passou) reprovados.insere (registro);
          }
        }
      } catch (Exception e) { System.out.println (e.getMessage ()); }

      for (i = 0; i < Definicoes.nCursos; i++) {
        System.out.println ("Relacao dos aprovados no Curso" + (i + 1));
        aprovados[i].imprime ();
      }
      System.out.println ("Relacao dos reprovados");
      reprovados.imprime ();
    }
  }
```

3.2 Pilhas

Existem aplicações para listas lineares nas quais inserções, retiradas e acessos a itens ocorrem sempre em um dos extremos da lista. Uma *pilha* é uma lista linear em que todas as inserções, retiradas e, geralmente, todos os acessos são feitos em apenas um extremo da lista.

Os itens em uma pilha são colocados um sobre o outro, com o item inserido mais recentemente no topo e o item inserido menos recentemente no fundo. O modelo intuitivo de uma pilha é o de um monte de pratos em uma prateleira, sendo conveniente retirar pratos ou adicionar novos pratos na parte superior. Essa imagem está freqüentemente associada com a teoria de autômato, na qual o topo de uma pilha é considerado como o receptáculo de uma cabeça de leitura/gravação que pode empilhar e desempilhar itens da pilha (Hopcroft e Ullman, 1969).

As pilhas possuem a seguinte propriedade: o último item inserido é o primeiro item que pode ser retirado da lista. Por essa razão, as pilhas são chamadas de listas **lifo**, termo formado a partir de "last-in, first-out". Existe uma ordem linear para pilhas, que é a ordem do "mais recente para o menos recente". Essa propriedade torna a pilha uma ferramenta ideal para processamento de estruturas aninhadas de profundidade imprevisível, situação em que é necessário garantir que subestruturas mais internas sejam processadas antes da estrutura que as contenham. A qualquer instante, uma pilha contém uma seqüência de obrigações adiadas, cuja ordem de remoção da pilha garante que as estruturas mais internas serão processadas antes das estruturas mais externas.

Estruturas aninhadas ocorrem freqüentemente na prática. Um exemplo simples é a situação em que é necessário caminhar em um conjunto de dados e guardar uma lista de coisas a fazer posteriormente. O controle de seqüências de chamadas de subprogramas e a sintaxe de expressões aritméticas são exemplos de estruturas aninhadas. As pilhas ocorrem também em estruturas de natureza recursiva, tais como as árvores. As pilhas são utilizadas para implementar a **recursividade**, como visto na Seção 2.2.1.

Um **tipo abstrato de dados** *Pilha*, acompanhado de um conjunto de operações, é apresentado a seguir.

1. Criar uma pilha vazia.
2. Verificar se a lista está vazia. Essa função retorna *true* se a pilha está vazia; caso contrário, retorna *false*.
3. Empilhar o item x no topo da pilha.
4. Desempilhar o item x que está no topo da pilha, retirando-o da pilha.
5. Verificar o tamanho atual da pilha.

Existem várias opções de estruturas de dados que podem ser usadas para representar pilhas. As duas representações mais utilizadas são as implementações por meio de *arranjos* e de *estruturas auto-referenciadas*.

3.2.1 Implementação de Pilhas por meio de Arranjos

Em uma implementação por meio de arranjos os itens da pilha são armazenados em posições contíguas de memória, conforme ilustra a Figura 3.5. Por causa das características da pilha, as operações de inserção e de retirada de itens devem ser implementadas de forma diferente das implementações usadas anteriormente para listas. Como as inserções e as retiradas ocorrem no topo da pilha, um cursor chamado *topo* é utilizado para controlar a posição do item no topo da pilha.

	Itens
primeiro = 0	x_1
1	x_2
	⋮
topo −1	x_n
	⋮
maxTam −1	

Figura 3.5 *Implementação de uma pilha por meio de arranjo.*

Na estrutura da pilha usando arranjo, o campo *item* é o principal componente da classe *Pilha* mostrada no Programa 3.7. Os itens são armazenados em um arranjo de tamanho suficiente para conter a pilha. O outro campo da mesma classe contém uma referência para o item no topo da pilha. A constante *maxTam* passada como parâmetro no construtor da classe define o tamanho máximo permitido para a pilha.

Uma possível implementação para as cinco operações definidas anteriormente para o **tipo abstrato de dados** *Pilha* é mostrada a seguir no Programa 3.7. Observe que as cinco operações são encapsuladas na classe *Pilha*. A estrutura de dados é encapsulada na classe *Pilha* por meio da utilização do modificador **private**, enquanto as interfaces dos operadores são tornadas visíveis por meio do modificador **public**. Assim, podemos modificar tanto a estrutura de dados quanto a implementação das operações sem provocar alterações nos programas que utilizam a classe *Pilha*, desde que as interfaces dos operadores sejam preservadas.

3.2.2 Implementação de Pilhas por meio de Estruturas Auto-Referenciadas

Ao contrário da implementação de listas lineares por meio de estruturas auto-referenciadas, não há necessidade de manter uma célula cabeça no topo da pilha, conforme ilustra a Figura 3.6. Para desempilhar um item, basta desligar a célula que contém x_n, e a célula que contém x_{n-1} passa a ser a célula de topo. Para

Programa 3.7 Estrutura e operações sobre pilhas usando arranjo

```
package cap3.arranjo;
public class Pilha {
  private Object item[];
  private int      topo;
  // Operações
  public Pilha (int maxTam) { // Cria uma Pilha vazia
    this.item = new Object[maxTam]; this.topo = 0;
  }
  public void empilha (Object x) throws Exception {
    if (this.topo == this.item.length)
      throw new Exception ("Erro: A pilha esta cheia");
    else this.item[this.topo++] = x;
  }
  public Object desempilha () throws Exception {
    if (this.vazia())
      throw new Exception ("Erro: A pilha esta vazia");
    return this.item[--this.topo];
  }
  public boolean vazia () {
    return (this.topo == 0);
  }
  public int tamanho () {
    return this.topo;
  }
}
```

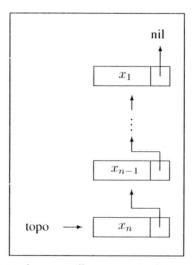

Figura 3.6 Implementação de uma pilha por meio de estruturas auto-referenciadas.

empilhar um novo item, basta fazer a operação contrária, criando uma nova célula para receber o novo item. O campo *tam* existe na classe *Pilha* por questão de eficiência, para evitar a contagem do número de itens da pilha no método *tamanho*. Cada célula de uma pilha contém um item da pilha e uma referência para outra célula, conforme ilustra o Programa 3.8. A classe *Pilha* contém uma referência para o topo da pilha. Vejam que as cinco operações definidas anteriormente podem ser implementadas utilizando estruturas auto-referenciadas.

Programa 3.8 *Estrutura e operações sobre pilhas usando estruturas auto-referenciadas*

```java
package cap3.autoreferencia;
public class Pilha {
  private static class Celula {
    Object item;
    Celula prox;
  }
  private Celula topo;
  private int     tam;
  // Operações
  public Pilha () { // Cria uma Pilha vazia
    this.topo = null; this.tam = 0;
  }
  public void empilha (Object x) {
    Celula aux = this.topo;
    this.topo = new Celula ();
    this.topo.item = x;
    this.topo.prox = aux;
    this.tam++;
  }
  public Object desempilha () throws Exception {
    if (this.vazia ())
      throw new Exception ("Erro: A pilha esta vazia");
    Object item = this.topo.item;
    this.topo = this.topo.prox;
    this.tam--;
    return item;
  }
  public boolean vazia () {
    return (this.topo == null);
  }
  public int tamanho () {
    return this.tam;
  }
}
```

Exemplo: *Editor de Textos.* Certos editores de texto permitem que algum caractere funcione como um "cancela-caractere", cujo efeito é o de cancelar o caractere anterior na linha que está sendo editada. Por exemplo, se "#" é o cancela-caractere, então a seqüência de caracteres UEM##FMB#G corresponde à seqüência UFMG. Outro comando encontrado em editores de texto é o "cancela-linha", cujo efeito é o de cancelar todos os caracteres anteriores na linha que está sendo editada. Neste exemplo, vamos considerar "\" como o caractere cancela-linha. Finalmente, outro comando encontrado em editores de texto é o "salta-linha", cujo efeito é o de causar a impressão dos caracteres que pertencem à linha que está sendo editada, iniciando uma nova linha de impressão a partir do caractere imediatamente seguinte ao caractere salta-linha. Por exemplo, se "*" é o salta-linha, então a seqüência de caracteres DCC*UFMG.* corresponde às duas linhas a seguir:

DCC

UFMG.

Vamos escrever um Editor de Texto (*ET*) que aceite os três comandos descritos no parágrafo anterior. O *ET* deverá ler um caractere de cada vez do texto de entrada e produzir a impressão linha a linha, cada linha contendo no máximo 70 caracteres de impressão. O *ET* deverá utilizar o **tipo abstrato de dados** *Pilha* definido anteriormente, implementado por meio de arranjo.

A implementação do programa *ET* é apresentada no Programa 3.9. Da mesma forma que o programa *Vestibular*, apresentado na Seção 3.1, este programa utiliza um tipo abstrato de dados sem conhecer detalhes de sua implementação. Isso significa que a implementação do tipo abstrato de dados *Pilha* que utiliza arranjo pode ser substituída pela implementação que utiliza estruturas auto-referenciadas mostrada no Programa 3.8, sem causar impacto no programa. O método *imprime* da classe *ET*, mostrado no Programa 3.9, é utilizado pelo programa *ET*.

A seguir, é sugerido um texto para testar o programa *ET*, cujas características permitem exercitar todas as partes importantes do programa.

Este et# um teste para o *ET*, o extraterrestre em

JAVA.*Acabamos de testar a capacidade de o *ET* saltar de linha,

utilizando seus poderes extras (cuidado, pois agora vamos estourar

a capacidade máxima da linha de impressão, que é de 70

caracteres.)*O k#cut#rso dh#e Estruturas de Dados et# h#um

cuu#rsh#o #x# x?*!#?!#+.* Como et# bom

n#nt#ao### r#ess#tt#ar mb#aa#triz#cull#ado nn#x#ele!\ Sera

que este funciona\\\? O sinal? não### deve ficar! ~

Programa 3.9 *Implementação do ET*

```java
package cap3;
import cap3.arranjo.Pilha; // vide Programa 3.7
public class ET {
  private class Definicoes {
    public static final int  maxTam        = 70;
    public static final char cancelaCarater = '#';
    public static final char cancelaLinha  = '\\';
    public static final char saltaLinha    = '*';
    public static final char marcaEof      = '~';
  }
  private static void imprime (Pilha pilha) throws Exception {
    Pilha pilhaAux = new Pilha (Definicoes.maxTam);
    Character x;
    while (!pilha.vazia ()) {
      x = (Character) pilha.desempilha (); pilhaAux.empilha (x);
    }
    while (!pilhaAux.vazia ()) {
      x = (Character) pilhaAux.desempilha (); System.out.print (x);
    }
    System.out.print ('\n');
  }
  public static void main (String[] args) {
    Pilha pilha = new Pilha (Definicoes.maxTam);
    try {
      char c = (char) System.in.read ();
      Character x = new Character (c);
      if (x.charValue () == '\n') x = new Character (' ');
      while (x.charValue () != Definicoes.marcaEof) {
        if (x.charValue () == Definicoes.cancelaCarater) {
          if (!pilha.vazia ()) x = (Character) pilha.desempilha ();
        }
        else if (x.charValue () == Definicoes.cancelaLinha)
          pilha = new Pilha (Definicoes.maxTam);
        else if (x.charValue () == Definicoes.saltaLinha)
          imprime (pilha);
        else {
          if (pilha.tamanho () == Definicoes.maxTam) imprime (pilha);
          pilha.empilha (x);
        }
        c = (char) System.in.read (); x = new Character (c);
        if (x.charValue () == '\n') x = new Character (' ');
      }
      if (!pilha.vazia ()) imprime (pilha);
    } catch (Exception e) { System.out.println (e.getMessage ()); }
  }
}
```

3.3 Filas

Uma fila é uma lista linear em que todas as inserções são realizadas em um extremo da lista, e todas as retiradas e, geralmente, os acessos são realizados no outro extremo da lista. O modelo intuitivo de uma fila é o de uma fila de espera em que as pessoas que estão no início são servidas primeiro, e as pessoas que chegam entram no fim dessa fila. Por essa razão, as filas são chamadas de listas **fifo**, termo formado a partir de "first-in", "first-out". Existe uma ordem linear para filas, que é a "ordem de chegada". Filas são utilizadas quando desejamos processar itens de acordo com a ordem "primeiro-que-chega, primeiro-atendido". Sistemas operacionais utilizam filas para regular a ordem na qual tarefas devem receber processamento, e recursos devem ser alocados a processos.

Um possível conjunto de operações, definido sobre um **tipo abstrato de dados** *Fila*, é apresentado a seguir.

1. Criar uma fila vazia.
2. Enfileirar o item x no final da fila.
3. Desenfileirar. Essa função retorna o item x no início da fila e o retira da fila.
4. Verificar se a fila está vazia. Essa função retorna *true* se a fila está vazia; do contrário, retorna *false*.

3.3.1 Implementação de Filas por meio de Arranjos

Em uma implementação por meio de arranjos, os itens são armazenados em posições contíguas de memória. Por causa das características da fila, a operação *enfileira* faz a parte de trás da fila expandir-se, e a operação *desenfileira* faz a parte da frente da fila contrair-se. Conseqüentemente, a fila tende a caminhar pela memória do computador, ocupando espaço na parte de trás e descartando espaço na parte da frente. Com poucas inserções e retiradas de itens, a fila vai ao encontro do limite do espaço da memória alocado para ela.

A solução para o problema de caminhar pelo espaço alocado para uma fila é imaginar o arranjo como um círculo, em que a primeira posição segue a última, conforme ilustra a Figura 3.7. A fila encontra-se em posições contíguas de memória, em alguma posição do círculo, delimitada pelos apontadores *frente* e *trás*. Para enfileirar um item, basta mover o apontador *trás* uma posição no sentido horário; para desenfileirar um item, basta mover o apontador *frente* uma posição no sentido horário.

Na estrutura da fila usando arranjo, o campo *item* é o principal componente da classe *Fila* mostrada no Programa 3.10. O tamanho máximo do arranjo circular é definido pela constante *maxTam* passada como parâmetro no construtor da

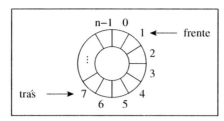

Figura 3.7 Implementação circular para filas.

classe. Os outros campos da classe *Fila* contêm referências para a parte da frente e para a parte de trás da fila.

Programa 3.10 Estrutura e operações sobre filas usando arranjo

```
package cap3.arranjo;
public class Fila {
  private Object item[];
  private int     frente, tras;
  // Operações
  public Fila (int maxTam) { // Cria uma Fila vazia
    this.item = new Object[maxTam];
    this.frente = 0;
    this.tras = this.frente;
  }
  public void enfileira (Object x) throws Exception {
    if ((this.tras + 1) % this.item.length == this.frente)
      throw new Exception ("Erro: A fila esta cheia");
    this.item[this.tras] = x;
    this.tras = (this.tras + 1) % this.item.length;
  }
  public Object desenfileira () throws Exception {
    if (this.vazia ())
      throw new Exception ("Erro: A fila esta vazia");
    Object item = this.item[this.frente];
    this.frente = (this.frente + 1) % this.item.length;
    return item;
  }
  public boolean vazia () {
    return (this.frente == this.tras);
  }
}
```

Uma possível implementação para as quatro operações definidas anteriormente para o **tipo abstrato de dados** *Fila* é mostrada a seguir no Programa 3.10. Observe que para a representação circular da Figura 3.7 existe um pequeno problema: não há uma forma de distinguir uma fila vazia de uma fila cheia, pois nos dois casos os apontadores *frente* e *trás* referenciam a mesma posição do círculo. Uma possível saída para esse problema, utilizada por Aho, Hopcroft e Ullman (1983, p. 58), é não utilizar todo o espaço do arranjo, deixando uma posição vazia. Nesse caso, a fila está cheia quando *trás*+1 for igual a *frente*, o que significa que existe uma célula vazia entre o fim e o início da fila.

Observe que a implementação do vetor circular é realizada com o emprego de aritmética modular. A aritmética modular é utilizada nos métodos *enfileira* e *desenfileira* do Programa 3.10, com o uso da função % de Java.

3.3.2 Implementação de Filas por meio de Estruturas Auto-Referenciadas

Assim como na implementação de listas lineares por meio de estruturas auto-referenciadas, uma célula cabeça é mantida para facilitar a implementação das operações *enfileira* e *desenfileira* quando a fila está vazia, conforme ilustra a Figura 3.8. Quando a fila está vazia, os apontadores *frente* e *trás* referenciam a célula cabeça. Para enfileirar um novo item, basta criar uma célula nova, ligá-la após a célula que contém x_n e colocar nela o novo item. Para desenfileirar o item x_1, basta desligar a célula cabeça da lista e a célula que contém x_1 passa a ser a célula cabeça.

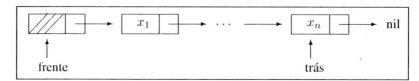

Figura 3.8 Implementação de uma fila por meio de estruturas auto-referenciadas.

Uma possível implementação para as quatro operações definidas anteriormente para o **tipo abstrato de dados** *Fila* é mostrada no Programa 3.11. A fila é implementada por meio de células. Cada célula contém um item da fila e uma referência para outra célula. A classe *Fila* contém uma referência para a frente da fila (célula cabeça) e uma referência para a parte de trás da fila.

Notas Bibliográficas

Knuth (1968) apresenta uma boa abordagem sobre listas lineares. Outras referências sobre estruturas de dados básicas são Aho, Hopcroft e Ullman (1983), Cormen, Leiserson, Rivest e Stein (2001) e Sedgewick (1988).

Programa 3.11 *Estrutura e operações sobre fila usando estruturas auto-referenciadas*

```
package cap3.autoreferencia;
public class Fila {
  private static class Celula { Object item; Celula prox; }
  private Celula frente;
  private Celula tras;
  // Operações
  public Fila () { // Cria uma Fila vazia
    this.frente = new Celula ();
    this.tras = this.frente;
    this.frente.prox = null;
  }
  public void enfileira (Object x) {
    this.tras.prox = new Celula ();
    this.tras = this.tras.prox;
    this.tras.item = x;
    this.tras.prox = null;
  }
  public Object desenfileira () throws Exception {
    Object item = null;
    if (this.vazia ())
      throw new Exception ("Erro: A fila esta vazia");
    this.frente = this.frente.prox;
    item = this.frente.item;
    return item;
  }

  public boolean vazia () {
    return (this.frente == this.tras);
  }
}
```

Exercícios

1. Reimplementar a estrutura *Lista* do Programa 3.1 para sempre permitir a inserção de novos itens na lista. Para isso é preciso modificar a operação *insere* da seguinte forma: toda vez que a inserção de um novo item esgotar a memória disponível no arranjo *item*, uma nova área de memória com capacidade maior deve ser alocada e o conteúdo do arranjo *item* deve ser copiado para ela. Após sucessivas operações de *retirada*, a razão do número de itens no arranjo *item* pela sua capacidade pode se tornar muito pequena. Nesse caso, uma operação para diminuir a quantidade de memória utilizada pelo arranjo *item* também deve ser implementada.

2. Considere a implementação de listas lineares utilizando estruturas auto-referenciadas e com célula cabeça. Escreva um método em Java para a classe *Lista*

boolean estaNaLista (Object ch)

que retorna **true** se *ch* estiver na lista e retorna **false** se *ch* não estiver na lista. Considere que não há ocorrências de chaves repetidas na lista. Determine a complexidade do seu algoritmo.

3. Um problema que pode surgir na manipulação de listas lineares simples é o de "voltar" atrás na lista, ou seja, percorrê-la no sentido inverso ao dos apontadores. A solução geralmente adotada é a incorporação à célula de uma referência para o seu antecessor. Listas desse tipo são chamadas de **duplamente encadeadas**. A Figura 3.9 mostra esse tipo de lista com estrutura circular e a presença de uma célula cabeça.

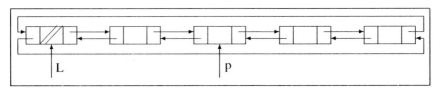

Figura 3.9 Lista circular duplamente encadeada.

a) Declare em Java a classe com os campos necessários para a manipulação da lista.

b) Escreva um método para retirar da lista a célula apontada por *p*:

void retira (Celula p);

Não deixe de considerar eventuais casos especiais.

4. Matrizes Esparsas – Utilização de Listas por meio de Estruturas Auto-Referenciadas (Árabe, 1992):

Matrizes esparsas são matrizes nas quais a maioria das posições é preenchida por zeros. Para essas matrizes, podemos economizar um espaço significativo de memória se apenas os termos diferentes de zero forem armazenados. As operações usuais sobre essas matrizes (somar, multiplicar, inverter, pivotar) também podem ser feitas em tempo muito menor se não armazenarmos as posições que contêm zeros.

Uma maneira eficiente de representar estruturas com tamanho variável e/ou desconhecido é com o emprego de alocação encadeada, utilizando listas. Vamos usar essa representação para armazenar as matrizes esparsas. Cada coluna da matriz será representada por uma **lista linear circular** com uma **célula cabeça**. Da mesma maneira, cada linha da matriz também será representada por uma lista linear circular com uma célula cabeça. Cada célula da estrutura, além das células cabeça, representará os termos diferentes de zero da matriz e deverá ser como no Programa 3.12.

Programa 3.12 *Estrutura da célula da matriz esparsa*

```
Class Celula {
  Celula direita, abaixo;
  int linha, coluna;
  float valor;
}
```

O campo *abaixo* deve ser usado para referenciar o próximo elemento diferente de zero na mesma coluna. O campo *direita* deve ser usado para referenciar o próximo elemento diferente de zero na mesma linha. Dada uma matriz A, para um valor $A(i,j)$ diferente de zero, deverá haver uma célula com o campo *valor* contendo $A(i,j)$, o campo *linha* contendo i e o campo *coluna* contendo j. Essa célula deverá pertencer à lista circular da linha i e também deverá pertencer à lista circular da coluna j. Ou seja, cada célula pertencerá a duas listas ao mesmo tempo. Para diferenciar as células cabeça, coloque -1 nos campos *linha* e *coluna* dessas células.

Considere a matriz esparsa seguinte:

$$A = \begin{pmatrix} 50 & 0 & 0 & 0 \\ 10 & 0 & 20 & 0 \\ 0 & 0 & 0 & 0 \\ -30 & 0 & -60 & 5 \end{pmatrix}$$

A representação da matriz A pode ser vista na Figura 3.10.

Com essa representação, uma matriz esparsa $m \times n$ com r elementos diferentes de zero gastará $(m+n+r)$ células. É bem verdade que cada célula ocupa vários bytes na memória; no entanto, o total de memória usado será menor do que as $m \times n$ posições necessárias para representar a matriz toda, desde que r seja suficientemente pequeno.

Dada a representação vista anteriormente, o trabalho consiste em desenvolver em Java um tipo abstrato de dados *Matriz* com os seguintes métodos, conforme esta especificação:

a) **void** imprimeMatriz ()

Esse método imprime (uma linha da matriz por linha da saída) a matriz A, *inclusive* os elementos iguais a zero.

b) **void** leMatriz ()

Esse método lê, de algum arquivo de entrada, os elementos diferentes de zero de uma matriz e monta a estrutura especificada anteriormente. Considere que a entrada consiste dos valores de m e n (número de linhas e de colunas da

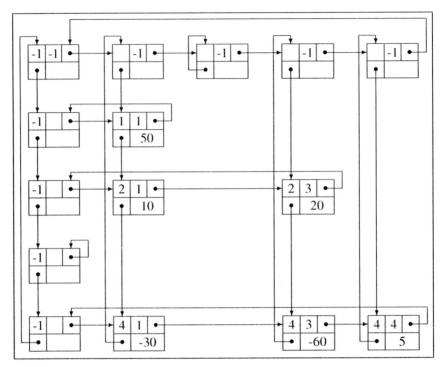

Figura 3.10 Exemplo de Matriz Esparsa.

matriz) seguidos de triplas $(i, j, valor)$ para os elementos diferentes de zero da matriz. Por exemplo, para a matriz anterior, a entrada seria:

```
4,  4
1,  1,    50.0
2,  1,    10.0
2,  3,    20.0
4,  1,   -30.0
4,  3,   -60.0
4,  4,     5.0
```

c) **Matriz** somaMatriz (Matriz A, Matriz B)

Esse método recebe como parâmetros as matrizes A e B, devolvendo uma matriz C que é a soma de A com B.

d) **Matriz** multiplicaMatriz (Matriz A, Matriz B)

Esse método recebe como parâmetros as matrizes A e B, devolvendo uma matriz C que é o produto de A por B.

Para inserir e retirar células das listas que formam a matriz, crie métodos especiais para esse fim. Por exemplo, o método

void insere (int i, int j, float v)

para inserir o valor v na linha i, coluna j da matriz A será útil tanto no método *leMatriz* quanto no método *somaMatriz*.

As matrizes a serem lidas para testar os métodos são:

a) A mesma da Figura 3.10 deste enunciado;

b) $\begin{pmatrix} 50 & 30 & 0 & 0 \\ 10 & 0 & -20 & 0 \\ 0 & 0 & 0 & 0 \\ 0 & 0 & 0 & -5 \end{pmatrix}$

c) $\begin{pmatrix} 3 & 0 & 0 \\ 0 & -1 & 0 \end{pmatrix}$

O que deve ser apresentado:

a) Listagem do programa em Java.

b) Listagem dos testes executados.

c) Descrição sucinta (por exemplo, desenho) das estruturas de dados e as decisões tomadas relativas aos casos e detalhes de especificação que porventura estejam omissos no enunciado.

d) Estudo da complexidade do tempo de execução dos métodos implementados e do programa como um todo (notação O).

É obrigatório o uso de alocação dinâmica de memória para implementar as listas de adjacência que representam as matrizes. A análise de complexidade deve ser feita em função de m, n (dimensões da matriz) e r (número de elementos diferentes de zero).

Os métodos deverão ser testados utilizando-se o Programa 3.13.

Programa 3.13 *Testa matrizes esparsas*

```
public class TestaMatrizesEsparsas {
  public static void main (String[] args) {
    ...
    A.leMatriz (); A.imprimeMatriz ();
    B.leMatriz (); B.imprimeMatriz ();
    C = somaMatriz (A, B); C.imprimeMatriz ();
    C = multiplicaMatriz (A, B); C.imprimeMatriz ();
    B.leMatriz ();
    A.imprimeMatriz (); B.imprimeMatriz ();
    C = somaMatriz (A, B); C.imprimeMatriz ();
    C = multiplicaMatriz (A, B); C.imprimeMatriz ();
    C = multiplicaMatriz (B, B);
    A.imprimeMatriz (); B.imprimeMatriz (B); C.imprimeMatriz (C);
    ...
  }
}
```

5. Considere F uma fila não vazia e P uma pilha vazia. Usando apenas a variável temporária x, as quatro operações

$$x \Leftarrow P \; , \; P \Leftarrow x \; , \; x \Leftarrow F \; , \; F \Leftarrow x$$

e os dois testes $P = vazio$ e $F = vazio$, escreva um algoritmo para reverter a ordem dos elementos em F.

6. Duas pilhas podem coexistir em um mesmo vetor, uma crescendo em um sentido, e a outra, no outro. Duas filas, ou uma pilha e uma fila, podem também ser alocadas no mesmo vetor com o mesmo grau de eficiência? Por quê?

7. Como resolver o problema da representação por alocação seqüencial (usando uma região fixa de memória) para mais de duas pilhas?

8. Altere a especificação do programa ET, apresentado na Seção 3.2.2, para aceitar o comando cancela palavra, cujo efeito é cancelar a palavra anterior na linha que está sendo editada. Por exemplo, se "$" é o cancela palavra, então a seqüência de caracteres NÃO CANCELA$$ CANCELA LINHA$ PALAVRA corresponde à seqüência CANCELA PALAVRA.

Altere o programa de acordo com a nova especificação proposta. Para testar o programa, utilize o texto da página 96, com as seguintes alterações:

a) insira o caractere $ após a palavra "extras" na terceira linha,

b) insira dois caracteres $$ após as palavras "Será que" na penúltima linha do texto.

9. Existem partes de sistemas operacionais que cuidam da ordem em que os programas devem ser executados. Por exemplo, em um sistema de computação de tempo-compartilhado ("time-shared") existe a necessidade de manter um conjunto de processos em uma fila, esperando para serem executados.

Escreva um programa em Java que seja capaz de ler uma série de solicitações para: (i) incluir novos processos na fila de processos; (ii) retirar da fila o processo com o maior tempo de espera; (iii) imprimir o conteúdo da lista de processos em determinado momento. Assuma que cada processo é representado por um registro composto por um número identificador do processo. Utilize o tipo abstrato de dados *Fila* apresentado na Seção 3.3.

10. Se você tem de escolher entre uma representação por **lista encadeada** ou uma representação usando posições contíguas de memória para um vetor, quais informações são necessárias para você selecionar uma representação apropriada? Como esses fatores influenciam a escolha da representação?

11. Filas, Simulação (Árabe, 1992).

O objetivo deste exercício é simular os padrões de aterrissagem e decolagem em um aeroporto. Suponha um aeroporto que possui três pistas, numeradas como 1, 2 e 3. Existem quatro "prateleiras" de espera para aterrissagem, duas para cada uma das pistas 1 e 2. Aeronaves que se aproximam do aeroporto devem integrar-se a uma das prateleiras (filas) de espera, sendo que essas filas devem procurar manter o mesmo tamanho. Assim que um avião entra em uma fila de aterrissagem, ele recebe um número de identificação *ID* e outro número inteiro que indica a quantidade de unidades de tempo que o avião pode permanecer na fila antes que ele tenha de descer (do contrário, seu combustível termina e ele cai).

Existem também filas para decolagem, uma para cada pista. Os aviões que chegam nessas filas também recebem uma identificação *ID*. Essas filas devem procurar manter o mesmo tamanho.

A cada unidade de tempo, de zero a três aeronaves podem chegar nas filas de decolagem, e de zero a três aeronaves podem chegar nas prateleiras. A cada unidade de tempo, cada pista pode ser usada para um pouso ou uma decolagem. A pista 3 em geral só é usada para decolagens, a não ser que um dos aviões nas prateleiras fique sem combustível, quando então ela deve ser imediatamente usada para pouso. Se apenas uma aeronave está com falta de combustível, ela pousará na pista 3; se mais de um avião estiver nessa situação, as outras pistas poderão ser utilizadas (a cada unidade de tempo no máximo três aviões poderão estar nessa desagradável situação).

Utilize inteiros pares (ímpares) sucessivos para a *ID* dos aviões chegando nas filas de decolagem (aterrissagem). A cada unidade de tempo, assuma que os aviões entram nas filas antes que aterrissagens ou decolagens ocorram. Tente projetar um algoritmo que não permita o crescimento excessivo das filas de aterrissagem ou decolagem. Coloque os aviões sempre no final das filas, que não devem ser reordenadas.

A saída do programa deverá indicar o que ocorre a cada unidade de tempo. Periodicamente imprima:

a) o conteúdo de cada fila;

b) o tempo médio de espera para decolagem;

c) o tempo médio de espera para aterrissagem;

d) o número de aviões que aterrissam sem reserva de combustível.

Os itens b e c devem ser calculados para os aviões que já decolaram ou pousaram, respectivamente. A saída do programa deve ser auto-explicativa e fácil de entender.

A entrada poderia ser criada manualmente, mas o melhor é utilizar um gerador de números aleatórios. Para cada unidade de tempo, a entrada deve ter as seguintes informações:

a) número de aviões (zero a três) chegando nas filas de aterrissagem com respectivas reservas de combustível (de 1 a 20 em unidades de tempo);

b) número de aviões (zero a três) chegando nas filas de decolagem.

O que deve ser apresentado:

a) Listagem dos programas em Java.

b) Listagem dos testes executados.

c) Descrição sucinta (por exemplo, desenho) das estruturas de dados, e decisões tomadas relativas aos casos e detalhes de especificação que porventura estejam omissos no enunciado.

d) Estudo da complexidade do tempo de execução dos métodos implementados e dos programas como um todo (notação O).

12. Lista linear duplamente encadeada implementada por meio de **cursores** (Botelho, 2003).

Implemente o **tipo abstrato de dados** *Area*, cuja finalidade é gerenciar uma área interna de memória de forma que o maior e o menor elemento possam ser removidos dessa área a um custo $O(1)$. A estrutura de dados que deve ser utilizada é uma lista linear duplamente encadeada implementada por **cursores**. Os cursores são números inteiros que representam posições em um arranjo e são utilizados para simular os apontadores da implementação tradicional das listas lineares duplamente encadeadas. A utilização de cursores evita a alocação e a liberação dinâmica de itens de memória, sendo mais eficiente em aplicações muito dinâmicas em que o número máximo de itens é conhecido.

O tipo abstrato de dados *Area* possui as seguintes operações:

a) Criar uma área de memória interna vazia.

b) Obter o número de células ocupadas na área de memória.

c) Inserir um item de dado na área interna de memória, mantendo os itens ordenados.

d) Retirar o primeiro item da área de memória.

e) Retirar o último item da área de memória.

f) Imprimir o conteúdo da área de memória.

A retirada de um item de uma lista duplamente encadeada pode ser realizada a um custo constante, desde que se conheça previamente o endereço do item na lista. Ao manter a lista ordenada, os elementos de menor e de maior chave estão na primeira e na última posição, respectivamente. A Figura 3.11 mostra uma lista com capacidade máxima de sete itens.

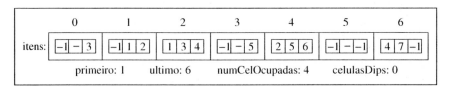

Figura 3.11 *Tipo abstrato de dados Area.*

Após a realização de várias inserções e remoções, os itens contidos na lista mostrada na Figura 3.11 possuem as chaves 1, 3, 5 e 7. Os itens de dados da

lista linear duplamente encadeada são armazenados em um vetor itens da classe
Celula. Cada entrada do vetor de itens contém uma estrutura que armazena um
item de dado, um cursor que aponta para o item que sucede aquela entrada (*prox*)
e um cursor que aponta para o item que antecede aquela entrada (*ant*). Além
disso, são representados dois cursores, *primeiro* e *ultimo*, que apontam para o
primeiro e para o último item da lista, respectivamente. Para facilitar o controle
de quando a lista se encontra cheia ou vazia, utilize o campo *numCelOcupadas*,
que indica quantas células da lista estão ocupadas.

O Programa 3.14 mostra a declaração do tipo abstrato de dados *Area*. Os itens
armazenados na classe *Area* precisam ser mantidos ordenados. Note que o objeto
item é de um tipo diferente do que vinha sendo usado neste capítulo. Uma classe
de itens que precisam ser mantidos ordenados deve incluir um método que permita
a comparação de dois itens. Para isso é utilizada a **interface** *Item* definida no
Programa 4.1. O Capítulo 4 trata em detalhes os métodos de ordenação.

Programa 3.14 *Declaração do tipo abstrato de dados* Area

```
package cap3.arranjo;
import cap4.Item; // vide Programa 4.1
public class Area {
  private static class Celula {
    Item item;
    int  prox, ant;
  }
  private Celula itens[];
  private int    celulasDisp, primeiro, ultimo;
  private int    numCelOcupadas;
}
```

Somente o que foi apresentado até agora não é suficiente para implementar o tipo abstrato de dados *Area*. Isso porque, para incluir um novo item de dado na lista, é necessário haver células disponíveis a fim de que a inserção seja realizada. Assim, para gerenciar a lista de células disponíveis em determinado instante, basta incluir um cursor na representação da estrutura de dados *Area*, o qual irá apontar para a primeira célula disponível. Tal cursor foi denominado *celulasDisp*. Como a lista ilustrada pela Figura 3.11 possui capacidade para sete itens e *numCelOcupadas* = 4, então existem três células disponíveis. A primeira delas é apontada por *celulasDisp*, ou seja, o índice zero do vetor de itens, a segunda é indicada pelo cursor *prox* da célula apontada por *celulasDisp*, ou seja, o índice três do vetor de itens. A terceira e última célula disponível é apontada pelo cursor *prox* da segunda e se encontra no índice cinco do vetor de itens. Ela é a última, pois o seu cursor *prox* possui o valor −1, o que indica a falta de um sucessor para ela.

Dessa forma, antes de incluir um novo item de dado em *Area*, remove-se a primeira célula da lista de disponíveis (apontada por *celulasDisp*) e a insere ordenadamente na lista linear duplamente encadeada que armazena os itens de dados de *Area*. Já ao remover um item de dados de *Area*, a célula que continha tal item deve ser inserida na lista de disponíveis. Para que a inserção e a remoção da lista de disponíveis seja realizada a um custo constante, elas devem ser realizadas na posição apontada por *celulasDisp*.

Capítulo 4
Ordenação

Os algoritmos de ordenação constituem bons exemplos de como resolver problemas utilizando computadores. As técnicas de ordenação permitem apresentar um conjunto amplo de algoritmos distintos para resolver uma mesma tarefa. Dependendo da aplicação, cada algoritmo considerado possui uma vantagem particular sobre os outros. Além disso, os algoritmos ilustram muitas regras básicas para a manipulação de estruturas de dados.

Ordenar corresponde ao processo de rearranjar um conjunto de objetos em ordem ascendente ou descendente. O objetivo principal da ordenação é facilitar a recuperação posterior de itens do conjunto ordenado. Imagine como seria difícil utilizar um catálogo telefônico se os nomes das pessoas não estivessem listados em ordem alfabética. A atividade de colocar as coisas em ordem está presente na maioria das aplicações em que os objetos armazenados têm de ser pesquisados e recuperados, tais como dicionários, índices de livros, tabelas e arquivos.

A grande maioria dos métodos de ordenação é baseada em **comparações** das chaves. Os métodos a serem apresentados a seguir são desse tipo. Entretanto, existem métodos de ordenação que utilizam o princípio da **distribuição**. Por exemplo, considere o problema de ordenar um baralho com 52 **cartas** não ordenadas. Suponha que ordenar o baralho implique colocar as cartas de acordo com a ordem

$$A < 2 < 3 < \cdots < 10 < J < Q < K$$

e

$$\clubsuit < \diamondsuit < \heartsuit < \spadesuit.$$

Para ordenar as cartas por distribuição, basta seguir os passos abaixo:

1. Distribuir as **cartas** abertas em treze montes, colocando em cada monte todos os ases, todos os dois, todos os três, ..., todos os reis.

2. Colete os montes na ordem citada (ás no fundo, depois os dois etc., até o rei ficar no topo).

3. Distribua novamente as cartas abertas em quatro montes, colocando em cada monte todas as cartas de paus, todas as cartas de ouros, todas as cartas de copas e todas as cartas de espadas.

4. Colete os montes na ordem citada (paus, ouros, copas e espadas).

Métodos como o ilustrado anteriormente são também conhecidos como **ordenação digital**, **radixsort** ou **bucketsort**. Nesse caso, não existe comparação entre chaves. As antigas **classificadoras de cartões** perfurados também utilizam o princípio da distribuição para ordenar uma massa de cartões. Uma das dificuldades de implementar esse método está relacionada com o problema de lidar com cada monte. Se para cada monte nós reservarmos uma área, então a demanda por memória extra pode tornar-se proibitiva. O custo para ordenar um arquivo com n elementos é da ordem de $O(n)$, pois cada elemento é manipulado algumas vezes.

Antes de considerarmos os algoritmos propriamente ditos, é necessário apresentar alguma notação. Os algoritmos trabalham sobre os registros de um arquivo. Apenas uma parte do registro, chamada **chave**, é utilizada para controlar a ordenação. Além da chave, podem existir outros componentes em um registro, os quais não têm influência no processo de ordenar, a não ser pelo fato de que permanecem com a mesma chave. A escolha do tipo para a chave é arbitrária. Qualquer tipo sobre o qual exista uma regra de ordenação bem definida pode ser utilizado. As ordens numérica e alfabética são as usuais.

A fim de que o tipo para a chave de ordenação de um registro possa ser genérico e então permitir que os usuários dos algoritmos definam um tipo de dados que atenda às suas necessidades, é necessário criar uma **interface** que inclua o método de comparação de duas chaves[1]. O Programa 4.1 apresenta a interface *Item* que inclui os métodos *compara*, *alteraChave* e *recuperaChave*.

Programa 4.1 Interface para um *Item*

```
package cap4;
public interface Item {
  public int compara (Item it);
  public void alteraChave (Object chave);
  public Object recuperaChave ();
}
```

---

[1] Cabem aqui duas observações: (i) a interface *Comparable* da linguagem Java inclui o método *compareTo*, que tem o mesmo objetivo do método *compara*, e (ii) a classe *Object* não pode ser utilizada neste capítulo (como foi no Capítulo 3) porque, apesar de incluir o método *equals* para verificar a igualdade de dois objetos, não inclui um método para comparar dois objetos segundo uma relação de ordem qualquer.

Uma classe para representar o conjunto de registros a serem ordenados deve ser criada para implementar a interface *Item*. O Programa 4.2 apresenta a classe *MeuItem*, que define o tipo de dados **int** para a chave e implementa os métodos *compara*, *alteraChave* e *recuperaChave*. O método *compara* será utilizado por todos os algoritmos a seguir para comparar dois registros a e b, retornando um valor menor do que zero se $a < b$, um valor maior do que zero se $a > b$, e um valor igual a zero se $a = b$. Os métodos *alteraChave* e *recuperaChave* serão utilizados pelo algoritmo *Heapsort* apresentado na Seção 4.1.5, para determinar como alterar e como recuperar o valor da chave de um objeto da classe *MeuItem*, respectivamente.

***Programa 4.2** Classe MeuItem que representa um registro*

```java
package cap4;
import java.io.*;
public class MeuItem implements Item {
  private int chave;
  // outros componentes do registro

  public MeuItem (int chave) { this.chave = chave; }

  public int compara (Item it) {
    MeuItem item = (MeuItem) it;
    if (this.chave < item.chave) return -1;
    else if (this.chave > item.chave) return 1;
    return 0;
  }
  public void alteraChave (Object chave) {
    Integer ch = (Integer) chave; this.chave = ch.intValue ();
  }
  public Object recuperaChave () { return new Integer (this.chave); }
}
```

Na realidade, sempre que houver necessidade de manipular a chave de um registro, será necessário ampliar a interface *Item* para conter um novo método que realize a operação requerida. Observe que o método *compara* é **sobrescrito** para determinar como são comparados dois objetos da classe *MeuItem*. Os métodos *alteraChave* e *recuperaChave* são sobrescritos para determinar como alterar e como recuperar o valor da chave de um objeto da classe *MeuItem*.

Um método de ordenação é dito **estável** se a ordem relativa dos itens com chaves iguais mantém-se inalterada pelo processo de ordenação. Por exemplo, se uma lista alfabética de nomes de funcionários de uma empresa é ordenada pelo campo salário, então um método estável produz uma lista em que os funcionários com mesmo salário aparecem em ordem alfabética. Alguns dos métodos de ordenação mais eficientes não são estáveis. Se a estabilidade é importante, ela pode ser forçada quando o método é não-estável. Sedgewick (1988) sugere agregar um pequeno índice a cada chave antes de ordenar, ou então aumentar a chave de alguma outra forma.

Os métodos de ordenação são classificados em dois grandes grupos. Se o arquivo a ser ordenado cabe todo na memória principal, então o método de ordenação é chamado de **ordenação interna**. Nesse caso, o número de registros a ser ordenado é pequeno o bastante para caber em um **array** de Java. Se o arquivo a ser ordenado não cabe na memória principal e, por isso, tem de ser armazenado em **fita** ou **disco**, então o método de ordenação é chamado de **ordenação externa**. A principal diferença entre os dois métodos é que, em um método de ordenação interna, qualquer registro pode ser imediatamente acessado, enquanto em um método de ordenação externa os registros são acessados seqüencialmente ou em grandes blocos.

O principal objetivo deste capítulo é apresentar os métodos de ordenação mais importantes do ponto de vista prático. Cada método será apresentado por meio de um exemplo, e o algoritmo associado será refinado até o nível de um método Java executável. A seguir, vamos estudar os principais métodos de ordenação utilizando comparações de chaves.

4.1 Ordenação Interna

O aspecto predominante na **escolha de um algoritmo** de ordenação é o tempo gasto para ordenar um arquivo. Para algoritmos de ordenação interna, as medidas de complexidade relevantes contam o número de comparações entre chaves e o número de movimentações (ou trocas) de itens do arquivo. Assim, vamos utilizar C como uma função de complexidade tal que $C(n)$ é o número de comparações entre chaves, e M como uma função de complexidade tal que $M(n)$ é o número de movimentações de itens no arquivo, em que n é o número de itens do arquivo.

A quantidade extra de memória auxiliar utilizada pelo algoritmo é também um aspecto importante. O uso econômico da memória disponível é um requisito primordial na ordenação interna. Os métodos que utilizam a estrutura vetor e executam a permutação dos itens no próprio vetor, exceto para a utilização de uma pequena tabela ou pilha, são os preferidos. Esses métodos são conhecidos como algoritmos que ordenam *in situ*. Os métodos que utilizam listas encadeadas necessitam de n palavras extras de memória para os apontadores, e são utilizados apenas em algumas situações especiais. Os métodos que necessitam de uma quantidade extra de memória para armazenar outra cópia dos itens a serem ordenados possuem menor importância.

Os métodos de ordenação interna são classificados em *métodos simples* e *métodos eficientes*. Os métodos simples são adequados para pequenos arquivos e requerem $O(n^2)$ comparações, enquanto os métodos eficientes são adequados para arquivos maiores e requerem $O(n \log n)$ comparações. Os métodos simples produzem programas pequenos, fáceis de entender, ilustrando com simplicidade os princípios de ordenação por comparação. Além do mais, existe um grande número de situações em que é melhor usar os métodos simples do que usar os métodos mais sofisticados. Apesar de os métodos mais sofisticados usarem menos comparações, estas comparações são mais complexas nos detalhes, o que torna os métodos simples mais eficientes para pequenos arquivos.

A classe *Ordenacao* mostrada no Programa 4.3 apresenta os métodos de ordenação interna a serem estudados nas próximas seções. Na implementação dos algoritmos de ordenação interna, serão utilizados um vetor de registros v do tipo *Item* e uma variável inteira n para indicar o número de registros em v. O vetor a ser ordenado contém registros nas posições de 1 até n, e a posição 0 é utilizada para armazenar chaves especiais chamadas **sentinelas**.

Programa 4.3 *Classe com os métodos de ordenação interna considerados*

```
package cap4.ordenacaointerna;
import cap4.Item;    // vide Programa 4.1

public class Ordenacao {
  public static void selecao   (Item v[], int n)
  public static void insercao  (Item v[], int n)
  public static void shellsort (Item v[], int n)
  public static void quicksort (Item v[], int n)
  public static void heapsort  (Item v[], int n)
}
```

4.1.1 Ordenação por Seleção

Um dos algoritmos de ordenação mais simples é o método já apresentado na Seção 1.4, cujo princípio de funcionamento é o seguinte: selecione o menor item do vetor e a seguir troque-o com o item que está na primeira posição do vetor. Repita essas duas operações com os $n-1$ itens restantes, depois com os $n-2$ itens, até que reste apenas um elemento. O método é ilustrado para o conjunto de seis chaves apresentado na Figura 4.1. As chaves em negrito sofreram uma troca entre si.

O Programa 4.4 mostra a implementação do algoritmo para um conjunto de n itens, implementado como um vetor do tipo *Item*.

	1	2	3	4	5	6
Chaves iniciais:	O	R	D	E	N	A
i = 1	**A**	R	D	E	N	**O**
i = 2	A	**D**	**R**	E	N	O
i = 3	A	D	**E**	**R**	N	O
i = 4	A	D	E	**N**	**R**	O
i = 5	A	D	E	N	**O**	**R**

Figura 4.1 Exemplo de ordenação por seleção.

Programa 4.4 Ordenação por seleção

```
public static void selecao (Item v[], int n) {
  for (int i = 1; i <= n - 1; i++) {
    int min = i;
    for (int j = i + 1; j <= n; j++)
      if (v[j].compara (v[min]) < 0) min = j;
    Item x = v[min]; v[min] = v[i]; v[i] = x;
  }
}
```

Análise Comparações entre chaves e movimentações de registros:

$$C(n) = \frac{n^2}{2} - \frac{n}{2}$$
$$M(n) = 3(n - 1)$$

O comando de atribuição $min = j$ é executado em média cerca de $n \log n$ vezes, conforme pode ser verificado em Knuth (1973, exercícios 5.2.3.3-6). Esse valor é difícil de se obter exatamente; ele depende do número de vezes que c_j é menor do que todas as chaves anteriores $c_1, c_2, \ldots, c_{j-1}$, quando estamos percorrendo as chaves $c_1, c_2, \ldots, c_n$.

O algoritmo de ordenação por seleção é um dos métodos de ordenação mais simples que existem. Além disso, o método possui um comportamento espetacular quanto ao número de movimentos de registros, cujo tempo de execução é linear no tamanho da entrada, o que é muito difícil de ser batido por qualquer outro método. Conseqüentemente, esse é o algoritmo a ser utilizado para arquivos com registros muito grandes. Em condições normais, com chaves do tamanho de uma palavra, esse método é bastante interessante para arquivos pequenos.

Como aspectos negativos cabe registrar que: (i) o fato de o arquivo já estar ordenado não ajuda em nada, pois o custo continua quadrático; (ii) o algoritmo não é **estável**, pois ele nem sempre deixa os registros com chaves iguais na mesma posição relativa.

4.1.2 Ordenação por Inserção

Esse é o método preferido dos jogadores de **cartas**. Em cada passo, a partir de i=2, o *i*-ésimo item da seqüência fonte é apanhado e transferido para a seqüência destino, sendo inserido no seu lugar apropriado. O método é ilustrado para as mesmas seis chaves utilizadas anteriormente, conforme apresentado na Figura 4.2. As chaves em negrito representam a seqüência destino.

	1	2	3	4	5	6
Chaves iniciais:	O	R	D	E	N	A
i = 2	**O**	**R**	D	E	N	A
i = 3	**D**	**O**	**R**	E	N	A
i = 4	**D**	**E**	**O**	**R**	N	A
i = 5	**D**	**E**	**N**	**O**	**R**	A
i = 6	**A**	**D**	**E**	**N**	**O**	**R**

Figura 4.2 *Exemplo de ordenação por inserção.*

O Programa 4.5 mostra a implementação do algoritmo para um conjunto de n itens implementado como um vetor do tipo *Item*. A colocação do item no seu lugar apropriado na seqüência destino é realizada movendo-se itens com chaves maiores para a direita e então inserindo o item na posição deixada vazia. Nesse processo de alternar comparações e movimentos de registros existem duas condições distintas que podem causar a terminação do processo: (i) um item com chave menor que o item em consideração é encontrado; (ii) o final da seqüência destino é atingido à esquerda. A melhor solução para a situação de um anel com duas condições de terminação é a utilização de um registro **sentinela**: na posição zero do vetor colocamos o próprio registro em consideração. Para tal, o índice do vetor tem de ser estendido para $0..n$.

Programa 4.5 *Ordenação por inserção*

```
public static void insercao (Item v[], int n) {
  int j;
  for (int i = 2; i <= n; i++) {
    Item x = v[i]; j = i - 1;
    v[0] = x; // sentinela
    while (x.compara (v[j]) < 0) {
      v[j + 1] = v[j]; j--;
    }
    v[j + 1] = x;
  }
}
```

Análise No anel mais interno, na i-ésima iteração, o valor de C_i é:

melhor caso : $C_i(n) = 1$
pior caso : $C_i(n) = i$
caso médio : $C_i(n) = \frac{1}{i}(1 + 2 + \cdots + i) = \frac{i+1}{2}$

assumindo que todas as permutações de n são igualmente prováveis para o caso médio. Logo, o número de comparações é igual a:

melhor caso : $C(n) = (1 + 1 + \cdots + 1) = n - 1$
pior caso : $C(n) = (2 + 3 + \cdots + n) = \frac{n^2}{2} + \frac{n}{2} - 1$
caso médio : $C(n) = \frac{1}{2}(3 + 4 + \cdots + n + 1) = \frac{n^2}{4} + \frac{3n}{4} - 1$

O número de movimentações na i-ésima iteração é igual a:

$$M_i(n) = C_i(n) - 1 + 3 = C_i(n) + 2$$

Logo, o número de movimentos é igual a

melhor caso : $M(n) = (3 + 3 + \cdots + 3) = 3(n - 1)$
pior caso : $M(n) = (4 + 5 + \cdots + n + 2) = \frac{n^2}{2} + \frac{5n}{2} - 3$
caso médio : $M(n) = \frac{1}{2}(5 + 6 + \cdots + n + 3) = \frac{n^2}{4} + \frac{11n}{4} - 3$

O número mínimo de comparações e movimentos ocorre quando os itens estão originalmente em ordem, e o número máximo ocorre quando os itens estão originalmente na ordem reversa, o que indica um comportamento natural para o algoritmo. Para arquivos já ordenados, o algoritmo descobre a um custo $O(n)$ que cada item já está no seu lugar. Logo, o método da inserção é o método a ser utilizado quando o arquivo está "quase" ordenado. É também um bom método quando se deseja adicionar uns poucos itens a um arquivo já ordenado e depois obter outro arquivo ordenado: nesse caso, o custo é linear. O algoritmo de ordenação por inserção é quase tão simples quanto o algoritmo de ordenação por seleção. Além disso, o método de ordenação por inserção é **estável**, pois ele deixa os registros com chaves iguais na mesma posição relativa.

4.1.3 Shellsort

Shell (1959) propôs uma extensão do algoritmo de ordenação por inserção. O método da inserção troca itens adjacentes quando está procurando o ponto de inserção na seqüência destino. Se o menor item estiver na posição mais à direita no vetor, então o número de comparações e movimentações é igual a $n - 1$ para encontrar o seu ponto de inserção.

O método de Shell contorna esse problema, permitindo trocas de registros que estão distantes um do outro. Os itens que estão separados h posições são rearranjados de tal forma que todo h-ésimo item leva a uma seqüência ordenada. Tal seqüência é dita h-ordenada. A Figura 4.3 mostra como um arquivo de seis itens é ordenado usando os incrementos 4, 2 e 1 para h.

	1	2	3	4	5	6
Chaves iniciais:	O	R	D	E	N	A
h = 4	N	A	D	E	O	R
h = 2	D	A	N	E	O	R
h = 1	A	D	E	N	O	R

Figura 4.3 Exemplo de ordenação usando Shellsort.

Na primeira passada ($h = 4$), o O e o N (posições 1 e 5) são comparados e trocados; a seguir o R e o A (posições 2 e 6) são comparados e trocados. Na segunda passada ($h = 2$), N, D e O, nas posições 1, 3 e 5, são rearranjados para resultar em D, N e O nessas mesmas posições; da mesma forma A, E e R, nas posições 2, 4 e 6, são comparados e mantidos nos seus lugares. A última passada ($h = 1$) corresponde ao algoritmo de inserção; entretanto, nenhum item precisa se mover para posições muito distantes.

Várias seqüências para h têm sido experimentadas. Knuth (1973, p. 95) mostrou experimentalmente que a escolha do incremento para h, mostrada a seguir, é difícil de ser batida por mais de 20% em eficiência no tempo de execução:

$$h(s) = 3h(s-1) + 1, \quad \text{para } s > 1$$
$$h(s) = 1, \quad \text{para } s = 1.$$

A seqüência para h corresponde a 1, 4, 13, 40, 121, 364, 1.093, 3.280, ... O Programa 4.6 mostra a implementação do algoritmo para a seqüência mostrada acima. Observe que não foram utilizados registros **sentinelas** porque teríamos de utilizar h sentinelas, uma para cada h-ordenação.

Análise A razão pela qual esse método é eficiente ainda não é conhecida, porque ninguém ainda foi capaz de analisar o algoritmo. A sua análise contém alguns problemas matemáticos muito difíceis, a começar pela própria seqüência de incrementos: o pouco que se sabe é que cada incremento não deve ser múltiplo do anterior. Para a seqüência de incrementos utilizada no Programa 4.6 existem duas conjeturas para o número de comparações, a saber:

$$Conjetura\ 1\ : C(n) = O(n^{1,25})$$
$$Conjetura\ 2\ : C(n) = O(n(\ln n)^2)$$

Programa 4.6 *Algoritmo Shellsort*

```
public static void shellsort (Item v[], int n) {
  int h = 1;
  do h = h * 3 + 1; while (h < n);
  do {
    h /= 3;
    for (int i = h + 1; i <= n; i++) {
      Item x = v[i]; int j = i;
      while (v[j - h].compara (x) > 0) {
        v[j] = v[j - h]; j -= h;
        if (j <= h) break;
      }
      v[j] = x;
    }
  } while (h != 1);
}
```

Shellsort é uma ótima opção para arquivos de tamanho moderado, mesmo porque sua implementação é simples e requer uma quantidade de código pequena. Existem métodos de ordenação mais eficientes, mas são também muito mais complicados para implementar. O tempo de execução do algoritmo é sensível à ordem inicial do arquivo. Além disso, o método não é **estável**, pois ele nem sempre deixa registros com chaves iguais na mesma posição relativa.

4.1.4 Quicksort

Quicksort é o algoritmo de ordenação interna mais rápido que se conhece para uma ampla variedade de situações, sendo provavelmente mais utilizado do que qualquer outro algoritmo. O algoritmo foi inventado por C. A. R. Hoare em 1960, quando visitava a Universidade de Moscou como estudante. O algoritmo foi publicado mais tarde por Hoare (1962), após uma série de refinamentos.

A idéia básica é dividir o problema de ordenar um conjunto com n itens em dois problemas menores. A seguir, os problemas menores são ordenados independentemente e depois os resultados são combinados para produzir a solução do problema maior.

A parte mais delicada desse método é relativa ao método *particao*, que tem de rearranjar o vetor $v[esq..dir]$ por meio da escolha arbitrária de um item x do vetor chamado **pivô**, de tal forma que ao final o vetor v está particionado em uma parte esquerda com chaves menores ou iguais a x e uma parte direita com chaves maiores ou iguais a x.

Esse comportamento pode ser descrito pelo seguinte algoritmo:

1. escolha arbitrariamente um item do vetor e coloque-o em x;

2. percorra o vetor a partir da esquerda até que um item $v[i] \geq x$ seja encontrado; da mesma forma percorra o vetor a partir da direita até que um item $v[j] \leq x$ seja encontrado;

3. como os dois itens $v[i]$ e $v[j]$ estão fora de lugar no vetor final, troque-os de lugar;

4. continue esse processo até que os apontadores i e j se cruzem em algum ponto do vetor.

Ao final, o vetor $v[esq..dir]$ está particionado de tal forma que:

- os itens em $v[esq]$, $v[esq+1]$, ..., $v[j]$ são menores ou iguais a x,
- os itens em $v[i]$, $v[i+1]$, ..., $v[dir]$ são maiores ou iguais a x.

O método é ilustrado para o conjunto de seis chaves apresentado na Figura 4.4. O item x é escolhido como sendo $v[(i+j)/2]$. Como inicialmente $i = 1$ e $j = 6$, então $x = v[3] = D$, o qual aparece em negrito na segunda linha da mesma figura. A varredura a partir da posição 1 pára no item O, e a varredura a partir da posição 6 pára no item A, sendo os dois itens trocados, como mostrado na terceira linha da Figura 4.4. A seguir, a varredura a partir da posição 2 pára no item R e a varredura a partir da posição 5 pára no item D, e então os dois itens são trocados, como mostrado na quarta linha. Nesse momento, i e j se cruzam ($i = 3$ e $j = 2$), o que encerra o processo de partição.

1	2	3	4	5	6
O	R	D	E	N	A
A	R	**D**	E	N	O
A	D	R	E	N	O

Figura 4.4 Partição do vetor.

O Programa 4.7 mostra a implementação do método *particao*, em que *esq* e *dir* são apontadores para delimitar o subvetor dentro do vetor original v, que deve ser particionado. A classe *LimiteParticoes*, que é interna à classe *Ordenacao* do Programa 4.3, é utilizada para armazenar os índices i e j que retornam às posições finais das partições, nas quais $v[esq]$, $v[esq+1]$, ... $v[j]$ são menores ou iguais ao **pivô** x, e $v[i]$, $v[i+1]$, ..., $v[dir]$ são maiores ou iguais a x. A utilização do modificador **private** como prefixo da definição da classe *LimiteParticoes* e do método *particao* os encapsula para serem utilizados somente pelos métodos da classe *Ordenacao*.

Observe que o anel interno do método *particao* consiste apenas em incrementar um apontador e comparar um item do vetor contra um valor fixo em x. Esse anel é extremamente simples, razão pela qual o algoritmo *Quicksort* é tão rápido.

Após obter os dois pedaços do vetor por meio do método *particao*, cada pedaço é ordenado recursivamente. O refinamento final do método *quicksort* é

Programa 4.7 Método partição

```
private static class LimiteParticoes { int i; int j; }
private static LimiteParticoes particao (Item v[], int esq, int dir) {
  LimiteParticoes p = new LimiteParticoes ();
  p.i = esq;  p.j = dir;
  Item x = v[(p.i + p.j) / 2];  // obtém o pivo x
  do {
    while (x.compara (v[p.i]) > 0) p.i++;
    while (x.compara (v[p.j]) < 0) p.j--;
    if (p.i <= p.j) {
      Item w = v[p.i]; v[p.i] = v[p.j]; v[p.j] = w;
      p.i++; p.j--;
    }
  } while (p.i <= p.j);
  return p;
}
```

mostrado no Programa 4.8. O método *ordena* é **recursivo**, e também é encapsulado pelo modificador **private** para ser utilizado somente pelos métodos internos à classe *Ordenacao* do Programa 4.3.

Programa 4.8 Método *ordena* e algoritmo Quicksort

```
private static void ordena (Item v[], int esq, int dir) {
  LimiteParticoes p = particao (v, esq, dir);
  if (esq < p.j) ordena (v, esq, p.j);
  if (p.i < dir) ordena (v, p.i, dir);
}

public static void quicksort (Item v[], int n) { ordena (v, 1, n); }
```

A Figura 4.5 ilustra o que acontece com o vetor exemplo em cada chamada recursiva do método *ordena*. Cada linha mostra o resultado do método *particao*, em que o **pivô** é mostrado em negrito.

Análise Uma característica interessante do *Quicksort* é a sua ineficiência para arquivos já ordenados quando a escolha do pivô é inadequada. Por exemplo, a escolha sistemática dos extremos de um arquivo já ordenado leva ao seu pior caso. Nesse caso, as partições serão extremamente desiguais, e o método *ordena* será chamado recursivamente n vezes, eliminando apenas um item em cada chamada. Essa situação é desastrosa, pois o número de comparações passa a cerca de $n^2/2$, e o tamanho da pilha necessária para as chamadas recursivas é cerca de n. Entretanto, o pior caso pode ser evitado empregando-se pequenas modificações no programa, conforme veremos mais adiante.

Chaves iniciais:	O	R	D	E	N	A
1		**A**	**D**	R	E	N	O
2		**A**	D				
3				**E**	R	N	O
4					**N**	R	O
5						**O**	**R**
	A	D	E	N	O	R

Figura 4.5 Exemplo de ordenação usando *Quicksort*.

A melhor situação possível ocorre quando cada partição divide o arquivo em duas partes iguais. Logo,

$$C(n) = 2C(n/2) + n - 1,$$

onde $C(n/2)$ representa o custo de ordenar uma das metades, e $n-1$ é o número de comparações realizadas. A solução para essa recorrência é:

$$C(n) = n \log n - n + 1.$$

No caso médio, de acordo com Sedgewick e Flajolet (1996, p. 17), o número de comparações realizadas é:

$$C(n) \approx 1,386 n \log n - 0,846 n,$$

o que significa que em média o tempo de execução do *Quicksort* é $O(n \log n)$.

Quicksort é extremamente eficiente para ordenar arquivos de dados. O método necessita apenas de uma pequena pilha como memória auxiliar e requer cerca de $n \log n$ operações, em média, para ordenar n itens. Como aspectos negativos cabe ressaltar que: (i) a versão recursiva do algoritmo tem um pior caso, que é $O(n^2)$ operações; (ii) a implementação do algoritmo é muito delicada e difícil: um pequeno engano pode levar a efeitos inesperados para algumas entradas de dados; (iii) o método não é **estável**.

Uma vez que se consiga uma implementação robusta para o *Quicksort*, este deve ser o algoritmo preferido para a maioria das aplicações. No caso de se necessitar de um programa utilitário para uso freqüente, vale a pena investir na obtenção de uma implementação do algoritmo. Por exemplo, como evitar o pior caso do algoritmo? A melhor solução é escolher três itens quaisquer do arquivo e usar a **mediana dos três** como item divisor na partição.

4.1.5 Heapsort

Heapsort é um método de ordenação cujo princípio de funcionamento utiliza o mesmo princípio da ordenação por seleção, a saber: selecione o menor item do vetor e a seguir troque-o com o item que está na primeira posição do vetor; repita essas duas operações com os $n-1$ itens restantes, depois com os $n-2$ itens, e assim sucessivamente.

O custo para encontrar o menor (ou o maior) item entre n itens é de $n-1$ comparações. Esse custo pode ser reduzido por meio da utilização de uma estrutura de dados chamada fila de prioridades. Em razão da enorme importância das filas de prioridades para muitas aplicações (inclusive ordenação), a próxima seção será dedicada ao seu estudo.

Filas de Prioridades

No estudo de listas lineares, no Capítulo 3, vimos que a operação de desempilhar um item de uma pilha retira o último item inserido (o mais novo), e a operação de desenfileirar um item de uma fila retira o primeiro item inserido (o mais velho). Em muitas situações é necessária uma estrutura de dados que suporte as operações de inserir um novo item e retirar o item com a maior chave. Tal estrutura de dados é chamada fila de prioridades, porque a chave de cada item reflete sua habilidade relativa de abandonar o conjunto de itens rapidamente.

Filas de prioridades são utilizadas em um grande número de aplicações. Sistemas operacionais usam filas de prioridades, nas quais as chaves representam o tempo em que os eventos devem ocorrer. Alguns métodos numéricos iterativos são baseados na seleção repetida de um item com maior (menor) valor. Sistemas de gerência de memória usam a técnica de substituir a página menos utilizada na memória principal do computador por uma nova página.

As operações mais comuns sobre o tipo fila de prioridades são: adicionar um novo item ao conjunto e extrair do conjunto o item que contiver o maior (menor) valor. Entretanto, filas de prioridades permitem a execução de um grande número de operações de forma eficiente. Um **tipo abstrato de dados** *Fila de Prioridades* contendo registros com chaves numéricas (prioridades) deve suportar algumas das seguintes operações:

1. Constrói uma fila de prioridades a partir de um conjunto com n itens.

2. Informa qual é o maior item do conjunto.

3. Retira o item com maior chave.

4. Insere um novo item.

5. Aumenta o valor da chave do item i para um novo valor, que é maior que o valor atual da chave.

6. Substitui o maior item por um novo item, a não ser que o novo item seja maior.

7. Altera a prioridade de um item.

8. Remove um item qualquer.

9. Ajunta duas filas de prioridades em uma única.

A única diferença entre a operação Substitui e as operações encadeadas Insere/Retira é que as operações encadeadas fazem com que a fila de prioridades aumente temporariamente de tamanho. A operação Constrói é equivalente ao uso repetido da operação Insere, e a operação Altera é equivalente à operação Remove seguida de Insere.

Uma representação óbvia para uma fila de prioridades é uma lista linear ordenada. Nesse caso, Constrói leva tempo $O(n \log n)$, Insere é $O(n)$, e Retira é $O(1)$. Outra representação é feita mediante uma lista linear não ordenada, na qual a operação Constrói tem custo linear, Insere é $O(1)$, Retira é $O(n)$, e Ajunta é $O(1)$ para implementações por meio de apontadores e $O(n)$ para implementações via arranjos, em que n representa o tamanho da menor fila de prioridades.

Filas de prioridades podem ser mais bem representadas por estruturas de dados chamadas *heaps*. A operação Constrói tem custo linear, e Insere, Retira, Substitui e Altera têm custo logarítmico. Para implementar a operação Ajunta de forma eficiente e ainda preservar um custo logarítmico para as operações Insere, Retira, Substitui e Altera, é necessário utilizar estruturas de dados mais sofisticadas, tais como árvores binomiais (Vuillemin, 1978).

Qualquer algoritmo para filas de prioridades pode ser transformado em um algoritmo de ordenação, pelo uso repetido da operação Insere para construir a fila de prioridades, seguido do uso repetido da operação Retira para receber os itens na ordem reversa. Nesse esquema, o uso de listas lineares não ordenadas corresponde ao método da seleção; o uso de **listas lineares ordenadas** corresponde ao método da inserção; o uso de *heaps* corresponde ao método *Heapsort*.

Heaps

Uma estrutura de dados eficiente para suportar as operações Constrói, Insere, Retira, Substitui e Altera é o *heap*, proposta por Williams (1964). Um *heap* é definido como uma seqüência de itens com chaves:

$$c[1], c[2], \ldots, c[n],$$

tal que:

$$c[i] \geq c[2i],$$
$$c[i] \geq c[2i+1],$$

para todo $i = 1, 2, \ldots, n/2$. Essa ordem pode ser facilmente visualizada se a seqüência de chaves for desenhada em uma árvore binária completa, em que as linhas que saem de uma chave levam a duas chaves menores no nível inferior, conforme ilustra a Figura 4.6. Uma **árvore binária completa** é uma árvore binária com os nós numerados de 1 a n, na qual o primeiro nó é chamado raiz, o nó $\lfloor k/2 \rfloor$ é o pai do nó k, para $1 < k \leq n$, e os nós $2k$ e $2k + 1$ são os filhos à esquerda e à direita do nó k, para $1 \leq k \leq \lfloor n/2 \rfloor$. Quando o último nível de uma árvore binária completa não está cheio, os nós externos aparecem em dois níveis adjacentes e os nós no nível mais baixo estão posicionados mais à esquerda. Um estudo mais detalhado de árvores será apresentado no Capítulo 5.

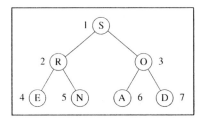

Figura 4.6 *Árvore binária completa.*

Observe que as chaves na árvore da Figura 4.6 satisfazem a condição do *heap*: a chave em cada nó é maior do que as chaves em seus filhos, se eles existirem. Conseqüentemente, a chave no nó raiz é a maior chave do conjunto.

Uma árvore binária completa pode ser **representada** por um vetor, conforme ilustra a Figura 4.7. Essa representação é extremamente compacta e, além disso, permite caminhar pelos nós da árvore facilmente: os filhos de um nó i estão nas posições $2i$ e $2i + 1$ (caso existam), e o pai de um nó i está na posição $i/2$.

1	2	3	4	5	6	7
S	R	O	E	N	A	D

Figura 4.7 *Árvore binária completa representada por um arranjo.*

Um *heap* é uma árvore binária completa na qual cada nó satisfaz a condição do *heap* apresentada anteriormente. No caso da representação do *heap* por um arranjo, a maior chave está sempre na posição 1 do vetor. Os algoritmos para implementar as operações sobre o *heap* operam ao longo de um dos caminhos da árvore, a partir da raiz até o nível mais profundo da árvore.

A classe *FPHeapMax* apresentada no Programa 4.9 implementa um **tipo abstrato de dados** *Fila de Prioridades* utilizando um *heap* acompanhado de um conjunto de operações, apresentado a seguir. O vetor v armazena os n itens de dados do *heap*. Observe que o construtor da classe recebe como parâmetro um vetor v de itens desordenados, cria uma referência interna para o vetor e atribui ao campo n o tamanho de $v - 1$, pois v possui $n + 1$ itens indexados de 0 a n.

Programa 4.9 *Estrutura de dados fila de prioridades implementada utilizando um* heap

```
package cap4.ordenacaointerna;
import cap4.Item;  // vide Programa 4.1
public class FPHeapMax {
  private Item v[];
  private int   n;
  public FPHeapMax (Item v[]) {
    this.v = v; this.n = this.v.length - 1;
  }
  public void refaz (int esq, int dir)
  public void constroi ()
  public Item max ()
  public Item retiraMax () throws Exception
  public void aumentaChave (int i, Object chaveNova) throws Exception
  public void insere (Item x) throws Exception
}
```

A seguir, apresentamos o algoritmo para construir o *heap*. Um método elegante e que não necessita de memória auxiliar alguma foi apresentado por Floyd (1964). Dado um vetor $v[1], v[2], \ldots, v[n]$, os itens $v[n/2 + 1], v[n/2 + 2], \ldots, v[n]$ formam um *heap*, porque nesse intervalo do vetor não existem dois índices i e j tais que $j = 2i$ ou $j = 2i + 1$.

No caso das chaves iniciais da Figura 4.8, os itens de $v[4]$ a $v[7]$ formam a parte inferior da árvore binária associada, em que nenhuma relação de ordem é necessária para formarem um *heap*. A seguir, o *heap* é estendido para a esquerda ($esq = 3$), englobando o item $v[3]$, pai dos itens $v[6]$ e $v[7]$. Nesse momento, a condição do *heap* é violada, e os itens D e S são trocados, conforme ilustra a segunda linha da Figura 4.8. A seguir, o *heap* é novamente estendido para a esquerda ($esq = 2$), incluindo o item R, passo que não viola a condição do *heap*. Finalmente, o *heap* é estendido para a esquerda ($esq = 1$), incluindo o item O, e os itens O e S são trocados, encerrando o processo. A operação de refazer a condição do *heap* é realizada pelo Programa 4.11.

	1	2	3	4	5	6	7
Chaves iniciais:	O	R	D	E	N	A	S
esq = 3	O	R	S	E	N	A	D
esq = 2	O	R	S	E	N	A	D
esq = 1	S	R	O	E	N	A	D

Figura 4.8 *Construção do* heap.

O Programa 4.10 implementa a operação que informa o item com maior chave.

Programa 4.10 *Método que informa o item com maior chave*

```
public Item max () { return this.v[1]; }
```

O Programa 4.11 implementa o método *refaz*, que reconstrói o *heap* conforme descrito anteriormente. O Programa 4.12 mostra a implementação do algoritmo para construir o *heap*.

Programa 4.11 *Método para refazer o* heap

```
public void refaz (int esq, int dir) {
  int j = esq * 2; Item x = this.v[esq];
  while (j <= dir) {
    if ((j < dir) && (this.v[j].compara (this.v[j + 1]) < 0)) j++;
    if (x.compara (this.v[j]) >= 0) break;
    this.v[esq] = this.v[j];
    esq = j; j = esq * 2;
  }
  this.v[esq] = x;
}
```

Programa 4.12 *Método para construir o* heap

```
// Usa o método refaz do Programa 4.11
public void constroi() {
  int esq = n / 2 + 1;
  while (esq > 1) {
    esq--;
    this.refaz(esq, this.n);
  }
}
```

O Programa 4.13 implementa a operação de retirar o item com maior chave. Ela é similar à operação do algoritmo *Heapsort*, vista logo adiante.

O Programa 4.14 implementa a operação de aumentar o valor da chave do item i para um novo valor, que é maior que o valor atual da chave. Essa operação será utilizada na Seção 7.7.2.

A Figura 4.9 mostra um exemplo da operação de aumentar o valor da chave do item na posição i. O tempo de execução do método *aumentaChave* em um

Programa 4.13 Retira o item com maior chave

```
// Usa o método refaz do Programa 4.11
public Item retiraMax () throws Exception {
  Item maximo;
  if (this.n < 1) throw new Exception ("Erro: heap vazio");
  else {
    maximo = this.v[1]; this.v[1] = this.v[this.n--];
    refaz (1, this.n);
  }
  return maximo;
}
```

Programa 4.14 Aumenta valor da chave do item na posição i

```
public void aumentaChave (int i, Object chaveNova) throws Exception {
  Item x = this.v[i];
  if (chaveNova == null)
    throw new Exception ("Erro: chaveNova com valor null");
  x.alteraChave (chaveNova);
  while ((( i > 1) && (x.compara (this.v[i / 2]) >= 0)) {
    this.v[i] = this.v[i / 2]; i /= 2;
  }
  this.v[i] = x;
}
```

item do *heap* é $O(\log n)$, uma vez que um caminho seguido a partir do nó alterado até a raiz tem comprimento $O(\log n)$.

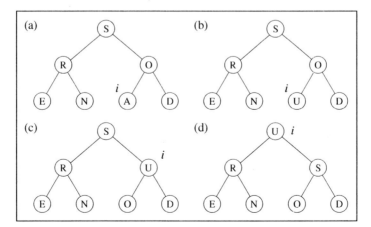

Figura 4.9 (a) Operação de aumentar o valor da chave. (a) Heap da Figura 3.6 com o nó cujo índice $i = 6$ será aumentado. (b) O nó 6 tem sua chave aumentada para U. (c) Após uma iteração do **while**, o nó e seu pai trocaram suas chaves, e o índice i move para o nó pai. (d) O heap após mais uma iteração. A condição do heap é restaurada e o método termina.

O Programa 4.15 implementa a operação de inserir um novo item no *heap*. O método *insere* recebe um novo item para ser inserido, expande o arranjo que contém o *heap* adicionando à árvore uma nova folha, cuja chave é $-\infty$. A seguir, chama o Programa 4.14 para colocar a chave desse novo nó na sua posição correta e assim manter a condição do *heap*.

Programa 4.15 Insere um novo item no heap

```
// Usa o método aumentaChave do Programa 4.14
public void insere (Item x) throws Exception {
  this.n++;
  if (this.n == this.v.length) throw new Exception ("Erro: heap cheio");
  Object chaveNova = x.recuperaChave ();
  this.v[this.n] = x;
  this.v[this.n].alteraChave (new Integer (Integer.MIN_VALUE)); //-∞
  this.aumentaChave (this.n, chaveNova);
}
```

Heapsort

O primeiro passo é construir o *heap* utilizando o Programa 4.12. A partir do *heap* obtido pelo método *constroi*, pega-se o item na posição 1 do vetor (raiz do *heap*) e troca-se com o item que está na posição n do vetor. A seguir, basta usar o método *refaz* para reconstituir o *heap* para os itens $v[1], v[2], \ldots, v[n-1]$. Repita essas duas operações com os $n-1$ itens restantes, depois com os $n-2$ itens, até que reste apenas um item. Esse método é exatamente o que o *heapsort* faz, conforme ilustra a Figura 4.10. O caminho seguido pelo método *refaz* para reconstituir a condição do *heap* está em negrito. Por exemplo, após a troca dos itens S e D na segunda linha da Figura 4.10, o item D volta para a posição 5, depois de passar pelas posições 1 e 2.

1	2	3	4	5	6	7
S	R	O	E	N	A	D
R	**N**	O	E	D	A	**S**
O	**N**	A	E	D	**R**	
N	**E**	A	D	**O**		
E	**D**	A	**N**			
D	**A**	**E**				
A	D					

Figura 4.10 Exemplo de ordenação usando Heapsort.

O Programa 4.16 mostra a implementação do algoritmo para um conjunto de n itens implementado como um vetor do tipo *Item*.

Programa 4.16 *Método heapsort da classe Ordenação do Programa 4.3*

```
public static void heapsort (Item v[] , int n) {
  // Usa a classe FPHeapMax do Programa 4.9
  FPHeapMax fpHeap = new FPHeapMax (v);
  int dir = n;
  fpHeap.constroi (); // constroi o heap
  while (dir > 1) { // ordena o vetor
    Item x = v[1]; v[1] = v[dir]; v[dir] = x;
    dir--; fpHeap.refaz (1, dir);
  }
}
```

Análise À primeira vista, o algoritmo não parece eficiente, pois as chaves são movimentadas várias vezes. Entretanto, o método *refaz* gasta cerca de $\log n$ operações, no pior caso. Logo, *Heapsort* gasta um tempo de execução proporcional a $n \log n$ no pior caso!

Heapsort não é recomendado para arquivos com poucos registros, por causa do tempo necessário para construir o *heap*, bem como porque o anel interno do algoritmo é bastante complexo, se comparado com o anel interno do *Quicksort*. De fato, o *Quicksort* é, em média, cerca de duas vezes mais rápido que o *Heapsort*. Entretanto, *Heapsort* é melhor que o *Shellsort* para grandes arquivos. Um aspecto importante a favor do *Heapsort* é que o seu comportamento é $O(n \log n)$, qualquer que seja a entrada. Aplicações que não podem tolerar eventualmente um caso desfavorável devem usar o *Heapsort*. Um aspecto negativo sobre o *Heapsort* é que o método não é **estável**.

4.1.6 Comparação entre os Métodos

A ordenação interna é utilizada quando todos os registros do arquivo cabem na memória principal. Neste capítulo, apresentamos cinco métodos de ordenação interna mediante comparação de chaves. Foram estudados dois métodos simples (Seleção e Inserção), que requerem $O(n^2)$ comparações, e três métodos eficientes (*Shellsort*, *Quicksort* e *Heapsort*), que requerem $O(n \log n)$ comparações (apesar de não se conhecer analiticamente o comportamento do *Shellsort*, ele é considerado um método eficiente).

As Tabelas 4.1, 4.2 e 4.3 apresentam quadros comparativos do tempo total real para ordenar arranjos com 500, 5.000, 10.000 e 30.000 registros na ordem aleatória, na ordem ascendente e na ordem descendente, respectivamente. Em cada tabela, o método que levou menos tempo real para executar recebeu o valor 1 e os outros receberam valores relativos a ele. Assim, na Tabela 4.1, o *Shellsort* levou o dobro do tempo do *Quicksort* para ordenar 30.000 registros.

Tabela 4.1 Ordem aleatória dos registros

	5.00	5.000	10.000	30.000
Inserção	11,3	87	161	–
Seleção	16,2	124	228	–
Shellsort	1,2	1,6	1,7	2
Quicksort	1	1	1	1
Heapsort	1,5	1,6	1,6	1,6

Tabela 4.2 Ordem ascendente dos registros

	500	5.000	10.000	30.000
Inserção	1	1	1	1
Seleção	128	1.524	3.066	–
Shellsort	3,9	6,8	7,3	8,1
Quicksort	4,1	6,3	6,8	7,1
Heapsort	12,2	20,8	22,4	24,6

Tabela 4.3 Ordem descendente dos registros

	500	5.000	10.000	30.000
Inserção	40,3	305	575	–
Seleção	29,3	221	417	–
Shellsort	1,5	1,5	1,6	1,6
Quicksort	1	1	1	1
Heapsort	2,5	2,7	2,7	2,9

A seguir, apresentamos algumas observações sobre cada um dos métodos.

1. *Shellsort*, *Quicksort* e *Heapsort* têm a mesma ordem de grandeza.

2. O *Quicksort* é o mais rápido para todos os tamanhos aleatórios experimentados.

3. A relação *Heapsort/Quicksort* se mantém constante para todos os tamanhos, sendo o *Heapsort* mais lento.

4. A relação *Shellsort/Quicksort* aumenta à medida que o número de elementos aumenta; para arquivos pequenos (500 elementos), o *Shellsort* é mais rápido que o *Heapsort*; porém, quando o tamanho da entrada cresce, essa relação se inverte.

5. O método da Inserção é o mais rápido para qualquer tamanho se os elementos estão ordenados; esse é seu melhor caso, que é $O(n)$. Ele é o mais lento para qualquer tamanho se os elementos estão em ordem descendente; esse é o seu pior caso.

6. Entre os algoritmos de custo $O(n^2)$, o Inserção é melhor para todos os tamanhos aleatórios experimentados.

A Tabela 4.4 mostra a influência da ordem inicial do arquivo sobre cada um dos três métodos mais eficientes.

Tabela 4.4 Influência da ordem inicial

	Shellsort			Quicksort			Heapsort		
	5.000	10.000	30.000	5.000	10.000	30.000	5.000	10.000	30.000
Asc	1	1	1	1	1	1	1,1	1,1	1,1
Des	1,5	1,6	1,5	1,1	1,1	1,1	1	1	1
Ale	2,9	3,1	3,7	1,9	2,0	2,0	1,1	1	1

Ao observar a tabela, podemos notar que:

1. O *Shellsort* é bastante sensível à ordenação ascendente ou descendente da entrada; para arquivos do mesmo tamanho, executa mais rápido se o arquivo estiver ordenado do que se os elementos forem aleatórios.

2. O *Quicksort* é sensível à ordenação ascendente ou descendente da entrada; para arquivos do mesmo tamanho, executa mais rápido se o arquivo estiver ordenado do que se os elementos forem aleatórios. Ele é o mais rápido para qualquer tamanho quando os elementos estão em ordem ascendente.

3. O *Heapsort* praticamente não é sensível à ordenação da entrada; para arquivos do mesmo tamanho, executa 10% mais lento se o arquivo estiver ordenado do que se os elementos forem aleatórios.

O método da **Inserção** é o mais interessante para arquivos com menos de 20 elementos, podendo ser mais eficiente do que algoritmos que tenham comportamento assintótico mais eficiente. O método é estável e seu comportamento é melhor do que outro método estável muito citado na literatura, o **Bubblesort** ou método da **bolha**. Além disso, sua implementação é tão simples quanto as implementações do *Bubblesort* e Seleção. Para arquivos já ordenados, o método é $O(n)$: quando se deseja adicionar alguns elementos a um arquivo já ordenado e depois obter outro arquivo ordenado, o custo é linear.

O método da **Seleção** somente é vantajoso quanto ao número de movimentos de registros, que é $O(n)$. Logo, ele deve ser usado para arquivos com registros muito grandes, desde que o tamanho do arquivo não exceda 1.000 elementos.

O **Shellsort** é o método a ser escolhido para a maioria das aplicações por ser muito eficiente para arquivos de tamanho moderado. Mesmo para arquivos grandes, o método é cerca de apenas duas vezes mais lento do que o *Quicksort*.

Sua implementação é simples e fácil de colocar em funcionamento de forma correta e geralmente resulta em um programa pequeno. Ele não possui um pior caso ruim, e quando encontra um arquivo parcialmente ordenado trabalha menos.

O *Quicksort* é o algoritmo mais eficiente que existe para uma grande variedade de situações. Entretanto, é um método bastante frágil no sentido de que qualquer erro de implementação pode ser difícil de ser detectado. O algoritmo é recursivo, o que demanda uma pequena quantidade de memória adicional. Além disso, seu desempenho é da ordem de $O(n^2)$ operações no pior caso.

Uma vez que se consiga uma implementação robusta, o *Quicksort* deve ser o método utilizado. O principal cuidado a ser tomado é com relação à escolha do **pivô**. A escolha do elemento do meio do arranjo melhora muito o desempenho quando o arquivo está total ou parcialmente ordenado, e o pior caso nessas condições terá uma probabilidade muito remota de ocorrer quando os elementos forem aleatórios. A melhor solução para tornar o pior caso mais improvável ainda é escolher ao acaso uma pequena amostra do arranjo e usar a mediana da amostra como pivô na partição. Geralmente se usa a **mediana** de uma amostra **de três elementos**. Além de tornar o pior caso muito mais improvável, essa solução melhora o caso médio ligeiramente.

Outra importante melhoria para o desempenho do *Quicksort* é evitar chamadas recursivas para **pequenos subarquivos** por meio da chamada de um método de ordenação simples, como o método da Inserção. Para tanto, basta colocar um teste no início do método recursivo ordena do Programa 4.8 para verificar o tamanho do subarquivo a ser ordenado: para arquivos com menos de 25 elementos, o algoritmo da Inserção deve ser chamado (a implementação do algoritmo da Inserção deve ser alterada para aceitar parâmetros indicando os limites do subarquivo a ser ordenado). A melhoria no desempenho é significativa, podendo chegar a 20% para a maioria das aplicações (Sedgewick, 1988).

O *Heapsort* é um método de ordenação elegante e eficiente. Apesar de possuir um anel interno relativamente complexo, que o torna cerca de duas vezes mais lento do que o *Quicksort*, ele não necessita de memória adicional. Além disso, ele executa sempre em tempo proporcional a $n \log n$, qualquer que seja a ordem inicial dos elementos do arquivo de entrada. Aplicações que não podem tolerar eventuais variações no tempo esperado de execução devem usar o *Heapsort*.

Finalmente, quando os registros do arquivo $v[1], v[2], \ldots, v[n]$ são muito grandes, é desejável que o método de ordenação realize apenas n movimentos dos registros, com o uso de uma **ordenação indireta**. Isso pode ser realizado pela utilização de um arranjo $p[1], p[2], \ldots, p[n]$ de apontadores, um apontador para cada registro: os registros somente são acessados para fins de comparação e toda movimentação é realizada apenas sobre os apontadores. Ao final, $p[1]$ contém o índice do menor elemento de v, $p[2]$ contém o índice do segundo menor elemento de v, e assim sucessivamente. Essa estratégia pode ser utilizada para qualquer dos métodos de ordenação interna vistos anteriormente. Sedgewick (1988) mostra como implementá-la para o método da **Inserção** e para aplicações de **filas de prioridades** usando *heaps*.

4.1.7 Ordenação Parcial

O problema da ordenação parcial[2] ocorre quando se deseja obter os k primeiros elementos de um vetor contendo n elementos, em uma ordem ascendente ou descendente. Quando $k = 1$, o problema se reduz a encontrar o mínimo (ou o máximo) de um conjunto de elementos. Quando $k = n$, caímos no problema clássico de ordenação.

O problema da ordenação parcial ocorre em muitas situações práticas. Por exemplo, para facilitar a busca de informação na Web existem as **máquinas de busca**, que são sistemas para recuperação de informação na Web (Baeza-Yates e Ribeiro-Neto, 1999; Witten, Mofat e Bell, 1999). É comum uma consulta na Web retornar centenas de milhares de documentos relacionados. Entretanto, o usuário está interessado apenas nos k documentos mais relevantes, em que k, em geral, é menor do que 200 documentos (na maioria das vezes o usuário consulta apenas os dez primeiros documentos mostrados na primeira página de resposta). Conseqüentemente, a comunidade de recuperação de informação necessita de algoritmos de ordenação parcial eficientes.

O objetivo desta seção é apresentar um estudo comparativo dos principais algoritmos de ordenação interna que possam ser adaptados para realizar eficientemente a ordenação parcial. Assim, vamos considerar os seguintes algoritmos de ordenação interna: Seleção, Inserção, *Heapsort* e *Quicksort*.

A classe *OrdenacaoParcial* mostrada no Programa 4.17 apresenta os métodos de ordenação parcial a serem estudados nas próximas seções. Na implementação dos algoritmos de ordenação parcial serão utilizados um vetor de registros v do tipo *Item*, uma variável inteira n para indicar o número de registros em v e uma variável inteira k para indicar o número de registros a serem ordenados em v.

Programa 4.17 *Classe com os métodos de ordenação parcial considerados*

```
package cap4.ordenacaointerna;
import cap4.Item;    // vide Programa 4.1

public class OrdenacaoParcial {
  public static void selecaoParcial (Item v[], int n, int k)
  public static void insercaoParcial (Item v[], int n, int k)
  public static void insercaoParcial2 (Item V[], int n, int k)
  public static void quicksortParcial (Item v[], int n, int k)
  public static void heapsortParcial (Item v[], int n, int k)
}
```

---

[2]Na literatura este problema é mais conhecido como seleção do k-ésimo maior (do inglês *selection of kth largest*). Para não haver confusão com o algoritmo de ordenação por seleção, usamos ordenação parcial.

Seleção Parcial

Um dos algoritmos de ordenação mais simples é o método apresentado na Seção 4.1.1, cujo princípio de funcionamento é o seguinte: selecione o menor item do vetor e a seguir troque-o com o item que está na primeira posição do vetor. Repita essas duas operações com os $n-1$ itens restantes, depois com os $n-2$ itens, até que reste somente um elemento. Para obter somente os k primeiros, a alteração necessária no Programa 4.4 é apenas mudar de $n-1$ para k o número de iterações do anel mais externo, como pode ser visto no Programa 4.18. Assim, somente os k primeiros itens serão obtidos.

Programa 4.18 Ordenação parcial por seleção

```java
public static void selecaoParcial (Item v[], int n, int k) {
  for (int i = 1; i <= k; i++) {
    int min = i;
    for (int j = i + 1; j <= n; j++)
      if (v[j].compara (v[min]) < 0) min = j;
    Item x = v[min]; v[min] = v[i]; v[i] = x;
  }
}
```

Análise Comparações entre chaves e movimentações de registros:

$$C(n) = kn - \frac{k^2}{2} - \frac{k}{2}$$

$$M(n) = 3k$$

O algoritmo de ordenação por seleção parcial é muito simples de ser obtido a partir da implementação do mesmo algoritmo para ordenar n itens. Além disso, o método possui um comportamento espetacular quanto ao número de movimentos de registros, cujo tempo de execução é linear no tamanho de k.

Inserção Parcial

O algoritmo de ordenação parcial por inserção pode ser obtido a partir do algoritmo apresentado pelo Programa 4.5, por meio de uma modificação simples. Uma vez que tenham sido ordenados os primeiros k itens, o item que está na k-ésima posição do vetor funciona como um pivô. Quando um item do restante do vetor é menor do que o pivô, ele é inserido na posição correta entre os k itens, de acordo com o algoritmo original. O Programa 4.19 mostra a implementação do algoritmo. A modificação realizada verifica o momento em que i se torna maior do que k e então passa a considerar o valor de j igual a k a partir desse ponto.

Programa 4.19 *Ordenação parcial por inserção*

```
public static void insercaoParcial (Item v[], int n, int k) {
  int j;
  for (int i = 2; i <= n; i++) {
    Item x = v[i];
    if (i > k) j = k; else j = i - 1;
    v[0] = x; // sentinela
    while (x.compara (v[j]) < 0) {
      v[j + 1] = v[j]; j--;
    }
    v[j + 1] = x;
  }
}
```

Apesar de muito simples, a versão mostrada no Programa 4.19 tem um inconveniente: o restante do vetor não é preservado. Para que o restante do vetor contenha os itens originais sempre que algum valor inferior ao pivô é encontrado, esse valor tem de ser trocado de posição com o pivô, como mostrado na implementação do Programa 4.20.

Programa 4.20 *Ordenação parcial por inserção que preserva todos os itens do vetor*

```
public static void insercaoParcial2 (Item v[], int n, int k) {
  int j;
  for (int i = 2; i <= n; i++) {
    Item x = v[i];
    if (i > k) {
      j = k;
      if (x.compara (v[k]) < 0) v[i] = v[k];
    }
    else j = i - 1;
    v[0] = x; // sentinela
    while (x.compara (v[j]) < 0) {
      if (j < k) v[j + 1] = v[j];
      j--;
    }
    if (j < k) v[j + 1] = x;
  }
}
```

Análise Vamos apresentar a análise do Programa 4.19. No anel mais interno, na i-ésima iteração o valor de C_i é:

$$\begin{aligned}
\text{melhor caso} &: C_i(n) = 1 \\
\text{pior caso} &: C_i(n) = i \\
\text{caso médio} &: C_i(n) = \tfrac{1}{i}(1 + 2 + \cdots + i) = \tfrac{i+1}{2}
\end{aligned}$$

assumindo que todas as permutações de n são igualmente prováveis para o caso médio. Logo, o número de comparações é igual a:

$$\begin{aligned}
\text{melhor caso} &: C(n) = (1 + 1 + \cdots + 1) = n - 1 \\
\text{pior caso} &: C(n) = (2 + 3 + \cdots + k + (k+1)(n-k)) \\
& = kn + n - \tfrac{k^2}{2} - \tfrac{k}{2} - 1 \\
\text{caso médio} &: C(n) = \tfrac{1}{2}(3 + 4 + \cdots + k + 1 + (k+1)(n-k)) \\
& = \tfrac{kn}{2} + \tfrac{n}{2} - \tfrac{k^2}{4} + \tfrac{k}{4} - 1
\end{aligned}$$

O número de movimentações na i-ésima iteração é igual a:

$$M_i(n) = C_i(n) - 1 + 3 = C_i(n) + 2$$

Logo, o número de movimentos é igual a:

$$\begin{aligned}
\text{melhor caso} &: M(n) = (3 + 3 + \cdots + 3) = 3(n-1) \\
\text{pior caso} &: M(n) = (4 + 5 + \cdots + k + 2 + (k+1)(n-k)) \\
& = kn + n - \tfrac{k^2}{2} + \tfrac{3k}{2} - 3 \\
\text{caso médio} &: M(n) = \tfrac{1}{2}(5 + 6 + \cdots + k + 3 + (k+1)(n-k)) \\
& = \tfrac{kn}{2} + \tfrac{n}{2} - \tfrac{k^2}{4} + \tfrac{5k}{4} - 2
\end{aligned}$$

O número mínimo de comparações e movimentos ocorre quando os itens estão originalmente em ordem, e o número máximo ocorre quando os itens estão originalmente na ordem reversa, o que indica um comportamento natural para o algoritmo. Para arquivos já **ordenados**, o algoritmo descobre a um custo $O(n)$ que cada item já está no seu lugar.

Heapsort Parcial

O método *heapsort* do Programa 4.16 pode ser alterado para obter um algoritmo de ordenação parcial. Para a implementação do algoritmo *Heapsort* Parcial é necessário utilizar um tipo abstrato de dados *heap* que informe o menor item do conjunto, o qual chamamos de *heap* invertido, como especificado no Exercício 17(c) neste capítulo. Na primeira iteração, o menor item que está em $v[1]$ (raiz do *heap*) é trocado com o item que está em $v[n]$. Após refazer o *heap*, o segundo menor está em $v[1]$, o qual é trocado com $v[n-1]$, e assim sucessivamente, até que o k-ésimo menor é trocado com $v[n-k]$. Ao final, os k menores estão nas k últimas posições do vetor v.

O Programa 4.21 mostra a implementação do método *heapsortParcial*. A classe *FPHeapMin* apresentada no Programa K.3 é a que contém os métodos *constroi* e *refaz* para operar em um *heap* invertido usados no Programa 4.21.

Programa 4.21 *Ordenação parcial usando Heapsort*

```
public static void heapsortParcial (Item v[], int n, int k) {
// Coloca menor em v[n], segundo em v[n-1],...,k-esimo em v[n-k]
  FPHeapMin fpHeap = new FPHeapMin (v);
  int dir = n, aux = 0;
  fpHeap.constroi (); // constroi o heap
  while (aux < k) { // ordena o vetor
    Item x = v[1]; v[1] = v[dir]; v[dir] = x;
    dir--; aux++;
    fpHeap.refaz (1, dir);
  }
}
```

Análise O *Heapsort* Parcial deve construir um *heap* a um custo $O(n)$. O método *refaz* tem custo $O(\log n)$. Como o método *heapsortParcial* chama o método *refaz* k vezes, pois retiramos o menor elemento do conjunto a cada iteração e refazemos o *heap*, o algoritmo apresenta a complexidade:

$$O(n + k \log n) = \begin{cases} O(n) & \text{se } k \leq \frac{n}{\log n} \\ O(k \log n) & \text{se } k > \frac{n}{\log n} \end{cases}$$

Quicksort Parcial

Como vimos na Seção 4.1.4, o *Quicksort* é o algoritmo de ordenação interna mais rápido que se conhece para uma ampla variedade de situações, sendo que no caso da ordenação parcial esse fato se repete. A alteração no algoritmo para que ele ordene apenas os k primeiros itens de um conjunto com n itens é muito simples. Basta abandonar a partição à direita toda vez que a partição à esquerda contiver k ou mais itens. Assim, a única alteração necessária no Programa 4.8 é evitar a chamada recursiva a *ordena*(i, dir), que trata dos itens da partição à direita contendo os valores entre i e dir.

A Figura 4.5 ilustra o que acontece com as seis chaves do vetor exemplo em cada chamada recursiva do método *ordena*. Cada linha mostra o resultado do método *particao*, onde o **pivô** é mostrado em negrito. Vamos considerar o caso de ordenação parcial em que $k = 3$. Nas linhas 2 e 3 da Figura 4.5, após a chamada do método *particao* em que o pivô foi D, a partição à esquerda contém dois itens e a partição à direita contém quatro itens. Nesse caso, como a partição à esquerda contém menos de k itens, o método *ordena* deve ser chamado normalmente para a partição à direita contendo os quatro itens. Na linha 3, após a chamada do método *particao* em que o pivô foi E, a partição à esquerda contém três itens e a partição à direita também. Nesse momento, a partição à direita deve ser abandonada e apenas a chamada para a partição à esquerda (contendo k ou mais itens) deve ser realizada.

O Programa 4.22 mostra a implementação do método *quicksortParcial*. O método recebe o vetor v e os valores de n e k. O método *particao* mostrado no Programa 4.7 não sofre alteração alguma, mas deve ser incluído na classe *OrdenacaoParcial* do Programa 4.17. A alteração necessária no Programa 4.22 ocorre após a chamada do método *particao*: se o valor de $j - esq$ for maior ou igual a $k - 1$, então apenas a partição à esquerda é considerada por meio da chamada *ordena* (v, esq, j, k), caso contrário as duas chamadas ao método *ordena* ocorrem como no Programa 4.8 original.

Programa 4.22 *Ordenação parcial usando Quicksort*

```
private static void ordena (Item v[], int esq, int dir, int k) {
  LimiteParticoes p = particao (v, esq, dir);
  if (p.j - esq >= k - 1) {
    if (esq < p.j) ordena (v, esq, p.j, k);
    return;
  }
  if (esq < p.j) ordena (v, esq, p.j, k);
  if (p.i < dir) ordena (v, p.i, dir, k);
}
public static void quicksortParcial (Item v[], int n, int k) {
  ordena (v, 1, n, k);
}
```

Análise A análise do *Quicksort Parcial* é difícil. O comportamento é muito sensível à escolha do pivô, podendo cair no melhor caso $O(k \log k)$, ou cair em algum valor entre o melhor caso e $O(n \log n)$.

Comparação entre os Métodos

A ordenação parcial deve ser utilizada quando o número k de registros a serem ordenados for pequeno, seja em valores absolutos, seja em valores relativos ao número total n de registros do arquivo. Foram estudados quatro métodos: Seleção Parcial, Inserção Parcial (em duas versões), *Quicksort* Parcial e *Heapsort* Parcial.

A Tabela 4.5 apresenta um quadro comparativo do tempo total real para ordenar arranjos com valores de n iguais a 10, 100, 1.000, 100.000, 1.000.000 e 10.000.000. Para cada valor de n, o k varia de 1, 10, 100, ..., k. O método que levou menos tempo real para executar recebeu o valor 1 e os outros receberam valores relativos a ele. Na Tabela 4.5, o *Heapsort* Parcial levou três vezes o tempo do Inserção Parcial para $k = 10$ registros em um arquivo com $n = 100$ registros.

Tabela 4.5 Comparação dos algoritmos de ordenação parcial. Ordem aleatória dos registros

n, k	Seleção	*Quicksort*	Inserção	Inserção2	*Heapsort*
$n:10^1\ k:10^0$	1	2,5	1	1,2	1,7
$n:10^1\ k:10^1$	1,2	2,8	1	1,1	2,8
$n:10^2\ k:10^0$	1	3	1,1	1,4	4,5
$n:10^2\ k:10^1$	1,9	2,4	1	1,2	3
$n:10^2\ k:10^2$	3	1,7	1	1,1	2,3
$n:10^3\ k:10^0$	1	3,7	1,4	1,6	9,1
$n:10^3\ k:10^1$	4,6	2,9	1	1,2	6,4
$n:10^3\ k:10^2$	11,2	1,3	1	1,4	1,9
$n:10^3\ k:10^3$	15,1	1	3,9	4,2	1,6
$n:10^5\ k:10^0$	1	2,4	1,1	1,1	5,3
$n:10^5\ k:10^1$	5,9	2,2	1	1	4,9
$n:10^5\ k:10^2$	67	2,1	1	1,1	4,8
$n:10^5\ k:10^3$	304	1	1,1	1,3	2,3
$n:10^5\ k:10^4$	1445	1	33,1	43,3	1,7
$n:10^5\ k:10^5$	∞	1	∞	∞	1,9
$n:10^6\ k:10^0$	1	3,9	1,2	1,3	8,1
$n:10^6\ k:10^1$	6,6	2,7	1	1	7,3
$n:10^6\ k:10^2$	83,1	3,2	1	1,1	6,6
$n:10^6\ k:10^3$	690	2,2	1	1,1	5,7
$n:10^6\ k:10^4$	∞	1	5	6,4	1,9
$n:10^6\ k:10^5$	∞	1	∞	∞	1,7
$n:10^6\ k:10^6$	∞	1	∞	∞	1,8
$n:10^7\ k:10^0$	1	3,4	1,1	1,1	7,4
$n:10^7\ k:10^1$	8,6	2,6	1	1,1	6,7
$n:10^7\ k:10^2$	82,1	2,6	1	1,1	6,8
$n:10^7\ k:10^3$	∞	3,1	1	1,1	6,6
$n:10^7\ k:10^4$	∞	1,1	1	1,2	2,6
$n:10^7\ k:10^5$	∞	1	∞	∞	2,2
$n:10^7\ k:10^6$	∞	1	∞	∞	1,2
$n:10^7\ k:10^7$	∞	1	∞	∞	1,7

A seguir, apresentamos algumas observações sobre cada um dos métodos.

1. Para valores de k até 1.000, o método da Inserção Parcial é imbatível, apesar de o *Quicksort* Parcial nunca ficar muito longe da Inserção Parcial.

2. Na medida em que o k cresce, seja em valores absolutos seja em valores relativos a n, o *Quicksort* Parcial é a melhor opção.

3. Para valores grandes de k, o método da Inserção Parcial se torna ruim, devendo ser usado somente quando se tem certeza de que k será pequeno, digamos, menor do que 5.000.

4. No caso de se adotar um único método para qualquer situação, a melhor opção é o *Quicksort* Parcial.

5. O *Heapsort* Parcial tem comportamento parecido com o comportamento do *Quicksort* Parcial, sendo o *Heapsort* Parcial mais lento.

4.2 Ordenação Externa

A ordenação externa envolve arquivos compostos por um número de registros que é maior do que a memória interna do computador pode armazenar. Os métodos de ordenação externa são muito diferentes dos métodos de ordenação interna. Em ambos, o problema é o mesmo: rearranjar os registros de um arquivo em ordem ascendente ou descendente. Entretanto, na ordenação externa as estruturas de dados têm de levar em conta o fato de que os dados estão armazenados em unidades de memória externa, relativamente muito mais lentas do que a memória principal.

Nas memórias externas, tais como fitas, discos e tambores magnéticos, os dados são armazenados como um arquivo seqüencial, em que apenas um registro pode ser acessado em um dado momento. Essa é uma restrição forte, se comparada com as possibilidades de acesso da estrutura de dados do tipo vetor. Conseqüentemente, os métodos de ordenação interna apresentados na Seção 3.1 são inadequados para ordenação externa, e então técnicas de ordenação completamente diferentes têm de ser usadas. Existem três importantes fatores que fazem os algoritmos para ordenação externa diferentes dos algoritmos para ordenação interna, a saber:

1. O custo para acessar um item é algumas ordens de grandeza maior do que os custos de processamento na memória interna. O custo principal na ordenação externa está relacionado com o custo de transferir dados entre a memória interna e a memória externa.

2. Existem restrições severas de acesso aos dados. Por exemplo, os itens armazenados em fita magnética só podem ser acessados de forma seqüencial. Os itens armazenados em **disco magnético** podem ser acessados diretamente, mas a um custo maior do que o custo para acessar seqüencialmente, o que contra-indica o uso do acesso direto.

3. O desenvolvimento de métodos de ordenação externa é muito dependente do estado atual da tecnologia. A grande variedade de tipos de unidades de memória externa pode tornar os métodos de ordenação externa de-

pendentes de vários parâmetros que afetam seus desempenhos. Por essa razão, apenas métodos gerais serão apresentados nesta seção, em vez de apresentarmos refinamentos de algoritmos até o nível de um programa Java executável.

Para desenvolver um método de ordenação externa eficiente, o aspecto sistema de computação deve ser considerado no mesmo nível do aspecto algorítmico. A grande ênfase deve ser na minimização do número de vezes que cada item é transferido entre a memória interna e a memória externa. Mais ainda, cada transferência deve ser realizada de forma tão eficiente quanto as características dos equipamentos disponíveis permitam.

O método de ordenação externa mais importante é o método de ordenação por intercalação. Intercalar significa combinar dois ou mais **blocos ordenados** em um único bloco ordenado mediante seleções repetidas entre os itens disponíveis em cada momento. A intercalação é utilizada como uma operação auxiliar no processo de ordenar.

A maioria dos métodos de ordenação externa utiliza a seguinte estratégia geral:

1. É realizada uma primeira passada sobre o arquivo, quebrando-o em blocos do tamanho da memória interna disponível. Cada bloco é então ordenado na memória interna.

2. Os blocos ordenados são intercalados, fazendo várias passadas sobre o arquivo. A cada passada são criados blocos ordenados cada vez maiores, até que todo o arquivo esteja ordenado.

Os algoritmos para ordenação externa devem procurar reduzir o número de passadas sobre o arquivo. Como a maior parte do custo é para as operações de entrada e saída de dados da memória interna, uma boa medida de complexidade de um algoritmo de ordenação por intercalação é o número de vezes que um item é lido ou escrito na memória auxiliar. Os bons métodos de ordenação geralmente envolvem, no total, menos de dez passadas sobre o arquivo.

4.2.1 Intercalação Balanceada de Vários Caminhos

Vamos considerar o processo de ordenação externa quando o arquivo está armazenado em **fita magnética**. Para apresentar os vários passos envolvidos em um algoritmo de ordenação por intercalação balanceada, vamos utilizar um arquivo exemplo. Considere um arquivo armazenado em uma fita de entrada, composto pelos registros com as chaves mostradas na Figura 4.11.

INTERCALACAOBALANCEADA

Figura 4.11 Arquivo exemplo com 22 registros.

Os 22 registros devem ser ordenados de acordo com as chaves e colocados em uma fita de saída. Nesse caso, os registros são lidos um após o outro. Considere que a memória interna do computador a ser utilizado só tem espaço para três registros, e o número de unidades de **fita magnética** é seis.

Na primeira etapa, o arquivo é lido de três em três registros. Cada **bloco** de três registros é ordenado e escrito em uma das fitas de saída. No exemplo da Figura 4.11 são lidos os registros INT e escrito o bloco INT na fita 1; a seguir são lidos os registros ERC e escrito o bloco CER na fita 2, e assim por diante, conforme ilustra a Figura 4.12. Três fitas são utilizadas em uma intercalação-de-3-caminhos.

```
fita 1:   I N T     A C O     A D E
fita 2:   C E R     A B L     A
fita 3:   A A L     A C N
```

Figura 4.12 *Formação dos blocos ordenados iniciais.*

Na segunda etapa, os blocos ordenados devem ser intercalados. O primeiro registro de cada uma das três fitas é lido para a memória interna, ocupando toda a memória interna. A seguir, o registro contendo a menor chave dentre as três é retirado, e o próximo registro da mesma fita é lido para a memória interna, repetindo-se o processo. Quando o terceiro registro de um dos blocos é lido, aquela fita fica inativa até que o terceiro registro das outras fitas também seja lido e escrito na fita de saída, formando um bloco de nove registros ordenados. A seguir, o segundo bloco de três registros de cada fita é lido para formar outro bloco ordenado de nove registros, o qual é escrito em outra fita. Ao final, três novos blocos ordenados são obtidos, conforme mostra a Figura 4.13.

```
fita 4:   A A C E I L N R T
fita 5:   A A A B C C L N O
fita 6:   A A D E
```

Figura 4.13 *Intercalação-de-3-caminhos.*

A seguir, mais uma intercalação-de-3-caminhos das fitas 4, 5 e 6 para as fitas 1, 2 e 3 completa a ordenação. Se o arquivo exemplo tivesse um número maior de registros, então vários blocos ordenados de nove registros seriam formados nas fitas 4, 5 e 6. Nesse caso, a segunda passada produziria blocos ordenados de 27 registros nas fitas 1, 2 e 3; a terceira produziria blocos ordenados de 81 registros nas fitas 4, 5 e 6, e assim sucessivamente, até obter-se um único bloco ordenado. Neste ponto cabe a seguinte pergunta: quantas passadas são necessárias para ordenar um arquivo de tamanho arbitrário?

Considere um arquivo contendo n registros (nesse caso, cada registro contém apenas uma palavra) e uma memória interna de m palavras. A passada inicial sobre o arquivo produz n/m blocos ordenados (se cada registro contiver k palavras, $k > 1$, então teríamos $n/m/k$ blocos ordenados). Seja P uma função de complexidade tal que $P(n)$ é o número de passadas para a fase de intercalação dos blocos ordenados, e seja f o número de fitas utilizadas em cada passada. Para uma intercalação-de-f-caminhos, o número de passadas é:

$$P(n) = \log_f \frac{n}{m}.$$

No exemplo anterior, n=22, m=3 e f=3. Logo:

$$P(n) = \log_3 \frac{22}{3} = 2.$$

Considere um exemplo de um arquivo de tamanho muito grande, tal como 1 bilhão de palavras. Considere uma memória interna disponível de 2 milhões de palavras e quatro unidades de **fitas magnéticas**. Nesse caso, $P(n) = 5$, e o número total de passadas, incluindo a primeira passada para obter os n/m blocos ordenados, é seis. Uma estimativa do tempo total gasto para ordenar esse arquivo pode ser obtido multiplicando-se por 6 o tempo gasto para transferir o arquivo de uma fita para outra.

Para uma intercalação-de-f-caminhos foram utilizadas $2f$ fitas nos exemplos anteriores. Para usar apenas $f + 1$ fitas, basta encaminhar todos os blocos para uma única fita e, com mais uma passada, redistribuir esses blocos entre as fitas de onde eles foram lidos. No caso do exemplo de 22 registros, apenas quatro fitas seriam suficientes: a intercalação dos blocos a partir das fitas 1, 2 e 3 seria toda dirigida para a fita 4; ao final, o segundo e o terceiro blocos ordenados de nove registros seriam transferidos de volta para as fitas 1 e 2, e assim por diante. O custo envolvido é uma passada a mais em cada intercalação.

4.2.2 Implementação por meio de Seleção por Substituição

A implementação do método de intercalação balanceada pode ser realizada utilizando-se **filas de prioridades**. Tanto a passada inicial para quebrar o arquivo em blocos ordenados quanto a fase de intercalação podem ser implementadas de forma eficiente e elegante utilizando-se filas de prioridades.

A operação básica necessária para formar os blocos ordenados iniciais corresponde a obter o menor dentre os registros presentes na memória interna, o qual deve ser substituído pelo próximo registro da fita de entrada. A operação de substituição do menor item de uma fila de prioridades implementada por meio de um *heap* é a operação ideal para resolver o problema. A operação de substituição corresponde a retirar o menor item da fila de prioridades, colocando no seu lugar um novo item, seguido da reconstituição da propriedade do *heap*.

Para cumprir essa primeira passada, iniciamos o processo fazendo m inserções na fila de prioridades, antes vazia. A seguir, o menor item da fila de prioridades é substituído pelo próximo item do arquivo de entrada, com o seguinte passo adicional: se o próximo item é menor que o que está saindo (o que significa que esse item não pode fazer parte do bloco ordenado corrente), então ele deve ser marcado como membro do próximo bloco e tratado como maior do que todos os itens do bloco corrente. Quando um item marcado vai para o topo da **fila de prioridades**, o bloco corrente é encerrado e um novo bloco ordenado é iniciado. A Figura 4.14 mostra o resultado da primeira passada sobre o arquivo da Figura 4.11. Os asteriscos indicam quais chaves na fila de prioridades pertencem a blocos diferentes.

Entra	1	2	3
E	I	N	T
R	N	E*	T
C	R	E*	T
A	T	E*	C*
L	A*	E*	C*
A	C*	E*	L*
C	E*	A	L*
A	L*	A	C
O	A	A	C
B	A	O	C
A	B	O	C
L	C	O	A*
A	L	O	A*
N	O	A*	A*
C	A*	N*	A*
E	A*	N*	C*
A	C*	N*	E*
D	E*	N*	A
A	N*	D	A
	A	D	A
	A	D	
	D		

Figura 4.14 *Resultado da primeira passada usando seleção por substituição.*

Cada linha da Figura 4.14 representa o conteúdo de um *heap* de tamanho três. A condição do *heap* é que a primeira chave tem de ser menor do que a segunda e a terceira chaves. Nós iniciamos com as três primeiras chaves do arquivo, as quais já formam um *heap*. A seguir, o registro I sai e é substituído pelo registro E, que é menor do que a chave I. Nesse caso, o registro E não pode ser incluído no bloco corrente: ele é marcado e considerado maior do que os outros registros do *heap*. Isso viola a condição do *heap*, e o registro E* é trocado com o registro N para reconstituir o *heap*. A seguir, o registro N sai e é substituído pelo registro R, o que não viola a condição do *heap*. Ao final do processo, vários **blocos ordenados** são obtidos. Essa forma de utilizar **filas de prioridades** é chamada seleção por substituição (vide Knuth, 1973, Seção 5.4.1; Sedgewick, 1988, p. 180).

Para uma memória interna capaz de reter apenas três registros é possível produzir os blocos ordenados INRT, ACEL, AABCLO, AACEN e AAD, de tamanhos 4, 4, 6, 5 e 3, respectivamente. Knuth (1973, p. 254-256) mostra que, se as chaves são randômicas, os blocos ordenados produzidos têm cerca de duas vezes o tamanho dos blocos criados por ordenação interna. Dessa forma, a fase de intercalação inicia com blocos ordenados em média duas vezes maiores do que o tamanho da memória interna, o que pode salvar uma passada na fase de intercalação. Se houver alguma ordem nas chaves, os blocos ordenados podem ser ainda maiores. Ainda mais, se nenhuma chave possuir mais de m chaves maiores antes dela o arquivo é ordenado já na primeira passada. Um exemplo disso acontece com o conjunto de registros RAPAZ, conforme ilustrado na Figura 4.15.

Entra	1	2	3
A	A	R	P
Z	A	R	P
	P	R	Z
	R	Z	
	Z		

Figura 4.15 *Conjunto ordenado na primeira passada.*

A fase de intercalação dos blocos ordenados obtidos na primeira fase também pode ser implementada utilizando-se uma **fila de prioridades**. A operação básica para fazer a intercalação-de-f-caminhos é obter o menor item dentre os itens ainda não retirados dos f blocos a serem intercalados. Para tanto, basta montar uma fila de prioridades de tamanho f a partir de cada uma das f entradas. Repetidamente, substitua o item no topo da fila de prioridades (no caso, o menor item) pelo próximo item do mesmo bloco do item que está sendo substituído, e imprima em outra fita o elemento substituído. A Figura 4.16 mostra o resultado da intercalação de INT com CER com AAL, os quais correspondem aos blocos iniciais das fitas 1, 2 e 3 mostrados na Figura 4.12.

Quando f não é muito grande, não há vantagem em utilizar seleção por substituição para intercalar os blocos, pois é possível obter o menor item fazendo $f - 1$ comparações. Quando f é 8 ou mais, é possível ganhar tempo usando um *heap*, como mostrado anteriormente. Nesse caso, cerca de $\log_2 f$ comparações são necessárias para se obter o menor item.

Entra	1	2	3
A	A	C	I
L	A	C	I
E	C	L	I
R	E	L	I
N	I	L	R
	L	N	R
T	N	R	
	R	T	
	T		

Figura 4.16 *Intercalação usando seleção por substituição.*

4.2.3 Considerações Práticas

Para implementar o método de ordenação externa descrito anteriormente é muito importante implementar de forma eficiente as operações de entrada e saída de dados. Essas operações compreendem a transferência dos dados entre a memória interna e as unidades externas, nas quais estão armazenados os registros a serem ordenados. Deve-se procurar realizar a leitura, a escrita e o processamento interno dos dados de forma simultânea. Os computadores de maior porte possuem uma ou mais unidades independentes para processamento de entrada e saída, que permitem realizar simultaneamente as operações de entrada, saída e processamento interno.

Knuth (1973) discute várias técnicas para se obter superposição de entrada e saída com processamento interno. Uma técnica comum é a de utilizar $2f$ áreas de entrada e $2f$ áreas de saída. Para cada unidade de entrada ou saída são mantidas duas **áreas de armazenamento**: uma para uso do processador central e outra para uso do processador de entrada ou saída. Para entrada, o processador central usa uma das duas áreas enquanto a unidade de entrada está preenchendo a outra área. No momento em que o processador central termina a leitura de uma área, ele espera que a unidade de entrada acabe de preencher a outra área e então passa a ler a partir dela, enquanto a unidade de entrada passa a preencher a outra. Para saída, a mesma técnica é utilizada.

Existem dois problemas relacionados com a técnica de utilização de duas áreas de armazenamento. Primeiro, apenas metade da memória disponível é utilizada, o que pode levar a uma ineficiência se o número de áreas for grande, como no caso de uma intercalação-de-f-caminhos para f grande. Segundo, em uma intercalação-de-f-caminhos existem f áreas correntes de entrada; se todas as áreas se tornarem vazias aproximadamente ao mesmo tempo, muita leitura será necessária antes de podermos continuar o processamento, a não ser que haja uma previsão de que essa eventualidade possa ocorrer.

Os dois problemas podem ser resolvidos com a utilização de uma técnica chamada **previsão**, que requer o uso de apenas uma área extra de armazenamento (e não f áreas) durante o processo de intercalação. A melhor forma de superpor a entrada com processamento interno durante o processo de seleção por substituição é superpor a entrada da próxima área que precisa ser preenchida a seguir com a parte de processamento interno do algoritmo. Felizmente, é fácil saber qual área ficará vazia primeiro apenas olhando para o último registro de cada área. A área cujo último registro for menor será a primeira a esvaziar; assim, sempre sabemos qual conjunto de registros deve ser o próximo a ser transferido para a área. Por exemplo, sabemos que na intercalação de INT com CER com AAL, a terceira área será a primeira a esvaziar.

Uma forma simples de superpor processamento com entrada na intercalação de vários caminhos é manter uma área extra de armazenamento, a qual é preenchida de acordo com a regra descrita anteriormente. Enquanto os blocos INT, CER e AAL da Figura 4.12 estão sendo intercalados, o processador de entrada está preenchendo a área extra com o bloco ACN. Quando o processador central encontra uma área vazia, ele espera até que a área de entrada seja preenchida, caso isso ainda não tenha ocorrido, e então aciona o processador de entrada para começar a preencher a área vazia com o próximo bloco, no caso, ABL.

Outra consideração prática importante está na escolha do valor de f, que é a ordem da intercalação. No caso de **fita magnética**, a escolha do valor de f deve ser igual ao número de unidades de fita disponíveis menos um. A fase de intercalação usa f fitas de entrada e uma fita de saída. O número de fitas de entrada deve ser no mínimo dois, pois não faz sentido fazer intercalação com menos de duas fitas de entrada.

No caso de **disco magnético**, o mesmo raciocínio do parágrafo anterior é válido. Apesar de o disco magnético permitir acesso direto a posições arbitrárias do arquivo, o acesso seqüencial é mais eficiente. Logo, o valor de f deve ser igual ao número de unidades de disco disponíveis menos um, para evitar o maior custo envolvido se dois arquivos diferentes estiverem em um mesmo disco.

Sedgewick (1988) apresenta outra alternativa: considerar f grande o suficiente para completar a ordenação em um número pequeno de passadas. Uma intercalação de duas passadas em geral pode ser realizada com um número razoável para f. A primeira passada no arquivo utilizando seleção por substituição produz cerca de $n/2m$ blocos ordenados. Na fase de intercalação, cada etapa divide o número de passadas por f. Logo, f deve ser escolhido tal que:

$$f^2 > \frac{n}{2m}.$$

Para n igual a 200 milhões e m igual a 1 milhão, então $f = 11$ é suficiente para garantir a ordenação em duas passadas. Entretanto, a melhor escolha para f entre essas duas alternativas é muito dependente de vários parâmetros relacionados com o sistema de computação disponível.

4.2.4 Intercalação Polifásica

O problema com a intercalação balanceada de vários caminhos é a necessidade de usar um grande número de fitas ou de realizar várias leituras e escritas entre as fitas envolvidas. Como mostra a Seção 4.2.1, para uma intercalação balanceada de f caminhos são necessárias $2f$ fitas (f para entrada e f para saída), ou então é necessário copiar o arquivo quase todo de uma única fita de saída para f fitas de entrada, reduzindo assim o número de fitas para $f + 1$ a um custo de uma cópia adicional do arquivo.

Existe um método que elimina a necessidade de realizar a cópia adicional, conhecido como intercalação polifásica. A **intercalação polifásica** distribui os blocos ordenados produzidos por meio da seleção por substituição de forma desigual entre as fitas disponíveis, deixando uma livre. Em seguida, a intercalação de blocos ordenados é executada até que uma das fitas esvazie. Nesse ponto, uma das fitas de saída troca de papel com a fita de entrada.

A Figura 4.17 apresenta um exemplo para três fitas contendo os blocos ordenados obtidos por meio de seleção por substituição para o exemplo utilizado na Seção 4.2.1.

```
fita 1:   I N R T     A C E L     A A B C L O
fita 2:   A A C E N   A A D
fita 3:
```

Figura 4.17 Configuração dos blocos ordenados iniciais.

Depois da intercalação-de-2-caminhos das fitas 1 e 2 para a fita 3, a segunda fita fica livre, resultando na configuração mostrada na Figura 4.18.

```
fita 1:   A A B C L O
fita 2:
fita 3:   A A C E I N N R T     A A A C D E L
```

Figura 4.18 Intercalação-de-2-caminhos dos blocos ordenados iniciais.

Prosseguindo, depois da intercalação-de-2-caminhos das fitas 1 e 3 para a fita 2, a fita 1 fica livre, conforme ilustra a Figura 4.19.

Finalmente, a ordenação é completada após a intercalação-de-2-caminhos das fitas 2 e 3 para a fita 1, conforme mostra a Figura 4.20. A intercalação é realizada em muitas fases que não envolvem todos os blocos, mas nenhuma cópia direta entre fitas é realizada.

```
fita 1:
fita 2:   A A A A B C C E I L N N O R T
fita 3:   A A A C D E L
```

Figura 4.19 Intercalação-de-2-caminhos seguinte.

```
fita 1:   A A A A A A A B C C C D E E I L L N N O R T
fita 2:
fita 3:
```

Figura 4.20 Intercalação-de-2-caminhos final.

A implementação da intercalação polifásica é simples, e a parte mais delicada está na distribuição inicial dos blocos ordenados entre as fitas. A Tabela 4.6 mostra a distribuição dos blocos nas diversas etapas descritas anteriormente.

Tabela 4.6 Distribuição dos blocos ordenados entre as fitas

fita 1	fita 2	fita 3	Total
3	2	0	5
1	0	2	3
0	1	1	2
1	0	0	1

Para obter a distribuição inicial dos blocos ordenados da Tabela 4.6, basta trabalhar de baixo para cima, a partir da última linha, a saber: considere o maior número na linha em questão, faça-o igual a zero e adicione-o a cada um dos números para obter a linha seguinte acima. Assim, a última linha contendo os valores 100 leva à linha acima, adicionando-se 1 a todas as colunas, menos à coluna que teve seu valor zerado, obtendo-se 011. Para a próxima linha, zerando o segundo valor (no caso 1) e adicionando-o aos valores das outras colunas, obtemos 102, e assim sucessivamente.

Essa estratégia de intercalação pode ser estendida para um número f arbitrário de fitas, $f \geq 3$, e os números obtidos são **números de Fibonacci generalizados**. Quando o número inicial de passadas não é conhecido, ou o número inicial não é um valor exato de um número de Fibonacci generalizado, basta adicionar um número "fantasma" (do inglês *dummy*) de passadas para fazer o número inicial de passadas exatamente igual ao necessário. A Tabela 4.7 mostra um exemplo para 4 fitas e até 31 blocos iniciais.

A análise da intercalação polifásica é complicada. O que se sabe é que ela é ligeiramente melhor do que a intercalação balanceada para valores pequenos de f. Para valores de $f > 8$, a intercalação balanceada pode ser mais rápida.

Tabela 4.7 Distribuição dos blocos ordenados para 4 fitas e 31 blocos iniciais

fita 1	fita 2	fita 3	fita 4
0	13	11	7
7	6	4	0
3	2	0	4
1	0	2	2
1	0	0	0

4.2.5 Quicksort Externo

O objetivo desta seção é apresentar uma implementação do **Quicksort para ordenação externa**, proposta por Monard (1980). O *Quicksort* externo utiliza o paradigma de **divisão e conquista**. O algoritmo ordena *in situ* um arquivo $A = \{R_1, \ldots, R_n\}$ de n registros armazenados consecutivamente em memória secundária de acesso randômico. O algoritmo utiliza somente $O(\log n)$ unidades de memória interna, e não é necessária nenhuma memória externa além da que é utilizada pelo arquivo original.

Antes de apresentar o *Quicksort* Externo é necessário criar quatro métodos adicionais para a classe *MeuItem* mostrada no Programa 4.2. Os métodos são necessários para a implementação do *Quicksort* Externo. O Programa 4.23 apresenta os quatro métodos. O método *toString* especifica como o objeto é formatado. Os métodos *leArq* e *gravaArq* são utilizados para ler e gravar um objeto da classe *MeuItem* em um arquivo de acesso aleatório. O método *tamanho* retorna o tamanho em *bytes* de um objeto da classe *MeuItem*.

Programa 4.23 *Métodos adicionais da classe MeuItem utilizados no Quicksort Externo*

```
public String toString () { return "" + this.chave; }

public void gravaArq (RandomAccessFile arq) throws IOException {
  arq.writeInt (this.chave);
}
public void leArq (RandomAccessFile arq) throws IOException {
  this.chave = arq.readInt ();
}
public static int tamanho () { return 4; /* 4 bytes */ }
```

Seja R_i, $1 \leq i \leq n$, o registro que se encontra na i-ésima posição de A. O primeiro passo do algoritmo é particionar A da seguinte forma:

$$\{R_1, \ldots, R_i\} \leq R_{i+1} \leq R_{i+2} \leq \ldots \leq R_{j-2} \leq R_{j-1} \leq \{R_j, \ldots, R_n\},$$

utilizando para isso uma **área de armazenamento** na memória interna de tamanho $tamArea = j-i-1$, com $tamArea \geq 3$. A seguir, o algoritmo é chamado recursivamente em cada um dos subarquivos $A_1 = \{R_1, \ldots, R_i\}$ e $A_2 = \{R_j, \ldots, R_n\}$, ordenando primeiro o subarquivo de menor tamanho. Essa condição é necessária para que, na média, o número de subarquivos com o processamento adiado seja $O(\log n)$ e a ordenação seja *in situ*. Caso o arquivo de entrada A possua no máximo *tamArea* registros, ele é ordenado em um único passo, ou seja, cada registro do arquivo é lido e escrito uma única vez.

Uma questão importante é como são determinados os pontos i e j de partição do arquivo. A Figura 4.21 ilustra o processo de partição para um arquivo exemplo contendo as chaves 5, 3, 10, 6, 1, 7 e 4, e uma área de armazenamento na memória interna de tamanho *tamArea* = 3 registros. Os valores das chaves dos registros R_i e R_j são denominados *linf* e *lsup*, respectivamente. Ao particionar o arquivo, todos os registros menores ou iguais a R_i são copiados para A_1, e todos os registros maiores ou iguais a R_j são copiados para A_2.

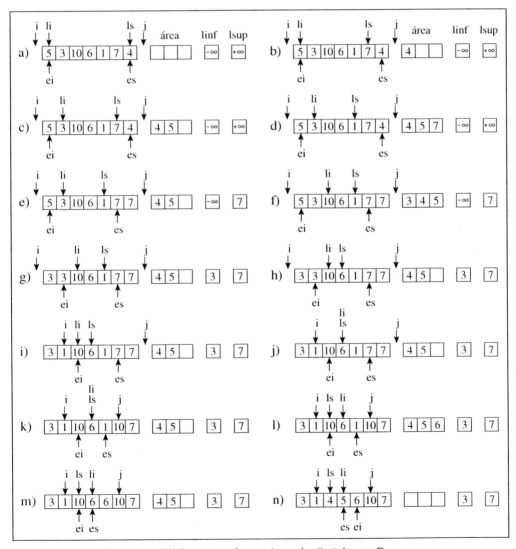

Figura 4.21 *Processo de partição do Quicksort Externo.*

Inicialmente, $linf = -\infty$ e $lsup = +\infty$. A leitura de A é controlada pelos apontadores li (apontador de leitura inferior) e ls (apontador de leitura superior). No início, li e ls apontam para os extremos esquerdo e direito de A, respectivamente. Da mesma forma, a escrita em A é controlada por ei (apontador de escrita inferior) e es (apontador de escrita superior). Os primeiros $tamArea - 1$ registros são lidos, alternadamente, dos extremos do arquivo A e armazenados na área de armazenamento interna. A cada leitura no extremo esquerdo, li é incrementado de um, conforme ilustrado nas letras (c), (f) e (j). Analogamente, a cada leitura no extremo direito, ls é decrementado de um, conforme ilustrado nas letras (b), (d), (h) e (l). O mesmo ocorre com ei e es quando escritas são realizadas no extremo que é controlado por um desses apontadores, conforme ilustrado nas letras (e), (g), (i), (k) e (n).

Para garantir que os apontadores de escrita estejam pelo menos um passo atrás dos apontadores de leitura, a ordem alternada de leitura é interrompida se $li = ei$ ou $ls = es$, como mostrado na letra (i). Por coincidência, na letra (j) a próxima leitura deveria ser efetuada no extremo esquerdo de A, por isso não houve uma quebra na ordem alternada de leitura. No entanto, se a próxima leitura fosse no extremo direito, essa ordem seria interrompida, pois $li = ei$ na letra (i). Isso faz com que nenhuma informação seja destruída durante a ordenação *in situ* do arquivo.

Ao ler o $tamArea$-ésimo registro, sua chave C é comparada com $lsup$. Caso seja maior, j passa a apontar para o registro apontado por es e o registro é escrito em A_2, conforme ilustrado na transição da letra (j) para a letra (k) na Figura 4.21. Caso contrário, sua chave é comparada com $linf$ e, sendo menor, i passa a apontar para o registro apontado por ei e o registro é escrito em A_1, conforme ilustrado na transição da letra (h) para a letra (i) na Figura 4.21. Se $linf \leq C \leq lsup$, o registro é inserido na área de armazenamento, conforme ilustrado nas letras (d), (f) e (l) da Figura 4.21.

Quando a área de armazenamento enche, é necessário remover um elemento dela. Essa decisão é tomada levando-se em consideração o tamanho atual de A_1 e A_2. Sendo esq o endereço do primeiro registro de A e dir o endereço do último registro de A, os tamanhos de A_1 e de A_2 serão respectivamente, $T_1 = ei - esq$ e $T_2 = dir - es$. Caso $T_1 < T_2$, o registro R de menor chave C_R é extraído da área de armazenamento e escrito na posição apontada por ei em A_1, e o valor de $linf$ é atualizado com o valor de C_R, conforme ilustrado na transição da letra (f) para a letra (g) na Figura 4.21. Caso contrário, o registro R de maior chave C_R é extraído da área de armazenamento e é escrito na posição apontada por es em $A2$ e o valor de $lsup$ é atualizado com o valor de C_R, conforme ilustrado na transição da letra (d) para a letra (e).

O objetivo é escrever o registro retirado da área de armazenamento no arquivo de menor tamanho. Dessa forma, o arquivo original A é dividido tão uniformemente quanto possível e a árvore gerada pelas chamadas recursivas será mais balanceada, um dos requisitos para minimizar a quantidade de operações de leitura e escrita efetuadas pelo algoritmo.

O processo de partição continua até que *li* e *ls* se cruzem, ou seja, *ls* < *li*. Nesse instante, existirão *tamArea* − 1 registros na área de armazenamento interna, que devem ser copiados já ordenados para *A*. Para isso, enquanto existir elementos na área de armazenamento, o menor deles é extraído e escrito na posição apontada por *ei* em *A*, conforme ilustrado na transição da letra (m) para a letra (n) na Figura 4.21.

O Programa 4.24 apresenta a classe *QuicksortExterno*, na qual são definidos as estruturas de dados e os métodos utilizados pelo algoritmo *Quicksort* Externo. Observe que são definidos três objetos da classe *RandomAccessFile* (*arqLi*, *arqEi* e *arqLEs*) de Java para manipular a leitura e a escrita de registros no arquivo a ser ordenado. Além disso, também é definido um *flag* (*ondeLer*), utilizado para determinar qual extremo do arquivo deve ser lido, um objeto da classe *MeuItem* (*ultLido*), que representa o último registro lido ou escrito no arquivo, e um objeto da classe *TipoArea* (*area*), para representar a área interna de memória. Os únicos métodos tornados visíveis por meio do modificador **public** são o construtor da classe, *quicksortExterno* e *fechaArquivos*, que são utilizados, respectivamente, para abrir, ordenar e fechar o arquivo de entrada. Os métodos para os quais foram apresentadas somente as suas interfaces são descritos em seguida.

O Programa 4.25 apresenta a implementação do método *quicksortExterno*. O método *particao* mostrado no Programa 4.27 utiliza vários métodos auxiliares, os quais são mostrados no Programa 4.26. O método *leSup* lê e atribui a *ultLido* o registro apontado por *ls*, decrementa *ls* de um e atribui **false** a *ondeLer*. Da mesma forma, *leInf* atribui a *ultLido* o registro apontado por *li*, incrementa *li* de um e atribui **true** a *ondeLer*. O método *escreveMax* escreve o registro *R* na posição apontada por *es* e decrementa *es* de um. Semelhantemente, *escreveMin* escreve o registro *R* na posição apontada por *ei* e incrementa *ei* de um. Os métodos *retiraMax* e *retiraMin* removem e retornam, respectivamente, o maior e o menor elemento da área de armazenamento interna, decrementando *nrArea* (número de registros na área de armazenamento) de um. O método *inserirArea* insere *ultLido* em *area* e incrementa *nrArea* de um.

A implementação do método *particao* é mostrada no Programa 4.27. Os comandos de *seek* posicionam os cursores dos arquivos nos endereços apontados por *li* e *ei*, respectivamente.

Na Figura 4.21, a configuração inicial do arquivo exemplo é apresentada na letra (a). A leitura começa com o registro apontado por *ls* no extremo direito do arquivo de entrada. O registro lido é colocado na área de armazenamento interna e *ls* caminha para a esquerda, resultando na configuração apresentada na letra (b). Em seguida, o registro no extremo inferior de leitura, apontado por *li*, é lido. Como há espaço na área de armazenamento, o registro é nela colocado e *li* caminha para a direita, resultando na configuração apresentada na letra (c).

Continuando com a seqüência de leitura alternada, o extremo direito é lido. Trata-se do *tamArea*-ésimo registro, e sua chave (7) é comparada com *linf* e *lsup*. Como a chave não é menor que *linf* nem maior que *lsup*, o registro vai

Programa 4.24 *Classe com as estruturas de dados e métodos utilizados no Quicksort Externo*

```java
package cap4.ordenacaoexterna;
import cap3.arranjo.Area;  // vide Programa 3.14
import cap4.MeuItem;       // vide Programa 4.2
import java.io.*;
public class QuicksortExterno {
  private static class LimiteParticoes { int i; int j; }
  private RandomAccessFile arqLi;
  private RandomAccessFile arqEi;
  private RandomAccessFile arqLEs;
  private boolean          ondeLer;
  private MeuItem          ultLido;
  private Area             area;
  private int              tamArea;
  // Métodos utilizados pelo método particao do quicksort externo
  private int leSup (int ls) throws IOException
  private int leInf (int li) throws IOException
  private int inserirArea () throws Exception
  private int escreveMax (int es) throws Exception
  private int escreveMin (int ei) throws IOException
  private int retiraMax () throws Exception
  private int retiraMin () throws Exception
  private LimiteParticoes particao (int esq, int dir) throws Exception
  public QuicksortExterno (String nomeArq, int tamArea)
  throws FileNotFoundException {
    this.arqLi  = new RandomAccessFile (nomeArq, "rws");
    this.arqEi  = new RandomAccessFile (nomeArq, "rws");
    this.arqLEs = new RandomAccessFile (nomeArq, "rws");
    this.tamArea = tamArea;
  }
  public void quicksortExterno(int esq, int dir) throws Exception
  public void fechaArquivos() throws Exception {
    this.arqEi.close(); this.arqLi.close(); this.arqLEs.close();
  }
}
```

para a área de armazenamento, resultando na configuração apresentada na letra (d). Note que nesse ponto a área de armazenamento fica cheia, fazendo com que um registro tenha de ser retirado. Os tamanhos dos subarquivos são iguais (vazios); portanto, o registro de maior chave (7) é removido e inserido na posição apontada por *es*. O valor de *lsup* é atualizado com o valor da chave, resultando na configuração apresentada na letra (e).

Prosseguindo com a seqüência de leitura alternada, é a vez de o extremo esquerdo ser lido. Como a chave (3) não é inferior a *linf* nem superior a *lsup*, o registro é inserido na área de armazenamento, que fica cheia novamente. Essa configuração é apresentada na letra (f).

Programa 4.25 *Quicksort Externo*

```
public void quicksortExterno (int esq, int dir) throws Exception {
  if (dir - esq < 1) return;
  LimiteParticoes p = particao (esq, dir);
  if (p.i - esq < dir - p.j) { // ordene primeiro o subarquivo menor
    quicksortExterno (esq, p.i); quicksortExterno (p.j, dir);
  }
  else { quicksortExterno (p.j, dir); quicksortExterno (esq, p.i); }
}
```

Programa 4.26 *Métodos auxiliares utilizados pelo método particao*

```
private int leSup (int ls) throws IOException {
  this.ultLido = new MeuItem (0);
  arqLEs.seek ((ls - 1) * MeuItem.tamanho ());
  this.ultLido.leArq (arqLEs); ondeLer = false;
  return --ls;
}
private int leInf (int li) throws IOException {
  this.ultLido = new MeuItem (0);
  this.ultLido.leArq (arqLi); ondeLer = true;
  return ++li;
}
private int inserirArea () throws Exception {
  area.insereItem (this.ultLido);
  return area.obterNumCelOcupadas ();
}
private int escreveMax (int es) throws Exception {
  arqLEs.seek ((es - 1) * MeuItem.tamanho ());
  this.ultLido.gravaArq (arqLEs);
  return --es;
}
private int escreveMin (int ei) throws IOException {
  this.ultLido.gravaArq (arqEi);
  return ++ei;
}
private int retiraMax () throws Exception {
  this.ultLido = (MeuItem) area.retiraUltimo ();
  return area.obterNumCelOcupadas ();
}
private int retiraMin () throws Exception {
  this.ultLido = (MeuItem) area.retiraPrimeiro ();
  return area.obterNumCelOcupadas ();
}
```

Programa 4.27 Método particao

```
private LimiteParticoes particao (int esq, int dir) throws Exception {
  int ls = dir, es = dir, li = esq, ei = esq, nrArea = 0;
  MeuItem linf = new MeuItem (Integer.MIN_VALUE);  // −∞
  MeuItem lsup = new MeuItem (Integer.MAX_VALUE);  // ∞
  this.ondeLer = true;
  LimiteParticoes p = new LimiteParticoes ();
  this.area = new Area (this.tamArea);
  arqLi.seek ((li − 1) * MeuItem.tamanho ());
  arqEi.seek ((ei − 1) * MeuItem.tamanho ());
  p.i = esq − 1; p.j = dir + 1;
  while (ls >= li) {
    if (nrArea < this.tamArea − 1) {
      if (ondeLer) ls = this.leSup (ls);
      else li = leInf (li);
      nrArea = inserirArea ();
    }
    else {
      if (ls == es) ls = leSup (ls);
      else if (li == ei) li = leInf (li);
      else if (ondeLer) ls = leSup (ls);
      else li = leInf (li);
      if (ultLido.compara (lsup) > 0) {
        p.j = es; es = escreveMax (es);
      }
      else if (ultLido.compara (linf) < 0) {
        p.i = ei; ei = escreveMin (ei);
      }
      else {
        nrArea = inserirArea ();
        if (ei − esq < dir − es) {
          nrArea = retiraMin (); linf = this.ultLido; ei=escreveMin (ei);
        }
        else {
          nrArea = retiraMax (); lsup = this.ultLido; es=escreveMax (es);
        }
      }
    }
  }
  while (ei <= es) { nrArea = retiraMin (); ei = escreveMin (ei); }
  return p;
}
```

Como o subarquivo esquerdo é menor que o direito, o registro com a menor chave (3) é removido da área de armazenamento e é colocado na posição apontada por *ei*. *linf* é atualizado com a chave desse registro, resultando na configuração apresentada na letra (g).

A seguir, o registro no extremo direito de leitura apontado por *ls* é lido e sua chave (1) é comparada com *linf* e *lsup*, resultando na configuração apresentada na letra (h). Entretanto, como o valor da chave (1) é menor que *linf* (3), o registro é armazenado diretamente na posição apontada por *ei*. Ocorre uma inserção não ordenada obrigando a caminhar com o apontador de partição do subarquivo esquerdo *i* para a posição em que o registro foi inserido, o que resulta na configuração apresentada na letra (i).

Depois disso, o registro apontado por *li* é lido e sua chave (10) é comparada com *linf* e *lsup*, resultando na configuração apresentada na letra (j). Porém, como o valor da chave (10) é maior que *lsup* (7), o registro é armazenado diretamente na posição apontada por *es* e o apontador de partição do subarquivo direito *j* passa a apontar para a posição onde o registro foi inserido, o que resulta na configuração apresentada na letra (k).

A configuração apresentada na letra (l) é obtida com operações análogas às que resultaram na configuração da letra (d). Com isso, a área de armazenamento fica cheia. Como os subarquivos têm tamanhos iguais nesse instante, obtemos a configuração apresentada na letra (m) com operações análogas às que resultaram na configuração da letra (e).

Uma vez que os apontadores de leitura *li* e *ls* se cruzaram, os registros na área de armazenamento são colocados no arquivo de entrada, de forma ordenada, a partir da posição apontada por *ei*. A primeira chamada do método de particionamento é encerrada.

Ao final da execução do método *particao*, estão gerados os dois subarquivos A_1 e A_2 delimitados pelos apontadores *i* e *j*, conforme mostra a letra (n) da Figura 4.21. Para finalizar a ordenação do arquivo de entrada, o método *quicksortExterno* deve ser chamado recursivamente para os subarquivos gerados.

O Programa 4.28 é usado para testar o funcionamento do algoritmo *Quicksort Externo*. O Programa 4.28 gera um arquivo denominado *qe.dat*, contendo registros com os valores exibidos na letra (a) da Figura 4.21. Logo após, ordena o arquivo utilizando o método *quicksortExterno* da classe *QuicksortExterno* e, por fim, exibe o resultado na tela.

Análise A complexidade de melhor caso é $O(\frac{n}{b})$, em que *n* é o número de registros a serem ordenados, e *b* é o tamanho do bloco de leitura ou gravação do sistema operacional. Um dos exemplos da ocorrência do melhor caso é quando o arquivo de entrada já se encontra ordenado.

A complexidade de pior caso é $O(\frac{n^2}{tamArea})$, sendo *tamArea* o número de registros que podem ser armazenados na área de armazenamento em memória interna. O pior caso ocorre quando um dos arquivos retornados pelo método *particao* tem o maior tamanho possível e o outro é vazio, ou seja, a árvore gerada pelas chamadas recursivas é totalmente degenerada. Monard (1980) mostra que, à medida que *n* cresce, a probabilidade de ocorrência do pior caso tende a zero.

Programa 4.28 *Programa de teste do Quicksort Externo*

```java
package cap4;
import java.io.RandomAccessFile;
import cap4.ordenacaoexterna.QuicksortExterno; // vide Programa 4.24
public class TestaQuicksortExterno {
  public static void main (String[] args) {
    try {
      RandomAccessFile arq = new RandomAccessFile ("qe.dat", "rwd");
      MeuItem item = new MeuItem (5); item.gravaArq (arq);
      item = new MeuItem (3); item.gravaArq (arq);
      item = new MeuItem (10); item.gravaArq (arq);
      item = new MeuItem (6); item.gravaArq (arq);
      item = new MeuItem (1); item.gravaArq (arq);
      item = new MeuItem (7); item.gravaArq (arq);
      item = new MeuItem (4); item.gravaArq (arq);
      arq.close ();
      QuicksortExterno quicksortExterno=new QuicksortExterno("qe.dat",3);
      quicksortExterno.quicksortExterno (1, 7);
      quicksortExterno.fechaArquivos ();
      arq = new RandomAccessFile ("qe.dat", "r");
      item.leArq (arq);
      while (arq.getFilePointer () < arq.length ()) {
        System.out.println ("Registro=" + item.toString ());
        item.leArq (arq);
      }
      System.out.println ("Registro=" + item.toString ()); arq.close ();
    } catch (Exception e) { System.out.println (e.getMessage ()); }
  }
}
```

A complexidade de caso médio é $O(\frac{n}{b} log(\frac{n}{tamArea}))$. O caso médio é o que tem a maior probabilidade de ocorrer. Mais detalhes sobre a análise do *Quicksort* Externo podem ser obtidos em Monard (1980).

Notas Bibliográficas

Knuth (1973) é a referência mais completa que existe sobre ordenação em geral. Outros livros interessantes sobre o assunto são Sedgewick (1988), Wirth (1976), Cormen, Leiserson, Rivest e Stein (2001), Aho, Hopcroft e Ullman (1983). O livro de Gonnet e Baeza-Yates (1991) apresenta um manual sobre algoritmos.

Shellsort foi proposto por Shell (1959). *Quicksort* foi proposto por Hoare (1962). Um estudo analítico detalhado, bem como um estudo exaustivo dos efeitos práticos de muitas modificações e melhorias sugeridas para o *Quicksort*, pode ser encontrado em Sedgewick (1975; 1978a), e em Sedgewick e Flajolet (1996).

Heapsort foi proposto por Williams (1964) e melhorado por Floyd (1964). Ordenação parcial tem muito pouca referência na literatura. O algoritmo Davisort é devido a Davi Reis (2003), proposto como trabalho da disciplina Projeto e Análise de Algoritmos do Programa de Pós-Graduação em Ciência da Computação da UFMG. O algoritmo *Quicksort* externo foi proposto por Monard (1980). A implementação do algoritmo *Quicksort* externo foi realizada por Botelho e Souza (2003).

Exercícios

1. Considerando que existe necessidade de ordenar arquivos de tamanhos diversos, podendo também variar o tamanho dos registros de um arquivo para outro, apresente uma discussão sobre quais algoritmos de ordenação você escolheria diante das diversas situações colocadas.

Que observações adicionais você apresentaria caso houvesse

a) restrições de estabilidade; ou

b) restrições de intolerância para o pior caso (isto é, a aplicação exige um algoritmo eficiente, mas não permite que ele eventualmente demore muito tempo para executar).

2. Invente um vetor-exemplo de entrada para demonstrar que ordenação por Seleção é um método instável. Mostre os passos da execução do algoritmo até que a estabilidade seja violada. Note que quanto menor for o vetor que você inventar, mais rápido você vai resolver a questão.

3. Modifique o algoritmo de ordenação por inserção do Programa 4.5 de forma que ele utilize a busca binária para encontrar a posição de inserção de um elemento no vetor destino. Considerando o número $C(n)$ de comparações efetuadas, determine a complexidade do algoritmo obtido (Patrocínio Júnior, 2003).

4. Considere uma matriz retangular. Coloque em ordem crescente os elementos de cada linha. A seguir, ordene em ordem crescente os elementos de cada coluna. Prove que os elementos de cada linha continuam em ordem.

5. Ordenação Pós-Catástrofe (Árabe, 1992).

Imagine que você estava trabalhando na Universidade da Califórnia, em Berkeley. Logo após ter acabado de ordenar um conjunto muito grande de n números inteiros, cada número de grande magnitude (com muitos dígitos), usando o seu método $O(n \log n)$ favorito, aconteceu um terremoto de grandes proporções. Milagrosamente, o computador não é destruído (nem você), mas, por algum motivo, cada um dos 4 *bits* menos significativos de cada número inteiro é aleatoriamente alterado. Você quer, agora, ordenar os novos números inteiros. Escolha um algoritmo capaz de ordenar os novos números em $O(n)$. Justifique.

6. Algoritmos de Ordenação: Estudos Comparativos

Considere os seguintes algoritmos de ordenação interna: Inserção, Seleção, *Shellsort*, *Quicksort*, *Heapsort*.

a) Determine experimentalmente o número esperado de (i) comparações e (ii) movimento-de-registros para cada um dos cinco métodos de ordenação indicados.

Utilize a classe *PermutacaoRandomica* do Programa 4.29 para obter uma permutação randômica dos valores de um vetor $v[1..n]$. Utilize arquivos de diferentes tamanhos com chaves geradas randomicamente. Repita cada experimento algumas vezes e obtenha a média para cada medida de complexidade. Dê a sua interpretação dos dados obtidos, comparando-os com resultados analíticos.

Programa 4.29 *Permutação randômica*

```java
package cap4;
import java.util.Random;
public class PermutacaoRandomica {
  public static double rand0a1 (Random rand) {
    // utilizar o tempo como semente para o método setSeed()
    rand.setSeed (System.currentTimeMillis ());
    // seleciona aleatoriamente um número no intervalo [0, 1)
    return rand.nextDouble ();
  }
  public static void permut (Item v[], int n) {
    Random rand = new Random ();
    for (int i = n - 1; i > 0; i--) {
      int j = (int) (((double) i * rand0a1 (rand)) + 1.0);
      Item b = v[i]; v[i] = v[j]; v[j] = b;
    }
  }
  public static void main (String[] args) {
    int tam = 20, n =20;
    MeuItem v[] = new MeuItem[tam + 1];
    for (int i = 1; i <= n; i++) v[i] = new MeuItem (i);
    permut (v, n);
    for (int i = 1; i <= n; i++) System.out.print (v[i].toString ()+" ");
    System.out.println ();
  }
}
```

b) Uma alternativa, para o caso do uso de máquinas que permitem medir o tempo de execução de um programa, é considerar os mesmos algoritmos propostos e determinar experimentalmente o tempo de execução de cada um dos cinco métodos de ordenação indicados anteriormente.

Use um gerador de números aleatórios para gerar arquivos de tamanhos 500, 2.000 e 10.000 registros. Para cada tamanho de arquivo utilize dois tamanhos de registro, a saber: um registro contendo apenas a chave e outro registro com 11 vezes o tamanho da chave (isto é, a chave acompanhada de "outros componentes" cujo tamanho seja equivalente a dez chaves). Repita cada experimento algumas vezes e obtenha a média dos tempos de execução. Utilize arranjos em Java para armazenar os registros. Dê a sua interpretação dos dados obtidos.

7. Dado um vetor contendo números inteiros, deseja-se reorganizar os elementos dentro deste de forma que todos os números negativos precedam os não-negativos. Indique como um dos métodos de ordenação apresentados na Seção 4.1 deve ser alterado para conseguir tal organização em tempo proporcional ao número de elementos do vetor. Estenda sua solução para garantir que haja zeros entre os números positivos e os números negativos (Guedes Neto, 2003).

8. *Quicksort* não é um algoritmo **estável**. Que tipo de transformação você poderia fazer nas chaves para que ele se torne um algoritmo estável? Discuta se a transformação proposta é independente da natureza da chave (Guedes Neto, 2003).

9. Suponha que cada um dos elementos em $v[1..n]$ possua um valor dentre três valores distintos.

a) Forneça um algoritmo eficiente para ordenar o arranjo. (Dica: uma boa solução pode ser obtida utilizando a função principal do *Quicksort*.)

b) Apresente a análise do pior caso para o número de comparações.

c) Apresente a análise do caso médio para o número de comparações.

10. Considere a estrutura de dados *heap*. Determine empiricamente o número esperado de trocas para:

a) construir um *heap* por meio de n inserções sucessivas a partir de um *heap* vazio;

b) inserir um novo elemento em um *heap* contendo n elementos;

c) extrair o elemento maior de um *heap* contendo $n + 1$ elementos.

Use um gerador de números aleatórios para gerar as chaves. Repita o experimento para diferentes tamanhos de n. A estrutura de dados utilizada deve usar o mínimo possível de memória para armazenar o *heap*. Utilize a linguagem Java para implementar o algoritmo. Finalmente, dê a sua interpretação dos resultados obtidos. Como esses resultados se comparam com os resultados analíticos?

11. *Quicksort*

a) Mostre como o vetor A B A B A B A é particionado quando se escolhe o elemento do meio, $v[(esq + dir) / 2]$, como pivô.

b) Mostre as etapas de funcionamento do *Quicksort* para ordenar as chaves Q U I C K S O R T. Considere que o pivô escolhido é o elemento do meio, $v[(esq + dir) / 2]$.

12. *Quicksort*

a) Descreva uma maneira para manter o tamanho da pilha de recursão o menor possível na implementação do *Quicksort*.

b) Se você não se preocupasse com o uso desse artifício, até que tamanho a pilha poderia crescer, no pior caso? Por quê?

13. O objetivo desse trabalho é fazer um estudo comparativo de diversas implementações do algoritmo *Quicksort*. Para tanto, você deverá implementar as seguintes versões do algoritmo:

a) *Quicksort* recursivo;

b) *Quicksort* recursivo com interrupção da partição para a ordenação de subvetores menores que M elementos. Determine empiricamente o melhor valor de M para um arquivo gerado aleatoriamente com 1.000 elementos;

c) Melhore a versão 2 utilizando a técnica de *mediana-de-três* elementos para escolha do pivô.

Gere massas de testes para testar e comparar cada uma das implementações. Use sua criatividade para criar arquivos de teste interessantes. Faça tabelas e/ou gráficos para mostrar e explicar os resultados obtidos.

O que deve ser apresentado:

a) Listagem dos programas em Java.

b) Listagem dos testes executados.

c) Descrição sucinta dos arquivos de teste utilizados, relatório comparativo dos testes executados, e as decisões tomadas relativas aos casos e detalhes de especificação que porventura estejam omissos no enunciado.

d) Estudo da complexidade do tempo de execução de cada uma das implementações para diversos cenários de teste.

Algumas sugestões:

a) Determine o tempo de processamento necessário na fase de classificação utilizando o relógio da máquina.

b) Mantenha contadores (que devem ser atualizados pelos procedimentos de ordenação) para armazenar o número de comparações e de trocas de elementos executados pelos algoritmos.

c) Execute o programa algumas vezes com cada algoritmo, com massas de dados diferentes, para obter a média dos tempos de execução e dos números de comparações e trocas.

d) Outro experimento interessante é executar o programa uma vez com uma massa de dados que force o pior caso do algoritmo.

14. Considere o seguinte vetor de entrada: H E A P S O R T

a) Utilizando o algoritmo *Heapsort*, rearranje os elementos do vetor para formar a representação de um *heap* utilizando o próprio vetor de entrada. O *heap* deve conter o máximo do conjunto na raiz.

b) A partir do *heap* criado, execute três iterações do anel principal do *Heapsort* para extrair os três maiores elementos. Mostre os desenhos *heap*-vetor.

15. Suponha que você tenha de ordenar vários arquivos de 100, 10.000 e 100.000 números inteiros. Para todos os três tamanhos de arquivos é necessário realizar a ordenação no menor tempo possível.

a) Que algoritmo de ordenação você usaria para cada tamanho de arquivo? Justifique.

b) Se for necessário manter a ordem relativa dos itens com chaves iguais (isto é, manter a estabilidade), que algoritmo você usaria para cada tamanho de arquivo? Justifique.

c) Suponha que as ordenações tenham de ser realizadas em um ambiente em que uma configuração dos dados de entrada que leve a um pior caso não possa ser tolerada, mesmo que este pior caso possa acontecer muito raramente (em outras palavras, você não quer que o pior tempo de execução seja muito maior que o caso médio). Ainda assim, continua sendo importante realizar a ordenação no menor tempo possível. Que algoritmo de ordenação você usaria em cada tamanho de arquivo? Justifique.

16. O objetivo deste problema é projetar uma estrutura de dados para um conjunto S (Árabe, 1992). S conterá elementos retirados de algum universo U; S pode conter elementos duplicados. A estrutura de dados projetada deve implementar eficientemente as seguintes operações:

a) *insere*(b, S): insere o elemento b em S (isso vai adicionar uma nova cópia de b em S, se já existia alguma).

b) *retiraMin*(S): esta função retira de S o menor elemento (pode haver mais de um), retornando seu valor em x.

Descreva uma estrutura de dados e como implementar as operações *insere* e *retiraMin* de modo que essas operações sejam executadas, no pior caso, em $O(\log n)$.

17. Implemente uma estrutura de dados *FPHeapMin* com os operadores *constroi*, *retiraMin*, *diminuiChave* e *insere* para realizar as seguintes operações:

a) Constrói uma fila de prioridades a partir de um conjunto com n itens.

b) Informa qual é o menor item do conjunto.

c) Retira o item com menor chave.

d) Insere um novo item.

e) Diminui o valor da chave do item i para um novo valor, que é menor do que o valor atual da chave.

18. Considere o arquivo de 10 registros: B A L A N C E A D A

a) Vamos considerar o método de ordenação externa usando intercalação-balanceada-de-2-caminhos, utilizando apenas três fitas magnéticas e uma memória interna com capacidade para armazenar três registros. Mostre todas as etapas para ordenar o arquivo exemplo acima utilizando intercalação balanceada simples (sem utilizar seleção por substituição).

b) Quantas passadas foram realizadas?

19. Ordenação Parcial

Analisando os resultados obtidos com os algoritmos de ordenação parcial, vimos que a inserção obtém os melhores resultados quando k é pequeno, e à medida que k se aproxima de n, o *Quicksort* passa a ter um desempenho superior. Todos os algoritmos apresentados são modificações dos algoritmos de ordenação clássicos.

a) Apresente um algoritmo de ordenação parcial com um desempenho mais próximo àquele obtido pela inserção parcial para valores menores de k, tão bom quanto o *Quicksort* parcial para valores maiores de k e superior a ambos para valores intermediários de k.

b) Apresente um estudo comparativo do seu algoritmo com relação ao algoritmo da inserção parcial sem preservação do vetor apresentado no Programa 4.19 e o algoritmo *Quicksort* parcial apresentado no Programa 4.22.

20. Ordenação Externa

O objetivo deste trabalho é projetar e implementar um sistema de programas para ordenar arquivos que não cabem na memória primária, o que nos obriga a utilizar um algoritmo de ordenação externa.

Existem muitos métodos para ordenação externa. Entretanto, a grande maioria utiliza a seguinte estratégia geral: blocos de entrada tão grandes quanto possível são ordenados internamente e copiados em arquivos intermediários de trabalho. A seguir, os arquivos intermediários são intercalados e copiados em outros arquivos de trabalho, até que todos os registros são intercalados em um único bloco final representando o arquivo ordenado.

Um método simples e eficiente para realizar essa tarefa é o de colocar cada bloco ordenado em um arquivo separado até que a entrada é toda lida. A seguir, os N primeiros arquivos são intercalados em um novo arquivo e esses N arquivos removidos. N é uma constante que pode ter valores entre 2 e 10, chamada Ordem de Intercalação. Esse processo é repetido até que fique apenas um arquivo, o arquivo final ordenado. A cada passo, o método de intercalação nunca tem de lidar com mais do que N arquivos de intercalação mais um único arquivo de saída.

Para tornar mais claro o que cada aluno tem de realizar, apresentamos no Programa 4.30 um primeiro refinamento do algoritmo que permite implementar a estratégia descrita anteriormente. Pode-se observar que grande parte do algoritmo lida com criação, abertura, fechamento e remoção de arquivos em momentos adequados.

A fase de intercalação utiliza dois índices, *low* e *high*, para indicar o intervalo de arquivos ativos. O índice *high* é incrementado de 1, *ordemIntercal* arquivos são intercalados a partir de *low* e armazenados no arquivo *high* e, finalmente, *low* é incrementado de *ordemIntercal*. Quando *low* fica igual ou maior do que *high*, a intercalação termina com o último bloco resultante *high* totalmente ordenado.

É importante observar que as interfaces dos vários métodos presentes no código do Programa 4.30 não estão completamente especificadas.

Para mostrar o funcionamento dos módulos do método *ordeneExterno* você deve proceder da seguinte forma:

a) Usar um arquivo contendo 22 registros, em que a chave de cada registro é uma letra maiúscula, conforme mostrado a seguir:

INTERCALACAOBALANCEADA

Para fins de teste, você deve colocar em cada registro um campo associado ocupando 31 bytes, para que o registro fique com um total de 32 bytes. Permita apenas três registros na memória real, o que significa que o programa será capaz de reter apenas três registros na memória principal.

i) Faça a impressão dos blocos ordenados obtidos na primeira fase do programa.

ii) Na segunda fase do programa, para cada iteração do anel, mostre o conteúdo de: *low, lim, high*, nome dos arquivos de entrada abertos, nome do arquivo de saída aberto, conteúdo do arquivo de saída, respectivamente.

b) Gere um arquivo contendo um grande número de registros com 32 bytes de tamanho, cada registro contendo um campo-chave constituído por um número inteiro obtido com o auxílio de um gerador de números pseudo-aleatórios. Faça a medida do tempo necessário para ordenar esse arquivo.

21. Uma opção interessante para ordenar grandes arquivos é utilizar um algoritmo de ordenação interna tradicional, porém sem levar em consideração que a memória interna seja limitada. Isso é possível em sistemas operacionais que implementam o mecanismo de **memória virtual**, o qual gerencia as operações de leitura e escrita em discos magnéticos. Nessa abordagem, para minimizar o número de operações de leitura e escrita em discos magnéticos, os algoritmos devem possuir características que diminuam a quantidade de faltas de páginas no mecanismo de memória virtual. O *Quicksort* é um bom método para ser utilizado em um ambiente de memória virtual, pois possui uma **localidade de referência pequena**. Isso diminui o número de faltas de páginas no mecanismo de memória virtual. Verkano (1987) apresenta um estudo mais detalhado sobre o uso do *Quicksort* em um ambiente de memória virtual. Experimente o Programa 4.8 em um ambiente de memória virtual para arquivos muito maiores que a memória interna do computador.

Programa 4.30 *Primeiro refinamento do método ordeneExterno*

```
package cap4.ordenacaoexterna;
import java.io.*;
public class OrdenacaoExterna {
  private int ordemIntercal;
  public OrdenacaoExterna(int ordemIntercal) {
    this.ordemIntercal = ordemIntercal;
  }
  public void ordeneExterno () {
    int nBlocos = 0;
    RandomAccessFile arqEntrada, arqSaida;
    RandomAccessFile arrArqEnt[] = new RandomAccessFile[ordemIntercal];
    short Fim;
    int low, high, lim;
    nBlocos = 0;
    arqEntrada = abrir arquivo a ser ordenado;
    do { // Formação inicial dos nBlocos ordenados
      nBlocos++;
      fim = enchePaginas (nBlocos, arqEntrada);
      ordeneInterno;
      arqSaida = abreArqSaida (nBlocos);
      descarregaPaginas (arqSaida);
      fechaArq (arqSaida);
    } while (!Fim);
    fechaArq (arqEntrada);
    low = 0; high = nBlocos−1;
    while (low < high) { // Intercalação dos nBlocos ordenados
      lim = minimo (low + ordemIntercal−1, high);
      abreArqEntrada (arrArqEnt, low, lim);
      high++;
      arqSaida = abreArqSaida (high);
      intercale (arrArqEnt, low, lim, arqSaida);
      fechaArq (arqSaida);
      for (i= low; i < lim; i++) {
        fechaArq (arrArqEnt[i]);
        apague_Arquivo (arrArqEnt[i]);
      }
      low += ordemIntercal;
    }
    Mudar o nome do arquivo high para o nome fornecido pelo usuario;
  }
}
```

22. Considere o algoritmo *Quicksort* Externo da Seção 4.2.5 e resolva os seguintes exercícios:

a) Para garantir que nenhuma informação seja destruída durante o processo de ordenação, a ordem alternada de leitura é interrompida se $li = ei$ ou $ls =$

es. Explique por que somente uma dessas condições é verdadeira em determinado instante.

b) Como os controladores de disco lêem e escrevem os dados em blocos, a utilização de áreas de memória interna para leitura e escrita de registros diminui o número de operações de entrada e saída executadas durante o processo de ordenação. É possível melhorar a implementação proposta utilizando duas áreas de armazenamento de entrada e duas áreas de armazenamento de saída. Dessa forma, cada registro pode ser lido da área de armazenamento de entrada do extremo esquerdo ou direito do arquivo e escrito na área de armazenamento de saída do extremo esquerdo ou direito. Quando uma área de armazenamento de leitura de um dos extremos estiver vazia e uma leitura for solicitada a ela, a área de armazenamento será reabastecida pela leitura de um novo bloco de dados daquele extremo no arquivo original. Uma analogia pode ser feita em relação às áreas de armazenamento de saída, pois quando uma delas estiver cheia e uma escrita for solicitada a área de armazenamento deverá ser descarregada no respectivo extremo do arquivo original antes de o novo registro ser armazenado nela. Implemente em Java ou C++ uma versão melhorada do *Quicksort* Externo utilizando áreas de memória interna.

c) Faça um estudo comparativo entre a implementação do *Quicksort* Externo apresentada no Programa 4.25 e a implementação melhorada descrita no item anterior. Para tanto, devem ser gerados arquivos binários de diferentes tamanhos, os quais deverão conter registros de 8 bytes. Após gerar os arquivos, deve ser medido o tempo que cada uma das duas implementações gasta para ordenar cada arquivo. Cada registro possui um número inteiro como chave de comparação. As chaves de comparação devem ser geradas com auxílio de um gerador de números pseudo-aleatórios, como o apresentado.

Capítulo 5
Pesquisa em Memória Primária

Este capítulo é dedicado ao estudo de como recuperar informação a partir de uma grande massa de informação previamente armazenada. A informação é dividida em **registros**, e cada registro possui uma chave para ser usada na pesquisa. O objetivo da pesquisa é encontrar uma ou mais ocorrências de registros com chaves iguais à **chave de pesquisa**. Nesse caso, terá ocorrido uma **pesquisa com sucesso**; caso contrário a pesquisa terá sido **sem sucesso**. Um conjunto de registros é chamado de **tabela** ou **arquivo**. Geralmente, o termo tabela é associado a entidades de vida curta, criadas na memória interna durante a execução de um programa. Já o termo arquivo é geralmente associado a entidades de vida mais longa, armazenadas em memória externa. Entretanto, essa distinção não é precisa: um arquivo de índices pode ser tratado como uma tabela, enquanto uma tabela de valores de funções pode ser tratada como um arquivo.

Existe uma variedade enorme de métodos de pesquisa. A **escolha** do método de pesquisa mais adequado a determinada aplicação depende principalmente: (i) da quantidade dos dados envolvidos, (ii) de o arquivo estar sujeito a inserções e retiradas freqüentes, ou de o conteúdo do arquivo ser praticamente estável (nesse caso, é importante minimizar o tempo de pesquisa, sem preocupação com o tempo necessário para estruturar o arquivo).

É importante considerar os algoritmos de pesquisa como **tipos abstratos de dados**, com um conjunto de operações associado a uma estrutura de dados, de tal forma que haja uma independência de implementação para as operações. Algumas das operações mais comuns incluem:

1. Inicializar a estrutura de dados.
2. Pesquisar um ou mais registros com determinada chave.
3. Inserir um novo registro.
4. Retirar um registro específico.

5. Ordenar um arquivo para obter todos os registros em ordem de acordo com a chave.

6. Ajuntar dois arquivos para formar um arquivo maior.

A operação 5 foi objeto de estudo no Capítulo 4. A operação 6 demanda a utilização de técnicas sofisticadas e não será tratada neste texto.

Um nome comumente utilizado para descrever uma estrutura de dados para pesquisa é dicionário. Um **dicionário** é um **tipo abstrato de dados** com as operações inicializa, pesquisa, insere e retira. Em uma analogia com um dicionário da língua portuguesa, as chaves são as palavras e os registros são as entradas associadas com cada palavra, em que cada entrada contém pronúncia, definição, sinônimos e outras informações associadas com a palavra.

Para alguns dos métodos de pesquisa a serem estudados a seguir, vamos implementar o método como um dicionário, como é o caso das Árvores de Pesquisa (Seção 5.3) e *Hashing* (Seção 5.5). Para os métodos Pesquisa Seqüencial e Pesquisa Digital, vamos implementar as operações inicializa, pesquisa e insere, e para o método Pesquisa Binária vamos implementar apenas a operação pesquisa.

5.1 Pesquisa Seqüencial

O método de pesquisa mais simples que existe funciona da seguinte forma: a partir do primeiro registro, pesquise seqüencialmente até encontrar a chave procurada; então pare. Apesar de sua simplicidade, a pesquisa seqüencial envolve algumas idéias interessantes, servindo para ilustrar vários aspectos e convenções a serem utilizadas em outros métodos de pesquisa apresentados.

Uma forma possível de armazenar um conjunto de registros é por meio do tipo estruturado arranjo, conforme ilustra o Programa 5.1. Cada registro contém um campo chave que identifica o registro. Para que o tipo da chave de um registro possa ser genérico e assim permitir que os usuários dos métodos de pesquisa possam definir um tipo de dados que atenda às suas necessidades, é necessário criar uma **interface** que inclua o método de comparação de duas chaves. A Interface *Item* definida no Programa 4.1 desempenha essa tarefa e será utilizada em todas as implementações do tipo abstrato de dados Dicionário deste capítulo.

Além da chave, podem existir outros componentes em um registro, os quais não têm influência nos algoritmos. Isso é conseqüência direta do fato de que o arranjo *registros* mostrado no Programa 5.1 armazena apenas referências aos objetos que foram alocados em outro local da memória. Uma possível implementação para as operações inicializa, pesquisa e insere também é mostrada no Programa 5.1.

O método *pesquisa* retorna o índice do registro que contém a chave passada como parâmetro no registro *reg*; caso não esteja presente, o valor retornado é zero.

Programa 5.1 *Estrutura e operações do tipo dicionário implementado como arranjo*

```java
package cap5;
import cap4.Item;  // vide Programa 4.1
public class Tabela {
  private Item registros[];
  private int n;

  public Tabela (int maxN) {
    this.registros = new Item[maxN+1];
    this.n = 0;
  }
  public int pesquisa (Item reg) {
    this.registros[0] = reg;  // sentinela
    int i = this.n;
    while (this.registros[i].compara (reg) != 0) i--;
    return i;
  }
  public void insere (Item reg) throws Exception {
    if (this.n == (this.registros.length - 1))
      throw new Exception ("Erro: A tabela esta cheia");
    this.registros[++this.n] = reg;
  }
}
```

Observe que essa implementação não suporta mais de um registro com a mesma chave. Em aplicações com essa característica, é necessário incluir um argumento a mais no método *pesquisa* para conter o índice a partir do qual se quer pesquisar, e alterar a implementação de acordo.

Um registro **sentinela** contendo a chave de pesquisa é colocado na posição zero do **array**. Essa técnica garante que a pesquisa sempre termine. Após a chamada do método *pesquisa*, se o índice é zero, significa que a pesquisa foi sem sucesso.

Análise Para uma pesquisa com sucesso, conforme mostrado na página 6 da Seção 1.3, temos:

$$\begin{aligned} \text{melhor caso} &: C(n) = 1 \\ \text{pior caso} &: C(n) = n \\ \text{caso médio} &: C(n) = (n+1)/2 \end{aligned}$$

Para uma pesquisa sem sucesso temos:

$$C'(n) = n + 1.$$

Observe que o anel interno do método *pesquisa*, no Programa 5.1, é extremamente simples: o índice i é decrementado e o registro contendo a chave de pesquisa é comparado com o registro na posição i do arranjo registros. Por essa razão, essa técnica usando **sentinela** é conhecida como **pesquisa seqüencial rápida**. Esse algoritmo é a melhor solução para o problema de pesquisa em tabelas com 25 registros ou menos.

5.2 Pesquisa Binária

A pesquisa em uma tabela pode ser muito mais eficiente se os registros forem mantidos em ordem. Para saber se uma chave está presente na tabela, compare a chave com o registro que está na posição do meio da tabela. Se a chave é menor, então o registro procurado está na primeira metade da tabela; se a chave é maior, então o registro procurado está na segunda metade da tabela. Repita o processo até que a chave seja encontrada ou fique apenas um registro cuja chave é diferente da procurada, indicando uma pesquisa sem sucesso. A Figura 5.1 mostra os subconjuntos pesquisados para recuperar o índice da chave G.

	1	2	3	4	5	6	7	8
Chaves iniciais:	A	B	C	D	E	F	G	H
	A	B	C	**D**	E	F	G	H
					E	**F**	G	H
							G	H

Figura 5.1 Exemplo de pesquisa binária para a chave G.

O Programa 5.2 mostra a implementação do algoritmo como um método da classe *Tabela* apresentada no Programa 5.1, a qual representa o conjunto de registros em um arranjo.

Análise A cada iteração do algoritmo, o tamanho da tabela é dividido ao meio. Logo, o número de vezes que o tamanho da tabela é dividido ao meio é cerca de $\log n$. Entretanto, o custo para manter a tabela ordenada é alto: cada inserção na posição p da tabela implica o deslocamento dos registros a partir da posição p para as posições seguintes. Conseqüentemente, a pesquisa binária não deve ser usada em aplicações muito dinâmicas.

Programa 5.2 *Pesquisa binária*

```
public int binaria (Item chave) {
  if (this.n == 0) return 0;
  int esq = 1, dir = this.n, i;
  do {
    i = (esq + dir) / 2;
    if (chave.compara (this.registros[i]) > 0) esq = i + 1;
    else dir = i - 1;
  } while ((chave.compara (this.registros[i]) != 0) && (esq <= dir));
  if (chave.compara (this.registros[i]) == 0) return i;
  else return 0;
}
```

5.3 Árvores de Pesquisa

A árvore de pesquisa é uma estrutura de dados muito eficiente para armazenar informação. Ela é particularmente adequada quando existe necessidade de considerar todos ou alguma combinação de requisitos, tais como: (i) acessos direto e seqüencial eficientes; (ii) facilidade de inserção e retirada de registros; (iii) boa taxa de utilização de memória; (iv) utilização de memória primária e secundária.

Se alguém considerar separadamente qualquer um dos requisitos no parágrafo anterior, é possível encontrar uma estrutura de dados que seja superior à árvore de pesquisa. Por exemplo, tabelas *hashing* possuem tempos médios de pesquisa melhores e tabelas que usam posições contíguas de memória possuem melhores taxas de utilização de memória. Entretanto, uma tabela que usa *hashing* precisa ser ordenada se existir necessidade de processar os registros seqüencialmente em ordem lexicográfica, e a inserção/retirada de registros em tabelas que usam posições contíguas de memória tem custo alto. As árvores de pesquisa representam um compromisso entre esses requisitos conflitantes.

5.3.1 Árvores Binárias de Pesquisa sem Balanceamento

De acordo com Knuth (1997, p. 312), uma **árvore binária** é definida como um conjunto finito de nós que ou está vazio ou consiste de um nó chamado raiz mais os elementos de duas árvores binárias distintas chamadas de subárvores esquerda e direita do nó raiz. Em uma árvore binária, cada nó tem no máximo duas subárvores.

Existem referências para as subárvores esquerda e direita em cada nó. O número de subárvores de um nó é chamado grau daquele nó. Um nó de grau zero é chamado de nó externo ou folha (de agora em diante não haverá distinção entre esses dois termos). Os outros nós são chamados nós internos.

Uma **árvore binária de pesquisa** é uma árvore binária em que todo nó interno contém um registro, e, para cada nó, a seguinte propriedade é verdadeira: todos os registros com chaves menores estão na subárvore esquerda e todos os registros com chaves maiores estão na subárvore direita.

O **nível** do nó raiz é 0; se um nó está no nível i então a raiz de suas subárvores está no nível $i + 1$. A **altura** de um nó é o comprimento do caminho mais longo deste nó até um nó folha. A altura de uma árvore é a altura do nó raiz. A Figura 5.2 mostra uma árvore binária de pesquisa de altura 4.

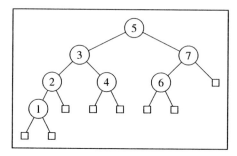

Figura 5.2 *Árvore binária de pesquisa.*

A estrutura de dados árvore binária de pesquisa será utilizada para implementar o tipo abstrato de dados Dicionário (lembre-se que o tipo abstrato Dicionário contém as operações *inicializa*, *pesquisa*, *insere* e *retira*). A estrutura, as operações e a **representação** do Dicionário são apresentadas no Programa 5.3. A operação *inicializa* é implementada pelo construtor da classe *ArvoreBinaria*. As demais operações são implementadas pelo uso de métodos privados sobrecarregados, descritos a seguir.

Um método *pesquisa* para uma árvore binária de pesquisa é bastante simples, conforme ilustra a implementação do Programa 5.4. Para encontrar o registro que contém a chave de busca passada como parâmetro em *reg*, primeiro compare a chave de busca com a chave do registro que está na *raiz*. Se é menor, vá para a subárvore esquerda; se é maior, vá para a subárvore direita. Repita o processo recursivamente, até que a chave procurada seja encontrada ou então um nó folha seja atingido. Se a pesquisa tiver sucesso, então o registro contendo a chave passada em *reg* é retornado.

Atingir uma referência **null** em um processo de pesquisa significa uma pesquisa sem sucesso (o registro procurado não está na árvore). Caso se queira inseri-lo na árvore, a referência **null** atingida é justamente o ponto de inserção, conforme ilustra a implementação do método *insere* do Programa 5.5.

A árvore de pesquisa mostrada na Figura 5.2 pode ser obtida quando as chaves são lidas pelo Programa 5.6, na ordem 5, 3, 2, 7, 6, 4, 1, 0, sendo 0 a marca de fim de arquivo.

Programa 5.3 *Estrutura e operações do dicionário para árvores sem balanceamento*

```java
package cap5;
import cap4.Item; // vide Programa 4.1
public class ArvoreBinaria {
  private static class No {
    Item reg;
    No esq, dir;
  }
  private No raiz;
  // Entram aqui os métodos privados dos Programas 5.4, 5.5 e 5.7
  public ArvoreBinaria () {
    this.raiz = null;
  }
  public Item pesquisa (Item reg) {
    return this.pesquisa (reg, this.raiz);
  }
  public void insere (Item reg) {
    this.raiz = this.insere (reg, this.raiz);
  }
  public void retira (Item reg) {
    this.raiz = this.retira (reg, this.raiz);
  }
}
```

Programa 5.4 *Método para pesquisar na árvore*

```java
private Item pesquisa (Item reg, No p) {
  if (p == null) return null; // Registro não encontrado
  else if (reg.compara (p.reg) < 0) return pesquisa (reg, p.esq);
  else if (reg.compara (p.reg) > 0) return pesquisa (reg, p.dir);
  else return p.reg;
}
```

A última operação a ser estudada é ***retira***. Se o nó que contém o registro a ser retirado possui no máximo um descendente, então a operação é simples. No caso de o nó conter dois descendentes, o registro a ser retirado deve ser primeiro substituído pelo registro mais à direita na subárvore esquerda, ou pelo registro mais à esquerda na subárvore direita. Assim, para retirar o registro com chave 5 na árvore da Figura 5.2, basta trocá-lo pelo registro com chave 4 ou pelo registro com chave 6, e então retirar o nó que recebeu o registro com chave 5.

O Programa 5.7 mostra a implementação da operação *retira*. O método recursivo *antecessor* somente é ativado quando o nó que contém o registro a ser retirado possui dois descendentes. Essa solução elegante é utilizada por Wirth (1976, p. 211).

Programa 5.5 *Método para inserir na árvore*

```java
private No insere (Item reg, No p) {
  if (p == null) {
    p = new No (); p.reg = reg;
    p.esq = null; p.dir = null;
  }
  else if (reg.compara (p.reg) < 0) p.esq = insere (reg, p.esq);
  else if (reg.compara (p.reg) > 0) p.dir = insere (reg, p.dir);
  else System.out.println ("Erro: Registro ja existente");
  return p;
}
```

Programa 5.6 *Programa para criar a árvore*

```java
package cap5;
import java.io.*;
import cap4.MeuItem; // vide Programa 4.2
public class CriaArvore {
  public static void main (String[] args) throws Exception {
    ArvoreBinaria dicionario = new ArvoreBinaria ();
    BufferedReader in = new BufferedReader (
                  new InputStreamReader (System.in));
    int chave = Integer.parseInt (in.readLine());
    while (chave > 0) {
      MeuItem item = new MeuItem (chave);
      dicionario.insere (item);
      chave = Integer.parseInt (in.readLine());
    }
  }
}
```

Após construída a árvore, pode ser necessário percorrer todos os registros que compõem a tabela ou arquivo. Por exemplo, para imprimir os registros. Existe mais de uma ordem de **caminhamento** em árvores, mas a mais útil é a chamada ordem de **caminhamento central**. Assim como a estrutura da árvore, o caminhamento central é mais bem expresso em termos recursivos, a saber:

1. caminha na subárvore esquerda na ordem central;
2. visita a raiz;
3. caminha na subárvore direita na ordem central.

Uma característica importante do caminhamento central é que os nós são visitados em ordem lexicográfica das chaves. Percorrer a árvore da Figura 5.2 usando caminhamento central recupera as chaves na ordem 1, 2, 3, 4, 5, 6 e 7. O método *central*, mostrado no Programa 5.8, faz exatamente isso. Observe que

Programa 5.7 *Método para retirar reg da árvore*

```
private No antecessor (No q, No r) {
  if (r.dir != null) r.dir = antecessor (q, r.dir);
  else { q.reg = r.reg; r = r.esq; }
  return r;
}
private No retira (Item reg, No p) {
  if (p == null) System.out.println ("Erro: Registro nao encontrado");
  else if (reg.compara (p.reg) < 0) p.esq = retira (reg, p.esq);
  else if (reg.compara (p.reg) > 0) p.dir = retira (reg, p.dir);
  else {
    if (p.dir == null) p = p.esq;
    else if (p.esq == null) p = p.dir;
    else p.esq = antecessor (p, p.esq);
  }
  return p;
}
```

esse método consiste em um algoritmo de ordenação similar ao *Quicksort*, no qual a chave na raiz faz o papel do item que particiona o vetor.

Programa 5.8 *Caminhamento central e impressão da árvore*

```
public void imprime () { this.central (this.raiz); }

private void central (No p) {
  if (p != null) {
    central (p.esq);
    System.out.println (p.reg.toString());
    central (p.dir);
  }
}
```

Análise O número de comparações em uma pesquisa com sucesso é:

$$\begin{aligned} \text{melhor caso} &: C(n) = O(1), \\ \text{pior caso} &: C(n) = O(n), \\ \text{caso médio} &: C(n) = O(\log n). \end{aligned}$$

O tempo de execução dos algoritmos para árvores binárias de pesquisa depende muito do formato das árvores. Para obter o pior caso, basta que as chaves sejam inseridas em ordem crescente (ou decrescente). Nesse caso, a árvore resultante é uma lista linear, cujo número médio de comparações é $(n+1)/2$.

Para uma **árvore de pesquisa randômica**[1] é possível mostrar que o número esperado de comparações para recuperar um registro qualquer é cerca de $1,39 \log n$, apenas 39% pior que a árvore completamente balanceada (vide seção seguinte).

5.3.2 Árvores Binárias de Pesquisa com Balanceamento

Para uma distribuição uniforme das chaves, em que cada chave é igualmente provável de ser usada em uma pesquisa, a **árvore completamente balanceada**[2] minimiza o tempo médio de pesquisa. Entretanto, o custo para manter a árvore completamente balanceada após cada inserção é muito alto. Por exemplo, para inserir a chave 1 na árvore à esquerda na Figura 5.3 e obter a árvore à direita na mesma figura é necessário movimentar todos os nós da árvore original.

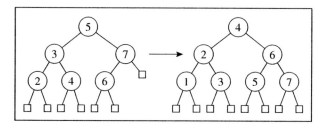

Figura 5.3 Árvore binária de pesquisa completamente balanceada.

Uma forma de contornar esse problema é procurar uma solução intermediária que possa manter a árvore "quase balanceada", em vez de tentar manter a árvore completamente balanceada. O objetivo é procurar obter bons tempos de pesquisa, próximos do tempo ótimo da árvore completamente balanceada, mas sem pagar muito para inserir ou retirar da árvore.

Existem inúmeras heurísticas baseadas no princípio acima. Gonnet e Baeza-Yates (1991) apresentam algoritmos que utilizam vários critérios de balanceamento para árvores de pesquisa, tais como restrições impostas na diferença das alturas de subárvores de cada nó da árvore, na redução do **comprimento do caminho interno**[3] da árvore, ou em que todos os nós externos aparecem no mesmo nível. Na seção seguinte, vamos apresentar uma árvore binária de pesquisa com balanceamento em que todos os nós externos aparecem no mesmo nível.

---

[1]Uma árvore A com n chaves possui $n + 1$ nós externos e estas n chaves dividem todos os valores possíveis em $n + 1$ intervalos. Uma inserção em A é considerada *randômica* se ela tem probabilidade igual de acontecer em qualquer um dos $n + 1$ intervalos. Uma *árvore de pesquisa randômica* com n chaves é uma árvore construída por meio de n inserções randômicas sucessivas em uma árvore inicialmente vazia.

[2]Em uma árvore completamente balanceada, os nós externos aparecem em no máximo dois níveis adjacentes.

[3]O comprimento do caminho interno corresponde à soma dos comprimentos dos caminhos entre a raiz e cada um dos nós internos da árvore. Por exemplo, o comprimento do caminho interno da árvore à esquerda na Figura 5.3 é $8 = (0 + 1 + 1 + 2 + 2 + 2)$.

Árvores SBB

As **árvores B** foram introduzidas por Bayer e McCreight (1972) como uma estrutura para memória secundária, conforme mostrado em detalhes na Seção 6.3.1. Um caso especial da árvore B, mais apropriada para memória primária, é a **árvore 2-3**, na qual cada nó tem duas ou três subárvores. Bayer (1971) mostrou que as árvores 2-3 podem ser representadas por árvores binárias, conforme exibido na Figura 5.4.

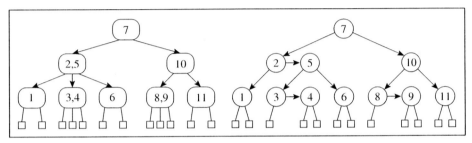

Figura 5.4 *Uma árvore 2-3 e a árvore B binária correspondente.*

Quando a árvore 2-3 é vista como uma **árvore B binária**, existe uma assimetria inerente no sentido de que as referências à esquerda têm de ser verticais (isto é, fazem referência a um nó no nível abaixo), enquanto as referências à direita podem ser verticais ou horizontais. A eliminação da assimetria nas árvores B binárias leva às árvores B binárias simétricas, cujo nome foi abreviado para árvores SBB (*Symmetric Binary B-trees*) por Bayer (1972). A Figura 5.5 apresenta uma árvore SBB.

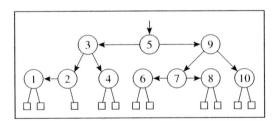

Figura 5.5 *Árvore SBB.*

A **árvore SBB** é uma árvore binária com dois tipos de referências, chamadas referências verticais e referências horizontais, tal que:

1. todos os caminhos da raiz até cada nó externo possuem o mesmo número de referências verticais, e

2. não podem existir duas referências horizontais sucessivas.

Uma árvore SBB pode também ser vista como uma representação binária da **árvore 2-3-4** apresentada por Guibas e Sedgewick (1978) e mostrada em detalhes em Sedgewick (1988), na qual "supernós" podem conter até três chaves e quatro filhos. Por exemplo, tal "supernó", com chaves 3, 5 e 9, pode ser visto na árvore SBB da Figura 5.5.

Transformações para Manutenção da Propriedade SBB

O algoritmo para árvores SBB usa transformações locais no caminho de inserção (retirada) para preservar o balanceamento. A chave a ser inserida (retirada) é sempre inserida (retirada) após a referência vertical mais baixa na árvore. Dependendo da situação anterior à inserção (retirada), podem aparecer duas referências horizontais sucessivas e, neste caso, é necessário realizar uma transformação. Se uma transformação é realizada, a altura da subárvore transformada é um nível maior do que a altura da subárvore original, o que pode provocar outras transformações ao longo do caminho de pesquisa, até a raiz da árvore. A Figura 5.6 mostra as transformações propostas por Bayer (1972), em que transformações simétricas podem ocorrer.

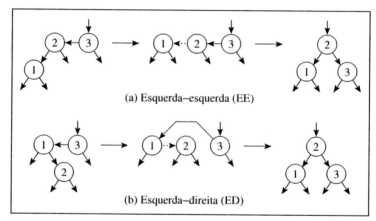

Figura 5.6 *Transformações propostas por Bayer (1972).*

A estrutura de dados árvore SBB será utilizada para implementar o tipo abstrato de dados Dicionário. A estrutura do Dicionário é apresentada no Programa 5.9. As diferenças em relação à estrutura utilizada para implementar a árvore de pesquisa sem balanceamento (vide Programa 5.3) são: (i) as constantes *Horizontal* e *Vertical* foram criadas para representar as inclinações das referências às subárvores; (ii) o campo *propSBB* é utilizado para verificar quando a propriedade SBB deixa de ser satisfeita (*propSBB* assume o valor **false**), sendo necessária a aplicação de uma ou mais transformações para reestabelecer a propriedade SBB (*propSBB* assume o valor **true**), e (iii) os campos *incE* e *incD* foram incluídos na classe interna *No* para indicar o tipo de referência (horizontal ou vertical) que sai do nó.

A operação inicializa é implementada pelo construtor da classe *ArvoreSBB*. As demais operações são implementadas utilizando métodos privados sobrecar-

Programa 5.9 *Estrutura e operações do dicionário para árvores SBB*

```
package cap5;
import cap4.Item;  // vide Programa 4.1
public class ArvoreSBB {
  private static class No {
    Item reg;
    No esq, dir;
    byte incE, incD;
  }
  private static final byte Horizontal = 0;
  private static final byte Vertical = 1;
  private No raiz;
  private boolean propSBB;

  // Entram aqui os métodos privados dos Programas 5.4, 5.10, 5.11 e 5.12
  public ArvoreSBB () {
    this.raiz = null;
    this.propSBB = true;
  }
  public Item pesquisa (Item reg) {
    return this.pesquisa (reg, this.raiz);
  }
  public void insere (Item reg) {
    this.raiz = insere (reg, null, this.raiz, true);
  }
  public void retira (Item reg) {
    this.raiz = this.retira (reg, this.raiz);
  }
  // Entra aqui o método para imprimir a árvore do Programa 5.8
}
```

regados, os quais são descritos a seguir. Os métodos *pesquisa* e *imprime* para árvores SBB são idênticos aos métodos *pesquisa* e *imprime* para árvores sem balanceamento mostrados nos Programas 5.4 e 5.8, respectivamente. Isso porque os métodos *pesquisa* e *imprime* ignoram completamente os campos *incE* e *incD*. Logo, nenhum tempo adicional é necessário para pesquisar ou imprimir a árvore SBB.

Os quatro métodos *ee*, *ed*, *dd* e *de* são utilizados nos métodos *insere* e *retira*, com o objetivo de eliminar duas referências horizontais sucessivas. O Programa 5.10 mostra a implementação desses métodos.

O método público ***insere*** tem uma interface idêntica à interface do método público *insere* para árvores sem balanceamento, conforme pode ser visto no Programa 5.9. Para que isso seja possível, o método *insere* simplesmente chama sua versão privada do Programa 5.11, que foi **sobrecarregada** com uma interface que contém três parâmetros a mais do que a sua versão pública. O parâmetro *pai*

Programa 5.10 *Métodos para manutenção da propriedade SBB*

```
private No ee (No ap) {
  No ap1 = ap.esq; ap.esq = ap1.dir; ap1.dir = ap;
  ap1.incE = Vertical; ap.incE = Vertical; ap = ap1;
  return ap;
}
private No ed (No ap) {
  No ap1 = ap.esq; No ap2 = ap1.dir; ap1.incD = Vertical;
  ap.incE = Vertical; ap1.dir = ap2.esq; ap2.esq = ap1;
  ap.esq = ap2.dir; ap2.dir = ap; ap = ap2;
  return ap;
}
private No dd (No ap) {
  No ap1 = ap.dir; ap.dir = ap1.esq; ap1.esq = ap;
  ap1.incD = Vertical; ap.incD = Vertical; ap = ap1;
  return ap;
}
private No de (No ap) {
  No ap1 = ap.dir; No ap2 = ap1.esq; ap1.incE = Vertical;
  ap.incD = Vertical; ap1.esq = ap2.dir; ap2.dir = ap1;
  ap.dir = ap2.esq; ap2.esq = ap; ap = ap2;
  return ap;
}
```

contém a referência ao pai do nó *filho* passado no segundo parâmetro e é utilizado para indicar que a inclinação da referência ao nó filho toma o valor horizontal sempre que o filho é elevado para o nível seguinte durante uma inserção. O parâmetro *filhoEsq* assume o valor **true** se o parâmetro *filho* referencia a subárvore esquerda do nó *pai* e **false** em caso contrário.

A Figura 5.7 mostra o resultado obtido quando se insere uma seqüência de chaves em uma árvore SBB inicialmente vazia: a árvore à esquerda é obtida após a inserção das chaves 7, 10, 5; a árvore do meio é obtida após a inserção das chaves 2, 4 na árvore anterior; a árvore à direita é obtida após a inserção das chaves 9, 3, 6 na árvore anterior. A árvore de pesquisa mostrada na Figura 5.5 pode ser obtida quando as chaves 1, 8 são inseridas na árvore à direita na Figura 5.7.

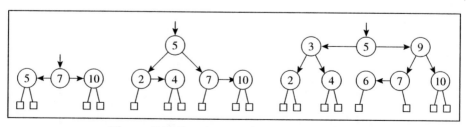

Figura 5.7 *Crescimento de uma árvore SBB.*

Programa 5.11 *Método para inserir na árvore SBB*

```
private No insere (Item reg, No pai, No filho, boolean filhoEsq) {
  if (filho == null) {
    filho = new No (); filho.reg = reg;
    filho.incE = Vertical; filho.incD = Vertical;
    filho.esq = null; filho.dir = null;
    if (pai != null)
      if (filhoEsq) pai.incE = Horizontal; else pai.incD = Horizontal;
    this.propSBB = false;
  }
  else if (reg.compara (filho.reg) < 0) {
    filho.esq = insere (reg, filho, filho.esq, true);
    if (!this.propSBB)
      if (filho.incE == Horizontal) {
        if (filho.esq.incE == Horizontal) {
          filho = this.ee (filho); // transformação esquerda-esquerda
          if (pai != null)
            if (filhoEsq) pai.incE=Horizontal; else pai.incD=Horizontal;
        }
        else if (filho.esq.incD == Horizontal) {
          filho = this.ed (filho); // transformação esquerda-direita
          if (pai != null)
            if (filhoEsq) pai.incE=Horizontal; else pai.incD=Horizontal;
        }
      }
      else this.propSBB = true;
  }
  else if (reg.compara (filho.reg) > 0) {
    filho.dir = insere (reg, filho, filho.dir, false);
    if (!this.propSBB)
      if (filho.incD == Horizontal) {
        if (filho.dir.incD == Horizontal) {
          filho = this.dd (filho); // transformação direita-direita
          if (pai != null)
            if (filhoEsq) pai.incE=Horizontal; else pai.incD=Horizontal;
        }
        else if (filho.dir.incE == Horizontal) {
          filho = this.de (filho); // transformação direita-esquerda
          if (pai != null)
            if (filhoEsq) pai.incE=Horizontal; else pai.incD=Horizontal;
        }
      }
      else this.propSBB = true;
  }
  else {
    System.out.println ("Erro: Registro ja existente");
    this.propSBB = true;
  }
  return filho;
}
```

O método ***retira*** pode ser visto no Programa 5.12. Assim como o método *insere* mostrado anteriormente, o método *retira* possui uma versão privada, que foi sobrecarregada com uma interface que contém um parâmetro a mais que a sua versão pública, a saber: o parâmetro *ap* é utilizado para encontrar o registro a ser excluído, iniciando a pesquisa pela raiz da árvore.

Por sua vez, o método privado *retira* utiliza três métodos auxiliares, a saber:

- *esqCurto* (*dirCurto*) é chamado quando um nó folha (que é referenciado por uma referência vertical) é retirado da subárvore à esquerda (direita), tornando-a menor na altura após a retirada;
- Quando o nó a ser retirado possui dois descendentes, o método *antecessor* localiza o nó antecessor para ser trocado com o nó a ser retirado.

A Figura 5.8 mostra o resultado obtido quando se retira uma seqüência de chaves da árvore SBB: a árvore à esquerda é obtida após a retirada da chave 7 da árvore à direita na Figura 5.7; a árvore do meio é obtida após a retirada da chave 5 da árvore anterior; a árvore à direita é obtida após a retirada da chave 9 da árvore anterior.

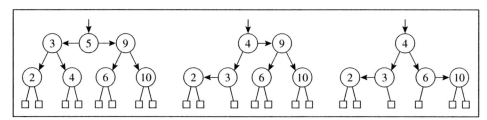

Figura 5.8 Decomposição de uma árvore SBB.

Análise Para as árvores SBB é necessário distinguir dois tipos de **altura**. Uma delas é a altura vertical h, necessária para manter a altura uniforme e obtida por meio da contagem do número de referências verticais em qualquer caminho entre a raiz e um nó externo. A outra é a altura k, que representa o número máximo de comparações de chaves obtidas mediante contagem do número total de referências no maior caminho entre a raiz e um nó externo. A altura k é maior que a altura h sempre que existirem referências horizontais na árvore. Para uma árvore SBB com n nós internos, temos:

$$h \leq k \leq 2h.$$

De fato, Bayer (1972) mostrou que:

$$log(n+1) \leq k \leq 2\log(n+2) - 2.$$

Programa 5.12 *Método para retirar da árvore SBB e métodos auxiliares*

```
// Folha esquerda retirada => árvore curta na altura esquerda
private No esqCurto (No ap) {
  if (ap.incE == Horizontal) {
    ap.incE = Vertical; this.propSBB = true;
  }
  else if (ap.incD == Horizontal) {
    No ap1 = ap.dir; ap.dir = ap1.esq; ap1.esq = ap; ap = ap1;
    if (ap.esq.dir.incE == Horizontal) {
      ap.esq = this.de (ap.esq); ap.incE = Horizontal;
    }
    else if (ap.esq.dir.incD == Horizontal) {
      ap.esq = this.dd (ap.esq); ap.incE = Horizontal;
    }
    this.propSBB = true;
  }
  else {
    ap.incD = Horizontal;
    if (ap.dir.incE == Horizontal) {
      ap = this.de (ap); this.propSBB = true;
    }
    else if (ap.dir.incD == Horizontal) {
      ap = this.dd (ap); this.propSBB = true;
    }
  } return ap;
}
// Folha direita retirada => árvore curta na altura direita
private No dirCurto (No ap) {
  if (ap.incD == Horizontal) {
    ap.incD = Vertical; this.propSBB = true;
  }
  else if (ap.incE == Horizontal) {
    No ap1 = ap.esq; ap.esq = ap1.dir; ap1.dir = ap; ap = ap1;
    if (ap.dir.esq.incD == Horizontal) {
      ap.dir = this.ed (ap.dir); ap.incD = Horizontal;
    }
    else if (ap.dir.esq.incE == Horizontal) {
      ap.dir = this.ee (ap.dir); ap.incD = Horizontal;
    }
    this.propSBB = true;
  }
  else {
    ap.incE = Horizontal;
    if (ap.esq.incD == Horizontal) {
      ap = this.ed (ap); this.propSBB = true;
    }
    else if (ap.esq.incE == Horizontal) {
      ap = this.ee (ap); this.propSBB = true;
    }
  } return ap;
}
```

Continuação do Programa 5.12

```java
private No antecessor (No q, No r) {
  if (r.dir != null) {
    r.dir = antecessor (q, r.dir);
    if (!this.propSBB) r = this.dirCurto (r);
  }
  else {
    q.reg = r.reg;
    r = r.esq;
    if (r != null) this.propSBB = true;
  }
  return r;
}
private No retira (Item reg, No ap) {
  if (ap == null) {
    System.out.println ("Erro: Registro nao encontrado");
    this.propSBB = true;
  }
  else if (reg.compara (ap.reg) < 0) {
    ap.esq = retira (reg, ap.esq);
    if (!this.propSBB)
      ap = this.esqCurto (ap);
  }
  else if (reg.compara (ap.reg) > 0) {
    ap.dir = retira (reg, ap.dir);
    if (!this.propSBB) ap = this.dirCurto (ap);
  }
  else { // encontrou o registro
    this.propSBB = false;
    if (ap.dir == null) {
      ap = ap.esq;
      if (ap != null) this.propSBB = true;
    }
    else if (ap.esq == null) {
      ap = ap.dir;
      if (ap != null)
        this.propSBB = true;
    }
    else {
      ap.esq = antecessor (ap, ap.esq);
      if (!this.propSBB)
        ap = this.esqCurto (ap);
    }
  }
  return ap;
}
```

O custo para manter a propriedade SBB é exatamente o custo para percorrer o caminho de pesquisa para encontrar a chave, seja para inseri-la seja para retirá-la. Logo, esse custo é $O(\log n)$.

O número de comparações em uma pesquisa com sucesso na árvore SBB é:

$$\begin{aligned} \text{melhor caso} &: C(n) = O(1), \\ \text{pior caso} &: C(n) = O(\log n), \\ \text{caso médio} &: C(n) = O(\log n). \end{aligned}$$

Na prática, o caso médio para C_n é apenas cerca de 2% pior que o C_n para uma árvore completamente balanceada, conforme mostrado em Ziviani e Tompa (1982).

5.4 Pesquisa Digital

A pesquisa digital é baseada na representação das chaves como uma seqüência de caracteres ou de dígitos. Grosso modo, o método de pesquisa digital é realizado da mesma forma que uma pesquisa em dicionários que possuem aqueles "índices de dedo". Com a primeira letra da palavra são determinadas todas as páginas que contêm as palavras iniciadas por aquela letra.

Os métodos de pesquisa digital são particularmente vantajosos quando as chaves são grandes e de **tamanho variável**. No problema de casamento de cadeias, trabalha-se com **chaves semi-infinitas**[4], isto é, sem limitação explícita quanto ao tamanho. Um aspecto interessante quanto aos métodos de pesquisa digital é a possibilidade de localizar todas as ocorrências de determinada cadeia em um texto, com tempo de resposta logarítmico em relação ao tamanho do texto.

5.4.1 Trie

Uma trie é uma árvore M-ária cujos nós são vetores de M componentes com campos correspondentes aos dígitos ou caracteres que formam as chaves. Cada nó no nível i representa o conjunto de todas as chaves que começam com a mesma seqüência de i dígitos ou caracteres. Esse nó especifica uma ramificação com M caminhos dependendo do $(i+1)$-ésimo dígito ou caractere de uma chave. Considerando as chaves como seqüência de *bits* (isto é, $M = 2$), o algoritmo de pesquisa digital é semelhante ao de pesquisa em árvore, exceto pelo fato de que,

---

[4]Uma chave semi-infinita é uma seqüência de caracteres em que somente a sua extremidade inicial é definida. Logo, cada posição no texto representa uma chave semi-infinita, constituída pela seqüência que inicia naquela posição e se estende à direita tanto quanto for necessário ou até o final do texto. Por exemplo, um banco de dados constituído de n palavras (as posições de interesse nesse caso são os endereços de início das palavras) possui n chaves semi-infinitas.

em vez de se caminhar na árvore de acordo com o resultado de comparação entre chaves, se caminha de acordo com os *bits* da chave. A Figura 5.9 mostra uma trie construída a partir das seguintes chaves de 6 *bits*:

$$\begin{aligned} B &= 010010 \\ C &= 010011 \\ H &= 011000 \\ J &= 100001 \\ Q &= 101000 \end{aligned}$$

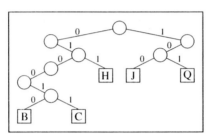

Figura 5.9 Trie binária.

Para construir uma trie, faz-se uma pesquisa na árvore com a chave a ser inserida. Se o nó externo em que a pesquisa terminar for vazio, cria-se um nó externo nesse ponto contendo a nova chave, como ilustra a inserção da chave W = 110110 na Figura 5.10. Se o nó externo contiver uma chave, cria-se um ou mais nós internos cujos descendentes conterão a chave já existente e a nova chave. A Figura 5.10 ilustra a inserção da chave K = 100010 que envolve repor J por um novo nó interno cuja subárvore esquerda é outro novo nó interno, cujos filhos são J e K, porque essas chaves possuem os mesmos *bits* até a quinta posição.

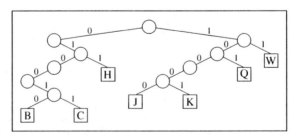

Figura 5.10 Inserção das chaves W e K.

O formato das tries, diferentemente das árvores binárias comuns, não depende da ordem em que as chaves são inseridas, e sim da estrutura das chaves por meio da distribuição de seus *bits*. Uma grande desvantagem das tries é a formação de caminhos de uma só direção para chaves com um grande número de *bits* em comum. Por exemplo, se duas chaves diferirem somente no último *bit*, elas formarão um caminho cujo comprimento é igual ao tamanho delas, não importando quantas chaves existem na árvore. Veja o caminho gerado pelas chaves B e C na Figura 5.10.

5.4.2 Patricia

PATRICIA é a abreviatura de *Practical Algorithm To Retrieve Information Coded In Alphanumeric* (Algoritmo Prático para Recuperar Informação Codificada em Alfanumérico). Esse algoritmo foi originalmente criado por Morrison (1968) em um trabalho aplicado à recuperação de informação em arquivos de grande porte. Knuth (1973) deu um novo tratamento ao algoritmo, reapresentando-o de forma mais clara como um caso particular de pesquisa digital, essencialmente um caso de árvore trie binária. Sedgewick (1988) apresentou novos algoritmos de pesquisa e de inserção baseados nos algoritmos propostos por Knuth (1973). Gonnet e Baeza-Yates (1991) também propuseram outros algoritmos.

O algoritmo para construção da árvore Patricia é baseado no método de pesquisa digital, mas sem apresentar o inconveniente citado para o caso das tries. O problema de caminhos de uma só direção é eliminado por meio de uma solução simples e elegante: cada nó interno da árvore contém o índice do *bit* a ser testado para decidir qual ramo tomar. A Figura 5.11 apresenta a árvore Patricia gerada a partir das chaves B, C, H, J e Q.

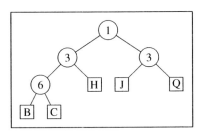

Figura 5.11 Árvore Patricia.

Para inserir a chave K = 100010 na árvore da Figura 5.11, a pesquisa inicia pela raiz e termina quando se chega ao nó externo contendo J. Os índices dos *bits* nas chaves estão ordenados da esquerda para a direita. Assim, o *bit* de índice 1 de K é 1, indicando a subárvore direita, e o *bit* de índice 3 indica a subárvore esquerda que, nesse caso, é um nó externo. Isso significa que as chaves J e K mantêm o padrão de *bits* 1x0xxx, assim como qualquer outra chave que seguir esse caminho de pesquisa. Um novo nó interno repõe o nó J, e este, juntamente com o nó K, serão os nós externos descendentes. O índice do novo nó interno é dado pelo primeiro *bit* diferente das duas chaves em questão, que é o *bit* de índice

5. Para determinar qual será o descendente esquerdo e o direito, é só verificar o valor do *bit* 5 de ambas as chaves, conforme mostrado na Figura 5.12.

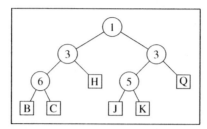

Figura 5.12 Inserção da chave K.

A inserção da chave W = 110110 ilustra outro aspecto. A pesquisa sem sucesso na árvore da Figura 5.13 é realizada de maneira análoga. Os *bits* das chaves K e W são comparados a partir do primeiro para determinar em qual índice eles diferem, sendo, nesse caso, os de índice 2. Assim, o ponto de inserção agora será no caminho de pesquisa entre os nós internos de índice 1 e 3. Cria-se aí um novo nó interno de índice 2, cujo descendente direito é um nó externo contendo W e cujo descendente esquerdo é a subárvore de raiz de índice 3, conforme ilustra a Figura 5.13.

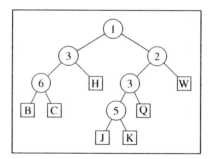

Figura 5.13 Inserção da chave W.

A implementação apresentada a seguir é derivada de Albuquerque e Ziviani (1985). O Programa 5.13 apresenta a definição da estrutura de dados e de algumas operações utilizadas em uma árvore Patricia. Em uma árvore Patricia existem dois tipos de nós diferentes: internos e externos. Para implementar essa característica foi utilizado o mecanismo de herança e polimorfismo da linguagem Java (vide Seção 1.5). Assim, a **classe abstrata** *PatNo* foi definida como superclasse para as classes *PatNoInt* e *PatNoExt*, que representam os nós internos e externos, respectivamente.

Os Programas 5.14, 5.15 e 5.16 apresentam alguns métodos utilizados pelos algoritmos de pesquisa e inserção. O Programa 5.17 apresenta a implementação do algoritmo de pesquisa. O Programa 5.18 apresenta a implementação do algoritmo de inserção. Cada chave k é inserida de acordo com os passos abaixo, partindo da raiz:

1. Se a subárvore corrente for vazia, então é criado um nó externo contendo a chave k (isso ocorre somente na inserção da primeira chave) e o algoritmo termina.

2. Se a subárvore corrente for simplesmente um nó externo, os *bits* da chave k são comparados, a partir do *bit* de índice imediatamente após o último índice da seqüência de índices consecutivos do caminho de pesquisa, com os *bits* correspondentes da chave k' deste nó externo até encontrar um índice i cujos *bits* difiram. A comparação dos *bits* a partir do último índice consecutivo melhora consideravelmente o desempenho do algoritmo. Se todos forem iguais, a chave já se encontra na árvore e o algoritmo termina; senão, vai-se para o Passo 4.

3. Caso contrário, ou seja, se a raiz da subárvore corrente for um nó interno, vai-se para a subárvore indicada pelo bit da chave k de índice dado pelo nó corrente, de forma recursiva.

4. Depois são criados um nó interno e um nó externo: o primeiro contendo o índice i e o segundo, a chave k. A seguir, o nó interno é ligado ao externo pela referência à subárvore esquerda ou direita, dependendo se o *bit* de índice i da chave k seja 0 ou 1, respectivamente.

5. O caminho de inserção é percorrido novamente de baixo para cima, subindo com o par de nós criados no Passo 4 até chegar a um nó interno cujo índice seja menor que o índice i determinado no Passo 2. Esse é o ponto de inserção e o par de nós é inserido.

Programa 5.13 *Estrutura de dados e operações da árvore Patricia*

```
package cap5;
public class ArvorePatricia {
  private static abstract class PatNo { }
  private static class PatNoInt extends PatNo {
    int index;
    PatNo esq, dir;
  }
  private static class PatNoExt extends PatNo { char chave; }

  private PatNo raiz;
  private int nbitsChave;

  // Entram aqui os métodos privados dos Programas 5.14, 5.15, 5.16, 5.17 e 5.18
  public ArvorePatricia (int nbitsChave) {
    this.raiz = null; this.nbitsChave = nbitsChave;
  }
  public void pesquisa (char k) { this.pesquisa (k, this.raiz); }
  public void insere (char k) { this.raiz = this.insere (k, this.raiz); }
}
```

Programa 5.14 Métodos auxiliares

```java
// Retorna o i-ésimo bit da chave k a partir da esquerda
private int bit (int i, char k) {
  if (i == 0) return 0;
  int c = (int)k;
  for (int j = 1; j <= this.nbitsChave - i; j++) c = c/2;
  return c % 2;
}
// Verifica se p é nó externo
private boolean eExterno (PatNo p) {
  Class classe = p.getClass ();
  return classe.getName().equals(PatNoExt.class.getName());
}
```

Programa 5.15 Método para criar nó interno

```java
private PatNo criaNoInt (int i, PatNo esq, PatNo dir) {
  PatNoInt p = new PatNoInt ();
  p.index = i; p.esq = esq; p.dir = dir;
  return p;
}
```

Programa 5.16 Método para criar nó externo

```java
private PatNo criaNoExt (char k) {
  PatNoExt p = new PatNoExt ();
  p.chave = k;
  return p;
}
```

Programa 5.17 Algoritmo de pesquisa

```java
private void pesquisa (char k, PatNo t) {
  if (this.eExterno (t)) {
    PatNoExt aux = (PatNoExt)t;
    if (aux.chave == k) System.out.println ("Elemento encontrado");
    else System.out.println ("Elemento nao encontrado");
  }
  else {
    PatNoInt aux = (PatNoInt)t;
    if (this.bit (aux.index, k) == 0) pesquisa (k, aux.esq);
    else pesquisa (k, aux.dir);
  }
}
```

***Programa 5.18** Algoritmo de inserção*

```
private PatNo insereEntre (char k, PatNo t, int i) {
  PatNoInt aux = null;
  if (!this.eExterno (t)) aux = (PatNoInt)t;
  if (this.eExterno (t) || (i < aux.index)) { // Cria um novo nó externo
    PatNo p = this.criaNoExt (k);
    if (this.bit (i, k) == 1) return this.criaNoInt (i, t, p);
    else return this.criaNoInt (i, p, t);
  } else {
    if (this.bit (aux.index, k) == 1)
      aux.dir = this.insereEntre (k, aux.dir, i);
    else aux.esq = this.insereEntre (k, aux.esq, i);
    return aux;
  }
}
private PatNo insere (char k, PatNo t) {
  if (t == null) return this.criaNoExt (k);
  else {
    PatNo p = t;
    while (!this.eExterno (p)) {
      PatNoInt aux = (PatNoInt)p;
      if (this.bit (aux.index, k) == 1) p = aux.dir; else p = aux.esq;
    }
    PatNoExt aux = (PatNoExt)p;
    int i = 1; // acha o primeiro bit diferente
    while ((i <= this.nbitsChave)&&
           (this.bit (i, k) == this.bit (i, aux.chave))) i++;
    if (i > this.nbitsChave) {
      System.out.println ("Erro: chave ja esta na arvore");
      return t;
    }
    else return this.insereEntre (k, t, i);
  }
}
```

5.5 Transformação de Chave (*Hashing*)

Os métodos de pesquisa apresentados anteriormente são baseados na comparação da chave de pesquisa com as chaves armazenadas na tabela, ou na utilização dos *bits* da chave de pesquisa para escolher o caminho a seguir. O método de transformação de chave (ou *hashing*) é completamente diferente: os registros armazenados em uma tabela são diretamente endereçados a partir de uma transformação aritmética sobre a chave de pesquisa. De acordo com o *Webster's New World Dictionary*, a palavra *hash* significa: (i) fazer picadinho de carne e vegetais para cozinhar; (ii) fazer bagunça. Como veremos a seguir, o termo *hashing* é um nome apropriado para o método.

Um método de pesquisa com o uso da transformação de chave é constituído de duas etapas principais:

1. Computar o valor da **função de transformação** (também conhecida por **função *hashing***), a qual transforma a chave de pesquisa em um endereço da tabela;

2. Considerando que duas ou mais chaves podem ser transformadas em um mesmo endereço da tabela, é necessário existir um método para lidar com **colisões**.

Se porventura as chaves fossem inteiros de 1 a n, então poderíamos armazenar o registro com chave i na posição i da tabela, e qualquer registro poderia ser imediatamente acessado a partir do valor da chave. Por outro lado, vamos supor uma tabela capaz de armazenar $M = 97$ chaves, em que cada chave pode ser um número decimal de quatro dígitos. Nesse caso, existem $N = 10.000$ chaves possíveis, e a **função de transformação** não pode ser um para um: mesmo que o número de registros a serem armazenados seja muito menor do que 97, qualquer que seja a função de transformação, algumas **colisões** irão ocorrer fatalmente, e tais colisões têm de ser resolvidas de alguma forma.

Mesmo que se obtenha uma função de transformação que distribua os registros de forma uniforme entre as entradas da tabela, existe alta probabilidade de haver colisões. O **paradoxo do aniversário** (Feller, 1968, p. 33) diz que em um grupo de 23 ou mais pessoas, juntas ao acaso, existe uma chance maior do que 50% de que 2 pessoas comemorem aniversário no mesmo dia. Isso significa que, se for utilizada uma função de transformação uniforme que enderece 23 chaves randômicas em uma tabela de tamanho 365, a probabilidade de que haja **colisões** é maior do que 50%. A probabilidade p de se inserirem N itens consecutivos sem colisão em uma tabela de tamanho M é:

$$p = \frac{M-1}{M} \times \frac{M-2}{M} \times \ldots \times \frac{M-N+1}{M} = \prod_{i=1}^{N} \frac{M-i+1}{M} = \frac{M!}{(M-N)!M^N}.$$

A Tabela 5.1 mostra alguns valores de p para diferentes valores de N, em que $M = 365$.

Tabela 5.1 Diferentes probabilidades para o paradoxo do aniversário

N	p
10	0,883
22	0,524
23	0,493
30	0,303

Para N pequeno a probabilidade p pode ser aproximada por $p \approx \frac{N(N-1)}{730}$. Por exemplo, para $N = 10$ então $p \approx 87,7\%$.

5.5.1 Funções de Transformação

Uma função de transformação deve mapear chaves em inteiros dentro do intervalo $[0..M-1]$, no qual M é o tamanho da tabela. A função de transformação ideal é aquela que: (i) seja simples de ser computada; (ii) para cada chave de entrada, qualquer uma das saídas possíveis é igualmente provável de ocorrer.

Considerando que as transformações sobre as chaves são aritméticas, o primeiro passo é transformar as chaves não-numéricas em números. Em Java, basta realizar uma conversão de cada caractere da chave não numérica para um número inteiro.

Várias funções de transformação têm sido estudadas (Knott, 1975; Knuth, 1973). Um dos métodos que funcionam muito bem é o que utiliza o resto da divisão por M[5]:

$$h(K) = K \bmod M,$$

no qual K é um inteiro correspondente à *chave*, obtido mediante uma soma envolvendo um conjunto de pesos p:

$$K = \sum_{i=0}^{n-1} chave[i] \times p[i],$$

em que n é o número de caracteres da chave, *chave*$[i]$ corresponde à representação **ASCII** ou **Unicode** do i-ésimo caractere da chave, e $p[i]$ é um inteiro de um conjunto de pesos gerados randomicamente para $0 \leq i \leq n-1$. A vantagem de usar pesos é que dois conjuntos diferentes de pesos $p_1[i]$ e $p_2[i]$, $0 \leq i \leq n-1$, levam a duas funções de transformação $h_1(K)$ e $h_2(K)$ diferentes. O método *geraPesos* apresentado no Programa 5.19 gera um peso para cada caractere de uma chave constituída de n caracteres e será utilizado na classe *TabelaHash*, descrita a seguir.

Programa 5.19 Geração de pesos para a função de transformação

```
private int[] geraPesos (int n) {
  int p[] = new int[n];
  java.util.Random rand = new java.util.Random ();
  for (int i = 0; i < n; i++) p[i] = rand.nextInt(M) + 1;
  return p;
}
```

Esse é um método muito simples de ser implementado, conforme ilustra o Programa 5.20. O único cuidado a tomar é na escolha do valor de M. Por exemplo, se M é par, então $h(K)$ é par quando K é par, e $h(K)$ é ímpar quando

---

[5]Para números reais x e y, a operação binária mod é definida como $x \bmod y = x - y \lfloor x/y \rfloor$, se $y \neq 0$. Quando x e y são inteiros, então 5 mod 3 = 2, 6 mod 3 = 0.

K é ímpar. Resumindo, M deve ser um número primo, mas não qualquer primo: devem ser evitados os números primos obtidos a partir de

$$b^i \pm j,$$

em que b é a base do conjunto de caracteres (geralmente $b = 64$ para BCD, 128 para ASCII, 256 para EBCDIC, ou 100 para alguns códigos decimais), e i e j são pequenos inteiros (Knuth, 1973, p. 509).

Programa 5.20 Implementação de função de transformação

```
private int h (String chave, int[] pesos) {
  int soma = 0;
  for (int i = 0; i < chave.length(); i++)
    soma = soma + ((int)chave.charAt(i)) * pesos[i];
  return soma % this.M;
}
```

5.5.2 Listas Encadeadas

Uma das formas de resolver as **colisões** é simplesmente construir uma lista linear encadeada para cada endereço da tabela. Assim, todas as chaves com mesmo endereço são encadeadas em uma lista linear.

Se a i-ésima letra do alfabeto é representada pelo número i e a função de transformação $h(chave) = chave \bmod M$ é utilizada para $M = 7$, então a Figura 5.14 mostra o resultado da inserção das chaves $P\ E\ S\ Q\ U\ I\ S\ A$ na tabela. Por exemplo, $h(A) = h(1) = 1$, $h(E) = h(5) = 5$, $h(S) = h(19) = 5$ etc.

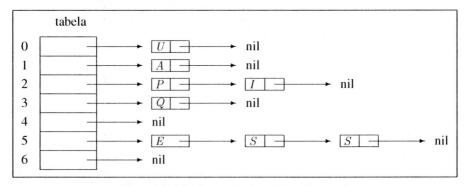

Figura 5.14 Lista encadeada em separado.

A estrutura de dados lista encadeada em separado e suas operações (vide Programa 3.2 do Capítulo 3) serão utilizadas para implementar o tipo abstrato de dados Dicionário, com as operações *inicializa, pesquisa, insere* e *retira*. Em cada entrada da lista devem ser armazenados uma *chave* e um registro de dados cujo tipo depende da aplicação. A estrutura do dicionário e suas operações são apresentadas no Programa 5.21. A classe interna *Celula* é utilizada para representar uma entrada em uma lista de chaves que são mapeadas em um mesmo endereço i da tabela, sendo $0 \leq i \leq M - 1$. O método *equals* da classe *Celula* é usado para verificar se duas células são iguais (isto é, possuem a mesma chave). A operação inicializa é implementada pelo construtor da classe *TabelaHash*.

Análise Assumindo que qualquer item do conjunto tem igual probabilidade de ser endereçado para qualquer entrada da tabela, então o comprimento esperado de cada lista encadeada é N/M, em que N representa o número de registros na tabela e M o tamanho da tabela.

Logo, as operações *pesquisa, insere* e *retira* custam $O(1 + N/M)$ operações em média, sendo que a constante 1 representa o tempo para encontrar a entrada na tabela, e N/M, o tempo para percorrer a lista. Para valores de M próximos de N, o tempo torna-se constante, isto é, independente de N.

5.5.3 Endereçamento Aberto

Quando o número de registros a serem armazenados na tabela puder ser previamente estimado, então não haverá necessidade de usar listas encadeadas para armazenar os registros. Existem vários métodos para armazenar N registros em uma tabela de tamanho $M > N$, os quais utilizam os lugares vazios na própria tabela para resolver as **colisões**. Tais métodos são chamados **endereçamento aberto** (do inglês ***open addressing***; Knuth, 1973, p. 518).

Em outras palavras, todas as chaves são armazenadas na própria tabela, sem o uso de uma lista encadeada em cada entrada da tabela. Quando uma chave x é endereçada para uma entrada da tabela que já esteja ocupada, uma seqüência de localizações alternativas $h_1(x), h_2(x), \ldots$ é escolhida dentro da tabela. Se nenhuma das $h_1(x), h_2(x), \ldots$ posições está vazia, então a tabela está cheia e não podemos inserir x.

Existem várias propostas para a escolha de localizações alternativas. A mais simples é chamada de ***hashing* linear**, na qual a posição h_j na tabela é dada por:

$$h_j = (h(x) + j) \bmod M, \text{ para } 1 \leq j \leq M - 1.$$

Se a i-ésima letra do alfabeto é representada pelo número i e a função de transformação $h(chave) = chave \bmod M$ é utilizada para $M = 7$, então a Figura 5.15 mostra o resultado da inserção das chaves $L\ U\ N\ E\ S$ na tabela, usando *hashing linear* para resolver colisões. Por exemplo, $h(L) = h(12) = 5$, $h(U) = h(21) = 0$, $h(N) = h(14) = 0$, $h(E) = h(5) = 5$, e $h(S) = h(19) = 5$.

Programa 5.21 *Estrutura e operações do dicionário para listas encadeadas*

```java
package cap5.listaenc;
import cap3.autoreferencia.Lista; // vide Programa 3.2
public class TabelaHash {
  private static class Celula {
    String chave;
    Object item;
    public Celula (String chave, Object item) {
      this.chave = chave; this.item = item;
    }
    public boolean equals (Object obj) {
      Celula cel = (Celula)obj;
      return chave.equals (cel.chave);
    }
  }
  private int M; // tamanho da tabela
  private Lista tabela[];
  private int pesos[];

  // Entram aqui os métodos privados dos Programas 5.19 e 5.20
  public TabelaHash (int m, int maxTamChave) {
    this.M = m; this.tabela = new Lista[this.M];
    for (int i = 0; i < this.M; i++) this.tabela[i] = new Lista ();
    this.pesos = this.geraPesos (maxTamChave);
  }
  public Object pesquisa (String chave) {
    int i = this.h (chave, this.pesos);
    if (this.tabela[i].vazia()) return null; // pesquisa sem sucesso
    else {
      Celula cel=(Celula)this.tabela[i].pesquisa(new Celula(chave,null));
      if (cel == null) return null; // pesquisa sem sucesso
      else return cel.item;
    }
  }
  public void insere (String chave, Object item) {
    if (this.pesquisa (chave) == null) {
      int i = this.h (chave, this.pesos);
      this.tabela[i].insere (new Celula (chave, item));
    }
    else System.out.println ("Registro ja esta presente");
  }
  public void retira (String chave) throws Exception {
    int i = this.h (chave, this.pesos);
    Celula cel = (Celula)this.tabela[i].retira (new Celula (chave,null));
    if (cel == null) System.out.println ("Registro nao esta presente");
  }
}
```

	T
0	U
1	N
2	S
3	
4	
5	L
6	E

Figura 5.15 *Endereçamento aberto.*

A estrutura de dados *endereçamento aberto* será utilizada para implementar o tipo abstrato de dados Dicionário, com as operações *inicializa, pesquisa, insere* e *retira*. A estrutura do dicionário e suas operações são apresentadas no Programa 5.22. A tabela agora é constituída por um arranjo de células. A classe interna *Celula* é utilizada para representar uma célula da tabela. Em cada célula são armazenados uma *chave*, um registro de dados cujo tipo depende da aplicação e a variável booleana *retirado*, que, ao assumir o valor **true**, indica que a célula foi removida da tabela. A operação inicializa é implementada pelo construtor da classe *TabelaHash*. Note que as operações *pesquisa* e *retira* utilizam o método auxiliar *pesquisaIndice* para encontrar a célula na tabela onde se encontra o registro pesquisado. O método auxiliar *pesquisaIndice* é mostrado no Programa 5.23.

Análise Seja $\alpha = N/M$ o fator de carga da tabela. Conforme demonstrado por Knuth (1973), o custo de uma pesquisa com sucesso é:

$$C(N) = \frac{1}{2}\left(1 + \frac{1}{1-\alpha}\right).$$

O *hashing linear* sofre de um mal chamado **agrupamento (*clustering*)** (Knuth, 1973, p. 520–521). Esse fenômeno ocorre quando a tabela começa a ficar cheia, pois a inserção de uma nova chave tende a ocupar uma posição contígua a outras posições já ocupadas, o que deteriora o tempo necessário para novas pesquisas. Entretanto, apesar de o *hashing linear* ser um método relativamente pobre para resolver colisões, os resultados apresentados são bons. A Tabela 5.2 mostra alguns valores para $C(N)$ para diferentes valores de α.

O aspecto negativo do método, seja listas encadeadas, seja o *endereçamento aberto*, está relacionado com o pior caso, que é $O(N)$. Se a função de transformação não conseguir espalhar os registros de forma razoável pelas entradas da tabela, então uma longa lista linear pode ser formada, deteriorando o tempo médio de pesquisa. O melhor caso, assim como o caso médio, é $O(1)$.

Programa 5.22 *Estrutura e operações do dicionário usando* endereçamento aberto

```java
package cap5.endaberto;
public class TabelaHash {
  private static class Celula {
    String chave; Object item; boolean retirado;
    public Celula (String chave, Object item) {
      this.chave = chave; this.item = item;
      this.retirado = false;
    }
    public boolean equals (Object obj) {
      Celula cel = (Celula)obj;
      return chave.equals (cel.chave);
    }
  }
  private int M; // tamanho da tabela
  private Celula tabela[];
  private int pesos[];

  // Entram aqui os métodos privados dos Programas 5.19, 5.20 e 5.23
  public TabelaHash (int m, int maxTamChave) {
    this.M = m; this.tabela = new Celula[this.M];
    for (int i = 0; i < this.M; i++) this.tabela[i] = null; // vazio
    this.pesos = this.geraPesos (maxTamChave);
  }
  public Object pesquisa (String chave) {
    int indice = this.pesquisaIndice (chave);
    if (indice < this.M) return this.tabela[indice].item;
    else return null; // pesquisa sem sucesso
  }
  public void insere (String chave, Object item) {
    if (this.pesquisa (chave) == null) {
      int inicial = this.h (chave, this.pesos);
      int indice = inicial; int i = 0;
      while (this.tabela[indice] != null &&
             !this.tabela[indice].retirado &&
             i < this.M) indice = (inicial + (++i)) % this.M;
      if (i < this.M) this.tabela[indice] = new Celula (chave, item);
      else System.out.println ("Tabela cheia");
    } else System.out.println ("Registro ja esta presente");
  }
  public void retira (String chave) throws Exception {
    int i = this.pesquisaIndice (chave);
    if (i < this.M) {
      this.tabela[i].retirado = true; this.tabela[i].chave = null;
    } else System.out.println ("Registro nao esta presente");
  }
}
```

Programa 5.23 *Método auxiliar pesquisaIndice*

```
private int pesquisaIndice (String chave) {
    int inicial = this.h (chave, this.pesos);
    int indice = inicial; int i = 0;
    while (this.tabela[indice] != null &&
           !chave.equals (this.tabela[indice].chave) &&
           i < this.M)  indice = (inicial + (++i)) % this.M;
    if (this.tabela[indice] != null &&
        chave.equals (this.tabela[indice].chave)) return indice;
    else return this.M;   // pesquisa sem sucesso
}
```

Tabela 5.2 *Número de comparações em uma pesquisa com sucesso para* hashing linear

α	$C(N)$
0,10	1,06
0,25	1,17
0,50	1,50
0,75	2,50
0,90	5,50
0,95	10,50

Como vantagens na utilização do método de transformação da chave citamos: (i) alta eficiência no custo de pesquisa, que é $O(1)$ para o caso médio, e (ii) simplicidade de implementação. Como aspectos negativos citamos: (i) o custo para recuperar os registros na ordem lexicográfica das chaves é alto, sendo necessário ordenar o arquivo, e (ii) o pior caso é $O(N)$.

5.5.4 Hashing *Perfeito*

Uma função de transformação transforma um conjunto de chaves x_j, $1 \leq j \leq N$, em um conjunto de valores inteiros no intervalo $0 \leq h(x_j) \leq M - 1$, com colisões permitidas. Nos casos em que $h(x_i) = h(x_j)$ se e somente se $i = j$, então não há colisões, e a função de transformação é chamada **função de transformação perfeita** ou função *hashing* perfeita, denominada por hp.

Se o número de chaves N e o tamanho da tabela M são iguais ($\alpha = N/M = 1$), então temos uma **função de transformação perfeita mínima**, isto é, apenas um acesso à tabela é necessário e não há lugares vazios na tabela.

Finalmente, se $x_i \leq x_j$ e $hp(x_i) \leq hp(x_j)$, então a ordem lexicográfica é preservada. Nesse caso, temos uma **função de transformação perfeita mínima com ordem preservada**, na qual as chaves são localizadas em um acesso, não há espaço vazio na tabela e o processamento é realizado na ordem lexicográfica.

Qual a vantagem da função de transformação perfeita? Nas aplicações em que necessitamos apenas recuperar o registro com informação relacionada com a chave, não há necessidade de armazenar a chave, pois o registro é localizado sempre a partir do resultado da função de transformação. Uma função de transformação perfeita é específica para um conjunto de chaves conhecido, ao contrário da função de transformação universal apresentada no Programa 5.20. Em outras palavras, ela não pode ser uma função genérica e tem de ser pré-calculada. A desvantagem no caso é o espaço ocupado para descrever a função de transformação hp. Entretanto, como veremos a seguir, é possível obter um método com $M \approx 1,25N$, para valores grandes de N.

Czech, Havas e Majewski (1992, 1997) propõem um método elegante baseado em **grafos randômicos** para obter uma função de transformação perfeita com ordem preservada. A função de transformação é do tipo:

$$hp(x) = (g(h_1(x)) + g(h_2(x))) \bmod N,$$

na qual $h_1(x)$ e $h_2(x)$ são duas funções não perfeitas descritas pelo Programa 5.20, x é a chave de busca, e g um arranjo especial que mapeia números no intervalo $0 \ldots M - 1$ para o intervalo $0 \ldots N - 1$.

O algoritmo resolve o problema seguinte: Dado um grafo não direcionado $G = (V, A)$, no qual $|V| = M$ e $|A| = N$, encontre uma função $g : V \to [0, N - 1]$, definida como $hp(a = (u, v) \in A) = (g(u) + g(v)) \bmod N$. Em outras palavras, estamos procurando uma atribuição de valores aos vértices de G tal que a soma dos valores associados aos vértices de cada aresta, tomado módulo N, é um número único no intervalo $[0, N - 1]$. A questão principal é como obter uma função g adequada. A abordagem mostrada a seguir é baseada em grafos e hipergrafos randômicos.

Vamos considerar um exemplo constituído dos 12 meses do ano, abreviados com os três primeiros caracteres. O objetivo é obter uma função de transformação perfeita hp de tal forma que o i-ésimo mês é mantido na $(i - 1)$-ésima posição da tabela *hash*, como mostrado na Tabela 5.3(a). Na Tabela, os valores para $h_1(x)$ e $h_2(x)$ foram obtidos por duas funções de transformação universais descritas pelo Programa 5.20.

O problema de obter a função g é equivalente a encontrar um grafo não direcionado contendo M vértices e N arestas. O grafo da Figura 5.16, obtido para o exemplo dos 12 meses do ano, contém $M = 12$ vértices e $N = 12$ arestas, e a função de transformação a ser obtida é **perfeita mínima com ordem preservada**.

No grafo, os vértices são rotulados com valores no intervalo $0 \ldots M - 1$ e as arestas definidas por $(h_1(x), h_2(x))$ para cada uma das N chaves x. Assim, cada chave corresponde a uma aresta que é rotulada com o valor desejado para a função hp perfeita, e os valores das duas funções $h_1(x)$ e $h_2(x)$ definem os vértices sobre os quais a aresta é incidente.

Tabela 5.3 Tabelas para obter uma função de transformação perfeita: (a) chaves e funções hash; (b) arranjo g

(a)

Chave x	$h_1(x)$	$h_2(x)$	$hp(x)$
jan	10	11	0
fev	1	2	1
mar	8	9	2
abr	1	3	3
mai	0	5	4
jun	10	9	5
jul	0	3	6
ago	5	6	7
set	4	1	8
out	0	1	9
nov	3	2	10
dez	4	7	11

(b)

v :	$g(v)$
0	0
1	9
2	4
3	6
4	11
5	4
6	3
7	0
8	0
9	2
10	3
11	9

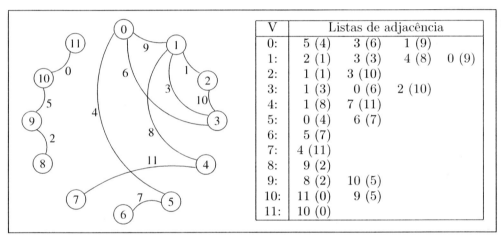

Figura 5.16 Grafo correspondente aos valores da Tabela 5.3(a) e sua representação usando listas de adjacência.

Um passo importante para obter a função hp é conseguir um arranjo g de vértices para inteiros no intervalo $0 \ldots N - 1$ tal que, para cada aresta $(h_1(x), h_2(x))$, o valor de $hp(x) = g(h_1(x)) + g(h_2(x))) \bmod N$ seja igual ao rótulo da aresta. A Tabela 5.3(b) mostra o arranjo g para este exemplo. Qualquer vértice não processado é escolhido e feito $g[v] = 0$. A seguir, as arestas que saem do vértice v são seguidas e o valor $g(u)$ do vértice u destino é rotulado com o valor da diferença entre o valor da aresta (v, u) e $g(v)$, tomado mod N. A razão para considerar a diferença mod N é para que os valores fiquem entre 0 e $N - 1$.

Por exemplo, suponha que na Figura 5.16 o vértice 0 é escolhido e a atribuição $g[0] = 0$ é feita. Logo, $g[1]$ é feito igual a 9, que é o valor hp para o arco $0 - 1$ mostrado na Tabela 5.3(a), menos $g[0]$, que foi feito igual a 0. Se $g[1] = 9$, então $g[2] = 4$, valor que corresponde à diferença entre o valor da aresta $(1, 2) = 1$, e $g[1] = 9$, tomado mod N, isto é, $(1 - 9) \bmod 12 = -8 \bmod 12 = -8 + 12 = 4$.

Porém, se $g[2] = 4$, então $g[3] = 10 - 4 = 6$, terminando assim o conjunto de vértices 0-1-2-3. Como $g[0] = 0$, então $g[5] = 4$, e assim por diante, enquanto houver conexões a partir do vértice 0. Nesse exemplo, a partir do vértice 0 se chega aos vértices 1, 2, 3, 4 (a partir do vértice 1), 5, 6 (a partir do vértice 5) e 7 (pelo do vértice 4).

A seguir, procura-se o próximo componente conectado ainda não visitado, no caso o vértice 8, fazendo $g[8] = 0$. Os mesmos passos descritos no parágrafo anterior são repetidos. Se $g[8]$ é igual a 0, então $g[9] = 2$. Se $g[9]$ é igual a 2, então $g[10] = 3$. Finalmente, se $g[10]$ é igual a 3, então $g[11] = 9$, terminando assim o processo de atribuição de valores para o arranjo g.

Quando o grafo contém ciclos, o mapeamento a ser realizado pode rotular de novo um vértice já processado e que tenha recebido outro rótulo com valor diferente. Por exemplo, na Figura 5.16, se a aresta $(5,6)$, que é a aresta de rótulo 7, tivesse sido sorteada para a aresta $(8,11)$, o algoritmo tentaria atribuir dois valores distintos para o valor de $g[11]$. Para enxergar isso, vimos que se $g[8] = 0$, então $g[11]$ deveria ser igual a 7, e não igual ao valor 9 obtido anteriormente, o que tornaria o grafo não válido para se obter uma atribuição para o arranjo g.

Por outro lado, para grafos acíclicos, o processo de obter o arranjo g a partir dos rótulos das arestas com os valores de hp é sempre possível. Conseqüentemente, um caminho seguro para ter sucesso é obter antes um grafo acíclico e depois realizar a atribuição de valores para o arranjo g. Essa é exatamente a proposta de Czech, Havas e Majewski (1992).

No nosso caso, o teste para verificar se o grafo permite uma atribuição de valores para o arranjo g é realizado juntamente com o algoritmo para rotular o grafo. O Programa 5.24 mostra o primeiro refinamento do algoritmo para obter o arranjo g a partir de um grafo. Se for detectado que o grafo contém um ciclo e o arranjo g não pode ser obtido, a variável booleana *grafoRotulavel* retorna o valor *false*. O método *listaAdjacentes*(v) retorna uma lista de vértices cujas arestas compartilham o vértice v, e o método *aresta*(v, u) retorna o rótulo associado com a aresta ligando v e u.

O Programa 5.25 mostra os principais passos para obter uma função de transformação perfeita. O programa gera grafos randômicos iterativamente e testa se o grafo gerado permite obter a atribuição de valores para g. Cada iteração, gera novas funções h_1 e h_2 até que um grafo "rotulável" seja obtido. A função de transformação perfeita é determinada pelos pesos p_1 e p_2, e pelo arranjo g.

O Programa 5.26 apresenta as estruturas de dados usadas pelo programa que obtém a função de transformação perfeita, o refinamento final do algoritmo para obter uma função de transformação perfeita e o método hp, que implementa a função de transformação perfeita a ser utilizada em dicionários. A classe *FHPM* utiliza alguns outros métodos privados para implementar os processos de geração do grafo aleatório e de atribuição de rótulos a seus vértices. Esses métodos são descritos a seguir.

Programa 5.24 *Primeiro refinamento do algoritmo para atribuir valores ao arranjo g*

```
boolean rotuleDe (int v, int c, Grafo G, int g[]) {
  boolean grafoRotulavel = true;
  if (g[v] != Indefinido) if (g[v] != c) grafoRotulavel = false;
  else {
    g[v] = c;
    for (u ∈ G.listaAdjacentes (v))
      rotuleDe (u, (G.aresta (v,u) - g[v]) % N, g);
  }
  return grafoRotulavel;
}
boolean atribuig (Grafo G, int g[]) {
  boolean grafoRotulavel = true;
  for (int v = 0; v < M; v++) g[v] = Indefinido;
  for (int v = 0; v < M; v++)
    if (g[v] == Indefinido) grafoRotulavel = rotuleDe (v, 0, G, g);
  return grafoRotulavel;
}
```

Programa 5.25 *Algoritmo para obter função de transformação perfeita*

```
void obtemHashingPerfeito () {
  Ler conjunto de N chaves;
  Escolha um valor para M;
  do {
    Gera os pesos p₁[i] e p₂[i] para 0 ≤ i ≤ maxTamChave - 1;
    Gera o grafo G = (V, A);
    grafoRotulavel = atribuig (G, g);
  } while (!grafoRotulavel);
  Retorna p₁, p₂ e g;
}
```

Programa 5.26 *Estruturas de dados e operações para obter a função hash perfeita*

```
package cap5.fhpm;
import java.io.*;
import cap7.listaadj.arranjo.Grafo;  // vide Programa 7.4
public class FHPM {
  private int p1[], p2[];  // pesos de h1 e h2
  private int g[];          // função g
  private int N;            // número de chaves
  private int M;            // número de vértices
  private int maxTamChave, nGrafosGerados, nGrafosConsiderados;
  private final int Indefinido = -1;
```

Continuação do Programa 5.26

```
// Entram aqui os métodos privados dos Programas 5.19, 5.20, 5.27 e 5.28
  public FHPM (int maxTamChave, int n, float c) {
    this.N  = n;  this.M  = (int)(c*this.N);
    this.maxTamChave = maxTamChave;  this.g = new int[this.M];
  }
  public void obtemHashingPerfeito (String nomeArqEnt) throws Exception {
    BufferedReader arqEnt = new BufferedReader (
                       new FileReader (nomeArqEnt));
    String conjChaves[] = new String[this.N];
    this.nGrafosGerados = 0;  this.nGrafosConsiderados = 0;  int i = 0;
    while ((i < this.N) && ((conjChaves[i] = arqEnt.readLine()) != null))
       i++;
    if (i != this.N)
       throw new Exception ("Erro: Arquivo de entrada possui menos que "+
                       this.N + " chaves");
    boolean grafoRotulavel = true;
    do {
      Grafo grafo = this.geraGrafo (conjChaves);
      grafoRotulavel = this.atribuig (grafo);
    }while (!grafoRotulavel);
    arqEnt.close ();
  }
  public int hp (String chave) {
    return (g[h (chave, p1)] + g[h (chave, p2)]) % N;
  }
  // Entram aqui os métodos públicos dos Programas 5.29 e 5.30
}
```

O Programa 5.27 gera um grafo sem *self-loops* e sem arestas repetidas, a partir de pares de vértices obtidos mediante chamadas sucessivas a duas funções de transformação h_1 e h_2 universais. Já o Programa 5.28 procura por um grafo que possa ser rotulado e assim atribuir valores ao arranjo g.

Programa 5.27 Gera um grafo sem arestas repetidas e sem self-loops

```
private Grafo geraGrafo (String conjChaves[]) {
  Grafo grafo;  boolean grafoValido;
  do {
    grafo = new Grafo (this.M, this.N);  grafoValido = true;
    this.p1 = this.geraPesos (this.maxTamChave);
    this.p2 = this.geraPesos (this.maxTamChave);
    for (int i = 0; i < this.N; i++) {
      int v1 = this.h (conjChaves[i], this.p1);
      int v2 = this.h (conjChaves[i], this.p2);
      if ((v1 == v2) || grafo.existeAresta(v1, v2)) {
        grafoValido = false;  grafo = null;  break;
```

Continuação do Programa 5.27

```
      } else {
        grafo.insereAresta (v1, v2, i);
        grafo.insereAresta (v2, v1, i);
      }
    }
    this.nGrafosGerados ++;
  } while (!grafoValido);
  return grafo;
}
```

Programa 5.28 Rotula grafo e atribui valores para o arranjo g

```
private boolean rotuleDe (int v, int c, Grafo grafo) {
  boolean grafoRotulavel = true;
  if (this.g[v] != Indefinido) {
    if (this.g[v] != c) {
      this.nGrafosConsiderados++; grafoRotulavel = false;
    }
  } else {
    this.g[v] = c;
    if (!grafo.listaAdjVazia (v)) {
      Grafo.Aresta adj = grafo.primeiroListaAdj (v);
      while (adj != null) {
        int u = adj.peso () - this.g[v];
        if (u < 0) u = u + this.N;
        grafoRotulavel = rotuleDe (adj.vertice2 (), u, grafo);
        if (!grafoRotulavel) break; // sai do loop
        adj = grafo.proxAdj (v);
      }
    }
  }
  return grafoRotulavel;
}
private boolean atribuig (Grafo grafo) {
  boolean grafoRotulavel = true;
  for (int v = 0; v < this.M; v++) this.g[v] = Indefinido;
  for (int v = 0; v < this.M; v++) {
    if (this.g[v] == Indefinido)
      grafoRotulavel = this.rotuleDe (v, 0, grafo);
    if (!grafoRotulavel) break;
  }
  return grafoRotulavel;
}
```

Após a obtenção da função *hashing* perfeita, seria extremamente útil ter dois métodos públicos adicionais para salvar e ler do disco a função. O método *salvar*, mostrado no Programa 5.29, escreve a função gerada no disco, e o método *ler*, mostrado no Programa 5.30, permite a leitura da função do disco para a memória principal.

Programa 5.29 Método para salvar no disco a função de transformação perfeita

```
public void salvar (String nomeArqSaida) throws Exception {
  BufferedWriter arqSaida = new BufferedWriter (
                            new FileWriter (nomeArqSaida));
  arqSaida.write (this.N + " (N)\n");
  arqSaida.write (this.M + " (M)\n");
  arqSaida.write (this.maxTamChave + " (maxTamChave)\n");

  for (int i = 0; i < this.maxTamChave; i++)
    arqSaida.write (this.p1[i] + " ");
  arqSaida.write ("(p1)\n");

  for (int i = 0; i < this.maxTamChave; i++)
    arqSaida.write (this.p2[i] + " ");
  arqSaida.write ("(p2)\n");

  for (int i = 0; i < this.M; i++)
    arqSaida.write (this.g[i] + " ");
  arqSaida.write ("(g)\n");

  arqSaida.write ("No. grafos gerados por geraGrafo:" +
                  this.nGrafosGerados + "\n");
  arqSaida.write ("No. grafos considerados por atribuig:" +
                  (this.nGrafosConsiderados + 1) + "\n");
  arqSaida.close ();
}
```

O Programa 5.31 ilustra como utilizar a classe *FHPM* para gerar uma função de transformação perfeita apresentada no Programa 5.26 e como salvá-la em disco para ser usada posteriormente. O Programa 5.32 pode ser utilizado para ler a função gerada pelo Programa 5.31 e testar a sua execução.

Análise A questão crucial é: quantas iterações são necessárias para se obter um grafo $G = (V, A)$ que seja rotulável? Para grafos arbitrários, é difícil achar uma solução para esse problema, isso se existir tal solução. Entretanto, para **grafos acíclicos**, a função g existe sempre e pode ser obtida facilmente.

Assim, a resposta a essa questão depende do valor de M que é escolhido no primeiro passo do algoritmo. Obviamente, quanto maior o valor de M, mais esparso é o grafo e, conseqüentemente, mais provável que ele seja acíclico. Para obter o grafo para o exemplo dos 12 meses mostrado na Figura 5.16 foram necessárias 75.708 chamadas ao método *geraGrafo*, e dessas 75.708 tentativas foram obtidos

Programa 5.30 *Método para ler do disco a função de transformação perfeita*

```
public void ler (String nomeArqFHPM) throws Exception {
  BufferedReader arqFHPM = new BufferedReader (
                 new FileReader (nomeArqFHPM));
  String temp = arqFHPM.readLine(), valor = temp.substring(0,
                                 temp.indexOf(" "));
  this.N = Integer.parseInt (valor);
  temp = arqFHPM.readLine(); valor = temp.substring(0,
                                 temp.indexOf(" "));
  this.M = Integer.parseInt (valor);
  temp = arqFHPM.readLine(); valor = temp.substring(0,
                                 temp.indexOf(" "));
  this.maxTamChave = Integer.parseInt (valor);
  temp = arqFHPM.readLine(); int inicio = 0;
  this.p1 = new int[this.maxTamChave];
  for (int i = 0; i < this.maxTamChave; i++) {
    int fim = temp.indexOf(' ', inicio);
    valor = temp.substring(inicio, fim);
    inicio = fim + 1; this.p1[i] = Integer.parseInt (valor);
  }
  temp = arqFHPM.readLine(); inicio = 0;
  this.p2 = new int[this.maxTamChave];
  for (int i = 0; i < this.maxTamChave; i++) {
    int fim = temp.indexOf(' ', inicio);
    valor = temp.substring(inicio, fim);
    inicio = fim + 1; this.p2[i] = Integer.parseInt (valor);
  }
  temp = arqFHPM.readLine(); inicio = 0;
  this.g = new int[this.M];
  for (int i = 0; i < this.M; i++) {
    int fim = temp.indexOf(' ', inicio); valor =
    temp.substring(inicio, fim);
    inicio = fim + 1; this.g[i] = Integer.parseInt (valor);
  }
  arqFHPM.close();
}
```

8.244 grafos não-rotuláveis até que fosse possível obter o arranjo g mostrado na Tabela 5.3(b). Já o grafo da Figura 5.17 foi obtido com apenas quatro chamadas ao método *geraGrafo*, que obteve na quarta tentativa o grafo da Figura 5.16, que é acíclico.

Segundo Czech, Havas e Majewski (1992), quando $M \leq 2N$, a probabilidade de gerar aleatoriamente um grafo acíclico tende para zero quando N cresce. Isso ocorre porque o grafo se torna denso, e o grande número de arestas pode levar à

Programa 5.31 *Programa para gerar uma função de transformação perfeita*

```java
package cap5;
import java.io.*;
import cap5.fhpm.FHPM; // vide Programa 5.26
public class GeraFHPM {
  public static void main (String[] args) {
    BufferedReader in = new BufferedReader (
                        new InputStreamReader (System.in));
    try {
      System.out.print ("Numero de chaves:");
      int n = Integer.parseInt (in.readLine ());
      System.out.print ("Tamanho da maior chave:");
      int maxTamChave = Integer.parseInt (in.readLine ());
      System.out.print ("Nome do arquivo com chaves a serem lidas:");
      String nomeArqEnt = in.readLine ();
      System.out.print ("Nome do arquivo para gravar a FHPM:");
      String nomeArqSaida = in.readLine ();
      FHPM fhpm = new FHPM (maxTamChave, n, 3);
      fhpm.obtemHashingPerfeito (nomeArqEnt);
      fhpm.salvar (nomeArqSaida);
    } catch (Exception e) {System.out.println (e.getMessage ());}
  }
}
```

Programa 5.32 *Programa para testar uma função de transformação perfeita*

```java
package cap5;
import java.io.*;
import cap5.fhpm.FHPM; // vide Programa 5.26
public class TestaFHPM {
  public static void main (String[] args) {
    BufferedReader in = new BufferedReader (
                        new InputStreamReader (System.in));
    try {
      System.out.print ("Nome do arquivo com a FHPM:");
      String nomeArqEnt = in.readLine ();
      FHPM fhpm = new FHPM (0, 0, 0);
      fhpm.ler (nomeArqEnt);
      System.out.print ("Chave:");String chave = in.readLine ();
      while (!chave.equals ("aaaaaa")) {
        System.out.println ("Indice: " + fhpm.hp (chave));
        System.out.print ("Chave:"); chave = in.readLine ();
      }
    } catch (Exception e) {System.out.println (e.getMessage ());}
  }
}
```

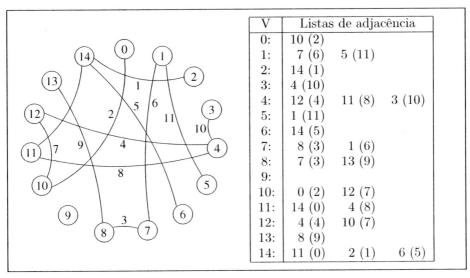

Figura 5.17 *Grafo acíclico com $M=15$ vértices e $N=12$ arestas e sua representação usando listas de adjacência.*

formação de ciclos. Por outro lado, quando $M > 2N$, a probabilidade de que um grafo randômico contendo M vértices e N arestas seja acíclico é aproximadamente:

$$\sqrt{\frac{M-2N}{M}},$$

e o número esperado de grafos gerados até que o primeiro acíclico seja obtido é:

$$\sqrt{\frac{M}{M-2N}}.$$

Para $M = 3N$ o número esperado de iterações é $\sqrt{3}$, o que significa que, em média, aproximadamente 1,7 grafos serão testados antes que apareça um grafo acíclico para ser usado na função de transformação. Logo, a complexidade de tempo para gerar a função de transformação é proporcional ao número de chaves a serem inseridas na tabela *hash*, desde que $M > 2N$.

O grande inconveniente de usar $M = 3N$ é o espaço necessário para armazenar o arranjo g. Por outro lado, considerar $M < 2N$ pode implicar a necessidade de gerar muitos gráficos randômicos até que um grafo acíclico seja encontrado — uma situação aceitável apenas quando o número de chaves é pequeno e não existe preocupação com o tempo necessário para obter o arranjo g. Entretanto, existe outra maneira de aproximar o valor de M em direção ao valor de N. A alternativa é não utilizar grafos tradicionais, mas sim **hipergrafos**, ou r-grafos, nos quais cada aresta conecta um número qualquer r de vértices, e não apenas dois. Para tanto, basta usar uma terceira função h_3 para gerar um trigrafo com arestas conectando três vértices, chamado de 3-grafo, em vez do 2-grafo usado na Figura 5.16, em que cada aresta conecta dois vértices. Em outras palavras, cada aresta é uma tripla do tipo $(h_1(x), h_2(x), h_3(x))$, e a função de transformação é dada por:

$$h(x) = (g(h_1(x)) + g(h_2(x)) + g(h_3(x))) \bmod N.$$

Nesse caso, o valor de M pode ser próximo a $1,23N$. Logo, o uso de trigrafos reduz o custo de espaço da função de transformação perfeita, mas aumenta o tempo de acesso ao dicionário, pois requer o cômputo de mais uma função de transformação auxiliar h_3. Além disso, o processo de rotulação não pode ser feito como descrito no Programa 5.28. Ciclos devem ser detectados previamente, utilizando a seguinte propriedade de r-grafos:

> Um r-grafo é **acíclico** se e somente se a remoção repetida de arestas contendo apenas vértices de grau 1 (isto é, vértices sobre os quais incide apenas uma aresta) elimina todas as arestas do grafo.

O método *atribuig* para 2-grafos, apresentado no Programa 5.24, requer um número linear de passos, tanto para rotular o grafo e obter o arranjo g quanto para informar que o grafo não é rotulável, e o método *rotuleDe* é chamado no máximo $2M$ vezes. Por exemplo, Neubert (2000, p. 105) mostra que para obter uma função de transformação perfeita para um conjunto de 482.925 chaves levou 2,45 segundos para gerar dois 2-grafos para um valor de $M = 2,09N$ (o 2-grafo acíclico foi obtido na segunda tentativa). A Tabela 5.4 mostra o tempo necessário para obter funções de transformação perfeita mínima com ordem preservada para conjuntos de tamanhos entre dez e cem chaves, usando o Programa 5.24 e um computador de 2.4 GHz com 1 GB de memória.

Tabela 5.4 Tempo para obter algumas funções de transformação perfeita mínima com ordem preservada

# Chaves	# Chamadas geraGrafo	# Chamadas atribuig	Tempo (s)
10	3586	1	0.130
20	20795	16	0.217
30	55482	24	0.390
40	52077	33	0.432
50	47828	19	0.462
60	27556	10	0.313
70	26265	17	0.351
80	161736	92	1.543
90	117014	106	1.228
100	43123	26	0.559

Majewski, Wormald, Havas e Czech (1996) mostraram, analítica e experimentalmente, que para 3-grafos o valor de M pode ser tão baixo quanto $1,23N$. Nesse caso, um 3-grafo acíclico pode ser obtido, em média, após um número constante de tentativas.

Notas Bibliográficas

As principais referências para pesquisa em memória interna são Gonnet e Baeza-Yates (1991), Knuth (1973) e Mehlhorn (1984). Outros livros incluem Standish (1980), Wirth (1976; 1986), Aho, Hopcroft e Ullman (1983), Terada (1991). Um estudo mais avançado sobre estruturas de dados e algoritmos pode ser encontrado em Tarjan (1983).

Um dos primeiros estudos sobre inserção e retirada em árvores de pesquisa foi realizado por Hibbard (1962), tendo provado que o comprimento médio do **caminho interno** após n inserções randônicas é $2\ln n$. A definição de árvore binária foi extraída de Knuth (1968, p. 315).

A primeira árvore binária de pesquisa com balanceamento foi proposta por Adel'son-Vel'skii e Landis (1962), dois matemáticos russos, a qual recebeu o nome de árvore AVL. Uma árvore binária de pesquisa é uma **árvore AVL** se a altura da subárvore à esquerda de cada nó nunca difere de ±1 da altura da subárvore à direita. A Figura 5.18 apresenta uma árvore com esta propriedade.

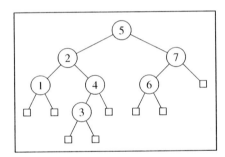

Figura 5.18 *Árvore AVL.*

A forma de manter a propriedade AVL é por meio de transformações localizadas no caminho de pesquisa. Como a altura das árvores AVL fica sempre entre $\log_2(n+1)$ e $1.4404\log_2(n+2) - 0.328$ (Adel'son-Vel'skii e Landis, 1962), o custo para inserir ou retirar é $O(\log n)$, que é exatamente o custo para percorrer o caminho de pesquisa. Wirth (1976; 1986) apresenta implementações dos algoritmos de inserção e de retirada para as árvores AVL.

O material utilizado na Seção 5.3.2 veio de Bayer (1971; 1972), Olivié (1980), Ziviani e Tompa (1982) e Ziviani, Olivié e Gonnet (1985). Os trabalhos de Bayer apresentam as árvores SBB, o de Olivié sugere uma melhoria para o algoritmo de inserção, e o de Ziviani e Tompa apresenta implementações para os algoritmos de inserção e retirada. A árvore SBB pode ser vista como uma representação binária da **árvore 2-3-4**, apresentada por Guibas e Sedgewick (1978). Este mesmo trabalho mostra como adaptar vários algoritmos clássicos para árvores de pesquisa balanceadas dentro do esquema **árvores red-black**.

Sleator e Tarjan (1983) apresentam vários métodos para manutenção de **árvores auto-ajustáveis**. A idéia é mover os nós mais freqüentemente acessados em direção à raiz após cada acesso: embora cada operação isolada possa ter custo mais alto, ao longo de um período maior, o tempo médio de cada operação é menor, isto é, o **custo amortizado** diminui ao longo do tempo. Em outras palavras, uma operação particular pode ser lenta, mas qualquer seqüência de operações é rápida.

A principal referência sobre *hashing* é Knuth (1973). Existem várias propostas para a construção de funções de transformação perfeitas, como em Fox, Heath, Chen e Daoud (1992). A principal referência utilizada na seção sobre *hashing* perfeito é Czech, Havas e Majewski (1992, 1997). Outras referências são Majewski, Wormald, Havas e Czech (1996) e Witten, Moffat e Bell (1999).

Exercícios

1. Considere as técnicas de pesquisa seqüencial, pesquisa binária e a pesquisa baseada em *hashing*.

a) Descreva as vantagens e desvantagens de cada uma dessas técnicas, indicando em que situações você usaria cada uma delas.

b) Dê a ordem do pior caso e do caso esperado de tempo de execução para cada método.

c) Qual é a eficiência de utilização de memória (relação entre o espaço necessário para dados e o espaço total necessário) para cada método?

2. Suponha uma lista ordenada contendo n itens e um item x que **não** está presente na lista. O problema consiste em determinar entre qual par de itens na lista está o item x, isto é, encontrar $a[i]$ e $a[i+1]$ de tal forma que $a[i] < x < a[i+1]$, para $0 \leq i < n-1$, ou que $x < a[0]$ ou que $x > a[n-1]$.

a) Encontre o limite inferior para essa classe de problemas quanto ao número de comparações.

b) Apresente uma prova informal para o limite inferior.

c) Você conhece algum algoritmo que seja ótimo para resolver o problema?

3. Qual é a principal propriedade de uma árvore binária de pesquisa?

4. Árvore Binária de Pesquisa:

a) Desenhe a árvore binária de pesquisa que resulta da inserção sucessiva das chaves Q U E S T A O F C I L em uma árvore inicialmente vazia.

b) Desenhe as árvores resultantes das retiradas dos elementos E e depois U da árvore obtida no item anterior.

5. **Árvores Binárias:**

Suponha que você tenha uma árvore binária na qual estão armazenadas uma chave em cada nó. Suponha também que a árvore foi construída de tal maneira que, ao caminhar nela na ordem central, as chaves são visitadas em *ordem crescente*.

a) Qual propriedade entre as chaves deve ser satisfeita para que isso seja possível?

b) Dada uma chave k, descreva sucintamente um algoritmo que procure por k em uma árvore com essa estrutura.

c) Qual é a complexidade do seu algoritmo no melhor e no pior casos? Justifique.

6. Considere o algoritmo para pesquisar e inserir registros em uma árvore binária de pesquisa sem balanceamento. Em razão de sua simplicidade e eficiência, a árvore binária de pesquisa é considerada uma estrutura de dados muito útil. Considerando-se que a altura da árvore corresponde ao tamanho da pilha necessária para pesquisar na árvore é importante conhecer o seu valor. Assim sendo,

a) determine empiricamente a altura esperada da árvore;

b) mostre analiticamente o melhor caso e o pior caso para a altura da árvore;

c) compare os resultados obtidos no item (a) com resultados analíticos publicados na literatura.

7. Para pesquisar um elemento em um arranjo ordenado de tamanho n usando pesquisa binária, o elemento é comparado com o elemento que está na posição $\lfloor n/2 \rfloor$ do arranjo. Para pesquisar um elemento no mesmo arranjo usando pesquisa ternária, o elemento é comparado com os elementos que estão nas posições $\lfloor n/3 \rfloor$ e $\lfloor 2n/3 \rfloor$.

a) Determine o número de comparações necessárias para encontrar um elemento usando pesquisa binária e pesquisa ternária.

b) Qual dos dois métodos é preferível, pesquisa binária ou pesquisa ternária?

c) Qual é o limite inferior para o problema de realizar busca em um arranjo ordenado?

8. **Árvore SBB**:

a) Desenhe a árvore SBB que resulta da inserção sucessiva das chaves Q U E S T A O F C I L em uma árvore inicialmente vazia.

b) Desenhe as árvores resultantes das retiradas dos elementos E e depois U da árvore obtida no item anterior.

9. Árvore SBB:

Um novo conjunto de transformações para a árvore SBB foi proposto por Olivié (1980). O algoritmo de inserção usando as novas transformações produz árvores SBB com menor altura e demanda um número menor de transformações de divisão de nós para construir a árvore, conforme comprovado em Ziviani e Tompa (1982) e Ziviani, Olivié e Gonnet (1985). A Figura 5.19 mostra as novas transformações. A operação divide esquerda-esquerda requer modificação de três referências a subárvores, a operação divide esquerda-direita requer a alteração de cinco referências a subárvores, e a operação aumenta altura requer apenas a modificação de dois *bits*. Transformações simétricas também podem ocorrer.

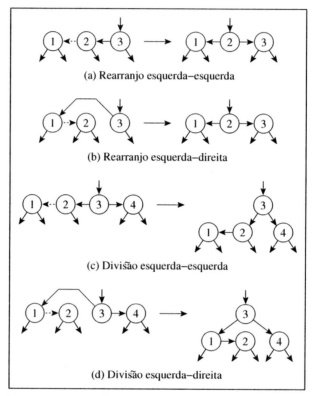

Figura 5.19 *Transformações propostas por Olivié (1980).*

Quando ocorre uma transformação do tipo aumenta altura, a altura da subárvore transformada é um nível maior do que a da subárvore original, o que pode provocar outras transformações ao longo do caminho de pesquisa até a raiz da árvore. Usualmente, o retorno ao longo do caminho de pesquisa termina quando uma referência vertical é encontrada ou uma transformação do tipo divide é realizada. Como a altura da subárvore que sofreu a divisão é a mesma que a altura da subárvore original, apenas uma transformação do tipo divide é suficiente para restaurar a propriedade SBB da árvore.

Bayer (1972), Olivié (1980) e também Wirth (1976) usaram dois bits por nó em suas implementações para indicar se as referências às subárvores direita e esquerda são horizontais ou verticais. Entretanto, apenas um *bit* é necessário: a informação indicando se a referência à subárvore direita (esquerda) é horizontal ou vertical pode ser armazenada no filho à direita (esquerda). Além do fato de demandar menos espaço em cada nó, o retorno ao longo do caminho de pesquisa para procurar por duas referências horizontais pode ser terminado mais cedo, porque a informação sobre o tipo de referência que leva a um nó é disponível sem a necessidade de retornar até seu pai.

Implemente as novas transformações mostradas na Figura 5.19. Utilize apenas 1 *bit* por nó para manter a informação sobre a inclinação das referências às subárvores.

10. Quais as características de uma boa função *hash*?

11. Um dos métodos utilizados para se organizar dados é pelo uso de tabelas *hash*.

a) Em que situações a tabela *hash* deve ser utilizada?

b) Descreva dois mecanismos diferentes para resolver o problema de **colisões** de várias chaves em uma mesma posição da tabela. Quais são as vantagens e desvantagens de cada mecanismo?

12. Em uma tabela *hash* com cem entradas, as **colisões** são resolvidas usando listas encadeadas. Para reduzir o tempo de pesquisa, decidiu-se que cada lista seria organizada como uma árvore binária de pesquisa. A função utilizada é $h(k) = k \mod 100$. Infelizmente, as chaves inseridas seguem o padrão $k_i = 50i$, onde k_i corresponde à i-ésima chave inserida.

a) Mostre a situação da tabela após a inserção de k_i, com $i = 1, 2, \cdots, 13$. (Faça o desenho.)

b) Depois que mil chaves são inseridas de acordo com o padrão acima, inicia-se a inserção de chaves escolhidas de forma randômica (isto é, não seguem o padrão das chaves já inseridas). Assim, responda:

i) Qual é a ordem do pior caso (isto é, o maior número de comparações) para se inserir uma chave?

ii) Qual é o número esperado de comparações para se inserir uma chave? (Assuma que cada uma das cem entradas da tabela é igualmente provável de ser endereçada pela função h.)

13. *Hashing*:

Substitua XXXXXXXXXXXX pelas 12 primeiras letras do seu nome, desprezando brancos e letras repetidas, nas duas partes dessa questão. Para quem não tiver doze letras diferentes no nome, completar com as letras PQRSTUVWXYZ, nesta ordem, até completar 12 letras. Por exemplo, eu deveria escolher N I V O Z A P Q R S T U. A segunda letra I de NIVIO não entra porque ela já apareceu antes, e assim por diante (Árabe, 1992).

a) Desenhe o conteúdo da tabela *hash* resultante da inserção de registros com as chaves XXXXXXXXXXXX, nesta ordem, em uma tabela inicialmente vazia de tamanho 7 (sete), usando listas encadeadas. Use a função *hash* $h(k) = k \mod 7$ para a k-ésima letra do alfabeto.

b) Desenhe o conteúdo da tabela *hash* resultante da inserção de registros com as chaves XXXXXXXXXXX, nesta ordem, em uma tabela inicialmente vazia de tamanho 13 (treze), usando *endereçamento aberto* e *hashing linear* para resolver as **colisões**. Use a função *hash* $h(k) = k \bmod 13$ para a k-ésima letra do alfabeto.

14. *Hashing* - Endereçamento aberto

a) *Hashing Linear.* Desenhe o conteúdo da tabela *hash* resultante da inserção de registros com as chaves Q U E S T A O F C I L, nesta ordem, em uma tabela inicialmente vazia de tamanho 13 (treze) usando endereçamento aberto com *hashing linear* para a escolha de localizações alternativas. Use a função *hash* $h(k) = k \bmod 13$ para a k-ésima letra do alfabeto.

b) *Hashing Duplo.* Desenhe o conteúdo da tabela *hash* resultante da inserção de registros com as chaves Q U E S T A O F C I L, nesta ordem, em uma tabela inicialmente vazia de tamanho 13 (treze) usando endereçamento aberto com **hashing duplo**. Use a função *hash* $h_1(k) = k \bmod 13$ para calcular o endereço primário e $j = 1 + (k \bmod 11)$ para resolver as colisões, ou seja, para a escolha de localizações alternativas. Logo, $h_i(k) = (h_{i-1}(k) + j) \bmod 13$, para $1 \leq i \leq M - 1$ (Sedgewick, 1988).

15. Considere as seguintes estruturas de dados: *heap*, árvore binária de pesquisa, vetor ordenado, tabela *hash* com solução para **colisões** usando endereçamento aberto, tabela *hash* com solução para colisões usando listas encadeadas.

Para cada um dos problemas a seguir, sugira a estrutura de dados mais apropriada dentre as listadas anteriormente, de forma a minimizar tempo esperado e espaço necessário. Indique o tempo esperado e o espaço necessário em cada escolha e por que a estrutura de dados escolhida é superior às outras.

a) inserir/retirar/encontrar um elemento dado;

b) inserir/retirar/encontrar o elemento de valor mais próximo ao solicitado;

c) coletar um conjunto de registros, processar o maior elemento, coletar mais registros, processar o maior elemento, e assim por diante;

d) mesma situação descrita no item anterior adicionada da operação extra de ajuntar ("*merge*") duas estruturas.

16. Índice Remissivo

O objetivo deste trabalho é o de projetar e implementar um sistema de programas, incluindo as estruturas de dados e os algoritmos. Nesse trabalho, o aluno terá a oportunidade de exercitar parcialmente o conceito de independência de implementação, por meio da utilização de duas estruturas de dados distintas para implementar o mesmo problema. Nesse caso, o módulo que implementa cada uma das estruturas de dados deverá permitir o intercâmbio entre uma estrutura e outra, causando o menor impacto possível em outras partes do programa.

Problema: Criação de **índice remissivo**:

Várias aplicações necessitam de um relatório de referências cruzadas. Por exemplo, a maioria dos livros apresenta um índice remissivo, que corresponde a uma lista alfabética de palavras-chave ou palavras relevantes do texto com a indicação dos locais no texto onde cada palavra-chave ocorre. Na verdade, o índice remissivo é um **arquivo invertido**, um tipo de índice apresentado na Seção 8.1.

Como exemplo, suponha um arquivo contendo um texto constituído por:

Linha 1: Good programming is not learned from
Linha 2: generalities, but by seeing how significant
Linha 3: programs can be made clean, easy to
Linha 4: read, easy to maintain and modify,
Linha 5: human-engineered, efficient, and reliable,
Linha 6: by the application of common sense and
Linha 7: by the use of good programming practices.

Assumindo que o índice remissivo seja constituído das palavras-chave:

programming, programs, easy, by, human-engineered, and, be, to,

o programa para criação do índice deve produzir a seguinte saída:

and	4	5	6
be	3		
by	2	6	7
easy	3	4	
human-engineered	5		
programming	1	7	
programs	3		
to	3	4	

Note que a lista de palavras-chave está em ordem alfabética. Adjacente a cada palavra está uma lista de números de linhas, um para cada vez que a palavra ocorre no texto. Uma estrutura de dados desse tipo é conhecida como **arquivo invertido**. O arquivo invertido é um mecanismo muito utilizado em arquivos constituídos de texto, como as **máquinas de busca na Web**.

Projete um sistema para produzir um índice remissivo. O sistema deverá ler um número arbitrário de palavras-chave que deverão constituir o índice remissivo, seguido da leitura de um texto de tamanho arbitrário, que deverá ser esquadrinhado à procura de palavras que pertençam ao índice remissivo. Para extrair as palavras de um texto, utilize a classe *ExtraiPalavra* mostrada no Programa 5.33. O Programa 5.34 mostra como utilizar a classe *ExtraiPalavra*.

Cabe ressaltar que:

a) Uma palavra é definida como uma seqüência de letras e dígitos, começando com uma letra;

b) Apenas os primeiros c_1 caracteres devem ser retidos nas chaves. Assim, duas palavras que não diferem nos primeiros c_1 caracteres são consideradas idênticas;

c) Palavras constituídas por menos do que c_1 caracteres devem ser preenchidas por um número apropriado de brancos.

Programa 5.33 *Classe para extrair palavras de um texto*

```java
package cap5;
import java.util.StringTokenizer;
import java.io.*;
public class ExtraiPalavra {
  private BufferedReader arqAlf, arqTxt;
  private StringTokenizer palavras;
  private String delimitadores;

  public ExtraiPalavra (String nomeArqAlf, String nomeArqTxt)
                                                    throws Exception {
    this.arqAlf = new BufferedReader (new FileReader (nomeArqAlf));
    this.arqTxt = new BufferedReader (new FileReader (nomeArqTxt));
    // Os delimitadores devem estar juntos em uma única linha do arquivo
    this.delimitadores = arqAlf.readLine() + "\r\n";
    this.palavras = null;
  }
  public String proximaPalavra () throws Exception{
    if (palavras == null || !palavras.hasMoreTokens()) {
      String linha = arqTxt.readLine();
      if (linha == null) return null;
      this.palavras = new StringTokenizer (linha, this.delimitadores);
      if (!palavras.hasMoreTokens()) return ""; // ignora delimitadores
    }
    return this.palavras.nextToken ();
  }
  public void fecharArquivos () throws Exception {
    this.arqAlf.close();   this.arqTxt.close();
  }
}
```

Programa 5.34 *Programa que ilustra a utilização da classe* ExtraiPalavra

```java
package cap5;
public class TestaExtraiPalavra {
  public static void main (String[] args) {
    try {
      ExtraiPalavra palavras = new ExtraiPalavra (args[0], args[1]);
      String palavra = null; int i = 1;
      while ((palavra = palavras.proximaPalavra())!=null)
        System.out.println ("Palavra"+ (i++) +": " + palavra);
      palavras.fecharArquivos();
    } catch (Exception e) {System.out.println (e.getMessage ());}
  }
}
```

Utilize um método eficiente para verificar se uma palavra lida do texto pertence ao índice. Para resolver esse problema, você deve utilizar duas estruturas de dados distintas:

a) Implementar o índice como uma árvore de pesquisa;

b) Implementar o índice como uma tabela *hash*, usando o método *hashing linear* para resolver **colisões**.

Observe que, apesar de o *hashing* ser mais eficiente do que árvores de pesquisa, existe uma desvantagem na sua utilização: após atualizado todo o índice remissivo, é necessário imprimir suas palavras em ordem alfabética. Isso é imediato em árvores de pesquisa, mas, quando se usa *hashing*, isso é problemático, sendo necessário ordenar a tabela *hash* que contém o índice remissivo.

Utilize o exemplo anterior para testar seu programa. Comece a pensar tão logo seja possível, enquanto o problema está fresco na memória e o prazo para terminá-lo está tão longe quanto jamais poderá estar.

17. Considere duas listas ordenadas de números. Determine se cada elemento da lista menor está presente também na lista maior. (Pode assumir que não existem duplicações em nenhuma das duas listas.) Considere os seguintes casos:

❏ uma lista contém apenas um elemento, a outra n;

❏ as duas listas contêm n elementos;

❏ uma lista contém $\sqrt{n}$ elementos, a outra n.

a) Sugira algoritmos eficientes para resolver o problema;

b) Apresente o número de comparações necessário;

c) Mostre que cada algoritmo minimiza o número de comparações.

18. Árvore Patricia:

Desenhe a árvore Patricia que resulta da inserção sucessiva das chaves Q U E S T A O F C I L, nesta ordem, em uma árvore inicialmente vazia.

19. Árvore Patricia:

a) Desenhe a árvore Patricia que resulta da inserção sucessiva das chaves M U L T I C S, nesta ordem, em uma árvore inicialmente vazia.

b) Qual é o custo para pesquisar em uma árvore Patricia construída com o emprego de n inserções randômicas? Explique.

c) Qual é o custo para construir uma árvore Patricia via n inserções randômicas? Explique.

i) Sob o ponto de vista prático, quando n é muito grande (digamos 100 milhões), qual é a maior dificuldade para construir a árvore Patricia?

ii) Como a dificuldade apontada no item anterior pode ser superada?

20. Árvore Patricia (Murta, 1992):

Considere o seguinte trecho do poema "Quadrilha", de Carlos Drummond de Andrade:

"João amava Teresa que amava Raimundo que amava
Maria que amava Joaquim que amava Lili que não
amava ninguém."

Construa uma árvore Patricia para indexar o texto acima. Considere a seguinte codificação para as palavras do texto:

João	01001011	Maria	01100101
amava	00011101	Joaquim	00101110
Teresa	11101011	Lili	01010011
que	10100101	não	10011100
Raimundo	11011010	ninguém	10110010

a) Faça uma pesquisa pelas chaves "amava", "que amava" e "Lili". Mostre o caminho percorrido para cada pesquisa e as ocorrências do termo pesquisado.

b) Aponte a maior seqüência de palavras que se repete no banco de dados e mostre como localizar, em qualquer árvore Patricia, esse tipo de ocorrência.

21. Árvore Patricia:

Construa, passo a passo, a árvore Patricia para as seis primeiras **chaves semi-infinitas** do texto abaixo, representado como uma seqüência de *bits*:

0 1 1 0 0 1 1 0 1 1 0 0 1 ⋯ Texto

1 2 3 4 5 6 7 8 9 ⋯⋯⋯⋯ Posição

22. Árvore Patricia:

Projete e implemente um sistema de programas para recuperação eficiente de informação em bancos de dados constituídos de textos. Tais bancos de dados geralmente recebem adições periódicas, mas nenhuma atualização do que já existe é realizada. Além disso, o tipo de consulta aos dados é totalmente imprevisível. Esses conjuntos de dados aparecem em sistemas legislativos, judiciários, bibliotecas, jornalismo, automação de escritório, entre outros.

Neste trabalho, você deve utilizar um método que cria um índice cuja estrutura é uma árvore Patricia, construída a partir de uma seqüência de **chaves semi-infinitas**.

O sistema de programas deverá ser capaz de:

a) construir a árvore Patricia sobre um texto de tamanho arbitrário, representado como um conjunto de palavras;

b) ler um conjunto de palavras de tamanho arbitrário;

c) encontrar todas as ocorrências do conjunto de palavras no texto, imprimindo com o conjunto algumas palavras anteriores e posteriores no texto;

d) informar o número de ocorrências do conjunto de palavras no texto;

e) encontrar o maior conjunto de palavras que se repete pelo menos uma vez no texto e informar o seu tamanho;

f) dado um inteiro, encontrar, se houver, todas as ocorrências de conjuntos de palavras no texto cujo tamanho seja igual ao inteiro dado.

23. *Pat array*:

Projete e implemente um sistema de programas para recuperação eficiente de informação em bancos de dados constituídos de textos. Utilize uma estrutura de dados chamada **Pat array** (Gonnet e Baeza-Yates, 1991), construída a partir de uma seqüência de **chaves semi-infinitas**. O *Pat array* é uma representação compacta da árvore Patricia (vide Seção 5.4), por armazenar apenas os nós externos da árvore. O arranjo é constituído de apontadores para o início de cada palavra de um arquivo de texto. Logo, é necessário apenas um apontador para cada ponto de indexação no texto. Esse arranjo deverá estar indiretamente ordenado pela ordem lexicográfica das chaves semi-infinitas, conforme mostrado na Figura 5.20.

Figura 5.20 Pat array.

A construção de um *Pat array* é equivalente à ordenação de registros de tamanhos variáveis, representados pelas chaves semi-infinitas. Qualquer operação sobre a árvore Patricia poderá ser simulada sobre o *Pat array* a um custo adicional de $O(\log n)$. Mais ainda, para a operação de pesquisa de prefixo, a árvore Patricia não precisa de fato ser simulada, sendo possível obter algoritmos de custo $O(\log n)$ em vez de $O(\log^2 n)$ para essa operação, que pode ser implementada com o emprego de uma pesquisa binária indireta sobre o arranjo, com o resultado de cada comparação sendo menor que, igual ou maior que. *Pat arrays* são também chamados **arranjos de sufixos** (Manber e Myers, 1990).

O sistema de programas deverá ser capaz de:

a) construir o *Pat array* sobre um texto de tamanho arbitrário, representado como um conjunto de palavras;

b) ler um conjunto de caracteres de tamanho arbitrário. Esse conjunto poderá ser uma palavra ou um prefixo de palavra;

c) informar o número de ocorrências do conjunto de caracteres no texto;

d) encontrar todas as ocorrências do conjunto de caracteres no texto, imprimindo com o conjunto algumas palavras anteriores e posteriores no texto;

e) encontrar o maior conjunto de palavras que se repete pelo menos uma vez no texto e informar o seu tamanho;

f) dado um inteiro, encontrar, se houver, todas as ocorrências de conjuntos de palavras no texto cujo tamanho seja igual ao inteiro dado.

A partir disso:

a) apresente a complexidade de pior caso para a letra (c);

b) mostre a relação entre o *Pat array* e a árvore Patricia.

24. Escreva um algoritmo recursivo, com base em um dos caminhamentos, para calcular a altura de uma **árvore binária** (Loureiro, 2003).

Capítulo 6
Pesquisa em Memória Secundária

A pesquisa em memória secundária envolve arquivos contendo um número de registros maior do que o número que a memória interna pode armazenar. Os algoritmos e as estruturas de dados para processamento em memória secundária têm de levar em consideração os seguintes aspectos:

1. O custo para acessar um registro é algumas ordens de grandeza maior do que o custo de processamento na memória primária. Logo, a medida de complexidade principal está relacionada com o custo para transferir dados entre a memória principal e a memória secundária. A ênfase deve ser na minimização do número de vezes que cada registro é transferido entre a memória interna e a memória externa. Por exemplo, o tempo necessário para a localização e a leitura de um número inteiro em disco magnético pode ser suficiente para obter a média aritmética de algumas poucas centenas de números inteiros ou mesmo para ordená-los na memória principal.

2. Em memórias secundárias, apenas um registro pode ser acessado em um dado momento, ao contrário das memórias primárias, que permitem o acesso a qualquer registro de um arquivo a um custo uniforme. Os registros armazenados em fita magnética somente podem ser acessados de forma seqüencial. Os registros armazenados em disco magnético ou disco óptico podem ser acessados diretamente, mas a um custo maior do que o custo para acessá-los seqüencialmente. Os sistemas operacionais levam esse aspecto em consideração e dividem o arquivo em blocos, sendo cada bloco constituído de vários registros. A operação básica sobre arquivos é trazer um bloco da memória secundária para uma **área de armazenamento** na memória principal. Assim, a leitura de um único registro implica a transferência de todos os registros de um bloco para a memória principal.

A escrita de registros em um arquivo segue caminho contrário. À medida que registros são escritos no arquivo, eles vão sendo colocados em posições contíguas de memória na área de armazenamento. Quando a área de armazenamento não possui espaço suficiente para armazenar mais um registro, o bloco é copiado para a memória secundária, deixando a área de armazenamento vazia e pronta para receber novos registros.

A técnica de utilização de áreas de armazenamento evita que um processo que esteja realizando múltiplas transferências de dados de forma seqüencial tenha de ficar esperando que as transferências se realizem para prosseguir o processamento. As transferências são realizadas em blocos pelo sistema operacional diretamente para uma área de armazenamento. O processo usuário pega o dado nessa área e somente é obrigado a esperar quando a área se esvazia. Quando isso ocorre, o sistema operacional enche novamente a área e o processo continua. Essa técnica pode ser aprimorada com o uso de duas ou mais áreas de armazenamento. Nesse caso, enquanto um processo está operando em uma área, o sistema operacional enche a outra.

3. Para desenvolver um método de pesquisa eficiente, o aspecto sistema de computação é da maior importância. As características da arquitetura e do sistema operacional da máquina tornam os métodos de pesquisa dependentes de parâmetros que afetam seus desempenhos. Assim, a transferência de blocos entre as memórias primária e secundária deve ser tão eficiente quanto as características dos equipamentos disponíveis o permitam. Tipicamente, a transferência torna-se mais eficiente quando o tamanho dos blocos é de 512 *bytes* ou múltiplos deste valor, até 4.096 *bytes*.

Na próxima seção, apresentamos um modelo de computação para memória secundária que transforma o endereço usado pelo programador no endereço físico alocado para o dado a ser acessado. Esse mecanismo é utilizado pela maioria dos sistemas atuais para controlar o trânsito de dados entre o disco e a memória principal. A seguir, apresentamos o método de acesso seqüencial indexado e mostramos sua utilização para manipular grandes arquivos em discos ópticos de apenas leitura. Finalmente, apresentamos um método eficiente para manipular grandes arquivos em discos magnéticos que é a árvore n-ária de pesquisa.

6.1 Modelo de Computação para Memória Secundária

Esta seção apresenta um modelo de computação para memória secundária conhecido como **memória virtual**. Esse modelo é normalmente implementado como uma função do sistema operacional. Uma exceção é o sistema operacional DOS para microcomputadores do tipo IBM-PC, que, apesar de muito vendido no mundo inteiro, não oferece um sistema de memória virtual. Por essa razão, vamos apresentar o conceito e mostrar uma das formas possíveis de se implementar um sistema de memória virtual. Além disso, o conhecimento de seu funcionamento facilita a implementação eficiente dos algoritmos para pesquisa em memória secundária também em ambientes que já ofereçam essa facilidade. Mais detalhes sobre este tópico podem ser obtidos em livros da área de sistemas operacionais, tais como Lister (1975), Peterson e Silberschatz (1983) e Tanenbaum (1987).

6.1.1 Memória Virtual

A necessidade de grandes quantidades de memória e o alto custo da memória principal têm levado ao modelo de sistemas de armazenamento em dois níveis. O compromisso entre velocidade e custo é encontrado com o uso de uma pequena quantidade de memória principal (até 640 *kilobytes* em microcomputadores do tipo IBM-PC usando sistema operacional DOS) e de uma memória secundária muito maior (vários milhões de *bytes*).

Como apenas a informação que está na memória principal pode ser acessada diretamente, a organização do fluxo de informação entre as memórias primária e secundária é extremamente importante. A organização desse fluxo pode ser realizada utilizando-se um mecanismo simples e elegante para transformar o endereço usado pelo programador na correspondente localização física de memória. O ponto crucial é a distinção entre *espaço de endereçamento* (endereços usados pelo programador) e *espaço de memória* (localizações de memória no computador). O espaço de endereçamento N e o espaço de memória M podem ser vistos como um mapeamento de endereços do tipo:

$$f : N \to M.$$

O mapeamento de endereços permite ao programador usar um espaço de endereçamento que pode ser maior que o espaço de memória primária disponível. Em outras palavras, o programador enxerga uma memória virtual cujas características diferem das características da memória primária.

Existem várias formas de implementar sistemas de memória virtual. Um dos meios mais utilizados é o sistema de paginação, no qual o espaço de endereçamento é dividido em **páginas** de igual tamanho, em geral múltiplos de 512 *bytes*, e a memória principal é dividida de forma semelhante em **Molduras de Páginas** de igual tamanho. As Molduras de Páginas contêm algumas páginas ativas, enquanto o restante das páginas está residente em memória secundária (páginas inativas). O mecanismo de paginação possui duas funções, a saber:

    a) realizar o mapeamento de endereços, isto é, determinar qual página um programa está endereçando, e encontrar a moldura, se existir, que contenha a página;

    b) transferir páginas da memória secundária para a memória primária quando necessário, e transferi-las de volta para a memória secundária quando não são mais utilizadas.

Para determinar a qual página um programa está se referindo, uma parte dos *bits* que compõem o endereço é interpretada como um número de página, e a outra parte, como o número do *byte* dentro da página. Por exemplo, se o espaço de endereçamento possui 24 bits, então a memória virtual é de 2^{24} *bytes*; se o tamanho da página é de 512 *bytes* (2^9), então 9 *bits* são utilizados para representar o número do *byte* dentro da página e os 15 *bits* restantes são utilizados para representar o número da página.

O mapeamento de endereços a partir do espaço de endereçamento (número da página mais número do *byte*) para o espaço de memória (localização física da memória) é realizado por meio de uma Tabela de Páginas, cuja p-ésima entrada contém a localização $p\prime$ da Moldura de Página contendo a página número p, desde que esteja na memória principal (a possibilidade de que p não esteja na memória principal será tratada mais à frente). Logo, o mapeamento de endereços é:

$$f(e) = f(p, b) = p\prime + b,$$

em que o endereço de programa e (número da página p e número do *byte* b) pode ser visto na Figura 6.1.

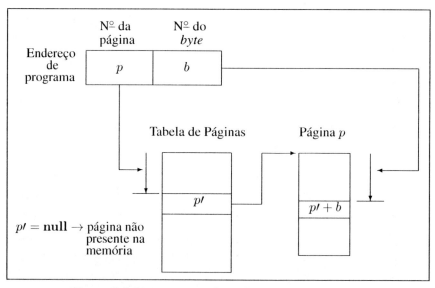

***Figura 6.1** Mapeamento de endereços para paginação.*

A Tabela de Páginas pode ser um arranjo do tamanho do número de páginas possíveis. Quando acontecer de o programa endereçar um número de página que não esteja na memória principal, a entrada correspondente estará vazia ($p\prime = $ **null**) na Tabela de Páginas e a página correspondente terá de ser trazida da memória secundária para a memória primária, atualizando a Tabela de Páginas.

Se não existir uma Moldura de Página vazia no momento de trazer uma nova página do disco, então alguma outra página tem de ser removida da memória principal para abrir espaço para a nova página. O ideal é remover a página que não será referenciada pelo período de tempo mais longo no futuro. Entretanto, não há meios de prever o futuro. O que normalmente é feito é tentar inferir o futuro a partir do comportamento passado. Existem vários algoritmos propostos na literatura para a escolha da página a ser removida. Os mais comuns são:

❏ Menos Recentemente Utilizada (LRU). Um dos algoritmos mais utilizados é o LRU (*Least Recently Used*), o qual remove a página menos recentemente utilizada, partindo do princípio de que o comportamento futuro deve seguir o passado recente. Nesse caso, temos de registrar a seqüência de acesso a todas as páginas.

Uma forma possível de implementar a política LRU para sistemas paginados é pelo uso de uma fila de Molduras de Páginas, conforme ilustrado na Figura 6.2. Toda vez que uma página é utilizada (para leitura apenas, para leitura e escrita ou para escrita apenas), ela é removida para o **fim** da fila (o que implica a alteração de cinco referências ou apontadores). A página que está na moldura do **início** da fila é a página LRU. Quando uma nova página tem de ser trazida da memória secundária, ela deve ser colocada na moldura que contém a página LRU.

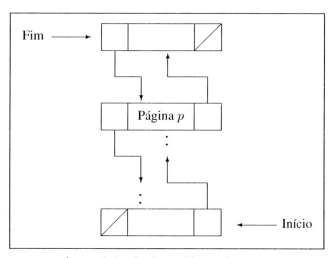

Figura 6.2 Fila de Molduras de Páginas.

❏ Menos Freqüentemente Utilizada (LFU). O algoritmo LFU (*Least Frequently Used*) remove a página menos freqüentemente utilizada. A justificativa é semelhante ao caso anterior, e o custo é o de registrar o número de acessos a todas as páginas. Um inconveniente é que uma página recentemente trazida da memória secundária tem um baixo número de acessos registrados e, por isso, pode ser removida.

❏ Ordem de Chegada (FIFO). O algoritmo FIFO (*First In First Out*) remove a página que está residente há mais tempo. Esse algoritmo é o mais simples e o mais barato de manter. A desvantagem é que ele ignora o fato de que a página mais antiga pode ser a mais referenciada.

Toda informação necessária ao algoritmo escolhido para remoção de páginas pode ser armazenada em cada Moldura de Página. Para registrar o fato de que uma página sofreu alteração no seu conteúdo (para sabermos se ela terá de ser reescrita na memória secundária), basta manter um *bit* na Moldura de Página correspondente.

Resumindo, em um sistema de memória virtual o programador pode endereçar grandes quantidades de dados, deixando para o sistema a responsabilidade de transferir o dado endereçado da memória secundária para a memória principal. Essa estratégia funciona muito bem para os algoritmos que possuem uma **localidade de referência** pequena, isto é, cada referência a uma localidade de memória tem grande chance de ocorrer em uma área que é relativamente próxima de outras áreas que foram recentemente referenciadas. Isso faz com que o número de transferências de páginas entre a memória principal e a memória secundária diminua muito. Por exemplo, a maioria das referências à dados no *Quicksort* ocorre perto de um dos dois apontadores que realizam a partição do conjunto, o que pode fazer com que esse algoritmo de ordenação interna funcione muito bem em um ambiente de memória virtual para uma ordenação externa.

6.1.2 Implementação de um Sistema de Paginação

A seguir, vamos descrever uma das formas possíveis de implementar um sistema de paginação. A estrutura de dados é mostrada no Programa 6.1. O Programa apresenta também a estrutura de dados para representar um nó de uma árvore binária de pesquisa, em que uma referência a um nó da árvore é representada pelo par: número da página (p) e posição dentro da página (b). Assumindo que a chave é constituída por um inteiro de 2 *bytes* e o endereço ocupa 2 *bytes* para p e 1 *byte* para b, o total ocupado por nó da árvore é de 8 *bytes*. Como o tamanho da página é de 512 *bytes*, então o número de itens (nós) por página é 64.

Em alguns casos pode ser necessário manipular mais de um arquivo ao mesmo tempo. Quando isso ocorre, a utilização do mecanismo de **Herança** e **Polimorfismo** de Java permite que uma página possa ser definida como no Programa 6.2, em que o usuário é capaz de instanciar objetos de até três tipos diferentes de páginas, podendo facilmente estender para mais tipos, caso seja necessário. Por exemplo, para instanciar uma página do tipo A basta fazer:

Pagina pagina = **new** PaginaA (64);

A Tabela de Páginas para cada arquivo poderá ser declarada separadamente, mas a Fila de Molduras é única, bastando para isso ter em cada moldura a indicação do arquivo a que se refere aquela página.

Programa 6.1 *Estrutura de dados para o sistema de paginação*

```
package cap6.umtipo;
class Registro {
  private short chave;
  // Outros componentes e métodos de um registro
}
class Endereco {
  private short p;
  private byte b;  // b ∈ [0, itensPorPagina − 1]
  // Métodos para operar com um endereço
}
class Item {
  private Registro reg;
  private Endereco esq, dir;
  // Métodos para operar com um item
}
public class Pagina {
  private Item pagina[];
  public Pagina (byte itensPorPagina) {
    // itensPorPagina = tamanhoDaPagina/tamanhoDoItem
    this.pagina = new Item[itensPorPagina];
  }
  // Métodos para operar com uma página
}
```

Programa 6.2 *Diferentes tipos de páginas para o sistema de paginação*

```
package cap6.variostipos;
public abstract class Pagina {
  // Componentes e métodos de uma página
}
class PaginaA extends Pagina {
  // Componentes e métodos de uma página do tipo A
}
class PaginaB extends Pagina {
  // Componentes e métodos de uma página do tipo B
}
class PaginaC extends Pagina {
  // Componentes e métodos de uma página do tipo C
}
```

Além das estruturas de dados apresentadas no Programa 6.1, o sistema de paginação deve ser representado como uma classe, da mesma forma como a Fila de Molduras e a Tabela de Páginas. A comunicação com o sistema de paginação poderá ser realizada com o uso dos seguintes métodos:

1. *obtemRegistro*: Torna disponível um registro de um arquivo e deve ser implementado na classe que representa a Tabela de Páginas. O parâmetro de entrada é o endereço virtual $<p, b>$ e o valor retornado deve ser uma referência à Moldura de Página ($<p\prime, b>$ na Figura 6.1).

2. *escreveRegistro*: Permite criar ou alterar o conteúdo de um registro. O método possui dois parâmetros de entrada: o registro e seu endereço virtual $<p, b>$. Esse método deve ser codificado na classe que representa o sistema de paginação.

3. *descarregaPaginas*: Deve ser implementado na classe que representa a Fila de Molduras, permitindo varrer a Fila de Molduras para atualizar na memória secundária todas as páginas que porventura tenham sofrido qualquer alteração no seu conteúdo (bit de alteração = **true**).

O diagrama da Figura 6.3 mostra a transformação do endereço virtual para o endereço real de memória do sistema de paginação, tornando disponível na memória principal o registro endereçado pelo programador. Os quadrados representam resultados de processos ou arquivos, e os retângulos representam os processos transformadores de informação.

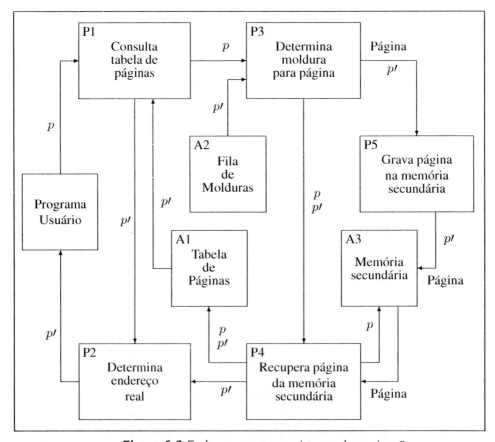

Figura 6.3 *Endereçamento no sistema de paginação.*

A partir do endereço p, o processo P1 verifica se a página que contém o registro solicitado se encontra na memória principal. Caso a página esteja na memória principal, o processo P2 simplesmente retorna essa informação para o programa usuário. Se a página está ausente, o processo P3 determina uma moldura para receber a página solicitada que deverá ser trazida da memória secundária. Caso não haja nenhuma moldura disponível, alguma página deverá ser removida da memória principal para ceder lugar à nova página, de acordo com o algoritmo adotado para remoção de páginas.

Nesse caso, estamos assumindo o algoritmo mais simples de ser implementado, o FIFO, em que a página a ser removida é aquela que está na cabeça da fila de Molduras de Páginas. Se a página a ser substituída sofreu algum tipo de alteração no seu conteúdo, ela deverá ser gravada de volta na memória secundária pelo processo P5. O processo P4 lê da memória secundária a página solicitada, coloca-a na moldura determinada pelo processo P3 e atualiza a Tabela de Páginas.

6.2 Acesso Seqüencial Indexado

O método de acesso **seqüencial indexado** utiliza o princípio da pesquisa seqüencial: a partir do primeiro, cada registro é lido seqüencialmente até encontrar uma chave maior ou igual à chave de pesquisa. Para aumentar a eficiência, evitando que todos os registros tenham de ser lidos seqüencialmente do disco, duas providências são necessárias: (i) o arquivo deve ser mantido ordenado pelo campo chave do registro, e (ii) um arquivo de *índices* contendo pares de valores $<x, p>$ deve ser criado, no qual x representa uma chave e p representa o endereço da página em que o primeiro registro contém a chave x.

A Figura 6.4 mostra um exemplo da estrutura de um arquivo seqüencial indexado para um conjunto de 15 registros. No exemplo, cada página tem capacidade para armazenar quatro registros do arquivo de dados, e cada entrada do índice de páginas armazena a chave do primeiro registro de cada página e o endereço da página no disco. Por exemplo, o índice relativo à primeira página informa que ela contém registros com chaves entre 3 e 14 (14 não incluída), o índice relativo à segunda página informa que ela contém registros com chaves entre 14 e 25 (25 não incluída), e assim por diante.

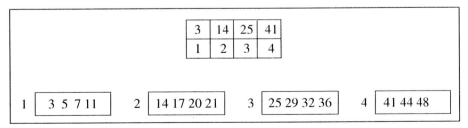

Figura 6.4 *Estrutura de um arquivo seqüencial indexado.*

Em um **disco magnético** várias superfícies de gravação são utilizadas, conforme ilustra a Figura 6.5. O disco magnético é dividido em círculos concêntricos chamados **trilhas**. Quando o mecanismo de acesso está posicionado em determinada trilha, todas as trilhas que estão verticalmente alinhadas e possuem mesmo diâmetro formam um **cilindro**. Nesse caso, uma referência a um registro que se encontre em uma página de qualquer trilha do cilindro não requer o deslocamento do mecanismo de acesso, e o único tempo necessário é o de **latência rotacional**, que é o tempo necessário para que o início do bloco que contém o registro a ser lido passe pela cabeça de leitura/gravação. A necessidade de deslocamento do mecanismo de acesso de uma trilha para outra é responsável pela parte maior do custo para acessar os dados e esse custo é chamado de **tempo de busca** (*seek time*).

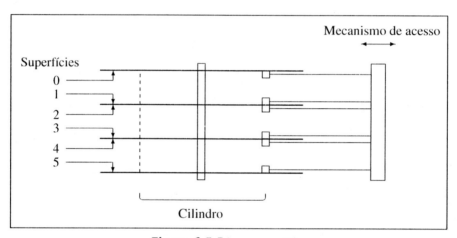

Figura 6.5 *Disco magnético.*

Pelo fato de combinar acesso indexado com a organização seqüencial, o método é chamado de acesso seqüencial indexado. Para aproveitar as características do disco magnético e procurar minimizar o número de deslocamentos do mecanismo de acesso, utiliza-se um esquema de índices de cilindros e de páginas. Dependendo do tamanho do arquivo e da capacidade da memória principal disponível, é possível acessar qualquer registro do arquivo de dados realizando apenas um deslocamento do mecanismo de acesso. Para tanto, um índice de cilindros contendo o valor de chave mais alto dentre os registros de cada cilindro é mantido na memória principal. Por sua vez, cada cilindro contém um índice de blocos ou índice de páginas, conforme mostrado na Figura 6.4. Para localizar o registro que contenha uma chave de pesquisa são necessários os seguintes passos:

1. localize o cilindro correspondente à chave de pesquisa no índice de cilindros;
2. desloque o mecanismo de acesso até o cilindro correspondente;
3. leia a página que contém o índice de páginas daquele cilindro;
4. leia a página de dados que contém o registro desejado.

Dessa forma, o método de acesso seqüencial indexado possibilita tanto o acesso seqüencial quanto o acesso randômico. Entretanto, esse método é adequado apenas para aplicações nas quais as operações de inserção e de retirada ocorrem com baixa freqüência. Sua grande vantagem é a garantia de acesso aos dados com apenas um deslocamento do mecanismo de acesso do disco magnético. Sua grande desvantagem é a inflexibilidade: em um ambiente muito dinâmico, com muitas operações de inserção e retirada, os dados têm de sofrer reorganizações freqüentes. Por exemplo, a adição de um registro com a chave 6 provoca um rearranjo em todos os registros do arquivo da Figura 6.4.

Para contornar esse problema é necessário criar **áreas de armazenamento** (ou áreas de *overflow*) para receber esses registros adicionais até que a próxima reorganização de todo o arquivo seja realizada. Normalmente, uma área de armazenamento é reservada em cada cilindro, além de uma grande área comum para ser utilizada quando alguma área de algum cilindro também transbordar. Assim, em ambientes realmente dinâmicos, os tempos de acesso se deterioram rapidamente. Entretanto, em ambientes em que apenas a leitura de dados é necessária, como no caso dos discos ópticos de apenas leitura, o método de acesso indexado seqüencial é bastante eficiente e adequado, conforme veremos na seção seguinte.

6.2.1 Discos Ópticos de Apenas Leitura

Os discos ópticos de apenas leitura, conhecidos como CD-ROM (*Compact Disk — Read-Only Memory*), têm sido largamente utilizados para distribuição de grandes arquivos de dados. O interesse crescente nos discos CD-ROM se deve tanto à sua capacidade de armazenamento (600 *Megabytes*) quanto ao baixo custo para o usuário final. As principais diferenças entre o disco CD-ROM e o disco magnético são:

1. o CD-ROM é um meio de apenas leitura e, portanto, a estrutura da informação armazenada é estática;

2. a eficiência na recuperação dos dados é afetada pela localização destes no disco e pela seqüência com que são acessados;

3. em razão da velocidade linear constante, as trilhas possuem capacidade variável, e o tempo de latência rotacional varia de trilha para trilha.

Ao contrário dos discos magnéticos, a **trilha** no disco CD-ROM tem a forma de uma espiral contínua, embora, para efeito de estudo analítico, cada volta da espiral possa ser considerada como uma trilha. Ele possui cerca de 300.000 setores de tamanho fixo de 2 *Kbytes*, distribuídos em aproximadamente 20.000 trilhas. Como a velocidade linear de leitura é constante, o tempo de latência rotacional varia de cerca de 60 milissegundos para as trilhas mais internas até 138 milissegundos para as trilhas mais externas. Em contrapartida, o número de setores por trilha aumenta de 9 para a trilha mais interna até 20 para a trilha mais externa.

No CD-ROM, o **tempo de busca** (*seek time*) para acesso a trilhas mais distantes é maior que no disco magnético, pela necessidade de deslocamento do mecanismo de acesso e mudanças na rotação do disco. Entretanto, é possível acessar um conjunto de trilhas vizinhas sem nenhum deslocamento do mecanismo de leitura. Essa característica dos discos CD-ROM é denominada **varredura estática**. Nos discos atuais, a amplitude de varredura estática pode atingir até 60 trilhas (±30 trilhas a partir da trilha corrente). O acesso a trilhas dentro da amplitude da varredura estática consome um milissegundo por trilha adicional, sendo realizado por um pequeno deslocamento angular do **feixe de laser** a partir da trilha corrente, chamada de **ponto de âncora**. Nesse caso, o tempo de procura é desprezível se comparado com o tempo de latência rotacional. Para acessar trilhas fora da varredura estática, o tempo de procura varia de 200 até 600 milissegundos.

Conforme mostrado na seção anterior, a estrutura seqüencial indexada permite tanto o acesso seqüencial quanto o acesso randômico aos dados, e nos discos magnéticos ela é implementada mantendo-se um índice de cilindros na memória principal. Nesse caso, cada acesso demanda apenas um deslocamento do mecanismo de acesso, desde que cada cilindro contenha um índice de páginas com o maior valor de chave em cada página daquele cilindro. Entretanto, para aplicações dinâmicas, essa condição não pode ser mantida se um grande número de registros tem de ser adicionado ao arquivo. No caso dos discos CD-ROM, essa organização é particularmente interessante devido à natureza estática da informação.

O conceito de **cilindro em discos magnéticos** pode ser estendido para os discos CD-ROM. Barbosa e Ziviani (1992) denominaram o conjunto de trilhas cobertas por uma varredura estática de **cilindro óptico**. O cilindro óptico difere do cilindro de um disco magnético em dois aspectos: (i) as trilhas de uma varredura estática que compõem um cilindro óptico podem sobrepor-se a trilhas de outro cilindro óptico com ponto de âncora próximo; (ii) como as trilhas têm capacidade variável, os cilindros ópticos com ponto de âncora em trilhas mais internas têm capacidade menor do que cilindros ópticos com ponto de âncora em trilhas mais externas.

Em um trabalho analítico sobre discos ópticos, Christodoulakis e Ford (1988) demonstraram que o número de deslocamentos e a distância total percorrida pela cabeça óptica de leitura são minimizados quando (i) as trilhas de duas varreduras estáticas consecutivas não se sobrepõem e (ii) a cabeça de leitura se movimenta apenas em uma direção durante a recuperação de um conjunto de dados.

A estrutura seqüencial indexada pode ser implementada eficientemente no CD-ROM considerando a natureza estática da informação e a capacidade de varredura estática do mecanismo de leitura. A partir dessas observações, Barbosa e Ziviani (1992) propuseram uma estrutura seqüencial indexada para discos CD-ROM, na qual o mecanismo de leitura é posicionado em cilindros ópticos pré-selecionados, com o objetivo de evitar sobreposição de varreduras e minimizar o número de deslocamentos da cabeça de leitura. Para tal, a estrutura de índices é

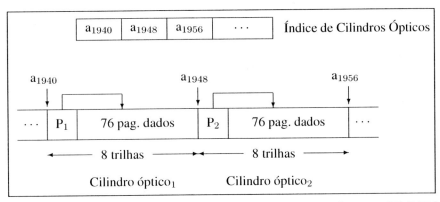

Figura 6.6 Organização de um arquivo indexado seqüencial para o CD-ROM.

construída de maneira que cada página de índices faça referência ao maior número possível de páginas de dados de um cilindro óptico.

A Figura 6.6 mostra essa organização para um arquivo exemplo de 3 *Megabytes*, alocado a partir da trilha 1.940 do disco, no qual cada página ocupa 2 *Kbytes* (equivalente a um setor do disco). Supondo que o mecanismo de leitura tenha uma amplitude de varredura estática de 8 trilhas, na posição de trilha número 1.940 é possível acessar aproximadamente 78 setores sem deslocamento da cabeça de leitura. Assim sendo, para obter uma organização seqüencial indexada para esse arquivo são necessários os seguintes passos:

1. Alocar o arquivo no disco, determinando a trilha inicial e calculando a trilha final que ele deve ocupar;

2. Computar o número total de cilindros ópticos para cobrir todas as trilhas do arquivo sem que haja sobreposição de trilhas. Determinar os respectivos pontos de âncora;

3. Construir um índice de cilindros ópticos, que deverá conter o valor de chave mais alto associado aos registros que estão dentro de cada cilindro óptico. O índice de cilindros ópticos deve ser mantido na memória principal;

4. Construir um índice de páginas para cada cilindro óptico. Esse índice deverá conter o valor de chave mais alto de cada página e deve ser armazenado na trilha central ou ponto de âncora de cada cilindro óptico.

Para recuperar uma dada chave de pesquisa, o primeiro passo é obter o endereço do cilindro óptico que contém a chave consultando o índice de cilindros ópticos na memória principal. O mecanismo de leitura é então deslocado para o ponto de âncora selecionado na única operação de busca necessária. A seguir, o índice de páginas é lido e a página de dados contendo a chave de pesquisa poderá ser encontrada dentro dos limites da varredura estática. Os detalhes para obtenção do número de trilhas que um arquivo deve ocupar a partir de determinada posição no disco, os pontos de âncora dos cilindros ópticos, ou quaisquer outros, podem ser obtidos em Barbosa e Ziviani (1992).

6.3 Árvores de Pesquisa

As árvores binárias de pesquisa introduzidas na Seção 5.3 são estruturas de dados muito eficientes quando se deseja trabalhar com tabelas que caibam inteiramente na memória principal do computador. Elas satisfazem condições e requisitos diversificados e conflitantes, tais como acesso direto e seqüencial, facilidade de inserção e retirada de registros e boa utilização de memória.

Vamos agora considerar o problema de recuperar informação em grandes arquivos de dados que estejam armazenados em memória secundária do tipo disco magnético. Uma forma simplista de resolver esse problema utilizando árvores binárias de pesquisa é armazenar os nós da árvore no disco, e as referências à esquerda e à direita de cada nó se tornam endereços de disco, em vez de endereços de memória principal. Se a pesquisa for realizada utilizando o algoritmo de pesquisa para memória principal visto anteriormente, serão necessários da ordem de $\log_2 n$ acessos a disco, significando que um arquivo com $n = 10^6$ registros necessitará de aproximadamente $\log_2 10^6 \approx 20$ buscas no disco.

Para diminuir o número de acessos a disco, os nós da árvore podem ser agrupados em páginas, conforme ilustra a Figura 6.7. Nesse exemplo, o formato da árvore muda de binário para quaternário, com quatro filhos por página, em que o número de acessos a páginas cai para metade no pior caso. Para arquivos divididos em páginas de 127 registros, é possível recuperar qualquer registro do arquivo com três acessos a disco no pior caso.

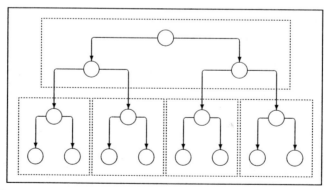

Figura 6.7 *Árvore binária dividida em páginas.*

A forma de organizar os nós da árvore dentro de páginas é muito importante sob o ponto de vista do número esperado de páginas lidas quando se realiza uma pesquisa na árvore. A árvore da Figura 6.7 é ótima sob esse aspecto. Entretanto, a organização ótima é difícil de ser obtida durante a construção da árvore, tornando-se um problema de otimização muito complexo. Um algoritmo bem simples, o da alocação seqüencial, armazena os nós em posições consecutivas na página à medida que vão chegando, sem considerar o formato físico da árvore. Esse algoritmo utiliza todo o espaço disponível na página, mas os nós dentro da página estão relacionados pela localidade da ordem de entrada das chaves, e não pela localidade dentro da árvore, o que torna o tempo de pesquisa muito pior do que o tempo da árvore ótima.

Um método de alocação de nós em páginas que leva em consideração a relação de proximidade dos nós dentro da estrutura da árvore foi proposto por Muntz e Uzgalis (1970). No método proposto, o novo nó a ser inserido é sempre colocado na mesma página do nó pai. Se o nó pai estiver em uma página cheia, então uma nova página é criada e o novo nó é colocado no início da nova página. Knuth (1973) mostrou que o número esperado de acessos a páginas em uma pesquisa na árvore é muito próximo do ótimo. Entretanto, a ocupação média das páginas é extremamente baixa, da ordem de 10%, o que torna o algoritmo inviável para aplicações práticas.

Uma solução brilhante para esse problema, simultaneamente com uma proposta para manter equilibrado o crescimento da árvore e permitir inserções e retiradas à vontade, é o assunto da próxima seção.

6.3.1 Árvores B

O objetivo desta seção é apresentar uma técnica de organização e manutenção de arquivos com o uso de árvores B (Bayer e McCreight, 1972). A origem do nome árvores B nunca foi explicada pelos autores R. Bayer e E. McCreight, cujo trabalho foi desenvolvido no Boeing Scientific Research Labs. Alguns autores sugerem que o "B" se refere a "Boeing", enquanto Comer (1979) acha apropriado pensar em "B-trees" como "Bayer-trees", por causa das contribuições de R. Bayer ao tema. Outras introduções ao assunto podem ser encontradas em Comer (1979), Wirth (1976) e Knuth (1973).

Definição e Algoritmos

Quando uma árvore de pesquisa possui mais de um registro por nó, ela deixa de ser binária. Essas árvores são chamadas n-**árias**, pelo fato de possuírem mais de dois descendentes por nó. Nesses casos, os nós são mais comumente chamados de **páginas**.

A árvore B é n-ária. Em uma **árvore B** de ordem m, temos que:

1. cada página contém no mínimo m registros (e $m+1$ descendentes) e no máximo $2m$ registros (e $2m+1$ descendentes), exceto a página raiz, que pode conter entre 1 e $2m$ registros;

2. todas as páginas folha aparecem no mesmo nível.

Uma árvore B de ordem $m = 2$ com três níveis pode ser vista na Figura 6.8. Todas as páginas contêm dois, três ou quatro registros, exceto a raiz, que pode conter um registro apenas. Os registros aparecem em ordem crescente da esquerda para a direita. Esse esquema representa uma extensão natural da organização da árvore binária de pesquisa. A Figura 6.9 apresenta a forma geral de uma página de uma árvore B de ordem m.

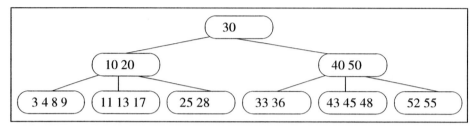

Figura 6.8 *Árvore B de ordem 2 com três níveis.*

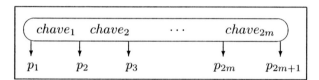

Figura 6.9 *Nó de uma árvore B de ordem m com $2m$ registros.*

A estrutura de dados árvore B será utilizada para implementar o tipo abstrato de dados Dicionário, com as operações *inicializa*, *pesquisa*, *insere* e *retira*. A estrutura, as operações e a **representação** do Dicionário são apresentadas no Programa 6.3. A operação *inicializa* é implementada pelo construtor da classe *ArvoreB*. As demais operações são descritas a seguir.

Programa 6.3 *Estrutura e operações do dicionário para árvore B*

```
package cap6;
import cap4.Item; // vide Programa 4.1
public class ArvoreB {
  private static class Pagina {
    int n; Item r[]; Pagina p[];
    public Pagina (int mm) {
      this.n = 0; this.r = new Item[mm]; this.p = new Pagina[mm+1];
    }
  }
  private Pagina raiz;
  private int m, mm;
  // Entra aqui o método privado do Programa 6.4
```

Continuação do Programa 6.3

```
public ArvoreB (int m) {
  this.raiz = null; this.m = m; this.mm = 2*m;
}
public Item pesquisa (Item reg) {
  return this.pesquisa (reg, this.raiz);
}
public void insere (Item reg) { vide Programas 6.6 e 6.7 }

public void retira (Item reg) { vide Programas 6.8, 6.9 e 6.10 }
}
```

A operação *pesquisa* é implementada por um método privado sobrecarregado, como mostrado no Programa 6.4. Um método *pesquisa* para a árvore B é semelhante ao método *pesquisa* para a árvore binária de pesquisa. Para encontrar um registro que contenha a chave de busca passada como parâmetro em *reg*, primeiro compare a chave que rotula o registro com as chaves que estão na página raiz, até encontrar o intervalo no qual ela se encaixa. Depois, siga a referência à subárvore correspondente ao intervalo citado e repita o processo recursivamente, até que a chave procurada seja encontrada ou então uma página folha seja atingida (no caso, uma referência **null**). Na implementação do Programa 6.4, a localização do intervalo em que a chave se encaixa é obtida por meio de uma pesquisa seqüencial. Entretanto, essa etapa pode ser realizada de forma mais eficiente por meio de uma pesquisa binária (vide Seção 5.2).

Programa 6.4 Método para pesquisar na árvore B

```
private Item pesquisa (Item reg, Pagina ap) {
  if (ap == null) return null; // Registro não encontrado
  else {
    int i = 0;
    while ((i < ap.n-1) && (reg.compara (ap.r[i]) > 0)) i++;
    if (reg.compara (ap.r[i]) == 0) return ap.r[i];
    else if (reg.compara (ap.r[i]) < 0) return pesquisa (reg, ap.p[i]);
    else return pesquisa (reg, ap.p[i+1]);
  }
}
```

Vamos ver agora como ***inserir*** novos registros em uma árvore B. Em primeiro lugar, é preciso localizar a página apropriada em que o novo registro deve ser inserido. Se o registro a ser inserido encontra seu lugar em uma página com menos de $2m$ registros, o processo de inserção fica limitado àquela página. Entretanto, quando um registro precisa ser inserido em uma página já cheia (com $2m$

registros), o processo de inserção pode provocar a criação de uma nova página. A Figura 6.10, parte (b), ilustra o que acontece quando o registro contendo a chave 14 é inserido na árvore da parte (a). O processo é composto pelas seguintes etapas:

1. O registro contendo a chave 14 não é encontrado na árvore, e a página 3 (onde o registro contendo a chave 14 deve ser inserido) está cheia.

2. A página 3 é dividida em duas páginas, o que significa que uma nova página 4 é criada.

3. Os $2m + 1$ registros (no caso, são cinco registros) são distribuídos igualmente entre as páginas 3 e 4, e o registro do meio (no caso, o registro contendo a chave 20) é movido para a página pai no nível acima.

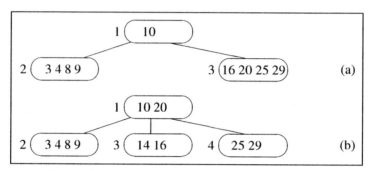

Figura 6.10 Inserção em uma árvore B de ordem 2.

No esquema de inserção apresentado anteriormente, a página pai tem de acomodar um novo registro. Se a página pai também estiver cheia, então o mesmo processo de divisão tem de ser aplicado de novo. No pior caso, o processo de divisão pode propagar-se até a raiz da árvore e, nesse caso, ela aumenta sua altura em um nível. É interessante observar que uma árvore B somente aumenta sua altura com a divisão da raiz.

Um primeiro refinamento das versões pública e privada do método *insere* pode ser visto no Programa 6.5. A operação de inserir um novo registro pode provocar o aumento de um nível na altura da árvore. Assim, o tratamento do possível aumento na altura da árvore é realizado na versão pública do método *insere*. O método privado *insere* é uma versão sobrecarregada do método público, é recursivo e possui uma estrutura semelhante ao Programa 6.4. Quando uma referência **null** é encontrada, isso significa que o ponto de inserção foi localizado. Nesse momento, o parâmetro *cresceu* passa a indicar esse fato, informando que um registro vai ser passado para cima por meio do parâmetro *regRetorno* e deve ser inserido na próxima página que contenha espaço para acomodá-lo. Se *cresceu* = **true** no momento em que o fluxo de controle retorna do método *insere* privado para o método *insere* público, isso significa que a página raiz foi dividida e então uma nova página raiz deve ser criada para acomodar o registro emergente, fazendo com que a árvore cresça na altura.

Programa 6.5 *Primeiro refinamento do método* insere *da árvore B*

```
public void insere (Item reg) {
  Item regRetorno = null; boolean cresceu = false;
  Pagina apRetorno = insere (reg, raiz, regRetorno, cresceu);
  if (cresceu) Cria nova pagina raiz para regRetorno e apRetorno;
}
private Pagina insere (Item reg, Pagina ap, Item regRetorno,
                       boolean cresceu) {
  Pagina apRetorno = ap;
  if (ap == null) {
    cresceu = true;
    Atribui reg a regRetorno;
  }
  else {
    int i = 0;
    while ((i < ap.n−1) && (reg.compara (ap.r[i]) > 0)) i++;
    if (reg.compara (ap.r[i]) == 0)
      System.out.println ("Erro: Registro ja existente");
    else if (reg.compara (ap.r[i]) < 0)
      apRetorno = insere (reg, ap.p[i], regRetorno, cresceu);
    else apRetorno = insere (reg, ap.p[i+1], regRetorno, cresceu);
    if (cresceu)
      if (Número de registros em ap < mm) {
        Insere na página; cresceu = false;
      }
      else { // Overflow: Página tem que ser dividida
        Cria nova página apTemp;
        Transfere metade dos registros de ap para apTemp;
        Atribui registro do meio a regRetorno;
        Atribui apTemp a apRetorno;
      }
  }
  if (cresceu) Retorne apRetorno else Retorne ap;
}
```

O refinamento final do método privado *insere* utiliza o método auxiliar *insereNaPagina*, mostrado no Programa 6.6. Esse método *insere* o registro *reg* na página referenciada por *ap* e atribui *apDir* à subárvore direita de *reg*. O Programa 6.7 apresenta o refinamento final das versões pública e privada do método *insere*.

A Figura 6.11 mostra o resultado obtido quando se insere uma seqüência de chaves em uma árvore B de ordem 2: a árvore da Figura 6.11, parte (a), é obtida após a inserção da chave 20; a árvore da parte (b) é obtida após a inserção das chaves 10, 40, 50 e 30 na árvore da parte (a); a árvore da parte (c) é obtida após a inserção das chaves 55, 3, 11, 4, 28, 36, 33, 52, 17, 25 e 13 na árvore da parte (b), e a árvore da parte (d) é obtida após a inserção das chaves 45, 9, 43, 8 e 48.

A última operação a ser estudada é a de **retirada**. Quando a página que contém o registro a ser retirado é uma página folha, a operação é simples. No caso

Programa 6.6 *Método insereNaPagina*

```
private void insereNaPagina (Pagina ap, Item reg, Pagina apDir) {
  int k = ap.n - 1;
  while ((k >= 0) && (reg.compara (ap.r[k]) < 0)) {
    ap.r[k+1] = ap.r[k]; ap.p[k+2] = ap.p[k+1]; k--;
  }
  ap.r[k+1] = reg; ap.p[k+2] = apDir; ap.n++;
}
```

Programa 6.7 *Refinamento final do método* insere

```
public void insere (Item reg) {
  Item regRetorno[] = new Item[1];
  boolean cresceu[] = new boolean[1];
  Pagina apRetorno = this.insere (reg, this.raiz, regRetorno, cresceu);
  if (cresceu[0]) {
    Pagina apTemp = new Pagina(this.mm);
    apTemp.r[0] = regRetorno[0];
    apTemp.p[0] = this.raiz;
    apTemp.p[1] = apRetorno;
    this.raiz = apTemp; this.raiz.n++;
  } else this.raiz = apRetorno;
}
private Pagina insere (Item reg, Pagina ap, Item[] regRetorno,
                       boolean[] cresceu) {
  Pagina apRetorno = null;
  if (ap == null) { cresceu[0] = true; regRetorno[0] = reg; }
  else {
    int i = 0;
    while ((i < ap.n-1) && (reg.compara (ap.r[i]) > 0)) i++;
    if (reg.compara (ap.r[i]) == 0) {
      System.out.println ("Erro: Registro ja existente");
      cresceu[0] = false;
    }
    else {
      if (reg.compara (ap.r[i]) > 0) i++;
      apRetorno = insere (reg, ap.p[i], regRetorno, cresceu);
      if (cresceu[0])
        if (ap.n < this.mm) { // Página tem espaço
          this.insereNaPagina (ap, regRetorno[0], apRetorno);
          cresceu[0] = false; apRetorno = ap;
        }
        else { // Overflow: Página tem que ser dividida
          Pagina apTemp = new Pagina (this.mm); apTemp.p[0] = null;
```

Continuação do Programa 6.7

```
            if (i <= this.m) {
                this.insereNaPagina (apTemp,ap.r[this.mm−1],ap.p[this.mm]);
                ap.n−−;
                this.insereNaPagina (ap, regRetorno[0], apRetorno);
            } else this.insereNaPagina (apTemp, regRetorno[0], apRetorno);
            for (int j = this.m+1; j < this.mm; j++) {
                this.insereNaPagina (apTemp, ap.r[j], ap.p[j+1]);
                ap.p[j+1] = null; // transfere a posse da memória
            }
            ap.n = this.m; apTemp.p[0] = ap.p[this.m+1];
            regRetorno[0] = ap.r[this.m]; apRetorno = apTemp;
          }
        }
      }
      return (cresceu[0] ? apRetorno : ap);
}
```

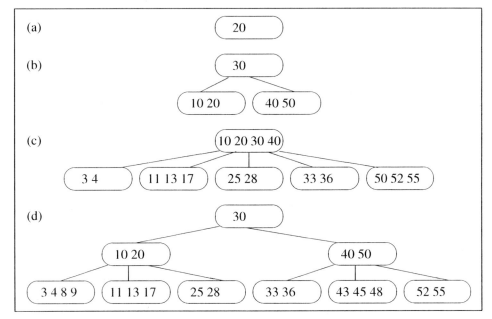

Figura 6.11 Crescimento de uma árvore B de ordem 2.

de não ser uma página folha, o registro a ser retirado deve ser primeiro substituído por um registro contendo uma chave adjacente (antecessora ou sucessora), como no caso da operação de retirada de registros em árvores binárias de pesquisa, conforme mostrado na Seção 5.3. Para localizar uma chave antecessora, basta procurar pela página folha mais à direita na subárvore à esquerda. Por exemplo, a antecessora da chave 30 na árvore da Figura 6.11 (d) é a chave 28.

Tão logo o registro seja retirado da página folha, é necessário verificar se pelo menos m registros passam a ocupar a página. Quando menos de m registros passam a ocupar a página, isso significa que a propriedade árvore B é violada. Para reconstituir a propriedade árvore B é necessário tomar emprestado alguns registros da página vizinha. Conforme pode ser verificado na Figura 6.12, existem duas possibilidades:

1. O número de registros na página vizinha é maior do que m: basta tomar um registro emprestado e trazê-lo para a página em questão via página pai. Na verdade, para manter um maior equilíbrio entre as páginas da árvore B, será tomado emprestado um número de registro igual à metade do número de registros disponíveis na página vizinha. A Figura 6.12 (a) mostra a retirada da chave 3.

2. Não existe um número suficiente de registros na página vizinha (a página vizinha possui exatamente m registros): nesse caso, o número total de registros nas duas páginas é $2m-1$ e, conseqüentemente, as duas páginas têm de ser fundidas em uma só, tomando emprestado da página pai o registro do meio, o que permite liberar uma das páginas. Esse processo pode propagar-se até a página raiz, e no caso em que o número de registros da página raiz fica reduzido a zero ela é eliminada, causando redução na altura da árvore. A Figura 6.12 (b) mostra a retirada da chave 3.

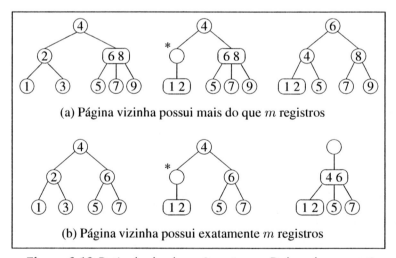

Figura 6.12 Retirada da chave 3 na árvore B de ordem $m = 1$.

As versões pública e privada do método *retira* são apresentadas no Programa 6.8. A operação de retirar um registro pode provocar uma redução de um nível na altura da árvore. Assim, o tratamento da redução na altura da árvore é realizado na versão pública do método *retira*. O método *retira* privado é recursivo e é uma versão sobrecarregada do método público. Nessa versão, quando a página que contém o registro a ser retirado é uma página folha, a operação é simples. No caso de não ser uma página folha, a tarefa de localizar o registro antecessor é realizada pelo método *antecessor* apresentado no Programa 6.9. A condição de menos de *m* registros passarem a ocupar a página é sinalizada pelo parâmetro *diminuiu*, fazendo com que o método *reconstitui* do Programa 6.10 seja ativado. Se *diminuiu*[0] = **true** no momento em que o fluxo de controle retorna do método *retira* privado para o método *retira* público, isso significa que não há mais nenhum registro na página raiz e, portanto, a altura da árvore é diminuída.

Programa 6.8 *Operação retira*

```
public void retira (Item reg) {
  boolean diminuiu[] = new boolean[1];
  this.raiz = this.retira (reg, this.raiz, diminuiu);
  if (diminuiu[0] && (this.raiz.n == 0)) { // Árvore diminui na altura
    this.raiz = this.raiz.p[0];
  }
}
private Pagina retira (Item reg, Pagina ap, boolean[] diminuiu) {
  if (ap == null) {
    System.out.println ("Erro: Registro nao encontrado");
    diminuiu[0] = false;
  }
  else {
    int ind = 0;
    while ((ind < ap.n-1) && (reg.compara (ap.r[ind]) > 0)) ind++;
    if (reg.compara (ap.r[ind]) == 0) { // achou
      if (ap.p[ind] == null) { // Página folha
        ap.n--; diminuiu[0] = ap.n < this.m;
        for (int j = ind; j < ap.n; j++) {
          ap.r[j] = ap.r[j+1]; ap.p[j] = ap.p[j+1];
        }
        ap.p[ap.n] = ap.p[ap.n+1];
        ap.p[ap.n+1] = null; // transfere a posse da memória
      }
      else { // Página não é folha: trocar com antecessor
        diminuiu[0] = antecessor (ap, ind, ap.p[ind]);
        if (diminuiu[0]) diminuiu[0] = reconstitui (ap.p[ind], ap, ind);
      }
    }
    else { // não achou
      if (reg.compara (ap.r[ind]) > 0) ind++;
      ap.p[ind] = retira (reg, ap.p[ind], diminuiu);
      if (diminuiu[0]) diminuiu[0] = reconstitui (ap.p[ind], ap, ind);
    }
  }
  return ap;
}
```

Programa 6.9 *Método antecessor utilizado no método retira*

```
private boolean antecessor (Pagina ap, int ind, Pagina apPai) {
  boolean diminuiu = true;
  if (apPai.p[apPai.n] != null) {
    diminuiu = antecessor (ap, ind, apPai.p[apPai.n]);
    if (diminuiu) diminuiu=reconstitui (apPai.p[apPai.n],apPai,apPai.n);
  }
  else {
    ap.r[ind] = apPai.r[--apPai.n]; diminuiu = apPai.n < this.m;
  }
  return diminuiu;
}
```

Programa 6.10 *Método reconstitui utilizado no método retira*

```
private boolean reconstitui (Pagina apPag, Pagina apPai, int posPai) {
  boolean diminuiu = true;
  if (posPai < apPai.n) { // aux = Página à direita de apPag
    Pagina aux = apPai.p[posPai+1];
    int dispAux = (aux.n - this.m + 1)/2;
    apPag.r[apPag.n++] = apPai.r[posPai]; apPag.p[apPag.n] = aux.p[0];
    aux.p[0] = null; // transfere a posse da memória
    if (dispAux > 0) { // Existe folga: transfere de aux para apPag
      for (int j = 0; j < dispAux - 1; j++) {
        this.insereNaPagina (apPag, aux.r[j], aux.p[j+1]);
        aux.p[j+1] = null; // transfere a posse da memória
      }
      apPai.r[posPai] = aux.r[dispAux - 1];
      aux.n = aux.n - dispAux;
      for (int j = 0; j < aux.n; j++) aux.r[j] = aux.r[j+dispAux];
      for (int j = 0; j <= aux.n; j++) aux.p[j] = aux.p[j+dispAux];
      aux.p[aux.n+dispAux] = null; // transfere a posse da memória
      diminuiu = false;
    }
    else { // Fusão: intercala aux em apPag e libera aux
      for (int j = 0; j < this.m; j++) {
        this.insereNaPagina (apPag, aux.r[j], aux.p[j+1]);
        aux.p[j+1] = null; // transfere a posse da memória
      }
      aux = apPai.p[posPai+1] = null; // libera aux
      for (int j = posPai; j < apPai.n-1; j++) {
        apPai.r[j] = apPai.r[j+1]; apPai.p[j+1] = apPai.p[j+2];
      }
      apPai.p[apPai.n--] = null; // transfere a posse da memória
      diminuiu = apPai.n < this.m;
    }
  }
}
```

Continuação do Programa 6.10

```
  else { // aux = Página à esquerda de apPag
    Pagina aux = apPai.p[posPai-1];
    int dispAux = (aux.n - this.m + 1)/2;
    for (int j = apPag.n-1; j >= 0; j--) apPag.r[j+1] = apPag.r[j];
    apPag.r[0] = apPai.r[posPai-1];
    for (int j = apPag.n; j >= 0; j--) apPag.p[j+1] = apPag.p[j];
    apPag.n++;
    if (dispAux > 0) { // Existe folga: transfere de aux para apPag
      for (int j = 0; j < dispAux - 1; j++) {
        this.insereNaPagina (apPag, aux.r[aux.n-j-1], aux.p[aux.n-j]);
        aux.p[aux.n-j] = null; // transfere a posse da memória
      }
      apPag.p[0] = aux.p[aux.n - dispAux + 1];
      aux.p[aux.n - dispAux + 1] = null; // transfere a posse da memória
      apPai.r[posPai-1] = aux.r[aux.n - dispAux];
      aux.n = aux.n - dispAux; diminuiu = false;
    }
    else { // Fusão: intercala apPag em aux e libera apPag
      for (int j = 0; j < this.m; j++) {
        this.insereNaPagina (aux, apPag.r[j], apPag.p[j+1]);
        apPag.p[j+1] = null; // transfere a posse da memória
      }
      apPag = null; // libera apPag
      apPai.p[apPai.n--] = null; // transfere a posse da memória
      diminuiu = apPai.n < this.m;
    }
  }
  return diminuiu;
}
```

A Figura 6.13 mostra o resultado obtido quando se retira a seguinte seqüência de chaves da árvore B: 45 30 28; 50 8 10 4 20 40 55 17 33 11 36; 3 9 52. Cada ponto-e-vírgula corresponde a um salto de uma árvore para outra no desenho da Figura 6.13.

6.3.2 Árvores B*

Existem várias alternativas para implementação da árvore B original. Uma delas é a árvore B*. Em uma **árvore B***, todos os registros são armazenados no último nível (páginas folha). Os níveis acima do último nível constituem um índice cuja organização é a organização de uma árvore B.

A Figura 6.14 mostra a separação lógica entre o índice e os registros que constituem o arquivo propriamente dito. No índice só aparecem as chaves, sem nenhuma informação associada, enquanto nas páginas folha estão todos os regis-

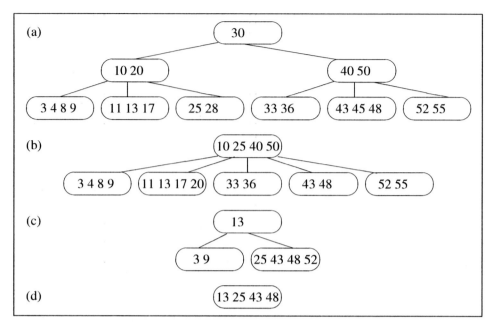

Figura 6.13 Decomposição de uma árvore B de ordem 2.

tros do arquivo. As páginas folha são conectadas da esquerda para a direita, o que permite um acesso seqüencial mais eficiente do que o acesso via índice. Além do acesso seqüencial mais eficiente, as árvores B* apresentam outras vantagens sobre as árvores B, como a de facilitar o acesso concorrente ao arquivo, conforme veremos adiante.

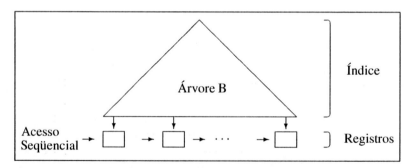

Figura 6.14 Estrutura de uma árvore B*.

Para recuperar um registro, o processo de pesquisa inicia-se na raiz da árvore e continua até uma página folha. Como todos os registros residem nas folhas, a pesquisa não pára se a chave procurada for encontrada em uma página do índice. Nesse caso, a referência à subárvore direita é seguida até que uma página folha seja encontrada. Essa característica pode ser vista na árvore B* da Figura 6.15, em que as chaves 29, 60 e 75 aparecem no índice e em registros do arquivo. Os valores encontrados ao longo do caminho são irrelevantes desde que eles conduzam à página folha correta.

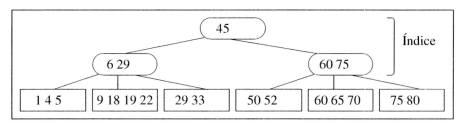

Figura 6.15 Exemplo de uma árvore B*.

Como não há necessidade do uso de referências nas páginas folha, é possível utilizar esse espaço para armazenar uma quantidade maior de registros em cada página folha. Para isso, devemos utilizar um valor de *m* diferente para as páginas folha. Isso não cria nenhum problema para os algoritmos de inserção, pois as metades de uma página que está sendo particionada permanecem no mesmo nível da página original antes da partição (algo semelhante acontece com a retirada de registros).

A estrutura de dados e as operações *inicializa* e *pesquisa* da árvore B* são apresentadas no Programa 6.11. A operação *inicializa* é implementada pelo construtor da classe *ArvoreBEstrela*. A operação *pesquisa* utiliza um método privado sobrecarregado que deve ser implementado como no Programa 6.12. O método auxiliar *eInterna* mostrado no Programa 6.13 é utilizado para verificar se uma dada página é interna.

A operação de **Inserção** de um registro em uma árvore B* é essencialmente igual à inserção de um registro em uma árvore B. A única diferença é que, quando uma folha é dividida em duas, o algoritmo promove uma cópia da chave que pertence ao registro do meio para a página pai no nível anterior, retendo o registro do meio na página folha da direita.

A operação de **Retirada** em uma árvore B* é relativamente mais simples do que em uma árvore B. O registro a ser retirado reside sempre em uma página folha, o que torna sua remoção simples, não havendo necessidade de utilização do método para localizar a chave antecessora (vide método *antecessor* do Programa 6.9). Desde que a página folha fique pelo menos com metade dos registros, as páginas do índice não precisam ser modificadas, mesmo que uma cópia da chave que pertence ao registro a ser retirado esteja no índice. A Figura 6.16 mostra a árvore B* resultante quando a seguinte seqüência de chaves é retirada da árvore B* da Figura 6.15: 5 19 22 60. Observe que a retirada da chave 9 da árvore da Figura 6.16, parte (a), provoca a redução da árvore.

6.3.3 Acesso Concorrente em Árvores B*

Em muitas aplicações, o acesso simultâneo ao banco de dados por mais de um usuário é um fator importante. Nesses casos, permitir acesso para apenas um

Programa 6.11 *Estrutura e operações do dicionário para árvore B**

```
package cap6;
import cap4.Item;  // vide Programa 4.1
public class ArvoreBEstrela {
  private static abstract class Pagina {
    int n; Item chaves[];
  }
  private static class PaginaInt extends Pagina {
    Pagina p[];
    public PaginaInt (int mm) {
      this.n = 0; this.chaves = new Item[mm];
      this.p = new Pagina[mm+1];
    }
  }
  private static class PaginaExt extends Pagina {
    Object registros[];
    public PaginaExt (int mm2) {
      this.n = 0; this.chaves = new Item[mm2];
      this.registros = new Object[mm2];
    }
  }
  private Pagina raiz;
  private int mm, mm2;

  // Entram aqui os métodos privados apresentados nos Programas 6.12 e 6.13
  public ArvoreBEstrela (int mm, int mm2) {
    this.raiz = null; this.mm = mm; this.mm2 = mm2;
  }
  public Object pesquisa (Item chave) {
    return this.pesquisa (chave, this.raiz);
  }
}
```

processo de cada vez pode criar um gargalo inaceitável para o sistema de banco de dados. Concorrência é então introduzida para aumentar a utilização e melhorar o tempo de resposta do sistema. Desse modo, o uso de árvores B* em tais sistemas deve permitir o processamento simultâneo de várias solicitações diferentes.

Entretanto, existe a necessidade de criar mecanismos chamados **protocolos** para garantir a integridade tanto dos dados quanto da estrutura. Considere a situação em que dois processos estejam simultaneamente acessando o banco de dados. Em determinado momento, um dos processos está percorrendo uma página para localizar o intervalo no qual a chave de pesquisa se encaixa e seguir a referência à subárvore correspondente, enquanto o outro processo está inserindo um novo registro que provoca divisões de páginas no mesmo caminho da árvore. Pode acontecer de o processo que está percorrendo a página obter uma referência a uma subárvore errada ou a um endereço inexistente.

Programa 6.12 *Método para pesquisar na árvore B**

```
private Object pesquisa (Item chave, Pagina ap) {
  if (ap == null) return null; // Registro não encontrado
  else {
    if (this.eInterna (ap)) {
      int i = 0; PaginaInt aux = (PaginaInt)ap;
      while ((i < aux.n-1) && (chave.compara (aux.chaves[i]) > 0)) i++;
      if (chave.compara (aux.chaves[i]) < 0)
        return pesquisa (chave, aux.p[i]);
      else return pesquisa (chave, aux.p[i+1]);
    }
    else {
      int i = 0; PaginaExt aux = (PaginaExt)ap;
      while ((i < aux.n-1) && (chave.compara (aux.chaves[i]) > 0)) i++;
      if (chave.compara (aux.chaves[i]) == 0) return aux.registros[i];
      return null; // Registro não encontrado
    }
  }
}
```

Programa 6.13 *Método para verificar se uma dada página é interna*

```
private boolean eInterna (Pagina ap) {
  Class classe = ap.getClass ();
  return classe.getName().equals(PaginaInt.class.getName());
}
```

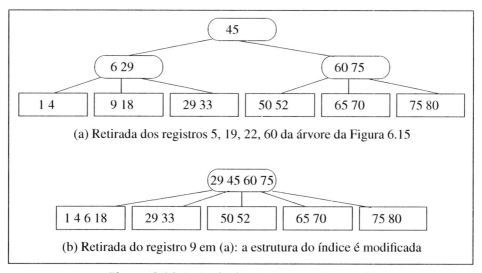

Figura 6.16 *Retirada de registros em árvores B*.*

Uma página é chamada **segura** quando se sabe que não existe possibilidade de modificações na estrutura da árvore, como conseqüência de uma operação de inserção ou de retirada naquela página. Cabe lembrar que a operação de recuperação não altera a estrutura da árvore, ao contrário das operações de inserção ou retirada, que podem provocar modificações em sua estrutura. No caso de operações de inserção, uma página é considerada segura se o número atual de chaves naquela página é menor do que $2m$. No caso de operações de retirada, uma página é considerada segura quando o número de chaves na página é maior do que m. Os algoritmos para acesso concorrente fazem uso desses fatos para aumentar o nível de concorrência em uma árvore $B^\star$.

Bayer e Schkolnick (1977) apresentam um conjunto de três diferentes alternativas de **protocolos para travamentos**[1] (*lock protocols*), que asseguram a integridade dos caminhos de acesso aos dados da árvore $B^\star$ e, ao mesmo tempo, permitem acesso concorrente. Em uma das alternativas propostas, a operação de recuperação trava (ou retém) uma página tão logo ela seja lida, de modo que outros processos não possam interferir nessa página. Na medida em que a pesquisa continua em direção ao nível seguinte da árvore, a trava aplicada na página antecessora é liberada, permitindo a leitura das páginas por outros processos.

Um processo que executa uma operação de recuperação é chamado **processo leitor**, enquanto um processo que executa uma operação de inserção ou de retirada é chamado **processo modificador**. A operação de modificação requer protocolos mais sofisticados, porque pode modificar as páginas antecessoras nos níveis acima. Em uma das alternativas apresentadas por Bayer e Schkolnick (1977), o processo modificador coloca um travamento exclusivo em cada página acessada, podendo mais tarde liberar o travamento, caso a página seja segura.

Vamos apresentar a seguir o **protocolo para processos leitores** e o **protocolo para processos modificadores** relativos à alternativa mais simples dentre as três alternativas apresentadas por Bayer e Schkolnick (1977). Esses protocolos utilizam dois tipos de travamento:

1. o *travamento-para-leitura*, que permite a um ou mais leitores acessar os dados, mas não permite inserção ou retirada de chaves;

2. o *travamento-exclusivo*, que permite qualquer tipo de operação na página (quando um processo recebe este tipo de travamento, nenhum outro processo pode operar na página).

O protocolo para processos leitores é:

(0) Coloque um travamento-para-leitura na raiz;
(1) Leia a página raiz e faça-a página corrente;
(2) Enquanto a página corrente não é uma página folha faça
 // o número de travamentos-para-leitura mantidos pelo processo é $= 1$
(3)   Coloque um travamento-para-leitura no descendente apropriado;

---

[1] Um protocolo para travamento é um mecanismo que assegura a modificação de apenas uma página de cada vez na árvore.

(4) Libere o travamento-para-leitura na página corrente;
(5) Leia a descendente da página corrente e faça-a página corrente.

O protocolo para processos modificadores é:

(0) Coloque um travamento-exclusivo na raiz;
(1) Leia a página raiz e faça-a página corrente;
(2) Enquanto a página corrente não é uma página folha faça
   // o número de travamentos-exclusivos mantidos pelo processo é ≥ 1
(3) Coloque um travamento-exclusivo no descendente apropriado;
(4) Leia a descendente da página corrente e faça-a página corrente;
(5) Se a página corrente é segura, então libere todos os travamentos mantidos sobre as páginas antecessoras da página corrente.

Para exemplificar o funcionamento do modelo do protocolo para processos modificadores, considere a modificação da página γ da árvore B* apresentada na Figura 6.17. Assuma que as páginas α, β e δ são seguras, e a página γ não é segura. Antes da execução do anel principal (passos 2 a 5 do algoritmo), um travamento-exclusivo é colocado na página raiz, e a página é lida e examinada. Logo após, a seqüência de eventos ocorre:

- Passo 3: Um travamento-exclusivo sobre a página β é solicitado;
- Passo 4: Após receber o travamento-exclusivo, a página β é lida;
- Passo 5: Desde que a página β é segura, o travamento-exclusivo sobre a página α é liberado, permitindo o acesso à página α para outros processos;
- Passo 3: Um travamento-exclusivo sobre a página γ é solicitado;
- Passo 4: Após receber o travamento-exclusivo, a página γ é lida;
- Passo 5: Desde que a página γ não é segura, o travamento-exclusivo sobre a página β é mantido;
- Passo 3: Um travamento-exclusivo sobre a página δ é solicitado;
- Passo 4: Após receber o travamento-exclusivo, a página δ é lida;
- Passo 5: Desde que a página δ é segura, os travamentos-exclusivos sobre as páginas β e γ podem ser liberados.

A solução apresentada acima requer um protocolo bem simples e ainda assim permite um nível razoável de concorrência. Essa solução pode ser melhorada em relação ao nível de concorrência com a utilização de protocolos mais sofisticados. Por exemplo, o processo modificador pode fazer uma "reserva" em cada página acessada e mais tarde modificar a reserva para travamento-exclusivo, caso o processo modificador verifique que as modificações a serem realizadas na estrutura da árvore deverão se propagar até a página com reserva. Essa solução aumenta o nível de concorrência, desde que as páginas com reserva possam ser lidas por outros processos.

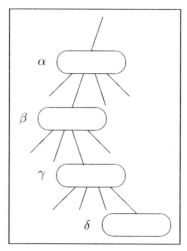

Figura 6.17 Parte de uma árvore B*.

Os tipos de travamentos referidos aqui são aplicados ao nível físico do banco de dados. Em um banco de dados cujo acesso aos dados é realizado por meio de uma árvore B*, a unidade de transferência dos dados da memória secundária para a memória principal é a página. Desse modo, os protocolos de travamento são aplicados nesse nível.

A implementação dos travamentos descritos acima pode ser obtida usando **semáforos**. De acordo com Dijkstra (1965), um semáforo é um inteiro não negativo que pode ser modificado somente pelas operações *wait* e *signal*, assim descritas: *wait* (s): **while** $(s > 0)$ $s = s - 1$; e *signal* (s): $s = s + 1$. A operação $s = s + 1$ é indivisível, isto é, somente um processo consegue realizá-la de cada vez. Por exemplo, se dois processos A e B querem realizar *signal* (s) ao mesmo tempo para $s = 3$, ao final $s = 5$. Se a operação $s = s + 1$ não é indivisível e as duas operações atribuem o resultado 4 a s, o resultado final pode ser 4 (e não 5). Outra referência sobre semáforos, bem como sua aplicação para sincronizar processos concorrentes, pode ser encontrada em Lister (1975).

Outro importante aspecto a ser considerado em um ambiente de processamento concorrente é o problema de **deadlock**. O *deadlock* ocorre quando dois processos estão inserindo um registro, cada um em páginas adjacentes que estejam cheias. Nesse caso, cada um dos processos fica esperando pelo outro eternamente. Lister (1975) mostra que o *deadlock* pode ser evitado com a eliminação de dependências circulares entre processos e recursos. Essa condição pode ser satisfeita com o uso da estrutura em árvore para ordenar todas as solicitações para acessar o banco de dados. Basta que os algoritmos usem as operações de travamento de cima para baixo, isto é, da página raiz para as páginas folha. Bayer e Schkolnick (1977) provaram que as soluções apresentadas são livres de *deadlock*.

6.3.4 Considerações Práticas

A árvore B é simples, de fácil manutenção, eficiente e versátil. A árvore B permite acesso seqüencial eficiente, e o custo para recuperar, inserir e retirar registros do arquivo é logarítmico. O espaço utilizado pelos dados é, no mínimo, 50% do espaço reservado para o arquivo. O espaço utilizado varia com a aquisição e liberação da área utilizada, na medida em que o arquivo cresce ou diminui de tamanho. As árvores B crescem e diminuem automaticamente, e nunca existe necessidade de uma reorganização completa do banco de dados. O emprego de árvores B em ambientes nos quais o acesso concorrente ao banco de dados é necessário é viável e relativamente simples de ser implementado.

Um bom exemplo de utilização prática de árvores B* é o método de acesso a arquivos da IBM, chamado VSAM (Keehn e Lacy, 1974; Wagner, 1973). VSAM é um método de acesso a arquivos de aplicação geral que permite tanto o acesso seqüencial eficiente como as operações de inserção, retirada e recuperação em tempo logarítmico. Comparado com a organização **seqüencial indexado**, o método VSAM oferece as vantagens da **alocação dinâmica** de memória, garantia de utilização de no mínimo 50% da memória reservada ao arquivo e nenhuma necessidade de reorganização periódica de todo o arquivo. O VSAM é considerado uma evolução do antigo ISAM, que utiliza o método indexado seqüencial (vide Seção 6.2).

Análise Pelo que foi visto anteriormente, as operações de inserção e retirada de registros em uma árvore B sempre deixam a árvore balanceada. Além do mais, o caminho mais longo em uma árvore B de ordem m com N registros contém no máximo cerca de $log_{m+1} N$ páginas. De fato, Bayer e McCreight (1972) provaram que os limites para as alturas máxima e mínima de uma árvore B de ordem m contendo N registros são:

$$\log_{2m+1}(N+1) \leq altura \leq 1 + \log_{m+1}\left(\frac{N+1}{2}\right).$$

O custo para processar uma operação de recuperação de um registro cresce com o logaritmo base m do tamanho do arquivo. Para ter uma idéia do significado da fórmula acima, considere a Tabela 6.1. Uma árvore B de ordem 50, representando um índice de um arquivo de um milhão de registros, permite a recuperação de qualquer registro com quatro acessos ao disco, no pior caso. Na realidade, o número de acessos no caso médio é três.

A altura esperada de uma árvore B não é conhecida analiticamente, pois ninguém foi capaz de apresentar um resultado analítico. A partir do cálculo analítico do número esperado de páginas para os quatro primeiros níveis, contados das páginas folha em direção à página raiz de uma **árvore 2-3** (ou árvore B de ordem $m = 1$), obtido por Eisenbarth, Ziviani, Gonnet, Mehlhorn e Wood (1982, p. 159), esses autores propuseram a seguinte conjetura: a altura esperada de

Tabela 6.1 Número de acessos a disco, no pior caso, para tamanhos variados de páginas e arquivos usando árvore B

Tamanho da página	Tamanho do arquivo				
	1.000	10.000	100.000	1.000.000	10.000.000
10	3	4	5	6	7
50	2	3	3	4	4
100	2	2	3	3	4
150	2	2	3	3	4

uma árvore 2-3 **randômica** (vide definição de árvore de pesquisa randômica na Seção 5.3) com N chaves é:

$$\overline{h}(N) \approx \log_{7/3}(N+1).$$

Outras medidas de complexidade relevantes para árvores B randômicas são:

1. A utilização de memória é cerca de $\ln 2$ para o algoritmo original proposto por Bayer e McCreight (1972). Isso significa que as páginas têm uma ocupação de aproximadamente 69% da área reservada após N inserções randômicas em uma árvore B inicialmente vazia.

2. No momento da inserção, a operação mais cara é a partição da página quando ela passa a ter mais do que $2m$ chaves, desde que a operação envolve a criação de uma nova página, o rearranjo das chaves e a inserção da chave do meio na página pai localizada no nível acima. Uma medida de complexidade de interesse é $Pr\{j \text{ partições}\}$, que corresponde à probabilidade de que j partições ocorram durante a N-ésima inserção randômica. No caso da árvore 2-3:

$$Pr\{0 \text{ partições}\} = \frac{4}{7},$$

$$Pr\{1 \text{ ou mais partições}\} = \frac{3}{7}.$$

No caso da árvore B de ordem m:

$$Pr\{0 \text{ partições}\} = 1 - \frac{1}{(2\ln 2)m} + O(m^{-2}),$$

$$Pr\{1 \text{ ou mais partições}\} = \frac{1}{(2\ln 2)m} + O(m^{-2}).$$

No caso de uma árvore B de ordem $m = 70$, $Pr\{1 \text{ ou mais partições}\} \approx 0,01$. Em outras palavras, em 99% das vezes nada acontece em termos de partições durante uma inserção.

3. Considere o acesso concorrente em árvores B. Bayer e Schkolnick (1977) propuseram a técnica de aplicar um travamento na *página segura mais profunda* (Psmp) no caminho de inserção. De acordo com o que foi mostrado na Seção 6.3.3, uma página é **segura** se ela contiver menos do que $2m$ chaves. Uma página segura é a mais profunda de um caminho de inserção se não existir outra página segura abaixo dela.

Já que o travamento da página impede o acesso de outros processos, é interessante saber qual é a probabilidade de que a página segura mais profunda esteja no primeiro nível. Essas medidas estão relacionadas com as do item anterior. No caso da árvore 2-3:

$$Pr\{\text{Psmp esteja no 1}\underline{\text{o}}\text{ nível}\} = \frac{4}{7},$$

$$Pr\{\text{Psmp esteja acima do 1}\underline{\text{o}}\text{ nível}\} = \frac{3}{7}.$$

No caso da árvore B de ordem m:

$$Pr\{\text{Psmp esteja no 1}\underline{\text{o}}\text{ nível}\} = 1 - \frac{1}{(2\ln 2)m} + O(m^{-2}),$$

$$Pr\{\text{Psmp esteja acima do 1}\underline{\text{o}}\text{ nível}\} = \frac{3}{7} = \frac{1}{(2\ln 2)m} + O(m^{-2}).$$

Novamente, no caso de uma árvore B de ordem $m = 70$, em 99% das vezes a Psmp está localizada em uma página folha, o que permite um alto grau de concorrência para processos modificadores. Esses resultados mostram que soluções muito complicadas para permitir o uso de concorrência de operações em árvores B não trazem grandes benefícios porque, na maioria das vezes, o travamento ocorrerá em páginas folha, o que permite alto grau de concorrência mesmo para os protocolos mais simples.

Mais detalhes sobre os resultados analíticos apresentados acima podem ser obtidos em Eisenbarth *et al.* (1982).

Observações Finais

Existem inúmeras variações sobre o algoritmo original da árvore B. Uma delas é a árvore B*, tratada na Seção 6.3.2.

Outra importante modificação é a **técnica de transbordamento** (ou técnica de **overflow**) proposta por Bayer e McCreight (1972) e Knuth (1973). A idéia é a seguinte: assuma que um registro tenha de ser inserido em uma página cheia que contenha $2m$ registros. Em vez de particioná-la, olhamos primeiro para a página irmã à direita. Se a página irmã possui menos do que $2m$ registros, um simples rearranjo de chaves torna a partição desnecessária. Se a página à direita também estiver cheia ou não existir, olhamos para a página irmã à esquerda. Se ambas estiverem cheias, então a partição terá de ser realizada. O efeito dessa modificação é o de produzir uma árvore com melhor utilização de memória e uma altura esperada menor. Essa alteração produz uma utilização de memória de cerca de 83% para uma árvore B randômica.

Qual é a influência de um sistema de **paginação** no comportamento de uma árvore B? Como o número de níveis de uma árvore B é muito pequeno (apenas três ou quatro) se comparado com o número de molduras de páginas, o sistema de paginação garante que a página raiz esteja sempre presente na memória principal, desde que a política de reposição de páginas adotada seja a política LRU. O esquema LRU faz também com que as páginas a serem particionadas em uma inserção estejam automaticamente disponíveis na memória principal.

Finalmente, é importante observar que a escolha do tamanho adequado da ordem m da árvore B é geralmente feita levando em conta as características de cada computador. Por exemplo, em um computador com memória virtual paginada, o tamanho ideal da página da árvore corresponde ao tamanho da página do sistema, e a transferência de dados da memória secundária para a memória principal e vice-versa é realizada pelo sistema operacional. Esses tamanhos variam entre 512 *bytes* e 4.096 *bytes*, em múltiplos de 512 *bytes*.

Notas Bibliográficas

O material utilizado na Seção 6.1 sobre um modelo de computação para memória secundária veio de Lister (1975). As árvores B foram introduzidas por Bayer e McCreight (1972). Comer (1979) discute árvores B sob um ponto de vista mais prático. Wirth (1976) apresenta uma implementação dos algoritmos de inserção e de retirada; Gonnet e Baeza-Yates (1991) apresentam uma implementação do algoritmo de inserção. A principal referência utilizada no item concorrência em árvores B veio de Bayer e Schkolnick (1977).

Exercícios

1. Memória Virtual

    a) Um sistema de memória virtual pode ser usado eficientemente como mecanismo de ordenação de arquivos que não caibam inteiramente na memória principal? Justifique sua resposta.

    b) Um sistema de memória virtual melhora ou não o desempenho de um algoritmo de pesquisa em uma árvore B? Por quê?

2. Árvore B

a) Construa uma árvore B de ordem $m = 1$ para as seguintes chaves: 15, 10, 30, 40, 5, 20, 12.

b) Retire a chave 15 e depois a chave 20 da árvore obtida no primeiro item.

c) Considere acesso concorrente. Explique como se processa a retirada da chave 15 no item anterior usando um protocolo para processos modificadores.

3. Árvore B

a) Obtenha analiticamente o valor da altura h de uma árvore 2-3 para o melhor e o pior caso.

b) Obtenha empiricamente os resultados a seguir. Utilize um gerador de números aleatórios para gerar as chaves. Repita o experimento para valores diferentes de n. Para cada valor de n, repita o experimento um certo número de vezes para que a média seja representativa.

    i) A altura esperada h de uma árvore 2-3 randômica com n chaves. Assuma que a altura esperada é aproximadamente $\log_x n + 1$. Determine empiricamente o valor de x.

    ii) A probabilidade de que a página segura mais profunda esteja no primeiro nível da árvore.

    iii) O valor da taxa de utilização de memória.

4. Neste trabalho você deve apresentar uma implementação do conjunto de classes para criação de um ambiente de memória virtual paginada em Java, conforme descrito na Seção 6.1.2.

O conjunto de classes deverá permitir ao usuário incorporar facilmente um ambiente de memória virtual ao seu programa para poder organizar o fluxo de dados entre a memória primária e a memória secundária. Para isso, procure colocar todas as classes do sistema em um único pacote chamado SMV. Esse pacote poderá ser importado em qualquer programa escrito em Java.

O tamanho máximo de cada estrutura de dados utilizada pelo sistema deverá ser definido durante a instanciação dos objetos através dos construtores das classes. Isso facilita o ajuste do tamanho das estruturas pelos usuários, de acordo com suas conveniências.

O que cada aluno deve fornecer:

a) Uma listagem completa do conjunto de classes precedida de documentação pertinente. A descrição de cada classe deverá conter pelo menos a sua função e a de seus métodos e campos. Dependendo da complexidade de cada classe, isto é, da complexidade de seus métodos, pode ser interessante descrever sucintamente a lógica do módulo obtido (evite descrever o que é óbvio).

b) Uma listagem de um programa de demonstração (DEMO) que indique claramente ao usuário como utilizar o pacote SMV. O programa DEMO deve servir também para mostrar toda a flexibilidade e potencial do pacote SMV.

c) Teste do Sistema

Para testar as várias classes do sistema de paginação, você deve gerar um arquivo em disco contendo algumas páginas (para fins de teste você pode utilizar uma página de tamanho pequeno, digamos 32 *bytes*). O arquivo de teste em disco deverá conter as páginas de uma árvore binária de pesquisa sem balanceamento, conforme mostrado no Programa 6.1.

É importante criar métodos para mostrar o conteúdo de todas as páginas em disco, da fila de Moldura de Páginas e da Tabela de Páginas. Esses métodos devem ser invocados pelo programa de teste nos momentos mais interessantes para que se veja o comportamento do sistema (talvez seja interessante realizar uma adaptação do programa DEMO para fins de testar o SMV, conforme descrito anteriormente). A impressão de todos esses momentos deve ser fornecida com a listagem do programa de teste.

5. O objetivo deste trabalho é projetar e implementar um sistema de programas para recuperar, inserir e retirar registros de um arquivo que pode conter até alguns poucos milhões de registros. A aplicação que utiliza o arquivo é bastante dinâmica, existindo um grande número de consultas e atualizações (inserções, retiradas e alterações de registros). Além do mais, a aplicação requer periodicamente a recuperação total ou parcial dos registros na ordem lexicográfica das chaves. Essas características sugerem fortemente a utilização de **árvore B** como estrutura de dados. O que fazer:

a) Para implementar os algoritmos de pesquisa, inserção e retirada em uma árvore B de ordem m, utilize o pacote SMV proposto em exercício anterior para criar um ambiente de memória virtual e resolver o problema de fluxo de dados entre as memórias primária e secundária.

b) Para testar o seu sistema de programas para uma árvore B de ordem $m = 2$, utilize a seguinte seqüência de chaves:

Inserção:

20; 10 40 50 30; 55 3 11 4 28; 36; 33 52 17 25 13; 45 9 43 8 48;

A cada ponto-e-vírgula você deverá imprimir a árvore.

Retirada:

45 30 28; 50 8; 10 4 20 40 55; 17 33 11 36; 3 11 52;

A cada ponto-e-vírgula você deverá imprimir a árvore.

c) Para ter uma idéia da eficiência do método de acesso construído faça a medida do tempo de execução para:

i) Construir árvores B de tamanhos 1.000, 10.000 e 50.000 chaves geradas randomicamente por meio de um gerador de números aleatórios. A medida de tempo deve ser tomada de forma independente para cada uma das três árvores. A ordem m das árvores deve ser tal que o tamanho da página seja igual a ou menor que 512 *bytes*.

ii) Para a maior das três árvores que você conseguiu construir, gere aleatoriamente um conjunto de 200 chaves e realize uma pesquisa na árvore para cada chave. Caso haja chaves que não estejam presentes no arquivo, informe quantas pesquisas foram com sucesso e quantas foram sem sucesso. Com essa medida podemos ter uma idéia do tempo aproximado para pesquisar um registro no arquivo.

Atenção: procure interpretar os resultados obtidos. Por exemplo, você deve informar qual foi o número de Molduras de Páginas utilizadas para os experimentos acima (com 256 *Kbytes* de memória real disponível é possível manter cerca de 120 molduras na memória principal). Quaisquer outras observações relevantes devem ser relatadas.

Observações:

a) A pesquisa da chave de um registro dentro de uma página da árvore B pode ser feita por meio de uma pesquisa seqüencial.

b) A decisão sobre a documentação a ser apresentada fica por conta do aluno.

6. Modifique a implementação do método original apresentado no Programa 6.4 para que a pesquisa da chave dentro de uma página da árvore B seja realizada por meio de uma pesquisa binária.

7. Desejamos informatizar o sistema de apoio ao serviço de auxílio à lista fornecido por uma empresa prestadora de serviços telefônicos. Neste sistema, devemos especificar um programa que gerenciará o acesso ao arquivo em disco magnético que contém informações sobre assinantes. Em uma consulta típica, o cliente fornece o nome de um assinante (ou parte dele) à telefonista, que, usando este programa, consulta o arquivo em disco. A chave de acesso para esse arquivo é formada pelo primeiro nome e o último sobrenome de cada assinante. Como assinantes diferentes podem ter a mesma chave, o programa fornece uma lista com os dados de todos os assinantes cuja chave é igual à fornecida pelo cliente. De posse desta lista e consultando verbalmente o cliente, a telefonista determina o assinante que está sendo procurado e fornece o seu número do telefone.

Vamos comparar duas diferentes propostas de organização do arquivo com os dados dos assinantes. Supor que sejam 1.000.000 de assinantes e cada registro tenha 200 *bytes*, incluindo a chave (o nome e o sobrenome do assinante), que tem 20 *bytes*. Suponha que a unidade de disco tenha um bloco com 1.024 *bytes* e que para endereçar cada bloco sejam necessários 11 *bytes*.

Devemos decidir qual a melhor organização de arquivo a ser adotada entre a seqüencial, indexada, árvore B ou árvore B*.

a) Faça um esboço de cada uma destas organizações.

b) Qual o número esperado de acessos a disco para uma pesquisa típica em cada uma destas alternativas? Por quê?

c) Qual a alternativa que você sugeriria? Por quê?

d) Ordene estas opções (da melhor para a pior), considerando cada um dos seguintes aspectos, e justifique:

  i) rapidez de acesso a determinado registro;

  ii) rapidez de acesso a uma lista de registros cujas chaves sejam iguais;

  iii) facilidade de atualização.

Capítulo 7
Algoritmos em Grafos

Muitas aplicações em computação necessitam considerar um conjunto de conexões entre pares de objetos. Os relacionamentos derivados dessas conexões podem ser usados para responder a questões tais como: existe um caminho para ir de um objeto a outro seguindo as conexões? Qual é a menor distância entre um objeto e outro objeto? Quantos outros objetos podem ser alcançados a partir de um determinado objeto? Existe um tipo abstrato chamado grafo que é usado para modelar tais situações. Entre centenas de problemas práticos que podem ser resolvidos por meio de uma modelagem em grafos, podemos citar alguns, a saber:

❑ Quando navegamos na Web encontramos documentos que contêm referências a outros documentos, e o usuário da rede move-se de um documento para outro ao seguir as referências. A Web pode ser modelada como um imenso grafo no qual os objetos são documentos e as conexões são elos (do inglês *links*). Algoritmos para processamento de grafos constituem componentes importantes das máquinas de busca que ajudam os usuários a localizar informação relevante na Web.

❑ Pessoas concorrem ao processo seletivo em escolas, universidades ou algum tipo de emprego. Nesse caso, os objetos são pessoas e instituições, e as conexões são as inscrições. Existem algoritmos em grafos para descobrir os melhores casamentos (do inglês *matching*) entre pessoas interessadas e posições disponíveis.

❑ Em um planejamento para visitar as principais cidades de uma região turística, uma pessoa pode estar interessada em saber qual é o caminho mais curto para realizar o roteiro. Nesse caso, os objetos são cidades e as conexões são as distâncias entre as cidades.

Algoritmos para a manipulação de grafos têm uma enorme importância na ciência da computação, e os algoritmos para trabalhar com eles são fundamentais para a área. Neste capítulo apresentamos os algoritmos básicos para lidar com alguns dos problemas mais importantes relacionados com grafos.

7.1 Definições Básicas

Um **grafo** é constituído de um conjunto de vértices e um conjunto de arestas conectando pares de vértices. Um vértice é um objeto simples que pode ter nome e outros atributos. Para um grafo contendo $|V|$ vértices, os nomes dos vértices terão valores entre 0 e $|V|-1$. Quando os vértices têm nomes arbitrários, para os algoritmos apresentados neste capítulo é necessário criar um mapeamento $1-1$ entre os nomes arbitrários e os $|V|$ inteiros entre 0 e $|V|-1$.

Este capítulo trata de dois tipos de grafos: direcionado e não direcionado. Um **grafo direcionado** G é um par (V, A), em que V é um conjunto finito de vértices e A é um conjunto de arestas com uma relação binária em V. A Figura 7.1(a) apresenta um grafo direcionado sobre o conjunto de vértices $V = \{0, 1, 2, 3, 4, 5\}$ e de arestas $A = \{(0,1), (0,3), (1,2), (1,3), (2,2), (2,3), (3,0), (5,4)\}$. Vértices são representados por círculos e arestas são representadas por setas. Em grafos direcionados podem existir arestas de um vértice para si mesmo, chamadas de *self-loops*.

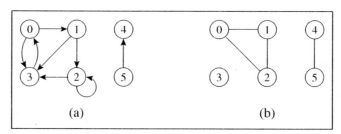

Figura 7.1 (a) Grafo direcionado; (b) Grafo não direcionado.

Um **grafo não direcionado** G é um par (V, A), em que o conjunto de arestas A é constituído de pares de vértices não ordenados. As arestas (u, v) e (v, u) são consideradas como uma única aresta. Em um grafo não direcionado, *self-loops* não são permitidos. A Figura 7.1(b) apresenta um grafo não direcionado sobre o conjunto de vértices $V = \{0, 1, 2, 3, 4, 5\}$ e de arestas $A = \{(0,1), (0,2), (1,2), (4,5)\}$.

Em um grafo direcionado, a aresta (u, v) sai do vértice u e entra no vértice v. Por exemplo, na Figura 7.1(a) os arcos que saem do vértice 2 são $(2,2)$ e $(2,3)$, e os arcos que incidem sobre o vértice 2 são $(1,2)$ e $(2,2)$. Se (u,v) é uma aresta no grafo $G = (V, A)$, o vértice v é **adjacente** ao vértice u. Quando o grafo é não direcionado, a relação de adjacência é simétrica. Em grafos direcionados, a relação de adjacência não é necessariamente simétrica. Nas partes (a) e (b) da Figura 7.1 o vértice 1 é adjacente ao vértice 0, uma vez que a aresta $(0,1)$ pertence aos dois grafos. Entretanto, o vértice 0 não é adjacente ao vértice 1 na Figura 7.1(a), uma vez que a aresta $(1,0)$ não pertence ao grafo.

O grau de um vértice em um grafo não direcionado é o número de arestas que incidem nele. Por exemplo, o vértice 1 na Figura 7.1(b) tem grau 2. Um vértice de grau 0, tal como o vértice 3 na Figura 7.1(b), é dito **isolado** ou **não conectado**. Em um grafo direcionado, o grau de um vértice corresponde ao número de arestas que saem do vértice (***out-degree***) mais o número de arestas que chegam ao vértice (***in-degree***). Por exemplo, o vértice 2 da Figura 7.1(a) tem *in-degree* 2, *out-degree* 2 e grau 4.

Um **caminho** de **comprimento** k de um vértice x a um vértice y em um grafo $G = (V, A)$ é uma seqüência de vértices $(v_0, v_1, v_2, \ldots, v_k)$ tal que $x = v_0$, $y = v_k$ e $(v_{i-1}, v_i) \in A$ para $i = 1, 2, \ldots, k$. O **comprimento** de um caminho é o número de arestas nele, isto é, o caminho contém os vértices $v_0, v_1, v_2, \ldots, v_k$ e as arestas $(v_0, v_1), (v_1, v_2), \ldots, (v_{k-1}, v_k)$. Se existir um caminho c de x a y, então y é **alcançável** a partir de x via c, o qual algumas vezes escrevemos como $u \overset{c}{\leadsto} v$ se G é direcionado. Um caminho é **simples** se todos os vértices do caminho são distintos. Na Figura 7.1(a), o caminho $(0, 1, 2, 3)$ é simples e tem comprimento 3. O caminho $(1, 3, 0, 3)$ não é simples.

Em um grafo direcionado, um caminho $(v_0, v_1, \ldots, v_k)$ forma um **ciclo** se $v_0 = v_k$ e o caminho contém pelo menos uma aresta. O ciclo é **simples** se os vértices $v_1, v_2, \ldots, v_k$ são distintos. O *self-loop* é um ciclo de tamanho 1. Na Figura 7.1(a), o caminho $(0, 1, 2, 3, 0)$ forma um ciclo. Dois caminhos $(v_0, v_1, \ldots, v_k)$ e $(v'_0, v'_1, \ldots, v'_k)$ formam o mesmo ciclo se existir um inteiro j tal que $v'_i = v_{(i+j) \bmod k}$ para $i = 0, 1, \ldots, k - 1$. Na Figura 7.1(a), o caminho $(0, 1, 3, 0)$ forma o mesmo ciclo que os caminhos $(1, 3, 0, 1)$ e $(3, 0, 1, 3)$. Em um grafo não direcionado, um caminho $(v_0, v_1, \ldots, v_k)$ forma um **ciclo** se $v_0 = v_k$ e o caminho contém pelo menos três arestas. O ciclo é **simples** se os vértices $v_1, v_2, \ldots, v_k$ são distintos. Por exemplo, na Figura 7.1(b) o caminho $(0, 1, 2, 0)$ é um ciclo. Um grafo sem ciclos é um grafo **acíclico**.

Um grafo não direcionado é **conectado** se cada par de vértices está conectado por um caminho. Os **componentes conectados** são conjuntos de vértices sob a relação "é alcançável a partir de", isto é, são porções conectadas de um grafo. O grafo na Figura 7.1(b) tem três componentes $\{0, 1, 2\}$, $\{4, 5\}$ e $\{3\}$. Um grafo não direcionado é conectado se ele tem exatamente um componente conectado, isto é, cada vértice é alcançável a partir de qualquer outro vértice.

Um grafo direcionado $G = (V, A)$ é **fortemente conectado** se cada dois vértices quaisquer são alcançáveis a partir um do outro. Os **componentes fortemente conectados** de um grafo direcionado são as classes de equivalência de vértices sob a relação "são mutuamente alcançáveis". O grafo na Figura 7.1(a) tem três componentes fortemente conectados $\{0, 1, 2, 3\}$, $\{4\}$ e $\{5\}$. Todos os pares em $\{0, 1, 2, 3\}$ são mutuamente alcançáveis, e os vértices $\{4, 5\}$ não formam um componente fortemente conectado porque o vértice 5 não é alcançável a partir do vértice 4. Um **grafo direcionado fortemente conectado** tem apenas um componente fortemente conectado.

Dois grafos $G = (V, A)$ e $G' = (V', A')$ são **isomorfos** se existir uma bijeção $f : V \to V'$, tal que $(u, v) \in A$ se e somente se $(f(u), f(v)) \in A'$. Em outras palavras, é possível re-rotular os vértices de G para serem rótulos de G' mantendo as arestas correspondentes em G e G'. A Figura 7.2 mostra dois grafos isomorfos G e G' com conjuntos de vértices $V = \{0, 1, 2, 3, 4, 5, 6, 7\}$ e $V' = \{s, t, u, v, w, x, y, z\}$, respectivamente.

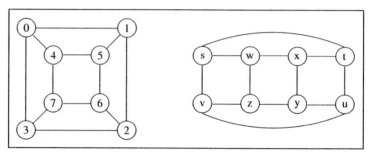

Figura 7.2 Dois grafos isomorfos.

Um grafo $G' = (V', A')$ é um **subgrafo** de $G = (V, A)$ se $V' \subseteq V$ e $A' \subseteq A$. Dado um conjunto $V' \subseteq V$, o subgrafo induzido por V' é o grafo $G' = (V', A')$, em que $A' = \{(u, v) \in A | u, v \in V'\}$. O subgrafo induzido pelo conjunto de vértices $\{1, 2, 4, 5\}$ na Figura 7.1(a) é mostrado na Figura 7.3 e possui o conjunto de arestas $\{(1, 2), (2, 2), (5, 4)\}$.

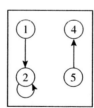

Figura 7.3 Subgrafo do grafo da Figura 7.1(a) induzido pelo conjunto de vértices $\{1, 2, 4, 5\}$.

A versão direcionada de um grafo não direcionado $G = (V, A)$ é um grafo direcionado $G' = (V', A')$, em que $(u, v) \in A'$ se e somente se $(u, v) \in A$. Ou seja, cada aresta não direcionada (u, v) em G é substituída por duas arestas direcionadas (u, v) e (v, u), conforme ilustra a Figura 7.4.

A versão não direcionada de um grafo direcionado $G = (V, A)$ é um grafo não direcionado $G' = (V', A')$, no qual $(u, v) \in A'$ se e somente se $u \neq v$ e $(u, v) \in A$ ou $(v, u) \in A$. Ou seja, a versão não direcionada contém as arestas de G sem a direção e sem os *self-loops*. A Figura 7.5 apresenta a versão não direcionada do grafo direcionado apresentado na Figura 7.1(a). Em um grafo direcionado

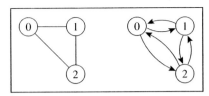

Figura 7.4 Versão direcionada de um grafo não direcionado.

$G = (V, A)$, um **vizinho** de um vértice u é qualquer vértice adjacente a u na versão não direcionada de G. Em um grafo não direcionado, u e v são vizinhos se eles são adjacentes.

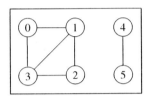

Figura 7.5 Versão não direcionada do grafo direcionado apresentado na Figura 7.1(a).

Um **grafo ponderado** possui pesos associados às suas arestas. Esses pesos podem representar, por exemplo, custos ou distâncias. Um **grafo bipartido** é um grafo não direcionado $G = (V, A)$, no qual V pode ser particionado em dois conjuntos V_1 e V_2 tal que $(u, v) \in A$ implica que $u \in V_1$ e $v \in V_2$ ou $u \in V_2$ e $v \in V_1$, isto é, todas as arestas ligam os dois conjuntos V_1 e V_2. Um **hipergrafo** é como um grafo não direcionado, mas cada aresta conecta um número arbitrário de vértices, em vez de conectar dois vértices apenas. Hipergrafos são utilizados na Seção 5.5.4 sobre **hashing perfeito**. Na Seção 7.9 é apresentada uma estrutura de dados para representar e operar com um hipergrafo.

Um **grafo completo** é um grafo não direcionado no qual todos os pares de vértices são adjacentes, isto é, possui arestas ligando todos os vértices entre si. Como um grafo direcionado pode ter no máximo $|V|^2$ arestas, então o grafo completo possui $(|V|^2 - |V|)/2 = |V|(|V| - 1)/2$ arestas, pois do total de $|V|^2$ pares possíveis de vértices devemos subtrair $|V|$ *self-loops* e dividir por 2, já que cada aresta ligando dois vértices é contada duas vezes no grafo direcionado. O número total de **grafos diferentes** com $|V|$ vértices é $2^{|V|(|V|-1)/2}$, valor que corresponde ao número de maneiras diferentes de escolher um subconjunto a partir de $|V|(|V| - 1)/2$ possíveis arestas.

Uma **árvore livre** é um grafo não direcionado acíclico e conectado. É comum omitir-se o adjetivo "livre" quando dizemos que o grafo é uma árvore. Uma **floresta** é um grafo não direcionado acíclico, podendo ou não ser conectado. A Figura 7.6(a) mostra uma árvore livre e a Figura 7.6(b) mostra uma floresta. Na literatura é comum chamar um **grafo direcionado acíclico** de *dag* (do inglês *directed acyclic graph*). Uma **árvore geradora** de um grafo conectado $G = (V, A)$ é um subgrafo que contém todos os vértices de G e forma uma árvore, conforme mostra a Figura 7.16(b) na Seção 7.7. Uma **floresta geradora** de um grafo G é um subgrafo que contém todos os vértices de G e forma uma floresta.

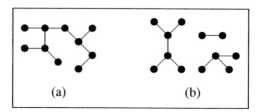

Figura 7.6 (a) Uma árvore livre; (b) Uma floresta.

7.2 O Tipo Abstrato de Dados Grafo

É importante considerar os algoritmos em grafos como **tipos abstratos de dados**, com um conjunto de operações associado a uma estrutura de dados, de tal forma que haja uma independência de implementação para as operações. Algumas das operações mais comuns incluem:

1. Criar um grafo vazio. A operação retorna um grafo contendo $|V|$ vértices e nenhuma aresta.

2. Inserir uma aresta no grafo. A operação recebe a aresta (V_1, V_2) e seu peso para serem inseridos no grafo.

3. Verificar se existe determinada aresta no grafo. A operação retorna *true* se a aresta (V_1, V_2) está presente no grafo, senão retorna *false*.

4. Obter a lista de vértices adjacentes a determinado vértice. Essa operação aparece na maioria dos algoritmos em grafos e, pela sua importância, será tratada separadamente logo a seguir.

5. Retirar uma aresta do grafo. A operação retira a aresta (V_1, V_2) do grafo e a retorna.

6. Imprimir um grafo.

7. Obter o número de vértices do grafo.

8. Obter o transposto de um grafo direcionado. A operação é apresentada na Seção 7.6.

9. Obter a aresta de menor peso de um grafo. A operação retira a aresta de menor peso de entre as arestas do grafo e a retorna.

Uma operação que aparece com freqüência é a de obter a lista de vértices adjacentes a determinado vértice. Para implementar esse operador de forma independente da representação escolhida para a aplicação em pauta precisamos de três operações sobre grafos, a saber:

1. Verificar se a lista de adjacentes de um vértice v está vazia. A operação retorna *true* se a lista de adjacentes de v está vazia, senão retorna *false*.

2. Obter o primeiro vértice adjacente a um vértice v, caso exista. A operação retorna a primeira aresta que o vértice v participa. O vértice adjacente é o segundo vértice da aresta retornada.

3. Obter o próximo vértice adjacente a um vértice v, caso exista. A operação retorna a próxima aresta que o vértice v participa. Assim como na operação anterior, o vértice adjacente é o segundo vértice da aresta retornada.

Assim, em algoritmos sobre grafos é comum encontrar um pseudocomando do tipo:

for $u \in$ lista de adjacentes de v **do** { faz algo com u }

O Programa 7.1 apresenta um possível refinamento do pseudocomando.

Programa 7.1 *Trecho de programa para obter lista de adjacentes de um vértice de um grafo*

```
if (!grafo.listaAdjVazia (v)) {
  Aresta aux = grafo.primeiroListaAdj (v);
  while (aux != null) {
    int u = aux.vertice2 (); int peso = aux.peso ();
    aux = grafo.proxAdj (v);
  }
}
```

Existem duas representações usuais para grafos: as matrizes de adjacência e as listas de adjacência. A Seção 7.2.1 apresenta a implementação de matrizes de adjacência usando arranjos. A Seção 7.2.2 apresenta a implementação de listas de adjacência usando listas encadeadas implementadas por meio de estruturas autoreferenciadas (vide Seção 3.1.2). A Seção 7.2.3 apresenta a implementação de listas de adjacência usando arranjos. Qualquer uma dessas representações pode ser usada tanto para grafos direcionados quanto para grafos não direcionados.

7.2.1 Implementação por meio de Matrizes de Adjacência

A **matriz de adjacência** de um grafo $G = (V, A)$ contendo n vértices é uma matriz $n \times n$ de *bits*, em que $A[i,j]$ é 1 (ou verdadeiro, no caso de booleanos), se e somente se existe um arco do vértice i para o vértice j. Para grafos ponderados $A[i,j]$ contém o rótulo ou peso associado com a aresta e, nesse caso, a matriz não é de *bits*. Se não existir uma aresta de i para j, então é necessário utilizar um valor que não possa ser usado como rótulo ou peso, tal como o valor 0 ou branco, conforme ilustra a Figura 7.7.

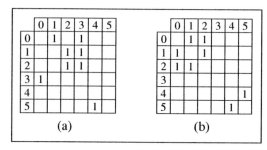

Figura 7.7 Representação por matrizes de adjacência. (a) Representação para o grafo direcionado da Figura 7.1(a); (b) Representação para o grafo não direcionado da Figura 7.1(b).

A representação por matrizes de adjacência deve ser utilizada para grafos **densos**, em que $|A|$ é próximo de $|V|^2$. Nessa representação, o tempo necessário para acessar um elemento é independente de $|V|$ ou $|A|$. Logo, essa representação é muito útil para algoritmos em que necessitamos saber com rapidez se existe uma aresta ligando dois vértices. A maior desvantagem de usar matrizes de adjacência para representar grafos é que a matriz necessita $\Omega(|V|^2)$ de espaço. Isso significa que simplesmente ler ou examinar a matriz tem complexidade de tempo $O(|V|^2)$.

O Programa 7.2 apresenta a implementação do **tipo abstrato de dados Grafo** e das sete primeiras operações definidas anteriormente.

Programa 7.2 Estrutura e operações do tipo grafo implementado como matriz de adjacência

```
package cap7.matrizadj;
public class Grafo {
  public static class Aresta {
    private int v1, v2, peso;
    public Aresta (int v1, int v2, int peso) {
      this.v1 = v1; this.v2 = v2; this.peso = peso; }
    public int peso () { return this.peso; }
    public int v1 () { return this.v1; }
    public int v2 () { return this.v2; }
  }
  private int mat[][]; // pesos do tipo inteiro
  private int numVertices;
  private int pos[]; // posição atual ao se percorrer os adjs de um vértice v
  public Grafo (int numVertices) {
    this.mat = new int[numVertices][numVertices];
    this.pos = new int[numVertices]; this.numVertices = numVertices;
    for (int i = 0; i < this.numVertices; i++) {
      for (int j = 0; j < this.numVertices; j++) this.mat[i][j] = 0;
      this.pos[i] = -1;
    }
  }
  public void insereAresta (int v1, int v2, int peso) {
    this.mat[v1][v2] = peso; }
```

Continuação do Programa 7.2

```java
  public boolean existeAresta (int v1, int v2) {
    return (this.mat[v1][v2] > 0);
  }
  public boolean listaAdjVazia (int v) {
    for (int i =0; i < this.numVertices; i++)
      if (this.mat[v][i] > 0) return false;
    return true;
  }
  public Aresta primeiroListaAdj (int v) {
    // Retorna a primeira aresta que o vértice v participa ou
    // null se a lista de adjacência de v for vazia
    this.pos[v] = -1; return this.proxAdj (v);
  }
  public Aresta proxAdj (int v) {
    // Retorna a próxima aresta que o vértice v participa ou
    // null se a lista de adjacência de v estiver no fim
    this.pos[v] ++;
    while ((this.pos[v] < this.numVertices) &&
           (this.mat[v][this.pos[v]] == 0)) this.pos[v]++;
    if (this.pos[v] == this.numVertices) return null;
    else return new Aresta (v, this.pos[v], this.mat[v][this.pos[v]]);
  }
  public Aresta retiraAresta (int v1, int v2) {
    if (this.mat[v1][v2] == 0) return null;  // Aresta não existe
    else {
      Aresta aresta = new Aresta (v1, v2, this.mat[v1][v2]);
      this.mat[v1][v2] = 0; return aresta;
    }
  }

  public void imprime () {
    System.out.print ("   ");
    for (int i = 0; i < this.numVertices; i++)
      System.out.print (i + " ");
    System.out.println ();
    for (int i = 0; i < this.numVertices; i++) {
      System.out.print (i + " ");
      for (int j = 0; j < this.numVertices; j++)
        System.out.print (this.mat[i][j] + "   ");
      System.out.println ();
    }
  }
  public int numVertices () {
    return this.numVertices;
  }
}
```

Em um tipo estruturado arranjo de duas dimensões, os itens são armazenados em posições contíguas de memória, e a inserção de um novo vértice ou retirada de um vértice já existente pode ser realizada com custo constante. O campo *mat* é o principal componente da classe *Grafo* mostrada no Programa 7.2. Os itens são armazenados em um **array** de duas dimensões de tamanho suficiente para armazenar o grafo. A variável *numVertices* define o número de vértices do grafo. O arranjo *pos* indica a posição atual ao se percorrer a lista de adjacência de um vértice v. A classe *Aresta* é utilizada para representar uma aresta contendo os valores de V_1, V_2 e *peso*.

7.2.2 Implementação por meio de Listas de Adjacência Usando Estruturas Auto-Referenciadas

A representação de um grafo $G = (V, A)$ por **listas de adjacência** consiste de um arranjo *adj* de $|V|$ listas, uma para cada vértice em V. Para cada $u \in V$, a lista de adjacentes *adj*[u] contém todos os vértices v tal que existe uma aresta $(u, v) \in A$, isto é, *adj*[u] contém todos os vértices adjacentes a u em G. Os vértices de uma lista de adjacência são em geral armazenados em uma ordem arbitrária. A representação por listas de adjacências possui uma complexidade de espaço $O(|V| + |A|)$, sendo pois indicada para grafos **esparsos**, em que $|A|$ é muito menor do que $|V|^2$. Essa representação é compacta e usualmente utilizada na maioria das aplicações. Entretanto, a principal desvantagem dessa representação é que ela pode ter tempo $O(|V|)$ para determinar se existe uma aresta entre o vértice i e o vértice j, uma vez que podem existir $O(|V|)$ vértices na lista de adjacentes do vértice i.

A implementação de listas de adjacências pode ser realizada por meio das duas estruturas de dados usuais para representar listas lineares: estruturas auto-referenciadas e posições contíguas de memória. Esta seção apresenta a implementação de listas de adjacência usando listas encadeadas implementadas por meio de estruturas auto-referenciadas, e a próxima seção apresenta a implementação de listas de adjacência usando posições contíguas de memória mediante arranjos.

As Figuras 7.8(a) e 7.8(b) apresentam a representação para listas de adjacência usando estruturas auto-referenciadas para um grafo direcionado contendo quatro vértices e três arestas e para um grafo não direcionado contendo quatro vértices e duas arestas, respectivamente. Note que cada aresta é representada duas vezes no grafo não direcionado.

O Programa 7.3 apresenta a implementação do **tipo abstrato de dados grafo** utilizando listas encadeadas implementadas por meio de estruturas auto-referenciadas para as sete primeiras operações definidas anteriormente. A classe *Aresta* representa as informações de uma aresta para que os usuários da classe

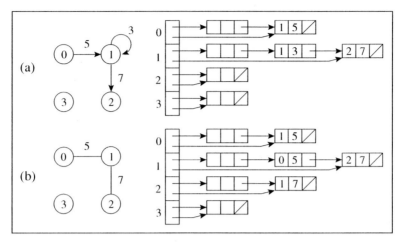

Figura 7.8 *Representação para listas de adjacência usando estruturas auto-referenciadas. (a) Grafo direcionado; (b) Grafo não direcionado.*

Grafo possam acessá-las. A classe *Celula* é utilizada para representar uma entrada na lista de adjacência de um vértice do grafo. O método *equals* é usado para verificar se um vértice qualquer v é adjacente a um outro vértice u ao se percorrer a lista de adjacentes de u.

Programa 7.3 *Estrutura e operações do tipo grafo implementado como listas encadeadas*

```
package cap7.listaadj.autoreferencia;
import cap3.autoreferencia.Lista; // vide Programa 3.2

public class Grafo {
  public static class Aresta {
    private int v1, v2, peso;
    public Aresta (int v1, int v2, int peso) {
      this.v1 = v1; this.v2 = v2; this.peso = peso;
    }
    public int peso () { return this.peso; }
    public int v1 () { return this.v1; }
    public int v2 () { return this.v2; }
  }
  private static class Celula {
    int vertice, peso;
    public Celula (int v, int p) {this.vertice = v; this.peso = p;}
    public boolean equals (Object obj) {
      Celula item = (Celula) obj;
      return (this.vertice == item.vertice);
    }
  }
  private Lista adj[];
  private int numVertices;
```

Continuação do Programa 7.3

```java
  public Grafo (int numVertices) {
    this.adj = new Lista[numVertices]; this.numVertices = numVertices;
    for (int i = 0; i < this.numVertices; i++) this.adj[i] = new Lista();
  }
  public void insereAresta (int v1, int v2, int peso) {
    Celula item = new Celula (v2, peso);
    this.adj[v1].insere (item);
  }
  public boolean existeAresta (int v1, int v2) {
    Celula item = new Celula (v2, 0);
    return (this.adj[v1].pesquisa (item) != null);
  }
  public boolean listaAdjVazia (int v) {
    return this.adj[v].vazia ();
  }
  public Aresta primeiroListaAdj (int v) {
    // Retorna a primeira aresta que o vértice v participa ou
    // null se a lista de adjacência de v for vazia
    Celula item = (Celula) this.adj[v].primeiro ();
    return item != null ? new Aresta (v, item.vertice, item.peso): null;
  }
  public Aresta proxAdj (int v) {
    // Retorna a próxima aresta que o vértice v participa ou
    // null se a lista de adjacência de v estiver no fim
    Celula item = (Celula) this.adj[v].proximo ();
    return item != null ? new Aresta (v, item.vertice, item.peso): null;
  }
  public Aresta retiraAresta (int v1, int v2) throws Exception {
    Celula chave = new Celula (v2, 0);
    Celula item = (Celula) this.adj[v1].retira (chave);
    return item != null ? new Aresta (v1, v2, item.peso): null;
  }
  public void imprime () {
    for (int i = 0; i < this.numVertices; i++) {
      System.out.println ("Vertice " + i + ":");
      Celula item = (Celula) this.adj[i].primeiro ();
      while (item != null) {
        System.out.println ("   " + item.vertice + " (" +item.peso+ ")");
        item = (Celula) this.adj[i].proximo ();
      }
    }
  }
  public int numVertices () {
    return this.numVertices;
  }
}
```

7.2.3 Implementação por meio de Listas de Adjacência Usando Arranjos

As Figuras 7.9(a) e 7.9(b) apresentam a representação para listas de adjacência usando arranjos para um grafo direcionado, contendo quatro vértices e três arestas, e para um grafo não direcionado, contendo quatro vértices e duas arestas, respectivamente. Note que cada aresta é representada duas vezes no grafo não direcionado.

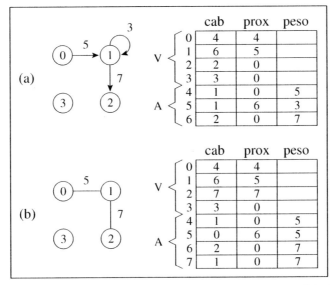

Figura 7.9 Representação para listas de adjacência usando arranjos. (a) Grafo direcionado; (b) Grafo não direcionado.

O Programa 7.4 apresenta a implementação do **tipo abstrato de dados Grafo** por meio de listas de adjacência usando arranjos para as sete primeiras operações definidas anteriormente. A classe *Grafo* contém três arranjos de dimensões entre 0 e $|V|+2\times|A|$ cada um: (i) o arranjo *cab*, cujas $|V|$ primeiras posições contêm os endereços do último item da lista de adjacentes de cada vértice e as $|A|$ últimas posições contêm os vértices propriamente ditos, (ii) o arranjo *prox*, que contém o endereço do próximo item da lista de adjacentes, e (iii) o arranjo *peso*, que contém, nas últimas $|A|$ posições, o valor do peso de cada aresta do grafo. A variável *proxDisponivel* contém a próxima posição disponível para inserção de uma nova aresta, e as variáveis *numVertices* e *numArestas* contêm o número de vértices e o número de arestas do grafo, respectivamente. O arranjo *pos* é utilizado para reter a posição atual na lista de adjacência de um certo vértice *v* quando se percorre a sua lista. A classe *Aresta* é utilizada para representar as informações associadas a uma aresta e permitir que os usuários da classe *Grafo* possam manipulá-las.

Programa 7.4 *Estrutura e operações do tipo grafo implementado como listas de adjacência usando arranjos*

```java
package cap7.listaadj.arranjo;
public class Grafo {
  public static class Aresta {
    private int v1, v2, peso;
    public Aresta (int v1, int v2, int peso) {
      this.v1 = v1; this.v2 = v2; this.peso = peso;
    }
    public int peso () { return this.peso; }
    public int v1 () { return this.v1; }
    public int v2 () { return this.v2; }
  }
  private int cab[], prox[], peso[];
  private int pos[]; // posição atual ao se percorrer os adjs de um vértice v
  private int numVertices, proxDisponivel;
  public Grafo (int numVertices, int numArestas) {
    int tam = numVertices + 2*numArestas;
    this.cab  = new int[tam]; this.prox = new int[tam];
    this.peso = new int[tam]; this.numVertices = numVertices;
    this.pos = new int[this.numVertices];
    for (int i = 0; i < this.numVertices; i++) {
      this.prox[i] = 0;
      this.cab[i] = i;
      this.peso[i] = 0;
      this.pos[i] = i;
    }
    this.proxDisponivel = this.numVertices;
  }
  public void insereAresta (int v1, int v2, int peso) {
    if (this.proxDisponivel == this.cab.length)
      System.out.println ("Nao ha espaco disponivel para a aresta");
    else {
      int ind = this.proxDisponivel++;
      this.prox[this.cab[v1]] = ind;
      this.cab[ind] = v2; this.cab[v1] = ind;
      this.prox[ind] = 0; this.peso[ind] = peso;
    }
  }
  public boolean existeAresta (int v1, int v2) {
    for (int i = this.prox[v1]; i != 0; i = this.prox[i])
      if (this.cab[i] == v2) return true;
    return false;
  }
  public boolean listaAdjVazia (int v) {
    return (this.prox[v] == 0);
  }
```

Continuação do Programa 7.4

```java
    public Aresta primeiroListaAdj (int v) {
        // Retorna a primeira aresta que o vértice v participa ou
        // null se a lista de adjacência de v for vazia
        this.pos[v] = v;
        return this.proxAdj (v);
    }
    public Aresta proxAdj (int v) {
        // Retorna a próxima aresta que o vértice v participa ou
        // null se a lista de adjacência de v estiver no fim
        this.pos[v] = this.prox[this.pos[v]];
        if (this.pos[v] == 0) return null;
        else return new Aresta (v,this.cab[pos[v]],this.peso[pos[v]]);
    }
    public Aresta retiraAresta (int v1, int v2) {
        int i;
        for (i = v1; this.prox[i] != 0; i = this.prox[i])
            if (this.cab[this.prox[i]] == v2) break;
        int ind = this.prox[i];
        if (this.cab[ind] == v2) { // encontrou aresta
            Aresta aresta = new Aresta(v1, v2, this.peso[ind]);
            this.cab[ind] = this.cab.length; // marca como removido
            if (this.prox[ind] == 0) this.cab[v1] = i; // último vértice
            this.prox[i] = this.prox[ind];
            return aresta;
        } else return null;
    }
    public void imprime () {
        for (int i = 0; i < this.numVertices; i++) {
            System.out.println ("Vertice " + i + ":");
            for (int j = this.prox[i]; j != 0; j = this.prox[j])
                System.out.println ("   " + this.cab[j]+" ("+this.peso[j]+ ")");
        }
    }
    public int numVertices () { return this.numVertices; }
}
```

7.2.4 Programa Teste para as Três Implementações

O programa para testar os operadores do tipo abstrato de dados pode ser visto no Programa 7.5. Qualquer uma das três implementações apresentadas nas Seções 7.2.1, 7.2.2 ou 7.2.3 pode ser usada com o programa. Observe que o operador *insereAresta* pode ser usado para criar grafos direcionados ou não direcionados. A inserção de uma aresta contendo os vértices v e u em um grafo não direcionado pode ser realizada por meio de duas chamadas de *insereAresta*, uma para a aresta (v, u) e outra para a aresta (u, v), como ilustra o Programa 7.5.

Programa 7.5 *Programa teste para operadores do tipo abstrato de dados grafo*

```java
package cap7;
import java.io.*;
import cap7.listaadj.arranjo.Grafo; // vide Programa 7.4

public class TestaGrafo {
  static BufferedReader in = new BufferedReader (
                             new InputStreamReader (System.in));
  public static Grafo.Aresta lerAresta () throws Exception {
    System.out.println ("Aresta:");
    System.out.print ("  V1:");
    int v1 = Integer.parseInt (in.readLine());
    System.out.print ("  V2:");
    int v2 = Integer.parseInt (in.readLine());
    System.out.print ("  Peso:");
    int peso = Integer.parseInt (in.readLine());
    return new Grafo.Aresta (v1, v2, peso);
  }
  public static void main (String[] args) throws Exception {
    System.out.print ("No. vertices:");
    int nVertices = Integer.parseInt (in.readLine());
    System.out.print ("No. arestas:");
    int nArestas = Integer.parseInt (in.readLine());
    Grafo grafo = new Grafo (nVertices, nArestas);
    for (int i = 0; i < nArestas; i++) {
      Grafo.Aresta a = lerAresta ();
      // Duas chamadas porque o grafo é não direcionado
      grafo.insereAresta (a.v1 (), a.v2 (), a.peso ());
      grafo.insereAresta (a.v2 (), a.v1 (), a.peso ());
    }
    grafo.imprime ();
    in.readLine();
    System.out.print ("Lista adjacentes de: ");
    int v1 = Integer.parseInt (in.readLine());
    if (!grafo.listaAdjVazia (v1)) {
      Grafo.Aresta adj = grafo.primeiroListaAdj (v1);
      while (adj != null) {
        System.out.println ("  " + adj.v2 () + " (" + adj.peso () + ")");
        adj = grafo.proxAdj (v1);
      }
      System.out.println (); in.readLine();
    }
    System.out.println ("Retira aresta: ");
    Grafo.Aresta a = lerAresta ();
    if (grafo.existeAresta (a.v1 (), a.v2 ())) {
      // Duas chamadas porque o grafo é não direcionado
      grafo.retiraAresta (a.v1 (), a.v2 ());
      grafo.retiraAresta (a.v2 (), a.v1 ());
    }
    else System.out.println ("Aresta nao existe");
```

Continuação do Programa 7.5

```
        grafo.imprime (); in.readLine();
        System.out.print ("Existe aresta: "); a = lerAresta ();
        if (grafo.existeAresta (a.v1 (), a.v2 ()))
          System.out.println ("  Sim");
        else System.out.println ("  Nao");
    }
}
```

7.3 Busca em Profundidade

A **busca em profundidade** (do inglês ***depth-first search***) é um algoritmo para caminhar no grafo. A estratégia seguida pelo algoritmo é a de buscar, sempre que possível, o mais profundo no grafo. Na busca em profundidade, as arestas são exploradas a partir do vértice v mais recentemente descoberto que ainda possui arestas não exploradas saindo dele. Quando todas as arestas adjacentes a v tiverem sido exploradas, a busca anda para trás (do inglês *backtrack*) para explorar vértices que saem do vértice do qual v foi descoberto. O processo continua até que sejam descobertos todos os vértices que são alcançáveis a partir do vértice original. O algoritmo é a base para muitos outros algoritmos importantes, tais como verificação de grafos acíclicos (Seção 7.3.2), ordenação topológica (Seção 7.5) e componentes fortemente conectados (Seção 7.6).

Sempre que um vértice v é descoberto durante a leitura da lista de adjacentes de um vértice u já descoberto, a busca em profundidade registra esse evento atribuindo u a *antecessor*$[v]$. Para acompanhar o progresso do algoritmo cada vértice é colorido de branco, cinza ou preto. Todos os vértices são inicializados brancos e podem posteriormente se tornar cinza e finalmente pretos. Quando um vértice é descoberto pela primeira vez durante a busca, ele torna-se cinza, e muda para preto depois que sua lista de adjacentes é completamente examinada.

A busca em profundidade registra em $d[v]$ o tempo (ou momento) em que o vértice é descoberto (e tornado cinza), e em $t[v]$ o tempo em que a busca termina o exame da lista de adjacentes de v (e tornado preto). A razão de usar os tempos de descoberta e de término é que eles são empregados em muitos algoritmos para grafos, além de serem úteis para acompanhar o comportamento da busca em profundidade. Esses registros são inteiros entre 1 e $2|V|$, pois existe um evento de descoberta e um evento de término para cada um dos $|V|$ vértices. O Programa 7.6 implementa a busca em profundidade. O grafo $G = (V, A)$ pode ser direcionado ou não direcionado. A variável *tempo* é usada para marcar o tempo de descoberta e de término.

Programa 7.6 *Busca em profundidade*

```java
package cap7;
import cap7.listaadj.autoreferencia.Grafo;  // vide Programa 7.3
public class BuscaEmProfundidade {
  public static final byte branco = 0;
  public static byte cinza       = 1;
  public static byte preto       = 2;
  private int d[], t[], antecessor[];
  private Grafo grafo;

  public BuscaEmProfundidade (Grafo grafo) {
    this.grafo = grafo; int n = this.grafo.numVertices ();
    d = new int[n]; t = new int[n]; antecessor = new int[n];
  }
  private int visitaDfs (int u, int tempo, int cor[]) {
    cor[u] = cinza; this.d[u] = ++tempo;
    if (!this.grafo.listaAdjVazia (u)) {
      Grafo.Aresta a = this.grafo.primeiroListaAdj (u);
      while (a != null) {
        int v = a.v2 ();
        if (cor[v] == branco) {
          this.antecessor[v] = u;
          tempo = this.visitaDfs (v, tempo, cor);
        }
        a = this.grafo.proxAdj (u);
      }
    }
    cor[u] = preto; this.t[u] = ++tempo;
    return tempo;
  }
  public void buscaEmProfundidade () {
    int tempo = 0; int cor[] = new int[this.grafo.numVertices ()];
    for (int u = 0; u < grafo.numVertices (); u++) {
      cor[u] = branco; this.antecessor[u] = -1;
    }
    for (int u = 0; u < grafo.numVertices (); u++)
      if (cor[u] == branco) tempo = this.visitaDfs (u, tempo, cor);
  }
  public int d (int v) { return this.d[v]; }
  public int t (int v) { return this.t[v]; }
  public int antecessor (int v) { return this.antecessor[v]; }
}
```

O grafo $G = (V, A)$ é passado como parâmetro no construtor da classe *BuscaEmProfundidade*. O método *buscaEmProfundidade* funciona como se segue. Na primeira linha, a variável *tempo*, que é usada para registrar os tempos de descoberta e de término, é inicializada como zero. O primeiro anel logo a seguir colore todos os vértices de *branco* e inicializa os seus antecessores para -1

no arranjo *antecessor*. O anel seguinte verifica cada vértice em V e, quando um vértice *branco* é encontrado, visita-o usando *visitaDfs*. Nesse caso, toda vez que o método *visitaDfs* (u, *tempo*, *cor*) é chamado, o vértice u torna-se a raiz de uma nova **árvore de busca em profundidade**, e o conjunto de árvores forma uma **floresta** de árvores de busca.

Em cada chamada *visitaDfs* (u, *tempo*, *cor*), o vértice u é inicialmente *branco*. Na primeira linha, u é tornado *cinza*, a variável *tempo* é incrementada, e o novo valor de *tempo* é registrado como o tempo de descoberta $d[u]$. O comando **if** seguinte examina a lista de vértices v adjacentes a u e visita recursivamente v se ele for *branco*. Quando *visitaDfs* retorna, cada vértice u possui um tempo de descoberta $d[u]$ e um tempo de término $t[u]$. Os métodos públicos d, t e *antecessor* são definidos para que o usuário da classe *BuscaEmProfundidade* possa ter acesso aos valores dos arranjos d, t e *antecessor*.

A Figura 7.10 mostra o progresso da busca em profundidade no grafo direcionado da Figura 7.10(a). Ao lado de cada vértice é mostrada a cor branca, cinza ou preta (b, c ou p), e entre parênteses tempo-de-descoberta/tempo-de-término.

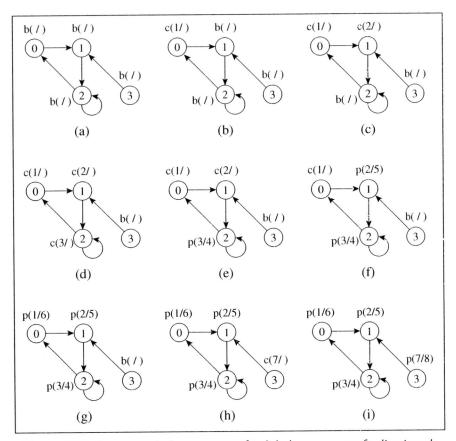

Figura 7.10 Progresso da busca em profundidade em um grafo direcionado.

Análise Os dois anéis do método *buscaEmProfundidade* têm custo $O(|V|)$ cada um, a menos da chamada do método *visitaDfs* (u, *tempo*, *cor*) no segundo anel. O método *visitaDfs* é chamado exatamente uma vez para cada vértice $u \in V$, desde que *visitaDfs* seja chamado apenas para vértices brancos, e a primeira ação é pintar o vértice de cinza. Durante a execução de *visitaDfs*(u, *tempo*, *cor*), o anel principal é executado $|adj[u]|$ vezes. Desde que

$$\sum_{u \in V} |adj[u]| = O(|A|),$$

o tempo total de execução de *visitaDfs* é $O(|A|)$. Logo, a complexidade total do método *buscaEmProfundidade* é $O(|V| + |A|)$.

7.3.1 Classificação de Arestas

Outra propriedade importante da busca em profundidade é que ela pode ser usada para a **classificação de arestas** do grafo de entrada $G = (V, A)$. Esse tipo de informação pode ser útil para derivar outros algoritmos, como aquele para verificar se um grafo direcionado é acíclico, que será mostrado na próxima seção.

Podemos definir quatro tipos de arestas a partir do efeito da busca em profundidade em G, a saber:

1. **Arestas de árvore** são arestas de uma árvore de busca em profundidade. A aresta (u, v) é uma aresta de árvore se v foi descoberto pela primeira vez ao percorrer a aresta (u, v).

2. **Arestas de retorno** são arestas (u, v) conectando um vértice u com um antecessor v em uma árvore de busca em profundidade. As arestas *self-loops* são consideradas arestas de retorno.

3. **Arestas de avanço** são arestas (u, v) que não pertencem à árvore de busca em profundidade, mas conectam um vértice u a um descendente v que pertence à árvore de busca em profundidade.

4. **Arestas de cruzamento** são todas as outras arestas, que podem conectar vértices na mesma árvore de busca em profundidade ou em duas árvores de busca em profundidade diferentes.

Na busca em profundidade cada aresta pode ser classificada no momento em que a aresta é percorrida. Cada aresta (u, v) pode ser classificada pela cor do vértice v que é alcançado quando a aresta é percorrida pela primeira vez:

1. Branco indica uma **aresta de árvore**. Esse caso é imediato a partir da especificação do algoritmo.

2. Cinza indica uma **aresta de retorno**. Nesse caso, basta observar que vértices cinza sempre formam uma cadeia linear de descendentes que correspondem à pilha de chamadas recursivas a *visitaDfs* que estão ativas:

o número de vértices cinza é um a mais do que a profundidade do vértice mais recentemente descoberto na árvore de busca. O caminhamento prossegue sempre a partir do vértice cinza mais profundo, logo uma aresta que atinge um vértice cinza atinge um antecessor, que forma assim uma aresta de retorno.

3. Preto indica uma **aresta de avanço** ou uma **aresta de cruzamento**. Uma aresta (u, v) é de avanço quando $d[u] < d[v]$ e de cruzamento quando $d[u] > d[v]$.

A Figura 7.11 apresenta um grafo direcionado. Ao lado de cada aresta é mostrado se o tipo de aresta é de árvore, de retorno, de avanço ou de cruzamento (arv, ret, avan ou cruz).

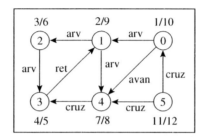

Figura 7.11 Classificação das arestas na busca em profundidade em um grafo direcionado.

7.3.2 Teste para Verificar se um Grafo é Acíclico

Existem várias situações em que o teste para verificar se um grafo é acíclico é importante. O Programa 7.6 para realizar busca em profundidade pode ser usado para verificar se um grafo $G = (V, A)$ é **acíclico** ou contém um ou mais ciclos. Se uma **aresta de retorno** é encontrada durante a busca em profundidade em G, então o grafo tem **ciclo**. Igualmente, se um grafo tem um ciclo, então uma aresta de retorno será sempre encontrada em qualquer busca em profundidade em G.

Assim, um grafo direcionado G é acíclico se e somente se a busca em profundidade em G não apresentar arestas de retorno. Como vimos na seção anterior, o método *buscaEmProfundidade* pode ser alterado para descobrir arestas de retorno. Para isso, basta verificar se um vértice v adjacente a um vértice u apresenta a cor cinza na primeira vez que a aresta (u, v) é percorrida. Isso deve ser feito no momento em que a lista de adjacentes de u está sendo percorrida. Nesse caso o algoritmo de busca em profundidade percorre apenas a árvore de busca em profundidade para visitar todos os vértices, de forma independente do número de arestas do grafo. Em outras palavras, o algoritmo tem custo $O(|V|)$ para verificar se G é **acíclico**.

7.4 Busca em Largura

A **busca em largura** (do inglês *breadth-first search*) é assim chamada porque ela expande a fronteira entre vértices descobertos e não descobertos uniformemente por meio da largura da fronteira, como se fossem círculos concêntricos gerados por uma pedra que se deixa cair em uma superfície de água completamente parada. O algoritmo é a base para muitos algoritmos em grafos importantes, tais como o algoritmo de Prim para obter a árvore geradora mínima (Seção 7.7.2) e o algoritmo de Dijkstra para obter o caminho mais curto de um vértice a todos os outros vértices (Seção 7.8). Dados um grafo $G = (V, A)$ e um vértice origem, o algoritmo de busca em largura descobre todos os vértices a uma distância k do vértice origem antes de descobrir qualquer vértice a uma distância $k + 1$. O grafo $G = (V, A)$ pode ser direcionado ou não direcionado.

Dado um grafo $G = (V, A)$ e um vértice origem u, a busca em largura explora sistematicamente as arestas de G com o objetivo de descobrir todos os vértices que são alcançáveis a partir de u. Para acompanhar o progresso do algoritmo, cada vértice é colorido de branco, cinza ou preto. Todos os vértices são inicializados brancos, podem posteriormente se tornar cinza e finalmente pretos. Quando um vértice é *descoberto* pela primeira vez durante a busca, ele se torna cinza. Assim, vértices cinza e pretos já foram descobertos, mas a busca distingue entre eles para assegurar que a busca ocorra em largura. Se $(u, v) \in A$ e o vértice u é preto, então o vértice v tem de ser cinza ou preto, o que significa que todos os vértices adjacentes a vértices pretos já foram descobertos. Vértices cinza podem ter alguns vértices adjacentes brancos, e eles representam a fronteira entre vértices descobertos e não descobertos.

O Programa 7.7 implementa a busca em largura. O grafo é passado como parâmetro no construtor da classe *BuscaEmLargura*. O método *visitaBfs* obtém o menor número de arestas entre o vértice origem u e todo vértice que possa ser alcançado. O grafo de entrada G pode ser direcionado ou não direcionado. O algoritmo usa uma fila do tipo "primeiro-que-chega, primeiro-atendido" para gerenciar o conjunto de vértices cinza.

Programa 7.7 *Busca em largura*

```
package cap7;
import cap3.autoreferencia.Fila; // vide Programa 3.11
import cap7.listaadj.autoreferencia.Grafo; // vide Programa 7.3
public class BuscaEmLargura {
  public static final byte branco = 0;
  public static byte cinza       = 1;
  public static byte preto       = 2;
  private int d[], antecessor[];
  private Grafo grafo;
```

Continuação do Programa 7.7

```java
  public BuscaEmLargura (Grafo grafo) {
    this.grafo = grafo; int n = this.grafo.numVertices ();
    this.d = new int[n]; this.antecessor = new int[n];
  }
  private void visitaBfs (int u, int cor[]) throws Exception {
    cor[u] = cinza; this.d[u] = 0;
    Fila fila = new Fila (); fila.enfileira (new Integer (u));
    while (!fila.vazia ()) {
      Integer aux = (Integer)fila.desenfileira (); u = aux.intValue ();
      if (!this.grafo.listaAdjVazia (u)) {
        Grafo.Aresta a = this.grafo.primeiroListaAdj (u);
        while (a != null) {
          int v = a.v2 ();
          if (cor[v] == branco) {
            cor[v] = cinza; this.d[v] = this.d[u] + 1;
            this.antecessor[v] = u; fila.enfileira (new Integer (v));
          }
          a = this.grafo.proxAdj (u);
        }
      }
      cor[u] = preto;
    }
  }
  public void buscaEmLargura () throws Exception {
    int cor[] = new int[this.grafo.numVertices ()];
    for (int u = 0; u < grafo.numVertices (); u++) {
      cor[u] = branco; this.d[u] = Integer.MAX_VALUE;
      this.antecessor[u] = -1;
    }
    for (int u = 0; u < grafo.numVertices (); u++)
      if (cor[u] == branco) this.visitaBfs (u, cor);
  }
  public int d (int v) { return this.d[v]; }
  public int antecessor (int v) { return this.antecessor[v]; }
}
```

O método *buscaEmLargura* funciona como se segue. O primeiro anel **for** colore todos os vértices de *branco*, inicializa a distância $d[u]$ do vértice origem até o vértice u para o valor infinito, e inicializa os seus antecessores para -1 no arranjo *antecessor*. Se u não tem antecessor, como nos casos em que u corresponde ao vértice origem ou u ainda não foi descoberto, então a entrada $antecessor[u] = -1$. O anel seguinte **for** verifica cada vértice em V e quando um vértice *branco* é encontrado visita-o usando *visitaBfs*. Nesse caso, toda vez que *visitaBfs*(u, *cor*) é chamado, o vértice u torna-se a raiz de uma nova **árvore de busca em largura**, e o conjunto de árvores forma uma **floresta** de árvores de busca.

Dentro do método *visitaBfs*, o vértice u é considerado como o vértice origem da nova árvore e é pintado de *cinza*, uma vez que ele é considerado descoberto quando o método inicia. O algoritmo usa uma **fila** do tipo "primeiro-que-chega, primeiro-atendido" (veja Seção 3.3) para gerenciar o conjunto de vértices *cinza*. A seguir $d[u]$ é inicializado como 0 e a fila é inicializada com o vértice origem u. O primeiro anel **while** executa enquanto houver vértices *cinza*, que formam o conjunto de vértices descobertos que ainda não tiveram suas listas de adjacentes totalmente examinadas. Assim, no teste do **while**, a fila contém o conjunto de vértices *cinza*. Antes da primeira iteração do anel, o único vértice na fila é o vértice origem u. No primeiro comando dentro do anel o vértice *cinza* u que está no início da fila é desenfileirado. O comando **if** seguinte examina a lista de vértices v adjacentes a u e visita v se ele for branco. Nesse momento, v é tornado *cinza*, a distância de v a u é registrada fazendo $d[v] = d[u] + 1$, u é atribuído a *antecessor*$[v]$, e o novo vértice *cinza* é enfileirado. Finalmente, depois que toda a lista de adjacentes de u é percorrida, o vértice u é pintado de *preto*. Os métodos públicos d e *antecessor* são definidos para que o usuário da classe *BuscaEmLargura* possa ter acesso aos valores dos arranjos d e *antecessor*, que são obtidos pela busca em largura.

A Figura 7.12 mostra o progresso da busca em largura no grafo não direcionado da Figura 7.5. Arestas de árvore são mostradas em negrito na medida em que são criadas pela busca em largura. Ao lado de cada vértice é mostrada a cor branca, cinza ou preta (b, c ou p), e entre parênteses a distância $d[u]$. A fila F é mostrada no final de cada iteração do anel **while** do método *visitaBfs* no Programa 7.7.

Análise A análise é válida para quando a implementação utilizar listas de adjacência para representar o grafo (veja Seção 7.2.2). O custo de inicialização do primeiro anel no método *buscaEmLargura* é $O(|V|)$. Para o segundo anel, o custo é também $O(|V|)$, a menos da chamada do método *visitaBfs(u, cor)*. Dentro do método *visitaBfs*, nenhum vértice é tornado branco, o que garante que cada vértice seja tornado cinza no máximo uma vez, seja enfileirado também no máximo uma vez, e assim desenfileirado também no máximo uma vez. Como as operações de enfileirar e desenfileirar têm custo $O(1)$ cada uma, as operações com a fila têm custo total $O(|V|)$. A lista de adjacentes de cada vértice é percorrida apenas quando o vértice é desenfileirado, logo, cada lista de adjacentes é percorrida no máximo uma vez. Já que a soma de todas as listas de adjacentes é $O(|A|)$, o tempo total gasto com as listas de adjacentes é $O(|A|)$. Logo, o método *buscaEmLargura* possui complexidade de tempo total igual a $O(|V| + |A|)$.

Caminhos mais Curtos

O método *visitaBfs* do Programa 7.7 obtém a distância do vértice origem $u \in V$ para cada vértice alcançável $v \in V$ em um grafo $G = (V, A)$. De fato, a busca em

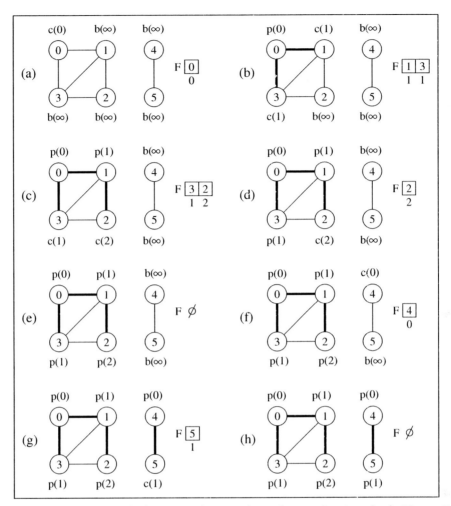

Figura 7.12 Progresso da busca em largura do grafo não direcionado da Figura 7.5.

largura obtém o **caminho mais curto** de u até v. Como mostra a Figura 7.12, o método *visitaBfs* constrói uma árvore de busca em largura durante a busca no grafo, que é armazenada no arranjo *antecessor*.

O Programa 7.8 apresenta o método da classe *BuscaEmLargura*, que imprime os vértices do caminho mais curto entre um vértice origem e outro vértice qualquer do grafo, a partir do vetor *antecessor* obtido após a execução do método *buscaEmLargura*. O método *imprimeCaminho* tem custo linear no número de vértices do caminho impresso, uma vez que cada chamada recursiva ocorre para um caminho que tem um vértice a menos que a chamada anterior.

Programa 7.8 *Imprime os vértices do caminho mais curto entre o vértice origem e outro vértice qualquer do grafo*

```
public void imprimeCaminho (int origem, int v) {
  if (origem == v) System.out.println (origem);
  else if (this.antecessor[v] == -1)
    System.out.println ("Nao existe caminho de " + origem + " ate " + v);
  else {
    imprimeCaminho (origem, this.antecessor[v]);
    System.out.println (v);
  }
}
```

7.5 Ordenação Topológica

O Programa 7.6 para realizar busca em profundidade pode ser usado para obter a ordenação topológica de um **grafo direcionado acíclico**. A **ordenação topológica** de um grafo direcionado acíclico $G = (V, A)$ é uma ordenação linear de todos os seu vértices tal que se G contém uma aresta (u, v), então u aparece antes de v. A ordenação topológica é diferente da ordenação estudada no Capítulo 4. A ordenação topológica de um grafo pode ser vista como uma ordenação de seus vértices ao longo de uma linha horizontal, de tal forma que todas as arestas estão direcionadas da esquerda para a direita.

Os grafos direcionados acíclicos são usados para indicar precedências entre eventos. A Figura 7.13(a) mostra um exemplo de um grafo direcionado acíclico. Esse grafo exemplo pode ser usado para modelar um conjunto de atividades, em que cada atividade está representada por um vértice do grafo. Algumas atividades têm de ser processadas após o término de outras atividades. Uma aresta direcionada (u, v) no grafo direcionado acíclico da Figura 7.13(a) indica que a atividade u tem de ser realizada antes da atividade v. Assim, a atividade 3 (representada pelo vértice 3) somente pode ser iniciada após o término das atividades 0 e 2. Outras atividades podem ser realizadas em qualquer ordem, como no caso da atividade 9. Assim, uma ordenação topológica do grafo fornece a ordem em que as atividades devem ser processadas. O tempo de descoberta e o tempo de término de uma busca em profundidade são mostrados ao lado de cada vértice. A Figura 7.13(b) mostra a ordenação topológica do grafo da Figura 7.13(a), na qual os vértices aparecem ao longo de uma linha horizontal de forma que todas as arestas direcionadas vão da esquerda para a direita.

O pseudocódigo mostrado a seguir apresenta o algoritmo para ordenar topologicamente um grafo direcionado acíclico $G = (V, A)$:

1. Aplicar a busca em profundidade no grafo G para obter os tempos de término $t[u]$ para cada vértice u.

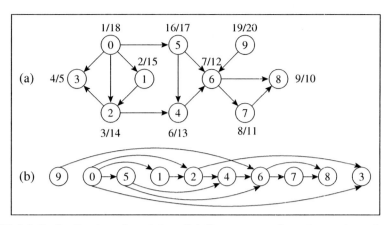

Figura 7.13 (a) Grafo direcionado acíclico; (b) O mesmo grafo após a ordenação topológica.

2. Ao término de cada vértice, insira-o na frente de uma lista linear encadeada.
3. Retornar a lista encadeada de vértices.

O Programa 7.6 para realizar busca em profundidade pode ser facilmente modificado para obter a ordenação topológica de um grafo direcionado acíclico $G = (V, A)$. Para obter a lista ordenada de vértices é necessário adicionar na classe *Lista* do Programa 3.2 o método *inserePrimeiro* apresentado no Programa 7.9. O método insere um item na primeira posição da lista. Em seguida, o método *buscaDfs* do Programa 7.6 deve ser modificado para retornar uma lista com a ordenação topológica. Para isso, uma chamada ao método *inserePrimeiro* deve ser inserida logo após o momento em que o tempo de término $t[u]$ é obtido e o vértice é pintado de *preto*. Ao final da execução do Programa 7.6 basta retornar a lista obtida.

Programa 7.9 Insere em uma lista encadeada antes do primeiro item da lista

```
// Insere antes do primeiro item da lista
public void inserePrimeiro (Object item) {
  Celula aux = this.primeiro.prox;
  this.primeiro.prox = new Celula ();
  this.primeiro.prox.item = item;
  this.primeiro.prox.prox = aux;
}
```

Análise A ordenação topológica de um grafo direcionado acíclico $G = (V, A)$ tem custo $O(|V| + |A|)$, uma vez que a busca em profundidade tem complexidade de tempo $O(|V| + |A|)$ e o custo para inserir cada um dos $|V|$ vértices na frente da lista linear encadeada custa $O(1)$.

7.6 Componentes Fortemente Conectados

Recordando a Seção 7.1, um **componente fortemente conectado** de um grafo direcionado $G = (V, A)$ é um conjunto maximal de vértices $C \subseteq V$ tal que para todo par de vértices u e v em C, u e v são mutuamente alcançáveis a partir de cada um deles. A Figura 7.14 mostra um exemplo de um grafo direcionado G e seus componentes fortemente conectados. A Figura 7.14(c) mostra o grafo reduzido acíclico obtido pela contração de todas as arestas de cada componente fortemente conectado de G da Figura 7.14(b), de tal forma que um único vértice é obtido para cada componente.

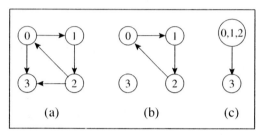

Figura 7.14 (a) Grafo direcionado G; (b) Componentes fortemente conectados de G; (c) Grafo reduzido acíclico.

O algoritmo para obter os componentes fortemente conectados de um grafo direcionado $G = (V, A)$ usa o **transposto** de G, definido como sendo o grafo $G^T = (V, A^T)$, em que $A^T = \{(u,v) : (v,u) \in A\}$, isto é, A^T consiste das arestas de G com suas direções invertidas. No caso, G e G^T possuem os mesmos componentes fortemente conectados, isto é, u e v são mutuamente alcançáveis a partir de cada um em G se e somente se u e v são mutuamente alcançáveis a partir de cada um em G^T.

O pseudocódigo mostrado a seguir apresenta o algoritmo para obter os componentes fortemente conectados de um grafo direcionado $G = (V, A)$:

1. Aplicar a busca em profundidade no grafo G para obter os tempos de término $t[u]$ para cada vértice u.

2. Obter G^T.

3. Aplicar a busca em profundidade no grafo G^T, realizando a busca a partir do vértice de maior $t[u]$ obtido na linha 1. Se a busca em profundidade não alcançar todos os vértices, inicie uma nova busca em profundidade a partir do vértice de maior $t[u]$ dentre os vértices restantes.

4. Retornar os vértices de cada árvore da floresta obtida na busca em profundidade na linha 3 como um componente fortemente conectado separado.

A Figura 7.15(a) apresenta o exemplo de um grafo direcionado $G = (V, A)$. A execução do algoritmo em G inicia no vértice 0 e prossegue primeiro para o vértice 1, e os tempos de descoberta $d[u]$ e de término $t[u]$ são mostrados ao lado de cada vértice. Após a execução da linha 2 para obter G^T do grafo direcionado da Figura 7.14(a), obtemos o grafo transposto mostrado na Figura 7.15(b). A Figura 7.15(b) apresenta o resultado da busca em profundidade em G^T, mostrando os tempos de descoberta e de término indicados ao lado de cada vértice, e com a indicação de cada tipo de aresta (aresta de árvore, de retorno e de cruzamento) ao lado de cada aresta. A busca em profundidade em G^T resulta na floresta de duas árvores mostrada na Figura 7.15(c), com a indicação do tipo de aresta ao lado de cada aresta. A busca em profundidade em G^T inicia pelo vértice 0 porque 0 tem o maior $t[u]$. A partir da raiz 0, é possível atingir o vértice 2 e depois o vértice 1. A próxima árvore da floresta tem como raiz o vértice 3, uma vez que ele possui o maior tempo de término dentre os vértices restantes (na realidade, é o único vértice restante do exemplo). Cada árvore nessa floresta forma um componente fortemente conectado.

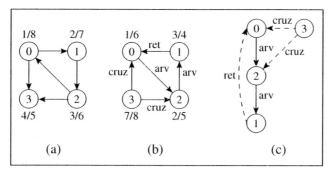

Figura 7.15 (a) Grafo direcionado G; (b) Grafo transposto G^T; (c) Floresta constituída de duas árvores de busca em profundidade.

Dado um grafo direcionado $G = (u, v)$, o Programa 7.10 obtém o grafo transposto G^T. A implementação para obter o grafo transposto, como nos casos anteriores, é independente da estrutura de dados utilizada. Assim, o método *grafoTransposto* pode ser adicionado a qualquer uma das três implementações da classe *Grafo* apresentadas nas Seções 7.2.1, 7.2.2 ou 7.2.3.

Programa 7.10 Obtém o grafo transposto G^T a partir de um grafo G

```
public Grafo grafoTransposto () {
  Grafo grafoT = new Grafo (this.numVertices);
  for (int v = 0; v < this.numVertices; v++)
    if (!this.listaAdjVazia (v)) {
      Aresta adj = this.primeiroListaAdj (v);
      while (adj != null) {
        grafoT.insereAresta (adj.v2 (), adj.v1 (), adj.peso ());
        adj = this.proxAdj (v); }
    }
  return grafoT;
}
```

Depois de obter os tempos de término $t[u]$ utilizando um objeto da classe *BuscaEmProfundidade* apresentada no Programa 7.6 e obter G^T a partir de G com o emprego do método apresentado no Programa 7.10, o passo seguinte é realizar uma busca em profundidade em G^T a partir do vértice de maior $t[u]$. No Programa 7.11, a ordem de processamento dos vértices no método *obterCfc* tem início a partir do vértice de maior tempo de término e prossegue na ordem decrescente de tempo de busca enquanto existirem vértices remanescentes.

Programa 7.11 *Classe para obter os componentes fortemente conectados*

```
package cap7;
import cap7.listaadj.autoreferencia.Grafo; // vide Programa 7.3
public class Cfc {
  private static class TempoTermino {
    private int numRestantes, t[];
    private boolean restantes[];
    public TempoTermino (int numVertices) {
      t = new int[numVertices];
      restantes = new boolean[numVertices];
      numRestantes = numVertices;
    }
    public int maxTT () {
      int vMax = 0;
      while (!this.restantes[vMax]) vMax++;
      for (int i = 0; i < this.t.length; i ++) {
        if (this.restantes[i]) {
          if (this.t[i] > this.t[vMax]) vMax = i;
        }
      }
      return vMax;
    }
  }
  private Grafo grafo;
  public Cfc (Grafo grafo) {
    this.grafo = grafo;
  }
  private void visitaDfs (Grafo grafo, int u, TempoTermino tt) {
    tt.restantes[u] = false; tt.numRestantes --;
    System.out.println (" Vertice: "+u);
    if (!grafo.listaAdjVazia (u)) {
      Grafo.Aresta a = grafo.primeiroListaAdj (u);
      while (a != null) {
        int v = a.v2 ();
        if (tt.restantes[v]) { this.visitaDfs (grafo, v, tt); }
        a = grafo.proxAdj (u);
      }
    }
  }
```

Continuação do Programa 7.11

```
public void obterCfc () {
  BuscaEmProfundidade dfs = new BuscaEmProfundidade (this.grafo);
  dfs.buscaEmProfundidade ();
  TempoTermino tt = new TempoTermino (this.grafo.numVertices ());
  for (int u = 0; u < this.grafo.numVertices (); u++) {
    tt.t[u] = dfs.t (u); tt.restantes[u] = true;
  }
  Grafo grafoT = this.grafo.grafoTransposto ();
  while (tt.numRestantes > 0) {
    int vRaiz = tt.maxTT ();
    System.out.println ("Raiz da proxima arvore: " + vRaiz);
    this.visitaDfs (grafoT, vRaiz, tt);
  }
}
}
```

O método *obterCfc* mostrado no Programa 7.11 utiliza o método *maxTT* de um objeto da classe *TempoTermino* para obter o vértice de maior $t[u]$ dentre os vértices restantes u ainda não visitados por *visitaDfs*. A classe *TempoTermino* é definida internamente à classe *Cfc* do Programa 7.11. Ela contém o método *maxTT* e as estruturas de dados necessárias para que o método *maxTT* retorne o vértice de maior tempo de término dentre os vértices ainda não visitados.

Análise O algoritmo para obter os componentes fortemente conectados de um grafo direcionado $G = (V, A)$ utiliza o algoritmo *BuscaEmProfundidade* para realizar duas buscas em profundidade, uma em G e outra em G^T. Logo, a complexidade total para obter os componentes fortemente conectados é $O(|V| + |A|)$.

7.7 Árvore Geradora Mínima

Esta seção trata o problema de obter a árvore geradora mínima de um grafo não direcionado $G = (V, A)$. Uma aplicação típica para árvores geradoras mínimas ocorre no projeto de redes de comunicações conectando diversas localidades. Para conectar um conjunto de n localidades podemos usar um arranjo de $n-1$ conexões, cada uma conectando duas localidades. Assumindo que as conexões sejam realizadas por meio de cabos de transmissão, de todas as possibilidades de conexões, aquela que usa a menor quantidade de cabos é usualmente a mais desejável.

Esse problema pode ser modelado utilizando um grafo conectado, não direcionado $G = (V, A)$, em que V é o conjunto de cidades, A é o conjunto de possíveis conexões entre pares de localidades e, para cada aresta $(u, v) \in A$, existe um peso $p(u, v)$ especificando o custo (total de cabo necessário) para conectar u a

v. Agora, o problema é encontrar um subconjunto $T \subseteq A$ que conecta todos os vértices de G e cujo peso total

$$p(T) = \sum_{(u,v) \in T} p(u,v)$$

é minimizado. Uma vez que $G' = (V, T)$ é acíclico e conecta todos os vértices, T forma uma árvore chamada **árvore geradora** de G uma vez que T "gera" o grafo G. O problema de obter a árvore T é conhecido como **árvore geradora mínima**. A Figura 7.16(a) mostra o exemplo de um grafo não direcionado G com os pesos mostrados ao lado de cada aresta. A Figura 7.16(b) mostra a árvore geradora mínima T cujo peso total é 12. T não é única, pois a substituição da aresta $(3,5)$ pela aresta $(2,5)$ produz outra árvore geradora de custo 12.

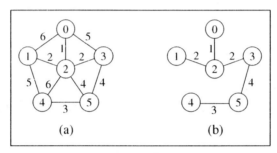

Figura 7.16 (a) Grafo não direcionado G; (b) Árvore geradora mínima T de peso total 12.

Nesta seção, vamos estudar dois algoritmos para obter a árvore geradora mínima de um grafo: algoritmo de Prim (1957) e algoritmo de Kruskal (1956). Os dois algoritmos são **algoritmos gulosos**. Conforme mostrado na Seção 2.7, a cada passo do algoritmo guloso uma escolha tem de ser feita dentre várias possíveis. A estratégia gulosa sempre faz a escolha melhor em cada momento. Por isso, tal estratégia nem sempre garante encontrar a solução ótima global para os problemas. Entretanto, para o problema da árvore geradora mínima, existem estratégias gulosas que obtêm a árvore geradora de peso total mínimo.

A Seção 7.7.1 introduz um algoritmo genérico para obter a árvore geradora mínima de um grafo por meio da adição de uma aresta de cada vez. Essa forma de obter a árvore geradora mínima de um grafo é mostrada em maiores detalhes em Cormen, Leiserson, Rivest e Stein (2001). As Seções 7.7.2 e 7.7.3 apresentam duas maneiras de implementar o algoritmo genérico: algoritmo de Prim e algoritmo de Kruskal, respectivamente.

7.7.1 Algoritmo Genérico para Obter a Árvore Geradora Mínima

O algoritmo genérico apresenta uma estratégia gulosa que permite obter a árvore geradora mínima adicionando-se uma aresta de cada vez. O algoritmo gerencia um subconjunto S de arestas, mantendo o seguinte invariante para o anel:

Antes de cada iteração, S é um subconjunto de uma árvore geradora mínima.

A cada passo determinamos uma aresta (u,v) que possa ser adicionada a S sem violar este invariante, no sentido de que $S \cup \{(u,v)\}$ é também um subconjunto de uma árvore geradora mínima. Tal aresta é chamada de uma **aresta segura** para o subconjunto S, uma vez que ela pode ser adicionada a S e manter o invariante.

O Programa 7.12 apresenta o algoritmo genérico para obter uma árvore geradora mínima, de acordo com o algoritmo guloso genérico apresentado pelo Programa 2.10.

Programa 7.12 *Algoritmo genérico para obter a árvore geradora mínima*

```
    void GenericoAGM
1     S = ∅;
2     while ( S não constitui uma árvore geradora mínima)
3       (u, v) = seleciona (A);
4       if ( aresta (u, v) é segura para S ) S = S + {(u, v)}
5     return S;
```

O anel nas linhas 2-4 do Programa 7.12 mantém o invariante, já que apenas arestas seguras são adicionadas a S. A parte importante é encontrar uma aresta segura na linha 3. Dentro do corpo do anel **while**, S tem de ser um subconjunto próprio da árvore geradora mínima T, e assim tem de existir uma aresta $(u,v) \in T$ tal que $(u,v) \notin S$ e (u,v) seja seguro para S.

Antes de apresentar uma regra para reconhecer arestas seguras precisamos de algumas definições. Um **corte** $(V', V - V')$ de um grafo não direcionado $G = (V, A)$ é uma partição de V, conforme ilustra a Figura 7.17. Uma aresta $(u,v) \in A$ *cruza* o corte $(V', V - V')$ se um de seus vértices pertence a V' e o outro vértice pertence a $V - V'$. Ao lado de cada vértice é mostrada a cor branca ou preta (b ou p). Os vértices em V' são vértices pretos e os vértices em $V - V'$ são vértices brancos. As arestas cruzando o corte são aquelas que conectam vértices brancos com vértices pretos. Um corte *respeita* um conjunto S de arestas se não existirem arestas em S que cruzem o corte. Uma aresta que tenha custo mínimo sobre todas as arestas cruzando o corte é uma *aresta leve*. Note que pode haver mais de uma aresta leve cruzando um corte. De modo geral, uma aresta satisfazendo determinada propriedade é leve se tiver peso mínimo sobre qualquer aresta que satisfaça a propriedade.

O teorema a seguir apresenta uma regra para se reconhecerem arestas seguras. A prova do teorema pode ser encontrada em Cormen, Leiserson, Rivest e Stein (2001, p. 563).

Teorema 7.7.1: Seja $G = (V, A)$ um grafo conectado, não direcionado e com pesos p sobre as arestas V. Seja S um subconjunto de V que está incluído em alguma árvore geradora mínima para G, seja $(V', V - V')$ um corte qualquer que respeita S, e seja (u,v) uma aresta leve cruzando $(V', V - V')$. Logo, a aresta (u,v) é uma aresta segura para S.

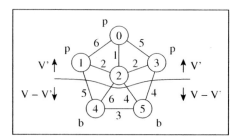

Figura 7.17 Um corte $(V', V - V')$ do grafo $G = (V, A)$ da Figura 7.16(a).

7.7.2 Algoritmo de Prim

O algoritmo de Prim para obter uma árvore geradora mínima pode ser derivado do algoritmo genérico apresentado no Programa 7.12. Ele utiliza uma regra específica para determinar uma aresta segura na linha 3 do Programa 7.12. Nesse caso, o subconjunto S forma uma única árvore, e a aresta segura adicionada a S é sempre uma aresta de peso mínimo conectando a árvore a um vértice que não esteja na árvore. De acordo com o Teorema 7.7.1, apenas arestas seguras para S são adicionadas, o que significa que, quando o algoritmo termina, as arestas em S formam uma árvore geradora mínima.

A Figura 7.18 ilustra a execução do algoritmo de Prim sobre o grafo da Figura 7.16(a). No início do processamento, todos os vértices são iniciados com peso igual a infinito. Arestas em negrito pertencem à árvore sendo construída. A cada passo do algoritmo, os vértices na árvore determinam o corte no grafo, e uma aresta leve cruzando o corte é adicionada à árvore S, conectando S a um vértice de $G_S = (V, S)$. A árvore começa pelo vértice 0. Na realidade, o algoritmo poderia começar por um vértice arbitrário raiz qualquer. Ao escolher o vértice 0 para iniciar a árvore, o corte separa esse vértice dos vértices 1, 2 e 3, cujos pesos passam a ser 6, 1 e 5, respectivamente. Conforme ilustra Figura 7.18(b), a árvore cresce a partir do vértice 0 ao escolher a aresta de menor peso cruzando o corte, no caso a aresta $(0, 2)$. Essa etapa é repetida até que a árvore "gere" todos os vértices em V. No segundo passo do algoritmo, mostrado na Figura 7.18(c), existe a escolha de adicionar a aresta $(2, 1)$ ou a aresta $(2, 3)$ à árvore, uma vez que ambas são arestas leves cruzando o corte.

Para obter uma boa implementação para o algoritmo de Prim é preciso realizar de forma eficiente a seleção de uma nova aresta a ser adicionada à árvore formada pelas arestas em S. Durante a execução do algoritmo, todos os vértices que não estão na árvore geradora mínima residem em uma fila de prioridades fp baseada no campo p e implementada como um *heap* (vide Seção 4.1.5). Assim, para cada vértice v, $p[v]$ é a aresta de menor peso conectando v a um vértice na árvore. Como o *heap* utilizado mantém na árvore os vértices, mas a condição do *heap* é mantida pelo peso da aresta por meio do arranjo $p[v]$, o *heap* é indireto. O

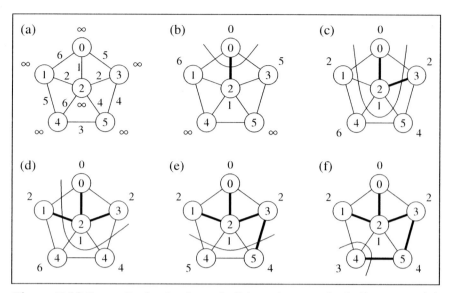

Figura 7.18 Execução do algoritmo de Prim sobre o grafo da Figura 7.16(a).

Programa 7.13 apresenta a classe *FPHeapMinIndireto* com as estruturas de dados e as operações necessárias para operar com um *heap* indireto. O arranjo *pos*[*v*] fornece a posição do vértice *v* dentro do *heap fp*, permitindo assim que o vértice *v* possa ser acessado a um custo $O(1)$. O acesso ao vértice *v* é necessário para a operação *diminuiChave*, operação similar à operação *aumentaChave* realizada pelo Programa 4.14 na Seção 4.1.5.

A classe *AgmPrim* apresentada no Programa 7.14 implementa o algoritmo de Prim. O grafo de entrada G é fornecido através do construtor da classe *AgmPrim*. O método *obterAgm* recebe o vértice *raiz* como entrada. O campo *antecessor*[*v*] armazena o antecessor de *v* na árvore. Durante a execução do algoritmo, o subconjunto S do algoritmo *GenericoAgm* do Programa 7.12 é mantido de forma implícita como:

$$S = \{(v, antecessor[v]) : v \in V - \{raiz\} - A\}.$$

Quando o algoritmo termina, a fila de prioridades *fp* está vazia, e a árvore geradora mínima S para G é:

$$S = \{(v, antecessor[v]) : v \in V - \{raiz\}\}.$$

Os métodos públicos *antecessor*, *peso* e *imprime* são utilizados para permitir ao usuário da classe *AgmPrim* obter o antecessor de um certo vértice, obter o peso associado a um vértice e imprimir as arestas da árvore, respectivamente.

Análise O desempenho do algoritmo de Prim depende da forma como a **fila de prioridades** é implementada. Se a fila de prioridades é implementada como

Programa 7.13 *Estrutura de dados e operações para manter um* heap *indireto*

```
package cap7;
public class FPHeapMinIndireto {
  private double p[];
  private int n, pos[], fp[];

  public FPHeapMinIndireto (double p[], int v[]) {
    this.p = p; this.fp = v; this.n = this.fp.length-1;
    this.pos = new int[this.n];
    for (int u = 0; u < this.n; u++) this.pos[u] = u+1;
  }
  public void refaz (int esq, int dir) {
    int j = esq * 2; int x = this.fp[esq];
    while (j <= dir) {
      if ((j < dir) && (this.p[fp[j]] > this.p[fp[j + 1]])) j++;
      if (this.p[x] <= this.p[fp[j]]) break;
      this.fp[esq] = this.fp[j]; this.pos[fp[j]] = esq;
      esq = j; j = esq * 2;
    }
    this.fp[esq] = x; this.pos[x] = esq;
  }
  public void constroi () {
    int esq = n / 2 + 1;
    while (esq > 1) { esq--; this.refaz (esq, this.n); }
  }
  public int retiraMin () throws Exception {
    int minimo;
    if (this.n < 1) throw new Exception ("Erro: heap vazio");
    else {
      minimo = this.fp[1]; this.fp[1] = this.fp[this.n];
      this.pos[fp[this.n--]] = 1; this.refaz (1, this.n);
    }
    return minimo;
  }
  public void diminuiChave (int i, double chaveNova) throws Exception {
    i = this.pos[i]; int x = fp[i];
    if (chaveNova < 0)
      throw new Exception ("Erro: chaveNova com valor incorreto");
    this.p[x] = chaveNova;
    while ((i > 1) && (this.p[x] <= this.p[fp[i / 2]])) {
      this.fp[i] = this.fp[i / 2]; this.pos[fp[i / 2]] = i; i /= 2;
    }
    this.fp[i] = x; this.pos[x] = i;
  }
  boolean vazio () { return this.n == 0; }
```

Programa 7.14 *Implementação do algoritmo de Prim para obter a árvore geradora mínima*

```java
package cap7;
import cap7.listaadj.autoreferencia.Grafo; // vide Programa 7.3
public class AgmPrim {
  private int antecessor[];
  private double p[];
  private Grafo grafo;

  public AgmPrim (Grafo grafo) { this.grafo = grafo; }
  public void obterAgm (int raiz) throws Exception {
    int n = this.grafo.numVertices ();
    this.p = new double[n]; // peso dos vértices
    int vs[] = new int[n+1]; // vértices
    boolean itensHeap[] = new boolean[n]; this.antecessor = new int[n];
    for (int u = 0; u < n; u++) {
      this.antecessor[u] = -1;
      p[u] = Double.MAX_VALUE; // ∞
      vs[u+1] = u; // Heap indireto a ser construído
      itensHeap[u] = true;
    }
    p[raiz] = 0;
    FPHeapMinIndireto heap = new FPHeapMinIndireto (p, vs);
    heap.constroi ();
    while (!heap.vazio ()) {
      int u = heap.retiraMin (); itensHeap[u] = false;
      if (!this.grafo.listaAdjVazia (u)) {
        Grafo.Aresta adj = grafo.primeiroListaAdj (u);
        while (adj != null) {
          int v = adj.v2 ();
          if (itensHeap[v] && (adj.peso () < this.peso (v))) {
            antecessor[v] = u; heap.diminuiChave (v, adj.peso ());
          }
          adj = grafo.proxAdj (u);
        }
      }
    }
  }
  public int antecessor (int u) { return this.antecessor[u]; }
  public double peso (int u) { return this.p[u]; }

  public void imprime () {
    for (int u = 0; u < this.p.length; u++)
      if (this.antecessor[u] != -1)
        System.out.println ("(" +antecessor[u]+ "," +u+ ") -- p:" +
                            peso (u));
  }
}
```

um **heap** podemos usar o método *constroi* da classe *FPHeapMinIndireto* apresentado no Programa 7.13 para a inicialização do *heap* no método *obterAgm* do Programa 7.14. O corpo do anel **while** é executado $|V|$ vezes, e desde que o método *refaz* tem custo $O(\log|V|)$, o tempo total para executar a operação retira o item com menor peso é $O(|V|\log|V|)$. O **while** mais interno para percorrer a lista de adjacentes é executado $O(|A|)$ vezes ao todo, uma vez que a soma dos comprimentos de todas as listas de adjacência é $2|A|$. Dentro desse anel, o teste para verificar se o vértice v pertence ao *heap* tem custo $O(1)$ pelo fato de o teste ser implementado mediante uma consulta a um arranjo de *bits*. O arranjo *itensHeap* de *bits* é atualizado quando o vértice é retirado do *heap* (*itensHeap*[v] é tornado *false*). Após testar se v pertence ao *heap* e o peso da aresta (u,v) é menor do que $p[v]$, o antecessor de v é armazenado em *antecessor*[v] e uma operação *diminuiChave* é realizada sobre o *heap* na posição *pos*[v], a qual tem custo $O(\log|V|)$. Logo, o tempo total para executar o algoritmo de Prim é $O(|V|\log|V| + |A|\log|V|) = O(|A|\log|V|)$.

7.7.3 Algoritmo de Kruskal

Assim como o algoritmo de Prim, o algoritmo de Kruskal para obter uma árvore geradora mínima pode ser derivado do algoritmo genérico apresentado no Programa 7.12. No algoritmo de Kruskal, o conjunto S é uma floresta e a aresta segura adicionada a S é sempre uma aresta de menor peso que conecta dois componentes distintos. A Figura 7.19 ilustra a execução do algoritmo de Kruskal sobre o grafo da Figura 7.16(a). Arestas em negrito pertencem à floresta sendo construída.

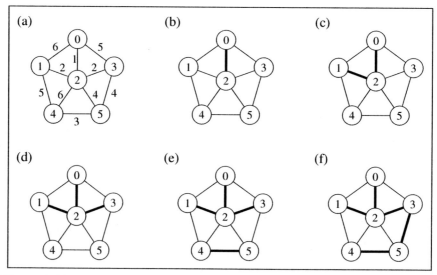

Figura 7.19 Execução do algoritmo de Kruskal sobre o grafo da Figura 7.16(a).

Como ilustrado na Figura 7.19, o algoritmo considera as arestas do grafo ordenadas pelo peso. Sejam C_1 e C_2 duas árvores conectadas por (u,v). Uma vez que (u,v) tem de ser uma aresta leve conectando C_1 com alguma outra árvore, então (u,v) é uma aresta segura para C_1. O algoritmo de Kruskal é um algoritmo guloso porque, a cada passo, ele adiciona à floresta uma aresta de menor peso. Em outras palavras, o algoritmo de Kruskal obtém uma árvore geradora mínima adicionando uma aresta de cada vez à floresta e, a cada passo, usa a aresta de menor peso que não forma um ciclo. O algoritmo inicia com uma floresta de $|V|$ árvores de um vértice: em $|V|$ passos, une duas árvores até que exista apenas uma árvore na floresta.

A implementação do algoritmo de Kruskal não é apresentada aqui. Mais detalhes podem ser obtidos no Exercício 7.15.

7.8 Caminhos mais Curtos

Esta seção trata do problema de encontrar o caminho mais curto entre dois vértices de um grafo direcionado ponderado $G = (V, A)$. Uma aplicação para este problema ocorre quando um motorista deseja obter o caminho mais curto entre Diamantina e Ouro Preto, duas cidades históricas de Minas Gerais. Dado um mapa do Estado de Minas Gerais contendo as distâncias entre cada par de interseções adjacentes, como obter o caminho mais curto entre as duas cidades? Nesse caso nós podemos modelar o mapa rodoviário como um grafo em que vértices representam interseções, arestas representam segmentos de estrada entre interseções, e o peso de cada aresta, a distância entre interseções.

O problema descrito no parágrafo anterior é equivalente a obter os caminhos mais curtos a partir de uma única origem. Dado um grafo direcionado ponderado $G = (V, A)$, o **peso** de um caminho $c = (v_0, v_1, \ldots, v_k)$ é a soma de todos os pesos das arestas do caminho:

$$p(c) = \sum_{i=1}^{k} p(v_{i-1}, v_i)$$

O caminho mais curto é definido por:

$$\delta(u,v) = \begin{cases} min\left\{p(c) : u \stackrel{c}{\leadsto} v\right\}, & \text{se existir um caminho de } u \text{ a } v, \\ \infty, & \text{caso contrário.} \end{cases}$$

Um **caminho mais curto** do vértice u ao vértice v é então definido como qualquer caminho c com peso $p(c) = \delta(u,v)$. O peso das arestas pode ser interpretado como outras métricas diferentes de distância, tais como tempo, custo, penalidade, perdas, ou qualquer quantidade acumulada através do caminho que se deseja minimizar.

O método *visitaBfs* do Programa 7.7 para realizar a busca em largura em um grafo $G = (V, A)$ obtém a distância do vértice origem $u \in V$ para cada vértice alcançável $v \in V$. De fato, a busca em largura obtém o **caminho mais curto** de u até v, onde os pesos das arestas são todos iguais (vide Seção 7.4).

Nesta seção, vamos tratar do problema de obter os **caminhos mais curtos a partir de uma origem**: dado um grafo ponderado $G = (V, A)$, desejamos obter o caminho mais curto a partir de um dado vértice origem $s \in V$ até cada $v \in V$. Muitos outros problemas podem ser resolvidos pelo algoritmo para o problema origem única, como as seguintes variações:

- **Caminhos mais curtos com destino único**: Encontrar um caminho mais curto para um vértice destino t a partir de cada $v \in V$. Este problema pode ser reduzido ao problema origem única invertendo a direção de cada aresta do grafo, o que pode ser realizado pelo Programa 7.10 para obter o grafo transposto G^T de um grafo G.

- **Caminhos mais curtos entre um par de vértices**: O algoritmo para resolver o problema origem única resolve também este problema, sendo a melhor opção conhecida para ele.

- **Caminhos mais curtos entre todos os pares de vértices**: Este problema pode ser resolvido pela aplicação do algoritmo origem única $|V|$ vezes, uma vez para cada vértice origem. Existem outras opções de algoritmos para o caso todos-os-pares que podem ser mais eficientes quando o grafo for denso, mas que não serão tratados aqui, pois fogem ao escopo deste livro (vide Aho, Hopcroft e Ullman, 1983; Cormen, Leiserson, Rivest e Stein, 2001).

Um caminho mais curto em um grafo $G = (V, A)$ não pode conter ciclo algum, uma vez que a remoção do ciclo do caminho produz um caminho com os mesmos vértices origem e destino e um caminho de menor peso. Assim, podemos assumir que caminhos mais curtos não possuem ciclos. Uma vez que qualquer caminho acíclico em G contém no máximo $|V|$ vértices, então o caminho também contém no máximo $|V| - 1$ arestas.

A representação de caminhos mais curtos em um grafo $G = (V, A)$ pode ser realizada por um vetor chamado *antecessor*. Para cada vértice $v \in V$ o *antecessor*$[v]$ é um outro vértice $u \in V$ ou *null* (-1). O algoritmo para obter caminhos mais curtos atribui ao *antecessor* os rótulos de vértices de uma cadeia de antecessores com origem em um vértice v e que anda para trás ao longo de um caminho mais curto até o vértice origem s. Assim, dado um vértice v no qual *antecessor*$[v] \neq null$, o método *imprimeCaminho* do Programa 7.8 pode ser usado para imprimir o caminho mais curto de s até v.

Ao contrário do que ocorre durante a execução do algoritmo de busca em largura, durante a execução do algoritmo para obter caminhos mais curtos os valores em *antecessor*$[v]$ não necessariamente indicam caminhos mais curtos. Entretanto, ao final do processamento *antecessor* contém, de fato, uma árvore de caminhos mais curtos. Essa árvore de caminhos mais curtos é como a árvore de busca em largura da Seção 7.4, só que ela contém caminhos mais curtos que são definidos em termos dos pesos de cada aresta de G em vez do número de arestas. Assim como as árvores de busca em largura, caminhos mais curtos não são necessariamente únicos, podendo haver mais de um caminho de peso mínimo.

A **árvore de caminhos mais curtos** com raiz em $u \in V$ é um subgrafo direcionado $G' = (V', A')$, em que $V' \subseteq V$ e $A' \subseteq A$, tal que:

1. V' é o conjunto de vértices alcançáveis a partir de $s \in G$;

2. G' forma uma árvore de raiz s;

3. para todos os vértices $v \in V'$, o caminho simples de s até v é um caminho mais curto de s até v em G.

O algoritmo que vamos apresentar nesta seção é conhecido como algoritmo de Dijkstra (1959). O algoritmo mantém um conjunto S de vértices cujos caminhos mais curtos até um vértice origem já são conhecidos. Ao final de sua execução o algoritmo produz uma árvore de caminhos mais curtos de um vértice origem s para todos os vértices que são alcançáveis a partir de s.

Relaxamento

O algoritmo de Dijkstra utiliza a técnica de relaxamento. Para cada vértice $v \in V$ o atributo $p[v]$ é um limite superior do peso de um caminho mais curto do vértice origem s até v. O vetor $p[v]$ contém uma estimativa de um caminho mais curto. O primeiro passo do algoritmo é inicializar os antecessores e as estimativas de caminhos mais curtos. Após o passo de inicialização, $antecessor[v] = null$ para todo vértice $v \in V$, $p[u] = 0$ para o vértice origem s, e $p[v] = \infty$ para $v \in V - \{s\}$.

O processo de **relaxamento** de uma aresta (u, v) consiste em verificar se é possível melhorar o melhor caminho obtido até o momento até v se passarmos por u. Se isso acontecer então $p[v]$ e $antecessor[v]$ devem ser atualizados. Em outras palavras, o passo de relaxamento pode decrementar o valor da estimativa de caminho mais curto $p[v]$ e atualizar o antecessor de v em $antecessor[v]$. O pseudocódigo do Programa 7.15 mostra como a operação de relaxamento deve ser implementada.

***Programa 7.15** Relaxamento de uma aresta*

```
if (p[v] > p[u] + peso da aresta (u,v))
  p[v] = p[u] + peso da aresta (u,v);
  antecessor[v] = u;
```

O primeiro refinamento do algoritmo de Dijkstra pode ser visto no Programa 7.16. As linhas 1-3 realizam a inicialização dos antecessores e das estimativas de caminhos mais curtos. A linha 4 inicializa a distância do vértice *raiz* a ele mesmo como sendo zero. A linha 5 constrói o *heap* sobre todos os vértices do grafo, e a linha 6 inicializa o conjunto solução S como vazio. A linha 7 é um anel que executa enquanto o *heap* for diferente de vazio. O algoritmo mantém o invariante seguinte: o número de elementos do *heap* é igual a $V - S$ no início do anel **while** na linha 7. Desde que $S = \emptyset$ no início do anel, então o invariante é verdadeiro. A cada iteração do anel nas linhas 8-13 um vértice u é extraído do *heap* e adicionado ao conjunto S, mantendo assim o invariante. Na linha 8 a operação *retiraMin* obtém o vértice u que contém o caminho mais curto estimado até aquele momento e o adiciona ao conjunto solução S. A seguir, no anel da linha 10, a operação de relaxamento é realizada sobre cada aresta (u, v) adjacente ao vértice u, atualizando o caminho estimado $p[v]$ e o *antecessor*$[v]$ se o caminho mais curto para v puder ser melhorado usando o caminho por meio de u.

Programa 7.16 *Primeiro refinamento do algoritmo de Dijkstra*

```
     dijkstra (Grafo grafo, int raiz)
1.     for (int v = 0; v < grafo.numVertices (); v++)
2.       p[v] = Infinito;
3.       antecessor[v] = -1;
4.     p[raiz] = 0;
5.     Constroi heap sobre vértices do grafo;
6      S = ∅;
7.     while (!heap.vazio ())
8.       u = heap.retiraMin ();
9        S = S + u;
10.      for (v ∈ grafo.listaAdjacentes (u))
11.        if (p[v] > p[u] + peso da aresta (u,v))
12.          p[v] = p[u] + peso da aresta (u,v);
13.          antecessor[v] = u;
```

A Figura 7.20 mostra o funcionamento do algorimo de Dijkstra. Como ilustrado na figura, a árvore começa pelo vértice 0. A cada passo, um vértice é adicionado à árvore S de caminhos mais curtos. Arestas em negrito pertencem à árvore de caminhos mais curtos sendo construída. Essa estratégia é **gulosa**, uma vez que a árvore é aumentada a cada passo com uma aresta que contribui com o mínimo possível para o custo (peso) total de cada caminho.

A Tabela 7.1 mostra os valores de S e $p[v]$, $v = 0, 1, 2, 3, 4$, a cada iteração do algoritmo de Dijkstra.

Assim como no algoritmo de Prim (vide Seção 7.7.2), para obter uma boa implementação para o algoritmo de Dijkstra é preciso realizar de forma eficiente a seleção de uma nova aresta a ser adicionada à árvore formada pelas arestas em S. Durante a execução do algoritmo, todos os vértices que não estão na árvore de caminhos mais curtos residem na fila de prioridades de acordo com o campo p

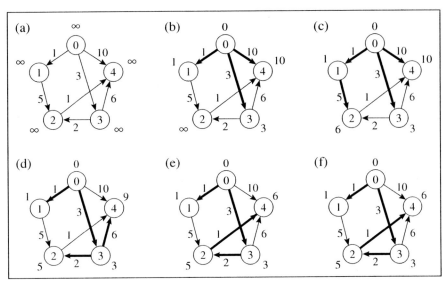

Figura 7.20 Execução do algoritmo de Dijkstra.

Tabela 7.1 Valores das variáveis na execução do algoritmo de Dijkstra

Iteração	S	p[0]	p[1]	p[2]	p[3]	p[4]
(a)	$\emptyset$	∞	∞	∞	∞	∞
(b)	$\{0\}$	0	1	∞	3	10
(c)	$\{0, 1\}$	0	1	6	3	10
(d)	$\{0, 1, 3\}$	0	1	5	3	9
(e)	$\{0, 1, 3, 2\}$	0	1	5	3	6
(f)	$\{0, 1, 3, 2, 4\}$	0	1	5	3	6

e implementada como um *heap*, conforme mostra o Programa 7.13. Assim, para cada vértice v, $p[v]$ é o caminho mais curto obtido até o momento, de v até o vértice *raiz*. Como o *heap* utilizado mantém em um vetor os vértices, mas a condição do *heap* é mantida pelo caminho mais curto estimado até o momento mediante o arranjo $p[v]$, o *heap* é indireto, e a classe *FPHeapMinIndireto* do Programa 7.13 pode ser utilizada. Novamente, o arranjo $pos[v]$ fornece a posição do vértice v dentro do *heap*, permitindo assim que o vértice v possa ser acessado a um custo $O(1)$ para a operação *diminuiChave*.

O refinamento final do algoritmo de Dijkstra pode ser visto no Programa 7.17. O programa obtém a menor distância de um vértice origem de um grafo G a todos os outros vértices de G. Os métodos públicos *antecessor*, *peso* e *imprimeCaminho* permitem ao usuário da classe *Dijkstra* obter o antecessor de um dado vértice u, obter o peso do caminho do vértice *raiz* a u e imprimir o caminho mais curto de um vértice origem a um outro vértice v, respectivamente.

Análise O desempenho do algoritmo de Dijkstra depende da forma como a **fila de prioridades** é implementada. Se a fila de prioridades é implementada como

Programa 7.17 *Implementação do algoritmo de Dijkstra*

```java
package cap7;
import cap7.listaadj.autoreferencia.Grafo; // vide Programa 7.3
public class Dijkstra {
  private int antecessor[];
  private double p[];
  private Grafo grafo;

  public Dijkstra (Grafo grafo) { this.grafo = grafo; }
  public void obterArvoreCMC (int raiz) throws Exception {
    int n = this.grafo.numVertices();
    this.p = new double[n]; // peso dos vértices
    int vs[] = new int[n+1]; // vértices
    this.antecessor = new int[n];
    for (int u = 0; u < n; u ++) {
      this.antecessor[u] = -1;
      p[u] = Double.MAX_VALUE; // ∞
      vs[u+1] = u; // Heap indireto a ser construído
    }
    p[raiz] = 0;
    FPHeapMinIndireto heap = new FPHeapMinIndireto (p, vs);
    heap.constroi ();
    while (!heap.vazio ()) {
      int u = heap.retiraMin ();
      if (!this.grafo.listaAdjVazia (u)) {
        Grafo.Aresta adj = grafo.primeiroListaAdj (u);
        while (adj != null) {
          int v = adj.v2 ();
          if (this.p[v] > (this.p[u] + adj.peso ())) {
            antecessor[v] = u;
            heap.diminuiChave (v, this.p[u] + adj.peso ());
          }
          adj = grafo.proxAdj (u);
        }
      }
    }
  }
  public int antecessor (int u) { return this.antecessor[u]; }
  public double peso (int u) { return this.p[u]; }
  public void imprimeCaminho (int origem, int v) {
    if (origem == v) System.out.println (origem);
    else if (this.antecessor[v] == -1)
      System.out.println ("Nao existe caminho de "+origem+" ate "+v);
    else {
      imprimeCaminho (origem, this.antecessor[v]);
      System.out.println (v);
    }
  }
}
```

um **heap** (veja Seção 4.1.5) podemos usar, a um custo $O(|V|)$, o método *constroi* da classe $FPHeapMinIndireto$ apresentado no Programa 7.13 para a inicialização do *heap* no método *obterArvoreCMC* do Programa 7.17. O corpo do anel **while** é executado $|V|$ vezes e, desde que o método *refaz* tem custo $O(\log |V|)$, o tempo total para executar a operação retira o item com menor peso é $O(|V|\log |V|)$. O **while** mais interno para percorrer a lista de adjacentes é executado $O(|A|)$ vezes ao todo, uma vez que a soma dos comprimentos de todas as listas de adjacência é $2|A|$. A operação *diminuiChave* é executada sobre o *heap* na posição $pos[v]$, a um custo $O(\log |V|)$. Logo, o tempo total para executar o algoritmo de Dijkstra é $O(|V|\log |V| + |A|\log |V|) = O(|A|\log |V|)$.

Por Que o Algoritmo de Dijkstra Funciona

Pelo fato de o algoritmo de Dijkstra sempre escolher o vértice mais leve (ou o mais perto) em $V - S$ para adicionar ao conjunto solução S, o algoritmo usa uma estratégia gulosa. Apesar de estratégias gulosas nem sempre levarem a resultados ótimos, o algorimo de Dijkstra sempre obtém os caminhos mais curtos. Isso é verdade, porque cada vez que um vértice é adicionado ao conjunto S, temos que $p[u] = \delta(raiz, u)$.

7.9 O Tipo Abstrato de Dados Hipergrafo

Um **hipergrafo ou r−grafo** é um grafo não direcionado $G = (V, A)$ no qual cada aresta $a \in A$ conecta r vértices, sendo r a ordem do hipergrafo. Os grafos estudados até agora são 2-grafos (ou hipergrafos de ordem 2). Hipergrafos são utilizados para auxiliar na obtenção de funções de transformação perfeitas mínimas, como mencionado na Seção 5.5.4. Botelho (2004) apresenta uma descrição detalhada do algoritmo que utiliza hipergrafos para gerar funções de transformação perfeitas mínimas.

A forma mais adequada para representar um hipergrafo é por meio de **listas de incidência**. Em uma representação de um grafo não direcionado usando listas de incidência, para cada vértice v do grafo é mantida uma lista das arestas que incidem sobre o vértice v. Essa é uma estrutura orientada a arestas e não a vértices como as representações apresentadas nas Seções 7.2.1, 7.2.2 e 7.2.3. Isso evita a duplicação das arestas ao se representar um grafo não direcionado pela versão direcionada correspondente.

As operações de um tipo abstrato de dados hipergrafo são praticamente as mesmas definidas para o tipo abstrato de dados grafo, a saber:

1. Criar um hipergrafo vazio. A operação retorna um hipergrafo contendo $|V|$ vértices e nenhuma aresta.

2. Inserir uma aresta no hipergrafo. A operação recebe a aresta $(V_1, V_2, \ldots, V_r)$ e seu peso para serem inseridos no hipergrafo.

3. Verificar se existe determinada aresta no hipergrafo. A operação retorna *true* se a aresta $(V_1, V_2, \ldots, V_r)$ está presente no hipergrafo, senão retorna *false*.

4. Obter a lista de arestas incidentes em determinado vértice. Essa operação aparece na maioria dos algoritmos que utilizam um hipergrafo e, pela sua importância, será tratada separadamente logo a seguir.

5. Retirar uma aresta do hipergrafo. A operação retira a aresta $(V_1, V_2, \ldots, V_r)$ do hipergrafo e a retorna.

6. Imprimir um hipergrafo.

7. Obter o número de vértices do hipergrafo.

8. Obter a aresta de menor peso de um hipergrafo. A operação retira a aresta de menor peso dentre as arestas do hipergrafo e a retorna.

Uma operação que aparece com freqüência é a de obter a lista de arestas incidentes em determinado vértice. Para implementar esse operador de forma independente da representação escolhida para a aplicação em pauta, precisamos de três operações sobre hipergrafos, a saber:

1. Verificar se a lista de arestas incidentes em um vértice v está vazia. A operação retorna *true* se a lista de arestas incidentes em v está vazia, senão retorna *false*.

2. Obter a primeira aresta incidente a um vértice v, caso exista.

3. Obter a próxima aresta incidente a um vértice v, caso exista.

A estrutura de dados usada para representar o hipergrafo é orientada a arestas, o que implica a representação explícita de cada aresta do hipergrafo. As arestas são armazenadas em um arranjo chamado *arestas*. Em cada índice a do arranjo *arestas*, são armazenados os r vértices da aresta a e o seu *peso*. As listas de arestas incidentes nos vértices do hipergrafo são armazenadas em dois arranjos: *prim* e *prox*. O elemento $prim[v]$ define o ponto de entrada para a lista de arestas incidentes no vértice v, enquanto $prox[prim[v]]$, $prox[prox[prim[v]]]$ e assim por diante definem as arestas subseqüentes que contêm v. Os valores armazenados nos arranjos *prim* e *prox* são obtidos pela equação $a + i|A|$, sendo $0 \leq i \leq r - 1$ e a um índice de uma aresta no arranjo *arestas*. Assim, para se ter acesso a uma aresta a armazenada em $arestas[a]$ é preciso tomar os valores armazenados nos arranjos *prim* e *prox* módulo $|A|$. O valor -1 é utilizado para finalizar a lista. O arranjo *prim* deve possuir $|V|$ entradas, uma para cada vértice. O arranjo *prox* deve possuir $r|A|$ entradas, pois cada aresta a é armazenada na lista de arestas incidentes a cada um de seus r vértices.

A Figura 7.21 mostra como um 2-grafo acíclico de 6 vértices e 5 arestas é representado. O grafo e sua representação são apresentados nas Figuras 7.21(a) e 7.21(b), respectivamente. Para descobrir quais são as arestas que contêm determinado vértice v é preciso percorrer a lista de arestas que inicia em $prim[v]$ e termina quando $prox[\ldots prim[v]\ldots] = -1$. Por exemplo, ao se percorrer a lista das arestas do vértice 2, os valores $\{4, 8, 5\}$ são obtidos, os quais representam as arestas que contêm o vértice 2, ou seja, $\{4 \bmod 5 = 4, 8 \bmod 5 = 3, 5 \bmod 5 = 0\}$.

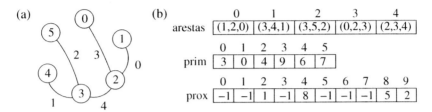

Figura 7.21 (a) 2-grafo com 6 vértices e 5 arestas; (b) Representação do 2-grafo.

O Programa 7.18 apresenta a implementação do **tipo abstrato de dados hipergrafo** para as sete primeiras operações definidas anteriormente. A implementação utiliza listas de incidência implementadas por meio de arranjos. Note que a classe *Aresta* difere das implementadas nas Seções 7.2.1, 7.2.2 e 7.2.3. Agora cada aresta é constituída de um *peso* e de um arranjo de vértices em vez de apenas dois vértices, como anteriormente. Além disso, o método *equals* foi sobrescrito para permitir a comparação de duas arestas e o método *toString* foi sobrescrito para permitir a impressão de uma aresta.

Programa 7.18 Estrutura e operações do tipo abstrato de dados hipergrafo

```
package cap7.listincidencia;
public class HiperGrafo {
  public static class Aresta {
    private int vertices[];
    private int peso;
    public Aresta (int vertices[], int peso) {
      this.vertices = vertices;
      this.peso = peso;
    }
    public int peso () { return this.peso; }
    public int vertice (int i) { return this.vertices[i]; }
    public int[] vertices () { return this.vertices; }
    public boolean equals (Object aresta) {
      Aresta a = (Aresta)aresta;
      if (a.vertices.length != this.vertices.length) return false;
      for (int i = 0; i < this.vertices.length; i++)
        if (this.vertices[i] != a.vertices[i]) return false;
      return true;
    }
```

Continuação do Programa 7.18

```java
    public String toString () {
      String res = "{"; int i = 0;
      for (i = 0; i < this.vertices.length-1; i++)
        res += this.vertices[i] + ", ";
      res += this.vertices[i] + "} (" + this.peso + ")";
      return res;
    }
  }
  private int numVertices, proxDisponivel, r;
  private Aresta arestas[];
  private int prim[], prox[];
  private int pos[];

  public HiperGrafo (int numVertices, int numArestas, int r) {
    this.arestas = new Aresta[numArestas];
    this.prim = new int[numVertices];
    for (int i = 0; i < numVertices; i++) this.prim[i] = -1;
    this.prox = new int[r*numArestas];
    this.numVertices = numVertices;
    this.proxDisponivel = 0;
    this.r = r;
    this.pos = new int[numVertices];
  }
  public void insereAresta (int vertices[], int peso) {
    if (this.proxDisponivel == this.arestas.length)
      System.out.println ("Nao ha espaco disponivel para a aresta");
    else {
      int a = this.proxDisponivel++; int n = this.arestas.length;
      this.arestas[a] = new Aresta (vertices, peso);
      for (int i = 0; i < this.r; i++) {
        int ind = a + i*n;
        this.prox[ind] = this.prim[this.arestas[a].vertices[i]];
        this.prim[this.arestas[a].vertices[i]] = ind;
      }
    }
  }
  public boolean existeAresta (int vertices[]) {
    for (int v = 0; v < this.r; v++)
      for (int i = this.prim[vertices[v]]; i != -1; i = this.prox[i]) {
        int a = i % this.arestas.length;
        if (this.arestas[a].equals (new Aresta (vertices, 0)))
          return true;
      }
    return false;
  }
```

Continuação do Programa 7.18

```java
  public Aresta primeiraListaInc (int v) {
    // Retorna a primeira aresta incidente no vértice v ou
    // null se a lista de arestas incidentes em v for vazia
    this.pos[v] = this.prim[v];
    int a = this.pos[v] % this.arestas.length;
    if (a >= 0) return this.arestas[a]; else return null;
  }
  public Aresta proxInc (int v) {
    // Retorna a próxima aresta incidente no vértice v ou null
    // se a lista de arestas incidentes em v estiver no fim
    this.pos[v] = this.prox[this.pos[v]];
    int a = this.pos[v] % this.arestas.length;
    if (a >= 0) return this.arestas[a]; else return null;
  }
  public Aresta retiraAresta (int vertices[]) {
    int n = this.arestas.length, a = 0; Aresta aresta = null;
    for (int i = 0; i < this.r; i++) {
      int prev = -1, aux = this.prim[vertices[i]];
      a = aux % n; aresta = new Aresta (vertices, 0);
      while ((aux >= 0) && (!this.arestas[a].equals (aresta))) {
        prev = aux; aux = this.prox[aux]; a = aux % n; }
      if (aux >= 0) { // achou
        if (prev == -1) this.prim[vertices[i]] = this.prox[aux];
        else this.prox[prev] = this.prox[aux];
        aresta = this.arestas[a];
      } else return null; // não achou
    }
    this.arestas[a] = null; // Marca como removido
    return aresta;
  }
  public void imprime () {
    for (int i = 0; i < this.numVertices; i++) {
      System.out.println ("Vertice " + i + ":");
      for (int j = this.prim[i]; j != -1; j = this.prox[j]) {
        int a = j % this.arestas.length;
        System.out.println ("  a: " + this.arestas[a]); }
    }
  }
  public int numVertices () { return this.numVertices; }
}
```

A classe *Hipergrafo* contém os três arranjos necessários para representar um hipergrafo, como ilustrado na Figura 7.21. A variável *r* é utilizada para armazenar a ordem do hipergrafo, a variável *numVertices* contém o número de vértices do hipergrafo e a variável *proxDisponivel* contém a próxima posição disponível para inserção de uma nova aresta. Por fim, o arranjo *pos* é utilizado para reter a posição atual na lista de incidência de um vértice *v* quando a sua lista é percorrida.

O programa para testar os operadores do tipo abstrato de dados hipergrafo pode ser visto no Programa 7.19. Observe que o método *insereAresta* agora é chamado apenas uma vez para inserir uma aresta no grafo não direcionado em vez de duas vezes, como nas Seções 7.2.1, 7.2.2 e 7.2.3.

Programa 7.19 *Programa teste para operadores do tipo abstrato de dados hipergrafo*

```java
package cap7;
import java.io.*;
import cap7.listincidencia.HiperGrafo; // vide Programa 7.18
public class TestaHiperGrafo {
  static BufferedReader in = new BufferedReader (
                    new InputStreamReader (System.in));
  public static HiperGrafo.Aresta lerAresta (int r) throws Exception {
    System.out.println ("Aresta:");
    int vertices[] = new int[r];
    for (int i = 0; i < r; i++) {
      System.out.print (" V"+i+":");
      vertices[i] = Integer.parseInt (in.readLine());
    }
    System.out.print (" Peso:");
    int peso = Integer.parseInt (in.readLine());
    return new HiperGrafo.Aresta (vertices, peso);
  }
  public static void main (String[] args) throws Exception {
    System.out.print ("No. vertices:");
    int nVertices = Integer.parseInt (in.readLine());
    System.out.print ("No. arestas:");
    int nArestas = Integer.parseInt (in.readLine());
    System.out.print ("r:");
    int r = Integer.parseInt (in.readLine());
    HiperGrafo grafo = new HiperGrafo (nVertices, nArestas, r);
    for (int i = 0; i < nArestas; i++) {
      HiperGrafo.Aresta a = lerAresta (r);
      grafo.insereAresta (a.vertices(), a.peso());
    }
    grafo.imprime (); in.readLine();
    System.out.print ("Lista de arestas incidentes em: ");
    int v1 = Integer.parseInt (in.readLine());
    if (!grafo.listaIncVazia (v1)) {
      HiperGrafo.Aresta adj = grafo.primeiraListaInc (v1);
      while (adj != null) {
        System.out.println ("  " + adj);
        adj = grafo.proxInc (v1);
      }
      System.out.println (); in.readLine();
    }
```

> **Continuação do Programa 7.19**
>
> ```
>     System.out.println ("Retira aresta: ");
>     HiperGrafo.Aresta a = lerAresta (r);
>     if (grafo.existeAresta (a.vertices ())) {
>       HiperGrafo.Aresta b = grafo.retiraAresta (a.vertices ());
>       HiperGrafo.Aresta c = grafo.retiraAresta (a.vertices ());
>       System.out.println ("aresta b: " + b);
>       System.out.println ("aresta c: " + c);
>     }
>     else System.out.println ("Aresta nao existe");
>     grafo.imprime (); in.readLine();
>     System.out.print ("Existe aresta: "); a = lerAresta (r);
>     if (grafo.existeAresta (a.vertices ()))
>       System.out.println ("  Sim");
>     else System.out.println ("  Nao");
>   }
> }
> ```

Notas Bibliográficas

A descrição dos principais algoritmos, em especial os algoritmos de busca em profundidade e de busca em largura, segue as propostas de Cormen, Leiserson, Rivest e Stein (2001). Uma boa referência introdutória sobre grafos e algoritmos computacionais é a de Szwarcfiter (1989). Outras referências incluem Aho, Hopcroft e Ullman (1983) e Sedgewick (2002). A estrutura de dados usada para representar hipergrafos é baseada na proposta por Ebert (1987).

Exercícios

1. Dada uma representação por listas de adjacência de um grafo direcionado, qual é o custo para obter o número de arestas que incidem nele (*in-degree*)? E o número de arestas que saem dele (*out-degree*)?

2. Implemente um algoritmo linear para verificar se um grafo é **acíclico**, conforme descrito na Seção 7.3.2. Use o algoritmo para realizar **busca em profundidade**, alterando o Programa 7.6.

3. Altere a classe *BuscaEmProfundidade* (Programa 7.6) para classificar cada **tipo de aresta** em uma busca em profundidade em um grafo $G = (V, A)$, conforme a classificação apresentada na Seção 7.3.1.

4. O grafo **transposto** de um grafo direcionado $G = (V, A)$ é definido como sendo o grafo $G^T = (V, A^T)$, em que $A^T = \{(u,v) : (v,u) \in A\}$, isto é, A^T consiste das arestas de G com suas direções invertidas. Discuta a complexidade do Programa 7.10 considerando as três representações para grafos apresentadas nas Seções 7.2.1 (matrizes de adjacência usando arranjos), 7.2.2 (listas de adjacência usando estruturas auto-referenciadas) e a 7.2.3 (listas de adjacência usando arranjos).

5. Apresente a implementação de um algoritmo para determinar se um grafo não direcionado $G = (V, A)$ contém um ciclo, cuja complexidade seja $O(|V|)$, independente de $|A|$.

6. Mostre como a busca em profundidade funciona para o grafo da Figura 7.22.

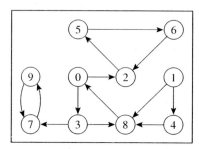

Figura 7.22 Grafo direcionado.

7. Reescreva o método de busca em profundidade do Programa 7.6 usando uma pilha para eliminar a recursividade.

8. Apresente um contra-exemplo para a conjectura sobre a existência de um caminho de u a v em um grafo direcionado G, e se $p[u] < p[v]$ em uma busca em profundidade de G, então v é um descendente de u na busca em profundidade produzida.

9. Apresente um contra-exemplo para a conjectura sobre a existência de um caminho de u a v em um grafo direcionado então qualquer busca em profundidade tem de resultar em $p[v] \leq p[u]$.

10. Mostre a ordem dos vértices produzidos pela ordenação topológica quando o algoritmo executa sobre o grafo direcionado acíclico da Figura 7.23.

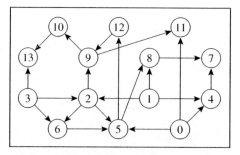

Figura 7.23 Grafo direcionado acíclico.

11. Modifique o método de busca em profundidade do Programa 7.6 para imprimir cada aresta de um grafo direcionado G juntamente com o seu tipo de aresta. Mostre as modificações, se existirem, que precisam ser realizadas se G é não direcionado.

12. Apresente o tempo de execução do algoritmo de busca em largura para a representação de grafos usando matrizes de adjacência.

13. Como o número de componentes fortemente conectados de um grafo muda se uma nova aresta é inserida?

14. Mostre como o método para obter os componentes fortemente conectados funciona para o grafo da Figura 7.22. Assuma que os vértices são processados em ordem alfabética e que as listas de adjacência também estão em ordem alfabética.

15. Apresente uma implementação eficiente para o **algoritmo de Kruskal** (vide Seção 7.7.3). O algoritmo de Kruskal obtém uma árvore geradora mínima de um grafo $G = (V, A)$ adicionando à floresta, a cada passo, uma aresta de menor peso que não forma um ciclo. O algoritmo inicia com uma floresta de $|V|$ árvores de um vértice: em $|V|$ passos, une duas árvores até que exista apenas uma árvore na floresta.

Para obter uma implementação eficiente do algoritmo de Kruskal é necessário:

a) utilizar uma fila de prioridades para obter as arestas em ordem crescente de pesos, mesmo porque pode não ser necessário utilizar todas as arestas do grafo;

b) testar se uma dada aresta adicionada ao conjunto solução S forma um ciclo.

No segundo passo, a maneira mais eficiente de verificar se uma dada aresta forma um ciclo é mediante a utilização de estruturas dinâmicas para tratar **conjuntos disjuntos**. Nesse caso, os elementos de um conjunto são representados por um objeto. Tendo em vista que x denota um objeto, considere as seguintes operações:

a) Criar um novo conjunto cujo único membro é x, o qual passa a ser seu representante. Para que os conjuntos sejam disjuntos é necessário que x não pertença a outro conjunto.

b) Fazer a união de dois conjuntos dinâmicos cujos representantes são x e y. A operação une os conjuntos dinâmicos que contêm x e y, digamos C_x e C_y, em um novo conjunto que é a união desses dois conjuntos. O representante do novo conjunto pode ser x ou y. Uma vez que os conjuntos na coleção devem ser disjuntos, os conjuntos C_x e C_y são destruídos.

c) Encontrar o conjunto de um dado elemento x. Essa operação retorna uma referência ao representante do conjunto (único) contendo x.

Um primeiro refinamento do algoritmo de Kruskal pode ser visto no Programa 7.20.

Programa 7.20 *Primeiro refinamento do algoritmo de Kruskal*

```
    void Kruskal (Grafo grafo)
        ConjuntoDisjunto conj = new ConjuntoDisjunto ();
1.      S = ∅;
2.      for (int v = 0; v < grafo.numVertices (); v++) conj.criaConjunto(v);
3.      Ordena as arestas de A pelo peso;
4.      for (cada (u, v) de A tomadas em ordem ascendente de peso)
5.          if (conj.encontraConjunto (u) != conj.encontraConjunto (v))
6.              S = S + {(u, v)};
7.              conj.uniao (u, v);
```

A implementação das operações *uniao* e *encontraConjunto* deve ser realizada de forma eficiente. Esse problema é conhecido na literatura como **União-EncontraConjunto** (do inglês ***Union-find***). O tempo de execução do Programa 7.20 é como se segue. A inicialização do conjunto S tem custo $O(1)$ e ordenar as arestas na linha 3 custa $O(|A|\log|A|)$. A linha 2 realiza $|V|$ operações *criaConjunto*, e o anel envolvendo as linhas 4-7 realiza $O(|A|)$ operações *encontraConjunto* e *uniao*, a um custo $O((|V|+|A|)\alpha(|V|))$, em que $\alpha(|V|)$ é uma função que cresce tão lentamente que $\alpha(|V|) < 4$ (Cormen, Leiserson, Rivest e Stein, 2001, p. 453.) O limite inferior para construir uma estrutura dinâmica envolvendo m operações *encontraConjunto* e *uniao* e n operações *criaConjunto* é $m\alpha(n)$. Como G é conectado temos que $|A| \geq |V|-1$, e assim as operações sobre conjuntos disjuntos custam $O(|A|\alpha(|V|))$. Como $\alpha(|V|) = O(\log|A|) = O(\log|V|)$, o tempo total do algoritmo de Kruskal é $O(|A|\log|A|)$. Como $|A| < |V|^2$, então $\log|A| = O(\log|V|)$, e o custo do algoritmo de Kruskal é também $O(|A|\log|V|)$.

Capítulo 8

Processamento de Cadeias de Caracteres

Uma cadeia de caracteres é uma seqüência qualquer de elementos. As cadeias aparecem no processamento de textos em linguagem natural, códigos, dicionários, seqüenciamento de DNA em biologia computacional, representação de imagens por meio de *bitmaps*, entre outros. Este capítulo apresenta algoritmos para duas classes de problemas que envolvem a manipulação de cadeias. Os problemas da primeira classe abrangem algoritmos para casamento de cadeias, para os quais apresentamos algoritmos para pesquisa exata e pesquisa aproximada. Os problemas da segunda classe estão relacionados a algoritmos para compressão de cadeias.

8.1 Casamento de Cadeias

Uma cadeia corresponde a uma seqüência de elementos denominados caracteres. Os caracteres são escolhidos de um conjunto denominado **alfabeto**. Por exemplo, em uma cadeia de *bits*, o alfabeto é $\{0, 1\}$. A pesquisa em cadeias de caracteres é um componente importante em diversos problemas computacionais, tais como edição de texto, recuperação de informação e estudo de seqüências de DNA em biologia computacional. No caso de programas editores de texto, o usuário pode estar interessado em buscar todas as ocorrências de um padrão (uma palavra particular) no texto que está sendo editado. Esse problema é conhecido como casamento de cadeias de caracteres ou casamento de padrão (do inglês, *pattern matching*).

O problema de **casamento de cadeias** ou **casamento de padrão** pode ser formalizado como se segue. O texto é um arranjo $T[0..n-1]$ de tamanho n e o padrão é um arranjo $P[0..m-1]$ de tamanho $m \leq n$. Os elementos de P e T são escolhidos de um alfabeto finito Σ de tamanho c. Por exemplo, podemos ter $\Sigma = \{0, 1\}$ ou $\Sigma = \{a, b, \ldots, z\}$. Dadas duas cadeias P (padrão) de comprimento $|P| = m$ e T (texto) de comprimento $|T| = n$, em que $n \gg m$, deseja-se saber as ocorrências de P em T.

Considerando os dados de entrada como sendo o texto T e o padrão P, existem diversas categorias de algoritmos para resolver o problema de casamento de cadeias, a saber:

- *Padrão e texto não são pré-processados*: os algoritmos são do tipo seqüencial, *on-line* e de tempo-real, pois tanto o padrão quanto o texto não são conhecidos *a priori*. Os algoritmos têm complexidade de tempo $O(mn)$ e de espaço $O(1)$, para o pior caso. Um exemplo é o algoritmo força bruta apresentado no Programa 8.2.

- *Padrão pré-processado*: os algoritmos são do tipo seqüencial e o padrão é conhecido anteriormente, o que permite o seu pré-processamento. Os algoritmos têm complexidade de tempo $O(n)$ e complexidade de espaço $O(m + c)$, no pior caso. Representantes típicos desta categoria são os programas para edição de textos. Os algoritmos mais conhecidos nesta categoria são o Knuth-Morris-Pratt, o Boyer-Moore e o Shift-And, os dois primeiros apresentados na Seção 8.1.1 e o último, nas Seções 8.1.1 e 8.1.2.

- *Padrão e texto são pré-processados*: os algoritmos constroem um **índice** para permitir uma complexidade de tempo $O(\log n)$ ou menos, mas a complexidade de espaço é $O(n)$. O tempo de pré-processamento do texto para obter o índice pode ser tão grande quanto $O(n)$ ou $O(n \log n)$, mas esse tempo é compensado por muitas operações de pesquisa no texto. Nesse caso, existe um compromisso entre espaço e tempo. Vale a pena construir um índice quando a base de dados é grande e **semi-estática**. Coleções semi-estáticas podem ser atualizadas a intervalos regulares (por exemplo, diariamente), mas não recebem milhares de inserções de novas palavras por segundo. Esse é o caso de bancos de dados constituídos de texto em linguagem natural, como bibliotecas digitais e máquinas de busca na Web.

Dentro da última categoria os tipos de índices mais conhecidos são os arquivos invertidos, árvores *trie* e Patricia, e arranjos de sufixos. O arquivo invertido será visto logo a seguir. A **árvore *trie*** e a **árvore Patricia** são tratadas na Seção 5.4. O **arranjo de sufixos** é apresentado no Exercício 23 do Capítulo 5.

Um **arquivo invertido** é constituído de duas partes: **vocabulário** e **ocorrências**. O vocabulário é o conjunto de todas as palavras distintas no texto. Para cada palavra distinta, uma lista de posições onde ela ocorre no texto é armazenada. O conjunto das listas é chamado de ocorrências. As posições podem referir-se a palavras ou caracteres. A Figura 8.1 apresenta um exemplo. Outro exemplo pode ser visto no Exercício 16 do Capítulo 5.

O vocabulário ocupa pouco espaço. A previsão sobre o crescimento do tamanho do vocabulário é dada pela **lei de Heaps**, a qual diz que o vocabulário de um texto em linguagem natural contendo n palavras tem tamanho $V = Kn^\beta = O(n^\beta)$, em que K e β dependem das características de cada texto. K geralmente assume valores entre 10 e 100, e β é uma constante entre 0 e 1, na prática ficando entre 0,4 e 0,6. Logo, o vocabulário cresce sublinearmente com o tamanho do texto, em uma proporção perto de sua raiz quadrada.

```
 0     6        15     21  25           35          44       52
Texto exemplo. Texto tem palavras. Palavras exercem fascínio.

                      exemplo      6
                      exercem      44
                      fascínio     52
                      palavras     25 35
                      tem          21
                      texto        0 15
```

Figura 8.1 *Texto exemplo e seu arquivo invertido. As ocorrências apontam para as posições dos caracteres no texto.*

Por exemplo, para aproximadamente 250 *megabytes* de texto do *Wall Street Journal* o vocabulário ocupa aproximadamente 1,5 *megabyte*, cerca de 0,6% (vide Tabela 8.8). As ocorrências ocupam muito mais espaço. Como cada palavra do texto é referenciada uma vez na lista de ocorrências, o espaço necessário é $O(n)$. Na prática, o espaço para a lista de ocorrências fica entre 30% e 40% do tamanho do texto.

A pesquisa em um arquivo invertido tem geralmente três passos:

❑ *Pesquisa no vocabulário*: as palavras e padrões presentes na consulta são isoladas e pesquisadas no vocabulário.

❑ *Recuperação das ocorrências*: as listas de ocorrências de todas as palavras encontradas no vocabulário são recuperadas.

❑ *Manipulação das ocorrências*: as listas de ocorrências são processadas para resolver frases, proximidade ou operações booleanas.

Logo, pesquisar em um arquivo invertido sempre começa pelo vocabulário, sendo pois interessante mantê-lo em um arquivo separado. Na maioria das vezes, esse arquivo cabe na memória principal.

A pesquisa de palavras simples pode ser realizada usando qualquer estrutura de dados que torne a busca eficiente, como *hashing*, árvore *trie* ou árvore B. As duas primeiras têm custo $O(m)$, em que m é o tamanho da consulta (independentemente do tamanho do texto). Entretanto, armazenar as palavras na ordem lexicográfica, como no exemplo da Figura 8.1, é barato em termos de espaço e muito competitivo em desempenho, já que a pesquisa binária pode ser empregada com custo $O(\log n)$, sendo n o número de palavras.

A pesquisa por frases usando índices é mais difícil de resolver. Cada elemento da frase tem de ser pesquisado separadamente e suas listas de ocorrências recuperadas. A seguir, as listas têm de ser percorridas de forma sincronizada para encontrar as posições nas quais todas as palavras aparecem em seqüência.

A construção de um arquivo invertido usando uma **árvore *trie*** para o texto exemplo da Figura 8.1 pode ser vista na Figura 8.2. O vocabulário lido até o momento é colocado em uma árvore *trie*, armazenando uma lista de ocorrências para cada palavra. Cada nova palavra lida do texto é pesquisada na *trie*: se a pesquisa é sem sucesso, então a palavra é inserida na árvore e uma lista de ocorrências é inicializada com a posição da nova palavra no texto. Senão, uma vez que a palavra já se encontra na árvore, a nova posição é inserida ao final da lista de ocorrências.

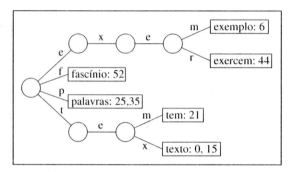

Figura 8.2 *Construção de um arquivo invertido usando a árvore* trie *para armazenar o vocabulário.*

8.1.1 Casamento Exato

No casamento de padrão, o problema básico consiste em obter todas as ocorrências **exatas** do padrão no texto. A Figura 8.3 mostra uma ocorrência exata do padrão teste em um texto exemplo.

```
        teste
os testes testam estes alunos ...
```

Figura 8.3 *Exemplo de casamento exato.*

Os algoritmos para o casamento exato de cadeias serão apresentados de acordo com dois enfoques, dependendo da forma como o padrão é pesquisado no texto. O primeiro enfoque consiste em ler os caracteres do texto um a um e, a cada passo, algumas variáveis são atualizadas de forma a identificar uma ocorrência possível. Os algoritmos nesse enfoque, que serão estudados nas próximas seções, são o força bruta, Knuth-Morris-Pratt e Shift-And. O segundo enfoque consiste em pesquisar o padrão P em uma janela que desliza ao longo do texto T. Para cada posição desta janela, o algoritmo faz uma pesquisa por um sufixo da janela que casa com um sufixo de P, mediante comparações realizadas no sentido da direita para a esquerda. Os algoritmos a serem estudados nesse enfoque são o de Boyer-Moore e uma de suas versões simplificadas, o de Boyer-Moore-Horspool.

A classe *CasamentoExato* mostrada no Programa 8.1 apresenta a assinatura dos métodos de casamento exato implementados nas próximas seções. A constante *maxChar* é utilizada para representar o tamanho do alfabeto considerado, que de agora em diante é o conjunto de caracteres ASCII (vide tabela ASCII no Apêndice K.) As cadeias de caracteres T e P são representadas por meio da classe **String**.

Programa 8.1 Métodos de casamento exato considerados

```
package cap8;
public class CasamentoExato {
  private static final int maxChar = 256;
  // Assinatura dos métodos para casamento exato considerados
  public static void forcaBruta (String T, int n, String P, int m)
  public static void shiftAndExato (String T, int n, String P, int m)
  public static void bmh (String T, int n, String P, int m)
  public static void bmhs (String T, int n, String P, int m)
}
```

Algoritmo Força Bruta

O algoritmo **força bruta** é o algoritmo mais simples para casamento de cadeias. A idéia consiste em tentar casar qualquer subcadeia no texto de comprimento m com o padrão. O Programa 8.2 mostra a implementação do algoritmo força bruta.

Programa 8.2 Algoritmo força bruta

```
public static void forcaBruta (String T, int n, String P, int m) {
  // Pesquisa P[0..m-1] em T[0..n-1]
  for (int i = 0; i < (n - m + 1); i ++) {
    int k = i; int j = 0;
    while ((j < m) && (T.charAt (k) == P.charAt (j))) { j++; k++; }
    if (j ==m) System.out.println ("Casamento na posicao: " + i);
  }
}
```

Análise O pior caso do algoritmo força bruta é:

$$C_n = m \times n,$$

situação que ocorre, por exemplo, quando $P =$ aab e $T =$ aaaaaaaaa.

O caso esperado é dado por Baeza-Yates (1992) como sendo:

$$\overline{C_n} = \frac{c}{c-1}\left(1 - \frac{1}{c^m}\right)(n - m + 1) + O(1),$$

que é muito melhor do que o pior caso. Em um experimento realizado por Baeza-Yates (1992), para um texto randômico e um alfabeto de tamanho $c = 4$, o número esperado de comparações por caractere do texto é aproximadamente igual a 1,3.

Uso de Autômato

Um autômato é um modelo de computação muito simples. Um **autômato finito** é definido por uma tupla $(Q, I, F, \Sigma, \mathcal{T})$, na qual Q é um conjunto finito de estados, entre os quais existe um estado inicial $I \in Q$, e alguns são estados finais ou estados de término $F \subseteq Q$. As transições entre estados são rotuladas por elementos de $\Sigma \cup \{\epsilon\}$, em que Σ é o alfabeto finito de entrada e ϵ é a transição vazia. As transições são formalmente definidas por uma função de transição $\mathcal{T}$, a qual associa a cada estado $q \in Q$ um conjunto $\{q_1, q_2, \ldots, q_k\}$ de estados de Q para cada $\alpha \in \Sigma \cup \{\epsilon\}$.

Na prática existem dois tipos de autômatos, dependendo da forma da função de transição $\mathcal{T}$. Se $\mathcal{T}$ é tal que existe um estado q associado a um dado caractere α para mais de um estado, digamos $\mathcal{T}(q, \alpha) = \{q_1, q_2, \ldots, q_k\}$, $k > 1$, ou existe alguma transição rotulada por ϵ, então o autômato é chamado de **autômato finito não-determinista**. Nesse caso, a função de transição $\mathcal{T}$ é definida pelo conjunto de triplas $\Delta = \{(q, \alpha, q')\}$, no qual $q \in Q$, $\alpha \in \Sigma \cup \{\epsilon\}$, e $q' \in \mathcal{T}(q, \alpha)$. Senão, o autômato é chamado de **autômato finito determinista**, e a função de transição $\mathcal{T}$ é definida pela função $\delta = Q \times \Sigma \cup \epsilon \to Q$. Nesse caso, se $\mathcal{T}(q, \alpha) = \{q'\}$, então $\delta(q, \alpha) = q'$.

A Figura 8.4 mostra um exemplo dos dois tipos de autômatos. O autômato da Figura 8.4(a) é um autômato finito não-determinista, uma vez que, a partir do estado 0, por meio do caractere de transição a, é possível atingir os estados 2 e 3. O autômato da Figura 8.4(b) é um autômato finito determinista, uma vez que para cada caractere de transição todos os estados levam a um único estado.

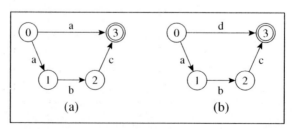

Figura 8.4 Dois autômatos, em que o estado 0 é inicial e o estado 3 com dois círculos concêntricos é final. (a) Autômato finito não-determinista; (b) Autômato finito determinista.

Uma cadeia é **reconhecida** por $(Q, I, F, \Sigma, \Delta)$ ou $(Q, I, F, \Sigma, \delta)$ se qualquer um dos autômatos rotula um caminho que vai de um estado inicial até um estado final. A **linguagem reconhecida** por um autômato é o conjunto de cadeias que o autômato é capaz de reconhecer. Por exemplo, a linguagem reconhecida pelo autômato da Figura 8.4(a) é o conjunto de cadeias $\{a\}$ e $\{abc\}$ no estado 3.

Em autômatos não-deterministas, transições podem ser rotuladas com uma cadeia vazia ϵ, e são chamadas de **transições-ϵ** ou **transições vazias**. O significado de uma transição vazia é que não há necessidade de se ler um caractere para caminhar pela transição, isto é, se estamos no estado origem da transição-ϵ simplesmente saltamos para o estado destino. Essas transições muitas vezes simplificam a construção do autômato, mas sempre existe um autômato equivalente que reconhece a mesma linguagem sem transições-ϵ.

Em um autômato, seja ele determinista, seja não-determinista, se uma cadeia x rotula um caminho de I até um estado q, então o estado q é considerado ativo depois de ler x. Um autômato finito determinista tem no máximo um estado ativo em um determinado instante, enquanto um autômato finito não-determinista pode ter vários. O algoritmo para casamento aproximado de cadeias a ser estudado na Seção 8.1.2 é baseado em autômatos finitos não-deterministas.

Os dois autômatos da Figura 8.4 são **acíclicos** porque as transições não formam ciclos. Entretanto, os **autômatos finitos cíclicos**, sejam deterministas, sejam não-deterministas, são úteis para **casamento de expressões regulares**. A linguagem reconhecida por um autômato cíclico pode ser infinita. O autômato da Figura 8.5 reconhece ba, mas também reconhece bba, bbba, bbbba etc.

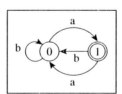

Figura 8.5 Autômato finito determinista cíclico.

A Figura 8.6 mostra o autômato que reconhece o padrão P = aabc. A pesquisa de P sobre um texto T com alfabeto Σ = a, b, c pode ser vista como a simulação do autômato na pesquisa de P sobre T. No início da computação, somente o estado inicial 0 está ativo. Para cada caractere lido do texto, a aresta correspondente é seguida, ativando o estado destino. Se o estado 3 estiver ativo e um caractere c é lido, o estado final 4 se torna ativo, resultando em um casamento de aabc com o texto. Como cada caractere do texto é lido uma vez, o algoritmo tem complexidade de tempo $O(n)$, e complexidade de espaço $m + 1$ para vértices e $|\Sigma| \times m$ para arestas.

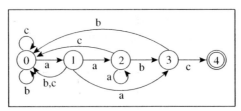

Figura 8.6 *Autômato finito determinista cíclico para reconhecer* aabc.

Algoritmo Knuth-Morris-Pratt

O algoritmo Knuth-Morris-Pratt (KMP) é o primeiro algoritmo cujo pior caso tem complexidade de tempo linear no tamanho do texto. O KMP, um dos algoritmos mais famosos para resolver o problema de casamento de cadeias, é criação de Knuth, Morris e Pratt (1977). Como esse algoritmo tem uma implementação complicada, e na prática perde em eficiência para os outros dois algoritmos que estudaremos nas seções seguintes, o Shift-And e o Boyer-Moore-Horspool, não vamos apresentá-lo.

Entretanto, sob o ponto de vista histórico, existe um fato interessante sobre como surgiu o algoritmo KMP. Até 1971, o limite inferior conhecido para busca exata de padrões era $O(mn)$. Em 1971, Cook provou que qualquer problema que puder ser resolvido por um autômato determinista de dois caminhos com memória de pilha (do inglês, *Two-way Deterministic Pushdown Store Automaton* — 2DPDA) pode ser resolvido em tempo linear por uma máquina RAM (*Random Access Machine*). O 2DPDA é constituído de uma fita apenas para leitura, uma pilha de dados (memória temporária) e um controle de estado que permite mover a fita para a esquerda ou direita, empilhar ou desempilhar símbolos e mudar de estado. A Figura 8.7 mostra o casamento de cadeias no 2DPDA.

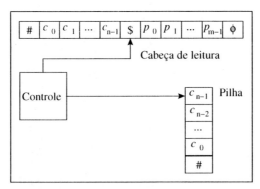

Figura 8.7 *Casamento de cadeias no 2DPDA.*

No autômato da Figura 8.7 a entrada é constituída pela cadeia

$$\#c_0c_1\cdots c_{n-1}\$p_0p_1\cdots p_{m-1}\phi.$$

A partir de #, todos os caracteres são empilhados até encontrar o caractere $. A leitura continua até encontrar o caractere ϕ. A seguir, a leitura é realizada no sentido contrário, iniciando por p_{m-1}, que deve ser comparado com o último caractere empilhado, no caso c_{n-1}. Essa operação é repetida para os caracteres seguintes, e, se o caractere $ for atingido, então as duas cadeias são iguais. Embora o autômato 2DPDA possa levar tempo $O(n^2)$ para reconhecer o padrão, existe uma simulação em que uma máquina RAM pode reproduzir o comportamento do 2DPDA em $O(n)$ para qualquer entrada de tamanho n.

Knuth e Pratt (1971) trabalharam na simulação linear que Cook obteve para o 2DPDA para conseguir a primeira versão do algoritmo KMP (como Morris tinha um algoritmo similar, eles reuniram seus algoritmos). O KMP obtém um mecanismo para computar o sufixo mais longo no texto, que é também prefixo de P. Quando o comprimento do sufixo no texto é igual a $|P|$, ocorre um casamento. O pré-processamento de P permite que nenhum caractere seja reexaminado e o apontador para o texto nunca é decrementado. Na realidade, o pré-processamento de P pode ser visto como a construção econômica de um autômato determinista que depois é usado para pesquisar o padrão no texto.

Algoritmo Shift-And

O algoritmo Shift-And foi proposto por Baeza-Yates e Gonnet (1989). Ele é aproximadamente duas vezes mais rápido e muito mais simples do que o algoritmo KMP. Além disso, na Seção 8.1.2 veremos como estender o algoritmo Shift-And para permitir o casamento aproximado de cadeias de caracteres.

O algoritmo usa o conceito de **paralelismo de *bit*** (do inglês, *bit parallelism*), uma técnica que tira proveito do paralelismo intrínseco das operações sobre *bits* dentro de uma palavra de computador. Nesse caso, é possível empacotar muitos valores em uma única palavra e atualizar todos eles em uma única operação. Pelo fato de tirar proveito do paralelismo de *bit*, o número de operações que um algoritmo realiza pode ser reduzido por um fator de até w, em que w é o número de *bits* da palavra do computador. Considerando que nas arquiteturas atuais w é 32 ou 64, o ganho na prática pode ser muito grande.

Antes de continuar a descrever o algoritmo Shift-And vamos utilizar a notação usada em Navarro e Raffinot (2002) para descrever as operações usando paralelismo de *bit*. Para denotar **repetição de *bit*** é usada exponenciação: $01^3 = 0111$. Uma seqüência de *bits* $b_0 \ldots b_{c-1}$ é chamada de **máscara de *bits*** de comprimento c, a qual é armazenada em alguma posição de uma palavra w do computador. Para as operações sobre os *bits* da palavra do computador, "|" é a operação *or*, "&" é a operação *and*, "~" complementa todos os *bits*, e ">>" move os *bits* para a direita e entra com zeros à esquerda (por exemplo, $b_0, b_1, \ldots, b_{c-2}, b_{c-1} >> 2 = 00b_0, b_1, \ldots, b_{c-3}$). Da mesma maneira, "<<" move os *bits* para a esquerda e entra com zeros à direita.

O algoritmo mantém um conjunto de todos os prefixos de P que casam com o texto já lido e utiliza o paralelismo de *bit* para atualizar o conjunto a cada caractere lido do texto. Este conjunto é representado por uma máscara de *bits* $R = (b_0, b_1, \ldots, b_{m-1})$. Assim como o algoritmo KMP, o algoritmo Shift-And pode ser visto como a simulação de um autômato que pesquisa o padrão no texto. A diferença entre o KMP e o Shift-And é que o KMP usa um autômato determinista, enquanto o Shift-And usa um autômato não-determinista para simular o paralelismo de *bit*.

A Figura 8.8 mostra um autômato não-determinista capaz de reconhecer todos os prefixos do padrão $P = $ teste. O *self-loop* no vértice 0 significa que o estado permanece ativo durante todo o processamento, permitindo que um casamento possa se iniciar na posição corrente do texto. Nesse caso, mais de um estado pode estar ativo em determinado instante.

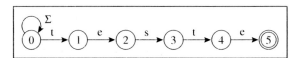

Figura 8.8 *Autômato não-determinista que reconhece todos os prefixos de $P = $ teste.*

O funcionamento do algoritmo Shift-And é explicado a seguir. O valor 1 é colocado na j-ésima posição de $R = (b_0, b_1, \ldots, b_{m-1})$ se e somente se $p_0 \ldots p_j$ é um sufixo de $t_0 \ldots t_i$, em que i corresponde à posição corrente no texto. Diz-se que a j-ésima posição de R está *ativa*. Um casamento é relatado sempre que b_{m-1} fica ativo.

Na leitura do próximo caractere t_{i+1}, o novo valor do conjunto R é calculado, o qual chamaremos de R'. A posição $j+1$ no conjunto R' ficará ativa se e somente se a posição j estiver ativa em R e t_{i+1} casa com p_{i+1}. Em outras palavras, $p_0 \ldots p_j$ era um sufixo de $t_0 \ldots t_i$ e t_{i+1} casa com p_{j+1}. Com o uso de paralelismo de *bit*, é possível computar o novo conjunto com custo $O(1)$ em uma linguagem de programação que realize com eficiência as operações *and*, *or*, deslocamento à direita e complemento, como no caso das linguagens Java e C++. Além disso, se o tamanho do padrão m for menor do que a palavra w do computador, então o conjunto R pode ser implementado em um arranjo de *bits* que cabe em um registrador do computador.

O primeiro passo do algoritmo é a construção de uma tabela M para armazenar uma máscara de *bits* $b_0 \ldots, b_{m-1}$ para cada caractere. A Tabela 8.1 apresenta as máscaras de *bits* para os caracteres presentes em $P = $ teste. A máscara em $M[\texttt{t}]$ é 10010, pois o caractere t aparece nas posições 0 e 3 de P.

Na fase de pesquisa de P em T, o valor do conjunto é inicializado como $R = 0^m$ (0^m significa 0 repetido m vezes). Para cada novo caractere t_{i+1} lido do texto, o valor do conjunto R' é atualizado de acordo com a seguinte fórmula:

$$R' = ((R >> 1) \mid 10^{m-1}) \ \& \ M[T[i]] \tag{8.1}$$

Tabela 8.1 Máscara relativa a $P =$ teste

	0	1	2	3	4
M[t]	1	0	0	1	0
M[e]	0	1	0	0	1
M[s]	0	0	1	0	0

Intuitivamente, a operação ">>" desloca todas as posições para a direita no passo $i+1$ para marcar quais posições de P eram sufixos no passo i. A cadeia vazia ϵ também é marcada como um sufixo por meio da operação *or* entre o conjunto obtido após a operação ">>" e 10^{m-1}. Essa operação permite que um casamento possa iniciar na posição corrente do texto, o que corresponde ao *self-loop* no início do autômato da Figura 8.8. Do conjunto obtido até o momento são mantidas apenas as posições em que t_{i+1} casa com p_{j+1}, o que é alcançado por meio da operação *and* desse conjunto de posições com o conjunto $M[t_{i+1}]$ de posições de t_{i+1} em P.

A Tabela 8.2 mostra o funcionamento do algoritmo Shift-And para pesquisar o padrão $P =$ teste no texto $T =$ os testes ..., parte inicial do exemplo da Figura 8.3.

Tabela 8.2 Exemplo de funcionamento do algoritmo Shift-And. O **1** na última coluna significa que o estado final está ativo, indicando casamento de $P =$ teste no texto

Texto	$(R >> 1)\|10^{m-1}$					R'				
o	1	0	0	0	0	0	0	0	0	0
s	1	0	0	0	0	0	0	0	0	0
	1	0	0	0	0	0	0	0	0	0
t	1	0	0	0	0	1	0	0	0	0
e	1	1	0	0	0	0	1	0	0	0
s	1	0	1	0	0	0	0	1	0	0
t	1	0	0	1	0	1	0	0	1	0
e	1	1	0	0	1	0	1	0	0	*1*
s	1	0	1	0	0	0	0	1	0	0
	1	0	0	1	0	0	0	0	0	0

O Programa 8.3 mostra um primeiro refinamento do algoritmo Shift-And. O refinamento final do algoritmo Shift-And é apresentado no Programa 8.4. O método *shiftAndExato* recebe um texto de tamanho n em T e um padrão de tamanho m em P.

Análise O custo do algoritmo Shift-And é $O(n)$, desde que as operações na Eq. (8.1) possam ser realizadas em $O(1)$ e o padrão caiba em umas poucas palavras do computador.

Programa 8.3 *Primeiro refinamento do algoritmo Shift-And*

```
void Shift-And  ( P = p_0p_1 ... p_{m-1},  T = t_0t_1 ... t_{n-1} )
  // Pré-processamento
  for  (c ∈ Σ)  M[c] = 0^m ;
  for  ( j = 0;  j < m;  j++) M[p_j] = M[p_j] | 0^j 10^{m-j-1} ;
  // Pesquisa
  R = 0^m ;
  for  ( i = 0;  i < n;  i++)
    R = ((R >> 1) | 10^{m-1}) & M[T[i]] ;
    if  ( R & 0^{m-1}1 ≠ 0^m )  "Casamento na posicao i − m + 1";
```

Programa 8.4 *Implementação do algoritmo Shift-And para casamento exato de cadeias*

```
public static void shiftAndExato (String T, int n, String P, int m) {
  int R = 0;
  // Pré-processamento do padrão
  int M[] = new int[maxChar];
  for (int i = 0; i < maxChar; i++)M[i] = 0;
  for (int j = 0; j < m; j++)
    M[(int)P.charAt (j)] = M[(int)P.charAt (j)] | (1 << (m − j − 1));
  // Pesquisa
  for (int i = 0; i < n; i++) {
    R = ((R >> 1) | (1 << (m − 1))) & M[(int)T.charAt (i)];
    if ((R & 1) != 0)
      System.out.println ("Casamento na posicao: " + (i − m + 1));
  }
}
```

Algoritmo Boyer-Moore-Horspool

Assim como o algoritmo KMP apresentado em 1977, outro algoritmo clássico foi publicado por Boyer e Moore (1977), ficando conhecido como Boyer-Moore (BM). A idéia é pesquisar o padrão no sentido da direita para a esquerda, o que torna o algoritmo muito rápido. Em 1980, Horspool (1980) apresentou uma simplificação importante no algoritmo original, tão eficiente quanto o algoritmo original, ficando conhecida como Boyer-Moore-Horspool (BMH). Considerando sua extrema simplicidade de implementação, bem como sua comprovada eficiência, o algoritmo BMH deve ser o escolhido em aplicações de uso geral que necessitam realizar casamento exato de cadeias.

O enfoque dos algoritmos BM e BMH consiste em pesquisar o padrão P em uma janela que desliza ao longo do texto T. Para cada posição desta janela, o algoritmo faz uma pesquisa por um sufixo da janela que casa com um sufixo de P por meio de comparações realizadas no sentido da direita para a esquerda. Se não ocorreu uma desigualdade, então uma ocorrência de P em T foi encontrada.

Senão, o algoritmo calcula um deslocamento em que o padrão deve ser deslizado para a direita antes que uma nova tentativa de casamento se inicie.

O algoritmo BM original propõe duas heurísticas para calcular o deslocamento:

- Heurística ocorrência (do inglês, *ocurrence*): alinha a posição no texto que causou a colisão com o primeiro caractere no padrão que casa com ele;
- Heurística casamento (do inglês, *match*): ao mover o padrão para a direita, ele casa com o pedaço do texto anteriormente casado.

A Figura 8.9 mostra o funcionamento da heurística ocorrência para o padrão $P =$ cacbac no texto $T =$ aabcaccacbac. A partir da posição 5, da direita para a esquerda, existe uma colisão na posição 3 de T, entre o caractere b do padrão e o caractere c do texto. Conseqüentemente, o padrão deve ser deslocado para a direita até o primeiro caractere no padrão que casa com c. O processo é repetido e o caractere no texto que causou a colisão é o caractere c na posição 5. Assim, o padrão deve ser novamente deslocado para a direita até o primeiro caractere no padrão que casa com c. O processo é repetido até encontrar um casamento a partir da posição 6 de T.

```
0 1 2 3 4 5 6 7 8 9 0 1
c a c b a c
a a b c a c c a c b a c
  c a c b a c
      c a c b a c
        c a c b a c
              c a c b a c
```

Figura 8.9 *Funcionamento da heurística ocorrência.*

A Figura 8.10 mostra o funcionamento da heurística casamento para o mesmo padrão $P =$ {cacbac} no texto $T =$ {aabcaccacbac}. Novamente, a partir da posição 5, da direita para a esquerda, existe uma colisão na posição 3 de T, entre o caractere b do padrão e o caractere c do texto. Nesse caso, o padrão deve ser deslocado para a direita até casar com o pedaço do texto anteriormente casado, no caso ac, deslocando o padrão três posições à direita. O processo é repetido mais uma vez e o casamento entre P e T ocorre.

O algoritmo BM decide qual das duas heurísticas deve usar escolhendo a que provoca o maior deslocamento do padrão. Entretanto, essa escolha implica realizar uma comparação entre dois inteiros para cada caractere lido do texto, penalizando o desempenho do algoritmo com relação ao tempo de processamento. A partir dessa observação, várias propostas de simplificação ocorreram ao longo dos anos, e os melhores resultados são os que consideram apenas a heurística ocorrência. A simplificação que estudaremos a seguir acompanha essa linha.

```
0 1 2 3 4 5 6 7 8 9 0 1
c a c b a c
a a b c a c c a c b a c
    c a c b a c
          c a c b a c
```

Figura 8.10 Funcionamento da heurística casamento.

A simplificação mais importante é obra de Horspool (1980), conhecida como Boyer-Moore-Horspool (BMH), que executa mais rápido do que o algoritmo BM original. Horspool observou que qualquer caractere já lido do texto a partir do último deslocamento pode ser usado para endereçar a tabela de deslocamentos. Baseado nesse fato, Horspool propôs endereçar a tabela com o caractere no texto correspondente ao último caractere do padrão.

Para pré-computar o padrão, o valor inicial de todas as entradas na tabela de deslocamentos é feito igual a m. A seguir, apenas os $m-1$ primeiros caracteres do padrão são usados para obter os outros valores da tabela. Formalmente:

$$d[x] = \min\{j \text{ tal que } j = m \mid (1 \leq j < m \ \& \ P[m-j-1] = x)\}.$$

Para o padrão $P = \texttt{teste}$, os valores de d são $d[\texttt{t}] = 1$, $d[\texttt{e}] = 3$, $d[\texttt{s}] = 2$, e todos os outros valores são iguais ao valor de $|P|$, nesse caso $m = 5$.

Uma implementação simples e eficiente para o algoritmo BMH pode ser vista no Programa 8.5. O pré-processamento do padrão para obter a tabela de deslocamentos d ocorre nas três primeiras linhas do código. A fase de pesquisa é constituída por um anel em que i varia de $m-1$ até $n-1$, com incrementos $d[(int)T.charAt(i)]$, o que equivale ao endereço na tabela d do caractere que está na i-ésima posição no texto, a qual corresponde à posição do último caractere de P.

Outra simplificação importante para o algoritmo BM, conhecida como Boyer-Moore-Horspool-Sunday (BMHS), foi apresentada por Sunday (1990). É uma variante do algoritmo BMH. Sunday propôs endereçar a tabela com o caractere no texto correspondente ao próximo caractere após o último caractere do padrão, em vez de deslocar o padrão usando o último caractere, como no algoritmo BMH.

Para pré-computar o padrão, o valor inicial de todas as entradas na tabela de deslocamentos é feito igual a $m+1$. A seguir, os m primeiros caracteres do padrão são usados para obter os outros valores da tabela. Formalmente:

$$d[x] = min\{j \text{ tal que } j = m \mid (1 \leq j \leq m \ \& \ P[m-j] = x)\}.$$

Para o padrão $P = \texttt{teste}$, os valores de d são $d[\texttt{t}] = 2$, $d[\texttt{e}] = 1$, $d[\texttt{s}] = 3$, e todos os outros valores são iguais ao valor de $|P| + 1$.

Uma implementação para o algoritmo BMHS pode ser vista no Programa 8.6. O pré-processamento do padrão para obter a tabela de deslocamentos d ocorre nas duas primeiras linhas do código. A fase de pesquisa é constituída por um anel

Programa 8.5 Algoritmo Boyer-Moore-Horspool

```
public static void bmh (String T, int n, String P, int m) {
  // Pré-processamento do padrão
  int d[] = new int[maxChar];
  for (int j = 0; j < maxChar; j++) d[j] = m;
  for (int j = 0; j < (m-1); j++) d[(int)P.charAt (j)] = m - j - 1;
  int i = m - 1;
  while (i < n) { // Pesquisa
    int k = i; int j = m - 1;
    while ((j >= 0) && (T.charAt (k) == P.charAt (j))) { j--; k--; }
    if (j < 0)
      System.out.println ("Casamento na posicao: " + (k + 1));
    i = i + d[(int)T.charAt (i)];
  }
}
```

em que i varia de $m-1$ até $n-1$, com incrementos $d[(int)T.charAt(i+1)]$, o que equivale ao endereço na tabela d do caractere que está na $(i+1)$-ésima posição no texto, a qual corresponde à posição do último caractere de P. Importante observar que o String T deve ter tamanho $n+1$, pois a posição n será acessada no último comando do Programa 8.6 quando houver casamento envolvendo a posição $n-1$.

Programa 8.6 Algoritmo Boyer-Moore-Horspool-Sunday

```
public static void bmhs (String T, int n, String P, int m) {
  // Pré-processamento do padrão
  int d[] = new int[maxChar];
  for (int j = 0; j < maxChar; j++) d[j] = m + 1;
  for (int j = 0; j < m; j++) d[(int)P.charAt (j)] = m - j;
  int i = m - 1;
  while (i < n) { // Pesquisa
    int k = i; int j = m - 1;
    while ((j >= 0) && (T.charAt (k) == P.charAt (j))) { j--; k--; }
    if (j < 0)
      System.out.println ("Casamento na posicao: " + (k + 1));
    i = i + d[(int)T.charAt (i+1)];
  }
}
```

Análise Para o algoritmo original BM, os dois tipos de deslocamento (ocorrência e casamento) podem ser pré-computados com base apenas no padrão e no alfabeto. Assim, a complexidade de tempo e de espaço para essa fase é $O(m+c)$. Obtidas as duas funções de deslocamento, a cada caractere lido o algoritmo escolhe o valor que proporciona o maior deslocamento. O pior caso do algoritmo é $O(nm)$. O melhor caso e o caso médio para o algoritmo é $O(n/m)$, um resultado excelente, pois executa em tempo sublinear.

Para o algoritmo BMH, o deslocamento ocorrência também pode ser pré-computado com base apenas no padrão e no alfabeto, e a complexidade de tempo e de espaço para essa fase é $O(m + c)$. Para a fase de pesquisa, o pior caso do algoritmo é $O(nm)$, o melhor caso é $O(n/m)$ e o caso esperado é $O(n/m)$, se c não é pequeno e m não é muito grande.

Na variante BMHS, seu comportamento assintótico é igual ao do algoritmo BMH. Entretanto, os deslocamentos são mais longos (podendo ser iguais a $m+1$), levando a saltos relativamente maiores para padrões curtos. Por exemplo, para um padrão de tamanho $m = 1$, o deslocamento é igual a $2m$ quando não há casamento.

8.1.2 Casamento Aproximado

Existem variações com relação ao casamento exato de cadeias, sendo a mais importante aquela que permite operações de inserção, de substituição e de retirada de caracteres do padrão. A Figura 8.11 mostra três ocorrências do padrão teste em que os casos de inserção, de substituição e de retirada de caracteres no padrão acontecem, a saber: no primeiro, um espaço é inserido entre o terceiro e quarto caracteres do padrão; no segundo, o último caractere do padrão é substituído pelo caractere a; e, no terceiro, o primeiro caractere do padrão é retirado.

```
            tes te
            testa
                  este
   os testes testam estes alunos ...
```

Figura 8.11 Exemplo de casamento aproximado do padrão teste.

O número k de operações de inserção, de substituição e de retirada de caracteres necessário para transformar uma cadeia x em outra cadeia y é conhecido na literatura como **distância de edição** (Levenshtein, 1965). Assim, a distância de edição entre duas cadeias x e y, $ed(x, y)$ é o menor número de operações necessárias para converter x em y, ou vice-versa. Por exemplo, $ed(\text{teste}, \text{estende}) = 4$, valor obtido por meio de uma retirada do primeiro t de P e a inserção dos três caracteres nde ao final de P. O problema do casamento aproximado de cadeias é o de encontrar todas as ocorrências em T de cada P' que satisfaz $ed(P, P') \leq k$.

O problema da busca aproximada somente faz sentido para $0 < k < m$, porque no caso de $k = m$ toda subcadeia de comprimento m pode ser convertida em P por meio da substituição de m caracteres. O caso em que $k = 0$ corresponde ao casamento exato de cadeias. O nível de erro $\alpha = k/m$ fornece uma medida da fração do padrão que pode ser alterado. Em geral, $\alpha < 1/2$ para a maioria dos casos de interesse.

O casamento aproximado de cadeias, também conhecido como **casamento de cadeias permitindo erros**, é o problema de encontrar um padrão P em um texto T quando um número limitado k de operações (erros) de inserção, de substituição e de retirada é permitido entre P e suas ocorrências em T.

A seguir, vamos mostrar como lidar com o problema de casamento aproximado de cadeias por meio de um autômato não-determinista. A classe *Casamento-Aproximado* mostrada no Programa 8.7 apresenta a assinatura do método para o casamento aproximado de cadeias descrito a seguir.

Programa 8.7 *Método para casamento aproximado de cadeias considerado*

```
package cap8;
public class CasamentoAproximado {
  private static final int maxChar = 256;
  public static void shiftAndAproximado (String T, int n, String P,
                                         int m, int k)
}
```

Algoritmos Baseados em Autômatos

Conforme mostrado em Navarro e Raffinot (2002), uma maneira de tratar o problema do casamento aproximado de cadeias é modelar a pesquisa por um autômato não-determinista. Assim como o algoritmo Shift-And para casamento exato de cadeias apresentado na Seção 8.1.1, o algoritmo que vamos apresentar também usa o **paralelismo de *bit***, o qual simula o funcionamento de um autômato não-determinista.

A Figura 8.12 apresenta três autômatos não-deterministas para casamento aproximado do padrão $P = $ teste. A primeira linha de cada autômato representa casamento exato e a segunda linha representa casamento aproximado com um erro. A Figura 8.12(a) mostra o autômato que permite a inserção de um caractere em qualquer posição de P, a Figura 8.12(b) mostra o autômato que permite a substituição de um caractere em qualquer posição de P, e a Figura 8.12(c) mostra o autômato que permite a retirada de um caractere de qualquer posição de P.

Em qualquer dos três autômatos da Figura 8.12, uma aresta horizontal representa o casamento de um caractere, isto é, se os caracteres do padrão e do texto casam, então avançamos em P e T. Uma aresta vertical na Figura 8.12(a) insere um caractere no padrão, o que significa que avançamos em T mas não em P. Uma aresta diagonal sólida na Figura 8.12(b) substitui um caractere, o que significa

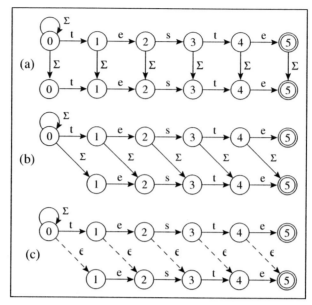

Figura 8.12 *Autômatos para casamento aproximado permitindo um erro. (a) Erro de inserção de caractere; (b) Erro de substituição de um caractere; (c) Erro de retirada de um caractere.*

que avançamos em T e P. Uma aresta diagonal tracejada na Figura 8.12(c) retira um caractere de P, o que significa que avançamos em P, mas não em T, o que equivale a uma **transição-ϵ**. O *self-loop* inicial em cada autômato permite que uma ocorrência se inicie em qualquer posição em T. Cada autômato sinaliza uma ocorrência sempre que o estado final mais à direita se torna ativo.

A Figura 8.13 apresenta um autômato que permite casamento aproximado com $k = 2$ erros para $P = \texttt{teste}$. Nesse caso, as três operações de distância de edição estão juntas em um único autômato. A linha 1 representa casamento exato ($k = 0$), a linha 2 representa casamento aproximado, permitindo um erro ($k = 1$), e a linha 3 representa casamento aproximado, permitindo dois erros ($k = 2$). Uma vez que um estado no autômato está ativo, todos os estados nas linhas seguintes na mesma coluna também estão ativos.

Shift-And para Casamento Aproximado

Os melhores algoritmos para casamento aproximado de cadeias utilizam **paralelismo de *bit***. O algoritmo Shift-And para casamento aproximado de cadeias também simula um autômato não-determinista, como o autômato mostrado na Figura 8.13. O algoritmo que vamos estudar a seguir é uma extensão do algoritmo Shift-And para o casamento exato de cadeias apresentado na Seção 8.1.1.

O algoritmo Shift-And para casamento aproximado de cadeias foi proposto por Wu e Manber (1992). O algoritmo empacota cada linha j ($0 < j \leq k$) do autômato não-determinista em uma palavra R_j diferente do computador. A cada novo caractere lido do texto, todas as transições do autômato são simuladas

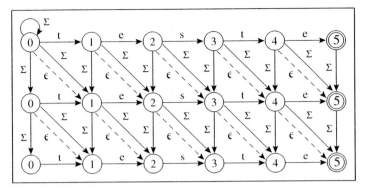

Figura 8.13 *Autômato para casamento aproximado permitindo até dois erros, podendo ser de inserção, de substituição ou de retirada de um caractere.*

usando operações entre as $k+1$ máscaras de *bits*. Todas as $k+1$ máscaras de *bits* têm a mesma estrutura e assim o mesmo *bit* é alinhado com a mesma posição no texto.

Na posição i do texto, os novos valores R'_j, $0 < j \leq k$, são obtidos a partir dos valores correntes R_j, a saber:

$$R'_0 = ((R_0 >> 1) \mid 10^{m-1}) \& M[T[i]] \quad \text{e}$$
$$R'_j = ((R_j >> 1) \& M[T[i]]) \mid R_{j-1} \mid (R_{j-1} >> 1) \mid (R'_{j-1} >> 1) \mid 10^{m-1},$$

em que M é a tabela do algoritmo Shift-And para casamento exato da Seção 8.1.1. A pesquisa inicia com $R_j = 1^j 0^{m-j}$. Conforme esperado, R_0 equivale ao algoritmo Shift-And para casamento exato, e as outras linhas R_j recebem 1s (estados ativos) também de linhas anteriores. Considerando a Figura 8.13, a fórmula para R' expressa arestas horizontais, indicando casamento de um caractere; arestas verticais, indicando inserção (R_{j-1}); arestas diagonais cheias, indicando substituição ($R_{j-1} >> 1$); e arestas diagonais tracejadas, indicando retirada (($R'_{j-1} >> 1) \mid 10^{m-1}$).

A Tabela 8.3 mostra o funcionamento do algoritmo Shift-And-Aproximado para pesquisar o padrão P = teste no texto T = os testes testam, permitindo um erro ($k = 1$) de inserção. Existem uma ocorrência exata na leitura do caractere da posição 7 (letra "e") e duas ocorrências permitindo uma inserção nas posições 8 e 11 (letras "s" e "e", respectivamente).

A Tabela 8.4 mostra o funcionamento do algoritmo Shift-And-Aproximado para pesquisar o padrão P = teste no texto T = os testes testam, permitindo um erro de inserção, um de retirada e um de substituição. Existe uma ocorrência exata na leitura do caractere da posição 7 (letra "e") e cinco ocorrências de um erro nas posições 6, 8, 11, 13 e 14 (letras "t", "s", "e", "t" e "a", respectivamente).

O Programa 8.8 apresenta um primeiro refinamento do algoritmo Shift-And para casamento aproximado de cadeias.

Tabela 8.3 Exemplo de funcionamento do algoritmo Shift-And-Aproximado, permitindo um erro de inserção $R'_0 = (R_0 >> 1)|10^{m-1} \& M[T[i]]$ e $R'_1 = (R_1 >> 1) \& M[T[i]]|R_0|(10^{m-1})$

Texto	$(R_0 >> 1)\|10^{m-1}$					R'_0					$R_1 >> 1$					R'_1				
o	1	0	0	0	0	0	0	0	0	0	0	1	0	0	0	1	0	0	0	0
s	1	0	0	0	0	0	0	0	0	0	0	1	0	0	0	1	0	0	0	0
	1	0	0	0	0	0	0	0	0	0	0	1	0	0	0	1	0	0	0	0
t	1	0	0	0	0	1	0	0	0	0	0	1	0	0	0	1	0	0	0	0
e	1	1	0	0	0	0	1	0	0	0	0	1	0	0	0	1	1	0	0	0
s	1	0	1	0	0	0	0	1	0	0	0	1	1	0	0	1	1	1	0	0
t	1	0	0	1	0	1	0	0	1	0	0	1	1	1	0	1	0	1	1	0
e	1	1	0	0	1	0	1	0	0	*1*	0	1	0	1	1	1	1	0	1	*1*
s	1	0	1	0	0	0	0	1	0	0	0	1	1	0	1	1	1	1	0	*1*
	1	0	0	0	0	0	0	0	0	0	0	1	1	1	0	1	0	1	0	0
t	1	0	0	0	0	1	0	0	0	0	0	1	0	1	0	1	0	0	1	0
e	1	1	0	0	0	0	1	0	0	0	0	1	0	0	1	1	1	0	0	*1*
s	1	0	1	0	0	0	0	1	0	0	0	1	1	0	0	1	1	1	0	0
t	1	0	0	1	0	1	0	0	1	0	0	1	1	1	0	1	0	1	1	0
a	1	1	0	0	1	0	0	0	0	0	0	1	0	1	1	1	0	0	1	0
m	1	0	0	0	0	0	0	0	0	0	0	1	0	0	1	1	0	0	0	0

Tabela 8.4 Exemplo de funcionamento do algoritmo Shift-And-Aproximado, permitindo um erro de inserção, um de retirada e um de substituição $R'_0 = (R_0 >> 1)|10^{m-1} \& M[T[i]]$ e $R'_1 = (R_1 >> 1) \& M[T[i]]|R_0|(R'_0 >> 1)|(R_0 >> 1)|(10^{m-1})$

Texto	$(R_0 >> 1)\|10^{m-1}$					R'_0					$R_1 >> 1$					R'_1				
o	1	0	0	0	0	0	0	0	0	0	0	1	0	0	0	1	0	0	0	0
s	1	0	0	0	0	0	0	0	0	0	0	1	0	0	0	1	0	0	0	0
	1	0	0	0	0	0	0	0	0	0	0	1	0	0	0	1	0	0	0	0
t	1	0	0	0	0	1	0	0	0	0	0	1	0	0	0	1	1	0	0	0
e	1	1	0	0	0	0	1	0	0	0	0	1	1	0	0	1	1	1	0	0
s	1	0	1	0	0	0	0	1	0	0	0	1	1	1	0	1	1	1	1	0
t	1	0	0	1	0	1	0	0	1	0	0	1	1	1	1	1	1	1	1	*1*
e	1	1	0	0	1	0	1	0	0	*1*	0	1	1	1	1	1	1	1	1	*1*
s	1	0	1	0	0	0	0	1	0	0	0	1	1	1	1	1	1	1	1	*1*
	1	0	0	0	0	0	0	0	0	0	0	1	1	1	1	1	0	1	1	0
t	1	0	0	0	0	1	0	0	0	0	0	1	0	1	1	1	1	0	1	0
e	1	1	0	0	0	0	1	0	0	0	0	1	1	0	1	1	1	1	0	*1*
s	1	0	1	0	0	0	0	1	0	0	0	1	1	1	0	1	1	1	1	0
t	1	0	0	1	0	1	0	0	1	0	0	1	1	1	1	1	1	1	1	*1*
a	1	1	0	0	1	0	0	0	0	0	0	1	1	1	1	1	1	0	1	*1*
m	1	0	0	0	0	0	0	0	0	0	0	1	1	0	1	1	0	0	0	0

O Programa 8.9 mostra o refinamento final do algoritmo Shift-And-Aproximado. O método *shiftAndAproximado* recebe um texto de tamanho n em T, um padrão de tamanho m em P e o número de erros em k. O programa indica casamento na posição correspondente ao último caractere do padrão.

Programa 8.8 *Primeiro refinamento do algoritmo Shift-And para casamento aproximado de cadeias*

```
void Shift-And-Aproximado ( P = p₀p₁ ... p_{m-1}, T = t₀t₁ ... t_{n-1}, k )
  // Pré-processamento
  for (c ∈ Σ) M[c] = 0^m;
  for (j = 0; j < m; j++) M[p_j] = M[p_j] | 0^j 10^{m-j-1};
  // Pesquisa
  for (j = 0; j <= k; j++) R_j = 1^j 0^{m-j};
  for (i = 0; i < n; i++)
    Rant = R₀;
    Rnovo = ((Rant >> 1) | 10^{m-1}) & M[T[i]];
    R₀ = Rnovo;
    for (j = 1; j <= k; j++)
      Rnovo = ((R_j >> 1 & M[T[i]]) | Rant | ((Rant | Rnovo) >> 1);
      Rant = R_j;
      R_j = Rnovo | 10^{m-1};
    if (Rnovo & 0^{m-1}1 ≠ 0^m) "Casamento na posicao i";
```

Programa 8.9 *Implementação do algoritmo Shift-And para casamento aproximado de cadeias*

```java
public static void shiftAndAproximado (String T, int n, String P,
                                       int m, int k) {
  // Pré-processamento do padrão
  int R[] = new int[k+1];
  int M[] = new int[maxChar];
  for (int i = 0; i < maxChar; i++) M[i] = 0;
  for (int j = 0; j < m; j++)
    M[(int)P.charAt(j)] = M[(int)P.charAt(j)] | (1 << (m-j-1));
  // Pesquisa
  int Ri = 1 << (m-1); R[0] = 0;
  for (int j = 1; j <= k; j++) R[j] = (1 << (m-j)) | R[j-1];
  for (int i = 0; i < n; i++) {
    int Rant = R[0];
    int RNovo = ((Rant >> 1) | Ri) & M[(int)T.charAt(i)];
    R[0] = RNovo;
    for (int j = 1; j <= k; j++) {
      RNovo = ((R[j] >> 1) & M[(int)T.charAt(i)]) | Rant |
              ((Rant | RNovo) >> 1);
      Rant = R[j];
      R[j] = RNovo | Ri;
    }
    if ((RNovo & 1) != 0)
      System.out.println ("Casamento na posicao: " + i);
  }
}
```

Análise O custo da simulação do autômato é $O(k\lceil m/w \rceil n)$ no pior caso e no caso médio, o que equivale a $O(kn)$ para padrões típicos na pesquisa em textos (isto é, $m \leq w$).

Baeza-Yates e Navarro (1999) apresentam uma fórmula para o paralelismo de *bits* que realiza a paralelização por intermédio da diagonal do autômato, obtendo um algoritmo cujo pior caso é $O(n)$. Uma explicação didática sobre esse algoritmo pode ser obtida em Navarro e Raffinot (2002).

8.2 Compressão

O uso de bibliotecas digitais, sistemas de automação de escritórios, bancos de dados de documentos e, mais recentemente, da World-Wide Web tem levado a uma explosão de informação textual disponível *on-line*. Somente a Web tem hoje bilhões de páginas estáticas disponíveis, cada bilhão de páginas ocupando aproximadamente 10 *terabytes* de texto corrido. Um *terabyte* tem pouco mais de um milhão de milhões de *bytes*, espaço suficiente para armazenar o texto de um milhão de livros. Em setembro de 2003, a máquina de busca Google (*www.google.com.br*) dizia ter mais de 3,5 bilhões de páginas estáticas em seu banco de dados. O armazenamento e o acesso a tal quantidade de texto apresentam um grande desafio. Assim, vamos dar ênfase a cadeias de caracteres que sejam textos em linguagem natural.

Nesta seção, vamos apresentar técnicas de compressão de textos em linguagem natural que permitam acesso direto ao texto comprimido, permitindo melhorar a eficiência de sistemas de recuperação de informação. Tradicionalmente, técnicas de compressão não têm sido usadas em sistemas de recuperação de informação porque o texto comprimido não permitia acesso rápido. Entretanto, métodos recentes de compressão têm permitido (i) pesquisar diretamente o texto comprimido de forma mais rápida do que o texto original, (ii) obter maior compressão em relação a métodos tradicionais, gerando maior economia de espaço, (iii) acessar diretamente qualquer parte do texto comprimido sem necessidade de descomprimir todo o texto desde o início (Moura, Navarro, Ziviani e Baeza-Yates, 2000; Ziviani, Moura, Navarro e Baeza-Yates, 2000). Esse é um caso raro em que não existe compromisso entre espaço e tempo, levando a uma situação do tipo *vencer-vencer*.

8.2.1 Por Que Usar Compressão

Compressão de texto está relacionada com maneiras de representar o texto original em menos espaço. Para isso, basta substituir os símbolos do texto por outros que possam ser representados usando um número menor de *bits* ou *bytes*. O ganho obtido com a compressão é que o texto comprimido ocupa menos espaço de armazenamento, leva menos tempo para ser lido do disco ou ser transmitido por um canal de comunicação e para ser pesquisado. O preço a pagar é o custo computacional para codificar e decodificar o texto. Esse custo, entretanto, está se tornando cada vez menos significativo à medida que a tecnologia avança. De acordo com Patterson e Hennessy (1995), em 20 anos, o tempo de acesso a discos magnéticos tem se mantido praticamente constante, enquanto a velocidade de processamento aumentou aproximadamente 2 mil vezes. À medida que o tempo passa, investir mais poder de computação em compressão em troca de menos espaço em disco ou menor tempo de transmissão se torna uma opção extremamente vantajosa.

O ganho em espaço obtido por um método de compressão pode ser medido pela **razão de compressão**, definida pela porcentagem que o arquivo comprimido representa em relação ao tamanho do arquivo não comprimido. Por exemplo, se o arquivo não comprimido possui 100 *bytes* e o arquivo comprimido resultante possui 30 *bytes*, então a razão de compressão é de 30%.

Além da economia de espaço, existem outros importantes aspectos a considerar:

- Velocidade de compressão e de descompressão. Em muitas situações a velocidade de descompressão é mais importante do que a velocidade de compressão. Esse é o caso de bancos de dados textuais e sistemas de documentação, nos quais é comum comprimir o texto uma vez e fazer muitas leituras do disco.

- Possibilidade de realizar **casamento de cadeias** diretamente no texto comprimido. Nesse caso, a busca seqüencial pode ser muito mais eficiente por meio da compressão da cadeia a ser pesquisada em vez de descomprimir o texto a ser pesquisado. Conseqüentemente, a pesquisa no texto comprimido é muito mais rápida porque menos *bytes* têm de ser lidos.

- Permitir acesso direto a qualquer parte do texto comprimido e iniciar a descompressão a partir da parte acessada. O acesso eficiente a grandes coleções de texto exige técnicas especializadas de indexação, como as mostradas na Seção 8.1. Um sistema de recuperação de informação para grandes coleções de documentos que estejam comprimidos necessita de acesso direto a qualquer ponto do texto comprimido.

A seguir, vamos apresentar um método de compressão que atende a todos os requisitos acima.

8.2.2 Compressão de Textos em Linguagem Natural

Um dos métodos de codificação mais conhecidos é o de **Huffman** (1952). A idéia do método é atribuir códigos mais curtos a símbolos com freqüências altas. Um código único, de tamanho variável, é atribuído a cada símbolo diferente do texto. As implementações tradicionais do método de Huffman consideram caracteres como símbolos. Uma forma melhor de aliar as necessidades dos algoritmos de compressão às necessidades dos sistemas de recuperação de informação apontadas anteriormente é considerar palavras como símbolos a serem codificados, e não caracteres. Métodos de Huffman baseados em caracteres comprimem o texto para aproximadamente 60%, enquanto os métodos de Huffman baseados em palavras comprimem o texto para valores pouco acima de 25%.

Métodos de Huffman baseados em palavras permitem acesso randômico a palavras dentro do texto comprimido, um aspecto crítico para sistemas de recuperação de informação. Como veremos adiante, considerar palavras como símbolos significa dizer que a tabela de símbolos do codificador é exatamente o vocabulário do texto, o que permite uma integração natural entre o método de compressão e o arquivo invertido, o tipo de índice mais utilizado em sistemas de recuperação de informação para documentos ou páginas da Web.

Outra importante família de métodos de compressão, chamada **Ziv-Lempel**, substitui uma seqüência de símbolos por um apontador para uma ocorrência anterior daquela seqüência. A compressão é obtida porque os apontadores ocupam menos espaço do que a seqüência de símbolos que eles substituem. Os métodos Ziv-Lempel são populares pela sua velocidade, economia de memória e generalidade, pois são eficazes para qualquer tipo de cadeia de caracteres, enquanto o método de Huffman baseado em palavras é muito bom quando a cadeia de caracteres constitui texto em linguagem natural. Entretanto, os métodos Ziv-Lempel apresentam desvantagens importantes em um ambiente de recuperação de informação. Primeiro, é necessário iniciar a decodificação desde o início do arquivo comprimido, o que torna o acesso randômico muito caro. Segundo, é muito difícil pesquisar no arquivo comprimido sem descomprimir. Uma possível vantagem do método Ziv-Lempel é o fato de não ser necessário armazenar a tabela de símbolos da maneira como o método de Huffman precisa, mas isso tem pouca importância em um ambiente de recuperação de informação, já que se necessita do vocabulário do texto para criar o índice e permitir a pesquisa eficiente.

8.2.3 Compressão de Huffman Usando Palavras

Para textos em linguagem natural, a técnica de compressão mais eficaz é a codificação de Huffman baseada em palavras. O método considera cada palavra diferente do texto como um símbolo, conta suas freqüências e gera um código de Huffman para as palavras. A seguir, comprime o texto substituindo cada palavra pelo seu código. Assim, a compressão é realizada em duas passadas sobre o texto. O codificador realiza uma primeira passada sobre o texto para obter a freqüência de cada palavra diferente e faz a compressão em uma segunda passada.

Um texto em linguagem natural é constituído de palavras e de separadores. Separadores são caracteres que aparecem entre palavras, tais como espaço, vírgula, ponto, ponto-e-vírgula, interrogação, e assim por diante. Como a maioria dos separadores é o espaço simples entre palavras, uma forma eficiente de lidar com palavras e separadores é representar o espaço simples de forma implícita no texto comprimido. Nesse modelo, se uma palavra é seguida de um espaço, então, somente a palavra é codificada. Senão, a palavra e o separador são codificados separadamente. No momento da decodificação, supõe-se que um espaço simples segue cada palavra, a não ser que o próximo símbolo corresponda a um separador.

A Figura 8.14 ilustra, passo a passo, o funcionamento do algoritmo de Huffman para a frase "`para cada rosa rosa, uma rosa é uma rosa`", na qual o conjunto de símbolos representando o vocabulário é dado por {"para", "cada", "rosa", ",⊔", "uma", "é"}, e as freqüências são 1, 1, 4, 1, 2, 1, respectivamente.

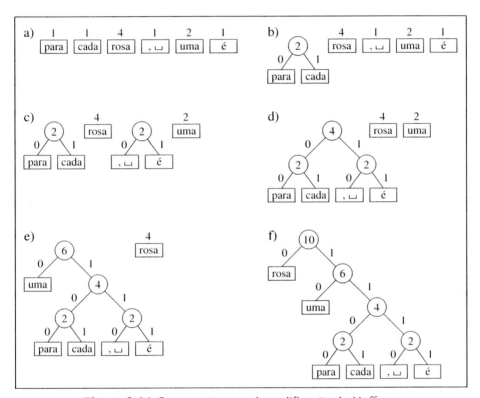

Figura 8.14 Compressão usando codificação de Huffman.

O algoritmo de Huffman é uma abordagem **gulosa** que constrói uma árvore de codificação partindo-se de baixo para cima. No início, há um conjunto de n folhas representando as palavras do vocabulário e suas respectivas freqüências. A cada iteração, as duas árvores com as menores freqüências são combinadas em uma única árvore, e a soma de suas freqüências é associada ao nó raiz. Ao final das $n-1$ iterações, obtém-se a árvore de codificação, na qual os códigos associados a cada palavra são representados pela seqüência dos rótulos das arestas que levam da raiz à folha que a representa. Por exemplo, o código da palavra "`para`" é "1100".

O exemplo também mostra como os códigos são organizados na **árvore de Huffman**. A palavra mais freqüente, no caso "`rosa`", recebe o código mais curto, no caso "`0`". O método de Huffman produz a árvore de codificação que minimiza o comprimento do arquivo comprimido. Existem diversas árvores que produzem a mesma compressão. Por exemplo, trocar o filho à esquerda de um nó por um filho à direita leva a uma árvore de codificação alternativa com a mesma razão de compressão. Entretanto, a escolha preferencial para a maioria das aplicações é a **árvore canônica**. Uma árvore de Huffman é canônica quando a altura da subárvore à direita de qualquer nó nunca é menor que a altura da subárvore à esquerda. A árvore da Figura 8.14(f) é canônica.

A representação do código na forma de árvore é interessante, sob o aspecto de facilitar a visualização, além de sugerir métodos de codificação e decodificação triviais: para codificar, a árvore é percorrida emitindo *bits* ao longo de suas arestas; para decodificar, os *bits* de entrada são usados para selecionar as arestas. No entanto, essa abordagem é ineficiente tanto em termos de espaço quanto em termos de tempo. A seguir, apresentamos um algoritmo baseado na **codificação canônica**, cujo comportamento é linear em tempo e em espaço.

O algoritmo é atribuído a Moffat e Katajainen (1995) e também é descrito em Moffat e Turpin (2002). Ele calcula os comprimentos dos códigos em lugar dos códigos propriamente ditos, uma vez que a compressão atingida é a mesma, independentemente dos códigos utilizados. Após o cálculo dos comprimentos, há uma forma elegante e eficiente para a codificação e a decodificação, que será apresentada mais adiante.

A entrada do algoritmo é um vetor A contendo as freqüências das palavras em ordem não-crescente. A Figura 8.15 mostra as freqüências relativas à frase exemplo "`para cada rosa rosa, uma rosa é uma rosa`", da Figura 8.14. Durante sua execução, são utilizados diversos vetores logicamente distintos, mas capazes de coexistirem no mesmo vetor das freqüências. O algoritmo divide-se em três fases distintas. Na primeira, é feita a combinação dos nós; na segunda, o vetor é convertido no conjunto das profundidades dos nós internos; na terceira, são calculadas as profundidades dos nós folha.

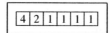

Figura 8.15 Vetor com as freqüências ordenadas.

A Figura 8.16 ilustra o processo de combinação dos nós da primeira fase. Em (a), é mostrada a situação inicial do vetor, que contém as freqüências em ordem não-crescente. Na medida em que as freqüências são combinadas, elas são transformadas em pesos, sendo cada peso a soma resultante da combinação de freqüências e/ou pesos. Em (b), é mostrado o processamento intermediário, no qual o vetor A é percorrido da direita para a esquerda e são manipuladas quatro listas: (i) uma lista de freqüências de nós folhas ainda não processados, (ii) uma lista de posições disponíveis (ocorre na medida em que os nós folhas são combinados), (iii) uma lista de pesos de nós internos e (iv) uma lista contendo os índices dos pais dos nós internos. Em (b), a variável *raiz* indica o próximo nó interno a ser processado; a variável *prox*, a próxima posição disponível para ser usada como nó interno; e a variável *folha* indica o próximo nó folha. Em (c), é mostrada a situação alcançada ao final do processamento da primeira fase.

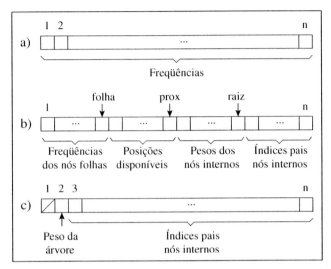

Figura 8.16 *Primeira fase. (a) Início; (b) Processamento intermediário; (c) Resultado final.*

O processo mostrado na Figura 8.16 é baseado em duas observações: (i) a freqüência de um nó só precisa ser mantida até que ele seja processado e (ii) não é preciso manter apontadores para os pais dos nós folhas, pois eles podem ser inferidos; por exemplo, nós internos nas profundidades $[0, 1, 2, 3, 3]$ teriam nós folhas nas profundidades $[1, 2, 4, 4, 4, 4]$.

Ao final da primeira fase, a posição $A[1]$ não é utilizada, pois em uma árvore com n nós folhas são necessários $n-1$ nós internos para representar a árvore. A posição $A[raiz]$, na qual *raiz* é igual a dois, armazena o peso da árvore de codificação. As posições $A[3 \ldots n]$ armazenam os índices para os pais dos nós internos. O Programa 8.10 mostra um pseudocódigo para essa fase do processamento.

A Figura 8.17 ilustra o processamento da primeira fase para o vetor de freqüências A mostrado na Figura 8.15. A linha (c) foi gerada ao se combinar os nós folhas $A[5]$ e $A[6]$, cujo resultado é colocado em $A[6]$. A linha (e) foi gerada ao se combinar os nós folhas $A[3]$ e $A[4]$, cujo resultado é colocado em $A[5]$. A linha (g) foi gerada ao se combinar os nós internos $A[5]$ e $A[6]$, cujo resultado é colocado em $A[4]$, sendo atribuído a $A[5]$ e $A[6]$ o valor 4, que indica o índice do pai desses dois nós combinados. A linha (i) foi gerada ao se combinar o nó interno $A[4]$ e o nó folha $A[2]$, cujo resultado é colocado em $A[3]$, sendo atribuído a $A[4]$ o valor 3, que indica o índice do pai desses dois nós combinados. A linha (k) foi gerada ao se combinar o nó interno $A[3]$ e o nó folha $A[1]$, cujo resultado é colocado em $A[2]$, sendo atribuído a $A[3]$ o valor 2, que indica o índice do pai desses dois nós combinados. $A[2]$ armazena o peso da árvore de Huffman obtida.

Programa 8.10 *Primeira fase do processamento*

```
void primeiraFase (A, n) {
  raiz = n; folha = n;
  for (prox = n; prox >= 2; prox--) {
    // Procura Posição
    if ((não existe folha) || ((raiz > prox) && (A[raiz] <= A[folha]))) {
      // Nó interno
      A[prox] = A[raiz]; A[raiz] = prox; raiz--;
    }
    else { // Nó folha
        A[prox] = A[folha]; folha--;
    }
    // Atualiza Freqüências
    if ((não existe folha) || ((raiz > prox) && (A[raiz] <= A[folha]))) {
      // Nó interno
      A[prox] = A[prox] + A[raiz]; A[raiz] = prox; raiz--;
    }
    else { // Nó folha
        A[prox] = A[prox] + A[folha]; folha--;
    }
  }
}
```

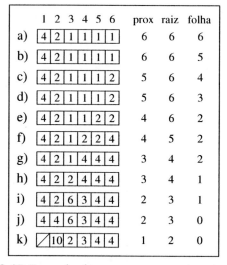

Figura 8.17 *Exemplo de processamento da primeira fase.*

A Figura 8.18 ilustra a segunda fase, em que A é convertido, da esquerda para a direita, na profundidade dos nós internos. Em (a) está a saída da primeira fase, conforme ilustra a Figura 8.16. Em (b) a raiz da árvore é representada pela posição $A[2]$. Cada posição seguinte aponta para seu pai, que está à sua esquerda. Fazendo $A[2] = 0$ e $A[prox]$ ser uma unidade maior que seu pai ($A[A[prox]]+1$), com *prox* variando de 3 até n, chega-se ao ponto em que A armazena as profundidades dos nós internos. Em (c) é mostrada a situação alcançada ao final do processamento da segunda fase.

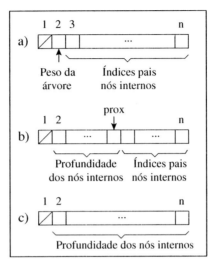

Figura 8.18 Segunda fase. (a) Início; (b) Processamento intermediário; (c) Resultado final.

O Programa 8.11 mostra um pseudocódigo para a segunda fase do processamento.

Programa 8.11 Segunda fase do processamento

```
void segundaFase (A, n) {
  A[2] = 0;
  for (prox = 3; prox <= n; prox++) A[prox] = A[A[prox]] + 1;
}
```

A Figura 8.19 mostra a profundidade dos nós internos, obtidos a partir da Figura 8.17(k).

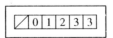

Figura 8.19 Resultado da segunda fase.

A Figura 8.20 ilustra a terceira fase, na qual são calculadas as profundidades dos nós folhas, os quais representam os comprimentos dos códigos. Em (a) está a saída da segunda fase, conforme ilustrado na Figura 8.18. Em (b) é mostrado o processamento intermediário, em que o vetor A é percorrido da esquerda para a direita e são manipuladas três listas: (i) uma lista com o comprimento dos códigos que é o resultado dessa fase, (ii) uma lista de posições disponíveis e (iii) uma lista com as profundidades dos nós internos que ainda não foram processados. Em (b), a variável *prox* indica a posição na qual o próximo comprimento de código deve ser armazenado, e a variável *raiz* indica o próximo nó a ser processado. Em (c) é mostrada a situação alcançada ao final do processamento da fase.

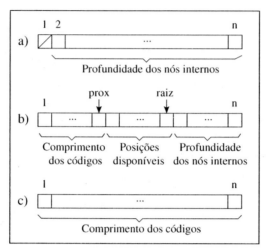

Figura 8.20 *Terceira fase. (a) Início; (b) Processamento intermediário; (c) Resultado final.*

O Programa 8.12 mostra um pseudocódigo para a terceira fase do processamento. Nele, a variável *disp* é utilizada para armazenar quantos nós estão disponíveis no nível h da árvore, e a variável u, para indicar quantos nós nesse nível foram utilizados como nós internos.

Programa 8.12 *Terceira fase do processamento*

```
void terceiraFase (A, n) {
  disp = 1; u = 0; h = 0; raiz = 2; prox = 1;
  while (disp > 0) {
    while ((raiz <= n) && (A[raiz] == h)) { u++; raiz++; }
    while (disp > u) { A[prox] = h; prox++; disp--; }
    disp = 2 * u; h++; u = 0;
  }
}
```

Aplicando-se o Programa 8.12 sobre o vetor da Figura 8.19, os comprimentos dos códigos em número de *bits* são obtidos, os quais são mostrados na Figura 8.21. Nela, a posição 1 indica código de comprimento 1, a posição 2 indica código de comprimento 2 e as posições 3, 4, 5 e 6 indicam códigos de comprimento 4.

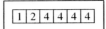

Figura 8.21 *Resultado da terceira fase.*

O Programa 8.13 mostra um pseudocódigo reunindo as três fases para calcular os comprimentos dos códigos a partir de um certo vetor A de freqüências.

Programa 8.13 *Cálculo do comprimento dos códigos a partir de um vetor de freqüências*

```
void calculaCompCodigo (A, n) {
  primeiraFase (A, n);
  segundaFase (A, n);
  terceiraFase (A, n);
}
```

A seguir, passamos à obtenção do **código canônico**. Um código canônico possui as seguintes propriedades: (i) os comprimentos dos códigos obedecem ao algoritmo de Huffman mostrado no Programa 8.13 e (ii) códigos de mesmo comprimento são inteiros consecutivos. A partir dos comprimentos obtidos, o cálculo dos códigos propriamente dito é trivial: o primeiro código é composto apenas por zeros e, para os demais, adiciona-se 1 ao código anterior e faz-se um deslocamento à esquerda para obter-se o comprimento adequado quando necessário. A Tabela 8.5 apresenta a codificação canônica para o exemplo da Figura 8.15.

Tabela 8.5 *Codificação canônica*

i	Símbolo	Código Canônico
1	rosa	0
2	uma	10
3	para	1100
4	cada	1101
5	,␣	1110
6	é	1111

O fato de que na árvore canônica os códigos de mesmo comprimento são inteiros consecutivos permite a elaboração de algoritmos eficientes, tanto para a codificação quanto para a decodificação. Os algoritmos são baseados no uso de dois vetores com *maxCompCod* elementos, sendo *maxCompCod* o comprimento do maior código. O primeiro vetor é denominado *base*. Ele indica, para um dado comprimento c, o valor inteiro do primeiro código com esse comprimento. O vetor *base* é calculado pela relação:

$$base[c] = \begin{cases} 0 & \text{se } c = 1, \\ 2 \times (base[c-1] + w_{c-1}) & \text{caso contrário,} \end{cases}$$

na qual w_c indica o número de códigos com comprimento c. O outro vetor é denominado *offset*. Ele indica o índice no vocabulário da primeira palavra de cada comprimento de código c. A Tabela 8.6 mostra os vetores *base* e *offset* para os códigos da Tabela 8.5.

Tabela 8.6 Vetores *base* e *offset*

c	$base[c]$	$offset[c]$
1	0	1
2	2	2
3	6	2
4	12	3

O método de codificação recebe como parâmetros o índice i do símbolo a ser codificado (vide Tabela 8.5) e o comprimento *maxCompCod* dos vetores *base* e *offset*. Primeiramente, é feito o cálculo do comprimento c de código a ser utilizado, conforme mostrado no anel **while** do Programa 8.14. A seguir, basta saber qual a ordem do código para o comprimento c ($i - offset[c]$) e somar esse valor à $base[c]$, e assim o código é obtido. Por exemplo, para a palavra $i = 4$ ("cada"), verifica-se que é um código de comprimento 4 e é o segundo código com esse comprimento. Assim, seu código é 13 ($4 - offset[4] + base[4]$), o que corresponde a "1101" em binário.

Programa 8.14 Pseudocódigo para codificação

```
Codigo codifica (i, maxCompCod) {
  c = 1;
  while ((c + 1 <= maxCompCod) && (i >= offset[c + 1])) c++;
  codigo = i - offset[c] + base[c];
  return (codigo, c);
}
```

O Programa 8.15 ilustra o método de decodificação. O programa recebe como parâmetro o comprimento *maxCompCod* dos vetores *base* e *offset*.

Programa 8.15 Pseudocódigo para decodificação

```
int decodifica (maxCompCod) {
  c = 1; codigo = leBit (arqComp);
  while ((codigo << 1 ) >= base[c + 1] && ( c + 1 <= maxCompCod )) {
    codigo = (codigo << 1) | leBit (arqComp); c++;
  }
  i = codigo - base[c] + offset[c];
  return i;
}
```

Na decodificação, o arquivo de entrada é lido *bit* a *bit*, adicionando-se os *bits* lidos ao código e comparando-o com o vetor *base*. O anel **while** do Programa 8.15 mostra como identificar o código a partir de uma posição do arquivo comprimido. A Tabela 8.7 mostra os valores das variáveis do pseudocódigo para a seqüência de *bits* "1101". A primeira linha da tabela representa o estado inicial do anel **while**, quando já foi lido o primeiro *bit* da seqüência, o qual foi atribuído à variável *codigo*. A linha dois e as seguintes representam a situação do anel **while** após cada respectiva iteração. No caso da linha dois da tabela, o segundo *bit* da seqüência foi lido (*bit* "1") e a variável *codigo* recebe o código anterior deslocado à esquerda de um *bit* seguido da operação *or* com o *bit* lido. De posse do código, *base* e *offset* são usados para identificar qual o índice i da palavra no vocabulário, sendo $i = codigo - base[c] + offset[c]$.

Tabela 8.7 *Valores das variáveis no processo de decodificação*

c	$leBit$	$codigo$	$codigo << 1$	$base[c+1]$
1	1	1	-	-
2	1	10 **or** 1 = 11	10	10
3	0	110 **or** 0 = 110	110	110
4	1	1100 **or** 1 = 1101	1100	1100

O Programa 8.16 mostra um pseudocódigo para o método que realiza a compressão, o qual tem como entrada um arquivo texto e como saída um arquivo comprimido.

Programa 8.16 *Pseudocódigo para realizar a compressão*

```
void compressao (nomeArqTxt, nomeArqComp) {
  arqComp = new RandomAccessFile (nomeArqComp, "rws");
  arqTxt = new BufferedReader (new FileReader(nomeArqTxt));
  // Primeira etapa
  String palavra = null; TabelaHash vocabulario;
  while (existirem palavras) {
    palavra = proximaPalavra (arqTxt);
    itemVoc = vocabulario.pesquisa (palavra);
    if (itemVoc != null) itemVoc.freq = itemVoc.freq + 1;
    else vocabulario.insere (palavra);
  }
  // Segunda etapa
  A[] = ordenaPorFrequencia (vocabulario); calculaCompCodigo (A, n);
  maxCompCod = construiVetores (A, n); gravaVocabulario (A, arqComp);
  // Terceira etapa
  while (existirem palavras) {
    palavra = proximaPalavra (arqTxt);
    itemVoc = vocabulario.pesquisa (palavra);
    codigo = codifica(itemVoc.ordem, maxCompCod);
    escreve (codigo, maxCompCod);
  }
}
```

O processo de compressão é realizado em três etapas. Na primeira, o arquivo texto é percorrido e o vocabulário é extraído juntamente com a freqüência de cada palavra no texto. Para implementar essa fase, uma tabela *hash* com tratamento de colisão por endereçamento aberto é utilizada para que as operações de inserção e pesquisa no vetor contendo o vocabulário sejam realizadas com custo $O(1)$. Na segunda etapa, (i) o vetor em que as palavras foram espalhadas pela função *hash* é ordenado de forma não crescente pelo campo que armazena as freqüências das palavras no texto; (ii) para calcular o comprimento dos códigos, utiliza-se o Programa 8.13, fornecendo como entrada o vetor ordenado; (iii) os vetores *base* e *offset* são construídos e gravados no início do arquivo comprimido; e (iv) o vocabulário é gravado no arquivo comprimido logo após os vetores *base* e *offset*. Como preparação para a terceira etapa, cada posição da tabela *hash* contém, além da palavra e de sua respectiva freqüência, a posição relativa de cada palavra na ordem de freqüência de ocorrência no texto. Na terceira etapa, o arquivo texto é novamente percorrido, suas palavras são extraídas, codificadas e os códigos são gravados no arquivo comprimido.

O Programa 8.17 mostra um pseudocódigo para realizar a descompressão, o qual tem como entrada um arquivo comprimido pelo Programa 8.16. O processo de descompressão é mais simples do que o de compressão, pois basta ler os vetores *base*, *offset* e *vocabulario* gravados no início do arquivo comprimido e em seguida ler os códigos, decodificá-los e obter novamente o arquivo texto.

Programa 8.17 *Pseudocódigo para realizar a descompressão*

```
void descompressao (nomeArqTxt, nomeArqComp) {
  arqComp = new RandomAccessFile (nomeArqComp, "rws");
  arqTxt = new BufferedWriter (new FileWriter (nomeArqTxt));
  int maxCompCod = leVetores ();
  String vocabulario[] = leVocabulario ();
  while ((i = decodifica (maxCompCod)) >= 0) {
    if ((palavra anterior não é delimitador) && (vocabulario[i] não é delimitador))
      arqTxt.write (" ");
    arqTxt.write (vocabulario[i]);
  }
}
```

Análise A representação do código de Huffman na forma de uma árvore é ineficiente em termos de espaço e de tempo. Uma forma mais eficiente, conhecida como **codificação canônica**, é baseada nos comprimentos dos códigos em vez dos códigos propriamente ditos. O algoritmo proposto por Moffat e Katajainen (1995) para obter a codificação canônica calcula os comprimentos dos códigos. Isso é feito *in situ* a partir de um vetor A contendo as freqüências das palavras em ordem não crescente a um custo $O(n)$ em tempo e em espaço.

A partir dos comprimentos obtidos, a geração da codificação canônica é simples e muito eficiente. O algoritmo requer apenas os dois vetores *base* e *offset* de tamanho *maxCompCod*, sendo *maxCompCod* o comprimento do maior código. A decodificação é também muito eficiente pois apenas os vetores *base* e *offset* são consultados. Importante ressaltar que não há necessidade de realizar a decodificação *bit* a *bit*, como na árvore de Huffman. O mecanismo da árvore de Huffman é útil para entender o algoritmo, mas não é usado na prática.

8.2.4 Codificação de Huffman Usando Bytes

O método original proposto por Huffman (1952) tem sido usado como um código binário. Moura, Navarro, Ziviani e Baeza-Yates (2000) modificaram a atribuição de códigos de tal forma que uma seqüência de *bytes* é associada a cada palavra do texto. Conseqüentemente, o grau de cada nó passa de 2 para 256. Essa versão é chamada de *código de Huffman pleno*. Outra possibilidade é utilizar apenas 7 dos 8 *bits* de cada *byte* para a codificação, e a árvore passa então a ter grau 128. Nesse caso, o oitavo *bit* é usado para marcar o primeiro *byte* do código da palavra, sendo chamado de *código de Huffman com marcação*. Como veremos mais adiante, o código de Huffman com marcação ajuda na pesquisa sobre o texto comprimido, e será o que adotaremos. Por exemplo, um código pleno para a palavra "uma" poderia ser o código de 3 *bytes* "47 81 8", e o código com marcação poderia ser "175 81 8", em que o primeiro *byte* é 175 = 47 + 128. Assim, no código com marcação, o oitavo *bit* é 1 quando o *byte* é o primeiro do código, senão ele é 0.

A construção da árvore de Huffman orientada a *bytes* pode ocasionar o aparecimento de nós internos não totalmente preenchidos quando a árvore não é binária, conforme ilustra a Figura 8.22(a). Nesse caso a árvore de Huffman não é ótima, pois o tamanho médio dos códigos é maior do que o necessário. Nesse exemplo, o vocabulário possui 512 símbolos (nós folhas), todos com a mesma freqüência de ocorrência. O segundo nível tem 254 espaços vazios que poderiam ser ocupados com símbolos, mudando o comprimento de seus códigos de 2 para 1 *byte*.

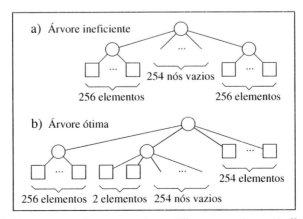

Figura 8.22 Exemplo de árvores de codificação em byte Huffman pleno.

Um meio de assegurar que nós vazios sempre ocupem o nível mais baixo da árvore é combiná-los com os nós de menores freqüências, com o objetivo de movê-los para o nível mais profundo da árvore. Para isso, devemos selecionar o número de símbolos que serão combinados com os nós vazios. Essa seleção é dada pela equação $1 + ((n - \text{baseNum}) \mod (\text{baseNum} - 1))$, que no caso da Figura 8.22 é igual a $1 + ((512 - 256) \mod 255) = 2$. Na Figura 8.22(b) é mostrado o resultado após os nós vazios da árvore mostrada na Figura 8.22(a) serem movidos para o nível mais baixo da árvore, em troca de 254 símbolos que são movidos para o nível acima.

O Programa 8.18 apresenta a classe *HuffmanByte*, que contém as estruturas de dados e os métodos utilizados na implementação dos códigos de Huffman pleno e com marcação. O construtor é responsável por inicializar as estruturas de dados, alocar a tabela *hash* para armazenar o vocabulário e fixar o código de Huffman a ser utilizado. As implementações dos métodos privados, do método *compressao* e do método *descompressao* são apresentadas a seguir.

Programa 8.18 *Classe HuffmanByte com as estruturas de dados e os métodos que implementam o código de Huffman pleno e o código de Huffman com marcação*

```java
package cap8;
import java.io.*;
import cap5.endaberto.TabelaHash; // vide Programa 5.22
import cap4.ordenacaointerna.Ordenacao; // vide Programa 4.3
public class HuffmanByte {
  private int baseNum;
  private int base[], offset[];
  private RandomAccessFile arqComp; // Arquivo comprimido
  private String nomeArqTxt; // Nome do arquivo texto a ser comprimido
  private String nomeArqDelim; // Nome do arquivo que contém os delimitadores
  private TabelaHash vocabulario;
  private static class Codigo {
    int codigo;   int c; // Comprimento do código
  }
  // Entram aqui os métodos privados dos Programas 8.19, 8.20, 8.21, 8.22, 8.25,
  // 8.26, 8.27, 8.28, 8.30, 8.31, 8.32 e 8.33
  public HuffmanByte (String nomeArqDelim, int baseNum, int m,
                      int maxTamChave) throws Exception {
    this.baseNum = baseNum; this.base = null; this.offset = null;
    this.nomeArqTxt = null; this.nomeArqDelim = nomeArqDelim;
    this.vocabulario = new TabelaHash (m, maxTamChave);
  }
  public void compressao (String nomeArqTxt,
                          String nomeArqComp) throws Exception {
    // Vide Programa 8.25 }
  public void descompressao (String nomeArqTxt,
                             String nomeArqComp) throws Exception {
    // Vide Programa 8.32 }
}
```

São necessárias algumas pequenas alterações nos pseudocódigos dos Programas 8.10, 8.11, 8.12 e 8.13 para obter uma codificação orientada a *bytes*. O Programa 8.19 mostra como são calculados os comprimentos dos códigos de Huffman orientados a *bytes* (código de Huffman pleno e código de Huffman com marcação.) A variável *baseNum* pode ser usada para trabalharmos com quaisquer bases numéricas menores ou iguais a um *byte*. Por exemplo, para a codificação plena o valor é *baseNum* = 256 e para a codificação com marcação o valor é *baseNum* = 128.

Programa 8.19 *Generalização do cálculo dos comprimentos dos códigos*

```
private void calculaCompCodigo (ItemVoc[] A, int n) {
  int resto = 0;
  if (n > (this.baseNum - 1)) {
    resto = 1 + ((n - this.baseNum) % (this.baseNum - 1));
    if (resto < 2) resto = this.baseNum;
  }
  else resto = n - 1;
  // noInt: Número de nós internos
  int noInt = 1 + ((n - resto) / (this.baseNum - 1));
  int freqn = ((Integer)A[n].recuperaChave ()).intValue ();
  for (int x = (n - 1); x >= (n - resto + 1); x--) {
    int freqx = ((Integer)A[x].recuperaChave ()).intValue ();
    freqn = freqn + freqx;
  }
  A[n].alteraChave (new Integer (freqn));
  // Primeira Fase
  int raiz = n; int folha = n - resto; int prox;
  for (prox = n - 1; prox >= (n - noInt + 1); prox--) {
    // Procura Posição
    int freqraiz = ((Integer)A[raiz].recuperaChave ()).intValue ();
    if ((folha < 1) || ((raiz > prox) &&
        (freqraiz <= ((Integer)A[folha].recuperaChave()).intValue())))  {
      // Nó interno
      A[prox].alteraChave (new Integer (freqraiz));
      A[raiz].alteraChave (new Integer (prox)); raiz--;
    }
    else { // Nó folha
      int freqfolha = ((Integer)A[folha].recuperaChave ()).intValue ();
      A[prox].alteraChave (new Integer (freqfolha)); folha--;
    }
    // Atualiza Freqüências
    for (int x = 1; x <= (this.baseNum - 1); x++) {
      freqraiz = ((Integer)A[raiz].recuperaChave ()).intValue ();
      int freqprox = ((Integer)A[prox].recuperaChave ()).intValue ();
      if ((folha < 1) || ((raiz > prox) &&
          (freqraiz<=((Integer)A[folha].recuperaChave()).intValue())))  {
        // Nó interno
        A[prox].alteraChave (new Integer (freqprox + freqraiz));
        A[raiz].alteraChave (new Integer (prox)); raiz--;
      }
      else { // Nó folha
```

Continuação do Programa 8.19

```
            int freqfolha = ((Integer)A[folha].recuperaChave ()).intValue ();
            A[prox].alteraChave(new Integer(freqprox + freqfolha)); folha--;
         }
      }
   }
   // Segunda Fase
   A[raiz].alteraChave (new Integer (0));
   for (prox = raiz + 1; prox <= n; prox++) {
      int pai = ((Integer)A[prox].recuperaChave ()).intValue ();
      int profundidadepai = ((Integer)A[pai].recuperaChave ()).intValue ();
      A[prox].alteraChave (new Integer (profundidadepai + 1));
   }
   // Terceira Fase
   int disp = 1; int u = 0; int h = 0; prox = 1;
   while (disp > 0) {
      while ((raiz <= n) &&
         ((((Integer)A[raiz].recuperaChave()).intValue() == h)){u++; raiz++;}
      while (disp > u) {
         A[prox].alteraChave (new Integer (h)); prox++; disp--;
         if (prox > n) { u = 0; break; }
      }
      disp = this.baseNum * u; h = h + 1; u = 0;
   }
}
```

A mudança maior está no código inserido antes da primeira fase para eliminar o problema causado por nós internos da árvore não totalmente preenchidos, como mostrado na Figura 8.22. Na primeira fase, as *baseNum* árvores de menor custo são combinadas a cada passo, em vez de duas, como no caso da codificação binária. No Programa 8.19 isso é feito pelo anel **for**, introduzido na parte que atualiza freqüências na primeira fase. A segunda fase não sofre alterações. A terceira fase recebe a variável *disp* para indicar quantos nós estão disponíveis em cada nível.

O Programa 8.20 mostra a implementação do processo de codificação, que não requer nenhuma alteração em relação à codificação usando *bits*, apresentada pelo Programa 8.14.

Programa 8.20 Codificação orientada a bytes

```
private Codigo codifica (int ordem, int maxCompCod) {
   Codigo cod = new Codigo (); cod.c = 1;
   while ((cod.c + 1 <= maxCompCod) && (ordem >= this.offset[cod.c + 1]))
      cod.c++;
   cod.codigo = ordem - this.offset[cod.c] + this.base[cod.c];
   return cod;
}
```

O Programa 8.21 mostra a implementação do processo de decodificação. Ele requer duas pequenas alterações em relação ao Programa 8.15. A primeira é para permitir a leitura *byte* a *byte* do arquivo comprimido, em vez de *bit* a *bit*. A segunda alteração é em relação ao número de *bits* que devem ser deslocados à esquerda para se encontrar o comprimento *c* do código, o qual indexa os vetores *base* e *offset*. O anel **while** do Programa 8.21 mostra como calcular o número de *bits* que devem ser deslocados à esquerda na decodificação. Genericamente, o número de *bits* é calculado por $\log_2 baseNum$, que no caso do Huffman pleno são 8 *bits* e no caso de Huffman com marcação são 7 *bits*.

Programa 8.21 *Decodificação orientada a bytes*

```
private int decodifica (int maxCompCod) throws Exception {
  int logBase2 = (int)(Math.log(this.baseNum)/Math.log(2));
  int c = 1; int codigo = this.arqComp.read ();
  if (codigo < 0) return codigo; // Fim de arquivo
  if (logBase2 == 7) codigo = codigo - 128; // Remove o bit de marcacao
  while (((c + 1) <= maxCompCod) &&
         ((codigo << logBase2) >= this.base[c+1])) {
    int codigoTmp = this.arqComp.read ();
    codigo = (codigo << logBase2) | codigoTmp; c++; }
  return (codigo - this.base[c] + this.offset[c]);
}
```

O cálculo do vetor *offset* não requer alteração alguma. Para generalizar o cálculo do vetor *base*, basta substituir o fator 2 por *baseNum*, como abaixo:

$$base[c] = \begin{cases} 0 & \text{se } c = 1, \\ baseNum \times (base[c-1] + w_{c-1}) & \text{caso contrário.} \end{cases}$$

O Programa 8.22 mostra como construir os vetores *base* e *offset*, que são gravados no disco ao final do processamento.

Programa 8.22 *Construção dos vetores base e offset*

```
private int constroiVetores (ItemVoc A[] , int n) throws Exception {
  int maxCompCod = ((Integer)A[n].recuperaChave()).intValue();
  int wcs[] = new int[maxCompCod + 1]; // Ignora a posição 0
  this.offset = new int[maxCompCod + 1]; // Ignora a posição 0
  this.base = new int[maxCompCod + 1]; // Ignora a posição 0
  for (int i = 1; i <= maxCompCod; i++) wcs[i] = 0;
  for (int i = 1; i <= n; i++) {
    int freq = ((Integer)A[i].recuperaChave()).intValue();
    wcs[freq]++; this.offset[freq] = i - wcs[freq] + 1;
  }
}
```

Continuação do Programa 8.22

```java
    for (int i = 2; i <= maxCompCod; i++) {
      this.base[i] = this.baseNum * (this.base[i-1] + wcs[i-1]);
      if (this.offset[i] == 0) this.offset[i] = this.offset[i-1];
    }
    // Salvando as tabelas em disco
    this.arqComp.writeInt (maxCompCod);
    for (int i = 1; i <= maxCompCod; i++) {
      this.arqComp.writeInt (this.base[i]);
      this.arqComp.writeInt (this.offset[i]); }
    return maxCompCod;
  }
```

O programa que realiza a compressão de um texto, o qual será descrito mais adiante, necessita extrair as palavras do texto, o que é realizado pela classe *ExtraiPalavra* mostrada no Programa 8.23. O construtor da classe *ExtraiPalavra* recebe dois parâmetros: (i) a variável *nomeArqDelim*, que representa o nome do arquivo que contém em uma única linha todos os caracteres utilizados como delimitadores de palavras; (ii) a variável *nomeArqTxt*, que representa o arquivo do qual as palavras serão extraídas. O método *proximaPalavra* retorna a próxima palavra a ser codificada, ou **null**, caso não existam mais palavras. Como o primeiro espaço após cada palavra não é codificado, a palavra vazia (" ") é retornada sempre que a próxima palavra do arquivo não for um delimitador. Uma seqüência de delimitadores é retornada como uma única palavra. Por fim, o método *fechaArquivos* é utilizado para fechar o arquivo que contém os delimitadores e o arquivo que contém as palavras.

Programa 8.23 Extração do próximo símbolo a ser codificado

```java
package cap8;
import java.util.StringTokenizer;
import java.io.*;
public class ExtraiPalavra {
  private BufferedReader arqDelim, arqTxt;
  private StringTokenizer palavras;
  private String delimitadores, palavraAnt, palavra;
  private boolean eDelimitador (char ch) {
    return (this.delimitadores.indexOf (ch) >= 0);
  }
  public ExtraiPalavra (String nomeArqDelim, String nomeArqTxt)
                    throws Exception {
    this.arqDelim = new BufferedReader (new FileReader (nomeArqDelim));
    this.arqTxt = new BufferedReader (new FileReader (nomeArqTxt));
    // Os delimitadores devem estar juntos em uma única linha do arquivo
    this.delimitadores = arqDelim.readLine() + "\r\n";
    this.palavras = null; this.palavra = null; this.palavraAnt = " ";
  }
```

Continuação do Programa 8.23

```java
  public String proximaPalavra () throws Exception{
    String palavraTemp = ""; String resultado = "";
    if (this.palavra != null) {
      palavraTemp = palavra; palavra = null;
      palavraAnt = palavraTemp; return palavraTemp;
    }
    if (palavras == null || !palavras.hasMoreTokens ()) {
      String linha = arqTxt.readLine();
      if (linha == null) return null;
      linha += "\n";
      this.palavras=new StringTokenizer (linha,this.delimitadores,true);
    }
    String aux = this.palavras.nextToken();
    while (eDelimitador (aux.charAt (0)) && palavras.hasMoreTokens ()) {
      palavraTemp += aux; aux = this.palavras.nextToken();
    }
    if (palavraTemp.length () == 0) resultado = aux;
    else {
      this.palavra = aux;
      if (palavraTemp.length () == 1 && palavraTemp.equals(" ") &&
          palavraAnt.length () > 0 && palavra.length () > 0 &&
          !eDelimitador (palavraAnt.charAt (0)) &&
          !eDelimitador (palavra.charAt (0)))
        palavraTemp = palavraTemp.trim ();
      resultado = palavraTemp;
    } this.palavraAnt = resultado; return resultado;
  }
  public void fecharArquivos () throws Exception {
    this.arqDelim.close(); this.arqTxt.close();
  }
}
```

O Programa 8.24 mostra a implementação da classe *ItemVoc*, a qual representa as informações de um item do vocabulário e implementa os métodos auxiliares descritos a seguir. Cada item do vocabulário contém a palavra extraída do texto, sua freqüência e sua ordem relativa obtida com a ordenação do item pelo campo que armazena a freqüência. Para utilizar os algoritmos de ordenação apresentados no Capítulo 4 é preciso implementar a interface *Item* do Programa 4.1 com os métodos *compara*, *alteraChave* e *recuperaChave*. A chave de ordenação é o campo *freq*, o qual representa a freqüência no texto da palavra armazenada no campo *palavra*. Para realizar a ordenação na ordem não crescente, na comparação de dois registros a e b, um valor maior do que zero é retornado se $a < b$, um valor menor do que zero é retornado se $a > b$, e um valor igual a zero é retornado se $a = b$. Os métodos *alteraChave* e *recuperaChave* são utilizados para alterar ou recuperar o valor da chave (campo *freq*). Por fim, os métodos *alteraOrdem* e *recuperaOrdem* são utilizados para alterar e recuperar o valor do campo *ordem*, respectivamente.

Programa 8.24 *Classe para representar as informações de uma entrada do vocabulário*

```
package cap8;
import cap4.Item;  // vide Programa 4.1
public class ItemVoc implements Item {
  private String palavra;
  private int freq, ordem;
  // outros componentes do registro
  public ItemVoc (String palavra, int freq, int ordem) {
    this.palavra = palavra;
    this.freq = freq; this.ordem = ordem;
  }
  public int compara (Item it) {
    ItemVoc item = (ItemVoc) it;
    if (this.freq < item.freq) return 1;
    else if (this.freq > item.freq) return -1;
    return 0;
  }
  public void alteraChave (Object freq) {
    Integer ch = (Integer) freq; this.freq = ch.intValue ();
  }
  public Object recuperaChave () { return new Integer (this.freq); }
  public void alteraOrdem (int ordem) { this.ordem = ordem; }
  public int recuperaOrdem () { return this.ordem; }
  public String palavra () { return this.palavra; }
}
```

O Programa 8.25 mostra o refinamento final do método de compressão exibido no Programa 8.16. Para extrair as palavras do texto, o método utiliza a classe *ExtraiPalavra* (vide Programa 8.23) dentro dos métodos *primeiraEtapa* e *terceiraEtapa* apresentados nos Programas 8.26 e 8.30, respectivamente. Os métodos *primeiraEtapa*, *segundaEtapa* e *terceiraEtapa* são mostrados em seguida.

Programa 8.25 *Código para fazer a compressão*

```
public void compressao (String nomeArqTxt,
                        String nomeArqComp) throws Exception {
  this.nomeArqTxt = nomeArqTxt;
  this.arqComp = new RandomAccessFile (nomeArqComp, "rws");
  this.primeiraEtapa ();
  int maxCompCod = this.segundaEtapa ();
  this.terceiraEtapa (maxCompCod);
  this.arqComp.close ();
}
```

O Programa 8.26 mostra a implementação da primeira etapa do processo de compressão, na qual as palavras são extraídas do texto a ser comprimido e suas respectivas freqüências são contabilizadas. Aqui, se uma palavra é seguida de um espaço apenas, somente a palavra é codificada, e o espaço simples é representado de forma implícita no texto comprimido. O programa utiliza os operadores *insere* e *pesquisa* do Programa 5.23, utilizados na manipulação de tabelas *hash*.

Programa 8.26 *Primeira etapa da compressão*

```
private void primeiraEtapa ( ) throws Exception {
  ExtraiPalavra palavras = new ExtraiPalavra (nomeArqDelim, nomeArqTxt);
  String palavra = null;
  while ((palavra = palavras.proximaPalavra()) != null) {
    // O primeiro espaço depois da palavra não é codificado
    if (palavra.equals ("")) continue;
    ItemVoc itemVoc = (ItemVoc) this.vocabulario.pesquisa (palavra);
    if ( itemVoc != null) { // Incrementa freqüência
      int freq = ((Integer)itemVoc.recuperaChave ()).intValue ();
      itemVoc.alteraChave (new Integer (freq + 1));
    } else { // Insere palavra com freqüência 1
      itemVoc = new ItemVoc (palavra, 1, 0);
      this.vocabulario.insere (palavra, itemVoc);
    }
  }
  palavras.fecharArquivos();
}
```

O Programa 8.27 mostra a implementação da segunda etapa do processo de compressão, na qual são gerados os vetores *base* e *offset*, os quais são gravados no arquivo comprimido seguidamente do vocabulário. Para delimitar os símbolos do vocabulário no disco, cada um deles é separado pelo caractere zero. O método *ordenaPorFrequencia* é descrito a seguir.

Programa 8.27 *Segunda etapa da compressão*

```
private int segundaEtapa () throws Exception {
  ItemVoc A[] = this.ordenaPorFrequencia ();
  int n = A.length - 1;
  this.calculaCompCodigo (A, n);
  int maxCompCod = this.constroiVetores (A, n);
  // Grava Vocabulário
  this.arqComp.writeInt (n);
  for (int i = 1; i <= n; i++) {
    this.arqComp.writeChars (A[i].palavra ());
    this.arqComp.writeChar ('\0');
    A[i].alteraOrdem (i);
  }
  return maxCompCod;
}
```

O Programa 8.28 mostra a implementação do método *ordenaPorFrequencia* utilizado no Programa 8.27. O objetivo desse método é recuperar as entradas do vocabulário, armazená-las contiguamente em um vetor e ordenar o vetor obtido na ordem não crescente pela freqüência das palavras no texto. Para recuperar as entradas da tabela *hash*, que representa o vocabulário, foi criado um novo operador para a classe *TabelaHash* do Programa 5.23. O Programa 8.29 apresenta o operador *recuperaItens*, o qual retorna nas posições de 0 a $n-1$ do vetor *itens* as n referências às entradas do vocabulário, as quais são objetos do tipo *ItemVoc* (vide Programa 8.24). Após recuperar os itens, o método *ordenaPorFrequencia* copia as referências aos objetos do tipo *ItemVoc* que representam as entradas do vocabulário do vetor *aux* para as posições de 1 a n do vetor A. Por fim, como a classe *ItemVoc* implementa a interface *Item* do Programa 4.1, o vetor A é ordenado de forma não crescente por suas respectivas freqüências de ocorrência. O algoritmo de ordenação usado foi o *Quicksort* do Programa 4.8. O método *ordenaPorFrequencia* retorna o vetor ordenado.

Programa 8.28 *Método para ordenar o vocabulário por freqüência*

```
private ItemVoc[] ordenaPorFrequencia () {
  Object aux[] = this.vocabulario.recuperaItens ();
  ItemVoc A[] = new ItemVoc[aux.length+1]; // Ignora a posição 0
  for (int i = 0; i < aux.length; i++) A[i+1] = (ItemVoc)aux[i];
  Ordenacao.quicksort (A, aux.length);
  return A;
}
```

Programa 8.29 *Operador para recuperar os objetos contidos em uma tabela hash*

```
public Object[] recuperaItens () {
  int n = 0;
  for (int i = 0; i < this.M; i++)
    if (this.tabela[i] != null && !this.tabela[i].retirado) n++;
  Object itens[] = new Object[n]; n = 0;
  for (int i = 0; i < this.M; i++)
    if (this.tabela[i] != null && !this.tabela[i].retirado)
      itens[n++] = this.tabela[i].item;
  return itens;
}
```

O Programa 8.30 mostra a implementação da terceira etapa do processo de compressão, na qual o arquivo texto é percorrido pela segunda vez, sendo seus símbolos novamente extraídos, codificados usando o Programa 8.20 e gravados no arquivo comprimido. O método *escreve* é descrito a seguir.

Programa 8.30 *Terceira etapa da compressão*

```
private void terceiraEtapa (int maxCompCod) throws Exception {
  ExtraiPalavra palavras = new ExtraiPalavra (nomeArqDelim, nomeArqTxt);
  String palavra = null;
  while ((palavra = palavras.proximaPalavra()) != null) {
    // O primeiro espaço depois da palavra não é codificado
    if (palavra.equals ("")) continue;
    ItemVoc itemVoc = (ItemVoc) this.vocabulario.pesquisa (palavra);
    int ordem = itemVoc.recuperaOrdem ();
    Codigo cod = this.codifica (ordem, maxCompCod);
    this.escreve (cod, maxCompCod);
  }
  palavras.fecharArquivos();
}
```

O Programa 8.31 mostra a implementação do método *escreve* utilizado no Programa 8.30. O método *escreve* recebe o código e seu comprimento *c* em um objeto do tipo *Codigo* (vide Programa 8.18). O código é representado por um inteiro, o que limita seu comprimento a, no máximo, 4 *bytes* em um compilador que usa 4 *bytes* para representar inteiros. Primeiramente, o método *escreve* extrai o primeiro *byte* e, caso o código de Huffman utilizado seja o de marcação (baseNum = 128), coloca a marcação no oitavo *bit*, fazendo uma operação *or* do *byte* com a constante 128. Esse *byte* é então colocado na primeira posição do vetor *saida*. No anel **while**, caso o comprimento *c* do código seja maior do que um, os demais *bytes* são extraídos e armazenados em *saida*[*i*], em que $2 \leq i \leq c$. Por fim, o vetor de *bytes saida* é gravado em disco no anel **for**.

Programa 8.31 *Escreve o código no arquivo comprimido*

```
private void escreve (Codigo cod, int maxCompCod) throws Exception {
  int saida[] = new int[maxCompCod + 1]; // Ignora a posição 0
  int logBase2 = (int)(Math.log(this.baseNum)/Math.log(2));
  int mask = (int)Math.pow (2, logBase2) - 1;
  int i = 1; int cTmp = cod.c;
  saida[i] = cod.codigo >> (logBase2*(cod.c - 1));
  if (logBase2 == 7) saida[i] = saida[i] | 128; // Marcação
  i++; cod.c--;
  while (cod.c > 0) {
    saida[i] = (cod.codigo >> (logBase2*(cod.c - 1))) & mask;
    i++; cod.c--;
  }
  for (i = 1; i <= cTmp; i++) this.arqComp.writeByte (saida[i]);
}
```

O Programa 8.32 mostra o refinamento final do processo de descompressão mostrado no Programa 8.17. O primeiro passo é recuperar o modelo usado na compressão. Para isso, lê os delimitadores, o vetor *base*, o vetor *offset* e o vetor *vocabulario*. Em seguida, inicia a decodificação, tomando o cuidado de adicionar um espaço em branco entre dois símbolos que sejam palavras. O processo de decodificação termina quando o arquivo comprimido é totalmente percorrido.

Programa 8.32 Código para fazer a descompressão

```java
public void descompressao (String nomeArqTxt,
                           String nomeArqComp) throws Exception {
  this.nomeArqTxt = nomeArqTxt;
  this.arqComp = new RandomAccessFile (nomeArqComp, "rws");
  BufferedReader arqDelim = new BufferedReader (
                            new FileReader (this.nomeArqDelim));
  BufferedWriter arqTxt = new BufferedWriter (
                          new FileWriter (this.nomeArqTxt));
  String delim = arqDelim.readLine() + "\r\n";
  int maxCompCod = this.leVetores ();
  String vocabulario[] = this.leVocabulario ();
  int ind = 0; String palavraAnt = " ";
  while ((ind = this.decodifica (maxCompCod)) >= 0) {
    if (!eDelimitador (delim, palavraAnt.charAt(0)) &&
        !eDelimitador (delim, vocabulario[ind].charAt(0)))
      arqTxt.write (" ");
    arqTxt.write (vocabulario[ind]);
    palavraAnt = vocabulario [ind];
  }
  arqTxt.close ();
}
```

O Programa 8.33 mostra a implementação dos métodos responsáveis pela leitura dos vetores *base*, *offset* e *vocabulario*. Observe que na descompressão, o vocabulário é representado por um vetor de símbolos do tipo *String*. O método *eDelimitador* é utilizado para verificar se um dado caractere de uma palavra é um delimitador.

Programa 8.33 Métodos auxiliares da descompressão

```java
private int leVetores () throws Exception {
  int maxCompCod = this.arqComp.readInt ();
  this.offset = new int[maxCompCod + 1]; // Ignora a posição 0
  this.base = new int[maxCompCod + 1];   // Ignora a posição 0
  for (int i = 1; i <= maxCompCod; i++) {
    this.base[i] = this.arqComp.readInt ();
    this.offset[i] = this.arqComp.readInt ();
  }
  return maxCompCod;
}
```

Continuação do Programa 8.33

```
private String[] leVocabulario () throws Exception{
  int n = this.arqComp.readInt ();
  String vocabulario[] = new String[n+1]; // Ignora a posição 0
  for (int i = 1; i <= n; i++) {
    vocabulario[i] = ""; char ch;
    while ((ch = this.arqComp.readChar ()) != '\0') {
      vocabulario[i] += ch;
    }
  }
  return vocabulario;
}
private boolean eDelimitador (String delim, char ch) {
  return (delim.indexOf (ch) >= 0);
}
```

Resultados experimentais mostram que não existe grande degradação na razão de compressão na utilização de *bytes* em vez de *bits* na codificação das palavras de um vocabulário. Por outro lado, tanto a descompressão quanto a pesquisa são muito mais rápidas com uma codificação de Huffman usando *bytes* do que uma codificação de Huffman usando *bits*, isso porque deslocamentos de *bits* e operações usando máscaras não são necessários. A Tabela 8.8 apresenta o arquivo WSJ-*Wall Street Journal* (1987, 1988, 1989) usado nos experimentos. O arquivo WSJ tem 250 *megabytes* de texto, quase 43 milhões de palavras e perto de 200 mil palavras diferentes que constituem o vocabulário. Os experimentos foram realizados em uma máquina PC Pentium de 200 MHz com 128 *megabytes* de *RAM*.

Tabela 8.8 Dados sobre o arquivo WSJ usado nos experimentos

Texto		Vocabulário		Vocab./Texto	
Tam (bytes)	#Palavras	Tam (*bytes*)	#Palavras	Tamanho	#Palavras
262.757.554	42.710.250	1.549.131	208.005	0,59%	0,48%

A Tabela 8.9 mostra a razão de compressão e os tempos de compressão e descompressão para Huffman binário, Huffman pleno, Huffman com marcação, Gzip e Unix Compress para o arquivo WSJ. A razão de compressão degrada pouco pelo uso de *bytes* em vez de *bits*. O aumento na razão de compressão do código de Huffman com marcação é aproximadamente 3 pontos acima do código de Huffman pleno, conseqüência do espaço extra alocado para o *bit* de marcação em cada *byte*. O tempo de compressão é duas a três vezes menor que o do Gzip e apenas 17% maior que o do Compress. Não existe melhoria significativa no tempo de descompressão com o uso de *bytes* em vez de *bits*. Por outro lado, tanto Huffman pleno quanto Huffman com marcação são mais de 20% mais rápidos do que Gzip e três vezes mais rápidos do que Compress.

Tabela 8.9 Comparação das técnicas de compressão sobre o arquivo WSJ

Método	Razão de Compressão	Tempo (min) de Compressão	Tempo (min) de Descompressão
Huffman binário	27,13	8,77	3,08
Huffman pleno	30,60	8,67	1,95
Huffman com marcação	33,70	8,90	2,02
Gzip	37,53	25,43	2,68
Compress	42,94	7,60	6,78

8.2.5 Pesquisa em Texto Comprimido

Uma das propriedades mais atraentes do método de Huffman usando *bytes* em vez de *bits* é que o texto comprimido pode ser pesquisado exatamente como qualquer texto não comprimido. Para isso, basta comprimir o padrão e realizar uma pesquisa diretamente no arquivo comprimido. Isso é possível porque o código de Huffman usa *bytes* em vez de *bits*; de outra maneira, o método seria complicado ou mesmo impossível de ser implementado.

Casamento Exato

Para pesquisar um padrão contendo uma palavra no texto comprimido, o algoritmo de pesquisa deve primeiro realizar uma busca da palavra no vocabulário, podendo usar busca binária nessa fase. Se a palavra for localizada no vocabulário, então o código de Huffman com marcação é obtido, senão a palavra não existe no texto comprimido. A seguir, o código é pesquisado no texto comprimido usando qualquer algoritmo para casamento exato de padrão apresentado na Seção 8.1.1. Para pesquisar um padrão contendo mais de uma palavra, o primeiro passo é verificar a existência de cada palavra do padrão no vocabulário e obter o seu código. Se qualquer das palavras do padrão não existir no vocabulário, então o padrão não existirá no texto comprimido, senão basta coletar todos os códigos obtidos e realizar a pesquisa no texto comprimido.

O Programa 8.34 apresenta um método para ser incluído no Programa 8.18 dentro da classe *HuffmanByte*. O método mostra como fazer busca no arquivo comprimido utilizando o algoritmo BMH do Programa 8.5. Para isso, o arquivo comprimido é lido e considerado como o texto em que serão realizadas as buscas. O código é obtido para a chave de busca e utilizado como padrão a ser pesquisado.

O Programa 8.35 mostra a implementação do método *atribui* utilizado no Programa 8.34. Esse método também deve ser incluído na classe *HuffmanByte* do Programa 8.18. O método preenche o vetor P com os *bytes* do código. A sua implementação é muito semelhante ao método *escreve* do Programa 8.31, com a diferença que neste caso a busca em texto comprimido só pode ser realizada sobre o código de Huffman com marcação.

Programa 8.34 *Método da classe* HuffmanByte *para realizar busca no arquivo comprimido*

```
public void busca (String nomeArqComp) throws Exception {
  BufferedReader in = new BufferedReader (
                      new InputStreamReader (System.in));
  this.arqComp = new RandomAccessFile (nomeArqComp, "rws");
  int maxCompCod = this.leVetores ();
  String vocabulario[] = this.leVocabulario ();
  int codigo; String T = ""; String P = "";
  while ((codigo = this.arqComp.read ()) >= 0) T += (char)codigo;
  while (true) {
    System.out.print ("Padrao (ou s para sair):"); P = in.readLine();
    if (P.equals ("s")) break; int ord = 1;
    for (ord = 1; ord < vocabulario.length; ord++)
      if (vocabulario[ord].equals (P)) break;
    if (ord == vocabulario.length) {
      System.out.println("Padrao:" + P + " nao encontrado"); continue;
    }
    Codigo cod = this.codifica (ord, maxCompCod);
    String Padrao = this.atribui (cod);
    CasamentoExato.bmh (T, T.length (), Padrao, Padrao.length ());
  }
}
```

Programa 8.35 *Método para atribuir o código ao padrão*

```
private String atribui (Codigo cod) {
  String P = "";
  P += (char)((cod.codigo >> (7*(cod.c - 1))) | 128);
  cod.c--;
  while (cod.c > 0) {
    P += (char)((cod.codigo >> (7*(cod.c - 1))) & 127);
    cod.c--;
  }
  return P;
}
```

O Programa 8.36 mostra a implementação de um programa para testar o funcionamento dos métodos de compressão, descompressão e busca exata em texto comprimido.

Casamento Aproximado

Uma maneira de realizar pesquisa de padrões complexos permitindo erros é utilizar um esquema que funciona tanto para o código de Huffman pleno quanto para o

Programa 8.36 *Programa para teste dos algoritmos de compressão, descompressão e busca exata em texto comprimido*

```
package cap8;
import java.io.*;
public class Huffman {
  private static BufferedReader in = new BufferedReader (
                                       new InputStreamReader (System.in));
  private static final int baseNum = 128;
  private static final int m = 1001;
  private static final int maxTamPalavra = 15;
  private static void imprime (String msg) {
    System.out.print (msg);
  }
  public static void main (String[] args) throws Exception {
    imprime ("Arquivo com os delimitadores em uma linha:");
    String nomeArqDelim = in.readLine ();
    String opcao = "";
    do {
      imprime ("***************************************\n");
      imprime ("*               Opcoes                *\n");
      imprime ("*-------------------------------------*\n");
      imprime ("* (c) Compressao                      *\n");
      imprime ("* (d) Descompressao                   *\n");
      imprime ("* (p) Pesquisa no texto comprimido    *\n");
      imprime ("* (f) Termina                         *\n");
      imprime ("***************************************\n");
      imprime ("* Opcao:"); opcao = in.readLine();
      if (opcao.toLowerCase().equals ("c")) {
        imprime ("Arquivo texto a ser comprimido:");
        String nomeArqTxt = in.readLine ();
        imprime ("Arquivo comprimido a ser gerado:");
        String nomeArqComp = in.readLine ();
        HuffmanByte huff = new HuffmanByte (nomeArqDelim, baseNum,
                                            m, maxTamPalavra);
        huff.compressao (nomeArqTxt, nomeArqComp);
      }
      else if (opcao.toLowerCase().equals ("d")) {
        imprime ("Arquivo comprimido a ser descomprimido:");
        String nomeArqComp = in.readLine ();
        imprime ("Arquivo texto a ser gerado:");
        String nomeArqTxt = in.readLine ();
        HuffmanByte huff = new HuffmanByte (nomeArqDelim, baseNum,
                                            m, maxTamPalavra);
        huff.descompressao (nomeArqTxt, nomeArqComp);
      }
```

Continuação do Programa 8.36

```
      else if (opcao.toLowerCase().equals ("p")) {
         imprime ("Arquivo comprimido para ser pesquisado:");
         String nomeArqComp = in.readLine ();
         HuffmanByte huff = new HuffmanByte (null, baseNum,
                                             m, maxTamPalavra);
         huff.busca (nomeArqComp);
      }
   } while (!opcao.toLowerCase().equals ("f"));
  }
}
```

código de Huffman com marcação. O algoritmo inicia realizando uma pesquisa no vocabulário. Para facilitar o entendimento, vamos considerar primeiramente o algoritmo para padrões contendo apenas uma palavra. Nesse caso, podemos ter:

- Casamento exato, que pode ser uma **pesquisa binária** no vocabulário, e uma vez que a palavra tenha sido encontrada a folha correspondente na árvore de Huffman é marcada.

- Casamento aproximado, que pode ser realizado por meio de pesquisa seqüencial no vocabulário, usando o algoritmo Shift-And do Programa 8.9. Nesse caso, várias palavras do vocabulário podem ser encontradas e a folha correspondente a cada uma na árvore de Huffman é marcada, como mostrado na Figura 8.23.

A seguir, o arquivo comprimido é lido *byte* a *byte*, ao mesmo tempo que a árvore de decodificação de Huffman é percorrida sincronizadamente. Ao atingir uma folha da árvore, se ela estiver marcada, então existe casamento com a palavra do padrão. Seja uma folha marcada ou não, o caminhamento na árvore volta à raiz ao mesmo tempo que a leitura do texto comprimido continua.

A Figura 8.23 ilustra o método para a palavra "uma" permitindo um erro. Nesse caso, temos quatro palavras marcadas, pois além da palavra "uma", as palavras "puma", "ama" e "umas" fazem parte da resposta. Cada vez que uma seqüência de *bytes* correspondente ao código de uma das quatro palavras é lida do texto comprimido, a folha correspondente na árvore de Huffman também é atingida, relatando uma ocorrência.

O esquema simples da Figura 8.23 pode ser estendido para lidar com frases constituídas de padrões complexos. Esse caso é um pouco mais difícil de lidar e será explicado a seguir. Uma frase é uma seqüência de padrões (palavras), em que cada padrão pode ser desde uma palavra simples até uma expressão regular complexa permitindo erros. Se uma frase tem j palavras, então uma máscara de j *bits* é colocada junto a cada palavra do vocabulário (folha da árvore de Huffman). Para uma palavra x da frase, o i-ésimo *bit* da máscara é feito igual a 1 se x é a i-ésima palavra da frase. Assim, cada palavra i da frase é pesquisada

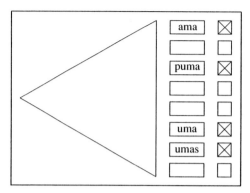

Figura 8.23 *Esquema geral de pesquisa para a palavra "uma" permitindo um erro.*

no vocabulário e a i-ésima posição da máscara é marcada quando a palavra é encontrada no vocabulário.

A Figura 8.24 ilustra as máscaras para a frase "uma ro* rosa" permitindo um erro por palavra, em que "ro*" significa qualquer palavra começando por "ro" (representa pesquisa por prefixo). As palavras "rosa" e "rosas" no vocabulário casam com a frase na segunda e terceira posições, e a máscara de cada uma é "011". A máscara para a palavra "roupa" é "010", uma vez que ela casa com a segunda palavra da frase. A máscara para a palavra "uma" é "100", uma vez que ela casa com a primeira palavra da frase. A máscara para a palavra "azul" é "000", uma vez que ela não casa com nenhuma palavra da frase.

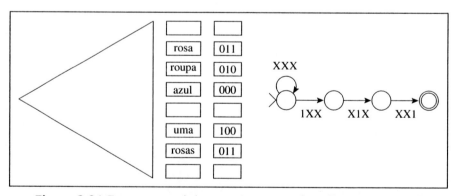

Figura 8.24 *Esquema geral de pesquisa para a frase "uma ro* rosa".*

Depois que a fase de pré-processamento é realizada, o texto comprimido é lido como antes. O estado da pesquisa é controlado por um **autômato finito não-determinista** de $j+1$ estados, como mostrado na Figura 8.24 para a frase "uma ro* rosa". O autômato permite mover do estado i para o estado $i+1$ sempre que a i-ésima palavra da frase é reconhecida. O estado zero está sempre ativo, e uma ocorrência é relatada quando o estado j é ativado. Os *bytes* do texto comprimido são lidos e a árvore de Huffman é percorrida como antes. Cada vez que uma folha da árvore é atingida, sua máscara de *bits* é enviada para o autômato. Um estado ativo $i-1$ irá ativar o estado i apenas se o i-ésimo *bit* da máscara estiver ativo. Conseqüentemente, o autômato realiza uma transição para cada palavra do texto. O autômato pode ser implementado eficientemente por meio do algoritmo Shift-And do Programa 8.4.

Importante ressaltar que separadores podem ser ignorados na pesquisa de frases de tal forma que a frase é encontrada mesmo que existam dois espaços entre palavras em vez de um. Da mesma maneira, os artigos, preposições etc. também podem ser ignorados se for conveniente. Nesse caso, basta ignorar as folhas correspondentes na árvore de Huffman quando a pesquisa chega a elas. É raro encontrar essa possibilidade em sistemas de pesquisa *on-line*.

A Tabela 8.10 apresenta os tempos de pesquisas exata ($k=0$) e aproximada ($k=1,2,3$) para o arquivo WSJ usando o programa Agrep (Wu e Manber, 1992), pesquisa direta sobre Huffman com marcação e a pesquisa com autômato usando Huffman pleno. Podemos observar na tabela que os algoritmos pesquisa direta e pesquisa com autômato são praticamente insensíveis ao número de erros permitidos na frase, ao contrário do Agrep. A tabela também mostra que ambos algoritmos de pesquisa sobre texto comprimido são mais rápidos que o Agrep, cerca de 50% mais rápidos para pesquisa exata e perto de oito vezes para pesquisa aproximada. Observe que a pesquisa com autômato permite a pesquisa de frases complexas a um mesmo custo. Entretanto, a pesquisa com autômato é sempre mais lenta do que a pesquisa direta, devendo ser usada para pesquisa complexa, como descrito anteriormente.

Tabela 8.10 Tempos de pesquisa (em segundos) para o arquivo WSJ, com intervalo de confiança de 99%

Algoritmo	$k=0$	$k=1$	$k=2$	$k=3$
Agrep	23,8 ± 0,38	117,9 ± 0,14	146,1 ± 0,13	174,6 ± 0,16
Pesquisa direta	14,1 ± 0,18	15,0 ± 0,33	17,0 ± 0,71	22,7 ± 2,23
Pesquisa com autômato	22,1 ± 0,09	23,1 ± 0,14	24,7 ± 0,21	25,0 ± 0,49

Notas Bibliográficas

Navarro e Raffinot (2002) têm um dos melhores livros que existem atualmente sobre casamento de cadeias de caracteres. O livro enfatiza algoritmos e implementações que apresentam o melhor desempenho na prática, incluindo todos os principais desenvolvimentos recentes em casamento complexo de cadeias, desde o casamento simples, múltiplo e estendido de cadeias até o casamento exato e aproximado de expressões regulares. Dois outros livros com enfoque bastante teórico são o de Crochemore e Rytter (1994) e Apostolico e Galil (1997).

O algoritmo Boyer-Moore foi proposto por Boyer e Moore (1977), e o algoritmo Shift-And foi proposto por Baeza-Yates e Gonnet (1989). Outras referências são Baeza-Yates (1992) e Baeza-Yates e Régnier (1992).

Com relação à compressão, Moffat e Turpin (2002) tratam de algoritmos de compressão e codificação, e o algoritmo para obter a árvore de Huffman canônica usado aqui foi obtido dessa referência. A compressão de textos baseada em palavras foi estudada em Moffat (1989).

O código de Huffman foi originalmente proposto em Huffman (1952). Códigos canônicos foram primeiramente apresentados em Schwartz e Kallick (1964). O uso da codificação de Huffman empregando *bytes* foi proposto em Moura, Navarro, Ziviani e Baeza-Yates (1998). Outras referências sobre o tema são Ziviani, Moura, Navarro e Baeza-Yates (2000) e Moura, Navarro, Ziviani e Baeza-Yates (2000).

Exercícios

1. Altere o método *forcaBruta* mostrado no Programa 8.2 para pesquisar um padrão em um texto permitindo a pesquisa aproximada para k erros. Compare o desempenho da sua implementação com a implementação do algoritmo Shift-And para busca aproximada.

2. Faça um estudo comparativo dos algoritmos força bruta, BMH, BMHS e Shift-And para pesquisa exata em cadeias de caracteres.

3. Algoritmo Boyer-Moore

a) Mostre as diferenças entre o algoritmo original Boyer-Moore (BM) de 1977, o algoritmo Boyer-Moore-Horspool (BMH) e o algoritmo Boyer-Moore-Horspool-Sunday (BMHS), considerando aspectos relacionados com as heurísticas de deslocamento do padrão, caso médio e pior caso dos algoritmos.

b) Preencha a tabela de deslocamento $d[\,]$ do algoritmo BMH e do algoritmo BMHS para o padrão MOORE, para um texto contendo o vocabulário $\sum = \{B, E, M, O, R, Y\}$.

c) Mostre os passos intermediários para obter a ocorrência do padrão MOORE no texto BOYERMOORE para os algoritmos BMH e BMHS.

d) Qual é o pior caso e o caso esperado para o algoritmo BM? Em que situação ocorre o caso esperado?

4. Considerando o algoritmo Shift-And para o casamento exato ou aproximado de padrões:

a) Escreva um autômato de busca que reconhece o padrão MOORE permitindo uma inserção ou uma retirada.

b) Mostre como o autômato de busca que reconhece o padrão MOORE de forma exata pode ser representado por meio de registradores.

c) Mostre os passos intermediários para obter a ocorrência exata do padrão MOORE no texto MOORMOORE.

5. O objetivo deste trabalho é projetar e implementar um sistema de programas para recuperar ocorrências de padrões em arquivos constituídos de documentos, utilizando algoritmos lineares de busca seqüencial.

O sistema de programas recebe do usuário uma cadeia de caracteres, se a busca é exata ($k = 0$) ou aproximada ($0 < k < m$), e imprime todas as ocorrências do padrão no texto. Nesta parte do trabalho você deverá utilizar os seguintes algoritmos:

- Algoritmo de Boyer-Moore-Horspool (BMH) para casamento exato de padrões;
- Algoritmo Shift-And para casamento exato de padrões;
- Algoritmo Shift-And para casamento aproximado de padrões.

O que deve ser entregue:

- Explicação sucinta dos algoritmos e estruturas de dados utilizados para resolver o problema.
- Análise de complexidade dos principais algoritmos implementados.
- Listagem dos programas implementados. O código deve ser bem comentado e organizado.
- Resultados de experimentos para avaliar empiricamente o desempenho dos algoritmos, usando tempo de relógio.

6. Considere a cadeia de caracteres "ABRACADABRA". Cada caractere é representado por 8 *bits*.

a) Mostre o processo para obter códigos binários para os caracteres da cadeia utilizando o algoritmo de Huffman.

b) Determine a razão de compressão obtida com o método utilizado.

7. Seja T uma árvore de Huffman tal que o nó folha correspondente ao símbolo a está mais distante da raiz do que o nó folha correspondente ao símbolo b. Prove que a freqüência do símbolo b não é menor que a freqüência do símbolo a.

8. Uma **árvore estritamente binária** é uma árvore binária em que todo nó não folha possui dois filhos. Prove que uma árvore que não seja estritamente binária não pode gerar código de prefixo mínimo.

9. Sejam s_i símbolos com freqüências f_i, $1 \leq i \leq n$, para $n > 1$, tal que f_1 e f_2 contenham as menores freqüências. Mostre que existe uma **árvore de Huffman** para esses símbolos em que os nós correspondentes a s_1 e a s_2 são irmãos localizados no último nível da árvore.

10. Seja T a árvore construída pelo algoritmo de **Huffman** para as freqüências $f_1, \ldots, f_n$, para $n > 1$. Mostre que T é mínima.[1]

---

[1] A **árvore binária de prefixo** é uma árvore de codificação binária em que nenhum código é prefixo de outro. Uma árvore binária de prefixo que, para um dado texto, produz uma seqüência binária de comprimento mínimo é denominada **mínima**. A árvore de codificação utilizada no algoritmo de Huffman é uma árvore binária de prefixo mínima.

11. Implemente o processo de compressão mostrado no Programa 8.16 para a codificação de Huffman usando *bits*.

12. Implemente o processo de descompressão mostrado no Programa 8.17 para a codificação de Huffman usando *bits*.

13. Faça um estudo comparativo da razão de compressão obtida com o código de Huffman binário, código de Huffman pleno e código de Huffman com marcação. Utilize pelo menos três tamanhos de arquivos (por exemplo 10, 50 e 100 *megabytes.*)

14. Mostre os passos intermediários para obter as ocorrências do padrão "rosa" no texto "para cada rosa rosa, uma rosa é uma rosa", para os algoritmos BMH e BMHS. O texto e o padrão estão comprimidos mediante o código de Huffman com marcação. Considere o texto comprimido como sendo a seqüência de *bits* 10000101 10000100 10000000 10000000 10000110 10000001 10000000 10000011 10000001 10000000.

Capítulo 9

Problemas $\mathcal{NP}$-Completo e Algoritmos Aproximados

Neste capítulo, vamos aprender a distinguir entre problemas que podem ser resolvidos e problemas que não podem ser resolvidos por um computador. Problemas considerados intratáveis ou difíceis são muito comuns na natureza e nas diversas áreas do conhecimento. Problemas que podem ser resolvidos por algoritmos polinomiais são considerados "fáceis", enquanto problemas que somente possuem algoritmos exponenciais para resolvê-los são considerados "difíceis".

A maioria dos problemas que conhecemos e estudamos possui complexidade de tempo que pode ser classificada em dois dos grupos seguintes. O primeiro grupo é composto pelos **algoritmos polinomiais** no tempo de execução, cuja função de complexidade é $O(p(n))$, em que $p(n)$ é um polinômio. Vários exemplos vistos anteriormente incluem pesquisa binária cujo custo é $O(\log n)$, pesquisa seqüencial cujo custo é $O(n)$, ordenação por inserção cujo custo é $O(n^2)$, e multiplicação de matrizes cujo custo é $O(n^3)$.

O segundo grupo é composto pelos **algoritmos exponenciais** no tempo de execução, cuja função de complexidade é $O(c^n)$, $c > 1$. O grupo contém problemas cujos melhores algoritmos conhecidos são não-polinomiais. Um exemplo visto na Seção 1.3.2 é o **problema do caixeiro-viajante**, cuja complexidade de tempo é $O(n!)$. Conforme mostrado em Horowitz e Sahni (1978), essa complexidade pode ser reduzida para $O(n^2 2^n)$ usando **programação dinâmica**, mas com uma complexidade de espaço $O(n 2^n)$. Algoritmos com complexidade de tempo não-polinomial demandam tal quantidade de tempo para executar que mesmo problemas de tamanho pequeno a moderado não podem ser resolvidos.

9.1 Problemas $\mathcal{NP}$-Completo

A teoria de complexidade apresentada nesta seção não fornece um método para obter algoritmos polinomiais para problemas que demandam algoritmos exponenciais, como também não é capaz de afirmar que algoritmos polinomiais não existem. Entretanto, é possível mostrar que os problemas para os quais não existe nenhum algoritmo polinomial conhecido são computacionalmente relacionados. Esses problemas formam uma classe conhecida como $\mathcal{NP}$. Um problema da classe $\mathcal{NP}$ tem a propriedade de que ele poderá ser resolvido em tempo polinomial se e somente se todos os outros problemas em $\mathcal{NP}$ puderem também ser resolvidos em tempo polinomial. Esse fato é um indício forte de que dificilmente alguém será capaz de encontrar um algoritmo eficiente para um problema da classe $\mathcal{NP}$.

Para o estudo teórico da complexidade de algoritmos é conveniente considerar problemas cujo resultado da computação seja "sim" ou "não". Para exemplificar, considere novamente o problema do caixeiro-viajante. A versão do problema do caixeiro-viajante cujo resultado seja do tipo "sim/não" pode ser formulada da seguinte maneira:

- *Dados*: Um conjunto de cidades $C = \{c_1, c_2, \cdots, c_n\}$, uma distância $d(c_i, c_j)$ para cada par de cidades $c_i, c_j \in C$, e uma constante k.

- *Questão*: Existe um "roteiro" para todas as cidades em C cujo comprimento total seja menor ou igual a k?

Uma característica da classe $\mathcal{NP}$ é o fato de ser uma classe de problemas "sim/não" para os quais uma dada solução pode ser verificada facilmente. A solução em si pode ser muito difícil ou muitas vezes impossível de ser obtida, mas uma vez conhecida ela pode ser verificada em tempo polinomial. Antes de formalizar a discussão sobre a classe $\mathcal{NP}$, vamos apresentar outros exemplos de problemas do tipo "sim/não" que servem para ilustrar a fronteira entre problemas "fáceis" e problemas "difíceis".

Exemplo: Caminho em um grafo com peso nas arestas. Considere um grafo com peso nas arestas, dois vértices i, j e um inteiro $k > 0$, conforme ilustra a Figura 9.1.

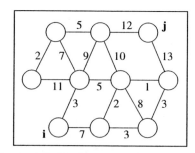

Figura 9.1 Grafo com peso nas arestas.

- *Fácil:* Existe um caminho de i até j com peso $\leq k$?
- *Difícil:* Existe um caminho de i até j com peso $\geq k$?

Para o primeiro problema existe um algoritmo eficiente cuja complexidade de tempo é $O(A \log V)$, em que A corresponde ao número de arestas e V corresponde ao número de vértices do grafo, conhecido como algoritmo de Dijkstra, apresentado na Seção 7.8. Para o segundo problema não existe algoritmo eficiente, sendo esse problema equivalente ao problema do caixeiro-viajante em termos de complexidade (vide Exercício 9.17).

Exemplo: Uma **coloração de um grafo** $G = (V, A)$ é um mapeamento $C : V \leftarrow S$, em que S é um conjunto finito de cores tal que se $\overline{vw} \in A$ então $c(v) \neq c(w)$ (vértices adjacentes possuem cores distintas). O número cromático $X(G)$ de G é o menor número de cores necessário para colorir G, isto é, o menor k para o qual existe uma coloração C para G e $|C(V)| = k$. O problema é produzir uma coloração ótima, que é a que usa apenas $X(G)$ cores.

Na formulação do tipo "sim/não", dados G e um inteiro positivo k, existe uma coloração de G usando k cores?

- *Fácil:* $k = 2$.
- *Difícil:* $k > 2$.

O problema da coloração de um grafo pode ser utilizado para modelar problemas de agrupamento (do inglês *clustering*) e problemas de horário (do inglês *scheduling*). A aplicação canônica para coloração de grafos é na área de otimização de compiladores, em que é necessário escalonar o uso de um número finito de registradores (idealmente com o número mínimo de registradores). Em um fragmento de programa a ser otimizado, cada variável tem intervalos de tempo durante os quais seu valor tem de permanecer inalterado, por exemplo, depois de inicializada e antes de seu uso final. Quaisquer duas variáveis cujos tempos de vida útil tenham uma interseção não podem ocupar o mesmo registrador. Para modelar o problema basta construir um grafo em que cada vértice representa uma variável do programa e cada aresta liga duas variáveis cujos tempos de vida tenham uma interseção. Uma coloração dos vértices desse grafo atribui cada variável a um agrupamento (ou classe) tal que duas variáveis com a mesma cor não colidem e assim podem ser atribuídas ao mesmo registrador.

Evidentemente, não existe conflito se cada vértice do grafo for colorido com uma cor distinta. Entretanto, nosso objetivo é encontrar uma coloração usando um número mínimo de cores, mesmo porque os computadores têm um número limitado de registradores. O menor número de cores que são suficientes para colorir um grafo é conhecido como **número cromático**.

Em outro exemplo, suponha que os exames finais de um curso tenham de ser realizados em uma única semana. Algumas disciplinas têm alunos de cursos diferentes e assim os exames dessas disciplinas têm de ser marcados em horários diferentes. Dadas uma lista de todos os cursos e outra lista de todas as disciplinas cujos exames não podem ser marcados no mesmo horário, o problema em questão pode ser modelado como um problema de coloração de grafos.

Exemplo: Um **ciclo de Hamilton** em um grafo é um **ciclo simples** (que passa por todos os vértices uma única vez). No grafo da Figura 9.2 o ciclo 0 1 4 2 3 0 é um ciclo de Hamilton. Um **caminho de Hamilton** em um grafo é um **caminho simples** que passa por todos os vértices uma única vez. No grafo da Figura 9.2, o caminho 0 1 4 2 3 é um caminho de Hamilton.

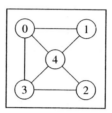

Figura 9.2 Grafo contendo ciclo de Hamilton 0 1 4 2 3 0 e caminho de Hamilton 0 1 4 2 3.

Dado um grafo G, existe um ciclo de Hamilton em G?

- *Fácil*: Grafos com grau máximo = 2 (vértices com no máximo duas arestas incidentes).
- *Difícil*: Grafos com grau > 2.

O problema de encontrar um ciclo de Hamilton ou um caminho de Hamilton em um grafo é um caso especial do problema do caixeiro-viajante, no qual cada par de vértices com uma aresta entre eles tem distância 1, enquanto pares de vértices sem aresta entre eles são separados por uma distância infinita.

Exemplo: Uma **cobertura de arestas** de um grafo $G = (V, A)$ é um subconjunto $A' \subset A$ de k arestas, tal que todo $v \in V$ é parte de pelo menos uma aresta de A'. Na Figura 9.3, o conjunto resposta para $k = 4$ é $A' = \{(03), (23), (46), (15)\}$.

Uma **cobertura de vértices** é um subconjunto $V' \subset V$, tal que se $(u, v) \in A$ então $u \in V'$ ou $v \in V'$, isto é, cada aresta do grafo é incidente em um dos vértices de V'. No exemplo da Figura 9.3 o conjunto resposta é $V' = \{3, 4, 5\}$, para $k = 3$.

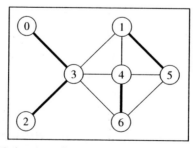

Figura 9.3 Cobertura de arestas e de vértices em um grafo.

Dados um grafo e um inteiro $k > 0$

- *Fácil*: Existe uma cobertura de arestas $\leq k$?
- *Difícil*: Existe uma cobertura de vértices $\leq k$?

9.1.1 Algoritmos Não-Deterministas

A noção de algoritmo que temos usado até agora tem a propriedade de que o resultado de cada operação é definido de forma única. Algoritmos com essa propriedade são chamados **algoritmos deterministas**. Entretanto, em um arcabouço teórico, é possível remover a restrição de que o resultado de cada operação é único. Apesar de parecer irreal, esse é um conceito importante e geralmente utilizado para definir a classe $\mathcal{NP}$, como, por exemplo, em Horowitz e Sahni (1978). Nesse caso, os algoritmos podem conter operações cujo resultado não é definido de forma única, levando ao conceito de algoritmo não-determinista.

Um **algorimo não-determinista** é capaz de escolher uma dentre as várias alternativas possíveis a cada passo. Em outras palavras, algoritmos não-deterministas contêm operações cujo resultado não é unicamente definido, ainda que limitado a um conjunto especificado de possibilidades. Eles utilizam uma nova função, a saber:

- *escolhe(C)*: escolhe um dos elementos do conjunto C de forma arbitrária.

O comando de atribuição X $\leftarrow$ *escolhe* (1:n) pode resultar na atribuição a X de qualquer dos inteiros no intervalo $[1, n]$. A complexidade de tempo para cada chamada da função *escolhe* é $O(1)$. Nesse caso, não existe nenhuma regra especificando como a escolha é realizada. Se existir um conjunto de possibilidades que levem a uma resposta, então esse conjunto é sempre escolhido e o algoritmo terminará com sucesso. Em contrapartida, um algoritmo não-determinista termina sem sucesso se e somente se não existir um conjunto de escolhas que indique sucesso.

Algoritmos não-deterministas utilizam também dois comandos, a saber:

- *insucesso*: indica término sem sucesso.
- *sucesso*: indica término com sucesso.

Os comandos *insucesso* e *sucesso* são usados para definir uma execução do algoritmo, sendo equivalentes a um comando de parada de um algoritmo determinista. Os comandos *insucesso* e *sucesso* também têm complexidade de tempo $O(1)$.

Uma máquina capaz de executar a função *escolhe* admite a capacidade de **computação não-determinista**. Uma máquina não-determinista é capaz de produzir cópias de si mesma quando diante de duas ou mais alternativas, e continuar a computação independentemente para cada alternativa. A máquina não-determinista que acabamos de definir não existe na prática, mas ainda assim fornece fortes evidências de que certos problemas não podem ser resolvidos por algoritmos deterministas em tempo polinomial, conforme mostrado na definição da classe $\mathcal{NP}$-completo apresentada adiante.

A seguir, vamos apresentar alguns exemplos de algoritmos não-deterministas.

Exemplo: Pesquisar o elemento x em um conjunto de elementos $A[1:n]$, $n \geq 1$. O algoritmo $pesquisaND(x, A, 1, n)$ apresentado no Programa 9.1 determina um índice j, tal que $A[j] = x$ para um término com sucesso ou então insucesso quando x não está presente em A. O algoritmo tem complexidade não-determinista $O(1)$. Para um algoritmo determinista a complexidade é $O(n)$.

Programa 9.1 *Algoritmo não-determinista para pesquisar elemento em um conjunto*

```
void pesquisaND (x, A, 1 , n) {
  j ← escolhe (A, 1 , n);
  if (A[j] == x) sucesso; else insucesso;
}
```

Exemplo: Ordenar um conjunto $A[1:n]$ contendo n inteiros positivos, $n \geq 1$. O algoritmo não-determinista $ordenaND(A, 1, n)$ do Programa 9.2 ordena os números em ordem crescente. Um vetor auxiliar $B[1:n]$ é utilizado. Ao final, B contém o conjunto ordenado. A posição correta em B de cada inteiro de A é obtida de forma não-determinista pela função *escolhe*. Na linha seguinte, o comando de decisão verifica se a posição $B[j]$ ainda não foi utilizada. A complexidade é $O(n)$. Para um algoritmo determinista a complexidade é $O(n \log n)$.

Programa 9.2 *Algoritmo não-determinista para ordenar um conjunto*

```
void ordenaND (A, 1 , n) {
  for (int i = 1; i <= n; i++)B[i] = 0;
  for (int i = 1; i <= n; i++) {
    j ← escolhe (A, 1 , n);
    if (B[j] == 0) B[j] = A[i]; else insucesso;
  }
}
```

Exemplo: Problema da *satisfabilidade* (do inglês *satisfiability*). Considere um conjunto de **variáveis booleanas** $x_1, x_2, \cdots, x_n$, no qual cada variável pode assumir valores lógicos *verdadeiro* ou *falso*. A negação de x_i é representada por $\overline{x_i}$. Uma expressão booleana é constituída de variáveis booleanas e das operações **ou** (dita também operação de adição, indicada por $\vee$) e **e** (dita também operação de multiplicação, indicada por $\wedge$). Diz-se que uma expressão booleana E contendo um produto de adições de variáveis booleanas está na **forma normal conjuntiva**.

Dada uma expressão booleana E na forma normal conjuntiva, com variáveis $x_i, 1 \leq i \leq n$, existe uma atribuição de valores lógicos verdadeiro ou falso às variáveis que torne E verdadeira ("satisfaça")? A expressão $E_1 = (x_1 \vee x_2) \wedge (x_1 \vee \overline{x_3} \vee x_2) \wedge (x_3)$ é *satisfatível*, pois os valores $x_1 = F$, $x_2 = V$, $x_3 = V$ satisfazem E_1. A expressão $E_2 = x_1 \wedge \overline{x_1}$ não é *satisfatível*.

O algoritmo *avalND*(E, n) do Programa 9.3 verifica se uma expressão E na forma normal conjuntiva, com variáveis $x_i, 1 \leq i \leq n$, é *satisfatível*. O algoritmo obtém uma das 2^n atribuições possíveis de forma não-determinista em $O(n)$. O melhor algoritmo determinista conhecido tem custo $O(2^n)$.

Programa 9.3 *Algoritmo não-determinista para o problema da* satisfabilidade

```
void avalND (E, n) {
  for (int i = 1; i <= n; i++) {
    x_i ← escolhe (true, false);
    if (E(x_1, x_2, ···, x_n) == true) sucesso; else insucesso;
  }
}
```

O problema da *satisfabilidade* pode ser usado na definição de circuitos elétricos combinatórios que produzam valores lógicos como saída e sejam constituídos de portas lógicas **e**, **ou** e **não**. Nesse caso, o mapeamento é direto, pois o circuito pode ser descrito por uma expressão lógica na forma normal conjuntiva.

9.1.2 As Classes $\mathcal{NP}$-Completo e $\mathcal{NP}$-Difícil

Nesse ponto, podemos caracterizar de forma precisa as classes $\mathcal{P}$ e $\mathcal{NP}$, por meio dos conceitos de algoritmos determinísticos e algoritmos não-determinísticos, a saber:

- ❑ $\mathcal{P}$: Conjunto de todos os problemas que podem ser resolvidos por *algoritmos deterministas* em tempo *polinomial*.

- ❑ $\mathcal{NP}$: Conjunto de todos os problemas que podem ser resolvidos por *algoritmos não-deterministas* em tempo *polinomial*.

Para mostrar que determinado problema está em $\mathcal{NP}$, basta apresentar um algoritmo não-determinista que execute em tempo polinomial para resolver o problema. Equivalentemente, outra maneira de mostrar que determinado problema está em $\mathcal{NP}$ é encontrar um algoritmo determinista polinomial para verificar que uma dada solução é válida.

Uma vez que algoritmos deterministas são apenas um caso especial de algoritmos não-deterministas, podemos concluir que $\mathcal{P} \subseteq \mathcal{NP}$. O que não sabemos é se $\mathcal{P} = \mathcal{NP}$ ou $\mathcal{P} \neq \mathcal{NP}$. Essa questão é o problema não resolvido mais famoso que existe na área de ciência da computação.

Será que existem algoritmos polinomiais deterministas para todos os problemas em $\mathcal{NP}$? Se a resposta é positiva então $\mathcal{P} = \mathcal{NP}$. Em contrapartida, a prova de que $\mathcal{P} \neq \mathcal{NP}$ parece exigir técnicas ainda desconhecidas. A Figura 9.4 apresenta uma descrição tentativa do mundo $\mathcal{NP}$. Acredita-se que $\mathcal{NP}$ é muito maior do que $\mathcal{P}$, porque, para muitos problemas em $\mathcal{NP}$, não existem algoritmos polinomiais conhecidos, como também nenhum **limite inferior não-polinomial** foi provado para qualquer desses problemas.

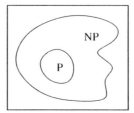

Figura 9.4 *Descrição tentativa do mundo $\mathcal{NP}$.*

O fato de que não se sabe se $\mathcal{NP} \supset \mathcal{P}$ ou $\mathcal{NP} = \mathcal{P}$ traz as seguintes conseqüências:

- Existem muitos problemas práticos em $\mathcal{NP}$ que podem ou não pertencer a $\mathcal{P}$ (não conhecemos nenhum algoritmo determinista eficiente para tais problemas).

- Se conseguirmos provar que um problema não pertence a $\mathcal{P}$, então temos um indício de que esse problema pertence a $\mathcal{NP}$ e que esse problema é tão difícil de ser resolvido quanto outros problemas $\mathcal{NP}$.

- Como não existe tal prova, sempre há esperança de que alguém descubra um algoritmo eficiente.

- Quase ninguém acredita que $\mathcal{NP} = \mathcal{P}$. Existe um esforço considerável para provar o contrário, mas a questão continua em aberto!

Transformação Polinomial

O conceito de **transformação polinomial** é importante para definir a classe $\mathcal{NP}$-completo, que será apresentada adiante. A maneira como o conceito é apresentado a seguir foi baseada em Szwarcfiter (1984). Sejam Π_1 e Π_2 dois problemas "sim/não", conforme mostrado na Figura 9.5. Suponha que exista um algoritmo A_2 para resolver Π_2. Se for possível transformar Π_1 em Π_2 e sendo conhecido um processo de transformar a solução de Π_2 em uma solução de Π_1, então o algoritmo A_2 pode ser utilizado para resolver Π_1. Se as transformações nos dois sentidos puderem ser realizadas em tempo polinomial, então Π_1 é *polinomialmente transformável* em Π_2.

Para apresentar um exemplo de transformação polinomial vamos necessitar das definições de conjunto independente de vértices e clique de um grafo.

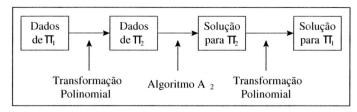

Figura 9.5 Transformação polinomial do problema Π_1 no problema Π_2.

O **conjunto independente de vértices** de um grafo $G = (V, A)$ é constituído do subconjunto $V' \subseteq V$, tal que $v, w \in V' \Rightarrow (v, w) \notin A$, isto é, todo par de vértices de V' é não adjacente (V' é um subgrafo totalmente desconectado). No grafo da Figura 9.6, $V' = \{0, 2, 1, 6\}$ é um exemplo de cardinalidade 4.

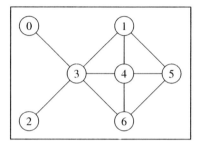

Figura 9.6 Exemplo de conjunto independente de vértices e clique em um grafo.

A necessidade de encontrar grandes conjuntos independentes de vértices ocorre em problemas de dispersão, nos quais se procura um conjunto de pontos mutuamente separados. Por exemplo, suponha que se queira identificar localizações para instalação de franquias tal que duas localizações não estejam perto o suficiente para competir entre si. Basta construir um grafo em que possíveis localizações são representadas por vértices, e arestas são criadas entre duas localizações que estão próximas o suficiente para interferir. O maior conjunto independente fornece o maior número de franquias que podem ser concedidas sem prejudicar as vendas. Em geral, conjuntos independentes evitam conflitos entre elementos.

Clique de um grafo $G = (V, A)$ é constituído do subconjunto $V' \subseteq V$, tal que $v, w \in V' \Rightarrow (v, w) \in A$, isto é, todo par de vértices de V' é adjacente (V' é um subgrafo completo). No grafo da Figura 9.6, $V' = \{3, 1, 4\}$ é um exemplo de cardinalidade 3.

O problema de identificar agrupamentos de objetos relacionados freqüentemente se reduz a encontrar grandes cliques em grafos. Considere uma empresa de fabricação de peças por meio de injeção plástica que forneça para diversas outras empresas montadoras de determinado parque industrial. Uma forma de reduzir o custo relativo ao tempo de preparação das máquinas injetoras é aumentar o tamanho dos lotes produzidos para cada peça encomendada. Para tanto, é preciso identificar os clientes que adquirem os mesmos produtos, para que se possa negociar prazos de entrega comuns e assim aumentar o tamanho dos lotes produzidos. Basta construir um grafo em que cada vértice representa um cliente e uma aresta ligando aqueles clientes que adquirem os mesmos produtos. Um clique no grafo representa o conjunto de clientes que adquirem os mesmos produtos.

Para ilustrar o processo de transformação polinomial, considere Π_1 o problema clique e Π_2 o problema conjunto independente de vértices. A instância I de clique consiste de um grafo $G = (V, A)$ e um inteiro $k > 0$. A instância $f(I)$ de conjunto independente pode ser obtida considerando-se o grafo complementar $\overline{G}$ de G e o mesmo inteiro k. A função $f(I)$ é uma transformação polinomial porque:

1. $\overline{G}$ pode ser obtido a partir de G em tempo polinomial.
2. G possui clique de tamanho $\geq k$ se e somente se $\overline{G}$ possui conjunto independente de vértices de tamanho $\geq k$.

Portanto, se existir um algoritmo que resolve o conjunto independente em tempo polinomial, esse algoritmo pode ser utilizado para resolver clique também em tempo polinomial.

Nesse caso, diz-se que clique $\propto$ conjunto independente. Denota-se $\Pi_1 \propto \Pi_2$ para indicar que Π_1 é polinomialmente transformável em Π_2. A relação $\propto$ é transitiva ($\Pi_1 \propto \Pi_2$ e $\Pi_2 \propto \Pi_3 \Rightarrow \Pi_1 \propto \Pi_3$).

Definição: Dois problemas Π_1 e Π_2 são **polinomialmente equivalentes** se e somente se $\Pi_1 \propto \Pi_2$ e $\Pi_2 \propto \Pi_1$. Considere, por exemplo, o **problema da satisfabilidade** (SAT). Se $SAT \propto \Pi_1$ e $\Pi_1 \propto \Pi_2$, então $SAT \propto \Pi_2$.

Definição: Um problema Π é $\mathcal{NP}$-difícil se e somente se $SAT \propto \Pi$ (*satisfabilidade* é redutível a Π).

Definição: Um problema de decisão Π é denominado $\mathcal{NP}$-**completo** quando:

1. $\Pi \in NP$.
2. Todo problema de decisão $\Pi' \in \mathcal{NP}$-completo satisfaz $\Pi' \propto \Pi$.

Logo, um problema de decisão Π que seja $\mathcal{NP}$-difícil pode ser mostrado como $\mathcal{NP}$-completo exibindo um algoritmo não-determinista polinomial para Π.

Apenas problemas de decisão ("sim/não") podem ser $\mathcal{NP}$-completo. Problemas de otimização podem ser $\mathcal{NP}$-difícil, mas, geralmente, se Π_1 é um problema de decisão e Π_2 um problema de otimização, então é bem possível que $\Pi_1 \propto \Pi_2$. A dificuldade de um problema $\mathcal{NP}$-difícil não é menor do que a dificuldade de um problema $\mathcal{NP}$-completo.

Um exemplo de problema $\mathcal{NP}$-difícil que não é $\mathcal{NP}$-completo é o **problema da parada** (em inglês, *halting problem*). O problema da parada consiste em determinar, para um algoritmo determinista qualquer A com entrada de dados E, se o algoritmo A termina (ou entra em um *loop* infinito). Esse problema é **indecidível**, isto é, não existe algoritmo de qualquer complexidade para resolvê-lo (Sudkamp, 1997, p. 325).

Vamos mostrar que $SAT \propto$ problema da parada. Considere o algoritmo A cuja entrada é uma expressão booleana na forma normal conjuntiva com n variáveis. Basta tentar 2^n possibilidades e verificar se a expressão é *satisfatível*. Se for A pára; senão, entra em *loop*. Logo, o problema da parada é $\mathcal{NP}$-difícil, mas não é $\mathcal{NP}$-completo.

Teorema de Cook

Cook (1971a) formulou a seguinte questão: existe algum problema em $\mathcal{NP}$ tal que se ele for mostrado estar em $\mathcal{P}$ então esse fato implicaria que $\mathcal{P} = \mathcal{NP}$? Cook procurou por um problema em $\mathcal{NP}$ tal que se existisse um algoritmo polinomial determinista para ele, então todos os problemas em $\mathcal{NP}$ poderiam ser resolvidos em tempo polinomial.

Teorema de Cook: *Satisfabilidade* (SAT) está em $\mathcal{P}$ se e somente se $\mathcal{P} = \mathcal{NP}$.

Em outras palavras, se existisse um algoritmo polinomial determinista para *satisfabilidade*, então todos os problemas em $\mathcal{NP}$ poderiam ser resolvidos em tempo polinomial. A prova do teorema considera os dois sentidos, a saber:

1. SAT está em $\mathcal{NP}$ (basta apresentar um algoritmo não-determinista que execute em tempo polinomial). Logo, se $\mathcal{P} = \mathcal{NP}$, então SAT está em $\mathcal{P}$.

2. Se SAT está em $\mathcal{P}$, então $\mathcal{P} = \mathcal{NP}$. A prova descreve como obter de qualquer algoritmo polinomial não-determinista de decisão A, com entrada E, uma fórmula $Q(A, E)$, de modo que Q é *satisfatível* se e somente se A termina com sucesso para a entrada E. O tempo necessário para construir Q é $O(p^3(n) \log(n))$, em que n é o tamanho de E e $p(n)$ é a complexidade de A.

A prova, bastante longa, é apresentada em Horowitz e Sahni (1978, p. 513-521), a qual mostra como construir Q a partir de A e E. A expressão booleana Q é longa, mas pode ser construída em tempo polinomial no tamanho de E. A prova usa uma definição matemática de uma máquina capaz de resolver qualquer problema em $\mathcal{NP}$ (**Máquina de Turing não-determinista**), incluindo uma descrição da máquina e de como instruções são executadas em termos de fórmulas booleanas. Assim, uma correspondência é estabelecida entre todo problema em $\mathcal{NP}$ e alguma instância de *satisfabilidade*, em que o problema é expresso por um programa na **Máquina de Turing não-determinista**. Uma instância de SAT corresponde à tradução do programa em uma fórmula booleana. Logo, a solução do problema da *satisfabilidade* corresponde à simulação da máquina executando o programa em cima da fórmula obtida, o que produz uma solução para uma instância do problema inicial dado.

Para **provar que um problema é $\mathcal{NP}$-completo**, são necessários os seguintes passos:

1. Mostre que o problema está em $\mathcal{NP}$.
2. Mostre que um problema $\mathcal{NP}$-completo conhecido pode ser polinomialmente transformado para ele.

Isso é possível porque Cook apresentou uma prova direta de que SAT é $\mathcal{NP}$-completo, além do fato de que a redução polinomial é transitiva ($SAT \propto \Pi_1$ & $\Pi_1 \propto \Pi_2 \Rightarrow SAT \propto \Pi_2$).

Para ilustrar como um problema Π pode ser provado ser $\mathcal{NP}$-completo, basta considerar um problema já provado ser $\mathcal{NP}$-completo e apresentar uma redução polinomial desse problema para Π. Como exemplo, vamos provar que o **problema do caixeiro-viajante** é $\mathcal{NP}$-completo a partir do problema **ciclo de Hamilton**, definido anteriormente. O ciclo de Hamilton foi um dos primeiros a ser provado ser um problema $\mathcal{NP}$-completo.

A primeira parte da prova é mostrar que o problema está em $\mathcal{NP}$. Isso pode ser feito apresentando-se um algoritmo não-determinista polinomial para o problema do caixeiro-viajante, como o algoritmo mostrado no Programa 9.4, ou então mostrar que, a partir de uma dada solução para o problema do caixeiro-viajante, essa pode ser verificada em tempo polinomial.

Programa 9.4 *Algoritmo não-determinista polinomial para o problema do caixeiro-viajante*

```
void PCVND() {
  i = 1;
  for (int t = 1; t <= v; t++) {
    j ← escolhe(i, lista_adj(i));
    antecessor[j] = i;
  }
}
```

A segunda parte da prova consiste em apresentar uma redução polinomial do ciclo de Hamilton para o problema do caixeiro-viajante. A redução pode ser feita conforme o exemplo mostrado na Figura 9.7. Dado um grafo representando uma instância do ciclo de Hamilton, construa uma instância do problema do caixeiro-viajante como se segue:

1. Para cidades use os vértices.
2. Para distâncias use 1 se existir um arco no grafo original e 2 se não existir.

A seguir, use o problema do caixeiro-viajante para achar um roteiro menor ou igual a V. O roteiro é o ciclo de Hamilton.

Resumindo, $\mathcal{NP}$-completo é a classe de problemas que pertencem a $\mathcal{NP}$, mas que podem ou não pertencer a $\mathcal{P}$. Eles possuem a seguinte propriedade: se qualquer um dos problemas da classe $\mathcal{NP}$-completo puder ser resolvido em

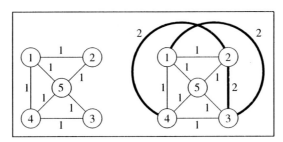

Figura 9.7 *Redução polinomial do ciclo de Hamilton para o problema do caixeiro-viajante.*

tempo polinomial por uma máquina determinista, então todos os problemas da classe podem, isto é, $\mathcal{P} = \mathcal{NP}$. A falha coletiva de todos os pesquisadores para encontrar algoritmos eficientes para esses problemas pode ser vista como uma dificuldade para provar que $\mathcal{P} = \mathcal{NP}$.

A Figura 9.8 apresenta uma segunda descrição tentativa do mundo $\mathcal{NP}$, novamente assumindo $\mathcal{P} \neq \mathcal{NP}$. Existe na figura uma classe intermediária entre $\mathcal{P}$ e $\mathcal{NP}$ chamada $\mathcal{NPI}$, constituída por problemas nos quais ninguém conseguiu uma redução polinomial de um problema $\mathcal{NP}$-completo para eles, em que $\mathcal{NPI} = \mathcal{NP} - (\mathcal{P} \cup \mathcal{NP}\text{-completo})$.

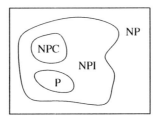

Figura 9.8 *Descrição tentativa do mundo $\mathcal{NP}$. A classe $\mathcal{NPI}$ é intermediária entre $\mathcal{P}$ e $\mathcal{NP}$.*

Dois membros potenciais de $\mathcal{NPI}$ são:

- **Isomorfismo de grafos:** Dados $G = (V, E)$ e $G' = (V, E')$, existe uma função $f : V \to V$, tal que $(u, v) \in E \Leftrightarrow (f(u), f(v)) \in E'$?

    Isomorfismo é o problema de testar se dois grafos são o mesmo. Suponha que seja dado um conjunto de grafos e que alguma operação tenha de ser realizada sobre cada grafo. Se pudermos identificar quais grafos são duplicatas, eles poderiam ser descartados para evitar trabalho redundante.

- **Números compostos:** Dado um inteiro positivo k, existem inteiros $m, n > 1$, tais que $k = mn$?

Um dos sistemas de **criptografia** mais conhecidos é o sistema de chave-pública conhecido como RSA (Rivest, Shamir e Adleman, 1978). Um sistema de criptografia de chave-pública pode ser usado para encriptar mensagens enviadas por uma rede pública, de tal forma que um espião que capture a mensagem não seja capaz de decodificá-la. Tal sistema permite também que a parte que envia a mensagem possa adicionar ao final do documento eletrônico uma **assinatura digital** que seja à prova de falsificação. O sistema RSA de criptografia é baseado na diferença dramática entre a facilidade de encontrar números primos grandes (números primos com uma grande quantidade de dígitos) e a dificuldade de fatorar o produto de dois números primos grandes.

Resumindo, qual é a contribuição prática da teoria de $\mathcal{NP}$-completo? Ela fornece um mecanismo que permite descobrir se um novo problema é "fácil" ou "difícil". Se encontrarmos um algoritmo eficiente para o problema, então não há dificuldade. Senão, uma prova de que o problema é $\mathcal{NP}$-completo nos diz que o problema é tão "difícil" quanto todos os outros problemas "difíceis" que constituem a classe $\mathcal{NP}$-completo.

9.2 Heurísticas e Algoritmos Aproximados

A lista de problemas $\mathcal{NP}$-completo não pára de crescer e milhares deles estão descritos na literatura. Mais importante, muitos problemas de otimização têm enorme importância prática, sendo desejável resolver instâncias grandes desses problemas em uma quantidade razoável de tempo. Entretanto, os melhores algoritmos conhecidos para resolver problemas $\mathcal{NP}$-completo têm um comportamento de pior caso que é exponencial no tamanho da entrada.

Para contextualizar a discussão sobre o significado do fato de um algoritmo levar tempo exponencial para obter a solução para um problema, considere um algoritmo que execute em tempo proporcional a 2^N. Isso significa que não é garantido que o algoritmo possa obter a resposta para todos os problemas de tamanho $N = 100$ ou maior, porque ninguém poderia esperar por um algoritmo que leva 2^{100} passos para terminar sua tarefa, independentemente da velocidade do computador. É possível que um supercomputador consiga resolver um problema de tamanho $N = 50$ em 1 hora, ou um problema de tamanho $N = 51$ em 2 horas, ou um problema de tamanho $N = 59$ em um ano. Entretanto, mesmo um computador paralelo contendo um milhão de processadores, sendo cada processador um milhão de vezes mais rápido que o melhor processador que possa existir, não seria suficiente para chegar a $N = 100$.

O que fazer então quando necessitamos resolver um problema desse tipo? Existem pelo menos três enfoques possíveis:

- ❏ Trabalhar com algoritmos exponenciais "eficientes", usando técnicas de tentativa e erro. Tais algoritmos serão apresentados na próxima seção.

- ❏ Encontrar um algoritmo eficiente que ache uma resposta que pode não ser a solução ótima, mas que é garantido ser próxima da solução ótima. Algoritmos desse tipo são conhecidos como algoritmos aproximados e serão apresentados na Seção 9.2.3.

❑ Outra possibilidade é concentrar no caso médio e procurar por algoritmos que são melhores que outros nesse quesito e funcionem bem para as entradas de dados que ocorrem usualmente na prática. Existem alguns poucos algoritmos exponenciais que são muito úteis na prática. Por exemplo, o algoritmo Simplex para programação linear possui complexidade de tempo exponencial para o pior caso (Garey e Johnson, 1979), mas executa muito rápido na prática. Infelizmente, exemplos como o do algoritmo Simplex não ocorrem com freqüência, e a grande maioria dos algoritmos exponenciais conhecidos não é muito útil.

9.2.1 Algoritmos Exponenciais Usando Tentativa e Erro

Embora aparentemente não existam algoritmos polinomiais para problemas $\mathcal{NP}$-completo, pode haver espaço para trabalhar com algoritmos exponenciais "eficientes" usando técnicas de tentativa e erro, como discutido na Seção 2.3. Dependendo do problema a ser resolvido, o conjunto de caminhos possíveis pode ser "podado", levando a resolver determinadas instâncias do problema. Nesta seção, vamos apresentar um exemplo de uso de algoritmos tentativa e erro com técnicas de poda para resolver instâncias de problemas $\mathcal{NP}$-completo.

Para exemplificar, vamos considerar o problema de encontrar um **ciclo de Hamilton** em um grafo (vide definição na Seção 9.1). Considere um grafo exemplo e sua representação usando matriz de adjacência, conforme mostrado na Figura 9.9. Para obter um algoritmo tentativa e erro que resolva o problema do ciclo de Hamilton, considere o algoritmo para caminhamento em um grafo, mostrado no Programa 9.5. O algoritmo é o mesmo apresentado na Seção 7.3, mas com uma implementação mais simples do que a do Programa 7.6. Essa implementação também faz uma busca em profundidade no grafo em tempo linear. O método *visita*, quando aplicado ao grafo da Figura 9.9 a partir do vértice 0, obtém o caminho 0 1 2 4 3 5 6, o qual não é um ciclo simples.

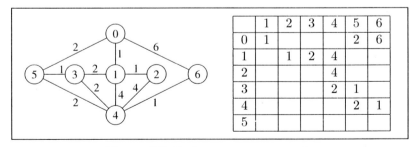

Figura 9.9 *Grafo e sua representação.*

Para encontrar um ciclo de Hamilton, caso exista, devemos visitar os vértices do grafo de outras maneiras. A rigor, o melhor algoritmo conhecido resolve o problema tentando todos os caminhos possíveis. Para tentar todas as possibilidades,

Programa 9.5 *Algoritmo de busca em profundidade para caminhamento em grafos*

```
package cap9;
import cap7.matrizadj.Grafo;  // vide Programa 7.2
public class BuscaEmProfundidade {
  private int d[];
  private Grafo grafo;
  public BuscaEmProfundidade (Grafo grafo) {
    this.grafo = grafo; int n = this.grafo.numVertices (); d = new int[n];
  }
  private int visita (int u, int tempo) {
    this.d[u] = ++tempo;
    if (!this.grafo.listaAdjVazia (u)) {
      Grafo.Aresta a = this.grafo.primeiroListaAdj (u);
      while (a != null) {
        int v = a.v2 ();
        if (this.d[v] == 0) tempo = this.visita (v, tempo);
        a = this.grafo.proxAdj (u);
      }
    }
    return tempo;
  }
  public void buscaEmProfundidade () {
    int tempo = 0;
    for (int u = 0; u < grafo.numVertices (); u++) this.d[u] = 0;
    this.visita (0, tempo);
  }
}
```

vamos alterar o método *visita*, conforme indicado no Programa 9.6. A alteração simplesmente desmarca o vértice que já foi visitado no caminho anterior, para permitir que seja visitado novamente em outra tentativa do algoritmo.

Programa 9.6 *Algoritmo tentativa e erro para caminhamento em grafos*

```
private int visita (int u, int tempo) {
  this.d[u] = ++tempo;
  if (!this.grafo.listaAdjVazia (u)) {
    Grafo.Aresta a = this.grafo.primeiroListaAdj (u);
    while (a != null) {
      int v = a.v2 ();
      if (this.d[v] == 0) tempo = this.visita (v, tempo);
      a = this.grafo.proxAdj (u);
    }
  }
  tempo--; this.d[u] = 0;
  return tempo;
}
```

A Figura 9.10 mostra a árvore de caminhamento para todas as tentativas de caminho no grafo da Figura 9.9. Pode-se notar que existem duas respostas representadas pelos caminhos 0 5 3 1 2 4 6 0 e 0 6 4 2 1 3 5 0.

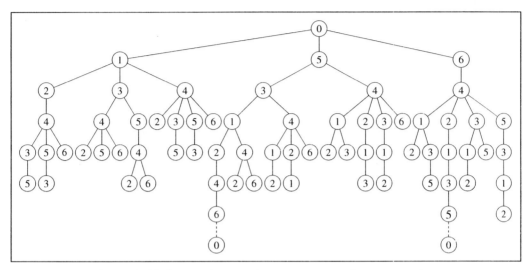

Figura 9.10 *Árvore de caminhamento para todas as tentativas.*

O custo é proporcional ao número de chamadas para o método *visita*. Para um grafo completo, isto é, um grafo contendo arestas ligando todos os pares de nós, existem $N!$ ciclos simples, equivalentes a $N!$ permutações dos nós. Logo, o custo é proibitivo. Uma possível saída para diminuir o número de chamadas para o método *visita* é por meio do uso de técnicas para reduzir o número de visitas a certos nós. Isso equivale a "**podar**" a árvore de caminhamento, cortando alguns ramos com tudo conectado a eles.

No exemplo da Figura 9.9, cada ciclo é obtido duas vezes, caminhando em ambas as direções. Logo, se insistirmos que o nó 2 apareça antes do 0 e do 1, não precisamos chamar *visita* para o nó 1 a não ser que o nó 2 já esteja no caminho. A Figura 9.11 mostra a árvore de caminhamento obtida. Entretanto, essa técnica não é sempre possível de ser aplicada. Suponha que se queira um caminho de custo mínimo que não seja um ciclo e passe por todos os vértices: 0 6 4 5 3 1 2 é uma solução. Nesse caso, a técnica de eliminar simetrias não funciona, porque não sabemos *a priori* se um caminho leva a um ciclo ou não.

Outra saída para tentar diminuir o número de chamadas para o método *visita* é por meio da técnica de **branch-and-bound**. A ideia é cortar a pesquisa tão logo se saiba que não levará a uma solução. Em outras palavras, cortar chamadas para o método *visita* tão logo se chegue a um custo para qualquer caminho que seja maior que um caminho solução já obtido. Por exemplo, no momento em que encontramos 0 5 3 1 2 4 6 , cujo custo é igual a 11, não faz sentido continuarmos no caminho 0 6 4 1 , cujo custo é igual a 11 também. Nesse caso, podemos evitar

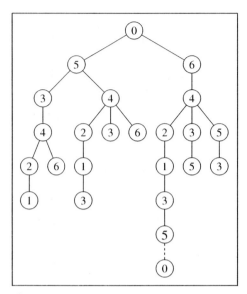

Figura 9.11 *Árvore de caminhamento obtida removendo simetrias.*

chamadas para o método *visita* se o custo do caminho corrente for maior ou igual ao melhor caminho obtido até o momento.

9.2.2 Heurísticas para Problemas $\mathcal{NP}$-Completo

Uma **heurística** é um algoritmo que pode produzir um bom resultado, ou até mesmo obter a solução ótima, mas pode também não gerar solução alguma ou uma solução que está distante da solução ótima. Uma heurística pode ser determinista ou probabilística. A principal diferença entre uma heurística probabilística e um **algoritmo Monte Carlo** é que o algoritmo Monte Carlo tem de encontrar uma solução correta com uma certa probabilidade (de preferência alta) para qualquer instância do problema. Em contrapartida, pode haver instâncias em que uma heurística, seja probabilística ou não, nunca vai encontrar uma solução.

Heurística para o Problema do Caixeiro-Viajante

Uma heurística gulosa muito simples para obter um caminho solução para o problema do caixeiro-viajante é como se segue:

1. Inicie com um vértice arbitrário.
2. Procure o vértice mais próximo do último vértice adicionado que não esteja no caminho e adicione ao caminho a aresta que liga esses dois vértices.
3. Quando todos os vértices estiverem no caminho, adicione uma aresta conectando o vértice inicial e o último vértice adicionado.

A complexidade do algoritmo do vizinho mais próximo é $O(n^2)$, em que n representa o número de cidades, ou $O(d)$, em que d representa o conjunto de distâncias entre cidades. Um aspecto negativo óbvio desse algoritmo é o fato de que, embora todas as arestas escolhidas sejam localmente mínimas, a aresta final pode ser bastante longa.

Considere o grafo da Figura 9.12. Para essa instância do problema do caixeiro-viajante, o caminho ótimo tem comprimento 58, relativo ao caminho 0 1 2 5 3 4 0. Para a heurística descrita anteriormente, se iniciarmos pelo vértice 0, então o vértice mais próximo é o vértice 1, com distância 3. A partir do vértice 1, o vértice mais próximo é o 2; a partir do vértice 2, o vértice mais próximo é o 4; a partir do vértice 4, o vértice mais próximo é o 3; a partir do vértice 3, restam os vértices 5 e 0. O comprimento do caminho 0 1 2 4 3 5 0 é 60. Embora o algoritmo guloso não encontre a solução ótima, a solução obtida está bem próxima do ótimo.

Entretanto, é possível encontrar instâncias em que a solução obtida pode ser muito ruim, podendo mesmo ser arbitrariamente ruim, uma vez que a aresta final pode ser muito longa. É possível achar um algoritmo que garanta encontrar uma solução que seja razoavelmente boa no pior caso? A resposta é sim, desde que a classe de instâncias consideradas seja restrita, como veremos na seção seguinte.

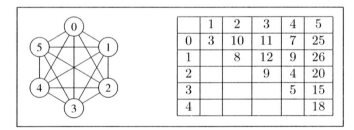

Figura 9.12 Grafo com seis cidades e sua representação.

9.2.3 Algoritmos Aproximados para Problemas $\mathcal{NP}$-Completo

Para projetar algoritmos polinomiais com o objetivo de "resolver" um problema de otimização $\mathcal{NP}$-completo, é necessário "relaxar" o significado de resolver. Primeiro, devemos remover a exigência de que o algoritmo tenha sempre de obter a solução ótima. Nesse caso, procuramos por algoritmos eficientes que não garantem a obtenção da solução ótima, mas sempre obtêm uma solução que é próxima da solução ótima. Uma solução possível com valor próximo da solução ótima é chamada solução aproximada. Um **algoritmo aproximado** para um problema Π é um algoritmo que gera **soluções aproximadas** para Π. Para ser útil, é importante obter um limite para a razão entre a solução ótima e a produzida pelo algoritmo aproximado, conforme mostrado na próxima seção.

Medindo a Qualidade da Aproximação

O comportamento de algoritmos aproximados sob o ponto de vista da qualidade dos resultados (não o tempo necessário para obter o resultado) tem de ser monitorado. Seja I uma instância de um problema Π e seja $S^*(I)$ o valor da solução ótima para I. Um algoritmo aproximado gera uma solução possível para I cujo valor $S(I)$ é maior (pior) do que o valor ótimo $S^*(I)$.

Dependendo do problema, a solução a ser obtida pode minimizar ou maximizar $S(I)$. No caso do problema do caixeiro-viajante, podemos estar interessados em um algoritmo aproximado que minimize $S(I)$, isto é, o valor obtido é o mais próximo possível de $S^*(I)$. No caso de o algoritmo aproximado obter a solução ótima, então $S(I) = S^*(I)$.

Assim, um algoritmo aproximado para um problema Π é um algoritmo polinomial que produz uma solução $S(I)$ para uma instância I de Π. O comportamento do algoritmo A é descrito pela **razão de aproximação**:

$$R_A(I) = \frac{S(I)}{S^*(I)},$$

que representa um problema de minimização (no caso de um problema de maximização, a razão é invertida). Em ambos os casos, $R_A(I) \geq 1$.

Algoritmos Aproximados para o Problema do Caixeiro-Viajante

Em vista do custo computacional para obter a solução ótima, vamos estudar algoritmos eficientes, mas que não necessariamente produzem a solução ótima. Novamente, vamos considerar o problema do caixeiro-viajante: dado um conjunto de N cidades, encontre o caminho mais curto ligando todas elas, sem visitar nenhuma cidade duas vezes.

Mais formalmente, considere um grafo $G = (V, A)$ não direcionado, completo, especificado por um par (N, d), em que N representa o conjunto de vértices do grafo (cada vértice representa na verdade uma cidade), d representa uma função distância que mapeia as arestas em números reais, em que d satisfaz:

1. $d(i, j) = d(j, i)\ \forall i, j \in N$;
2. $d(i, j) > 0\ \forall i, j \in N$;
3. $d(i, j) + d(j, k) \geq d(i, k)\ \forall i, j, k \in N$ (desigualdade triangular).

A primeira propriedade nos diz que a distância de uma cidade i até a cidade adjacente j é igual à distância da cidade j até a cidade i. Quando isso não acontece, temos um problema diferente, conhecido como o **problema do caixeiro-viajante assimétrico** (Cirasella, Johnson, McGeoch e Zhang, 2001) (vide Exercício 9.14). A segunda propriedade permite apenas distâncias positivas. A terceira propriedade é conhecida como **desigualdade triangular**, a qual diz que a distância de i até j somada com a distância de j até k deve ser maior do que a distância de i até k. Quando o problema exige distâncias não restritas à desigualdade triangular, basta adicionar uma constante k a cada distância. Por exemplo, se as três distâncias envolvidas são 2, 3 e 10, as quais não obedecem à desigualdade triangular pois $2 + 3 < 10$, adicionando $k = 10$ às três distâncias obtemos 12, 13 e 20, que agora satisfazem a desigualdade triangular. Nesse caso, o problema alterado terá a mesma solução ótima que o problema anterior, apenas com o comprimento da rota ótima diferindo de $n \times k$.

Finalmente, cabe observar que o problema do caixeiro-viajante equivale a encontrar no grafo $G = (V, A)$ um **ciclo de Hamilton** de custo mínimo.

Limite Inferior para a Solução do PCV a partir da Árvore Geradora Mínima

Dado um grafo $G = (V, A)$, onde V representa as n cidades e A representa as distâncias entre cidades, uma árvore geradora é uma coleção de $n - 1$ arestas que ligam todas as cidades por meio de um subgrafo conectado único, e a **árvore geradora mínima** corresponde à árvore geradora de custo mínimo. A Seção 7.7 apresenta algoritmos polinomiais de custo $O(|A| \log |V|)$ para obter a árvore geradora mínima quando o grafo de entrada é dado na forma de uma matriz de adjacência. A Figura 9.13 mostra uma árvore geradora mínima relativa ao grafo da Figura 9.9. A partir da árvore geradora mínima, podemos derivar o limite inferior para o problema do caixeiro-viajante, como se segue.

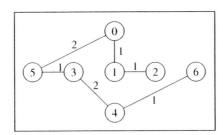

Figura 9.13 Árvore geradora mínima de custo igual a 8 relativa ao grafo da Figura 9.9.

Considere uma aresta (x_1, x_2) do caminho ótimo do problema do caixeiro-viajante. Remova a aresta e ache um caminho iniciando em x_1 e terminando em x_2. Ao retirar uma aresta do caminho ótimo, temos uma árvore geradora que consiste de um caminho que visita todas as cidades. Logo, o caminho ótimo para o problema do caixeiro-viajante é necessariamente maior do que o comprimento da árvore geradora mínima. O **limite inferior** para o custo desse caminho é a árvore geradora mínima. Logo,

$$Otimo_{PCV} > AGM.$$

Limite Superior de Aproximação para o Problema do Caixeiro-Viajante

Vamos ver agora como a desigualdade triangular permite utilizar a árvore geradora mínima para obter um **limite superior** para a razão de aproximação com relação ao comprimento do caminho ótimo.

Vamos considerar um algoritmo que visita todas as cidades, mas pode usar somente as arestas da árvore geradora mínima, conforme pode ser visto nas Figuras 9.14(a) e 9.14(b). Uma possibilidade é iniciar em um vértice folha da árvore (vértice de grau 1) e usar a seguinte estratégia: se houver alguma aresta ainda não visitada saindo do vértice corrente, siga essa aresta para um novo vértice. Se todas as arestas a partir do vértice corrente tiverem sido visitadas, volte para o vértice adjacente pela aresta por meio da qual o vértice corrente foi inicialmente alcançado. Termine quando retornar para o vértice inicial.

O algoritmo que acabamos de descrever é o Programa 7.6 que realiza busca em profundidade, apresentado na Seção 7.3, no caso aplicado à árvore geradora mínima. É fácil verificar que (i) o algoritmo visita todos os vértices e (ii) que nenhuma aresta é visitada mais do que duas vezes. Logo, o algoritmo obtém um caminho que visita todas as cidades cujo custo é menor ou igual a duas vezes o custo da árvore geradora mínima. Como o caminho ótimo é maior do que o custo da árvore geradora mínima, então o caminho obtido pelo algoritmo é no máximo duas vezes o custo do caminho ótimo, isto é, $Caminho_{PCV} < 2 Otimo_{PCV}$.

A única restrição ao algoritmo que acabamos de descrever é o fato de que algumas cidades são visitadas mais de uma vez. Para contornar esse problema podemos usar a desigualdade triangular a fim de evitar cidades repetidas. Isso pode ser feito introduzindo curtos-circuitos que nunca aumentam o comprimento total do caminho.

Novamente, inicie em um vértice folha da árvore geradora mínima. Entretanto, sempre que a busca em profundidade for voltar para uma cidade que já foi visitada, salte para a próxima cidade ainda não visitada. Observe que a rota direta não é maior do que a rota anterior indireta, em razão da desigualdade triangular. Se todas as cidades tiverem sido visitadas, volte para o ponto de partida. Veja a Figura 9.14(c). Agora, o algoritmo constrói um caminho solução para o problema do caixeiro-viajante porque cada cidade é visitada apenas uma vez, exceto a cidade de partida. Além disso, o caminho obtido não é maior do que o caminho obtido em uma busca em profundidade, cujo comprimento é no máximo duas vezes o do caminho ótimo.

Os principais passos do algoritmo são:

1. Obtenha a árvore geradora mínima para o conjunto de n cidades, com custo $O(n^2)$.

2. Aplique o algoritmo de busca em profundidade na árvore geradora mínima obtida com custo $O(n)$, a saber:

    ❑ Inicie em uma folha (grau 1).

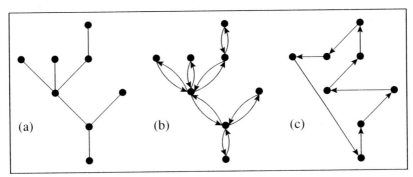

Figura 9.14 *Algoritmo aproximado a partir da árvore geradora mínima. (a) Uma árvore geradora mínima T; (b) Busca em profundidade em T (duas vezes a AGM de (a)); (c) Busca em profundidade em T com curto-circuito.*

- Siga uma aresta não utilizada.
- Toda vez que tivermos de retornar para uma cidade que já foi visitada, salte no caminhamento para a próxima cidade ainda não visitada (a rota direta é menor que a indireta pela desigualdade triangular).
- Se todas as cidades tiverem sido visitadas, volte à cidade de origem.

Assim, obtivemos um algoritmo polinomial de custo $O(n^2)$, com uma razão de aproximação garantida para o pior caso de $R_A \leq 2$.

Como Melhorar o Limite Superior a Partir da Árvore Geradora Mínima

O algoritmo apresentado na última seção utiliza o fato básico de que um caminho para o caixeiro-viajante pode ser obtido dobrando os arcos da árvore geradora mínima, o que leva a um pior caso para a razão de aproximação no máximo igual a 2. Para melhorar a garantia de um fator 2 para o pior caso, vamos utilizar o conceito de grafo Euleriano.

Um **grafo Euleriano** é um grafo conectado no qual todo vértice tem grau par. É fácil mostrar que um grafo Euleriano possui um **caminho Euleriano**, isto é, um ciclo que passe por todas as arestas exatamente uma vez. Além disso, dado um grafo Euleriano, o caminho Euleriano pode ser obtido em tempo $O(n)$, usando o algoritmo de busca em profundidade. Vamos mostrar como obter um caminho para o problema do caixeiro-viajante a partir de uma árvore geradora mínima, mas dessa vez usando o caminho Euleriano e a técnica de curto-circuito empregada na seção anterior.

Suponha uma árvore geradora mínima que tenha cidades do problema do caixeiro-viajante como vértices. A seguir, dobre suas arestas para obter um grafo Euleriano, encontre um caminho Euleriano para esse grafo, e então converta-o em um caminho do caixeiro-viajante usando curtos-circuitos. Pela desigualdade triangular, o caminho do caixeiro-viajante não pode ser mais longo do que o caminho Euleriano e, conseqüentemente, de comprimento no máximo duas vezes o comprimento da árvore geradora mínima.

Christofides (1975) propôs uma melhoria do algoritmo acima que utiliza o conceito de **casamento mínimo com pesos** (*minimum weight matching*) em grafos. Dado um conjunto contendo um número par de cidades, um casamento é uma coleção de arestas M, tal que cada cidade é a extremidade de exatamente um arco em M. Um casamento mínimo é aquele para o qual o comprimento total das arestas é mínimo. Um exemplo de casamento pode ser visto na Figura 9.15. Se considerarmos cada aresta com peso igual a um, então o conjunto M de cinco arestas representadas na figura de forma mais espessa forma um casamento mínimo. Note que todo vértice é parte de exatamente uma aresta do conjunto M. Tal casamento pode ser encontrado com custo $O(n^3)$.

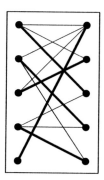

Figura 9.15 Exemplo de casamento (matching).

Como o conceito de casamento pode ser usado para melhorar o algoritmo descrito anteriormente? Considere novamente a árvore geradora mínima T de um grafo. Note que alguns dos vértices em T já possuem grau par e assim não precisariam receber mais arestas se quisermos transformar a árvore em um grafo Euleriano. De fato, os únicos vértices com que temos de nos preocupar são os vértices de grau ímpar. Mais ainda, existe sempre um número par de vértices de grau ímpar, desde que a soma dos graus de todos os vértices tenha de ser par porque cada aresta é contada exatamente uma vez. Logo, uma maneira de construir um grafo Euleriano que inclua T é simplesmente obter um casamento para os vértices de grau ímpar. Conforme pode ser visto na Figura 9.16, isso aumenta de um o grau de cada vértice de grau ímpar, enquanto os vértices de grau par permanecem como estavam. Assim, se adicionamos em T um casamento mínimo para os vértices de grau ímpar, nós obtemos um grafo Euleriano que tem comprimento mínimo dentre aqueles que contêm T.

Basta agora determinar o comprimento do grafo de Euler. A Figura 9.17 mostra um caminho do caixeiro-viajante em que podem ser vistas seis cidades correspondentes aos vértices de grau ímpar enfatizadas. O caminho determina dois casamentos M e M', indicados por linhas espessas e linhas finas, respectivamente. Seja I uma instância do problema do caixeiro-viajante, e sejam $Comp(T)$,

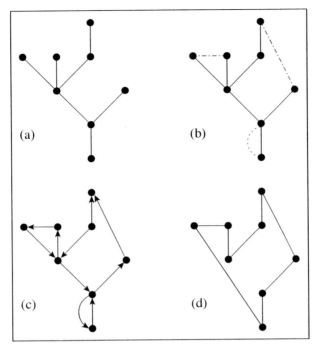

Figura 9.16 Algoritmo melhorado de Christofides. (a) Uma árvore geradora mínima T; (b) T mais um casamento mínimo dos vértices de grau ímpar; (c) Caminho de Euler em (b); (d) Busca em profundidade com curto-circuito.

$Comp(M)$ e $Comp(M')$ a soma dos comprimentos de T, M e M', respectivamente. Pela desigualdade triangular devemos ter que:

$$Comp(M) + Comp(M') \leq Otimo(I),$$

e assim ou M ou M' tem de ter comprimento menor ou igual a $Otimo(I)/2$. Logo, o comprimento de um casamento mínimo para os vértices de grau ímpar de T tem também de ter comprimento no máximo $Otimo(I)/2$. Desde que o comprimento de M é menor do que o caminho do caixeiro-viajante ótimo, podemos concluir que o comprimento do grafo Euleriano construído é:

$$Comp(I) < \frac{3}{2} Otimo(I).$$

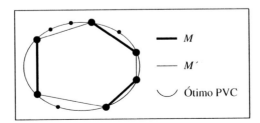

Figura 9.17 Comprimento do grafo de Euler.

Os principais passos do algoritmo de Christofides são:

1. Obtenha a árvore geradora mínima T para o conjunto de n cidades, com custo $O(n^2)$.

2. Construa um casamento mínimo M para o conjunto de vértices de grau ímpar em T, com custo $O(n^3)$.

3. Encontre um caminho de Euler para o grafo Euleriano obtido com a união de T e M, e converta o caminho de Euler em um caminho do caixeiro-viajante usando curtos-circuitos, com um custo de $O(N)$.

Assim obtivemos um algoritmo polinomial de custo $O(n^3)$, com uma razão de aproximação garantida para o pior caso de $R_A < 3/2$.

Vamos concluir este capítulo apresentando um exemplo de pior caso do algoritmo de Christofides, conforme pode ser visto na Figura 9.18.

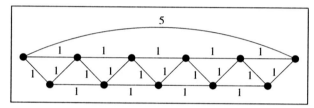

Figura 9.18 Exemplo de pior caso.

A árvore geradora mínima e o caminho ótimo relativos ao grafo da Figura 9.18 podem ser vistos na Figura 9.19. Nesse caso, para uma instância I:

$$C(I) = \frac{3}{2}[Otimo(I) - 1],$$

em que o $Otimo(I) = 11$, $C(I) = 15$, e $AGM = 10$.

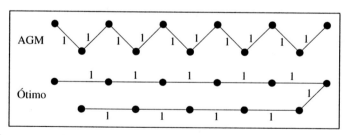

Figura 9.19 Árvore geradora mínima e caminho ótimo relativos ao exemplo de pior caso do algoritmo de Christofides.

Notas Bibliográficas

Garey e Johnson (1979) são uma das referências mais completas sobre $\mathcal{NP}$-completo, apresentando uma discussão excelente sobre a teoria, além de fornecer um catálogo de muitos problemas que eram conhecidos ser $\mathcal{NP}$-completo em 1979. Aho, Hopcroft e Ullman (1974) também cobrem $\mathcal{NP}$-completo e fornecem várias reduções. A maneira como apresentamos a teoria por meio do conceito de computação não-determinista foi baseada no Capítulo 11 de Horowitz e Sahni (1978).

As classes $\mathcal{P}$ e $\mathcal{NP}$ foram introduzidas por Edmonds (1965), que também apresentou a conjectura de que $\mathcal{P} \neq \mathcal{NP}$. A noção da classe $\mathcal{NP}$-completo foi introduzida por Cook (1971), que apresentou uma prova direta do primeiro problema $\mathcal{NP}$-completo, que é o **problema da satisfabilidade**. Karp (1972) introduziu uma metodologia para reduções polinomiais e mostrou a grande variedade dos problemas $\mathcal{NP}$-completo, apresentando as primeiras provas de que os problemas do **clique**, de **cobertura de vértices** e do **ciclo de Hamilton** são problemas $\mathcal{NP}$-completo.

A literatura sobre algoritmos de aproximação é enorme. Garey e Johnson (1979) estão entre os primeiros a tratar do assunto. Papadimitriou e Steiglitz (1982) têm uma excelente apresentação de algoritmos de aproximação. O livro de Lawler, Lenstra, Rinnooy e Shmoys (1985) apresenta um estudo extenso do problema do caixeiro-viajante. Algoritmos aproximados para o problema do caixeiro-viajante são apresentados no excelente artigo de Rosenkrantz, Stearns e Lewis (1977).

Exercícios

1. Apresente pelo menos um exemplo prático (e não mais do que três) que possa ser modelado por meio dos seguintes problemas:

a) *Bin packing*

b) Cobertura de vértices

c) Problema da mochila (*Knapsack problem*)

d) *Subset sum*

e) Problema do caixeiro-viajante

f) Ciclo de Hamilton

g) Conjunto independente de vértices

h) Clique

i) Coloração de grafos

j) *Satisfabilidade*

2. É possível existir um algoritmo que resolve um problema $\mathcal{NP}$-completo que execute em um tempo aceitável para muitos problemas práticos? Explique sua resposta (Carvalho, 1992).

3. Suponha que dois problemas sejam $\mathcal{NP}$-completos. Isso implica que existe uma redução polinomial no tempo de um problema para outro se $\mathcal{P} \neq \mathcal{NP}$?

4. A fómula lógica $(x_1 + x_3 + x_5) * (x_1 + \overline{x_2} + x_4) * (\overline{x_3} + x_4 + x_5) * (x_2 + \overline{x_3} + x_5)$ é *satisfatível*?

5. Considere uma versão restrita do problema da *satisfabilidade* na qual as fórmulas podem conter no máximo k ocorrências de cada variável, em que k é fixo.

a) Mostre que o problema é $\mathcal{NP}$-completo se $k \geq 3$.

b) Mostre que o problema pode ser resolvido em tempo polinomial se $k \leq 2$.

6. Indique se as afirmativas a seguir são verdadeiras ou falsas e justifique a sua resposta (Carvalho, 1992).

a) Se $L_1 \propto L_2$ e $L_1 \in P$, então $L_2 \in P$.

b) Se $L_1 \propto L_2$ e $L_2 \in P$, então $L_1 \in P$.

c) Se $L_1 \in \mathcal{NP}$, então $SAT \propto L_1$.

d) $2SAT \propto 3SAT$.

e) Se $P = \mathcal{NP}$, então algoritmos não-deterministas não são mais poderosos que algoritmos tradicionais (deterministas).

f) Não é possível ter uma heurística de custo polinomial para um problema $\mathcal{NP}$-completo que, para qualquer dado de entrada, calcule uma resposta cujo valor seja exatamente 10% pior que o valor da solução ótima.

g) Existe um algoritmo de **branch and bound** aplicado ao problema da mochila que possui ordem de complexidade $O(n^2)$, em que n corresponde ao número de itens.

7. Problema da Mochila (Carvalho, 1992).

Um escoteiro-mirim prepara-se para acampar e, nesse momento, em fase final de preparativos, ele vai colocar os embrulhos dentro de sua mochila. Mal ele começa, já nota que deverá deixar alguns itens para trás, pois, como vai caminhar muito, o peso de sua mochila não deverá exceder um limite de L quilos. Para auxiliar no processo de decidir quais itens levar, ele atribui a cada um deles um valor que representa a sua utilidade. O problema da mochila é então o problema de decidir, em decorrência das suas utilidades, quais itens levar de modo a não sobrecarregar a mochila.

Enunciando este problema em termos mais formais: é dado um conjunto C_n de n itens, representado por $C_n = \{1, 2, \ldots, n\}$, cada item $i \in C_n$ tem um peso p_i

e utilidade u_i ($p_i > 0, u_i > 0$). Desejamos determinar um subconjunto S dos itens, tal que a soma dos pesos dos elementos de S seja menor ou igual à capacidade da mochila L e que a utilidade total dos elementos de S seja a maior possível. Matematicamente:

$$\text{máximo} \sum_{i \in S} u_i,$$

$$\text{sujeito a} \sum_{i \in S} p_i \leq L,$$

$$S \subseteq C_n.$$

O que fazer:

a) Prove que este problema é $\mathcal{NP}$-Completo.

b) Implemente um algoritmo com complexidade de espaço linear capaz de obter a solução ótima para o problema.

Informe o tamanho do maior problema em que você conseguiu obter a solução ótima. Comente o resultado, indicando o motivo da limitação, e faça uma estimativa do tempo necessário no caso de termos uma entrada dez vezes maior que a do maior problema que você resolveu.

c) Solução por **Programação Dinâmica**

Uma maneira eficiente de resolver esse problema é por meio de uma técnica conhecida por programação dinâmica. Conforme mostra a Seção 2.6, essa técnica consiste em resolver o problema via decomposição em subproblemas, solução desses subproblemas e a posterior combinação das respostas obtidas. Um exemplo conhecido dessa técnica é o algoritmo *Quicksort*, que ordena um conjunto fazendo sua decomposição em subconjuntos, que serão posteriormente ordenados pelo mesmo algoritmo aplicado recursivamente.

Seja $UT_j(M)$ o valor máximo de utilidade total que pode ser obtido resolvendo-se um problema da mochila, sendo dados os itens $C_j = \{1, 2, \ldots, j\}$ e uma mochila de capacidade M. Pelo **princípio da otimalidade** da programação dinâmica, temos que:

$$UT_j(M) = \max\{UT_{j-1}(M),\ u_j + UT_{j-1}(M - p_j)\}.$$

Ou seja, podemos resolver um problema em j itens e capacidade M, combinando as respostas de dois outros problemas em $j - 1$ itens, um com capacidade M e outro com capacidade $M - p_j$. Essa fórmula pode ser aplicada recursivamente até que cheguemos a um problema cuja solução é trivial. Como em $UT_0(M) = 0$ para todo valor $M \geq 0$ e $UT_j(M) = -\infty$ para $M < 0$ e para todo j.

A solução do problema original em n itens e mochila com capacidade L é dada por $UT_n(L)$. Por exemplo, seja o seguinte problema da mochila cuja capacidade é 6 e 4 itens: $p_1 = 1, p_2 = 2, p_3 = 4$ e $p_4 = 5$, $u_1 = 2, u_2 = 3, u_3 = 3$ e $u_4 = 4$.

A solução será dada por $UT_4(6)$. Uma forma prática de representar esse cálculo é por meio do quadro a seguir, que é preenchido por colunas (valores crescentes de j), e, dentro das colunas, por linha (valores crescentes de M). Esse algoritmo requer, para resolver um problema com n itens e capacidade L, uma matriz que ocupa $O(n \times L)$ posições. Logo, o valor ótimo (que maximiza a utilidade) é 6 (no canto inferior direito).

		j			
		1	2	3	4
	1	2	2	2	2
	2	2	3	3	3
M	3	2	5	5	5
	4	2	5	5	5
	5	2	5	5	5
	6	2	5	6	6

A solução por programação dinâmica sugerida anteriormente fornece apenas o *valor* da solução ótima e não fornece quais os itens que são selecionados para formar tal solução. Implemente a solução por programação dinâmica sugerida, mas fazendo com que o programa informe também os itens que compõem a solução ótima.

d) Implemente um algoritmo aproximado que resolva esse problema eficientemente e produza "boas" soluções sob o ponto de vista prático.

e) Apresente análise de complexidade de tempo e espaço para os algoritmos apresentados nos itens b, c e d.

f) Apresente uma análise indicando o quanto a solução aproximada fornecida se aproxima do resultado ótimo. (Você pode explicar resultados encontrados na literatura ou ainda apresentar sua própria demonstração.)

g) Realize testes com entradas escolhidas aleatoriamente e compare os resultados com a análise de eficiência apresentada no item anterior. Comente os resultados obtidos e discuta o quanto a análise teórica está próxima da realidade.

Observações adicionais:

Os itens b, c e d devem apresentar a listagem do programa e uma descrição detalhada dos algoritmos e das estruturas de dados utilizados. Além do funcionamento da implementação, serão considerados na avaliação: clareza e comentários descritivos nos códigos.

8. O garoto do Exercício 7 conseguiu a ajuda de n amigos, e cada um deles também pode carregar L quilos. Apesar disso, ao somar a quantidade de peso

extra que seus amigos podem carregar, o garoto percebeu que ainda pode não ter condições de levar todos os itens. Considere que o garoto ainda deseja maximizar a utilidade e apresente uma prova de que este novo problema é $\mathcal{NP}$-Completo.

9. Considere o algoritmo seguinte para determinar se um grafo tem um **clique** de tamanho k:

a) Obtenha todos os subconjuntos de vértices do grafo contendo exatamente k vértices. Existem $O(n^k)$ subconjuntos com k vértices.

b) Verifique se qualquer dos subgrafos gerados pelos subconjuntos é completo.

Esse algoritmo é polinomial para o problema do clique? Por quê?

10. Prove que o problema de **cobertura de vértices** para os grafos em que todos os vértices têm grau par é $\mathcal{NP}$-completo.

11. Dado um grafo G = (V, A), um conjunto independente de vértices é um subconjunto $V' \subseteq V$, tal que todo par de vértices de V' não é adjacente (isto é, se $x, y \in V'$, então a aresta $x, y \notin A$).

Um **conjunto independente maximal**[1] é máximo se todos os outros conjuntos independentes têm cardinalidade menor ou igual. O conjunto $\{2,3\}$ na Figura 9.20 não é um conjunto independente maximal, enquanto os conjuntos $\{0,1\}$ e $\{2,3,4\}$ são conjuntos independentes maximais, sendo que o conjunto $\{2,3,4\}$ é um conjunto independente máximo.

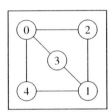

Figura 9.20 Exemplo de conjunto independente maximal.

Esse problema tem várias aplicações práticas. Exemplos:

a) Suponhamos que você queira realizar uma reunião envolvendo o maior número possível de pessoas do seu círculo de amizades que não se conhecem. Dentre as pessoas que poderiam ser convidadas, você traça um grafo contendo uma aresta ligando duas pessoas que se conhecem. O conjunto independente máximo representa o maior conjunto de pessoas que não se conhecem.

b) Seja um grafo cujos vértices representam projetos que podem ser executados em uma unidade de tempo. Todo projeto que utiliza recursos comuns a um outro projeto são interligados por uma aresta. O conjunto independente máximo

---

[1]Um conjunto independente é *maximal* quando não existe nenhum outro conjunto independente que o contenha, isto é, um conjunto que não pode ser completado.

representa o conjunto maximal de projetos que podem ser executados em paralelo (simultaneamente) em um único período de tempo.

c) Problema das oito rainhas: Oito rainhas são colocadas em um tabuleiro de xadrez de tal forma que nenhuma rainha possa atacar diretamente outra rainha. Esse problema foi investigado por C. F. Gauss em 1850, que não conseguiu resolvê-lo inteiramente. O problema pode ser generalizado para um tabuleiro qualquer de tamanho $n \times n$. Seja um grafo cujos vértices representam as posições de um tabuleiro. Para cada posição do tabuleiro, interligar por uma aresta todas as posições que possam ser atingidas pela rainha a partir dela. O conjunto independente máximo representa a solução para o problema das n rainhas.

O que fazer:

a) Prove que o problema de encontrar o conjunto independente máximo de um grafo é $\mathcal{NP}$-Completo.

b) Implemente um algoritmo capaz de obter a solução ótima para esse problema. Informe o tamanho do maior problema que você conseguiu obter a solução ótima. Comente o resultado indicando o motivo da limitação e faça uma estimativa do tempo necessário no caso de termos uma entrada dez vezes maior que a do maior problema que você resolveu.

c) Implemente um algoritmo polinomial para obter uma redução, tal que você consiga resolver o problema do clique utilizando o algoritmo implementado no item anterior. Mostre o funcionamento do seu algoritmo para o exemplo acima.

d) Implemente um algoritmo aproximado que resolva este problema eficientemente e produza "boas" soluções sob o ponto de vista prático. Apresente uma análise de complexidade de tempo do seu algoritmo aproximado.

e) Apresente uma análise indicando o quanto a solução aproximada fornecida se aproxima do resultado ótimo. (Você pode explicar resultados encontrados na literatura ou ainda apresentar sua própria demonstração.)

f) Realize testes com entradas escolhidas aleatoriamente e compare os resultados com a análise de eficiência apresentada no item anterior. Comente os resultados obtidos e discuta o quão próxima a análise teórica está da realidade.

As referências principais para este exercício são Christofides (1975, Capítulo 3, p. 30–35), Bron e Kerbosch (1973) e Brélaz (1979).

12. Seja $C = (s_1, s_2, \ldots, s_n)$, em que $0 < s_i \leq 1$ para $1 \leq i \leq n$. O problema consiste em empacotar $s_1, s_2, \ldots, s_n$ objetos dentro do menor número possível de caixas, sendo que cada caixa tem capacidade para acomodar qualquer subconjunto de objetos cujo tamanho total não seja maior do que 1.

Esse problema, conhecido na literatura como **bin packing**, está relacionado com o empacotamento de objetos de diferentes tamanhos em várias caixas de mesmo tamanho, usando o menor número possível de caixas.

Exemplos:

a) Poderíamos querer realizar uma mudança do conteúdo de um prédio, fazendo o menor número possível de viagens, procurando carregar o caminhão o mais densamente possível em cada viagem (ou utilizar vários caminhões iguais de uma só vez).

b) Nós poderíamos considerar as caixas como disquetes de 1,4 *megabytes* e os objetos como arquivos de diversos tamanhos armazenados no disco rígido. O problema é determinar uma seqüência de armazenamento dos arquivos nos discos flexíveis de modo a utilizar o menor número possível de discos.

O que fazer:

a) Prove que este problema é $\mathcal{NP}$-Completo (sugestão: utilize uma redução a partir do problema **subset sum**.)

b) O algoritmo aproximado **first-fit** pega cada objeto e o coloca na primeira caixa que o possa acomodar. Seja $S = \sum_{i=1}^{n} s_i$.

i) Apresente argumentos mostrando que o número de caixas necessárias é pelo menos $\lceil S \rceil$.

ii) Apresente argumentos mostrando que no máximo uma caixa fica com menos da metade de ocupação.

iii) Prove que o número de caixas usadas pelo algoritmo aproximado *first-fit* nunca é maior do que $\lceil 2S \rceil$.

13. Seja $S = \{s_1, s_2, \ldots, s_n\}$ um conjunto, tal que $S \subseteq N$ e um valor $t \in N$. O problema consiste em saber se existe um subconjunto $S' \subseteq S$, cujos elementos somam t. Esse problema é $\mathcal{NP}$-completo (vide Cormen, Leiserson, Rivest e Stein (2001)) e é conhecido como **subset sum**. Em outras palavras, $Subsetsum = \{< S, t >:$ existe um subconjunto $S' \subseteq S$ tal que $t = \sum_{s \in S'} S\}$. Por exemplo, se $S = \{1, 4, 16, 64, 256, 1.040, 1.041, 1.093, 1.284, 1.344\}$ e $t = 3.754$, então $S' = \{1, 16, 64, 256, 1.040, 1.093, 1.284\}$ é uma solução.

O problema de otimização associado com esse problema de decisão aparece em várias aplicações práticas. No problema de otimização, desejamos encontrar um subconjunto de $\{x_1, x_2, \ldots, x_n\}$, cuja soma é a maior possível, mas não superior a t. Por exemplo, nós podemos ter um caminhão com capacidade máxima de carga de t toneladas, e n caixas diferentes para transportar, em que a i-ésima caixa pesa x_i toneladas. Desejamos encher o caminhão tanto quanto possível sem exceder a capacidade máxima de carga.

O que fazer:

a) Apresente mais dois exemplos práticos desse problema.

b) Implemente um algoritmo capaz de obter a solução ótima para esse problema. Informe o tamanho do maior problema em que você conseguiu obter a solução ótima.

c) Implemente um algoritmo aproximado que resolva esse problema eficientemente e produza "boas" soluções do ponto de vista prático. Apresente um estudo da complexidade do seu algoritmo aproximado.

14. Dados um conjunto de cidades $C = \{c_1, c_2, \cdots, c_n\}$ e uma distância $d(c_i, c_j)$ para cada par de cidades $c_i, c_j \in C$, encontre o "roteiro" para todas as cidades em C, cujo comprimento total seja o menor possível.

Esse problema é conhecido na literatura como o problema do caixeiro-viajante (PCV). Uma versão um pouco diferente é o **problema do caixeiro-viajante assimétrico** (PCVA), que pode ser descrito como: dados um conjunto de n cidades e distâncias para cada par de cidades, encontre um roteiro de comprimento mínimo visitando cada cidade exatamente uma vez. No caso do PCVA, a distância da cidade i para a cidade j e a distância da cidade j para a cidade i podem ser diferentes.

O que fazer:

a) Prove que esse problema é $\mathcal{NP}$-Completo.

b) Implemente um algoritmo capaz de obter a solução ótima para esse problema. Informe o tamanho do maior problema em que você conseguiu obter a solução ótima. Comente o resultado indicando o motivo da limitação e faça uma estimativa do tempo necessário no caso de termos uma entrada dez vezes maior que a do maior problema que você resolveu.

c) Implemente um algoritmo aproximado que resolva esse problema eficientemente e produza "boas" soluções sob o ponto de vista prático. Apresente uma análise de complexidade de tempo do seu algoritmo aproximado. Imprima o caminho obtido e seu custo.

d) Apresente uma análise indicando o quanto a solução do algoritmo aproximado aproxima-se do resultado ótimo. (Você pode explicar resultados encontrados na literatura ou ainda apresentar sua própria demonstração.)

e) Realize testes com entradas escolhidas aleatoriamente e compare os resultados com a análise de eficiência apresentada no item anterior. Comente os resultados obtidos e discuta o quão próxima a análise teórica está da realidade.

f) Submeta eletronicamente a implementação da solução ótima, utilizando como entrada de dados a seguinte matriz:

-	3	5	48	48	8	8
3	-	3	48	48	8	8
5	3	-	72	72	48	48
48	48	74	-	0	6	6
48	48	74	0	-	6	6
8	8	50	6	6	-	0
8	8	50	6	6	0	-

g) Apresente a documentação das implementações realizadas.

As principais referências para este trabalho são Cirasella, Johnson, McGeoch, e Zhang (2001), Lawler, Lenstra, Rinnooy e Shmoys (1985), Cormen, Leiserson, Rivest e Stein (2001) e Garey e Johnson (1979).

15. Indique se as afirmativas seguintes são verdadeiras ou falsas e justifique a sua resposta.

a) Se existir um algoritmo de custo polinomial para um problema $\mathcal{NP}$-Completo implica que $\mathcal{P} = \mathcal{NP}$?

b) O estudo de problemas $\mathcal{NP}$ e $\mathcal{NP}$-Completo, apesar de baseado no modelo teórico de algoritmos não-deterministas, tem aplicação prática.

16. A solução do problema da mochila, utilizando programação dinâmica, obtém a solução ótima (vide Exercício 9.7(c)). Essa solução é descrita a seguir. Seja $UT_j(M)$ o valor máximo de utilidade total que pode ser obtido resolvendo-se um problema da mochila, sendo dados os itens $C_j = \{1, 2, \ldots, j\}$ e uma mochila de capacidade M. Pelo princípio da otimalidade da programação dinâmica, temos:

$$UT_j(M) = \max\{UT_{j-1}(M),\ u_j + UT_{j-1}(M - p_j)\}.$$

Ou seja, podemos resolver um problema em j itens e capacidade M combinando as respostas de dois outros problemas em $j-1$ itens, um com capacidade M e outro com capacidade $M - p_j$. Essa fórmula pode ser aplicada recursivamente até que cheguemos a um problema cuja solução é trivial. Como em $UT_0(M) = 0$ para todo valor $M \geq 0$ e $UT_j(M) = -\infty$ para $M < 0$ e para todo j. A solução do problema original em n itens e mochila com capacidade L é dado por $UT_n(L)$. Esse algoritmo requer uma matriz que ocupa $O(n \times L)$ posições.

a) Esse algoritmo tem custo polinomial no tamanho da entrada?

b) Qual é a complexidade do algoritmo? Justifique a sua resposta.

17. Suponha que você assine um contrato de consultoria para uma empresa aérea que o obrigue a visitar n cidades. Como as passagens serão fornecidas pela própria empresa aérea, o custo de passagem não é relevante. Assim como a maioria das empresas operando no Brasil, a empresa aérea em questão oferece como prêmio à assiduidade uma passagem para qualquer cidade servida pela companhia para os passageiros que acumularem 20.000 milhas de vôo. Com o objetivo de usufruir desse benefício, você deseja maximizar o comprimento total da viagem relacionada com seu contrato de consultoria.

a) Apresente o algoritmo determinista mais eficiente que você conseguir para resolver o problema acima.

b) Apresente a análise da complexidade do algoritmo. O seu algoritmo é ótimo?

c) Caso o seu algoritmo não seja polinomial, você acha que existe um algoritmo determinista polinomial para o problema acima? Apresente uma prova de sua resposta, seja mostrando um algoritmo determinista polinomial seja provando que esse problema é $\mathcal{NP}$-Completo.

18. Considere o problema do caixeiro-viajante (PCV) em um grafo $G = (V, A)$ completo em que a **desigualdade triangular** é válida. Apresente um algoritmo aproximado que consiga obter uma solução que não seja pior do que duas vezes a solução ótima.

a) Descreva os principais passos do algoritmo aproximado. Apresente também um pequeno grafo G que possa ilustrar cada passo.

b) Apresente a complexidade de cada passo.

c) Mostre por que seu algoritmo aproximado não é pior do que duas vezes a solução ótima.

19. O problema de **coloração de um grafo** corresponde a verificar se os vértices de um grafo podem ser coloridos com c cores tal que dois vértices adjacentes nunca tenham a mesma cor.

a) Prove que o problema de verificar se um dado grafo G admite uma coloração que utiliza no máximo c cores é $\mathcal{NP}$-completo.

b) Descreva um algoritmo para resolver o problema em questão e apresente uma análise de complexidade do algoritmo.

c) Proponha uma solução aproximada para resolver o problema em tempo polinomial.

20. Considere um grafo não direcionado $G(V, A)$ e dois vértices distintos x e y de G. Existe um algoritmo determinista polinomial para determinar se G contém um caminho de x até y sem passar duas vezes por um mesmo vértice? Apresente uma prova de sua resposta, seja mostrando um algoritmo seja provando que esse problema é $\mathcal{NP}$-Completo.

21. Considere um grafo não direcionado $G = (V, A)$ e dois vértices distintos x e y de G. Existe um algoritmo polinomial para determinar se G contém um **caminho de Hamilton** cujos vértices iniciais e finais são x e y? Apresente uma prova de sua resposta, seja mostrando o algoritmo seja provando que ele não existe.

22. Coloração de grafos (Almeida, 2003; Meira Jr., 2003).

a) Implemente um algoritmo capaz de obter a solução ótima para esse problema, isto é, determinar o número mínimo k de cores para colorir um dado grafo de entrada. Informe o tamanho do maior problema para o qual você conseguiu obter a solução ótima. Comente o resultado, indicando o motivo da limitação, e faça uma estimativa do tempo necessário no caso de termos uma entrada 10 vezes maior que a do maior problema que você resolveu.

b) Implemente um algoritmo aproximado que resolva esse problema eficientemente e produza "boas" soluções do ponto de vista prático.

c) Apresente uma análise de complexidade de tempo do seu algoritmo aproximado.

d) Discuta os resultados obtidos para grafos de vários tamanhos. Apresente gráficos e tabelas comparando o tempo de execução e a qualidade da solução encontrada pelo seu algoritmo aproximado com o algoritmo ótimo, para grafos cuja solução ótima foi obtida.

Apêndice A
Programas em C++ do Capítulo 1

Programa A.1 *Algoritmo para obter o máximo de um conjunto*

```cpp
#ifndef MAX_H_
#define MAX_H_
namespace cap1 {
  class Max {
  public:
    static int max (int v[], int n);
  };
  int Max::max (int v[], int n) {
    int max = v[0];
    for (int i = 1; i < n; i++) if (max < v[i]) max = v[i];
    return max;
  }
}
#endif
```

Programa A.2 *Implementação direta para obter o máximo e o mínimo*

```cpp
#ifndef MAXMIN1_H_
#define MAXMIN1_H_
namespace cap1 {
  class MaxMin1 {
  public:
    static int *maxMin1 (int v[], int n);
  };
  int* MaxMin1::maxMin1 (int v[], int n) {
    int max = v[0], min = v[0];
    for (int i = 1; i < n; i++) {
      if (v[i] > max) max = v[i];
      if (v[i] < min) min = v[i];
    }
```

Continuação do Programa A.2

```
    int *maxMin = new int[2];
    maxMin[0] = max; maxMin[1] = min;
    return maxMin;
  }
}
#endif
```

Programa A.3 *Implementação melhorada para obter o máximo e o mínimo*

```
#ifndef MAXMIN2_H_
#define MAXMIN2_H_
namespace cap1 {
  class MaxMin2 {
  public:
    static int *maxMin2 (int v[], int n);
  };
  int* MaxMin2::maxMin2 (int v[], int n) {
    int max = v[0], min = v[0];
    for (int i = 1; i < n; i++) {
      if (v[i] > max) max = v[i];
      else if (v[i] < min) min = v[i];
    }
    int *maxMin = new int[2];
    maxMin[0] = max; maxMin[1] = min;
    return maxMin;
  }
}
#endif
```

Programa A.4 *Outra implementação para obter o máximo e o mínimo*

```
#ifndef MAXMIN3_H_
#define MAXMIN3_H_
namespace cap1 {
  class MaxMin3 {
  public:
    static int *maxMin3 (int v[], int n);
  };
  int* MaxMin3::maxMin3 (int v[], int n) {
    int max, min, FimDoAnel;
    if ((n % 2) > 0) { v[n] = v[n-1]; FimDoAnel = n; }
    else FimDoAnel = n-1;
    if (v[0] > v[1]) { max = v[0]; min = v[1]; }
    else { max = v[1]; min = v[0]; }
    int i = 2;
    while (i < FimDoAnel) {
```

Continuação do Programa A.4

```cpp
      if (v[i] > v[i+1]) {
        if (v[i] > max) max = v[i];
        if (v[i+1] < min) min = v[i+1];
      }
      else {
        if (v[i] < min) min = v[i];
        if (v[i+1] > max) max = v[i+1];
      }
      i = i + 2;
    }
    int *maxMin = new int[2];
    maxMin[0] = max; maxMin[1] = min;
    return maxMin;
  }
}
#endif
```

Programa A.5 Programa para ordenar

```cpp
#ifndef ORDENACAO_H_
#define ORDENACAO_H_
namespace cap1 {
  class Ordenacao {
  public:
    static void ordena (int *v, int n);
  };
  void Ordenacao::ordena (int *v, int n) {
    for (int i = 0; i < n - 1; i++) {
      int min = i;
      for (int j = i + 1; j < n; j++)
        if (v[j] < v[min])
          min = j;
      /* Troca v[min] e v[i] */
      int x = v[min];
      v[min] = v[i];
      v[i] = x;
    }
  }
}
#endif
```

Programa A.6 Algoritmo recursivo

```
      pesquisa(n) {
(1)     if (n <= 1)
(2)       'inspecione elemento' e termine
```

Continuação do Programa A.6

```
        else {
(3)         para cada um dos n elementos 'inspecione elemento';
(4)         pesquisa(n/3);
        }
    }
```

Programa A.7 *Classe PainelDeControle*

```cpp
#ifndef PAINELDECONTROLE_H_
#define PAINELDECONTROLE_H_
namespace cap1 {
  class PainelDeControle {
  private:
    float temperaturaCorrente;
    float temperaturaDesejada;
  public:
    void ligaForno ();
    void desligaForno ();
  };
  void PainelDeControle::ligaForno () {
    // código do método
  }
  void PainelDeControle::desligaForno () {
    // código do método
  }
}
#endif
```

Programa A.8 *Exemplo de herança e polimorfismo*

```cpp
#ifndef POLIMORFISMO_H_
#define POLIMORFISMO_H_
#include<iostream>
using std::cout;
using std::endl;
namespace cap1 {
  class Empregado {
  protected:
    float salario;
  public:
    virtual float salarioMensal ();
    virtual void imprime ();
    virtual ~Empregado () {}
  };
  float Empregado::salarioMensal () { return salario; }
  void Empregado::imprime () { cout << "Empregado" << endl; }
```

Continuação do Programa A.8

```
class Secretaria : public Empregado {
private:
  int velocidadeDeDigitacao;
public:
  void imprime ();
};
void Secretaria::imprime () { cout << "Secretaria" << endl; }

class Gerente : public Empregado {
private:
  float bonus;
public:
  float salarioMensal ();
  float salarioMensal (float desconto);  // Vide Programa A.11
  void imprime ();
};
float Gerente::salarioMensal () { return salario + bonus; }
void Gerente::imprime () { cout << "Gerente" << endl; }

class Polimorfismo {
public:
   static void main ();
};
void Polimorfismo::main () {
  Empregado *empregado = new Empregado ();
  Empregado *secretaria = new Secretaria ();
  Empregado *gerente = new Gerente ();
  empregado->imprime (); secretaria->imprime (); gerente->imprime ();
  delete empregado; delete secretaria; delete gerente;
  }
}
#endif
```

Programa A.9 *Definição da estrutura de dados Lista utilizando objetos genéricos*

```
// Não possui equivalente em C++. Isto ocorre porque em C++ não existe uma classe
// que exerça o mesmo papel da classe Object da linguagem Java.
```

Programa A.10 *Definição da estrutura de dados Lista utilizando tipos genéricos*

```
#ifndef LISTA_H_
#define LISTA_H_
namespace cap1_tipogenerico {
  template <class T> class Lista {
  private:
```

Continuação do Programa A.10

```cpp
    class Celula {
    friend class Lista<T>;
    private:
      T *item;
      Celula *prox;
    };
    Celula *primeiro, *ultimo;
  };
#endif
```

Programa A.11 *Método da classe Gerente sobrecarregado*

```cpp
float Gerente::salarioMensal (float desconto) {
  return salario + bonus - desconto;
}
```

Programa A.12 *Programa AplicacaoBancaria.h*

```cpp
#ifndef APLICACAOBANCARIA_H_
#define APLICACAOBANCARIA_H_
#include<iostream>
using std::cout;
using std::endl;
namespace cap1 {
  class ContaBancaria {
  private:
    double saldo;
  public:
    ContaBancaria (double saldoInicial);
    void deposito (double valor);
    void saque (double valor);
    void imprime () const;
    ~ContaBancaria () {}
  };
  ContaBancaria::ContaBancaria (double saldoInicial) {
    saldo = saldoInicial;
  }
  void ContaBancaria::deposito (double valor) {
    saldo = saldo + valor;
  }
  void ContaBancaria::saque (double valor) {
    saldo = saldo - valor;
  }
  void ContaBancaria::imprime () const {
    cout << "saldo=" << saldo << endl;
  }
```

Continuação do Programa A.12

```
class AplicacaoBancaria { public: static void main (); };

void AplicacaoBancaria::main () {
  ContaBancaria conta1(200.00);
  cout << "Antes da movimentacao, ";
  conta1.imprime ();
  conta1.deposito (50.00);
  conta1.saque (70.00);
  cout << "Depois da movimentacao, ";
  conta1.imprime ();
  }
}
#endif
```

Programa A.13 *Exemplo de utilização do modificador* **static**

```
#ifndef B_H_
#define B_H_
namespace cap1 {
  class A {
  public:
    static int total;
    int media;
  };
  int A::total;
  class B {
  public:
    static void main ();
  };
  void B::main () {
    A a; a.total = 5; a.media = 5;
    A b; b.total = 7; b.media = 7;
  }
}
#endif
```

Programa A.14 *Algoritmo para encontrar o registro de maior chave independentemente do tipo da chave*

```
#ifndef MAX_H_
#define MAX_H_
#include "Item.h" // Vide Programa A.15
namespace cap1 {
  template <class TipoChave> class Max {
  public:
    static Item<TipoChave> *max (Item<TipoChave>**v, int n);
  };
```

Continuação do Programa A.14

```
  template <class TipoChave>
  Item<TipoChave>* Max<TipoChave>::max (Item<TipoChave> **v, int n) {
    Item<TipoChave> *max = v[0];
    for (int i = 1; i < n; i++) if (max->compara (v[i]) < 0) max = v[i];
    return max;
  }
}
#endif
```

Programa A.15 Interface para um Item

```
#ifndef ITEM_H_
#define ITEM_H_
namespace cap1 {
  template <class TipoChave> class Item {
  public:
    virtual int compara (const Item<TipoChave> *it) const = 0;
    virtual ~Item () {};
  };
}
#endif
```

Programa A.16 Classe MeuItem que representa um registro

```
#ifndef MEUITEM_H_
#define MEUITEM_H_
#include "Item.h"  // Vide Programa A.15
namespace cap1 {
  class MeuItem : public Item<int> {
  public:
    int chave;
    MeuItem (int chave);
    virtual int compara (const Item<int> *item) const;
    ~MeuItem () {}
  };
  MeuItem::MeuItem (int chave) { this->chave = chave; }
  int MeuItem::compara (const Item<int> *item) const {
    MeuItem *it = (MeuItem *)item;
    if (this->chave < it->chave) return -1;
    else if (this->chave > it->chave) return 1;
    return 0;
  }
}
#endif
```

Programa A.17 *Programa para testar o método que encontra o registro de maior chave independentemente do tipo da chave*

```cpp
#ifndef ENCONTRAMAX_H_
#define ENCONTRAMAX_H_
#include "Item.h" // Vide Programa A.15
#include "MeuItem.h" // Vide Programa A.16
#include "Max.h" // Vide Programa A.14
#include <iostream>
using std::cout;
using std::endl;
namespace cap1 {
  class EncontraMax {
  public:
    static void main ();
  };
  void EncontraMax::main () {
    Item<int> **itens = new Item<int>*[2];
    itens[0] = new MeuItem (3); itens[1] = new MeuItem (10);
    Item<int> *max = Max<int>::max (itens, 2);
    cout << "Maior chave: " << ((MeuItem*)max)->chave << endl;
    for(int i = 0; i < 2; i++) delete itens[i];
    delete [] itens;
  }
}
#endif
```

Programa A.18 *Declaração de uma classe interna*

```cpp
#ifndef LISTA_H_
#define LISTA_H_
namespace cap1 {
  class Lista {
    // Código da classe Lista
  private:
    class Celula {
      // Código da classe Celula
    };
  };
}
#endif
```

Programa A.19 *Utilização do objeto* **this**

```cpp
#ifndef CONTA_H_
#define CONTA_H_
namespace cap1 {
  class Conta {
  private: double saldo;
  public:   void alteraSaldo (double saldo); };
```

Continuação do Programa A.19

```cpp
  void Conta::alteraSaldo (double saldo) { this->saldo = saldo; }
}
#endif
```

Programa A.20 Tratamento da exceção no local onde ela ocorre

```cpp
#ifndef DIVISAO_H_
#define DIVISAO_H_
#include <stdexcept>
using std::logic_error;
namespace cap1 {
  class Divisao {
  public:
    int divisao (int a, int b) const;
  };
  int Divisao::divisao (int a, int b) const {
    try {
      if (b == 0) throw logic_error ("Divisao por zero");
      return (a/b);
    }
    catch (logic_error objeto) {
      cout << "Erro:" << objeto.what () << endl;
      return (0);
    }
  }
}
#endif
```

Programa A.21 Tratamento da exceção em local diferente do local onde ela ocorre

```cpp
#ifndef DIVISAO_H_
#define DIVISAO_H_
#include <stdexcept>
using std::logic_error;
#include<iostream>
using std::cout;
using std::endl;
namespace cap1 {
  class Divisao {
  public:
    int divisao (int a, int b) const throw ( logic_error );
    static void main ();
  }
  int Divisao::divisao (int a, int b) const throw ( logic_error ) {
    if (b == 0) throw logic_error ("Divisao por zero");
    return (a/b);
  }
```

Continuação do Programa A.21

```cpp
  void Divisao::main () {
    Divisao* d = new Divisao();
    try {
      d->divisao(3,0);
    } catch (logic_error objeto) {
      cout << "Erro:" << objeto.what () << endl;
    }
    delete d;
  }
}
#endif
```

Apêndice B

Programas em C++ do Capítulo 2

Programa B.1 Estrutura de dados para árvores binárias de pesquisa

```cpp
#ifndef ARVOREBINARIA_H_
#define ARVOREBINARIA_H_
#include "../cap4/Item.h" // vide Programa D.1
#include<iostream>
using std::cout;
using std::endl;
using namespace cap4;
namespace cap2 {
  template <class TipoChave> class ArvoreBinaria {
  private:
    class No {
    friend class ArvoreBinaria<TipoChave>;
    private:
      Item<TipoChave> *reg; No esq, dir;
      No () { reg = 0;} ~No () { if (reg != 0) delete reg;}
    };
    No *raiz;
    void ArvoreBinaria::central (No *p) const; // vide Programa B.2
  };
}
#endif
```

Programa B.2 Caminhamento central

```cpp
template <class TipoChave>
void ArvoreBinaria<TipoChave>::central (No *p) const {
  if (p != NULL) {
    central (p->esq);
```

Continuação do Programa B.2

```
    cout << p->reg->toString() << endl;
    central (p->dir);
  }
}
```

Programa B.3 *Método recursivo para calcular a seqüência de Fibonacci*

```
#ifndef FIBONACCI_H_
#define FIBONACCI_H_
namespace cap2 {
  class Fibonacci {
  public:
    static int fibRec (int n);
  };
  int Fibonacci::fibRec (int n) {
    if (n < 2) return n;
    else return (fibRec (n-1) + fibRec (n-2));
  }
}
#endif
```

Programa B.4 *Método iterativo para calcular números de Fibonacci*

```
#ifndef FIBONACCI_H_
#define FIBONACCI_H_
namespace cap2 {
  class Fibonacci {
  public:
    static int fibIter (int n);
  };
  int Fibonacci::fibIter (int n) {
    int i = 1, f = 0;
    for (int k = 1; k <= n; k++) {
      f = i + f;
      i = f - i;
    }
    return f;
  }
}
#endif
```

Programa B.5 *Tenta um próximo movimento*

```
tenta {
  inicializa selecao de movimentos;
  do {
```

Continuação do Programa B.5

```
        seleciona proximo candidato ao movimento;
        if (aceitavel) {
            registra movimento;
            if (tabuleiro nao esta cheio) {
                tenta novo movimento;  // Chamada recursiva para tenta
                if (nao sucedido) apaga registro anterior;
            }
        }
    } while (movimento mal sucedido e não acabaram candidatos a movimento);
}
```

Programa B.6 Classe *PasseioCavalo* com o refinamento final do algoritmo que tenta o próximo movimento do cavalo

```
#ifndef PASSEIOCAVALO_H_
#define PASSEIOCAVALO_H_
#include<iostream>
using std::cout;
using std::endl;
namespace cap2 {
  class PasseioCavalo {
  private:
    int n;  // Tamanho do lado do tabuleiro
    int *a, *b, **t;
  public:
    PasseioCavalo (int n);
    bool tenta (int i, int x, int y);
    void imprimePasseio () const;
    static void main ();
    ~PasseioCavalo ();
  };
  PasseioCavalo::PasseioCavalo (int n) {
    this->n = n; this->t = new int*[n];
    for (int i = 0; i < n; i++) this->t[i] = new int[n];
    this->a = new int[n]; this->b = new int[n];
    a[0] = 2; a[1] = 1; a[2] = -1; a[3] = -2;
    b[0] = 1; b[1] = 2; b[2] = 2; b[3] = 1;
    a[4] = -2; a[5] = -1; a[6] = 1; a[7] = 2;
    b[4] = -1; b[5] = -2; b[6] = -2; b[7] = -1;
    for (int i = 0; i < n; i++) for (int j = 0; j < n; j++) t[i][j] = 0;
    t[0][0] = 1;  // escolhemos uma casa do tabuleiro
  }
  PasseioCavalo::~PasseioCavalo () {
    delete []a; delete []b;
    for (int i = 0; i < n; i++) delete []this->t[i];
    delete []this->t;
  }
```

Continuação do Programa B.6

```cpp
  bool PasseioCavalo::tenta (int i, int x, int y) {
    int u, v, k; bool q;
    k = -1;  // inicializa seleção de movimentos
    do {
      k = k + 1; q = false;
      u = x + a[k]; v = y + b[k];
      // Teste para verificar se os limites do tabuleiro}
      // serão respeitados
      if ((u >= 0) && (u <= 7) && (v >= 0) && (v <= 7))
        if (t[u][v] == 0) {
          t[u][v] = i;
          if (i < n * n) {  // tabuleiro não está cheio
            q = tenta (i+1, u, v);  // tenta novo movimento
            if (!q) t[u][v] = 0;  // não sucedido apaga reg. anterior
          }
          else q = true;
        }
    } while (!q && (k != 7));  // não há casas a visitar a partir de x,y
    return q;
  }
  void PasseioCavalo::imprimePasseio () const {
    for (int i = 0; i < n; i++) {
      for (int j = 0; j < n; j++) cout << "\t" << this->t[i][j];
      cout << endl;
    }
  }
  void PasseioCavalo::main () {
    PasseioCavalo passeioCavalo (8);
    bool q = passeioCavalo.tenta (2, 0, 0);
    if (q) passeioCavalo.imprimePasseio();
    else cout << "Sem solucao" << endl;
  }
}
#endif
```

Programa B.7 Versão recursiva para obter o máximo e o mínimo

```cpp
#ifndef MAXMIN4_H_
#define MAXMIN4_H_
namespace cap2 {
  class MaxMin4 {
  public:
    static int *maxMin4 (int v[], int linf, int lsup);
  };
  int* MaxMin4::maxMin4 (int v[], int linf, int lsup) {
    int *maxMin = new int[2];
```

Continuação do Programa B.7

```
    if (lsup - linf <= 1) {
      if (v[linf] < v[lsup]) { maxMin[0] = v[lsup]; maxMin[1]=v[linf]; }
      else { maxMin[0] = v[linf]; maxMin[1] = v[lsup]; }
    }
    else {
      int meio = (linf + lsup)/2;
      if (maxMin) delete []maxMin;
      maxMin = maxMin4 (v, linf, meio);
      int max1 = maxMin[0], min1 = maxMin[1];
      delete []maxMin;
      maxMin = maxMin4 (v, meio + 1, lsup);
      int max2 = maxMin[0], min2 = maxMin[1];
      if (max1 > max2) maxMin[0] = max1; else maxMin[0] = max2;
      if (min1 < min2) maxMin[1] = min1; else maxMin[1] = min2;
    }
    return maxMin;
  }
}
#endif
```

Programa B.8 Mergesort

```
#ifndef ORDENACAO_H_
#define ORDENACAO_H_
namespace cap2 {
  class Ordenacao {
  public:
    static void mergeSort (int v[], int i, int j);
  };
  void Ordenacao::mergeSort (int v[], int i, int j) {
    if (i < j) {
      int m = (i + j)/2;
      mergeSort (v, i, m);
      mergeSort (v, m + 1, j);
      merge (v, i, m, j); // Intercala v[i..m] e v[m+1..j] em v[i..j]
    }
  }
}
#endif
```

Programa B.9 Obtém a ordem de multiplicação de n matrizes usando programação dinâmica

```
#ifndef AVALIAMULTMATRIZES_H_
#define AVALIAMULTMATRIZES_H_
#include<limits>
```

Continuação do Programa B.9

```cpp
#include<iostream>
using std::cout;
using std::cin;
using std::endl;
namespace cap2 {
  class AvaliaMultMatrizes {
  public:
    static void main (int argc, char **argv);
  };
  void AvaliaMultMatrizes::main (int argc, char **argv) {
    int n, maxn = atoi (argv[1]);
    int d[maxn + 1];
    int m[maxn][maxn];
    cout << "Numero de matrizes n:"; cin >> n;
    cout << "Dimensoes das matrizes:" << endl;
    for (int i = 0; i <= n; i++) {
      cout << " d[" << i << "] = "; cin >> d[i];
    }
    for (int i = 0; i < n; i++) m[i][i] = 0;
    for (int h = 1; h < n; h++) {
      for (int i = 1; i <= n - h; i++) {
        int j = i + h;
        m[i-1][j-1] = INT_MAX;
        for (int k = i; k < j; k++) {
          int temp = m[i-1][k-1] + m[k][j-1] + d[i-1] * d[k] * d[j];
          if (temp < m[i-1][j-1]) m[i-1][j-1] = temp;
        }
        cout << " m[" << i << "][" << j << "]= " << m[i-1][j-1];
      }
      cout << endl;
    }
  }
}
#endif
```

Programa B.10 *Algoritmo guloso genérico*

```
Conjunto guloso (Conjunto C) { // C: conjunto de candidatos
  S = ∅; // S contém conjunto solução
  while ((C ≠ ∅) && not solucao(S)) {
    x = seleciona (C);
    C = C - x;
    if (viavel (S + x)) S = S + x;
  }
  if (solucao (S)) return S else return ("Nao existe solucao");
}
```

Apêndice

Programas em C++ do Capítulo 3

Programa C.1 Estrutura e operações sobre listas usando arranjo

```cpp
#ifndef LISTA_H_
#define LISTA_H_
#include <stdexcept>
using std::logic_error;
#include <iostream>
using std::cout;
using std::endl;
namespace cap3_arranjo {
  // Para utilizar a classe Lista<T> o tipo de dado fornecido no
  // lugar do parâmetro de tipo T deve possuir um construtor de
  // cópia e os operadores «, ==, e = sobrecarregados.
  template <class T> class Lista {
  private:
    T    **item;
    int primeiro, ultimo, pos, maxTam;
  public:
    Lista (int maxTam); // Cria uma Lista vazia
    T *pesquisa (const T& chave) const;
    void insere (const T& x) throw ( logic_error );
    T *retira (const T& chave) throw ( logic_error );
    T *retiraPrimeiro () throw ( logic_error );
    T *_primeiro ();
    T *proximo ();
    bool vazia () const;
    void imprime () const;
    ~Lista ();
  };
  template <class T> Lista<T>::Lista (int maxTam) {
    this->item = new T*[maxTam]; this->maxTam = maxTam; this->pos = -1;
    this->primeiro = 0; this->ultimo = this->primeiro;
  }
```

Continuação do Programa C.1

```cpp
template <class T> T *Lista<T>::pesquisa (const T& chave) const {
  if (this->vazia ()) return 0;
  for (int p = 0; p < this->ultimo; p++)
    if (*(this->item[p]) == chave) return this->item[p];
  return 0;
}
template <class T>
void Lista<T>::insere (const T& x) throw ( logic_error ) {
  if (this->ultimo >= this->maxTam)
    throw logic_error ("Erro: A lista esta cheia");
  this->item[this->ultimo] = new T (x);
  this->ultimo = this->ultimo + 1;
}
template <class T>
T *Lista<T>::retira (const T& chave) throw ( logic_error ) {
  if (this->vazia ()) throw logic_error ("Erro: A lista esta vazia");
  int p = 0;
  while (p < this->ultimo && !(*(this->item[p]) == chave)) p++;
  if (p >= this->ultimo) return 0; // Chave não encontrada
  T *item = this->item[p];
  this->item[p] = 0; // transfere a posse da memória
  this->ultimo = this->ultimo - 1;
  for (int aux = p; aux < this->ultimo; aux++)
    this->item[aux] = this->item[aux + 1];
  return item;
}
template <class T>
T *Lista<T>::retiraPrimeiro () throw ( logic_error ) {
  if (this->vazia ()) throw logic_error ("Erro: A lista esta vazia");
  T *item = this->item[0];
  this->item[0] = 0; // transfere a posse da memória
  this->ultimo = this->ultimo - 1;
  for (int aux = 0; aux < this->ultimo; aux++)
    this->item[aux] = this->item[aux + 1];
  return item;
}
template <class T> T *Lista<T>::_primeiro () {
  this->pos = -1;
  return this->proximo ();
}
template <class T> T *Lista<T>::proximo () {
  this->pos++;
  if (this->pos >= this->ultimo) return NULL;
  else return this->item[this->pos];
}
template <class T> bool Lista<T>::vazia () const {
  return (this->primeiro == this->ultimo);
}
```

Continuação do Programa C.1

```cpp
  template <class T> void Lista<T>::imprime () const {
    for (int i = this->primeiro; i < this->ultimo; i++)
      cout << *(this->item[i]) << endl;
  }
  template <class T> Lista<T>::~Lista () {
    for (int i = this->primeiro; i < this->ultimo; i++) delete item[i];
    delete[] item;
  }
}
#endif
```

Programa C.2 Estrutura e operações sobre lista usando estruturas auto-referenciadas

```cpp
#ifndef LISTA_H_
#define LISTA_H_
#include <stdexcept>
using std::logic_error;
#include<iostream>
using std::cout;
using std::endl;
namespace cap3_autoreferencia {
  // Para utilizar a classe Lista<T> o tipo de dado fornecido no
  // lugar do parâmetro de tipo T deve possuir um construtor de
  // cópia e os operadores «, ==, !=, e = sobrecarregados.
  template <class T> class Lista {
  private:
    class Celula {
    friend class Lista<T>;
    private:
      T *item; Celula *prox;
      Celula () { item = 0; prox = 0; }
      ~Celula () { if (item != 0) delete item; }
    };
    Celula *primeiro, *ultimo, *pos;
  public:
    Lista (); // Cria uma Lista vazia
    T *pesquisa (const T& chave) const;
    void insere (const T& x);
    T *retira (const T& chave) throw ( logic_error );
    T *retiraPrimeiro () throw ( logic_error );
    T *_primeiro ();
    T *proximo ();
    bool vazia () const;
    void imprime () const;
    ~Lista ();
  };
```

Continuação do Programa C.2

```cpp
template <class T> Lista<T>::Lista () {
  this->primeiro = new Celula (); this->pos = this->primeiro;
  this->ultimo = this->primeiro; this->primeiro->prox = 0;
}
template <class T>
void Lista<T>::insere (const T& x) {
  this->ultimo->prox = new Celula ();
  this->ultimo = this->ultimo->prox;
  this->ultimo->item = new T (x); this->ultimo->prox = 0;
}
template <class T>
T *Lista<T>::pesquisa (const T& chave) const {
  if (this->vazia ()) return 0;
  Celula *aux = this->primeiro;
  while (aux->prox != 0) {
    if (*(aux->prox->item) == chave) return aux->prox->item;
    aux = aux->prox;
  }
  return 0;
}
template <class T>
T *Lista<T>::retira (const T& chave) throw ( logic_error ) {
  if (this->vazia ()) throw logic_error ("Erro: A lista esta vazia");
  Celula *aux = this->primeiro;
  while (aux->prox != 0 && *(aux->prox->item) != chave) aux=aux->prox;
  if (aux->prox == 0) return 0;
  Celula *q = aux->prox;
  T *item = q->item; aux->prox = q->prox;
  q->item = 0; // transfere a posse da memória
  if (aux->prox == 0) this->ultimo = aux;
  delete q; return item;
}
template <class T>
T *Lista<T>::retiraPrimeiro () throw ( logic_error ) {
  if (this->vazia ()) throw logic_error ("Erro: A lista esta vazia");
  Celula *aux = this->primeiro;
  Celula *q = aux->prox;
  T *item = q->item; aux->prox = q->prox;
  q->item = 0; // transfere a posse da memória
  if (aux->prox == 0) this->ultimo = aux;
  delete q; return item;
}
template <class T> T *Lista<T>::_primeiro () {
  this->pos = this->primeiro;
  return this->proximo ();
}
template <class T> T *Lista<T>::proximo () {
  this->pos = this->pos->prox;
  if (this->pos == NULL) return NULL;
  else return this->pos->item;
}
```

Continuação do Programa C.2

```cpp
  template <class T>
  bool Lista<T>::vazia () const {
    return (this->primeiro == this->ultimo);
  }
  template <class T>
  void Lista<T>::imprime () const {
    Celula *aux = this->primeiro->prox;
    while (aux != 0) { cout << *(aux->item) << endl; aux = aux->prox; }
  }
  template <class T> Lista<T>::~Lista () {
    Celula *aux = this->primeiro;
    while (aux != 0) {
      this->primeiro = this->primeiro->prox;
      delete aux; aux = this->primeiro;
    }
  }
}
#endif
```

Programa C.3 Campos do registro de um candidato

```cpp
short chave;       // assume valores de 1 a 999.
short notaFinal;   // assume valores de 0 a 10.
short opcao[3];    // array de 3 posições;
```

Programa C.4 Primeiro refinamento do programa *Vestibular*

```cpp
// programa Vestibular
void main () {
  ordena os registros pelo campo notaFinal;
  for (nota = 10; nota >= 0; nota--)
    while (houver registro com mesma nota)
      if (existe vaga em um dos cursos de opção do candidato)
        insere registro no conjunto de aprovados
      else insere registro no conjunto de reprovados;
  imprime aprovados por curso;
  imprime reprovados;
}
```

Programa C.5 *Segundo refinamento do programa* Vestibular

```
// programa Vestibular
void main () {
  lê número de vagas para cada curso;
  inicializa listas de classificação, de aprovados e de reprovados;
  lê registro;     // vide formato no Programa C.3
  while (chave ≠ 0) {
    insere registro nas listas de classificação, conforme notaFinal;
    lê registro;
  }
  for (nota = 10; nota >= 0; nota--)
    while (houver próximo registro com mesma notaFinal) {
      retira registro da lista;
      if (existe vaga em um dos cursos de opção do candidato) {
        insere registro na lista de aprovados;
        decrementa o número de vagas para aquele curso;
      }
      else insere registro na lista de reprovados;
      obtém próximo registro;
    }
  imprime aprovados por curso;
  imprime reprovados;
}
```

Programa C.6 *Refinamento final do programa* Vestibular

```
#ifndef VESTIBULAR_H_
#define VESTIBULAR_H_
#include "autoreferencia/Lista.h"  // vide Programa C.2
#include<iostream>
using std::cout;
using std::cin;
using std::endl;
using std::ostream;
#define nOpcoes 3
#define nCursos 7
using cap3_autoreferencia::Lista;   // vide Programa C.2
namespace cap3 {
  class Registro {
    friend class Vestibular;
    friend ostream& operator<< (ostream& out, const Registro& registro);
  private:
    short chave, notaFinal, opcao[nOpcoes];
  public:
    bool operator== (const Registro& registro) const {
      return this->chave == registro.chave;
    }
  };
```

Continuação do Programa C.6

```cpp
ostream& operator<< (ostream& out, const Registro& registro) {
    out << registro.chave;
    return out;
}
class Vestibular {
private:
    static Registro *leRegistro ();
public:
    static void main ();
};
Registro *Vestibular::leRegistro () {
    // os valores lidos devem estar separados por brancos
    Registro *registro = new Registro ();
    cin >> registro->chave; cin >> registro->notaFinal;
    for (int i = 0; i < nOpcoes; i++) cin >> registro->opcao[i];
    return registro;
}
void Vestibular::main () {
    Registro *registro = 0;
    Lista<Registro> classificacao[11], aprovados[nCursos], reprovados;
    long vagas[nCursos];
    bool passou;
    int i;
    try {
        for (i = 0; i < nCursos; i++) cin >> vagas[i];
        registro = leRegistro ();
        while (registro->chave != 0) {
            classificacao[registro->notaFinal].insere (*registro);
            delete registro; registro = leRegistro ();
        }
        delete registro;
        for (int Nota = 10; Nota >= 0; Nota--) {
            while (!classificacao[Nota].vazia ()) {
                registro = classificacao[Nota].retiraPrimeiro ();
                i = 0; passou = false;
                while (i < nOpcoes && !passou) {
                    if (vagas[registro->opcao[i] - 1] > 0) {
                        aprovados[registro->opcao[i] - 1].insere (*registro);
                        vagas[registro->opcao[i] - 1]--; passou = true;
                    }
                    i++;
                }
                if (!passou) reprovados.insere (*registro);
                delete registro;
            }
        }
    } catch (logic_error e) { cout << e.what () << endl; }
```

Continuação do Programa C.6

```
    for (i = 0; i < nCursos; i++) {
      cout << "Relacao dos aprovados no Curso" << i + 1 << endl;
      aprovados[i].imprime ();
    }
    cout << "Relacao dos reprovados" << endl;
    reprovados.imprime ();
  }
}
#endif
```

Programa C.7 *Estrutura e operações sobre pilhas usando arranjo*

```
#ifndef PILHA_H_
#define PILHA_H_
#include <stdexcept>
using std::logic_error;
namespace cap3_arranjo {
  // Para utilizar a classe Pilha<T> o tipo de dado fornecido no
  // lugar do parâmetro de tipo T deve possuir um construtor de
  // cópia e o operador = sobrecarregado.
  template <class T> class Pilha {
  private:
    T    **item;
    int  topo, maxTam;
  public:
    Pilha (int maxTam); // Cria uma Pilha vazia
    void empilha (const T& x) throw ( logic_error );
    T *desempilha () throw ( logic_error );
    bool vazia () const;
    int tamanho () const;
    ~Pilha ();
  };
  template <class T> Pilha<T>::Pilha (int maxTam) {
    this->item = new T*[maxTam];   this->topo = 0;
    this->maxTam = maxTam;
  }
  template <class T>
  void Pilha<T>::empilha (const T& x) throw ( logic_error ) {
    if (this->topo == this->maxTam)
      throw logic_error ("Erro: A pilha esta cheia");
    else this->item[(this->topo)++] = new T (x);
  }
```

Continuação do Programa C.7

```
  template <class T>
  T *Pilha<T>::desempilha () throw ( logic_error ) {
    if (this->vazia ()) throw logic_error ("Erro: A pilha esta vazia");
    T *item = this->item[--(this->topo)];
    this->item[this->topo] = 0; // transfere a posse da memória
    return item;
  }
  template <class T> bool Pilha<T>::vazia () const {
    return (this->topo == 0);
  }
  template <class T> int Pilha<T>::tamanho () const {
    return this->topo;
  }
  template <class T> Pilha<T>::~Pilha () {
    for (int i = 0; i < this->topo; i++) delete item[i];
    delete[] item;
  }
}
#endif
```

Programa C.8 *Estrutura e operações sobre pilhas usando estruturas auto-referenciadas*

```
#ifndef PILHA_H_
#define PILHA_H_
#include <stdexcept>
using std::logic_error;
namespace cap3_autoreferencia {
  // Para utilizar a classe Pilha<T> o tipo de dado fornecido no
  // lugar do parâmetro de tipo T deve possuir um construtor de
  // cópia e o operador = sobrecarregado.
  template <class T> class Pilha {
  private:
    class Celula {
    friend class Pilha<T>;
    private:
      T *item;
      Celula *prox;
      Celula () { item = 0; prox = 0; }
      ~Celula () { if (item != 0) delete item; }
    };
    Celula *topo;
    int tam;
```

Continuação do Programa C.8

```cpp
    public:
      Pilha (); // Cria uma Pilha vazia
      void empilha (const T& x);
      T *desempilha () throw ( logic_error );
      bool vazia () const;
      int tamanho () const;
      ~Pilha ();
  };
  template <class T> Pilha<T>::Pilha () {
    this->topo = 0; this->tam = 0;
  }
  template <class T> void Pilha<T>::empilha (const T& x) {
    Celula *aux = this->topo;
    this->topo = new Celula ();
    this->topo->item = new T (x);
    this->topo->prox = aux; (this->tam)++;
  }
  template <class T>
  T *Pilha<T>::desempilha () throw ( logic_error ) {
    if (this->vazia ()) throw logic_error ("Erro: A pilha esta vazia");
    Celula *aux = this->topo; T *item = this->topo->item;
    this->topo->item = 0; // transfere a posse da memória
    this->topo = this->topo->prox; (this->tam)--; delete aux;
    return item;
  }
  template <class T>
  bool Pilha<T>::vazia () const {
    return (this->topo == 0);
  }
  template <class T>
  int Pilha<T>::tamanho () const {
    return this->tam;
  }
  template <class T>
  Pilha<T>::~Pilha () {
    Celula *aux = topo;
    while (aux != 0) {
      topo = topo->prox; delete aux; aux = topo;
    }
  }
}
#endif
```

Programa C.9 Implementação do ET

```cpp
#ifndef ET_H_
#define ET_H_
#include "arranjo/Pilha.h"  // vide Programa C.7
#include<iostream>
using std::cout;
using std::cin;
using std::endl;
#define maxTam 70
#define cancelaCarater '#'
#define cancelaLinha '\\'
#define saltaLinha '*'
#define marcaEof '~'
using cap3_arranjo::Pilha;  // vide Programa C.7
namespace cap3 {
  class ET {
  private: static void imprime (Pilha<char> *pilha);
  public:  static void main ();
  };
  void ET::imprime (Pilha<char> *pilha) {
    Pilha<char> pilhaAux (maxTam); char *x;
    while (!pilha->vazia ()) {
      x = pilha->desempilha (); pilhaAux.empilha (*x); delete x;
    }
    while (!pilhaAux.vazia ()) {
      x = pilhaAux.desempilha (); cout << *x; delete x;
    }
    cout << endl;
  }
  void ET::main () {
    Pilha<char> *pilha = new Pilha<char> (maxTam);
    char *c = new char;
    try {
      cin >> *c; if (*c == '\n') *c = ' ';
      while (*c != marcaEof) {
        if (*c == cancelaCarater) {
          if (!pilha->vazia ()) {  delete c; c = pilha->desempilha (); }
        }
        else if (*c == cancelaLinha) {
          delete pilha; pilha = new Pilha<char> (maxTam);
        }
        else if (*c == saltaLinha) imprime (pilha);
        else {
          if (pilha->tamanho () == maxTam) imprime (pilha);
          pilha->empilha (*c);
        }
        cin >> *c;
        if (*c == '\n') *c = ' ';
      }
```

Continuação do Programa C.9

```
        if (!pilha->vazia ()) imprime (pilha);
    } catch (logic_error e) { cout << e.what () << endl; }
    delete pilha; delete c;
  }
}
#endif
```

Programa C.10 Estrutura e operações sobre filas usando arranjo

```
#ifndef FILA_H_
#define FILA_H_
#include <stdexcept>
using std::logic_error;
#include<iostream>
using std::cout;
using std::endl;
namespace cap3_arranjo {
  // Para utilizar a classe Fila<T> o tipo de dado fornecido no
  // lugar do parâmetro de tipo T deve possuir um construtor de
  // cópia e os operadores « e = sobrecarregados.
  template <class T> class Fila {
  private:
    T    **item;
    int frente, tras, maxTam;
  public:
    Fila (int maxTam); // Cria uma Fila vazia
    void enfileira (const T& x) throw ( logic_error );
    T *desenfileira () throw ( logic_error );
    bool vazia () const;
    ~Fila ();
  };
  template <class T> Fila<T>::Fila (int maxTam) {
    this->item = new T*[maxTam]; this->maxTam = maxTam; this->frente = 0;
    this->tras = this->frente;
  }
  template <class T>
  void Fila<T>::enfileira (const T& x) throw ( logic_error ) {
    if ((this->tras + 1) % this->maxTam == this->frente)
      throw logic_error ("Erro: A fila esta cheia");
    this->item[this->tras] = new T (x);
    this->tras = (this->tras + 1) % this->maxTam;
  }
```

Continuação do Programa C.10

```
    template <class T> T *Fila<T>::desenfileira () throw ( logic_error ) {
      if (this->vazia ()) throw logic_error ("Erro: A fila esta vazia");
      T *item = this->item[this->frente];
      this->item[this->frente] = 0;  // transfere a posse da memória
      this->frente = (this->frente + 1) % this->maxTam;
      return item;
    }
    template <class T> bool Fila<T>::vazia () const {
      return (this->frente == this->tras);
    }
    template <class T> Fila<T>::~Fila () {
      for (int i = this->frente; i != this->tras; i = (i + 1)%this->maxTam)
        delete item[i];
      delete[] item;
    }
}
#endif
```

Programa C.11 Estrutura e operações sobre fila usando estruturas auto-referenciadas

```
#ifndef FILA_H_
#define FILA_H_
#include <stdexcept>
using std::logic_error;
#include<iostream>
using std::cout;
using std::endl;
namespace cap3_autoreferencia {
  // Para utilizar a classe Fila<T> o tipo de dado fornecido no
  // lugar do parametro de tipo T deve possuir um construtor de
  // copia e o operador = sobrecarregado.
  template <class T> class Fila {
  private:
    class Celula {
    friend class Fila<T>;
    private:
      T *item; Celula *prox;
      Celula () { item = 0; prox = 0; }
      ~Celula () { if (item != 0) delete item; }
    };
    Celula *frente, *tras;
  public:
    Fila (); // Cria uma Fila vazia
    void enfileira (const T& x);
```

Continuação do Programa C.11

```cpp
    T *desenfileira () throw ( logic_error );
    bool vazia () const;
    ~Fila ();
  };
  template <class T>
  Fila<T>::Fila () {  // Cria uma Fila vazia
    this->frente = new Celula ();
    this->tras = this->frente; this->frente->prox = 0;
  }
  template <class T>
  void Fila<T>::enfileira (const T& x) {
    this->tras->prox = new Celula ();
    this->tras = this->tras->prox; this->tras->item = new T (x);
    this->tras->prox = 0;
  }
  template <class T>
  T *Fila<T>::desenfileira () throw ( logic_error ) {
    if (this->vazia ()) throw logic_error ("Erro: A fila esta vazia");
    Celula *aux = this->frente;
    this->frente = this->frente->prox;
    T *item = this->frente->item;
    this->frente->item = 0;  // transfere a posse da memória
    delete aux;
    return item;
  }
  template <class T>
  bool Fila<T>::vazia () const {
    return (this->frente == this->tras);
  }
  template <class T>
  Fila<T>::~Fila () {
    Celula *aux = this->frente;
    while (aux != 0) {
      this->frente = this->frente->prox; delete aux;
      aux = this->frente;
    }
  }
}
#endif
```

Programa C.12 Estrutura da célula da matriz esparsa

```cpp
class Celula {
  Celula *direita, *abaixo;
  int linha, coluna;
  float valor;
};
```

Programa C.13 Testa matrizes esparsas

```cpp
// O método apagaMatriz() da classe Matriz devolve todas as células de uma
// matriz M para a área de memória disponível (use a função free)
class TestaMatrizesEsparsas {
  public: static void main ();
}
void TestaMatrizesEsparsas::main () {
    ...
    A.leMatriz (); A.imprimeMatriz ();
    B.leMatriz (); B.imprimeMatriz ();
    C = somaMatriz (A, B); C.imprimeMatriz ();
    C = multiplicaMatriz (A, B); C.imprimeMatriz ();
    A.apagaMatriz (); C.apagaMatriz ();
    B.leMatriz ();
    A.imprimeMatriz (); B.imprimeMatriz ();
    C = somaMatriz (A, B); C.imprimeMatriz ();
    C = multiplicaMatriz (A, B); C.imprimeMatriz ();
    C = multiplicaMatriz (B, B);
    A.imprimeMatriz (); B.imprimeMatriz (B); C.imprimeMatriz (C);
    A.apagaMatriz (); B.apagaMatriz (); C.apagaMatriz ();
    ...
}
```

Programa C.14 Declaração do tipo abstrato de dados *Area*

```cpp
#ifndef AREA_H_
#define AREA_H_
#include "../../cap4/Item.h" // vide Programa D.1
#include <stdexcept>
using std::logic_error;
using namespace cap4;
namespace cap3_arranjo {
  template <class TipoChave> class Area {
  private:
    class Celula {
    friend class Area<TipoChave>;
    private:
      Item<TipoChave> *item; int prox, ant;
      Celula () { item = 0;} ~Celula () { if (item != 0) delete item;}
    };
    Celula *itens;
    int celulasDisp, primeiro, ultimo, numCelOcupadas, maxTam;
  };
}
#endif
```

Apêndice D

Programas em C++ do Capítulo 4

Programa D.1 Interface para um Item

```
#ifndef ITEM_H_
#define ITEM_H_
#include <string>
using std::string;
namespace cap4 {
  template <class TipoChave> class Item {
  public:
    virtual int compara (const Item<TipoChave> *it) const = 0;
    virtual void alteraChave (TipoChave chave) = 0;
    virtual  TipoChave recuperaChave () const = 0;
    virtual  string toString () const = 0;
    virtual ~Item () {};
  };
}
#endif
```

Programa D.2 Classe MeuItem que representa um registro

```
#ifndef MEUITEM_H_
#define MEUITEM_H_
#include "Item.h" // vide Programa D.1
namespace cap4 {
  class MeuItem : public Item<int> {
  public: int chave;
    // outros componentes do registro
  public:
    MeuItem (int chave);
    virtual int compara (const Item<int> *item) const;
```

Continuação do Programa D.2

```cpp
    virtual void alteraChave (int chave);
    virtual int recuperaChave () const;
    ~MeuItem () {}
    // Outros métodos
  };
  MeuItem::MeuItem (int chave) { this->chave = chave; }
  int MeuItem::compara (const Item<int> *item) const {
    MeuItem *it = (MeuItem *)item;
    if (this->chave < it->chave) return -1;
    else if (this->chave > it->chave) return 1;
    return 0;
  }
  void MeuItem::alteraChave (int chave) { this->chave = chave; }
  int MeuItem::recuperaChave () const { return this->chave; }
  // Outros métodos
}
#endif
```

Programa D.3 Classe com os métodos de ordenação interna considerados

```cpp
#ifndef ORDENACAO_H_
#define ORDENACAO_H_
#include "../Item.h"  // vide Programa D.1
#include "FPHeapMax.h"  // vide Programa D.9
using namespace cap4;
namespace cap4_ordenacaointerna {
  template <class TipoChave> class Ordenacao {
  public:
    static void selecao (Item<TipoChave> **v, int n);
    static void insercao (Item<TipoChave> **v, int n);
    static void shellsort (Item<TipoChave> **v, int n);
    static void quicksort (Item<TipoChave> **v, int n);
    static void heapsort (Item<TipoChave> **v, int n);
  };
}
#endif
```

Programa D.4 Ordenação por seleção

```cpp
template <class TipoChave>
void Ordenacao<TipoChave>::selecao (Item<TipoChave> **v, int n) {
  for (int i = 1; i <= n - 1; i++) {
    int min = i;
    for (int j = i + 1; j <= n; j++)
      if (v[j]->compara (v[min]) < 0) min = j;
    Item<TipoChave> *x = v[min]; v[min] = v[i]; v[i] = x;
  }
}
```

Programa D.5 *Ordenação por inserção*

```cpp
template <class TipoChave>
void Ordenacao<TipoChave>::insercao (Item<TipoChave> **v, int n) {
  int j;
  for (int i = 2; i <= n; i++) {
    Item<TipoChave> *x = v[i]; j = i - 1; v[0] = x; // sentinela
    while (x->compara (v[j]) < 0) { v[j + 1] = v[j]; j--; }
    v[j + 1] = x;
  }
}
```

Programa D.6 *Algoritmo Shellsort*

```cpp
template <class TipoChave>
void Ordenacao<TipoChave>::shellsort (Item<TipoChave> **v, int n) {
  int h = 1;
  do h = h * 3 + 1; while (h < n);
  do {
    h /= 3;
    for (int i = h + 1; i <= n; i++) {
      Item<TipoChave> *x = v[i]; int j = i;
      while (v[j - h]->compara (x) > 0) {
        v[j] = v[j - h]; j -= h;
        if (j <= h) break;
      }
      v[j] = x;
    }
  } while (h != 1);
}
```

Programa D.7 *Método partição*

```cpp
private: // Incluir no Programa D.3
  typedef struct LimiteParticoes { int i, j; } LimiteParticoes;
  static LimiteParticoes particao (Item<TipoChave> **v,int esq,int dir);
template <class TipoChave>
typename Ordenacao<TipoChave>::LimiteParticoes
Ordenacao<TipoChave>::particao (Item<TipoChave> **v, int esq, int dir) {
  LimiteParticoes p; p.i = esq; p.j = dir;
  Item<TipoChave> *x = v[(p.i + p.j) / 2]; // obtém o pivo x
  do {
    while (x->compara (v[p.i]) > 0) p.i++;
    while (x->compara (v[p.j]) < 0) p.j--;
    if (p.i <= p.j) {
      Item<TipoChave> *w = v[p.i]; v[p.i] = v[p.j]; v[p.j] = w;
      p.i++; p.j--;
    }
  } while (p.i <= p.j);
  return p;
}
```

Programa D.8 *Método ordena e algoritmo Quicksort*

```cpp
private: // Incluir no Programa D.3
    static void ordena (Item<TipoChave> **v, int esq, int dir);
// Utiliza o método particao do Programa D.7
template <class TipoChave>
void Ordenacao<TipoChave>::ordena (Item<TipoChave> **v, int esq, int dir) {
    LimiteParticoes p = particao (v, esq, dir);
    if (esq < p.j) ordena (v, esq, p.j);
    if (p.i < dir) ordena (v, p.i, dir);
}
template <class TipoChave>
void Ordenacao<TipoChave>::quicksort (Item<TipoChave> **v, int n) {
    ordena (v, 1, n);
}
```

Programa D.9 *Estrutura de dados fila de prioridades implementada utilizando um heap*

```cpp
#ifndef FPHEAPMAX_H_
#define FPHEAPMAX_H_
#include "../Item.h" // vide Programa D.1
#include <stdexcept>
using std::logic_error;
#include <limits.h>
#include <iostream>
using std::cout;
using std::endl;
using namespace cap4;
namespace cap4_ordenacaointerna {
    class FPHeapMax {
    private:
        Item<int> **v; int maxTam, n; bool destruir;
    public:
        FPHeapMax (Item<int> **v, int n);
        void refaz (int esq, int dir);   void constroi ();
        Item<int> *max () const;
        Item<int> *retiraMax () throw ( logic_error );
        void aumentaChave (int i, int chaveNova);
        void insere (Item<int> *x) throw ( logic_error );
        ~FPHeapMax ();
    };
    FPHeapMax::FPHeapMax (Item<int> **v, int n) {
        this->v = v; this->maxTam = 0; this->n = n; this->destruir = false;
    }
    FPHeapMax::~FPHeapMax () {
        if (this->destruir) {
            for (int i = 1; i <= n; i++) if (this->v[i]) delete this->v[i];
            delete this->v;
        }
    }
}
#endif
```

Programa D.10 Método que informa o item com maior chave

```cpp
Item<int>* FPHeapMax::max () const { return this->v[1]; }
```

Programa D.11 Método para refazer o heap

```cpp
void FPHeapMax::refaz (int esq, int dir) {
  int j = esq * 2;
  Item<int> *x = this->v[esq];
  while (j <= dir) {
    if ((j < dir) && (this->v[j]->compara (this->v[j + 1]) < 0)) j++;
    if (x->compara (this->v[j]) >= 0) break;
    this->v[esq] = this->v[j];
    esq = j; j = esq * 2;
  }
  this->v[esq] = x;
}
```

Programa D.12 Método para construir o heap

```cpp
// Usa o método refaz do Programa D.11
void FPHeapMax::constroi () {
  int esq = n / 2 + 1;
  while (esq > 1) {
    esq--; this->refaz (esq, this->n);
  }
}
```

Programa D.13 Retira o item com maior chave

```cpp
Item<int>* FPHeapMax::retiraMax () throw ( logic_error ) {
  Item<int> *maximo;
  if (this->n < 1) throw logic_error ("Erro: heap vazio");
  else {
    maximo = this->v[1];
    this->v[1] = this->v[this->n--];
    this->v[this->n + 1] = 0; // transfere a posse da memória
    refaz (1, this->n);
  } return maximo;
}
```

Programa D.14 Aumenta valor da chave do item na posição i

```cpp
void FPHeapMax::aumentaChave (int i, int chaveNova) {
  Item<int> *x = this->v[i];
  x->alteraChave (chaveNova);
  while ((i > 1) && (x->compara (this->v[i / 2]) >= 0)) {
    this->v[i] = this->v[i / 2]; i /= 2;
  } this->v[i] = x;
}
```

Programa D.15 *Insere um novo item no* heap

```
// Usa o método aumentaChave do Programa D.14
void FPHeapMax::insere (Item<int> *x) throw ( logic_error ) {
  this->n++;
  if (this->n == this->maxTam) throw logic_error ("Erro: heap cheio");
  int chaveNova = x->recuperaChave ();
  this->v[this->n] = x;
  this->v[this->n]->alteraChave (INT_MIN); // -∞
  this->aumentaChave (this->n, chaveNova);
}
```

Programa D.16 *Método* heapsort *da classe Ordenação do Programa D.3*

```
// Usa a classe FPHeapMax do Programa D.9
template <class TipoChave>
void Ordenacao<TipoChave>::heapsort (Item<TipoChave> **v, int n) {
  FPHeapMax fpHeap (v, n);
  int dir = n; fpHeap.constroi (); // constroi o heap
  while (dir > 1) { // ordena o vetor
    Item<TipoChave> *x = v[1]; v[1] = v[dir]; v[dir] = x;
    dir--; fpHeap.refaz (1, dir);
  }
}
```

Programa D.17 *Classe com os métodos de ordenação parcial considerados*

```
#ifndef ORDENACAOPARCIAL_H_
#define ORDENACAOPARCIAL_H_
#include "../Item.h" // vide Programa D.1
#include "FPHeapMin.h" // vide Programa J.3
using namespace cap4;
namespace cap4_ordenacaointerna {
  template <class TipoChave> class OrdenacaoParcial {
  public:
    static void selecaoParcial (Item<TipoChave> **v, int n, int k);
    static void insercaoParcial (Item<TipoChave> **v, int n, int k);
    static void insercaoParcial2 (Item<TipoChave> **v, int n, int k);
    static void quicksortParcial (Item<TipoChave> **v, int n, int k);
    static void heapsortParcial (Item<TipoChave> **v, int n, int k);
  };
}
#endif
```

Programa D.18 *Ordenação parcial por seleção*

```
template <class TipoChave>
void OrdenacaoParcial<TipoChave>::
selecaoParcial (Item<TipoChave> **v, int n, int k) {
  for (int i = 1; i <= k; i++) {
    int min = i;
```

Continuação do Programa D.18

```cpp
      for (int j = i + 1; j <= n; j++)
        if (v[j]->compara (v[min]) < 0) min = j;
      Item<TipoChave> *x = v[min]; v[min] = v[i]; v[i] = x;
  }
}
```

Programa D.19 *Ordenação parcial por inserção*

```cpp
template <class TipoChave>
void OrdenacaoParcial<TipoChave>::
insercaoParcial (Item<TipoChave> **v, int n, int k) {
  int j;
  for (int i = 2; i <= n; i++) {
    Item<TipoChave> *x = v[i];
    if (i > k) j = k;
    else j = i - 1;
    v[0] = x; // sentinela
    while (x->compara (v[j]) < 0) {
      v[j + 1] = v[j];
      j--;
    }
    v[j + 1] = x;
  }
}
```

Programa D.20 *Ordenação parcial por inserção que preserva todos os itens do vetor*

```cpp
template <class TipoChave>
void OrdenacaoParcial<TipoChave>::
insercaoParcial2 (Item<TipoChave> **v, int n, int k) {
  int j;
  for (int i = 2; i <= n; i++) {
    Item<TipoChave> *x = v[i];
    if (i > k) {
      j = k;
      if (x->compara (v[k]) < 0) v[i] = v[k];
    }
    else j = i - 1;
    v[0] = x; // sentinela
    while (x->compara (v[j]) < 0) {
      if (j < k) v[j + 1] = v[j];
      j--;
    }
    if (j < k) v[j + 1] = x;
  }
}
```

Programa D.21 *Ordenação parcial usando heapsort*

```
template <class TipoChave>
void OrdenacaoParcial<TipoChave>::
heapsortParcial (Item<TipoChave> **v, int n, int k) {
// Coloca menor em v[n], segundo em v[n-1],...,k-esimo em v[n-k]
  FPHeapMin fpHeap (v, n); // vide Programa J.3
  int dir = n, aux = 0;
  fpHeap.constroi (); // constroi o heap
  while (aux < k) { // ordena o vetor
    Item<TipoChave> *x = v[1]; v[1] = v[dir]; v[dir] = x;
    dir--; aux++; fpHeap.refaz (1, dir);
  }
}
```

Programa D.22 *Ordenação parcial usando quicksort*

```
private: // Incluir no Programa D.17
  typedef struct LimiteParticoes { int i, j; } LimiteParticoes;
  static LimiteParticoes particao (Item<TipoChave> **v, int esq, int dir);
  static void ordena (Item<TipoChave> **v, int esq, int dir, int k);

// Usa um método partição identico ao do Programa D.7
template <class TipoChave>
void OrdenacaoParcial<TipoChave>::
ordena (Item<TipoChave> **v, int esq, int dir, int k) {
  LimiteParticoes p = particao (v, esq, dir);
  if (p.j - esq >= k - 1) {
    if (esq < p.j) ordena (v, esq, p.j, k);
    return;
  }
  if (esq < p.j) ordena (v, esq, p.j, k);
  if (p.i < dir) ordena (v, p.i, dir, k);
}
template <class TipoChave>
void OrdenacaoParcial<TipoChave>::
quicksortParcial (Item<TipoChave> **v, int n, int k) {
  ordena (v, 1, n, k);
}
```

Programa D.23 *Métodos adicionais da classe MeuItem utilizados no Quicksort Externo*

```
class MeuItem : public Item<int> {
public:
  int chave;
  // Métodos apresentados no Programa D.2
  virtual string toString () const;
  void gravaArq (FILE * arq) const;
  void leArq (FILE * arq);
  static int tamanho ();
};
```

Continuação do Programa D.23

```cpp
string MeuItem::toString () const {
  char valorStr[33];
  std::sprintf (valorStr, "%d", this->chave); string str (valorStr);
  return str;
}
void MeuItem::gravaArq (FILE * arq) const {
  fwrite (&(this->chave), sizeof (int), 1, arq);
}
void MeuItem::leArq (FILE * arq) {
  fread (&(this->chave), sizeof (int), 1, arq);
}
int MeuItem::tamanho () { return 4; /* 4 bytes */ }
```

Programa D.24 *Classe com as estruturas de dados e métodos utilizados no Quicksort Externo*

```cpp
#ifndef QUICKSORTEXTERNO_H_
#define QUICKSORTEXTERNO_H_
#include "../Item.h" // vide Programa D.1
#include "../MeuItem.h" // vide Programa D.2
#include "../../cap3/arranjo/Area.h" // vide Programa C.14
#include<stdio.h>
#include<limits.h>
#include <stdexcept>

using std::logic_error;
using namespace cap4;
using cap3_arranjo::Area; // vide Programa C.14
namespace cap4_ordenacaoexterna {
  class QuicksortExterno {
  private:
    typedef struct LimiteParticoes { int i, j; } LimiteParticoes;
    FILE *arqLi, *arqEi, *arqLEs;
    bool ondeLer;
    Item<int> *ultLido;
    Area<int> *area;
    int tamArea;
    // Métodos utilizados pelo método particao do quicksort externo
    int leSup (int ls);
    int leInf (int li);
    int inserirArea () throw ( logic_error );
    int escreveMax (int es);
    int escreveMin (int ei) ;
    int retiraMax () throw ( logic_error ) ;
    int retiraMin () throw ( logic_error ) ;
    LimiteParticoes particao (int esq, int dir) throw ( logic_error );
```

Continuação do Programa D.24

```cpp
  public:
    QuicksortExterno (char *nomeArq, int tamArea);
    void quicksortExterno (int esq, int dir) throw ( logic_error );
    void fechaArquivos ();
    ~QuicksortExterno (){};
  };
  QuicksortExterno::QuicksortExterno (char *nomeArq, int tamArea) {
    this->arqLi   = fopen (nomeArq, "r+b");
    this->arqEi   = fopen (nomeArq, "r+b");
    this->arqLEs  = fopen (nomeArq, "r+b");
    ultLido = 0; area = 0; this->tamArea = tamArea;
  }
  void QuicksortExterno::fechaArquivos () {
    fclose (this->arqEi); fclose (this->arqLi); fclose (this->arqLEs);
  }
}
#endif
```

Programa D.25 *Quicksort Externo*

```cpp
void QuicksortExterno::
quicksortExterno (int esq, int dir) throw ( logic_error ) {
  if (dir - esq < 1) return;
  LimiteParticoes p = particao (esq, dir);
  if (p.i - esq < dir - p.j) { // ordene primeiro o subarquivo menor
    quicksortExterno (esq, p.i); quicksortExterno (p.j, dir);
  }
  else { quicksortExterno (p.j, dir); quicksortExterno (esq, p.i); }
}
```

Programa D.26 *Métodos auxiliares utilizados pelo método particao*

```cpp
int QuicksortExterno::leSup (int ls) {
  this->ultLido = new MeuItem (0); fflush (this->arqLEs);
  fseek (this->arqLEs, (ls - 1) * MeuItem::tamanho (), SEEK_SET);
  ((MeuItem*)ultLido)->leArq (arqLEs); ondeLer = false;
  return --ls;
}
int QuicksortExterno::leInf (int li) {
  this->ultLido = new MeuItem (0); fflush (this->arqLi);
  ((MeuItem*)ultLido)->leArq (arqLi); ondeLer = true;
  return ++li;
}
int QuicksortExterno::inserirArea () throw ( logic_error ) {
  area->insereItens (this->ultLido);
  return area->obterNumCelOcupadas ();
}
```

Continuação do Programa D.26

```
int QuicksortExterno::escreveMax (int es) {
  fseek (this->arqLEs, (es - 1) * MeuItem::tamanho (), SEEK_SET );
  ((MeuItem*)ultLido)->gravaArq (arqLEs);
  delete this->ultLido;
  return --es;
}
int QuicksortExterno::escreveMin (int ei) {
  ((MeuItem*)ultLido)->gravaArq (arqEi); delete this->ultLido;
  return ++ei;
}
int QuicksortExterno::retiraMax () throw ( logic_error ) {
  this->ultLido = area->retiraUltimo ();
  return area->obterNumCelOcupadas ();
}
int QuicksortExterno::retiraMin () throw ( logic_error ) {
  this->ultLido = area->retiraPrimeiro ();
  return area->obterNumCelOcupadas ();
}
```

Programa D.27 *Método particao*

```
QuicksortExterno::LimiteParticoes
QuicksortExterno::particao (int esq, int dir) throw ( logic_error ) {
  int ls = dir, es = dir, li = esq, ei = esq, nrArea = 0;
  Item<int> *linf = new MeuItem (INT_MIN);
  Item<int> *lsup = new MeuItem (INT_MAX);
  this->ondeLer = true;
  LimiteParticoes p;
  this->area = new Area<int> (this->tamArea);
  fseek (this->arqLi, (li - 1)* MeuItem::tamanho (), SEEK_SET );
  fseek (this->arqEi, (ei - 1)* MeuItem::tamanho (), SEEK_SET );
  p.i = esq - 1; p.j = dir + 1;
  while (ls >= li) {
    if (nrArea < this->tamArea - 1) {
      if (ondeLer) ls = this->leSup (ls);
      else li = leInf (li);
      nrArea = inserirArea ();
    }
    else {
      if (ls == es) ls = leSup (ls);
      else if (li == ei) li = leInf (li);
      else if (ondeLer) ls = leSup (ls);
      else li = leInf (li);
      if (ultLido->compara (lsup) > 0) {
        p.j = es; es = escreveMax (es);
      }
```

Continuação do Programa D.27

```
        else if (ultLido->compara (linf) < 0) {
          p.i = ei; ei = escreveMin (ei);
        }
        else {
          nrArea = inserirArea ();
          if (ei - esq < dir - es) {
            nrArea = retiraMin ();
            linf->alteraChave (this->ultLido->recuperaChave ());
            ei = escreveMin (ei);
          }
          else {
            nrArea = retiraMax ();
            lsup->alteraChave (this->ultLido->recuperaChave ());
            es = escreveMax (es);
          }
        }
      }
    }
    while (ei <= es) { nrArea = retiraMin (); ei = escreveMin (ei); }
    delete linf; delete lsup; delete area;
    return p;
  }
```

Programa D.28 Programa de teste do *Quicksort Externo*

```
#ifndef TESTAQUICKSORTEXTERNO_H_
#define TESTAQUICKSORTEXTERNO_H_
#include "ordenacaoexterna/QuicksortExterno.h"  // vide Programa D.24
#include<iostream>
using std::cout;
using std::endl;
using cap4_ordenacaoexterna::QuicksortExterno;  // vide Programa D.24
namespace cap4 {
  class TestaQuicksortExterno {
  public: static void main ();
  };
  void TestaQuicksortExterno::main () {
    try {
      FILE *arq = fopen ("qe.dat", "wb");
      if (arq == 0) {
        cout << "Arquivo nao pode ser aberto" << endl;
        exit (1);
      }
      MeuItem item (5);       item.gravaArq (arq);
      item.alteraChave (3);   item.gravaArq (arq);
      item.alteraChave (10);  item.gravaArq (arq);
      item.alteraChave (6);   item.gravaArq (arq);
      item.alteraChave (1);   item.gravaArq (arq);
```

Continuação do Programa D.28

```cpp
      item.alteraChave (7);   item.gravaArq (arq);
      item.alteraChave (4);   item.gravaArq (arq);
      fclose (arq);
      QuicksortExterno quicksortExterno ("qe.dat", 3);
      quicksortExterno.quicksortExterno (1, 7);
      quicksortExterno.fechaArquivos ();
      arq = fopen ("qe.dat", "rb");
      if (arq == 0) {
        cout << "Arquivo nao pode ser aberto" << endl;
        exit (1);
      }
      item.leArq (arq);
      while (!feof (arq)) {
        cout << "Registro=" << item.toString () << endl;
        item.leArq (arq);
      }
      fclose (arq);
    } catch (logic_error e) {
      cout << e.what () << endl;
    }
  }
}
#endif
```

Programa D.29 Permutação randômica

```cpp
#ifndef PERMUTACAORANDOMICA_H_
#define PERMUTACAORANDOMICA_H_
#include "Item.h"    // vide Programa D.1
#include "MeuItem.h" // vide Programa D.2
#include <stdlib.h>
#include <sys/time.h>
#include <iostream>
using std::cout;
using std::endl;
namespace cap4 {
  class PermutacaoRandomica {
  private:
    static double rand0a1 ();
  public:
    static void permut (Item<int> **v, int n);
    static void main ();
  };
  double PermutacaoRandomica::rand0a1 () {
    struct timeval semente;
    // utilizar o tempo como semente para a função srand ()
```

Continuação do Programa D.29

```cpp
    gettimeofday (&semente, NULL);
    srand ((int)(semente.tv_sec + semente.tv_usec));
    double resultado = (double) rand ()/ RAND_MAX;
    return resultado;
  }
  void PermutacaoRandomica::permut (Item<int> **v, int n) {
    for (int i = n - 1; i > 0; i--) {
      int j = (int) (i * rand0a1 () + 1.0);
      Item<int> *b = v[i]; v[i] = v[j]; v[j] = b;
    }
  }
  void PermutacaoRandomica::main () {
    int tam = 20, n = 20;
    Item<int> *v[tam + 1];
    for (int i = 1; i <= n; i++) v[i] = new MeuItem (i);
    permut (v, n);
    for (int i = 1; i <= n; i++) cout << v[i]->toString () + " ";
    cout << endl;
    for (int i = 1; i <= n; i++) delete v[i];
  }
}
#endif
```

Programa D.30 *Primeiro refinamento do método ordeneExterno*

```cpp
#ifndef ORDENACAOEXTERNA_H_
#define ORDENACAOEXTERNA_H_
#include <stdio.h>
namespace cap4_ordenacaoexterna {
  class OrdenacaoExterna {
  private:
    int ordemIntercal;
  public:
    OrdenacaoExterna(int ordemIntercal);
    void ordeneExterno ();
  };
  OrdenacaoExterna::OrdenacaoExterna(int ordemIntercal) {
    this->ordemIntercal = ordemIntercal;
  }
  void OrdenacaoExterna::ordeneExterno () {
    int nBlocos = 0;
    RandomAccessFile arqEntrada, arqSaida;
    RandomAccessFile arrArqEnt[] = new RandomAccessFile[ordemIntercal];
    short Fim;
    int low, high, lim;
    nBlocos = 0;
    arqEntrada = abrir arquivo a ser ordenado;
```

Continuação do Programa D.30

```
  do { // Formação inicial dos nBlocos ordenados
    nBlocos++;
    fim = enchePaginas (nBlocos, arqEntrada);
    ordeneInterno;
    arqSaida = abreArqSaida (nBlocos);
    descarregaPaginas (arqSaida);
    fechaArq (arqSaida);
  } while (!Fim);
  fechaArq (arqEntrada);
  low = 0;
  high = nBlocos-1;
  while (low < high) { // Intercalação dos nBlocos ordenados
    lim = minimo (low + ordemIntercal-1, high);
    abreArqEntrada (arrArqEnt, low, lim);
    high++;
    arqSaida = abreArqSaida (high);
    intercale (arrArqEnt, low, lim, arqSaida);
    fechaArq (arqSaida);
    for (i=low; i < lim; i++) {
      fechaArq (arrArqEnt[i]);
      apague_Arquivo (arrArqEnt[i]);
    }
    low += ordemIntercal;
  }
  Mudar o nome do arquivo high para o nome fornecido pelo usuario;
  }
}
#endif
```

Apêndice E
Programas em C++ do Capítulo 5

Programa E.1 *Estrutura e operações do tipo dicionário implementado como arranjo*

```cpp
#ifndef _TABELA_H_
#define _TABELA_H_
#include "../cap4/Item.h"   // vide Programa D.1
#include <stdexcept>
using std::logic_error;
using cap4::Item;
namespace cap5 {
  template <class TipoChave> class Tabela {
  private:
    Item<TipoChave> **registros;
    int n, maxN;
  public:
    Tabela (int maxN);
    int pesquisa (Item<TipoChave> *reg);
    void insere (Item<TipoChave> *reg) throw ( logic_error );
    ~Tabela ();
  };
  template <class TipoChave>
  Tabela<TipoChave>::Tabela (int maxN) {
    this->registros = new Item<TipoChave>*[maxN+1];
    this->n = 0; this->maxN = maxN + 1;
  }
  template <class TipoChave>
  int Tabela<TipoChave>::pesquisa (Item<TipoChave> *reg) {
    this->registros[0] = reg; // sentinela
    int i = this->n;
    while (this->registros[i]->compara (reg) != 0) i--;
    return i;
  }
```

Continuação do Programa E.1

```
  template <class TipoChave>
  void Tabela<TipoChave>::insere (Item<TipoChave> *reg)
  throw ( logic_error ) {
    if (this->n == (this->maxN - 1))
      throw logic_error ("Erro: A tabela esta cheia");
    this->registros[++(this->n)] = reg;
  }
  template <class TipoChave>
  Tabela<TipoChave>::~Tabela () {
    for(int i = 1; i <= this->n; i++) delete this->registros[i];
    delete [] this->registros;
  }
}
#endif
```

Programa E.2 Pesquisa binária

```
// Método da classe Tabela apresentada no Programa E.1
template <class TipoChave>
int Tabela<TipoChave>::binaria (Item<TipoChave> *chave) const {
  if (this->n == 0) return 0;
  int esq = 1, dir = this->n, i;
  do {
    i = (esq + dir) / 2;
    if (chave->compara (this->registros[i]) > 0) esq = i + 1;
    else dir = i - 1;
  } while ((chave->compara (this->registros[i]) != 0) && (esq <= dir));
  if (chave->compara (this->registros[i]) == 0) return i;
  else return 0;
}
```

Programa E.3 Estrutura e operações do dicionário para árvores sem balanceamento

```
#ifndef _ARVOREBINARIA_H_
#define _ARVOREBINARIA_H_
#include "../cap4/Item.h"   // vide Programa D.1
#include <iostream>
#include <stdexcept>
using std::logic_error;
using std::cout;
using std::endl;
using cap4::Item;
namespace cap5 {
  template <class TipoChave> class ArvoreBinaria {
  private:
    class No {
      friend class ArvoreBinaria<TipoChave>;
```

Continuação do Programa E.3

```cpp
    private:
      Item<TipoChave> *reg;
      No *esq, *dir;
      No () { reg = 0;} ~No () { if (reg != 0) delete reg; }
    };
    No *raiz;
    void central (No *p) const;  // vide Programa E.8
    Item<TipoChave> *pesquisa (Item<TipoChave> *reg, No *p) const;
    No *insere (Item<TipoChave> *reg, No *p);
    No *antecessor (No *q, No *r);
    No *retira (Item<TipoChave> *reg, No *p);
    void liberaMemoria (No *p);
  public:
    ArvoreBinaria ();
    Item<TipoChave> *pesquisa (Item<TipoChave> *reg);
    void insere (Item<TipoChave> *reg);
    void retira (Item<TipoChave> *reg);
    void imprime () const;  // vide Programa E.8
    ~ArvoreBinaria ();
};
// Entram aqui os métodos privados dos Programas E.4, E.5 e E.7
template <class TipoChave> ArvoreBinaria<TipoChave>::ArvoreBinaria () {
  this->raiz = NULL;
}
template <class TipoChave> Item<TipoChave> *ArvoreBinaria<TipoChave>::
pesquisa (Item<TipoChave> *reg) {
  return this->pesquisa (reg, this->raiz);
}
template <class TipoChave>
void ArvoreBinaria<TipoChave>::insere (Item<TipoChave> *reg) {
  this->raiz = this->insere (reg, this->raiz);
}
template <class TipoChave>
void ArvoreBinaria<TipoChave>::retira (Item<TipoChave> *reg) {
  this->raiz = this->retira (reg, this->raiz);
}
template <class TipoChave>
void ArvoreBinaria<TipoChave>::liberaMemoria (No *p) {
  if (p != NULL) {
    liberaMemoria (p->esq); liberaMemoria (p->dir); delete p;
  }
}
template <class TipoChave>
ArvoreBinaria<TipoChave>::~ArvoreBinaria () {
  this->liberaMemoria (this->raiz);
}
}
#endif
```

Programa E.4 *Método para pesquisar na árvore*

```cpp
template <class TipoChave> Item<TipoChave> *ArvoreBinaria<TipoChave>::
pesquisa (Item<TipoChave> *reg, No *p) const {
  if (p == NULL) return NULL; // Registro não econtrado
  else if (reg->compara (p->reg) < 0) return pesquisa (reg, p->esq);
  else if (reg->compara (p->reg) > 0) return pesquisa (reg, p->dir);
  else return p->reg;
}
```

Programa E.5 *Método para inserir na árvore*

```cpp
template <class TipoChave>
typename ArvoreBinaria<TipoChave>::No *ArvoreBinaria<TipoChave>::
insere (Item<TipoChave> *reg, No *p) {
  if (p == NULL) {
    p = new No (); p->reg = reg;
    p->esq = NULL; p->dir = NULL;
  }
  else if (reg->compara (p->reg) < 0) p->esq = insere (reg, p->esq);
  else if (reg->compara (p->reg) > 0) p->dir = insere (reg, p->dir);
  else cout << "Erro: Registro ja existente" << endl;
  return p;
}
```

Programa E.6 *Programa para criar a árvore*

```cpp
#ifndef _CRIAARVORE_H_
#define _CRIAARVORE_H_
#include "ArvoreBinaria.h" // vide Programa E.3
#include "../cap4/MeuItem.h" // vide Programa D.2
#include <iostream>
using std::cin;
using cap4::Item;
using cap4::MeuItem;
namespace cap5 {
  class CriaArvore {
  public: static void main ();
  };
  void CriaArvore::main () {
    ArvoreBinaria<int> *dicionario = new ArvoreBinaria<int> ();
    int chave = 0; cin >> chave;
    while (chave > 0) {
      Item<int> *item = new MeuItem (chave);
      dicionario->insere (item);
      cin >> chave;
    }
    delete dicionario;
  }
}
#endif
```

Programa E.7 *Método para retirar reg da árvore*

```cpp
template <class TipoChave>
typename ArvoreBinaria<TipoChave>::No *ArvoreBinaria<TipoChave>::
antecessor (No *q, No *r) {
  if (r->dir != NULL) r->dir = antecessor (q, r->dir);
  else {
    delete q->reg; q->reg = r->reg;
    r->reg = NULL;  // transfere a posse da memória
    No *aux = r; r = r->esq; delete aux;
  }
  return r;
}
template <class TipoChave>
typename ArvoreBinaria<TipoChave>::No *ArvoreBinaria<TipoChave>::
retira (Item<TipoChave> *reg, No *p) {
  if (p == NULL) cout << "Erro: Registro nao encontrado" << endl;
  else if (reg->compara (p->reg) < 0) p->esq = retira (reg, p->esq);
  else if (reg->compara (p->reg) > 0) p->dir = retira (reg, p->dir);
  else {
    if (p->dir == NULL) {
      No *aux = p; p = p->esq; delete aux;
    }
    else if (p->esq == NULL) {
      No *aux = p; p = p->dir; delete aux;
    }
    else p->esq = antecessor (p, p->esq);
  }
  return p;
}
```

Programa E.8 *Caminhamento central e impressão da árvore*

```cpp
template <class TipoChave>
void ArvoreBinaria<TipoChave>::imprime () const {
  this->central (this->raiz);
}
template <class TipoChave>
void ArvoreBinaria<TipoChave>::central (No *p) const {
  if (p != NULL) {
    central (p->esq);
    cout << p->reg->toString() << endl;
    central (p->dir);
  }
}
```

Programa E.9 *Estrutura e operações do dicionário para árvores SBB*

```cpp
#ifndef _ARVORESBB_H_
#define _ARVORESBB_H_
#include "../cap4/Item.h"   // vide Programa D.1
#include <iostream>
#include <stdexcept>
using std::logic_error;
using std::cout;
using std::endl;
using cap4::Item;
namespace cap5 {
  template <class TipoChave> class ArvoreSBB {
  private:
    class No {
    friend class ArvoreSBB<TipoChave>;
    private:
      Item<TipoChave> *reg;
      No *esq, *dir;
      unsigned char incE, incD;
      No () { reg = 0;} ~No () { if (reg != 0) delete reg; }
    };
    const unsigned char Horizontal;
    const unsigned char Vertical;
    No *raiz;
    bool propSBB;
    void central (No *p) const;
    Item<TipoChave> *pesquisa (Item<TipoChave> *reg, No *p) const;
    // Transfomações
    No *ee (No *ap);
    No *ed (No *ap);
    No *dd (No *ap);
    No *de (No *ap);
    No *insere (Item<TipoChave> *reg, No *pai, No *filho, bool filhoEsq);
    // Folha esquerda retirada => árvore curta na altura esquerda
    No *esqCurto (No *ap);
    // Folha direita retirada => árvore curta na altura direita
    No *dirCurto (No *ap);
    No *antecessor (No *q, No *r);
    No *retira (Item<TipoChave> *reg, No *p);
    void liberaMemoria (No *p);
  public:
    ArvoreSBB ();
    Item<TipoChave> *pesquisa (Item<TipoChave> *reg);
    void insere (Item<TipoChave> *reg);
    void retira (Item<TipoChave> *reg);
    void imprime () const;
    ~ArvoreSBB ();
  };
```

Continuação do Programa E.9

```
// Entram aqui os métodos privados dos Programas E.4, E.10, E.11 e E.12
template <class TipoChave> ArvoreSBB<TipoChave>::ArvoreSBB ():
Horizontal (0), Vertical (1) {
  this->raiz = NULL;
  this->propSBB = true;
}
template <class TipoChave> ArvoreSBB<TipoChave>::ArvoreSBB ():
Horizontal (0), Vertical (1) {
  this->raiz = NULL;
  this->propSBB = true;
}
template <class TipoChave> Item<TipoChave> *ArvoreSBB<TipoChave>::
pesquisa (Item<TipoChave> *reg) {
  return this->pesquisa (reg, this->raiz);
}
template <class TipoChave>
void ArvoreSBB<TipoChave>::insere (Item<TipoChave> *reg) {
  this->raiz = insere (reg, NULL, this->raiz, true);
}
template <class TipoChave>
void ArvoreSBB<TipoChave>::retira (Item<TipoChave> *reg) {
  this->raiz = this->retira (reg, this->raiz);
}
template <class TipoChave>
void ArvoreSBB<TipoChave>::liberaMemoria (No *p) {
  if (p != NULL) {
    liberaMemoria (p->esq);
    liberaMemoria (p->dir);
    delete p;
  }
}
template <class TipoChave>
ArvoreSBB<TipoChave>::~ArvoreSBB () {
  this->liberaMemoria (this->raiz);
}
// Entra aqui o método para imprimir a árvore do Programa E.8
}
```

Programa E.10 Métodos para manutenção da propriedade SBB

```
template <class TipoChave>
typename ArvoreSBB<TipoChave>::No *ArvoreSBB<TipoChave>::ee (No *ap) {
  No *ap1 = ap->esq; ap->esq = ap1->dir; ap1->dir = ap;
  ap1->incE = Vertical; ap->incE = Vertical; ap = ap1;
  return ap;
}
```

Continuação do Programa E.10

```cpp
template <class TipoChave>
typename ArvoreSBB<TipoChave>::No *ArvoreSBB<TipoChave>::ed (No *ap) {
  No *ap1 = ap->esq; No *ap2 = ap1->dir; ap1->incD = Vertical;
  ap->incE = Vertical; ap1->dir = ap2->esq; ap2->esq = ap1;
  ap->esq = ap2->dir; ap2->dir = ap; ap = ap2;
  return ap;
}
template <class TipoChave>
typename ArvoreSBB<TipoChave>::No *ArvoreSBB<TipoChave>::dd (No *ap) {
  No *ap1 = ap->dir; ap->dir = ap1->esq; ap1->esq = ap;
  ap1->incD = Vertical; ap->incD = Vertical; ap = ap1;
  return ap;
}
template <class TipoChave>
typename ArvoreSBB<TipoChave>::No *ArvoreSBB<TipoChave>::de (No *ap) {
  No *ap1 = ap->dir; No *ap2 = ap1->esq; ap1->incE = Vertical;
  ap->incD = Vertical; ap1->esq = ap2->dir; ap2->dir = ap1;
  ap->dir = ap2->esq; ap2->esq = ap; ap = ap2;
  return ap;
}
```

Programa E.11 *Método para inserir na árvore SBB*

```cpp
template <class TipoChave>
typename ArvoreSBB<TipoChave>::No *ArvoreSBB<TipoChave>::
insere (Item<TipoChave> *reg, No *pai, No *filho, bool filhoEsq) {
  if (filho == NULL) {
    filho = new No (); filho->reg = reg;
    filho->incE = Vertical; filho->incD = Vertical;
    filho->esq = NULL; filho->dir = NULL;
    if (pai != NULL)
      if (filhoEsq) pai->incE = Horizontal; else pai->incD = Horizontal;
    this->propSBB = false;
  }
  else if (reg->compara (filho->reg) < 0) {
    filho->esq = insere (reg, filho, filho->esq, true);
    if (!this->propSBB)
      if (filho->incE == Horizontal) {
        if (filho->esq->incE == Horizontal) {
          filho = this->ee (filho); // trasformação esquerda-esquerda
          if (pai != NULL)
            if(filhoEsq) pai->incE=Horizontal; else pai->incD=Horizontal;
        }
        else if (filho->esq->incD == Horizontal) {
          filho = this->ed (filho); // trasformação esquerda-direita
          if (pai != NULL)
            if(filhoEsq) pai->incE=Horizontal; else pai->incD=Horizontal;
        }
```

Continuação do Programa E.11

```
      }
      else this->propSBB = true;
  }
  else if (reg->compara (filho->reg) > 0) {
    filho->dir = insere (reg, filho, filho->dir, false);
    if (!this->propSBB)
      if (filho->incD == Horizontal) {
        if (filho->dir->incD == Horizontal) {
          filho = this->dd (filho); // trasformação direita-direita
          if (pai != NULL)
            if(filhoEsq) pai->incE=Horizontal; else pai->incD=Horizontal;
        }
        else if (filho->dir->incE == Horizontal) {
          filho = this->de (filho); // trasformação direita-esquerda
          if (pai != NULL)
            if(filhoEsq) pai->incE=Horizontal; else pai->incD=Horizontal;
        }
      }
      else this->propSBB = true;
  }
  else {
    cout << "Erro: Registro ja existente" << endl;
    this->propSBB = true;
  }
  return filho;
}
```

Programa E.12 *Método para retirar da árvore SBB e métodos auxiliares*

```
// Folha esquerda retirada => árvore curta na altura esquerda
template <class TipoChave>
typename ArvoreSBB<TipoChave>::No *ArvoreSBB<TipoChave>::
esqCurto (No *ap) {
  if (ap->incE == Horizontal) {ap->incE=Vertical; this->propSBB=true;}
  else if (ap->incD == Horizontal) {
    No *ap1 = ap->dir; ap->dir = ap1->esq; ap1->esq = ap; ap = ap1;
    if (ap->esq->dir->incE == Horizontal) {
      ap->esq = this->de (ap->esq); ap->incE = Horizontal;
    }
    else if (ap->esq->dir->incD == Horizontal) {
      ap->esq = this->dd (ap->esq); ap->incE = Horizontal;
    } this->propSBB = true;
  }
  else {
    ap->incD = Horizontal;
    if (ap->dir->incE == Horizontal) {
      ap = this->de (ap); this->propSBB = true;
    }
```

Continuação do Programa E.12

```cpp
    else if (ap->dir->incD == Horizontal) {
      ap = this->dd (ap); this->propSBB = true;
    }
  }
  return ap;
}
// Folha direita retirada => árvore curta na altura direita
template <class TipoChave>
typename ArvoreSBB<TipoChave>::No *ArvoreSBB<TipoChave>::
dirCurto (No *ap) {
  if (ap->incD == Horizontal) {
    ap->incD = Vertical; this->propSBB = true;
  }
  else if (ap->incE == Horizontal) {
    No *ap1 = ap->esq; ap->esq = ap1->dir; ap1->dir = ap; ap = ap1;
    if (ap->dir->esq->incD == Horizontal) {
      ap->dir = this->ed (ap->dir); ap->incD = Horizontal;
    }
    else if (ap->dir->esq->incE == Horizontal) {
      ap->dir = this->ee (ap->dir); ap->incD = Horizontal;
    }
    this->propSBB = true;
  }
  else {
    ap->incE = Horizontal;
    if (ap->esq->incD == Horizontal) {
      ap = this->ed (ap); this->propSBB = true;
    }
    else if (ap->esq->incE == Horizontal) {
      ap = this->ee (ap); this->propSBB = true;
    }
  }
  return ap;
}
template <class TipoChave>
typename ArvoreSBB<TipoChave>::No *ArvoreSBB<TipoChave>::
antecessor (No *q, No *r) {
  if (r->dir != NULL) {
    r->dir = antecessor (q, r->dir);
    if (!this->propSBB) r = this->dirCurto (r);
  }
  else {
    delete q->reg; q->reg = r->reg;
    r->reg = NULL; // transfere a posse da memória
    No *aux = r; r = r->esq; delete aux;
    if (r != NULL) this->propSBB = true;
  }
  return r;
}
```

Continuação do Programa E.12

```cpp
template <class TipoChave>
typename ArvoreSBB<TipoChave>::No *ArvoreSBB<TipoChave>::
retira (Item<TipoChave> *reg, No *ap) {
  if (ap == NULL) {
    cout << "Erro: Registro nao encontrado" << endl;
    this->propSBB = true;
  }
  else if (reg->compara (ap->reg) < 0) {
    ap->esq = retira (reg, ap->esq);
    if (!this->propSBB)
      ap = this->esqCurto (ap);
  }
  else if (reg->compara (ap->reg) > 0) {
    ap->dir = retira (reg, ap->dir);
    if (!this->propSBB)
      ap = this->dirCurto (ap);
  }
  else { // encontrou o registro
    this->propSBB = false;
    if (ap->dir == NULL) {
      No *aux = ap;
      ap = ap->esq;
      delete aux;
      if (ap != NULL)
        this->propSBB = true;
    }
    else if (ap->esq == NULL) {
      No *aux = ap;
      ap = ap->dir;
      delete aux;
      if (ap != NULL)
        this->propSBB = true;
    }
    else {
      ap->esq = antecessor (ap, ap->esq);
      if (!this->propSBB)
        ap = this->esqCurto (ap);
    }
  }
  return ap;
}
```

Programa E.13 *Estrutura de dados e operações da árvore Patricia*

```cpp
#ifndef _ARVOREPATRICIA_H_
#define _ARVOREPATRICIA_H_
#include <typeinfo>
#include <string>
#include <iostream>
using std::cout;
using std::endl;
using std::string;
namespace cap5 {
  class ArvorePatricia {
  private:
    class PatNo {
    public: virtual ~PatNo() {};
    };

    class PatNoInt : public PatNo {
    friend class ArvorePatricia;
    private:
      int index;
      PatNo *esq, *dir;
    };

    class PatNoExt : public PatNo {
    friend class ArvorePatricia;
    private:
      char chave; // O tipo da chave depende da aplicação
    };

    PatNo *raiz;
    int nbitsChave;

    // Retorna o i-ésimo bit da chave k a partir da esquerda
    int bit (int i, char k) const;
    // Verifica se p é nó externo
    bool eExterno (PatNo *p) const;
    PatNo *criaNoInt (int i, PatNo *esq, PatNo *dir) const;
    PatNo *criaNoExt (char k) const;
    void pesquisa (char k, PatNo *t) const;
    PatNo *insereEntre (char k, PatNo *t, int i) const;
    PatNo *insere (char k, PatNo *t);
    void liberaMemoria (PatNo *p);
  public:
    ArvorePatricia (int nbitsChave);
    void pesquisa (char k) const;
    void insere (char k);
    ~ArvorePatricia();
  };
```

Continuação do Programa E.13

```cpp
// Entram aqui os métodos privados dos Programas E.14, E.15, E.16, E.17 e E.18
ArvorePatricia::ArvorePatricia (int nbitsChave) {
  this->raiz = NULL; this->nbitsChave = nbitsChave;
}
void ArvorePatricia::pesquisa (char k) const {
  this->pesquisa (k, this->raiz);
}
void ArvorePatricia::insere (char k) {
  this->raiz = this->insere (k, this->raiz);
}
void ArvorePatricia::liberaMemoria (PatNo *p) {
  if (p == NULL) return;
  if (this->eExterno(p)) delete p;
  else {
    PatNoInt *aux = (PatNoInt *)p;
    liberaMemoria (aux->esq); liberaMemoria (aux->dir); delete p;
  }
}
ArvorePatricia::~ArvorePatricia() {
  this->liberaMemoria (this->raiz);
}
}
#endif
```

Programa E.14 Métodos auxiliares

```cpp
// Retorna o i-ésimo bit da chave k a partir da esquerda
int ArvorePatricia::bit (int i, char k) const {
  if (i == 0) return 0;
  int c = (int)k;
  for (int j = 1; j <= this->nbitsChave - i; j++) c = c/2;
  return c % 2;
}

// Verifica se p é nó externo
bool ArvorePatricia::eExterno (PatNo *p) const {
  return (strcmp(typeid(*p).name(), typeid(PatNoExt).name()) == 0);
}
```

Programa E.15 Método para criar nó interno

```cpp
ArvorePatricia::PatNo *ArvorePatricia::
criaNoInt (int i, PatNo *esq, PatNo *dir) const {
  PatNoInt *p = new PatNoInt ();
  p->index = i; p->esq = esq; p->dir = dir;
  return p;
}
```

Programa E.16 *Método para criar nó externo*

```cpp
ArvorePatricia::PatNo *ArvorePatricia::criaNoExt (char k) const {
  PatNoExt *p = new PatNoExt ();
  p->chave = k;
  return p;
}
```

Programa E.17 *Algoritmo de pesquisa*

```cpp
void ArvorePatricia::pesquisa (char k, PatNo *t) const {
  if (this->eExterno (t)) {
    PatNoExt *aux = (PatNoExt*)t;
    if (aux->chave == k) cout << "Elemento encontrado" << endl;
    else cout << "Elemento nao encontrado" << endl;
  }
  else {
    PatNoInt *aux = (PatNoInt*)t;
    if (this->bit (aux->index, k) == 0) pesquisa (k, aux->esq);
    else pesquisa (k, aux->dir);
  }
}
```

Programa E.18 *Algoritmo de inserção*

```cpp
ArvorePatricia::PatNo *ArvorePatricia::
insereEntre (char k, PatNo *t, int i) const {
  PatNoInt *aux = NULL;
  if (!this->eExterno (t)) aux = (PatNoInt*)t;
  if (this->eExterno (t) || (i < aux->index)) { // Cria um novo nó externo
    PatNo *p = this->criaNoExt (k);
    if (this->bit (i, k) == 1) return this->criaNoInt (i, t, p);
    else return this->criaNoInt (i, p, t);
  }
  else {
    if (this->bit (aux->index, k) == 1)
      aux->dir = this->insereEntre (k, aux->dir, i);
    else aux->esq = this->insereEntre (k, aux->esq, i);
    return aux;
  }
}
ArvorePatricia::PatNo *ArvorePatricia::insere (char k, PatNo *t) {
  if (t == NULL) return this->criaNoExt (k);
  else {
    PatNo *p = t;
    while (!this->eExterno (p)) {
      PatNoInt *aux = (PatNoInt*)p;
      if(this->bit (aux->index, k) == 1) p = aux->dir; else p = aux->esq;
    }
```

Continuação do Programa E.18

```
    PatNoExt *aux = (PatNoExt*)p;
    int i = 1; // acha o primeiro bit diferente
    while ((i <= this->nbitsChave)&&
           (this->bit (i, k) == this->bit (i, aux->chave))) i++;
    if (i > this->nbitsChave) {
      cout << "Erro: chave ja esta na arvore" << endl;
      return t;
    }
    else return this->insereEntre (k, t, i);
  }
}
```

Programa E.19 *Geração de pesos para a função de transformação*

```
template <class T>
int *TabelaHash<T>::geraPesos (int n) const {
  int *p = new int[n];
  for (int i = 0; i < n; i++) p[i] = (rand () % M) + 1;
  return p;
}
```

Programa E.20 *Implementação de função de transformação*

```
template <class T>
int TabelaHash<T>::h (string chave, int* pesos) const {
  int soma = 0;
  for (unsigned int i = 0; i < chave.length(); i++)
    soma = soma + ((unsigned char)chave[i]) * pesos[i];
  return soma % this->M;
}
```

Programa E.21 *Estrutura e operações do dicionário para listas encadeadas*

```
#ifndef _TABELAHASH_H_
#define _TABELAHASH_H_
#include "../../cap3/autoreferencia/Lista.h" // vide Programa C.2
#include <string>
#include <iostream>
using std::ostream;
using std::cout;
using std::endl;
using std::string;
using cap3_autoreferencia::Lista; // vide Programa C.2
namespace cap5_listaenc {
```

Continuação do Programa E.21

```cpp
// Para utilizar a classe TabelaHash<T> o tipo de dado fornecido no
// lugar do parâmetro de tipo T deve possuir um construtor de
// cópia e os operadores «, = sobrecarregados.
template <class T> class TabelaHash {
private:
  class Celula {
  friend class TabelaHash<T>;
  private:
    string chave; T *item;
  public:
    Celula (string chave, const T& item) {
      this->chave = chave; this->item = new T (item);
    }
    Celula (string chave) {
      this->chave = chave; this->item = NULL;
    }
    Celula (const Celula& cel) { *this = cel; }
    bool operator== (const Celula& celula) const {
      return this->chave == celula.chave;
    }
    bool operator!= (const Celula& celula) const {
      return this->chave != celula.chave;
    }
    const Celula& operator= (const Celula& cel) {
      if (this != &cel) { // evita auto-atribuição
        this->chave = cel.chave;
        this->item = cel.item != NULL ? new T(*(cel.item)) : NULL;
      }
      return *this; // permite atribuições encadeadas
    }
    ~Celula () { if (item != 0) delete item; }
  };
  int M; // tamanho da tabela
  Lista<Celula> *tabela;
  int *pesos;

  int *geraPesos (int n) const; // vide Programa E.19
  int h (string chave, int* pesos) const; // vide Programa E.20
public:
  TabelaHash (int m, int maxTamChave);
  T *pesquisa (string chave) const;
  void insere (string chave, const T& item);
  void retira (string chave);
  ~TabelaHash ();
};
```

Continuação do Programa E.21

```cpp
// Entram aqui os Programas E.19 e E.20
  template <class T>
  TabelaHash<T>::TabelaHash (int m, int maxTamChave) {
    this->M = m; this->tabela = new Lista<Celula>[this->M];
    this->pesos = this->geraPesos (maxTamChave);
  }

  template <class T>
  T *TabelaHash<T>::pesquisa (string chave) const {
    int i = this->h (chave, this->pesos);
    if (this->tabela[i].vazia()) return NULL; // pesquisa sem sucesso
    else {
      Celula c (chave);
      Celula *cel = this->tabela[i].pesquisa (c);
      if (cel == NULL) return NULL; // pesquisa sem sucesso
      else return cel->item;
    }
  }

  template <class T>
  void TabelaHash<T>::insere (string chave, const T& item) {
    if (this->pesquisa (chave) == NULL) {
      int i = this->h (chave, this->pesos);
      Celula cel (chave, item);
      this->tabela[i].insere (cel);
    }
    else cout << "Registro ja esta presente" << endl;
  }

  template <class T>
  void TabelaHash<T>::retira (string chave) {
    int i = this->h (chave, this->pesos);
    Celula c (chave);
    Celula *cel = this->tabela[i].retira (c);
    if (cel == NULL) cout << "Registro nao esta presente" << endl;
    else delete cel;
  }

  template <class T>
  TabelaHash<T>::~TabelaHash () {
    delete [] this->tabela;
    delete [] this->pesos;
  }
}
#endif
```

Programa E.22 *Estrutura e operações do dicionário usando* endereçamento aberto

```cpp
#ifndef _TABELAHASH_H_
#define _TABELAHASH_H_
#include <string>
#include <iostream>
using std::cout;
using std::endl;
using std::string;
namespace cap5_endaberto {
  // Para utilizar a classe TabelaHash<T> o tipo de dado fornecido no
  // lugar do parâmetro de tipo T deve possuir um construtor de
  // cópia e os operadores «, e = sobrecarregados.
  template <class T> class TabelaHash {
  private:
    class Celula {
    friend class TabelaHash<T>;
    private:
      string chave; T *item; bool retirado;
    public:
      Celula (string chave, const T& item) {
        this->chave = chave; this->item = new T (item);
        this->retirado = false;
      }
      bool equals (Celula &cel) { return (chave == cel.chave); }
      ~Celula () { if (item != 0) delete item; }
    };
    int M; // tamanho da tabela
    Celula **tabela;
    int *pesos;

    int *geraPesos (int n) const; // vide Programa E.19
    int h (string chave, int* pesos) const; // vide Programa E.20
    int pesquisaIndice (string chave) const; // vide Programa E.23
  public:
    TabelaHash (int m, int maxTamChave);
    T *pesquisa (string chave) const;
    void insere (string chave, const T& item);
    void retira (string chave);
    T **recuperaItens () const; // vide Programa H.29
    ~TabelaHash ();
  };
  // Entram aqui os Programas E.19, E.20 e E.23
  template <class T>
  TabelaHash<T>::TabelaHash (int m, int maxTamChave) {
    this->M = m; this->tabela = new Celula*[this->M];
    for (int i = 0; i < this->M; i++) this->tabela[i] = NULL; // vazio
    this->pesos = this->geraPesos (maxTamChave);
  }
```

Continuação do Programa E.22

```cpp
    template <class T>
    T *TabelaHash<T>::pesquisa (string chave) const {
        int indice = this->pesquisaIndice (chave);
        if (indice < this->M) return this->tabela[indice]->item;
        else return NULL;    // pesquisa sem sucesso
    }
    template <class T>
    void TabelaHash<T>::insere (string chave, const T& item) {
        if (this->pesquisa (chave) == NULL) {
            int inicial = this->h (chave, this->pesos);
            int indice = inicial; int i = 0;
            while (this->tabela[indice] != NULL &&
                   !this->tabela[indice]->retirado &&
                   i < this->M) indice = (inicial + (++i)) % this->M;
            if (i < this->M) this->tabela[indice] = new Celula (chave, item);
            else cout << "Tabela cheia" << endl;
        } else cout << "Registro ja esta presente" << endl;
    }
    template <class T>
    void TabelaHash<T>::retira (string chave) {
        int i = this->pesquisaIndice (chave);
        if (i < this->M) {
            this->tabela[i]->retirado = true; this->tabela[i]->chave = "";
        } else cout << "Registro nao esta presente" << endl;
    }
    template <class T>
    TabelaHash<T>::~TabelaHash () {
        for (int i = 0; i < this->M; i++)
            if (this->tabela[i] != NULL) delete this->tabela[i];
        delete [] this->tabela;
        delete [] this->pesos;
    }
}
#endif
```

Programa E.23 *Método auxiliar pesquisaIndice*

```cpp
template <class T>
int TabelaHash<T>::TabelaHash<T>::pesquisaIndice (string chave) const {
    int inicial = this->h (chave, this->pesos);
    int indice = inicial; int i = 0;
    while (this->tabela[indice] != NULL &&
           (chave != this->tabela[indice]->chave) &&
           i < this->M) indice = (inicial + (++i)) % this->M;
    if (this->tabela[indice] != NULL &&
        (this->tabela[indice]->chave == chave)) return indice;
    else return this->M;   // pesquisa sem sucesso
}
```

Programa E.24 *Primeiro refinamento do algoritmo para atribuir valores ao arranjo g*

```
bool rotuleDe (int v, int c, Grafo G, int *g) {
  bool grafoRotulavel = true;
  if (g[v] != Indefinido) if (g[v] != c) grafoRotulavel = false;
  else {
    g[v] = c;
    for (u ∈ G.listaAdjacentes (v))
      rotuleDe (u, (G.aresta (v,u) − g[v]) % N, g);
  }
  return grafoRotulavel;
}
bool atribuig (Grafo G, int *g) {
  bool grafoRotulavel = true;
  for (int v = 0; v < M; v++) g[v] = Indefinido;
  for (int v = 0; v < M; v++)
    if (g[v] == Indefinido) grafoRotulavel = rotuleDe (v, 0, G, g);
  return grafoRotulavel;
}
```

Programa E.25 *Algoritmo para obter função de transformação perfeita*

```
void obtemHashingPerfeito () {
  Ler conjunto de N chaves;
  Escolha um valor para M;
  do {
    Gera os pesos p₁[i] e p₂[i] para 0 ≤ i ≤ maxTamChave − 1;
    Gera o grafo G = (V, A);
    grafoRotulavel = atribuig (G, g);
  } while (!grafoRotulavel);
  Retorna p₁, p₂ e g;
}
```

Onde $p_1[i]$, $p_2[i]$ e $0 \leq i \leq maxTamChave - 1$.

Programa E.26 *Estruturas de dados e operações para obter a função hash perfeita*

```
#ifndef FHPM_H_
#define FHPM_H_
#include "../../cap7/listaadj/arranjo/Grafo.h"  // vide Programa G.4
#include <iostream>
#include <fstream>
#include <stdexcept>
#include <string>
using std::string;
using std::logic_error;
using cap7_listaadj_arranjo::Grafo;  // vide Programa G.4
using std::ios;
using std::filebuf;
using std::istream;
using std::ostream;
namespace cap5_fhpm {
```

Continuação do Programa E.26

```
class FHPM {
private:
  int *p1, *p2;  // pesos de h1 e h2
  int *g;  // função g
  int N;   // número de chaves
  int M;   // número de vértices
  int maxTamChave, nGrafosGerados, nGrafosConsiderados;
  const int Indefinido;
  int *geraPesos (int maxTamChave);  // vide Programa E.19
  int h (string chave, int *pesos);  // vide Programa E.20
  Grafo *geraGrafo (string *conjChaves);  // vide Programa E.27
  bool rotuleDe (int v, int c, Grafo *grafo);  // vide Programa E.28
  bool atribuig (Grafo *grafo);  // vide Programa E.28
public:
  FHPM (int maxTamChave, int n, float c);
  void obtemHashingPerfeito (string nomeArqEnt) throw ( logic_error );
  void salvar (string nomeArqSaida);
  void ler (string nomeArqFHPM );
  int hp (string chave);
  ~FHPM ();
};
// Entram aqui os métodos privados dos Programas E.19, E.20, E.27 e E.28
FHPM ::FHPM (int maxTamChave, int n, float c) : Indefinido (-1) {
  this->N = n; this->M = (int)(c*this->N);
  this->maxTamChave = maxTamChave; this->p1 = NULL ;
  this->p2 = NULL ; this->g = new int[this->M];
}
void FHPM ::obtemHashingPerfeito (string nomeArqEnt)
throw ( logic_error ) {
  filebuf fArqEnt; fArqEnt.open (nomeArqEnt.c_str(), ios::in);
  istream arqEnt (&fArqEnt);
  string *conjChaves = new string[this->N];
  this->nGrafosGerados = 0; this->nGrafosConsiderados = 0; int i = 0;
  while ( i < this->N) {
    char chave[this->maxTamChave+1];
    arqEnt.getline (chave, this->maxTamChave+1);
    if (strlen (chave) == 0) break;  // fim de arquivo
    conjChaves[i] = chave; i++;
  }
  if (i != this->N)
    throw logic_error ("Erro: Arquivo de entrada possui menos chaves");
  bool grafoRotulavel = true;
  do {
    Grafo *grafo = this->geraGrafo (conjChaves);
    grafoRotulavel = this->atribuig (grafo);
    delete grafo;
  }while (!grafoRotulavel);
```

Continuação do Programa E.26

```cpp
    delete [] conjChaves; fArqEnt.close ();
  }
  int FHPM ::hp (string chave) {
    return (g[h (chave, p1)] + g[h (chave, p2)]) % N;
  }
  // Entram aqui os métodos públicos dos Programas E.29 e E.30
  FHPM ::~FHPM () {
    if(this->p1) delete [] this->p1;
    if(this->p2) delete [] this->p2;
    if(this->g)  delete [] this->g;
  }
}
#endif
```

Programa E.27 Gera um grafo sem arestas repetidas e sem self-loops

```cpp
Grafo *FHPM ::geraGrafo (string *conjChaves) {
  Grafo *grafo; bool grafoValido;
  do {
    grafo = new Grafo (this->M, this->N); grafoValido = true;
    if (this->p1) delete [] this->p1;
    this->p1 = this->geraPesos (this->maxTamChave);
    if (this->p2) delete [] this->p2;
    this->p2 = this->geraPesos (this->maxTamChave);
    for (int i = 0; i < this->N; i++) {
      int v1 = this->h (conjChaves[i], this->p1);
      int v2 = this->h (conjChaves[i], this->p2);
      if ((v1 == v2) || grafo->existeAresta(v1, v2)) {
        grafoValido=false; delete grafo; grafo = NULL ; break;
      } else {
        grafo->insereAresta (v1, v2, i);
        grafo->insereAresta (v2, v1, i);
      }
    }
    this->nGrafosGerados ++;
  } while (!grafoValido);
  return grafo;
}
```

Programa E.28 Rotula grafo e atribui valores para o arranjo g

```cpp
bool FHPM ::rotuleDe (int v, int c, Grafo *grafo) {
  bool grafoRotulavel = true;
  if (this->g[v] != Indefinido) {
    if (this->g[v] != c) {
      this->nGrafosConsiderados++; grafoRotulavel = false;
    }
```

Continuação do Programa E.28

```cpp
  } else {
    this->g[v] = c;
    if (!grafo->listaAdjVazia (v)) {
      Grafo::Aresta *adj = grafo->primeiroListaAdj (v);
      while (adj != NULL ) {
        int u = adj->_peso () - this->g[v];
        if (u < 0) u = u + this->N;
        grafoRotulavel = rotuleDe (adj->_v2 (), u, grafo);
        delete adj;
        if (!grafoRotulavel) break; // sai do loop
        adj = grafo->proxAdj (v);
      }
    }
  }
  return grafoRotulavel;
}
bool FHPM ::atribuig (Grafo *grafo) {
  bool grafoRotulavel = true;
  for (int v = 0; v < this->M; v++) this->g[v] = Indefinido;
  for (int v = 0; v < this->M; v++) {
    if (this->g[v] == Indefinido)
      grafoRotulavel = this->rotuleDe (v, 0, grafo);
    if (!grafoRotulavel) break;
  }
  return grafoRotulavel;
}
```

***Programa E.29** Método para salvar no disco a função de transformação perfeita*

```cpp
void FHPM ::salvar (string nomeArqSaida) {
  filebuf fArqSaida; fArqSaida.open (nomeArqSaida.c_str(), ios::out);
  ostream arqSaida (&fArqSaida);
  arqSaida << this->N << " (N)\n"; arqSaida << this->M << " (M)\n";
  arqSaida << this->maxTamChave << " (maxTamChave)\n";
  for (int i=0; i<this->maxTamChave; i++) arqSaida << this->p1[i] << " ";
  arqSaida << "(p1)\n";
  for (int i=0; i<this->maxTamChave; i++) arqSaida << this->p2[i] << " ";
  arqSaida << "(p2)\n";
  for (int i = 0; i < this->M; i++) arqSaida << this->g[i] << " ";
  arqSaida << "(g)\n";
  arqSaida << "No. grafos gerados por geraGrafo:" <<
              this->nGrafosGerados << "\n";
  arqSaida << "No. grafos considerados por atribuig:" <<
              (this->nGrafosConsiderados + 1) << "\n";
  fArqSaida.close ();
}
```

Programa E.30 *Método para ler do disco a função de transformação perfeita*

```cpp
void FHPM ::ler (string nomeArqFHPM ) {
  filebuf fArqFHPM ; fArqFHPM .open (nomeArqFHPM .c_str(),ios::in);
  istream arqFHPM  (&fArqFHPM );
  arqFHPM  >> this->N; arqFHPM .ignore (20, '\n');
  arqFHPM  >> this->M; arqFHPM .ignore (20, '\n');
  arqFHPM  >> this->maxTamChave; arqFHPM .ignore (20, '\n');
  if (this->p1) delete [] this->p1;
  this->p1 = new int[this->maxTamChave];
  for (int i = 0; i < this->maxTamChave; i++) arqFHPM  >> this->p1[i];
  arqFHPM .ignore (20, '\n');
  if (this->p2) delete [] this->p2;
  this->p2 = new int[this->maxTamChave];
  for (int i = 0; i < this->maxTamChave; i++) arqFHPM  >> this->p2[i];
  arqFHPM .ignore (20, '\n');
  if (this->g) delete [] this->g;
  this->g = new int[this->M];
  for (int i = 0; i < this->M; i++) arqFHPM  >> this->g[i];
  arqFHPM .ignore (20, '\n'); fArqFHPM .close ();
}
```

Programa E.31 *Programa para gerar uma função de transformação perfeita*

```cpp
#ifndef GERAFHPM_H_
#define GERAFHPM_H_
#include "fhpm/FHPM.h" // vide Programa E.26
#include <stdexcept>
#include <string>
#include <iostream>
using std::cout;  using std::cin;
using std::endl;  using std::string;
using std::logic_error;
using cap5_fhpm::FHPM; // vide Programa E.26
namespace cap5 {
  class GeraFHPM  { public: static void main (); };
  void GeraFHPM ::main () {
    try {
      cout << "Numero de chaves:"; int n; cin >> n;
      cout << "Tamanho da maior chave:";
      int maxTamChave; cin >> maxTamChave;
      cout << "Nome do arquivo com chaves a serem lidas:";
      string nomeArqEnt; cin >> nomeArqEnt;
      cout << "Nome do arquivo para gravar a FHPM :";
      string nomeArqSaida; cin >> nomeArqSaida;
      FHPM  fhpm (maxTamChave, n, 3);
      fhpm.obtemHashingPerfeito (nomeArqEnt); fhpm.salvar(nomeArqSaida);
    } catch (logic_error e) { cout << e.what () << endl;}
  }
}
#endif
```

Programa E.32 Programa para testar uma função de transformação perfeita

```cpp
#ifndef TESTAFHPM_H_
#define TESTAFHPM_H_
#include "fhpm/FHPM.h" // vide Programa E.26
#include <stdexcept>
#include <string>
#include <iostream>
using std::cout;
using std::cin;
using std::endl;
using std::string;
using std::logic_error;
using cap5_fhpm::FHPM; // vide Programa E.26
namespace cap5 {
  class TestaFHPM {
  public: static void main ();
  };
  void TestaFHPM ::main () {
    try {
      cout << "Nome do arquivo com a FHPM :";
      string nomeArqEnt; cin >> nomeArqEnt;
      FHPM fhpm (0, 0, 0); fhpm.ler (nomeArqEnt);
      cout << "Chave:"; string chave; cin >> chave;
      while (chave != "aaaaaa") {
        cout << "Indice: " << fhpm.hp (chave) << endl;
        cout << "Chave:"; cin >> chave;
      }
    } catch (logic_error e) { cout << e.what () << endl;}
  }
}
#endif
```

Programa E.33 Classe para extrair palavras de um texto

```cpp
#ifndef _EXTRAIPALAVRA_H_
#define _EXTRAIPALAVRA_H_
#include <string>
#include <iostream>
#include <fstream>
using std::ios;
using std::filebuf;
using std::istream;
using std::string;
#define ASCII   256
#define MAX_TAM_LINHA   200
namespace cap5 {
  class ExtraiPalavra {
  private:
    istream *arqDelim, *arqTxt;
    filebuf fArqDelim, fArqTxt;
```

Continuação do Programa E.33

```cpp
    string *delimitadores;
    string *palavras;
    string::size_type pos;
  public:
    ExtraiPalavra (string nomeArqDelim, string nomeArqTxt);
    string *proximaPalavra ();
    ~ExtraiPalavra ();  // Fecha os arquivos e libera memória alocada
};
ExtraiPalavra::ExtraiPalavra (string nomeArqDelim, string nomeArqTxt) {
    this->fArqDelim.open (nomeArqDelim.c_str(), ios::in);
    this->arqDelim = new istream(&this->fArqDelim);
    this->fArqTxt.open (nomeArqTxt.c_str(), ios::in);
    this->arqTxt = new istream(&this->fArqTxt);
    // Os delimitadores devem estar juntos em uma única linha do arquivo
    char delim[ASCII];
    arqDelim->getline(delim, ASCII);
    this->delimitadores = new string(delim);
    *(this->delimitadores) = *(this->delimitadores) + "\r\n";
    this->palavras = NULL ; this->pos = 0;
}

string *ExtraiPalavra::proximaPalavra () {
    if (palavras == NULL  || (this->pos == string::npos)) {
       char linha[MAX_TAM_LINHA];
       arqTxt->getline (linha, MAX_TAM_LINHA);
       if (strlen (linha) == 0 && arqTxt->eof ()) return NULL;
       if (this->palavras) delete this->palavras;
       this->palavras = new string (linha);  this->pos = 0;
    }
    string *palavra = new string("");
    this->pos = this->palavras->find_first_not_of(*(this->delimitadores),
                                                  this->pos);
    string::size_type posFinal = this->palavras->find_first_of (
                                    *(this->delimitadores), this->pos);
    if (string::npos != posFinal || string::npos != this->pos) {
       *palavra = this->palavras->substr(this->pos, posFinal - this->pos);
       this->pos = posFinal;
    }
    return palavra;
}
ExtraiPalavra::~ExtraiPalavra () {
    this->fArqDelim.close();
    delete this->arqDelim;
    this->fArqTxt.close();
    delete this->arqTxt;
    delete this->delimitadores;
    if(this->palavras) delete this->palavras;
}
}
#endif
```

Programa E.34 *Programa que ilustra a utilização da classe ExtraiPalavra*

```cpp
#ifndef _TESTAEXTRAIPALAVRA_H_
#define _TESTAEXTRAIPALAVRA_H_
#include "ExtraiPalavra.h" // vide Programa E.33
#include <iostream>
using std::cout;
using std::endl;
namespace cap5 {
  class TestaExtraiPalavra {
  public:
    static void main (int argc, char **argv);
  };
  void TestaExtraiPalavra::main (int argc, char **argv) {
    ExtraiPalavra palavras (argv[1], argv[2]);
    string *palavra = NULL ; int i = 1;
    while ((palavra = palavras.proximaPalavra())!=NULL ) {
      cout << "Palavra" << (i++) << ": " << *palavra << endl;
      delete palavra;
    }
  }
}
#endif
```

Apêndice F

Programas em C++ do Capítulo 6

Programa F.1 Estrutura de dados para o sistema de paginação

```cpp
#ifndef _PAGINA_H_
#define _PAGINA_H_
namespace cap6_umtipo {
  class Registro {
  private: short chave;
    // Outros componentes e métodos de um registro
  };
  class Endereco {
  private:
    short p;
    unsigned char b;  // b ∈ [0, itensPorPagina − 1]
    // Métodos para operar com um endereço
  };
  class Item {
  private:
    Registro *reg;
    Endereco *esq, *dir;
    // Métodos para operar com um item
  };
  class Pagina {
  private:
    Item **pagina;
  public:
    Pagina (unsigned char itensPorPagina) {
      // itensPorPagina = tamanhoDaPagina/tamanhoDoItem
      this->pagina = new Item*[itensPorPagina];
    }
    // Métodos para operar com uma página
  };
}
#endif
```

Programa F.2 Diferentes tipos de páginas para o sistema de paginação

```cpp
#ifndef _PAGINA_H_
#define _PAGINA_H_
namespace cap6_variostipos {
  class Pagina {
    // Componentes e métodos de uma página
    public: virtual ~Pagina(){}
  };
  class PaginaA : public Pagina {
    // Componentes e métodos de uma página do tipo A
  };
  class PaginaB : public Pagina {
    // Componentes e métodos de uma página do tipo B
  };
  class PaginaC : public Pagina {
    // Componentes e métodos de uma página do tipo C
  };
}
#endif
```

Programa F.3 Estrutura e operações do dicionário para árvore B

```cpp
#ifndef _ARVOREB_H_
#define _ARVOREB_H_
#include "../cap4/Item.h"   // vide Programa D.1
#include <iostream>
using std::cout;
using std::endl;
using cap4::Item;
namespace cap6 {
  template <class TipoChave> class ArvoreB {
  private:
    class Pagina {
    friend class ArvoreB<TipoChave>;
    private:
      int n; Item<TipoChave> **r; Pagina **p;
    public:
      Pagina (int mm) {
        this->n = 0; this->r = new Item<TipoChave>*[mm];
        this->p = new Pagina*[mm+1];
      }
      ~Pagina() {
        for (int i = 0; i < this->n; i++) {
          if (this->r[i] != 0) {
            delete this->r[i];
          }
          this->p[i] = NULL;
        }
        this->p[this->n] = NULL; delete [] this->r; delete [] this->p;
      }
    };
```

Continuação do Programa F.3

```cpp
    Pagina *raiz;
    int m, mm;
    Item<TipoChave> *pesquisa (Item<TipoChave> *reg, Pagina *ap) const;
    void insereNaPagina (Pagina *ap, Item<TipoChave> *&reg,
                         Pagina *&apDir);
    Pagina *insere (Item<TipoChave> *reg, Pagina *ap,
                    Item<TipoChave> *&regRetorno, bool &cresceu);
    bool reconstitui (Pagina *apPag, Pagina *apPai, int posPai);
    bool antecessor (Pagina *ap, int ind, Pagina *apPai);
    Pagina *retira (Item<TipoChave> *reg, Pagina *ap, bool & diminuiu);
    void liberaMemoria (Pagina *p);
  public:
    ArvoreB (int m);
    Item<TipoChave> *pesquisa (Item<TipoChave> *reg) const;
    void insere (Item<TipoChave> *reg);
    void retira (Item<TipoChave> *reg);
    ~ArvoreB ();
};
// Entra aqui o método privado do Programa F.4
template <class TipoChave>
ArvoreB<TipoChave>::ArvoreB (int m) {
  this->raiz = NULL; this->m = m; this->mm = 2*m;
}
template <class TipoChave>
Item<TipoChave> *ArvoreB<TipoChave>::
pesquisa(Item<TipoChave> *reg) const {
  return this->pesquisa (reg, this->raiz);
}
template <class TipoChave>
void ArvoreB<TipoChave>::insere (Item<TipoChave> *reg) {
  // vide Programas F.6 e F.7
}
template <class TipoChave>
void ArvoreB<TipoChave>::retira (Item<TipoChave> *reg) {
  // vide Programas F.8, F.9 e F.10
}
template <class TipoChave>
void ArvoreB<TipoChave>::liberaMemoria (Pagina *ap) {
  if (ap != NULL) {
    for(int i = 0; i <= ap->n; i++) liberaMemoria (ap->p[i]);
    delete ap;
  }
}
template <class TipoChave>
ArvoreB<TipoChave>::~ArvoreB () {
  this->liberaMemoria (this->raiz);
}
}
#endif
```

Programa F.4 *Método para pesquisar na árvore B*

```cpp
template <class TipoChave>
Item<TipoChave> *ArvoreB<TipoChave>::
pesquisa (Item<TipoChave> *reg, Pagina *ap) const {
  if (ap == NULL) return NULL; // Registro não econtrado
  else {
    int i = 0;
    while ((i < ap->n-1) && (reg->compara (ap->r[i]) > 0)) i++;
    if (reg->compara (ap->r[i]) == 0) return ap->r[i];
    else if (reg->compara (ap->r[i]) < 0) return pesquisa (reg, ap->p[i]);
    else return pesquisa (reg, ap->p[i+1]);
  }
}
```

Programa F.5 *Primeiro refinamento do método* insere *da árvore B*

```cpp
public:
  void insere (Item *reg) {
    Item *regRetorno = NULL; bool cresceu = false;
    Pagina *apRetorno = insere (reg, raiz, regRetorno, cresceu);
    if (cresceu) Cria nova pagina raiz para regRetorno e apRetorno;
  }
private:
  Pagina *insere (Item *reg, Pagina *ap, Item *regRetorno,
                  bool & cresceu) {
    Pagina *apRetorno = ap;
    if (ap == NULL) {
      cresceu = true;
      Atribui reg a regRetorno;
    }
    else {
      int i = 0;
      while ((i < ap->n-1) && (reg->compara (ap->r[i]) > 0)) i++;
      if (reg->compara (ap->r[i]) == 0)
        cout << "Erro: Registro ja existente" << endl;
      else if (reg->compara (ap->r[i]) < 0)
        apRetorno = insere (reg, ap->p[i], regRetorno, cresceu);
      else apRetorno = insere (reg, ap->p[i+1], regRetorno, cresceu);
      if (cresceu)
        if (Número de registros em ap < mm) {
          Insere na página; cresceu = false;
        }
        else { // Overflow: Página tem que ser dividida
          Cria nova página apTemp;
          Transfere metade dos registros de ap para apTemp;
          Atribui registro do meio a regRetorno;
          Atribui apTemp a apRetorno;
        }
    }
    if (cresceu) Retorne apRetorno else Retorne ap;
  }
```

Programa F.6 *Método insereNaPagina*

```cpp
template <class TipoChave> void ArvoreB<TipoChave>::
insereNaPagina(Pagina *ap,Item<TipoChave> *&reg, Pagina *&apDir) {
  int k = ap->n - 1;
  while ((k >= 0) && (reg->compara (ap->r[k]) < 0)) {
    ap->r[k+1] = ap->r[k]; ap->p[k+2] = ap->p[k+1]; k--;
  }
  ap->r[k+1] = reg; (ap->n)++;
  reg = NULL; // transfere a posse da memória
  ap->p[k+2] = apDir;
  apDir = NULL; // transfere a posse da memória
}
```

Programa F.7 *Refinamento final do método* insere

```cpp
template <class TipoChave>
void ArvoreB<TipoChave>::insere (Item<TipoChave> *reg) {
  Item<TipoChave> *regRetorno = NULL;
  bool cresceu = false;
  Pagina *apRetorno = this->insere (reg,this->raiz,regRetorno,cresceu);
  if (cresceu) {
    Pagina *apTemp = new Pagina(this->mm);
    apTemp->r[0] = regRetorno;
    apTemp->p[0] = this->raiz;
    apTemp->p[1] = apRetorno;
    this->raiz = apTemp; (this->raiz->n)++;
  } else this->raiz = apRetorno;
}

template <class TipoChave>
typename ArvoreB<TipoChave>::Pagina *ArvoreB<TipoChave>::
insere (Item<TipoChave> *reg, Pagina *ap, Item<TipoChave> *&regRetorno,
        bool &cresceu) {
  Pagina *apRetorno = NULL;
  if (ap == NULL) { cresceu = true; regRetorno = reg; }
  else {
    int i = 0;
    while ((i < ap->n-1) && (reg->compara (ap->r[i]) > 0)) i++;
    if (reg->compara (ap->r[i]) == 0) {
      cout << "Erro: Registro ja existente" << endl;
      cresceu = false;
    }
    else {
      if (reg->compara (ap->r[i]) > 0) i++;
      apRetorno = insere (reg, ap->p[i], regRetorno, cresceu);
      if (cresceu)
        if (ap->n < this->mm) { // Página tem espaço
          this->insereNaPagina (ap, regRetorno, apRetorno);
          cresceu = false; apRetorno = ap;
        }
```

Continuação do Programa F.7

```
      else { // Overflow: Página tem que ser dividida
        Pagina *apTemp = new Pagina (this->mm); apTemp->p[0] = NULL;
        if ( i <= this->m) {
          this->insereNaPagina (apTemp, ap->r[this->mm-1],
                                        ap->p[this->mm]);
          (ap->n)--;
          this->insereNaPagina (ap, regRetorno, apRetorno);
        } else this->insereNaPagina (apTemp, regRetorno, apRetorno);
        for (int j = this->m+1; j < this->mm; j++) {
          this->insereNaPagina (apTemp, ap->r[j], ap->p[j+1]);
        }
        ap->n = this->m; apTemp->p[0] = ap->p[this->m+1];
        regRetorno = ap->r[this->m]; apRetorno = apTemp;
      }
    }
  }
  return (cresceu ? apRetorno : ap);
}
```

Programa F.8 Operação *retira*

```
template <class TipoChave>
void ArvoreB<TipoChave>::retira (Item<TipoChave> *reg) {
  bool diminuiu = false;
  this->raiz = this->retira (reg, this->raiz, diminuiu);
  if (diminuiu && (this->raiz->n == 0)) { // Árvore diminui na altura
    Pagina *aux = this->raiz;
    this->raiz = this->raiz->p[0];
    delete aux;
  }
}

template <class TipoChave>
typename ArvoreB<TipoChave>::Pagina *ArvoreB<TipoChave>::
retira (Item<TipoChave> *reg, Pagina *ap, bool & diminuiu) {
  if (ap == NULL) {
    cout << "Erro: Registro nao encontrado" << endl;
    diminuiu = false;
  }
  else {
    int ind = 0;
    while ((ind < ap->n-1) && (reg->compara (ap->r[ind]) > 0)) ind++;
    if (reg->compara (ap->r[ind]) == 0) { // achou
      if (ap->p[ind] == NULL) { // Página folha
        ap->n--; diminuiu = ap->n < this->m; delete ap->r[ind];
        for (int j = ind; j < ap->n; j++) {
          ap->r[j] = ap->r[j+1]; ap->p[j] = ap->p[j+1];
        }
```

Continuação do Programa F.8

```
        ap->p[ap->n] = ap->p[ap->n+1];
        ap->r[ap->n] = NULL;  // transfere a posse da memória
        ap->p[ap->n+1] = NULL;  // transfere a posse da memória
      }
      else { // Página não é folha: trocar com antecessor
        diminuiu = antecessor (ap, ind, ap->p[ind]);
        if (diminuiu) diminuiu = reconstitui (ap->p[ind], ap, ind);
      }
    }
    else { // não achou
      if (reg->compara (ap->r[ind]) > 0) ind++;
      ap->p[ind] = retira (reg, ap->p[ind], diminuiu);
      if (diminuiu) diminuiu = reconstitui (ap->p[ind], ap, ind);
    }
  }
  return ap;
}
```

Programa F.9 Método *antecessor* utilizado no método *retira*

```
template <class TipoChave>
bool ArvoreB<TipoChave>::antecessor (Pagina *ap, int ind, Pagina *apPai) {
  bool diminuiu = true;
  if (apPai->p[apPai->n] != NULL) {
    diminuiu = antecessor (ap, ind, apPai->p[apPai->n]);
    if (diminuiu)
      diminuiu = reconstitui (apPai->p[apPai->n], apPai, apPai->n);
  }
  else {
    delete ap->r[ind]; ap->r[ind] = apPai->r[--(apPai->n)];
    apPai->r[apPai->n] = NULL;  // transfere a posse da memória
    diminuiu = apPai->n < this->m;
  }
  return diminuiu;
}
```

Programa F.10 Método *reconstitui* utilizado no método *retira*

```
template <class TipoChave> bool ArvoreB<TipoChave>::
reconstitui (Pagina *apPag, Pagina *apPai, int posPai) {
  bool diminuiu = true;
  if (posPai < apPai->n) {  // aux = Página a direita de apPag
    Pagina *aux = apPai->p[posPai+1];
    int dispAux = (aux->n - this->m + 1)/2;
    apPag->r[(apPag->n)++] = apPai->r[posPai];
    apPai->r[posPai] = NULL;  // transfere a posse da memória
```

Continuação do Programa F.10

```
      apPag->p[apPag->n] = aux->p[0];
      aux->p[0] = NULL;  // transfere a posse da memória
      if (dispAux > 0) { // Existe folga: transfere de aux para apPag
        for (int j = 0; j < dispAux - 1; j++) {
          this->insereNaPagina (apPag, aux->r[j], aux->p[j+1]);
        }
        apPai->r[posPai] = aux->r[dispAux - 1];
        aux->r[dispAux - 1] = NULL;  // transfere a posse da memória
        aux->n = aux->n - dispAux;
        for (int j = 0;  j < aux->n; j++) {
          aux->r[j] = aux->r[j+dispAux];
          aux->r[j+dispAux] = NULL;  // transfere a posse da memória
        }
        for (int j = 0; j <= aux->n; j++) {
          aux->p[j] = aux->p[j+dispAux];
          aux->p[j+dispAux] = NULL;  // transfere a posse da memória
        }
        diminuiu = false;
      }
      else { // Fusão: intercala aux em apPag e libera aux
        for (int j = 0; j < this->m; j++) {
          this->insereNaPagina (apPag, aux->r[j], aux->p[j+1]);
        }
        delete aux;  // libera aux
        apPai->p[posPai+1] = NULL;
        for (int j = posPai; j < apPai->n-1; j++) {
          apPai->r[j] = apPai->r[j+1]; apPai->p[j+1] = apPai->p[j+2];
        }
        apPai->r[apPai->n-1] = NULL;  // transfere a posse da memória
        apPai->p[apPai->n--] = NULL;  // transfere a posse da memória
        diminuiu = apPai->n < this->m;
      }
    }
    else { // aux = Página a esquerda de apPag
      Pagina *aux = apPai->p[posPai-1];
      int dispAux = (aux->n - this->m + 1)/2;
      for (int j = apPag->n-1; j >= 0; j--) apPag->r[j+1] = apPag->r[j];
      apPag->r[0] = apPai->r[posPai-1];
      apPai->r[posPai-1] = NULL;  // transfere a posse da memória
      for (int j = apPag->n; j >= 0; j--) apPag->p[j+1] = apPag->p[j];
      apPag->p[0] = NULL;  // transfere a posse da memória
      (apPag->n)++;
      if (dispAux > 0) { // Existe folga: transfere de aux para apPag
        for (int j = 0; j < dispAux - 1; j++) {
          this->insereNaPagina(apPag, aux->r[aux->n-j-1],aux->p[aux->n-j]);
        }
        apPag->p[0] = aux->p[aux->n - dispAux + 1];
```

Continuação do Programa F.10

```
         aux->p[aux->n - dispAux + 1] = NULL; // transfere a posse da memória
         apPai->r[posPai-1] = aux->r[aux->n - dispAux];
         aux->r[aux->n - dispAux] = NULL; // transfere a posse da memória
         aux->n = aux->n - dispAux; diminuiu = false;
      }
      else { // Fusão: intercala apPag em aux e libera apPag
         for (int j = 0; j < this->m; j++) {
            this->insereNaPagina (aux, apPag->r[j], apPag->p[j+1]);
         }
         delete apPag; // libera apPag
         apPai->p[(apPai->n)--] = NULL; // transfere a posse da memória
         diminuiu = apPai->n < this->m;
      }
   }
}
return diminuiu;
}
```

Programa F.11 Estrutura e operações do dicionário para árvore B*

```
#ifndef _ARVOREBESTRELA_H_
#define _ARVOREBESTRELA_H_
#include "../cap4/Item.h"   // vide Programa D.1
#include <typeinfo>
#include <iostream>
using std::cout;
using std::endl;
using cap4::Item;
namespace cap6 {
  template <class T, class TipoChave> class ArvoreBEstrela {
  private:
    class Pagina {
    friend class ArvoreBEstrela<T, TipoChave>;
    protected:
      int n; Item<TipoChave> **chaves;
    public:
      virtual ~Pagina (){}
    };
    class PaginaInt : public Pagina {
    friend class ArvoreBEstrela<T, TipoChave>;
    private:
      Pagina **p;
    public:
      PaginaInt (int mm) {
        this->n = 0; this->chaves = new Item<TipoChave>*[mm];
        this->p = new Pagina*[mm+1];
      }
```

Continuação do Programa F.11

```cpp
      ~PaginaInt () {
        for (int i = 0; i < this->n; i++) {
          if (this->chaves[i] != 0) {
            delete this->chaves[i];
          }
          this->p[i] = NULL;
        }
        this->p[this->n] = NULL;
        delete [] this->chaves; delete [] this->p;
      }
    };
    class PaginaExt : Pagina {
      friend class ArvoreBEstrela<T, TipoChave>;
    private:
      T *registros;
    public:
      PaginaExt (int mm2) {
        this->n = 0; this->chaves = new Item<TipoChave>*[mm2];
        this->registros = new T[mm2];
      }
      ~PaginaExt () {
        for (int i = 0; i < this->n; i++) {
          if (this->chaves[i] != 0) {
            delete this->chaves[i];
          }
        }
        delete [] this->chaves; delete [] this->registros;
      }
    };
    Pagina *raiz;
    int mm, mm2;
    // Verifica se ap é uma página interna
    bool eInterna (Pagina *ap) const;
    T *pesquisa (Item<TipoChave> *chave, Pagina *ap) const;
  public:
    ArvoreBEstrela (int mm, int mm2);
    T *pesquisa (Item<TipoChave> *chave) const;
};
// Entram aqui os métodos privados apresentados nos Programas F.12 e F.13
template <class T, class TipoChave>
ArvoreBEstrela<T, TipoChave>::ArvoreBEstrela (int mm, int mm2) {
  this->raiz = NULL; this->mm = mm; this->mm2 = mm2;
}
template <class T, class TipoChave>
T *ArvoreBEstrela<T, TipoChave>::
pesquisa (Item<TipoChave> *chave) const {
  return this->pesquisa (chave, this->raiz);
}
}
#endif
```

Programa F.12 *Método para pesquisar na árvore B**

```cpp
template <class T, class TipoChave>
T *ArvoreBEstrela<T, TipoChave>::
pesquisa (Item<TipoChave> *chave, Pagina *ap) const {
  if (ap == NULL) return NULL;  // Registro não econtrado
  else {
    if (this->eInterna (ap)) {
      int i = 0; PaginaInt *aux = (PaginaInt *)ap;
      while((i < aux->n-1)&&(chave->compara (aux->chaves[i]) > 0)) i++;
      if (chave->compara (aux->chaves[i]) < 0)
        return pesquisa (chave, aux->p[i]);
      else return pesquisa (chave, aux->p[i+1]);
    }
    else {
      int i = 0; PaginaExt *aux = (PaginaExt *)ap;
      while((i < aux->n-1)&&(chave->compara (aux->chaves[i]) > 0)) i++;
      if (chave->compara (aux->chaves[i]) == 0)
        return &(aux->registros[i]);
      return NULL;  // Registro não econtrado
    }
  }
}
```

Programa F.13 *Método para verificar se uma dada página é interna*

```cpp
template <class T, class TipoChave>
bool ArvoreBEstrela<T, TipoChave>::eInterna (Pagina *ap) const {
  return (strcmp(typeid(*ap).name(), typeid(PaginaInt).name()) == 0);
}
```

Apêndice G

Programas em C++ do Capítulo 7

Programa G.1 *Trecho de programa para obter lista de adjacentes de um vértice de um grafo*

```
if (!grafo->listaAdjVazia (v)) {
  Aresta *aux = grafo->primeiroListaAdj (v);
  while (aux != NULL) {
    int u = aux->vertice2 (); int peso = aux->peso ();
    delete aux; aux = grafo->proxAdj (v);
  }
}
```

Programa G.2 *Estrutura e operações do tipo grafo implementado como matriz de adjacência*

```
#ifndef GRAFO_H_
#define GRAFO_H_
#include <iostream>
using std::cout;
using std::endl;
namespace cap7_matrizadj {
  class Grafo {
  public:
    class Aresta {
    private:
      int v1, v2, peso;
    public:
      Aresta (int v1, int v2, int peso) {
        this->v1 = v1; this->v2 = v2; this->peso = peso;
      }
      int _peso () { return this->peso; }
      int _v1 () { return this->v1; }
      int _v2 () { return this->v2; }
      ~Aresta () {}
    };
```

Continuação do Programa G.2

```cpp
    private:
        int **mat; // pesos do tipo inteiro
        int numVertices;
        int *pos; // posição atual ao se percorrer os adjs de um vértice v

    public:
        Grafo (int numVertices);
        void insereAresta (int v1, int v2, int peso);
        bool existeAresta (int v1, int v2) const;
        bool listaAdjVazia (int v) const;
        Aresta *primeiroListaAdj (int v);
        Aresta *proxAdj (int v);
        Aresta *retiraAresta (int v1, int v2);
        void imprime () const ;
        int _numVertices () const;
        ~Grafo ();
    };

    Grafo::Grafo (int numVertices) {
        this->mat = new int*[numVertices];
        for (int i = 0; i < numVertices; i++)
            this->mat[i] = new int[numVertices];
        this->pos = new int[numVertices];
        this->numVertices = numVertices;
        for (int i = 0; i < this->numVertices; i++) {
            for (int j = 0; j < this->numVertices; j++)
                this->mat[i][j] = 0;
            this->pos[i] = -1;
        }
    }
    void Grafo::insereAresta (int v1, int v2, int peso) {
        this->mat[v1][v2] = peso;
    }
    bool Grafo::existeAresta (int v1, int v2) const {
        return (this->mat[v1][v2] > 0);
    }
    bool Grafo::listaAdjVazia (int v) const {
        for (int i = 0; i < this->numVertices; i++)
            if (this->mat[v][i] > 0) return false;
        return true;
    }
    Grafo::Aresta *Grafo::primeiroListaAdj (int v) {
        // Retorna a primeira aresta que o vértice v participa ou
        // NULL se a lista de adjacência de v for vazia
        this->pos[v] = -1; return this->proxAdj (v);
    }
```

Continuação do Programa G.2

```cpp
  Grafo::Aresta *Grafo::proxAdj (int v) {
    // Retorna a próxima aresta que o vértice v participa ou
    // NULL se a lista de adjacência de v estiver no fim
    this->pos[v] ++;
    while ((this->pos[v] < this->numVertices) &&
           (this->mat[v][this->pos[v]] == 0)) this->pos[v]++;
    if (this->pos[v] == this->numVertices) return NULL;
    else return new Aresta (v, this->pos[v], this->mat[v][this->pos[v]]);
  }
  Grafo::Aresta *Grafo::retiraAresta (int v1, int v2) {
    if (this->mat[v1][v2] == 0) return NULL; // Aresta não existe
    else {
      Aresta *aresta = new Aresta (v1, v2, this->mat[v1][v2]);
      this->mat[v1][v2] = 0; return aresta;
    }
  }
  void Grafo::imprime () const {
    cout << "    ";
    for (int i = 0; i < this->numVertices; i++)
      cout << i << "   ";
    cout << endl;
    for (int i = 0; i < this->numVertices; i++) {
      cout << i << "   ";
      for (int j = 0; j < this->numVertices; j++)
        cout << this->mat[i][j] << "   ";
      cout << endl;
    }
  }
  int Grafo::_numVertices () const { return this->numVertices; }
  Grafo::~Grafo () {
    for (int i = 0; i < numVertices; i++)
      delete [] this->mat[i];
    delete [] this->mat;
    delete [] this->pos;
  }
}
#endif
```

Programa G.3 *Estrutura e opearções do tipo grafo implementado como listas encadeadas*

```cpp
#ifndef GRAFO_H_
#define GRAFO_H_
#include "../../../cap3/autoreferencia/Lista.h" // vide Programa C.2
#include <iostream>
using std::cout;
using std::endl;
using std::ostream;
using cap3_autoreferencia::Lista; // vide Programa C.2
```

Continuação do Programa G.3

```cpp
namespace cap7_listaadj_autoreferencia {
  class Grafo {
  public:
    class Aresta {
    private:
      int v1, v2, peso;
    public:
      Aresta (int v1, int v2, int peso) {
        this->v1 = v1; this->v2 = v2; this->peso = peso;
      }
      int _peso () { return this->peso; }
      int _v1 () { return this->v1; }
      int _v2 () { return this->v2; }
      ~Aresta(){}
    };
  private:
    class Celula {
    friend class Grafo;
    friend ostream& operator<< (ostream& out, const Celula& celula) {
      out << "vertice:" << celula.vertice << endl;
      out << "peso:"    << celula.peso    << endl;
      return out;
    }
    private:
      int vertice, peso;
    public:
      Celula (int v, int p) {
        this->vertice = v; this->peso = p;
      }
      Celula (const Celula& cel) { *this = cel; }
      bool operator== (const Celula& celula) const {
        return this->vertice == celula.vertice;
      }
      bool operator!= (const Celula& celula) const {
        return this->vertice != celula.vertice;
      }
      const Celula& operator= (const Celula& cel) {
        this->vertice = cel.vertice; this->peso = cel.peso;
        return *this; // permite atribuições encadeadas
      }
      ~Celula () {}
    };
    Lista<Celula> *adj;
    int numVertices;
  public:
    Grafo (int numVertices);
```

Continuação do Programa G.3

```cpp
    void insereAresta (int v1, int v2, int peso);
    bool existeAresta (int v1, int v2) const;
    bool listaAdjVazia (int v) const;
    Aresta *primeiroListaAdj (int v);
    Aresta *proxAdj (int v);
    Aresta *retiraAresta (int v1, int v2);
    void imprime () const ;
    int _numVertices () const;
    ~Grafo ();
};
Grafo::Grafo (int numVertices) {
    this->adj = new Lista<Celula>[numVertices];
    this->numVertices = numVertices;
}
void Grafo::insereAresta (int v1, int v2, int peso) {
    Celula item (v2, peso);
    this->adj[v1].insere (item);
}
bool Grafo::existeAresta (int v1, int v2) const {
    Celula item (v2, 0);
    return (this->adj[v1].pesquisa (item) != NULL);
}
bool Grafo::listaAdjVazia (int v) const {
    return this->adj[v].vazia ();
}
Grafo::Aresta *Grafo::primeiroListaAdj (int v) {
    // Retorna a primeira aresta que o vértice v participa ou
    // NULL se a lista de adjacência de v for vazia
    Celula *item = this->adj[v]._primeiro ();
    return item != NULL ? new Aresta(v,item->vertice,item->peso):NULL;
}
Grafo::Aresta *Grafo::proxAdj (int v) {
    // Retorna a próxima aresta que o vértice v participa ou
    // NULL se a lista de adjacência de v estiver no fim
    Celula *item = this->adj[v].proximo ();
    return item != NULL ? new Aresta(v,item->vertice,item->peso):NULL;
}
Grafo::Aresta *Grafo::retiraAresta (int v1, int v2) {
    Celula chave (v2, 0);
    Celula *item = this->adj[v1].retira (chave);
    Aresta *aresta = item != NULL ? new Aresta(v1,v2,item->peso):NULL;
    delete item; return aresta;
}
void Grafo::imprime () const {
    for (int i = 0; i < this->numVertices; i++) {
        cout << "Vertice " << i << ":" << endl;
```

Continuação do Programa G.3

```cpp
      Celula *item = this->adj[i]._primeiro ();
      while (item != NULL) {
        cout << "  " << item->vertice << " (" <<item->peso<< ")" << endl;
        item = this->adj[i].proximo ();
      }
    }
  }
  int Grafo::_numVertices () const { return this->numVertices; }
  Grafo::~Grafo () {
    delete [] this->adj;
  }
}
#endif
```

Programa G.4 *Estrutura e operações do tipo grafo implementado como listas de adjacência usando arranjos*

```cpp
#ifndef GRAFO_H_
#define GRAFO_H_
#include <iostream>
using std::cout;
using std::endl;
namespace namespace cap7_listaadj_arranjo {
  class Grafo {
  public:
    class Aresta {
    private:
      int v1, v2, peso;
    public:
      Aresta (int v1, int v2, int peso) {
        this->v1 = v1; this->v2 = v2; this->peso = peso;
      }
      int _peso () { return this->peso; }
      int _v1 () { return this->v1; }
      int _v2 () { return this->v2; }
      ~Aresta () {}
    };
  private:
    int *cab, *prox, *peso;
    int *pos; // posição atual ao se percorrer os adjs de um vértice v
    int maxTam, numVertices, proxDisponivel;

  public:
    Grafo (int numVertices);
    Grafo (int numVertices, int numArestas);
    void insereAresta (int v1, int v2, int peso);
    bool existeAresta (int v1, int v2) const;
    bool listaAdjVazia (int v) const;
```

Continuação do Programa G.4

```cpp
    Aresta *primeiroListaAdj (int v);
    Aresta *proxAdj (int v);
    Aresta *retiraAresta (int v1, int v2);
    void imprime () const ;
    int _numVertices () const;
    ~Grafo ();
};
Grafo::Grafo (int numVertices) {
    int numArestas = 4500;
    this->maxTam = numVertices + 2*numArestas;
    this->cab  = new int[maxTam]; this->prox = new int[maxTam];
    this->peso = new int[maxTam]; this->numVertices = numVertices;
    this->pos = new int[this->numVertices];
    for (int i = 0; i < this->numVertices; i++) {
        this->prox[i] = 0; this->cab[i] = i;
        this->peso[i] = 0; this->pos[i] = i;
    }
    this->proxDisponivel = this->numVertices;
}
Grafo::Grafo (int numVertices, int numArestas) {
    this->maxTam = numVertices + 2*numArestas;
    this->cab  = new int[maxTam]; this->prox = new int[maxTam];
    this->peso = new int[maxTam]; this->numVertices = numVertices;
    this->pos = new int[this->numVertices];
    for (int i = 0; i < this->numVertices; i++) {
        this->prox[i] = 0; this->cab[i] = i;
        this->peso[i] = 0; this->pos[i] = i;
    }
    this->proxDisponivel = this->numVertices;
}

void Grafo::insereAresta (int v1, int v2, int peso) {
    if (this->proxDisponivel == this->maxTam)
        cout << "Nao ha espaco disponivel para a aresta" << endl;
    else {
        int ind = (this->proxDisponivel)++;
        this->prox[this->cab[v1]] = ind;
        this->cab[ind] = v2; this->cab[v1] = ind;
        this->prox[ind] = 0; this->peso[ind] = peso;
    }
}
bool Grafo::existeAresta (int v1, int v2) const {
    for (int i = this->prox[v1]; i != 0; i = this->prox[i])
        if (this->cab[i] == v2) return true;
    return false;
}
```

Continuação do Programa G.4

```cpp
  bool Grafo::listaAdjVazia (int v) const {
    return (this->prox[v] == 0);
  }
  Grafo::Aresta *Grafo::primeiroListaAdj (int v) {
    // Retorna a primeira aresta que o vértice v participa ou
    // NULL se a lista de adjacência de v for vazia
    this->pos[v] = v;
    return this->proxAdj (v);
  }
  Grafo::Aresta *Grafo::proxAdj (int v) {
    // Retorna a próxima aresta que o vértice v participa ou
    // NULL se a lista de adjacência de v estiver no fim
    this->pos[v] = this->prox[this->pos[v]];
    if (this->pos[v] == 0) return NULL;
    else return new Aresta (v,this->cab[pos[v]],this->peso[pos[v]]);
  }
  Grafo::Aresta *Grafo::retiraAresta (int v1, int v2) {
    int i;
    for (i = v1; this->prox[i] != 0; i = this->prox[i])
      if (this->cab[this->prox[i]] == v2) break;
    int ind = this->prox[i];
    if (this->cab[ind] == v2) { // encontrou aresta
      Aresta *aresta = new Aresta(v1, v2, this->peso[ind]);
      this->cab[ind] = this->maxTam; // marca como removido
      if (this->prox[ind] == 0) this->cab[v1] = i; // último vértice
      this->prox[i] = this->prox[ind];
      return aresta;
    } else return NULL;
  }
  void Grafo::imprime () const {
    for (int i = 0; i < this->numVertices; i++) {
      cout << "Vertice " << i << ":" << endl;
      for (int j = this->prox[i]; j != 0; j = this->prox[j])
        cout << "  " <<this->cab[j]<<" ("<<this->peso[j]<< ")" << endl;
    }
  }
  int Grafo::_numVertices () const { return this->numVertices; }
  Grafo::~Grafo () {
    delete [] cab;   delete [] prox;
    delete [] peso;  delete [] pos;
  }
}
#endif
```

Programa G.5 *Programa teste para operadores do tipo abstrato de dados grafo*

```cpp
#ifndef _TESTAGRAFO_H_
#define _TESTAGRAFO_H_
#include "listaadj/arranjo/Grafo.h" // vide Programa G.4
#include <iostream>
using std::cout;
using std::cin;
using std::endl;
using cap7_listaadj_arranjo::Grafo; // vide Programa G.4
namespace cap7 {
  class TestaGrafo {
  public:
    static Grafo::Aresta *lerAresta ();
    static void main ();
  };
  Grafo::Aresta *TestaGrafo::lerAresta () {
    cout << "Aresta:" << endl;
    cout << "  V1:"; int v1 = 0;
    cin >> v1;
    cout << "  V2:"; int v2 = 0;
    cin >> v2;
    cout << "  Peso:"; int peso = 0;
    cin >> peso;
    return new Grafo::Aresta (v1, v2, peso);
  }
  void TestaGrafo::main () {
    cout << "No. vertices:"; int nVertices = 0;
    cin >> nVertices;
    cout << "No. arestas:"; int nArestas = 0;
    cin >> nArestas;
    Grafo *grafo = new Grafo (nVertices, nArestas);
    for (int i = 0; i < nArestas; i++) {
      Grafo::Aresta *a = lerAresta ();
      // Duas chamadas porque o grafo é não direcionado
      grafo->insereAresta (a->_v1 (), a->_v2 (), a->_peso ());
      grafo->insereAresta (a->_v2 (), a->_v1 (), a->_peso ());
      delete a;
    }
    grafo->imprime ();
    cout << "Lista adjacentes de: "; int v1 = 0;
    cin >> v1;
    if (!grafo->listaAdjVazia (v1)) {
      Grafo::Aresta *adj = grafo->primeiroListaAdj (v1);
      while (adj != NULL) {
        cout << "  " << adj->_v2 () << " (" <<adj->_peso ()<< ")" << endl;
        delete adj; adj = grafo->proxAdj (v1);
      }
      cout << endl;
    }
    cout << "Retira aresta: " << endl;
    Grafo::Aresta *a = lerAresta ();
```

Continuação do Programa G.5

```cpp
    Grafo::Aresta *aresta = NULL;
    if (grafo->existeAresta (a->_v1 (), a->_v2 ())) {
      // Duas chamadas porque o grafo é não direcionado
      aresta = grafo->retiraAresta (a->_v1 (), a->_v2 ());
      delete aresta;
      aresta = grafo->retiraAresta (a->_v2 (), a->_v1 ());
      delete aresta;
    }
    else cout << "Aresta nao existe" << endl;
    delete a;
    grafo->imprime ();
    cout << "Existe aresta: " << endl; a = lerAresta ();
    if (grafo->existeAresta (a->_v1 (), a->_v2 ()))
     cout << "  Sim" << endl;
    else cout << "  Nao" << endl;
    delete a; delete grafo;
  }
}
#endif
```

Programa G.6 Busca em profundidade

```cpp
#ifndef BUSCAEMPROFUNDIDADE_H_
#define BUSCAEMPROFUNDIDADE_H_
#include "listaadj/autoreferencia/Grafo.h" // vide Programa G.3
#include <iostream>
using std::cout;
using std::endl;
using cap7_listaadj_autoreferencia::Grafo; // vide Programa G.3
namespace cap7 {
  class BuscaEmProfundidade {
  public:
    static const unsigned char branco, cinza, preto;
  private:
    int *d, *t, *antecessor;
    Grafo *grafo;
    int visitaDfs (int u, int tempo, unsigned char *cor) const;
  public:
    BuscaEmProfundidade (Grafo *grafo);
    void buscaEmProfundidade () const;
    int _d (int v) const; int _t (int v) const;
    int _antecessor (int v) const;
    ~BuscaEmProfundidade ();
  };
  const unsigned char BuscaEmProfundidade::branco = 0;
  const unsigned char BuscaEmProfundidade::cinza  = 1;
  const unsigned char BuscaEmProfundidade::preto  = 2;
```

Continuação do Programa G.6

```cpp
  int BuscaEmProfundidade::visitaDfs (int u, int tempo,
                                      unsigned char *cor) const {
    cor[u] = cinza; this->d[u] = ++tempo;
    if (!this->grafo->listaAdjVazia (u)) {
      Grafo::Aresta *a = this->grafo->primeiroListaAdj (u);
      while (a != NULL) {
        int v = a->_v2 ();
        if (cor[v] == branco) {
          this->antecessor[v] = u;
          tempo = this->visitaDfs (v, tempo, cor);
        }
        delete a; a = this->grafo->proxAdj (u);
      }
    }
    cor[u] = preto; this->t[u] = ++tempo;
    return tempo;
  }

  BuscaEmProfundidade::BuscaEmProfundidade (Grafo *grafo) {
    this->grafo = grafo;
    int n = this->grafo->_numVertices ();
    d = new int[n]; t = new int[n]; antecessor = new int[n];
  }

  void BuscaEmProfundidade::buscaEmProfundidade () const {
    int tempo = 0;
    unsigned char *cor = new unsigned char[this->grafo->_numVertices ()];
    for (int u = 0; u < grafo->_numVertices (); u++) {
      cor[u] = branco; this->antecessor[u] = -1;
    }
    for (int u = 0; u < grafo->_numVertices (); u++)
      if (cor[u] == branco) tempo = this->visitaDfs (u, tempo, cor);
    delete [] cor;
  }

  int BuscaEmProfundidade::_d (int v) const { return this->d[v]; }
  int BuscaEmProfundidade::_t (int v) const { return this->t[v]; }

  int BuscaEmProfundidade::_antecessor (int v) const {
    return this->antecessor[v];
  }

  BuscaEmProfundidade::~BuscaEmProfundidade () {
    this->grafo = NULL; delete [] this->d;
    delete [] this->t; delete [] this->antecessor;
  }
}
#endif
```

Programa G.7 *Busca em largura*

```cpp
#ifndef BUSCAEMLARGURA_H_
#define BUSCAEMLARGURA_H_
#include "../cap3/autoreferencia/Fila.h" // vide Programa C.11
#include "listaadj/autoreferencia/Grafo.h" // vide Programa G.3
#include <iostream>
#include <stdexcept>
using std::logic_error; using std::cout; using std::endl;
using cap3_autoreferencia::Fila; // vide Programa C.11
using cap7_listaadj_autoreferencia::Grafo; // vide Programa G.3
namespace cap7 {
  class BuscaEmLargura {
  public:
    static const unsigned char branco, cinza, preto;
  private:
    int *d, *antecessor;
    Grafo *grafo;
    void visitaBfs (int u, unsigned char *cor) throw (logic_error);
  public:
    BuscaEmLargura (Grafo *grafo);
    void buscaEmLargura () throw (logic_error);
    int _d (int v) const;
    int _antecessor (int v) const;
    ~BuscaEmLargura ();
  };
  const unsigned char BuscaEmLargura::branco = 0;
  const unsigned char BuscaEmLargura::cinza  = 1;
  const unsigned char BuscaEmLargura::preto  = 2;
  void BuscaEmLargura::visitaBfs (int u, unsigned char *cor)
  throw (logic_error) {
    cor[u] = cinza; this->d[u] = 0;
    Fila<int> fila;
    fila.enfileira (u);
    while (!fila.vazia ()) {
      int *aux = fila.desenfileira (); u = *aux; delete aux;
      if (!this->grafo->listaAdjVazia (u)) {
        Grafo::Aresta *a = this->grafo->primeiroListaAdj (u);
        while (a != NULL) {
          int v = a->_v2 ();
          if (cor[v] == branco) {
            cor[v] = cinza; this->d[v] = this->d[u] + 1;
            this->antecessor[v] = u; fila.enfileira (v);
          }
          delete a; a = this->grafo->proxAdj (u);
        }
      }
      cor[u] = preto;
    }
  }
```

Continuação do Programa G.7

```cpp
BuscaEmLargura::BuscaEmLargura (Grafo *grafo) {
  this->grafo = grafo; int n = this->grafo->_numVertices ();
  this->d = new int[n]; this->antecessor = new int[n];
}
void BuscaEmLargura::buscaEmLargura () throw (logic_error) {
  unsigned char *cor = new unsigned char[this->grafo->_numVertices ()];
  for (int u = 0; u < grafo->_numVertices (); u++) {
    cor[u] = branco; this->d[u] = INT_MAX;
    this->antecessor[u] = -1;
  }
  for (int u = 0; u < grafo->_numVertices (); u++)
    if (cor[u] == branco) this->visitaBfs (u, cor);
  delete [] cor;
}
int BuscaEmLargura::_d (int v) const { return this->d[v]; }
int BuscaEmLargura::_antecessor (int v) const {
  return this->antecessor[v];
}
BuscaEmLargura::~BuscaEmLargura () {
  this->grafo = NULL; delete [] this->d;
  delete [] this->antecessor;
}
}
#endif
```

Programa G.8 *Imprime os vértices do caminho mais curto entre o vértice origem e outro vértice qualquer do grafo*

```cpp
void BuscaEmLargura::imprimeCaminho (int origem, int v) const {
  if (origem == v) cout << origem << endl;
  else if (this->antecessor[v] == -1)
    cout << "Nao existe caminho de " << origem << " ate " << v << endl;
  else {
    imprimeCaminho (origem, this->antecessor[v]);
    cout << v << endl;
  }
}
```

Programa G.9 *Insere em uma lista encadeada antes do primeiro item da lista*

```cpp
// Insere antes do primeiro item da lista
template <class T>
void Lista<T>::inserePrimeiro (T& item) {
  Celula *aux = this->primeiro->prox;
  this->primeiro->prox = new Celula ();
  this->primeiro->prox->item = new T(item);
  this->primeiro->prox->prox = aux;
}
```

Programa G.10 Obtém o grafo transposto G^T a partir de um grafo G

```cpp
Grafo *Grafo::grafoTransposto () {
  Grafo *grafoT = new Grafo (this->numVertices);
  for (int v = 0; v < this->numVertices; v++)
    if (!this->listaAdjVazia (v)) {
      Aresta *adj = this->primeiroListaAdj (v);
      while (adj != NULL) {
        grafoT->insereAresta (adj->_v2 (), adj->_v1 (), adj->_peso ());
        delete adj;
        adj = this->proxAdj (v);
      }
    }
  return grafoT;
}
```

Programa G.11 Classe para obter os componentes fortemente conectados

```cpp
#ifndef CFC_H_
#define CFC_H_
#include "listaadj/autoreferencia/Grafo.h" // vide Programa G.3
#include "BuscaEmProfundidade.h" // vide Programa G.6
#include <iostream>
using std::cout; using std::endl;
using cap7_listaadj_autoreferencia::Grafo; // vide Programa G.3
namespace cap7 {
  class Cfc {
  private:
    class TempoTermino {
    friend class Cfc;
    private:
      int numRestantes, numVertices, *t; bool *restantes;
    public:
      TempoTermino (int numVertices) {
        this->t = new int[numVertices];
        this->restantes = new bool[numVertices];
        this->numVertices = this->numRestantes = numVertices;
      }
      int maxTT () {
        int vMax = 0;
        while (!this->restantes[vMax]) vMax++;
        for (int i = 0; i < this->numVertices; i ++) {
          if (this->restantes[i]) {
            if (this->t[i] > this->t[vMax]) vMax = i;
          }
        }
        return vMax;
      }
      ~TempoTermino () { delete [] t; delete [] restantes; }
    };
```

Continuação do Programa G.11

```cpp
    Grafo *grafo;
    void visitaDfs (Grafo *grafo, int u, TempoTermino *tt) const;
  public:
    Cfc (Grafo *grafo);
    void obterCfc () const;
    ~Cfc ();
  };
  void Cfc::visitaDfs (Grafo *grafo, int u, TempoTermino *tt) const {
    tt->restantes[u] = false; (tt->numRestantes) --;
    cout << "  Vertice: " << u << endl;
    if (!grafo->listaAdjVazia (u)) {
      Grafo::Aresta *a = grafo->primeiroListaAdj (u);
      while (a != NULL) {
        int v = a->_v2 ();
        if (tt->restantes[v]) { this->visitaDfs (grafo, v, tt); }
        delete a; a = grafo->proxAdj (u);
      }
    }
  }
  Cfc::Cfc (Grafo *grafo) { this->grafo = grafo; }
  void Cfc::obterCfc () const {
    BuscaEmProfundidade dfs (this->grafo);
    dfs.buscaEmProfundidade ();
    TempoTermino *tt = new TempoTermino (this->grafo->_numVertices ());
    for (int u = 0; u < this->grafo->_numVertices (); u++) {
      tt->t[u] = dfs._t (u); tt->restantes[u] = true;
    }
    cout << endl;
    Grafo *grafoT = this->grafo->grafoTransposto ();
    while (tt->numRestantes > 0) {
      int vRaiz = tt->maxTT ();
      cout << "Raiz da proxima arvore: " << vRaiz << endl;
      this->visitaDfs (grafoT, vRaiz, tt);
    }
    delete tt; delete grafoT;
  }
  Cfc::~Cfc () { this->grafo = NULL; }
}
#endif
```

Programa G.12 Algoritmo genérico para obter a árvore geradora mínima

```
    void GenericoAGM
1     S = ∅;
2     while (S não constitui uma árvore geradora mínima)
3       (u,v) = seleciona (A);
4       if (aresta (u,v) é segura para S) S = S + {(u,v)}
5     return S;
```

Programa G.13 *Estrutura de dados e operações para manter um* heap *indireto*

```cpp
#ifndef FPHEAPMININDIRETO_H_
#define FPHEAPMININDIRETO_H_
#include <iostream>
#include <stdexcept>
using std::logic_error;
using std::cout;
using std::endl;
namespace cap7 {
  class FPHeapMinIndireto {
  private:
    double *p;
    int n, *pos, *fp;
  public:
    FPHeapMinIndireto (double *p, int *v, int n);
    void refaz (int esq, int dir) const;
    void constroi () const;
    int retiraMin () throw (logic_error);
    void diminuiChave (int i, double chaveNova) throw (logic_error);
    bool vazio () const;
    ~FPHeapMinIndireto ();
  };
  FPHeapMinIndireto::FPHeapMinIndireto (double *p, int *v, int n) {
    this->p = p; this->fp = v; this->n = n;
    this->pos = new int[this->n];
    for (int u = 0; u < this->n; u++) this->pos[u] = u+1;
  }
  void FPHeapMinIndireto::refaz (int esq, int dir) const {
    int j = esq * 2; int x = this->fp[esq];
    while (j <= dir) {
      if ((j < dir) && (this->p[fp[j]] > this->p[fp[j + 1]])) j++;
      if (this->p[x] <= this->p[fp[j]]) break;
      this->fp[esq] = this->fp[j]; this->pos[fp[j]] = esq;
      esq = j; j = esq * 2;
    }
    this->fp[esq] = x; this->pos[x] = esq;
  }
  void FPHeapMinIndireto::constroi () const {
    int esq = n / 2 + 1;
    while (esq > 1) { esq--; this->refaz (esq, this->n); }
  }
  int FPHeapMinIndireto::retiraMin () throw (logic_error) {
    int minimo;
    if (this->n < 1) throw logic_error ("Erro: heap vazio");
    else {
      minimo = this->fp[1]; this->fp[1] = this->fp[this->n];
      this->pos[fp[(this->n)--]] = 1; this->refaz (1, this->n);
    }
    return minimo;
  }
```

Continuação do Programa G.13

```cpp
  void FPHeapMinIndireto::diminuiChave (int i, double chaveNova)
  throw (logic_error) {
    i = this->pos[i]; int x = fp[i];
    if (chaveNova < 0)
      throw logic_error ("Erro: chaveNova com valor incorreto");
    this->p[x] = chaveNova;
    while ((i > 1) && (this->p[x] <= this->p[fp[i / 2]])) {
      this->fp[i] = this->fp[i / 2]; this->pos[fp[i / 2]] = i; i /= 2;
    }
    this->fp[i] = x; this->pos[x] = i;
  }
  bool FPHeapMinIndireto::vazio () const {
    return this->n == 0;
  }
  FPHeapMinIndireto::~FPHeapMinIndireto () {
    // Devolve a posse da memória
    this->p = NULL; this->fp = NULL; delete [] this->pos;
  }
}
#endif
```

Programa G.14 *Implementação do algoritmo de Prim para obter árvore geradora mínima*

```cpp
#ifndef AGMPRIM_H_
#define AGMPRIM_H_
#include "listaadj/autoreferencia/Grafo.h" // vide Programa G.3
#include "FPHeapMinIndireto.h" // vide Programa G.13
#include <float.h>
#include <iostream>
using std::cout;
using std::endl;
using cap7_listaadj_autoreferencia::Grafo; // vide Programa G.3
namespace cap7 {
  class AgmPrim {
  private:
    int *antecessor; double *p; Grafo *grafo;
  public:
    AgmPrim (Grafo *grafo);
    void obterAgm (int raiz) throw (logic_error);
    int _antecessor (int u) const;
    double _peso (int u) const;
    void imprime () const;
    ~AgmPrim ();
  };
  AgmPrim::AgmPrim (Grafo *grafo) {
    this->grafo = grafo; this->antecessor = NULL; this->p = NULL;
  }
```

Continuação do Programa G.14

```cpp
void AgmPrim::obterAgm (int raiz) throw (logic_error) {
  int n = this->grafo->_numVertices ();
  if (this->p) delete [] this->p;
  this->p = new double[n]; // peso dos vértices
  int *vs = new int[n+1]; // vértices
  bool *itensHeap = new bool[n];
  if (this->antecessor) delete [] this->antecessor;
  this->antecessor = new int[n];
  for (int u = 0; u < n; u ++) {
    this->antecessor[u] = -1;
    p[u] = DBL_MAX; // ∞
    vs[u+1] = u; // Heap indireto a ser construído
    itensHeap[u] = true;
  }
  p[raiz] = 0;
  FPHeapMinIndireto heap (p, vs, n); heap.constroi ();
  while (!heap.vazio ()) {
    int u = heap.retiraMin (); itensHeap[u] = false;
    if (!this->grafo->listaAdjVazia (u)) {
      Grafo::Aresta *adj = grafo->primeiroListaAdj (u);
      while (adj != NULL) {
        int v = adj->_v2 ();
        if (itensHeap[v] && (adj->_peso () < this->_peso (v))) {
          antecessor[v] = u; heap.diminuiChave (v, adj->_peso ());
        }
        delete adj; adj = grafo->proxAdj (u);
      }
    }
  }
  delete [] vs; delete [] itensHeap;
}
int AgmPrim::_antecessor (int u) const { return this->antecessor[u]; }
double AgmPrim::_peso (int u) const { return this->p[u]; }
void AgmPrim::imprime () const {
  for (int u = 0; u < this->grafo->_numVertices (); u++)
    if (this->antecessor[u] != -1)
      cout << "(" << antecessor[u] << "," << u <<
              ") -- p:" << _peso (u) << endl;
}
AgmPrim::~AgmPrim () {
  this->grafo = NULL;
  if (this->p) delete [] this->p;
  if (this->antecessor) delete [] this->antecessor;
}
}
#endif
```

Programa G.15 Relaxamento de uma aresta

```
if (p[v] > p[u] + peso da aresta (u,v))
   p[v] = p[u] + peso da aresta (u,v);
   antecessor[v] = u;
```

Programa G.16 Primeiro refinamento do algoritmo de Dijkstra

```
     void dijkstra (Grafo *grafo, int raiz)
1.     for (int v = 0; v < grafo->_numVertices (); v++)
2.       p[v] = Infinito;
3.       antecessor[v] = -1;
4.     p[raiz] = 0;
5.     Constroi heap sobre vértices do grafo;
6      S = ∅;
7.     while (!heap.vazio ())
8.       u = heap.retiraMin ();
9        S = S + u;
10.      for (v ∈ grafo->listaAdjacentes (u))
11.        if (p[v] > p[u] + peso da aresta (u,v))
12.          p[v] = p[u] + peso da aresta (u,v);
13.          antecessor[v] = u;
```

Programa G.17 Implementação do algoritmo de Dijkstra

```
#ifndef DIJKSTRA_H_
#define DIJKSTRA_H_
#include "listaadj/autoreferencia/Grafo.h" // vide Programa G.3
#include "FPHeapMinIndireto.h" // vide Programa G.13
#include <float.h>
#include <iostream>
using std::cout;
using std::endl;
using cap7_listaadj_autoreferencia::Grafo; // vide Programa G.3
namespace cap7 {
  class Dijkstra {
  private:
    int *antecessor;
    double *p;
    Grafo *grafo;
  public:
    Dijkstra (Grafo *grafo);
    void obterArvoreCMC (int raiz) throw (logic_error);
    int _antecessor (int u) const;
    double _peso (int u) const;
    void imprimeCaminho (int origem, int v) const;
    ~Dijkstra ();
  };
  Dijkstra::Dijkstra (Grafo *grafo) {
    this->grafo = grafo; this->antecessor = NULL; this->p = NULL;
  }
```

Continuação do Programa G.17

```cpp
  void Dijkstra::obterArvoreCMC (int raiz) throw (logic_error) {
    int n = this->grafo->_numVertices ();
    if (this->p) delete [] this->p;
    this->p = new double[n]; // peso dos vértices
    int *vs = new int[n+1]; // vértices
    if (this->antecessor) delete [] this->antecessor;
    this->antecessor = new int[n];
    for (int u = 0; u < n; u ++) {
      this->antecessor[u] = -1;
      p[u] = DBL_MAX; // ∞
      vs[u+1] = u; // Heap indireto a ser construído
    }
    p[raiz] = 0;
    FPHeapMinIndireto heap (p, vs, n);
    heap.constroi ();
    while (!heap.vazio ()) {
      int u = heap.retiraMin ();
      if (!this->grafo->listaAdjVazia (u)) {
        Grafo::Aresta *adj = grafo->primeiroListaAdj (u);
        while (adj != NULL) {
          int v = adj->_v2 ();
          if (this->p[v] > (this->p[u] + adj->_peso ())) {
            antecessor[v] = u;
            heap.diminuiChave (v, this->p[u] + adj->_peso ());
          }
          delete adj; adj = grafo->proxAdj (u);
        }
      }
    }
    delete [] vs;
  }
  int Dijkstra::_antecessor (int u) const { return this->antecessor[u]; }
  double Dijkstra::_peso (int u) const { return this->p[u]; }
  void Dijkstra::imprimeCaminho (int origem, int v) const {
    if (origem == v) cout << origem << endl;
    else if (this->antecessor[v] == -1)
      cout << "Nao existe caminho de " << origem << " ate " << v << endl;
    else {
      imprimeCaminho (origem, this->antecessor[v]);
      cout << v << endl;
    }
  }
  Dijkstra::~Dijkstra () {
    this->grafo = NULL;
    if (this->p) delete [] this->p;
    if (this->antecessor) delete [] this->antecessor;
  }
}
#endif
```

Programa G.18 *Estrutura e operações do tipo abstrato de dados hipergrafo*

```cpp
#ifndef HIPERGRAFO_H_
#define HIPERGRAFO_H_
#include <iostream>
using std::cout;
using std::endl;
using std::ostream;
namespace cap7_listincidencia {
  class HiperGrafo {
  public:
    class Aresta {
    friend class HiperGrafo;
    friend ostream& operator<< (ostream& out, const Aresta& aresta) {
      out << "{"; int i = 0;
      for (i = 0; i < aresta.r-1; i++)
        out << aresta.vertices[i] << ", ";
      out << aresta.vertices[i] << "} (" << aresta.peso << ")";
      return out;
    }
    private:
      int * vertices;
      int r, peso;
    public:
      Aresta (int *vertices, int peso, int r) {
        this->vertices = new int[r];
        for (int i = 0; i < r; i++)
          this->vertices[i] = vertices[i];
        this->peso = peso; this->r = r;
      }
      int _peso () { return this->peso; }
      int vertice (int i) { return this->vertices[i]; }
      int *_vertices () { return this->vertices; }
      bool operator== (const Aresta& aresta) const {
        if (aresta.r != this->r) return false;
        for (int i = 0; i < this->r; i++)
          if (this->vertices[i] != aresta.vertices[i]) return false;
        return true;
      }
      bool operator!= (const Aresta& aresta) const {
        return !(*this == aresta);
      }

      ~Aresta () { if (this->vertices) delete this->vertices; }
    };
  private:
    int numVertices, numArestas, proxDisponivel, r;
    Aresta **arestas;
    int *prim, *prox;
    int *pos;
```

Continuação do Programa G.18

```cpp
  public:
    HiperGrafo (int numVertices, int numArestas, int r);
    void insereAresta (int *vertices, int peso);
    bool existeAresta (int *vertices) const;
    bool listaIncVazia (int v) const;
    Aresta *primeiraListaInc (int v);
    Aresta *proxInc (int v);
    Aresta *retiraAresta (int *vertices);
    void imprime () const ;
    int _numVertices () const;
    ~HiperGrafo ();
};
HiperGrafo::HiperGrafo (int numVertices, int numArestas, int r) {
    this->arestas = new Aresta*[numArestas];
    this->prim = new int[numVertices];
    for (int i = 0; i < numVertices; i++) this->prim[i] = -1;
    this->prox = new int[r*numArestas]; this->numVertices = numVertices;
    this->proxDisponivel = 0; this->r = r;
    this->numArestas = numArestas; this->pos = new int[numVertices];
}
void HiperGrafo::insereAresta (int *vertices, int peso) {
    if (this->proxDisponivel == this->numArestas)
        cout << "Nao ha espaco disponivel para a aresta" << endl;
    else {
        int a = this->proxDisponivel++; int n = this->numArestas;
        this->arestas[a] = new Aresta (vertices, peso, this->r);
        for (int i = 0; i < this->r; i++) {
            int ind = a + i*n;
            this->prox[ind] = this->prim[this->arestas[a]->vertices[i]];
            this->prim[this->arestas[a]->vertices[i]] = ind;
        }
    }
}
bool HiperGrafo::existeAresta (int *vertices) const {
    for (int v = 0; v < this->r; v++)
        for (int i = this->prim[vertices[v]]; i != -1; i = this->prox[i]) {
            int a = i % this->numArestas;
            Aresta aresta(vertices, 0, this->r);
            if (*(this->arestas[a]) == aresta)
                return true;
        }
    return false;
}
// Operadores para obter a lista de arestas incidentes
bool HiperGrafo::listaIncVazia (int v) const {
    return (this->prim[v] == -1);
}
```

Continuação do Programa G.18

```cpp
HiperGrafo::Aresta *HiperGrafo::primeiraListaInc (int v) {
  // Retorna a primeira aresta incidente no vértice v ou
  // NULL se a lista de arestas incidentes em v for vazia
  this->pos[v] = this->prim[v];
  int a = this->pos[v] % this->numArestas;
  if (a >= 0) return this->arestas[a]; else return NULL;
}
HiperGrafo::Aresta *HiperGrafo::proxInc (int v) {
  // Retorna a próxima aresta incidente no vértice v ou NULL
  // se a lista de arestas incidentes em v estiver no fim
  this->pos[v] = this->prox[this->pos[v]];
  int a = this->pos[v] % this->numArestas;
  if (a >= 0) return this->arestas[a]; else return NULL;
}
HiperGrafo::Aresta *HiperGrafo::retiraAresta (int *vertices) {
  int n = this->numArestas, a = 0; Aresta *aresta = NULL;
  for (int i = 0; i < this->r; i++) {
    int prev = -1, aux = this->prim[vertices[i]];
    a = aux % n; aresta = new Aresta (vertices, 0, this->r);
    while ((aux >= 0) && (*(this->arestas[a]) != *aresta)) {
      prev = aux; aux = this->prox[aux]; a = aux % n;
    }
    delete aresta;
    if (aux >= 0) { // achou
      if (prev == -1) this->prim[vertices[i]] = this->prox[aux];
      else this->prox[prev] = this->prox[aux];
      aresta = this->arestas[a];
    } else return NULL; // não achou
  }
  this->arestas[a] = NULL; // Marca como removido
  return aresta;
}
void HiperGrafo::imprime () const {
  for (int i = 0; i < this->numVertices; i++) {
    cout << "Vertice " << i << ":" << endl;
    for (int j = this->prim[i]; j != -1; j = this->prox[j]) {
      int a = j % this->numArestas;
      cout << "   a: " << *(this->arestas[a]) << endl;
    }
  }
}
int HiperGrafo::_numVertices () const { return this->numVertices; }
HiperGrafo::~HiperGrafo () {
  for(int i = 0; i < this->numArestas; i++)
    if (this->arestas[i]) delete this->arestas[i];
  delete [] this->arestas;  delete [] this->prim;
  delete [] this->prox;     delete [] this->pos;
 }
}
#endif
```

Programa G.19 *Programa teste para operadores do tipo abstrato de dados hipergrafo*

```cpp
#ifndef _TESTAHIPERGRAFO_H_
#define _TESTAHIPERGRAFO_H_
#include "listincidencia/HiperGrafo.h"  // vide Programa G.18
#include <iostream>
using std::cout;
using std::cin;
using std::endl;
using cap7_listincidencia::HiperGrafo;  // vide Programa G.18
namespace cap7 {
  class TestaHiperGrafo {
  public:
    static HiperGrafo::Aresta *lerAresta (int r);
    static void main ();
  };
  HiperGrafo::Aresta *TestaHiperGrafo::lerAresta (int r) {
    cout << "Aresta:" << endl;
    int *vertices = new int[r];
    for (int i = 0; i < r; i++) {
      cout << "  V" << i << ":";
      cin >> vertices[i];
    }
    cout << "  Peso:";
    int peso = 0; cin >> peso;
    HiperGrafo::Aresta * aresta = new HiperGrafo::Aresta (vertices,
                                                          peso, r);
    delete vertices; return aresta;
  }
  void TestaHiperGrafo::main () {
    cout << "No. vertices:"; int nVertices = 0;
    cin >> nVertices;
    cout << "No. arestas:"; int nArestas = 0;
    cin >> nArestas;
    cout << "r:"; int r = 0;
    cin >> r;
    HiperGrafo *grafo = new HiperGrafo (nVertices, nArestas, r);
    for (int i = 0; i < nArestas; i++) {
      HiperGrafo::Aresta *a = lerAresta (r);
      grafo->insereAresta (a->_vertices (), a->_peso ());
      delete a;
    }
    grafo->imprime ();
    cout << "Lista de arestas incidentes em: "; int v1 = 0;
    cin >> v1;
    if (!grafo->listaIncVazia (v1)) {
      HiperGrafo::Aresta *adj = grafo->primeiraListaInc (v1);
      while (adj != NULL) {
        cout << "  " << *adj << endl;
        adj = grafo->proxInc (v1);
      }
      cout << endl;
    }
```

Continuação do Programa G.19

```
    cout << "Retira aresta: " << endl;
    HiperGrafo::Aresta *a = lerAresta (r);
    if (grafo->existeAresta (a->_vertices ())) {
      HiperGrafo::Aresta *b = grafo->retiraAresta (a->_vertices ());
      HiperGrafo::Aresta *c = grafo->retiraAresta (a->_vertices ());
      cout << "aresta b: " << *b << endl; delete b;
      if (c) {
        cout << "aresta c: " << *c << endl; delete c;
      }
      else   cout << "aresta c: NULL" << endl;
    }
    else cout << "Aresta nao existe" << endl;
    delete a; grafo->imprime ();
    cout << "Existe aresta: " << endl; a = lerAresta (r);
    if (grafo->existeAresta (a->_vertices ()))
      cout << "  Sim" << endl;
    else cout << "  Nao" << endl;
    delete a; delete grafo;
  }
}
#endif
```

Programa G.20 *Primeiro refinamento do algoritmo de Kruskal*

```
    void Kruskal (Grafo *grafo)
      ConjuntoDisjunto *conj = new ConjuntoDisjunto ();
1.    S = ∅;
2.    for (int v=0; v<grafo->_numVertices (); v++) conj->criaConjunto(v);
3.    Ordena as arestas de A pelo peso;
4.    for (cada (u, v) de A tomadas em ordem ascendente de peso)
5.      if (conj->encontraConjunto (u) != conj->encontraConjunto (v))
6.        S = S + {(u, v)};
7.        conj->uniao (u, v); delete conj;
```

Apêndice H
Programas em C++ do Capítulo 8

Programa H.1 Métodos de casamento exato considerados

```cpp
#ifndef CASAMENTOEXATO_H_
#define CASAMENTOEXATO_H_
#include <string>
#include <iostream>
using std::cout;
using std::endl;
using std::string;
namespace cap8 {
  class CasamentoExato {
  private:
    static const int maxChar;
  public:
    static void forcaBruta (string T, int n, string P, int m);
    static void shiftAndExato (string T, int n, string P, int m);
    static void bmh (string T, int n, string P, int m);
    static void bmhs (string T, int n, string P, int m);
  };
  const int CasamentoExato::maxChar = 256;
}
#endif
```

Programa H.2 Algoritmo força bruta

```cpp
void CasamentoExato::forcaBruta (string T, int n, string P, int m) {
  // Pesquisa P[0..m-1] em T[0..n-1]
  for (int i = 0; i < (n - m + 1); i ++) {
    int k = i; int j = 0;
    while ((j < m) && (T[k] == P[j])) { j++; k++; }
    if (j ==m) cout << "Casamento na posicao: " << i << endl;
  }
}
```

Programa H.3 *Primeiro refinamento do algoritmo Shift-And*

```
void Shift-And (P = p₀p₁...pₘ₋₁, T = t₀t₁...tₙ₋₁)
  // Pré-processamento
  for (c ∈ Σ) M[c] = 0^m;
  for (j = 0; j < m; j++) M[pⱼ] = M[pⱼ] | 0^j 10^(m-j-1);
  // Pesquisa
  R = 0^m;
  for (i = 0; i < n; i++)
    R = ((R >> 1) | 10^(m-1)) & M[T[i]];
    if (R & 0^(m-1)1 ≠ 0^m) "Casamento na posicao i - m + 1";
```

Programa H.4 *Implementação do algoritmo Shift-And para casamento exato de cadeias*

```
void CasamentoExato::shiftAndExato (string T, int n, string P, int m) {
  int R = 0;
  // Pré-processamento do padrão
  int *M = new int[maxChar];
  for (int i = 0; i < maxChar; i++)M[i] = 0;
  for (int j = 0; j < m; j++)
    M[(unsigned char)P[j]] = M[(unsigned char)P[j]] | (1 << (m - j - 1));
  // Pesquisa
  for (int i = 0; i < n; i++) {
    R = ((R >> 1) | (1 << (m - 1))) & M[(unsigned char)T[i]];
    if ((R & 1) != 0)
      cout << "Casamento na posicao: " << (i - m + 1) << endl;
  }
  delete [] M;
}
```

Programa H.5 *Algoritmo Boyer-Moore-Horspool*

```
void CasamentoExato::bmh (string T, int n, string P, int m) {
  // Pré-processamento do padrão
  int *d = new int[maxChar];
  for (int j = 0; j < maxChar; j++) d[j] = m;
  for (int j = 0; j < (m-1); j++) d[(unsigned char)P[j]] = m - j - 1;
  int i = m - 1;
  while (i < n) { // Pesquisa
    int k = i; int j = m - 1;
    while ((j >= 0) && (T[k] == P[j])) { j--; k--; }
    if (j < 0)
      cout << "Casamento na posicao: " << (k + 1) << endl;
    i = i + d[(unsigned char)T[i]];
  }
  delete [] d;
}
```

Programa H.6 Algoritmo Boyer-Moore-Horspool-Sunday

```cpp
void CasamentoExato::bmhs (string T, int n, string P, int m) {
  // Pré-processamento do padrão
  int *d = new int[maxChar];
  for (int j = 0; j < maxChar; j++) d[j] = m + 1;
  for (int j = 0; j < m; j++) d[(unsigned char)P[j]] = m - j;
  int i = m - 1;
  while (i < n - 1) { // Pesquisa
    int k = i; int j = m - 1;
    while ((j >= 0) && (T[k] == P[j])) { j--; k--; }
    if (j < 0)
      cout << "Casamento na posicao: " << (k + 1) << endl;
    i += i != (n-1) ? d[(unsigned char)T[i+1]] : 1;
  }
  delete [] d;
}
```

Programa H.7 Método para casamento aproximado de cadeias considerado

```cpp
#ifndef CASAMENTOAPROXIMADO_H_
#define CASAMENTOAPROXIMADO_H_
#include <string>
#include <iostream>
using std::cout;
using std::endl;
using std::string;
namespace cap8 {
  class CasamentoAproximado {
  private: static const int maxChar;
  public:
    static void shiftAndAproximado (string T, int n, string P, int m, int k);
  };
  const int CasamentoAproximado::maxChar = 256;
}
#endif
```

Programa H.8 Primeiro refinamento do algoritmo Shift-And para casamento aproximado de cadeias

```
void Shift-And-Aproximado (P = p_0 p_1 ... p_{m-1}, T = t_0 t_1 ... t_{n-1}, k)
  // Pré-processamento
  for (c ∈ Σ) M[c] = 0^m;
  for (j = 0; j < m; j++) M[p_j] = M[p_j] | 0^j 1 0^{m-j-1};
  // Pesquisa
  for (j = 0; j <= k; j++) R_j = 1^j 0^{m-j};
  for (i = 0; i < n; i++)
    Rant = R_0;
```

Continuação do Programa H.8

```
    Rnovo = ((Rant >> 1) | 10^{m-1}) & M[T[i]];
    R_0 = Rnovo;
    for (j = 1; j <= k; j++)
        Rnovo = ((R_j >> 1 & M[T[i]]) | Rant | ((Rant | Rnovo) >> 1);
        Rant = R_j;
        R_j = Rnovo | 10^{m-1};
        if (Rnovo & 0^{m-1}1 ≠ 0^m) "Casamento na posicao i";
```

Programa H.9 Implementação do algoritmo Shift-And para casamento aproximado de cadeias

```
void CasamentoAproximado:: shiftAndAproximado (string T, int n, string P,
                                                int m, int k) {
    // Pré-processamento do padrão
    int *R = new int[k+1];
    int *M = new int[maxChar];
    for (int i = 0; i < maxChar; i++)M[i] = 0;
    for (int j = 0; j < m; j++)
        M[(unsigned char)P[j]] = M[(unsigned char)P[j]] | (1 << (m-j-1));
    // Pesquisa
    int Ri = 1 << (m-1); R[0] = 0;
    for (int j = 1; j <= k; j++)R[j] = (1 << (m-j)) | R[j-1];
    for (int i = 0; i < n; i++) {
        int Rant = R[0];
        int RNovo = ((Rant >> 1) | Ri) & M[(unsigned char)T[i]];
        R[0] = RNovo;
        for (int j = 1; j <= k; j++) {
            RNovo = ((R[j] >> 1) & M[(unsigned char)T[i]]) | Rant |
                    ((Rant | RNovo) >> 1);
            Rant = R[j];
            R[j] = RNovo | Ri;
        }
        if ((RNovo & 1) != 0)
            cout << "Casamento na posicao: " << T[i] << endl;
    }
    delete [] R; delete [] M;
}
```

Programa H.10 Primeira fase do processamento

```
void primeiraFase (A, n) {
    raiz = n; folha = n;
    for (prox = n; prox >= 2; prox--) {
        // Procura Posição
        if ((não existe folha) || ((raiz > prox) && (A[raiz] <= A[folha]))) {
            // Nó interno
            A[prox] = A[raiz]; A[raiz] = prox; raiz--;
        }
```

Continuação do Programa H.10

```
    else { // Nó folha
        A[prox] = A[folha]; folha--;
    }
    // Atualiza Freqüências
    if ((não existe folha) || ((raiz > prox) && (A[raiz] <= A[folha]))) {
        // Nó interno
        A[prox] = A[prox] + A[raiz]; A[raiz] = prox; raiz--;
    }
    else { // Nó folha
        A[prox] = A[prox] + A[folha]; folha--;
    }
  }
}
```

Programa H.11 Segunda fase do processamento

```
void segundaFase (A, n) {
  A[2] = 0;
  for (prox = 3; prox <= n; prox++) A[prox] = A[A[prox]] + 1;
}
```

Programa H.12 Terceira fase do processamento

```
void terceiraFase (A, n) {
  disp = 1; u = 0; h = 0; raiz = 2; prox = 1;
  while (disp > 0) {
    while ((raiz <= n) && (A[raiz] == h)) { u++; raiz++; }
    while (disp > u) { A[prox] = h; prox++; disp--; }
    disp = 2 * u; h++; u = 0;
  }
}
```

Programa H.13 Cálculo do comprimento dos códigos a partir de um vertor de freqüências

```
void calculaCompCodigo (A, n) {
  primeiraFase (A, n);
  segundaFase (A, n);
  terceiraFase (A, n);
}
```

Programa H.14 Pseudocódigo para codificação

```
Codigo codifica (i, maxCompCod) {
  c = 1;
  while ((c + 1 <= maxCompCod) && (i >= offset[c + 1])) c++;
  codigo = i - offset[c] + base[c];
  return (codigo, c);
}
```

Programa H.15 Pseudocódigo para decodificação

```
int decodifica (maxCompCod) {
  c = 1; codigo = leBit (arqComp);
  while ((codigo << 1 ) >= base[c + 1] && ( c + 1 <= maxCompCod )) {
    codigo = (codigo << 1) | leBit (arqComp); c++;
  } i = codigo - base[c] + offset[c];
  return i;
}
```

Programa H.16 Pseudocódigo para realizar a compressão

```
void compressao (nomeArqTxt, nomeArqComp) {
  filebuf fArqComp; fArqComp.open (nomeArqComp, ios::out);
  arqComp = new iostream (&fArqComp);
  filebuf fArqTxt; fArqTxt.open (nomeArqTxt, ios::in);
  arqTxt = new iostream (&fArqTxt);
  // Primeira etapa
  string palavra = ""; TabelaHash vocabulario;
  while (existirem palavras) {
    palavra = proximaPalavra (arqTxt);
    itemVoc = vocabulario.pesquisa (palavra);
    if (itemVoc != NULL) itemVoc->freq = itemVoc->freq + 1;
    else vocabulario.insere (palavra);
  }
  // Segunda etapa
  A[] = ordenaPorFrequencia (vocabulario); calculaCompCodigo (A, n);
  maxCompCod = constroiVetores (A, n); gravaVocabulario (A, arqComp);
  // Terceira etapa
  while (existirem palavras) {
    palavra = proximaPalavra (arqTxt);
    itemVoc = vocabulario.pesquisa (palavra);
    codigo = codifica(itemVoc.ordem, maxCompCod);
    escreve (codigo, maxCompCod);
  }
}
```

Programa H.17 Pseudocódigo para realizar a descompressão

```
void descompressao (nomeArqTxt, nomeArqComp) {
  filebuf fArqComp; fArqComp.open (nomeArqComp, ios::in);
  arqComp = new iostream (&fArqComp);
  filebuf fArqTxt; fArqTxt.open (nomeArqTxt, ios::out);
  arqTxt = new iostream (&fArqTxt); int maxCompCod = leVetores ();
  string *vocabulario = leVocabulario ();
  while ((i = decodifica (maxCompCod)) >= 0) {
    if (((palavra anterior não é delimitador) && (vocabulario[i] não é delimitador))
      arqTxt->write (" ");
    arqTxt->write (vocabulario[i]);
  }
}
```

Programa H.18 Classe *HuffmanByte* com as estruturas de dados e os métodos que implementam o código de Huffman pleno e o código de Huffman com marcação

```cpp
#ifndef _HUFFMANBYTE_H_
#define _HUFFMANBYTE_H_
#include "../cap4/ordenacaointerna/Ordenacao.h" // vide Programa D.3
#include "../cap5/endaberto/TabelaHash.h" // vide Programa E.22
#include "ExtraiPalavra.h" // vide Programa H.23
#include "ItemVoc.h" // vide Programa H.24
#include "CasamentoExato.h" // vide Programa H.1
#include <string>
#include <iostream>
#include <fstream>
#include <math.h>
using std::iostream;
using std::filebuf;
using std::string;
using cap4_ordenacaointerna::Ordenacao; // vide Programa D.3
using cap5_endaberto::TabelaHash; // vide Programa E.22
namespace cap8 {
  class HuffmanByte {
  private:
    int baseNum;
    int *base, *offset;
    iostream *arqComp; // Arquivo comprimido
    string nomeArqTxt, nomeArqDelim;
    TabelaHash<ItemVoc> *vocabulario;
    class Codigo {
    public:
      int codigo;
      int c; // Comprimento do código
    };

    // Entram aqui as assinaturas dos métodos privados dos Programas H.19, H.20,
    // H.21, H.22, H.25, H.26, H.27, H.28, H.30, H.31, H.32 e H.33
  public:
    HuffmanByte( string nomeArqDelim, int baseNum, int m, int maxTamChave );
    void compressao (string nomeArqTxt, string nomeArqComp);
    void descompressao (string nomeArqTxt, string nomeArqComp);
    ~HuffmanByte ();
  };
  // Entram aqui os métodos privados dos Programas H.19, H.20, H.21, H.22, H.25,
  // H.26, H.27, H.28, H.30, H.31, H.32 e H.33
  HuffmanByte::HuffmanByte (string nomeArqDelim, int baseNum,
                            int m, int maxTamChave) {
    this->baseNum = baseNum;
    this->base = NULL; this->offset = NULL; this->arqComp = NULL;
    this->nomeArqTxt = ""; this->nomeArqDelim = nomeArqDelim;
    this->vocabulario = new TabelaHash<ItemVoc> (m, maxTamChave);
  }
```

Continuação do Programa H.18

```cpp
  void HuffmanByte::compressao (string nomeArqTxt, string nomeArqComp) {
    // vide Programa H.25
  }
  void HuffmanByte::descompressao(string nomeArqTxt, string nomeArqComp) {
    // vide Programa H.32
  }
  HuffmanByte::~HuffmanByte () {
    if (this->base) delete [] this->base;
    if (this->offset) delete [] this->offset;
    if (this->arqComp) delete this->arqComp;
    delete this->vocabulario;
  }
}
#endif
```

***Programa H.19** Generalização do cálculo dos comprimentos dos códigos*

```cpp
void HuffmanByte::calculaCompCodigo (ItemVoc **A, int n) const {
  int resto = 0;
  if (n > (this->baseNum - 1)) {
    resto = 1 + ((n - this->baseNum) % (this->baseNum - 1));
    if (resto < 2) resto = this->baseNum;
  }
  else resto = n - 1;
  // noInt: Número de nodos internos
  int noInt = 1 + ((n - resto) / (this->baseNum - 1));
  int freqn = A[n]->recuperaChave ();
  for (int x = (n - 1); x >= (n - resto + 1); x--) {
    int freqx = A[x]->recuperaChave ();
    freqn = freqn + freqx;
  }
  A[n]->alteraChave (freqn);
  // Primeira Fase
  int raiz = n; int folha = n - resto; int prox;
  for (prox = n - 1; prox >= (n - noInt + 1); prox--) {
    // Procura Posição
    int freqraiz = A[raiz]->recuperaChave ();
    if ((folha < 1) || ((raiz > prox) &&
        (freqraiz <= A[folha]->recuperaChave ())))  {
      // Nó interno
      A[prox]->alteraChave (freqraiz);
      A[raiz]->alteraChave (prox); raiz--;
    }
    else { // Nó folha
      int freqfolha = A[folha]->recuperaChave ();
      A[prox]->alteraChave (freqfolha); folha--;
    }
```

Continuação do Programa H.19

```cpp
    // Atualiza Freqüências
    for (int x = 1; x <= (this->baseNum - 1); x++) {
      freqraiz = A[raiz]->recuperaChave ();
      int freqprox = A[prox]->recuperaChave ();
      if ((folha < 1) || ((raiz > prox) &&
          (freqraiz <= A[folha]->recuperaChave ())))  {
        // Nó interno
        A[prox]->alteraChave (freqprox + freqraiz);
        A[raiz]->alteraChave (prox); raiz--;
      }
      else { // Nó folha
        int freqfolha = A[folha]->recuperaChave ();
        A[prox]->alteraChave (freqprox + freqfolha); folha--;
      }
    }
  }
  // Segunda Fase
  A[raiz]->alteraChave (0);
  for (prox = raiz + 1; prox <= n; prox++) {
    int pai = A[prox]->recuperaChave ();
    int profundidadepai = A[pai]->recuperaChave ();
    A[prox]->alteraChave (profundidadepai + 1);
  }
  // Terceira Fase
  int disp = 1; int u = 0; int h = 0; prox = 1;
  while (disp > 0) {
    while ((raiz <= n) && (A[raiz]->recuperaChave () == h)) {
      u++; raiz++;
    }
    while (disp > u) {
      A[prox]->alteraChave (h); prox++; disp--;
      if (prox > n) { u = 0; break; }
    }
    disp = this->baseNum * u; h = h + 1; u = 0;
  }
}
```

Programa H.20 Codificação orientada a bytes

```cpp
HuffmanByte::Codigo *HuffmanByte::codifica (int ordem, int maxCompCod)
const {
  Codigo *cod = new Codigo (); cod->c = 1;
  while ((cod->c + 1 <= maxCompCod) &&
         (ordem >= this->offset[cod->c + 1])) (cod->c)++;
  cod->codigo = ordem - this->offset[cod->c] + this->base[cod->c];
  return cod;
}
```

Programa H.21 Decodificação orientada a bytes

```cpp
int HuffmanByte::decodifica (int maxCompCod) const {
  int logBase2 = (int)ceil(log(this->baseNum)/log(2));
  int c = 1; int codigo = 0;
  this->arqComp->read((char *)&codigo, sizeof (char));
  if (this->arqComp->eof()) return -1; // Fim de arquivo
  if (logBase2 == 7) codigo = codigo - 128; // Remove o bit de marcacao
  while (((c + 1) <= maxCompCod) &&
         ((codigo << logBase2) >= this->base[c+1])) {
    int codigoTmp = 0;
    this->arqComp->read((char *)&codigoTmp, sizeof (char));
    codigo = (codigo << logBase2) | codigoTmp; c++;
  }
  return (codigo - this->base[c] + this->offset[c]);
}
```

Programa H.22 Construção dos vetores base e offset

```cpp
int HuffmanByte::constroiVetores (ItemVoc **A, int n) {
  int maxCompCod = A[n]->recuperaChave();
  int *wcs = new int[maxCompCod + 1]; // Ignora a posição 0
  if (this->offset) delete [] this->offset;
  this->offset = new int[maxCompCod + 1]; // Ignora a posição 0
  if (this->base) delete [] this->base;
  this->base = new int[maxCompCod + 1]; // Ignora a posição 0
  for (int i = 1; i <= maxCompCod; i++) wcs[i] = 0;
  for (int i = 1; i <= n; i++) {
    int freq = A[i]->recuperaChave();
    wcs[freq]++; this->offset[freq] = i - wcs[freq] + 1;
  }
  this->base[1] = 0;
  for (int i = 2; i <= maxCompCod; i++) {
    this->base[i] = this->baseNum * (this->base[i-1] + wcs[i-1]);
    if (this->offset[i] == 0) this->offset[i] = this->offset[i-1];
  }
  // Salvando as tabelas em disco
  this->arqComp->write((char *)&maxCompCod, sizeof (maxCompCod));
  for (int i = 1; i <= maxCompCod; i++) {
    this->arqComp->write ((char *)&(this->base[i]),
                          sizeof (this->base[i]));
    this->arqComp->write ((char *)&(this->offset[i]),
                          sizeof (this->offset[i]));
  }
  delete [] wcs;
  return maxCompCod;
}
```

Programa H.23 *Extração do próximo símbolo a ser codificado*

```cpp
#ifndef _EXTRAIPALAVRA_H_
#define _EXTRAIPALAVRA_H_
#include <string>
#include <iostream>
#include <fstream>
using std::ios;
using std::filebuf;
using std::istream;
using std::string;
#define ASCII 256
#define MAX_TAM_LINHA 1000
namespace cap8 {
  class ExtraiPalavra {
  private:
    istream *arqDelim, *arqTxt;
    filebuf fArqDelim, fArqTxt;
    string *delimitadores;
    string *palavras, palavraAnt;
    string::size_type pos;
    bool eDelimitador (char ch) {
      return (this->delimitadores->find(ch) != string::npos);
    }
  public:
    ExtraiPalavra (string nomeArqDelim, string nomeArqTxt);
    string *proximaPalavra ();
    ~ExtraiPalavra (); // Fecha os arquivos e libera memória alocada
  };
  ExtraiPalavra::ExtraiPalavra (string nomeArqDelim, string nomeArqTxt) {
    this->fArqDelim.open (nomeArqDelim.c_str(), ios::in);
    this->arqDelim = new istream(&this->fArqDelim);
    this->fArqTxt.open (nomeArqTxt.c_str(), ios::in);
    this->arqTxt = new istream(&this->fArqTxt);
    // Os delimitadores devem estar juntos em uma única linha do arquivo
    char delim[ASCII];
    arqDelim->getline(delim, ASCII);
    this->delimitadores = new string(delim);
    *(this->delimitadores) = *(this->delimitadores) + "\r\n";
    this->palavras = NULL; this->pos = 0; this->palavraAnt = " ";
  }
  string *ExtraiPalavra::proximaPalavra () {
    if (palavras == NULL || (this->pos == string::npos)) {
      char linha[MAX_TAM_LINHA];
      arqTxt->getline (linha, MAX_TAM_LINHA);
      if (strlen (linha) == 0 && arqTxt->eof ()) return NULL;
      if (this->palavras) delete this->palavras;
      this->palavras = new string (linha); this->pos = 0;
      *(this->palavras) = *(this->palavras) + "\n";
    }
```

Continuação do Programa H.23

```cpp
    string *palavra = new string("");
    if (this->eDelimitador ((*(this->palavras))[this->pos])) {
      string::size_type posFinal = this->palavras->find_first_not_of(
                                    *(this->delimitadores), this->pos);
      *palavra = this->palavras->substr(this->pos, posFinal - this->pos);
      this->pos = posFinal;
    }
    else {
      this->pos = this->palavras->find_first_not_of(
                  *(this->delimitadores), this->pos);
      string::size_type posFinal = this->palavras->find_first_of (
                                    *(this->delimitadores), this->pos);
      if (string::npos != posFinal || string::npos != this->pos) {
        *palavra = this->palavras->substr(this->pos, posFinal-this->pos);
        this->pos = posFinal;
      }
    }
    if (palavra->length () == 1 && (*palavra == " ") &&
        this->pos != string::npos && !eDelimitador (palavraAnt[0]) &&
        !eDelimitador ((*(this->palavras))[this->pos])) {
      delete palavra; palavra = new string("");
    } palavraAnt = *palavra; return palavra;
  }
  ExtraiPalavra::~ExtraiPalavra () {
      fArqDelim.close (); delete arqDelim; fArqTxt.close ();
      delete arqTxt; delete delimitadores;
      if(this->palavras) delete this->palavras;
  }
}
#endif
```

Programa H.24 *Classe para representar as informações de uma entrada do vocabulário*

```cpp
#ifndef _ITEMVOC_H_
#define _ITEMVOC_H_
#include "../cap4/Item.h" // vide Programa D.1
#include <string>
using std::string;
using cap4::Item;
namespace cap8 {
  class ItemVoc : public Item<int> {
  private:
    string palavra;
    int freq, ordem;
  public:
    ItemVoc (string palavra, int freq, int ordem);
    virtual int compara (const Item<int> *it) const;
    virtual void alteraChave (int freq);
```

Continuação do Programa H.24

```cpp
    virtual int recuperaChave () const;
    virtual string toString () const;
    virtual void alteraOrdem (int ordem);
    virtual int recuperaOrdem () const;
    virtual string _palavra () const;
    ~ItemVoc () {}
  };
  ItemVoc::ItemVoc (string palavra, int freq, int ordem) {
    this->palavra = palavra;
    this->freq = freq; this->ordem = ordem;
  }
  int ItemVoc::compara (const Item<int> *it) const {
    ItemVoc *item = (ItemVoc*) it;
    if (this->freq < item->freq) return 1;
    else if (this->freq > item->freq) return -1;
    return 0;
  }
  void ItemVoc::alteraChave (int freq) { this->freq = freq; }
  int ItemVoc::recuperaChave () const { return this->freq;}
  string ItemVoc::toString () const { return ""; }
  void ItemVoc::alteraOrdem (int ordem) { this->ordem = ordem; }
  int ItemVoc::recuperaOrdem () const { return this->ordem;}
  string ItemVoc::_palavra () const { return this->palavra; }
}
#endif
```

Programa H.25 Código para fazer a compressão

```cpp
void HuffmanByte::compressao (string nomeArqTxt, string nomeArqComp) {
  this->nomeArqTxt = nomeArqTxt;
  filebuf fArqComp;
  fArqComp.open (nomeArqComp.c_str (), ios::out);
  if (this->arqComp) delete this->arqComp;
  this->arqComp = new iostream (&fArqComp);
  this->primeiraEtapa ();
  int maxCompCod = this->segundaEtapa ();
  this->terceiraEtapa (maxCompCod);
  fArqComp.close ();
}
```

Programa H.26 Primeira etapa da compressão

```cpp
void HuffmanByte::primeiraEtapa () const {
  ExtraiPalavra palavras (this->nomeArqDelim, this->nomeArqTxt);
  string *palavra = NULL;
  while ((palavra = palavras.proximaPalavra()) != NULL) {
    // O primeiro espaço depois da palavra não é codificado
    if (*palavra == "") { delete palavra; continue;}
```

Continuação do Programa H.26

```
    ItemVoc *itemVoc = this->vocabulario->pesquisa (*palavra);
    if ( itemVoc != NULL) {  // Incrementa freqüência
      int freq = itemVoc->recuperaChave ();
      itemVoc->alteraChave (freq + 1);
    } else {  // Insere palavra com freqüência 1
      itemVoc = new ItemVoc (*palavra, 1, 0);
      this->vocabulario->insere (*palavra, *itemVoc);
      delete itemVoc;
    }
    delete palavra;
  }
}
```

Programa H.27 Segunda etapa da compressão

```
int HuffmanByte::segundaEtapa () {
  int n = 0;
  ItemVoc **A = this->ordenaPorFrequencia (n);
  this->calculaCompCodigo (A, n);
  int maxCompCod = this->constroiVetores (A, n);
  // Grava Vocabulário
  this->arqComp->write ((char *)&n, sizeof (n));
  for (int i = 1; i <= n; i++) {
    string palavra = A[i]->_palavra ();
    this->arqComp->write (palavra.c_str (), palavra.length ());
    char ch = '\0'; this->arqComp->write (&ch, sizeof (ch));
    A[i]->alteraOrdem (i);
  }
  delete [] A;
  return maxCompCod;
}
```

Programa H.28 Método para ordenar o vocabulário por freqüência

```
ItemVoc **HuffmanByte::ordenaPorFrequencia (int &n) const {
  ItemVoc **aux = this->vocabulario->recuperaItens (n);
  Item<int> **A = new Item<int>*[n+1];  // Ignora a posição 0
  for (int i = 0; i < n; i++) {
    A[i+1] = aux[i];
  }
  delete [] aux; Ordenacao<int>::quicksort (A, n);
  return (ItemVoc **)A;
}
```

Programa H.29 *Operador para recuperar os objetos contidos em uma tabela hash*

```cpp
// Método da classe TabelaHash apresentada no Programa E.22
template <class T>
T **TabelaHash<T>::recuperaItens () const {
  int n = 0;
  for (int i = 0; i < this->M; i++)
    if (this->tabela[i] != NULL && !this->tabela[i]->retirado) n++;
  T **itens = new T*[n]; n = 0;
  for (int i = 0; i < this->M; i++)
    if (this->tabela[i] != NULL && !this->tabela[i]->retirado)
      itens[n++] = this->tabela[i]->item;
  return itens;
}
```

Programa H.30 *Terceira etapa da compressão*

```cpp
void HuffmanByte::terceiraEtapa (int maxCompCod) const {
  ExtraiPalavra palavras (this->nomeArqDelim, this->nomeArqTxt);
  string *palavra = NULL;
  while ((palavra = palavras.proximaPalavra()) != NULL) {
    // O primeiro espaço depois da palavra não é codificado
    if (*palavra == "") { delete palavra; continue; }
    ItemVoc *itemVoc = this->vocabulario->pesquisa (*palavra);
    delete palavra; int ordem = itemVoc->recuperaOrdem ();
    Codigo *cod = this->codifica (ordem, maxCompCod);
    this->escreve (cod, maxCompCod); delete cod;
  }
}
```

Programa H.31 *Escreve o código no arquivo comprimido*

```cpp
void HuffmanByte::escreve (Codigo *cod, int maxCompCod) const {
  unsigned char *saida = new unsigned char[maxCompCod + 1];
  int logBase2 = (int)ceil(log(this->baseNum)/log(2));
  int mask = (int)pow (2, logBase2) - 1;
  int i = 1; int cTmp = cod->c;
  saida[i] = cod->codigo >> (logBase2*(cod->c - 1));
  if (logBase2 == 7) saida[i] = saida[i] | 128; // Marcação
  i++; (cod->c)--;
  while (cod->c > 0) {
    saida[i] = (cod->codigo >> (logBase2*(cod->c - 1))) & mask;
    i++; (cod->c)--;
  }
  for (i = 1; i <= cTmp; i++)
    this->arqComp->write ((char *)&saida[i], sizeof (saida[i]));
  delete [] saida;
}
```

Programa H.32 Código para fazer a descompressão

```
void HuffmanByte::descompressao (string nomeArqTxt, string nomeArqComp) {
  this->nomeArqTxt = nomeArqTxt;
  filebuf fArqComp, fArqDelim, fArqTxt;
  fArqComp.open (nomeArqComp.c_str (), ios::in|ios::out);
  if (this->arqComp) delete this->arqComp;
  this->arqComp = new iostream (&fArqComp);
  fArqDelim.open (this->nomeArqDelim.c_str (), ios::in|ios::out);
  iostream arqDelim (&fArqDelim);
  fArqTxt.open (this->nomeArqTxt.c_str (), ios::out);
  iostream arqTxt (&fArqTxt);
  char linha[MAX_TAM_LINHA];
  arqDelim.getline(linha, MAX_TAM_LINHA);
  string delim = linha; delim += "\r\n";
  int maxCompCod = this->leVetores ();
  int n = 0; string *vocabulario = this->leVocabulario (n);
  int ind = 0; string palavraAnt = " ";
  while ((ind = this->decodifica (maxCompCod)) >= 0) {
    if (!eDelimitador (delim, palavraAnt[0]) &&
        !eDelimitador (delim, vocabulario[ind][0]))
      arqTxt.write (" ", sizeof(char));
    arqTxt.write (vocabulario[ind].c_str(), vocabulario[ind].length ());
    palavraAnt = vocabulario [ind];
  }
  delete [] vocabulario; fArqDelim.close (); fArqTxt.close ();
}
```

Programa H.33 Métodos auxiliares da descompressão

```
int HuffmanByte::leVetores () {
  int maxCompCod = 0;
  this->arqComp->read ((char *)&maxCompCod, sizeof (maxCompCod));
  if (this->offset) delete [] this->offset;
  this->offset = new int[maxCompCod + 1]; // Ignora a posição 0
  if (this->base) delete [] this->base;
  this->base = new int[maxCompCod + 1]; // Ignora a posição 0
  for (int i = 1; i <= maxCompCod; i++) {
    this->arqComp->read ((char *)&(this->base[i]),
                         sizeof (this->base[i]));
    this->arqComp->read ((char *)&(this->offset[i]),
                         sizeof (this->offset[i]));
  }
  return maxCompCod;
}
string *HuffmanByte::leVocabulario (int &n) const {
  this->arqComp->read ((char *)&(n), sizeof (n));
  string *vocabulario = new string[n+1]; // Ignora a posição 0
  for (int i = 1; i <= n; i++) {
    vocabulario[i] = ""; char ch;
```

Continuação do Programa H.33

```cpp
    this->arqComp->read(&ch, sizeof (ch));
    while (ch != '\0') {
      vocabulario[i] += ch;
      this->arqComp->read(&ch, sizeof (ch));
    }
  }
  return vocabulario;
}
bool HuffmanByte::eDelimitador (string delim, char ch) const {
  return (delim.find(ch) != string::npos);
}
```

Programa H.34 *Método da classe* HuffmanByte *para realizar busca no arquivo comprimido*

```cpp
public: void HuffmanByte::busca (string nomeArqComp) {
  filebuf fArqComp; fArqComp.open (nomeArqComp.c_str (), ios::in);
  if (this->arqComp) delete this->arqComp;
  this->arqComp = new iostream (&fArqComp);
  int maxCompCod = this->leVetores ();
  int n = 0; string *vocabulario = this->leVocabulario (n);
  int codigo = 0; string T = ""; string P = "";
  this->arqComp->read((char *)&codigo, sizeof (char));
  while (!this->arqComp->eof ()) {
    T += (char)codigo; this->arqComp->read((char *)&codigo,sizeof(char));
  }
  while (true) {
    cout << "Padrao (ou s para sair):"; std::cin >> P; int ord = 1;
    if (P == "s") break;
    for (ord = 1; ord <= n; ord++) if (vocabulario[ord] == P) break;
    if (ord == n+1) {
      cout << "Padrao:" << P << " nao encontrado" << endl; continue;
    }
    Codigo *cod = this->codifica (ord, maxCompCod);
    string Padrao = this->atribui (cod); delete cod;
    CasamentoExato::bmh (T, T.length (), Padrao, Padrao.length ());
  } delete [] vocabulario;
}
```

Programa H.35 *Método para atribuir o código ao padrão*

```cpp
string HuffmanByte::atribui (Codigo *cod) const {
  string P = "";
  P += (char)((cod->codigo >> (7*(cod->c - 1))) | 128); (cod->c)--;
  while (cod->c > 0) {
    P += (char)((cod->codigo >> (7*(cod->c - 1))) & 127); (cod->c)--;
  }
  return P;
}
```

Programa H.36 *Programa para teste dos algoritmos de compressão, descompressão e busca exata em texto comprimido*

```cpp
#ifndef HUFFMAN_H_
#define HUFFMAN_H_
#include "HuffmanByte.h" // vide Programa H.18
#include <iostream>
using std::cout; using std::cin; using std::endl;
namespace cap8 {
  class Huffman {
  private:
    static const int baseNum, m;
    static const int maxTamPalavra;
    static void imprime (string msg);
  public:
    static void main ();
  };
  const int Huffman::baseNum = 128;
  const int Huffman::m = 1001;
  const int Huffman::maxTamPalavra = 15;
  void Huffman::imprime (string msg) { cout << msg; }
  void Huffman::main () {
    imprime ("Arquivo com os delimitadores em uma linha:");
    string nomeArqDelim = ""; cin >> nomeArqDelim;
    string opcao = "";
    do {
      imprime ("***************************************\n");
      imprime ("*               Opcoes                *\n");
      imprime ("*-------------------------------------*\n");
      imprime ("* (c) Compressao                      *\n");
      imprime ("* (d) Descompressao                   *\n");
      imprime ("* (p) Pesquisa no texto comprimido    *\n");
      imprime ("* (f) Termina                         *\n");
      imprime ("***************************************\n");
      imprime ("* Opcao:"); cin >> opcao;
      if (opcao == "c") {
        imprime ("Arquivo texto a ser comprimido:");
        string nomeArqTxt = ""; cin >> nomeArqTxt;
        imprime ("Arquivo comprimido a ser gerado:");
        string nomeArqComp = ""; cin >> nomeArqComp;
        HuffmanByte huff (nomeArqDelim, baseNum, m, maxTamPalavra);
        huff.compressao (nomeArqTxt, nomeArqComp);
      }
      else if (opcao == "d") {
        imprime ("Arquivo comprimido a ser descomprimido:");
        string nomeArqComp = ""; cin >> nomeArqComp;
        imprime ("Arquivo texto a ser gerado:");
        string nomeArqTxt = ""; cin >> nomeArqTxt;
        HuffmanByte huff (nomeArqDelim, baseNum, m, maxTamPalavra);
        huff.descompressao (nomeArqTxt, nomeArqComp);
      }
```

Continuação do Programa H.36

```
      else if (opcao == "p") {
        imprime ("Arquivo comprimido para ser pesquisado:");
        string nomeArqComp = ""; cin >> nomeArqComp;
        HuffmanByte huff ("", baseNum, m, maxTamPalavra);
        huff.busca (nomeArqComp);
      }
    } while (opcao != "f");
  }
}
#endif
```

Apêndice I
Programas em C++ do Capítulo 9

Programa I.1 Algoritmo não-determinista para pesquisar elemento em um conjunto

```
void pesquisaND (x, A, 1, n) {
  j ← escolhe (A, 1, n);
  if (A[j] == x) sucesso; else insucesso;
}
```

Programa I.2 Algoritmo não-determinista para ordenar um conjunto

```
void ordenaND (A, 1, n) {
  for (int i = 1; i <= n; i++) B[i] = 0;
  for (int i = 1; i <= n; i++) {
    j ← escolhe (A, 1, n);
    if (B[j] == 0) B[j] = A[i]; else insucesso;
  }
}
```

Programa I.3 Algoritmo não-determinista para o problema da satisfabilidade

```
void avalND (E, n) {
  for (int i = 1; i <= n; i++) {
    x_i ← escolhe (true, false);
    if (E(x_1, x_2, ···, x_n) == true) sucesso; else insucesso;
  }
}
```

Programa I.4 Algoritmo não-determinista polinomial para o problema do caixeiro-viajante

```
void PCVND() {
  i = 1;
  for (int t = 1; t <= v; t++) {
    j ← escolhe(i, lista_adj(i)); antecessor[j] = i;
  }
}
```

Programa I.5 *Algoritmo de busca em profundidade para caminhamento em grafos*

```cpp
#ifndef BUSCAEMPROFUNDIDADE_H_
#define BUSCAEMPROFUNDIDADE_H_
#include "../cap7/listaadj/autoreferencia/Grafo.h" // vide Programa G.3
#include <iostream>
using std::cout;
using std::endl;
using cap7_listaadj_autoreferencia::Grafo; // vide Programa G.3
namespace cap9 {
  class BuscaEmProfundidade {
  private:
    int *d;
    Grafo *grafo;
    int visita (int u, int tempo) const;
  public:
    BuscaEmProfundidade (Grafo *grafo);
    void buscaEmProfundidade () const;
    ~BuscaEmProfundidade ();
  };

  int BuscaEmProfundidade::visita (int u, int tempo) const {
    this->d[u] = ++tempo;
    cout << "Visita " << u << " Descoberta:" << this->d[u] << endl;
    if (!this->grafo->listaAdjVazia (u)) {
      Grafo::Aresta *a = this->grafo->primeiroListaAdj (u);
      while (a != NULL) {
        int v = a->_v2 ();
        if (this->d[v] == 0) tempo = this->visita (v, tempo);
        delete a; a = this->grafo->proxAdj (u);
      }
    }
    return tempo;
  }

  BuscaEmProfundidade::BuscaEmProfundidade (Grafo *grafo) {
    this->grafo = grafo; d = new int[this->grafo->_numVertices ()];
  }

  void BuscaEmProfundidade::buscaEmProfundidade () const {
    int tempo = 0;
    for (int u = 0; u < grafo->_numVertices (); u++) this->d[u] = 0;
    this->visita1 (0, tempo);
  }

  BuscaEmProfundidade::~BuscaEmProfundidade () {
    this->grafo = NULL; delete [] this->d;
  }
}
#endif
```

Programa I.6 *Algoritmo tentativa e erro para caminhamento em grafos*

```cpp
int BuscaEmProfundidade::visita (int u, int tempo) const {
  this->d[u] = ++tempo;
  cout << "Visita " << u << " Descoberta:" << this->d[u] << endl;
  if (!this->grafo->listaAdjVazia (u)) {
    Grafo::Aresta *a = this->grafo->primeiroListaAdj (u);
    while (a != NULL) {
      int v = a->_v2 ();
      if (this->d[v] == 0) tempo = this->visita (v, tempo);
      delete a; a = this->grafo->proxAdj (u);
    }
  }
  tempo--; this->d[u] = 0;
  return tempo;
}
```

Apêndice J
Programas em C++ do Apêndice K

Programa J.1 Implementação das operações do **tipo abstrato de dados** Area

```
#ifndef AREA_H_
#define AREA_H_
#include "../../cap4/Item.h" // vide Programa D.1
#include <stdexcept>
using std::logic_error;
#include<iostream>
using std::cout;
using std::endl;
using namespace cap4;
namespace cap3_arranjo {
  template <class TipoChave> class Area {
  private:
    class Celula {
    friend class Area<TipoChave>;
    private:
      Item<TipoChave> *item; int prox, ant;
      Celula () { item = 0;} ~Celula () { if (item != 0) delete item;}
    };
    Celula *itens;
    int  celulasDisp, primeiro, ultimo, numCelOcupadas, maxTam;
  public:
    Area (int maxTam); // Cria uma Area vazia
    int obterNumCelOcupadas () const;
    void insereItens (Item<TipoChave> *item) throw ( logic_error );
    Item<TipoChave> *retiraPrimeiro () throw ( logic_error );
    Item<TipoChave> *retiraUltimo () throw ( logic_error );
    void imprimeArea () const throw ( logic_error );
    ~Area ();
  };
```

Continuação do Programa J.1

```cpp
template <class TipoChave>
Area<TipoChave>::Area (int maxTam) { // Cria uma Area vazia
  itens = new Celula[maxTam];
  this->maxTam = maxTam; this->numCelOcupadas = 0;
  this->primeiro = -1; this->ultimo = -1; this->celulasDisp = 0;
  for (int i = 0; i < this->maxTam; i++) {
    this->itens[i].ant = -1; this->itens[i].prox = i + 1;
  }
}
template <class TipoChave>
int Area<TipoChave>::obterNumCelOcupadas () const {
  return this->numCelOcupadas;
}
template <class TipoChave>
void Area<TipoChave>::insereItens (Item<TipoChave> *item)
throw ( logic_error ) {
  if (this->numCelOcupadas == this->maxTam)
    throw logic_error ("Erro: Tentativa de insercao em Area cheia");
  int disp = this->celulasDisp;
  this->celulasDisp = this->itens[this->celulasDisp].prox;
  this->itens[disp].item = item; this->numCelOcupadas++;
  // Inserção do primeiro item
  if (this->numCelOcupadas == 1) {
    this->primeiro = disp; this->ultimo = this->primeiro;
    this->itens[this->primeiro].prox = -1;
    this->itens[this->primeiro].ant = -1;
    return;
  }
  int pos = this->primeiro;
  // Inserção realizada na primeira posição
  if (item->compara (this->itens[pos].item) < 0) {
    this->itens[disp].ant = -1; this->itens[disp].prox = pos;
    this->itens[pos].ant = disp; this->primeiro = disp; return;
  }
  int indiceInsercao = this->itens[pos].prox;
  while (indiceInsercao != -1 &&
         this->itens[indiceInsercao].item->compara (item) < 0) {
    pos = indiceInsercao; indiceInsercao = this->itens[pos].prox;
  }
  // Inserção realizada na última posição
  if (indiceInsercao == -1) {
    this->itens[disp].ant = pos; this->itens[disp].prox = -1;
    this->itens[pos].prox = disp; this->ultimo = disp; return;
  }
  // Inserção realizada no meio de Area
  this->itens[disp].ant = pos;
  this->itens[disp].prox = this->itens[pos].prox;
  this->itens[pos].prox = disp; pos = this->itens[disp].prox;
  this->itens[pos].ant = disp;
}
```

Continuação do Programa J.1

```cpp
  template <class TipoChave>
  Item<TipoChave> *Area<TipoChave>::retiraPrimeiro ()
  throw ( logic_error ) {
    if (this->numCelOcupadas == 0) throw logic_error("Erro: Area vazia");
    Item<TipoChave> *item = this->itens[this->primeiro].item;
    this->itens[this->primeiro].item = 0; // transfere a posse da memória
    int proxTmp = this->itens[this->primeiro].prox;
    this->itens[this->primeiro].prox = this->celulasDisp;
    this->celulasDisp = this->primeiro; this->primeiro = proxTmp;
    if ((this->primeiro >= 0) && (this->primeiro < this->maxTam))
      this->itens[this->primeiro].ant = -1;
    this->numCelOcupadas--;
    return item;
  }
  template <class TipoChave>
  Item<TipoChave> *Area<TipoChave>::retiraUltimo ()
  throw ( logic_error ) {
    if (this->numCelOcupadas == 0) throw logic_error("Erro: Area vazia");
    Item<TipoChave> *item = this->itens[this->ultimo].item;
    this->itens[this->ultimo].item = 0; // transfere a posse da memória
    int antTmp = this->itens[this->ultimo].ant;
    this->itens[this->ultimo].prox = this->celulasDisp;
    this->celulasDisp = this->ultimo; this->ultimo = antTmp;
    if ((this->ultimo >= 0) && (this->ultimo < this->maxTam))
      this->itens[this->ultimo].prox = -1;
    this->numCelOcupadas--;
    return item;
  }
  template <class TipoChave>
  void Area<TipoChave>::imprimeArea () const throw ( logic_error ) {
    if (this->numCelOcupadas == 0) throw logic_error("Erro: Area vazia");
    cout << "** LISTA **" << endl;
    cout << "Celulas Ocupadas = " << this->numCelOcupadas << endl;
    int pos = this->primeiro;
    while (pos != -1) {
      cout << this->itens[pos].item->toString () << endl;
      pos = this->itens[pos].prox;
    }
  }
  template <class TipoChave>
  Area<TipoChave>::~Area () {
    delete[] itens;
  }
}
#endif
```

Programa J.2 *Ordenação por inserção utilizando busca binária*

```cpp
// Método da classe Ordenacao do Programa D.3
public: // Incluir no Programa D.3
  static void ordenaPorInsercaoComBuscaBinaria(Item<TipoChave> **v,int n);
template <class TipoChave>
void Ordenacao<TipoChave>::
ordenaPorInsercaoComBuscaBinaria (Item<TipoChave> **v, int n) {
  for (int i = 2; i <= n; i++) {
    int meio, ind;
    Item<TipoChave> *x = v[i];
    int esq = 1;
    int dir = i - 1;
    do {
      meio = (esq + dir) / 2;
      int comparacao = x->compara (v[meio]);
      if (comparacao == 0) break;
      if (comparacao > 0) esq = meio + 1;
      else dir = meio - 1;
    } while (esq <= dir);
    if (meio > esq) ind = meio;
    else ind = esq;
    for (int j = i; j >= ind + 1; j--) v[j] = v[j - 1];
    v[ind] = x;
  }
}
```

Programa J.3 *Classe FPHeapMin e métodos para refazer e construir o heap*

```cpp
#ifndef FPHEAPMIN_H_
#define FPHEAPMIN_H_
#include "../Item.h" // vide Programa D.1
#include <stdexcept>
using std::logic_error;
#include <limits.h>
#include<iostream>
using std::cout;
using std::endl;
using namespace cap4;
namespace cap4_ordenacaointerna {
  class FPHeapMin {
  private:
    Item<int> **v;
    int maxTam, n;
    bool destruir;
  public:
    FPHeapMin (Item<int> **v, int n);
    void refaz (int esq, int dir);
    void constroi ();
    Item<int> *min () const;
    Item<int> *retiraMin () throw ( logic_error );
```

Continuação do Programa J.3

```cpp
    void diminuiChave (int i, int chaveNova);
    void insere (Item<int> *x) throw ( logic_error );
    ~FPHeapMin ();
    // Outros métodos
};
FPHeapMin::FPHeapMin (Item<int> **v, int n) {
  this->v = v; this->maxTam = this->n = n; this->destruir = false;
}
void FPHeapMin::refaz (int esq, int dir) {
  int j = esq * 2;
  Item<int> *x = this->v[esq];
  while (j <= dir) {
    if ((j < dir) && (this->v[j]->compara (this->v[j + 1]) > 0)) j++;
    if (x->compara (this->v[j]) <= 0) break;
    this->v[esq] = this->v[j]; esq = j; j = esq * 2;
  }
  this->v[esq] = x;
}
FPHeapMin::~FPHeapMin () {
  if (this->destruir) {
    for (int i = 1; i <= n; i++) if (this->v[i]) delete this->v[i];
    delete this->v;
  }
}
}
#endif
```

Programa J.4 Informa o item com menor chave

```cpp
// Método da classe FPHeapMin do Programa J.3
Item<int>* FPHeapMin::min () const { return this->v[1]; }
```

Programa J.5 Retira o item com menor chave

```cpp
// Método da classe FPHeapMin do Programa J.3
Item<int>* FPHeapMin::retiraMin () throw ( logic_error ) {
  Item<int> *minimo;
  if (this->n < 1) throw logic_error ("Erro: heap vazio");
  else {
    minimo = this->v[1]; this->v[1] = this->v[this->n--];
    this->v[this->n + 1] = 0; // transfere a posse da memória
    refaz (1, this->n);
  }
  return minimo;
}
```

Programa J.6 Insere um novo item no heap

```
// Método da classe FPHeapMin do Programa J.3
void FPHeapMin::insere (Item<int> *x) throw ( logic_error ) {
  this->n++;
  if (this->n == this->maxTam) throw logic_error ("Erro: heap cheio");
  int chaveNova = x->recuperaChave ();
  this->v[this->n] = x;
  this->v[this->n]->alteraChave (INT_MAX); // ∞
  this->diminuiChave (this->n, chaveNova);
}
```

Programa J.7 Diminui valor da chave do item na posição i

```
// Método da classe FPHeapMin do Programa J.3
void FPHeapMin::diminuiChave (int i, int chaveNova) {
  Item<int> *x = this->v[i]; x->alteraChave (chaveNova);
  while ((i > 1) && (x->compara (this->v[i / 2]) <= 0)) {
    this->v[i] = this->v[i / 2]; i /= 2;
  }
  this->v[i] = x;
}
```

Programa J.8 Método encontraPivo

```
// Método da classe OrdenacaoParcial do Programa D.17
private: // Incluir no Programa D.17
  static void encontraPivo (Item<TipoChave> **v,int esq,int dir,int k);

template <class TipoChave>
void OrdenacaoParcial<TipoChave>::
encontraPivo (Item<TipoChave> **v, int esq, int dir, int k) {
  LimiteParticoes p = particao (v, esq, dir);
  if (p.j >= k) encontraPivo (v, esq, p.j, k);
  if (p.i <= k) encontraPivo (v, p.i, dir, k);
}
```

Programa J.9 Método davisortParcial

```
// Utiliza os métodos particao, ordena e encontraPivo
// da classe OrdenacaoParcial do Programa D.17
template <class TipoChave>
void OrdenacaoParcial<TipoChave>::
davisortParcial (Item<TipoChave> **v, int n, int k) {
  if (k * 2 >= n) { ordena (v, 1, n, k); return; }
  encontraPivo (v, 1, k, k);
  int candidatos = k; Item<TipoChave> *pivo = v[k];
  for (int i = k + 1; i <= n; i++) {
    if (v[i]->compara (pivo) <= 0) {
```

Continuação do Programa J.9

```
            candidatos++;
            Item<TipoChave> *x = v[candidatos]; v[candidatos] = v[i]; v[i] = x;
        }
        if (candidatos == k * 2) {
            encontraPivo (v, 1, candidatos, k);
            pivo = v[k]; candidatos = k + 1;
        }
    }
    ordena (v, 1, candidatos, k);
}
```

Programa J.10 *Classificação de arestas*

```
#ifndef CLASSIFICAARESTAS_H_
#define CLASSIFICAARESTAS_H_
#include "listaadj/autoreferencia/Grafo.h"  // vide Programa G.3
#include <iostream>
using std::cout;
using std::endl;
using cap7_listaadj_autoreferencia::Grafo;  // vide Programa G.3
namespace cap7 {
    class ClassificaArestas {
    public:
        static const unsigned char branco;
        static const unsigned char cinza;
        static const unsigned char preto;
    private:
        int *d, *t, *antecessor;
        Grafo *grafo;
        int visitaDfs (int u, int tempo, unsigned char *cor) const;
    public:
        ClassificaArestas (Grafo *grafo);
        void classificaArestas () const;
        int _d (int v) const;
        int _t (int v) const;
        int _antecessor (int v) const;
        ~ClassificaArestas ();
    };
    const unsigned char ClassificaArestas::branco = 0;
    const unsigned char ClassificaArestas::cinza  = 1;
    const unsigned char ClassificaArestas::preto  = 2;
    int ClassificaArestas::visitaDfs (int u, int tempo, unsigned char *cor)
    const {
        cor[u] = cinza; this->d[u] = ++tempo;
        if (!this->grafo->listaAdjVazia (u)) {
            Grafo::Aresta *a = this->grafo->primeiroListaAdj (u);
            while (a != NULL) {
                int v = a->_v2 ();
```

Continuação do Programa J.10

```cpp
      if (cor[v] == branco) {
        cout << "Arvore: " <<u<< "->" <<v<< " (branco)" << endl;
        this->antecessor[v] = u;
        tempo = this->visitaDfs (v, tempo, cor);
      }
      else if (cor[v] == cinza) {
        cout << "Retorno: " <<u<< "->" <<v<< " (cinza)" << endl;
      } else if (this->d[u] > this->d[v]) {
        cout << "Cruzamento: " <<u<< "->" <<v<< " (preto)" << endl;
      } else cout << "Avanco: " <<u<< "->" <<v<< " (preto)" << endl;
      delete a; a = this->grafo->proxAdj (u);
    }
  }
  cor[u] = preto; this->t[u] = ++tempo;
  return tempo;
}
ClassificaArestas::ClassificaArestas (Grafo *grafo) {
  this->grafo = grafo;
  int n = this->grafo->_numVertices ();
  d = new int[n]; t = new int[n]; antecessor = new int[n];
}
void ClassificaArestas::classificaArestas () const {
  int tempo = 0;
  unsigned char *cor = new unsigned char[this->grafo->_numVertices ()];
  for (int u = 0; u < grafo->_numVertices (); u++) {
    cor[u] = branco; this->antecessor[u] = -1;
  }
  for (int u = 0; u < grafo->_numVertices (); u++)
    if (cor[u] == branco) {
      cout << "Raiz da arvore: " << u << " (branco)" << endl;
      tempo = this->visitaDfs (u, tempo, cor);
    }
  delete [] cor;
}
int ClassificaArestas::_d (int v) const { return this->d[v]; }
int ClassificaArestas::_t (int v) const { return this->t[v]; }
int ClassificaArestas::_antecessor (int v) const {
  return this->antecessor[v];
}
ClassificaArestas::~ClassificaArestas () {
  this->grafo = NULL; delete [] this->d;
  delete [] this->t; delete [] this->antecessor;
}
}
#endif
```

Programa J.11 *Programa para testar a classe ClassificaArestas do Programa J.10*

```cpp
#ifndef TESTACLASSIFICAARESTAS_H_
#define TESTACLASSIFICAARESTAS_H_
#include "listaadj/autoreferencia/Grafo.h" // vide Programa G.3
#include "ClassificaArestas.h" // vide Programa J.10
#include <iostream>
using std::cout;
using std::cin;
using std::endl;
using cap7_listaadj_autoreferencia::Grafo; // vide Programa G.3
namespace cap7 {
  class TestaClassificaArestas {
  public:
    static Grafo::Aresta *lerAresta ();
    static void main ();
  };
  Grafo::Aresta *TestaClassificaArestas::lerAresta () {
    cout << "Aresta:" << endl;
    cout << "  V1:"; int v1 = 0; cin >> v1;
    cout << "  V2:"; int v2 = 0; cin >> v2;
    cout << "  Peso:"; int peso = 0; cin >> peso;
    return new Grafo::Aresta (v1, v2, peso);
  }
  void TestaClassificaArestas::main () {
    cout << "No. vertices:"; int nVertices = 0;
    cin >> nVertices;
    cout << "No. arestas:"; int nArestas = 0;
    cin >> nArestas;
    Grafo *grafo = new Grafo (nVertices);
    for (int i = 0; i < nArestas; i++) {
      Grafo::Aresta *a = lerAresta ();
      // Uma chamada porque o grafo é direcionado
      grafo->insereAresta (a->_v1 (), a->_v2 (), a->_peso ());
      delete a;
    }
    grafo->imprime ();
    ClassificaArestas classif (grafo);
    classif.classificaArestas ();
    for (int v = 0; v < grafo->_numVertices(); v++) {
      cout << "d[" << v << "]:" << classif._d (v) <<
              " -- t[" << v << "]:" << classif._t (v) <<
              " -- antecessor[" << v << "]:" <<
              classif._antecessor (v) << endl;
    }
    delete grafo;
  }
}
#endif
```

Apêndice K

Respostas para Exercícios Selecionados

Capítulo 1

1.1.

a) Um algoritmo pode ser visto como uma seqüência de ações executáveis para a obtenção de uma solução para um determinado tipo de problema. Segundo Dijkstra (1971), um **algoritmo** corresponde a uma descrição de um padrão de comportamento, expresso em termos de um conjunto finito de ações.

b) Caracteriza o conjunto de valores a que uma constante pertence, ou que podem ser assumidos por uma variável ou expressão, ou que podem ser gerados por uma função. Possui uma correspondência direta para um domínio em uma relação matemática.

c) Modelo matemático acompanhado de operações definidas sobre o modelo. Exemplo: conjunto dos números inteiros e as operações de adição, subtração, multiplicação, dentre outras.

1.2. Significa que existem constantes positivas c e m, tais que $g(n) \leq cf(n)$, para todo $n \geq m$.

1.4. $O(1)$ e $O(2)$ diferem apenas no valor da constante. Pela definição da notação O, isso significa que, assintoticamente falando, não há diferença entre $O(1)$ e $O(2)$, ou seja, as duas pertencem à mesma classe de complexidade.

1.5. A resposta depende do tamanho do problema. Para $n < 23$, o tempo de execução de 2^n é melhor. Entretanto, para $n \geq 23$, o tempo de execução n^5 é melhor.

1.7.

a) Verdadeira. Existem constantes positivas c e m tais que $2^{n+1} \leq c2^n$, para todo $n \geq m$. Por exemplo, $c = 3$ e $m = 0$;

b) Falsa. Não existem constantes positivas c e m, tais que $2^{2n} \leq c2^n$, para todo $n \geq m$. Pois, $2^{2n} = 4^n$

c) Verdadeira. Existem constantes positivas c_1, m_1, c_2, m_2 tais que $f(n) \leq c_1 u(n) \; \forall n \geq m_1$ e $g(n) \leq c_2 v(n) \; \forall n \geq m_2$. Logo, $f(n) + g(n) \leq c_1 u(n) + c_2 v(n)$ para o maior de c_1 e c_2 e para o maior de m_1 e m_2, ou seja, $f(n) + g(n) = O(u(n)) + O(v(n)) = O(max(u(n), v(n))) = O(u(n) + v(n))$. A adição equivale a considerar o máximo das duas funções.

d) Falsa. Pois, $f(n) - g(n) = O(u(n)) - O(v(n)) = O(u(n)) + (-1) \times O(v(n))$, como -1 é uma constante, ela pode ser desprezada. Logo, $f(n) - g(n) = O(u(n)) + O(v(n)) = O(max(u(n), v(n)))$. A notação O corresponde à relação "$\leq$", o que não permite realizar subtração nem divisão.

1.12.

```
void busca (x, A, i, j) {
  if ((i != n) && (j != i))
    if (x==A[i][j]) retorna (i,j);
    else if (x > A[i][j]) busca (x, A, i + 1, j);
    else busca (x, A, i, j - 1);
  else if (x==A[i][j]) retorna (i,j);
  else retorna x ∉ A
}
```

Análise: defina o valor $F = i - j$. Inicialmente, temos $F = 1 - n$. A cada passo, F cresce de 1, seja porque $i = i + 1$ ou porque $j = j - 1$. No último passo, $F = n - 1$ (pior caso). Logo, o número de iterações será: $(n - 1) - (1 - n) + 1 = 2n - 1$.

Versão não recursiva:

```
void busca (x, A, i, j) {
  i = 1;
  while ((i <= n) && (j >= 1) && (A[i][j] != x)) {
    if (x > A[i][j]) i = i + 1; else j = j - 1;
  }
  if (x==A[i][j]) imprime ("Achou");
  else imprime ("Nao achou");
}
```

1.14.

a) $T(n) = \lceil \log(n+1) \rceil$

b) Esse problema pode ser representado por uma árvore de decisão, que é também uma **árvore binária completa**, em que existem $n + 1$ lugares possíveis para inserir um novo elemento. Considere h a profundidade da árvore de decisão. Logo, $n = \sum_{i=0}^{h-1} 2^i = \frac{1 - 2^{h-1+1}}{1 - 2} = 2^h - 1$, portanto $h = \lceil \log(n+1) \rceil$.

c) O algoritmo de pesquisa binária do Programa 5.2 corresponde a um algoritmo ótimo e resolve esse problema com uma complexidade $O(\log n)$.

1.15.

a) Unificação

```
void unificacao (int lista[] , int n) {
  prox = 1;  pos = 3;
  for (tamLista = n; tamLista >= 2; tamLista --) {
    soma = lista[prox] + lista[prox + 1];
    while ((pos <= n) && (soma > lista[pos])) pos = pos + 1;
    for (i = prox + 2; i < pos; i++) lista[i-1] = lista[i];
    lista[pos - 1] = soma;
    prox = prox + 1;
  }
}
```

Seja $c(n)$ a função de complexidade que conta o número de comparações efetuadas. A função $c(n)$ é definida por $c(n) = f(n)+g(n)$, onde $g(n)$ corresponde ao número de comparações ganhas pela variável *soma* ao ser comparada com os elementos da lista e $f(n)$ corresponde ao número de comparações perdidas pela variável *soma*. Sabemos que $g(n) \leq n-2$, pois a variável *soma* pode apenas ser comparada até o fim da lista original. Sabemos também que $f(n) \leq n-1$, pois o algoritmo efetua $n-1$ iterações, e em cada uma a variável *soma* perde, no máximo, uma vez com um dos elementos da lista. Logo: $c(n) = n - 2 + n - 1 = 2n - 3$, ou seja, o algoritmo é $O(n)$.

b) O problema não tem solução sublinear. Para resolver esse problema é necessário fazer a soma de todos os elementos da lista dois a dois. Para uma lista com n elementos, precisamos de $n-1$ somas.

c) No item anterior mostramos que não existe uma solução sublinear para o problema de unificação das listas. Como existe uma solução linear, essa solução também corresponde ao limite inferior.

1.16.

a) Resultado de uma progressão aritmética: $S_n = \sum_{i=1}^{n} i = \frac{(1+n)n}{2}$.

b) Considere S_n a soma da série, então temos: $S_n = \sum_{i=1}^{n} a^i$. Expandindo essa série, temos: $S_n = a + a^2 + a^3 + \ldots + a^{n-1} + a^n$. Multiplicando cada lado da equação por a, temos: $aS_n = a^2 + a^3 + \ldots + a^n + a^{n+1}$. Realizando a subtração de aS_n por S_n, temos: $aS_n - S_n = a^{n+1} - a$. Colocando S_n em evidência, temos: $S_n(a-1) = a(a^n - 1)$. Isolando o termo S_n, obtemos: $S_n = a\frac{a^n-1}{a-1}$, para o caso em que $a \neq 1$. Já para $a = 1$ temos a solução trivial $S_n = n$, obtida a partir da soma do valor 1 que ocorre n vezes. Vale ressaltar que para valor de n tendendo a infinito, a série converge para $S_n = \frac{a}{1-a}$, quando $-1 < a < 1$.

c) Considere S_n a soma da série, então temos: $S_n = \sum_{i=1}^{n} ia^i$. Expandindo essa série, temos: $S_n = a + 2a^2 + 3a^3 + \ldots + (n-1)a^{n-1} + na^n$. Multiplicando cada lado da equação por a, temos: $aS_n = a^2 + 2a^3 + 3a^4 + \ldots + (n-1)a^n + na^{n+1}$. Realizando a subtração de S_n por aS_n, temos: $S_n - aS_n = \sum_{i=1}^{n} a^i - na^{n+1}$. Colocando S_n em evidência e utilizando o resultado do Exercício 1.16(b) temos:

$S_n(1-a) = a\frac{a^n-1}{a-1} - na^{n+1}$. Isolando o termo S_n e aplicando algumas operações algébricas chegamos em: $S_n = \frac{na^{n+2}-a^{n+1}(n+1)+a}{(1-a)^2}$, para $a \neq 1$ e $S_n = \sum_{i=1}^{n} i = \frac{(1+n)n}{2}$, para $a = 1$.

d) Considere S_n a soma da série, então: $S_n = \sum_{i=0}^{n} \binom{n}{i}$. Pelo Teorema do Binômio de Newton: $(x+y)^n = \sum_{i=0}^{n} \binom{n}{i} x^i y^{n-i}$. Para $y = 1$, temos: $(x+1)^n = \sum_{i=0}^{n} \binom{n}{i} x^i$. Fazendo $x = 1$, temos: $S_n = \sum_{i=0}^{n} \binom{n}{i} = 2^n$.

e) Considere S_n a soma da série, então: $S_n = \sum_{i=1}^{n} i\binom{n}{i}$. Pelo Teorema do Binômio de Newton: $(x+y)^n = \sum_{i=0}^{n} \binom{n}{i} x^i y^{n-i}$. Para $y = 1$, temos: $(x+1)^n = \sum_{i=0}^{n} \binom{n}{i} x^i$. Logo $n(x+1)^{n-1} = \sum_{i=1}^{n} \binom{n}{i} i x^{i-1}$. Fazendo $x = 1$, temos: $S_n = \sum_{i=1}^{n} \binom{n}{i} i = n2^{n-1}$.

f) Para inteiros positivos n, o n-ésimo número harmônico é: $H_n = 1 + \frac{1}{2} + \frac{1}{3} + \frac{1}{4} + \ldots + \frac{1}{n}$. Essa soma é exatamente o somatório $\sum_{i=1}^{n} \frac{1}{i}$, que gera como resultado: $\ln n + O(1)$. Podemos demonstrar esse resultado usando a técnica de aproximação por integral: $\int_{m}^{n+1} f(x)dx \leq \sum_{i=m}^{n} f(i) \leq \int_{m-1}^{n} f(x)dx$, e $\sum_{i=1}^{n} \frac{1}{i} \geq \int_{m}^{n+1} f(x)dx = \ln(n+1)$. Então devemos resolver as duas equações acima. A aproximação por integral fornece uma estimativa restrita para o n-ésimo número harmônico. Para o limite inferior, obtemos: $\sum_{i=1}^{n} \frac{1}{i} \geq \ln(n+1)$. Para o limite superior, obtemos: $\ln n + 1 \leq \sum_{i=1}^{n} \frac{1}{i}$. Portanto, temos que: $\sum_{i=1}^{n} \frac{1}{i} = \ln n + O(1)$.

g) Considere S_n a soma da série. Logo $S_n = \sum_{i=1}^{n} \log i = \log 1 + \log 2 + \ldots + \log n$. Utilizando a propriedade de logaritmo $\log a + \log b = \log a \times b$, temos: $S_n = \log 1 \times 2 \times 3 \times \ldots \times n$. Portanto, temos que: $S_n = \log n!$

A **aproximação de Stirling**, $n! = \sqrt{2\pi n} \left(\frac{n}{e}\right)^n \left(1 + \Theta\left(\frac{1}{n}\right)\right)$, onde e é a base do logaritmo natural, fornece um limite superior para o $\log n!$. Tomando o logaritmo da aproximação de Stirling, após simplificações ficamos com o termo de maior ordem, que é $\log\left(\frac{n}{e}\right)^n = \Theta(n \log n)$. Logo, $S_n = \Theta(n \log n)$.

h) Considere S_n a soma da série, então temos: $S_n = \sum_{i=1}^{n} i 2^{-i}$. Pelo Exercício 1.16(c), substituindo $\frac{1}{2}$ por a, temos: $S_n = 4 \cdot (n(\frac{1}{2})^{n+2} - (\frac{1}{2})^{n+1}(n+1) + \frac{1}{2})$.

i) Considere S_n a soma da série, então: $S_n = \sum_{i=0}^{n} (\frac{1}{7})^i$. Pelo Exercício 1.16(b), fazendo $a = \frac{1}{7}$, temos: $S_n = a\frac{a^n-1}{a-1} = \frac{1}{7} \cdot \frac{(\frac{1}{7})^n - 1}{\frac{1}{7} - 1} = \frac{1}{6} \cdot (1 - (\frac{1}{7})^n)$

1.17.

a) $T(n) = \begin{cases} T(n-1) + c & \text{para } n > 0, \\ 0 & \text{para } n = 1. \end{cases}$

$$\begin{aligned} T(n) &= T(n-1) + c \\ T(n-1) &= T(n-2) + c \\ T(n-2) &= T(n-3) + c \\ &\vdots \\ T(2) &= T(1) + c \\ T(1) &= 0 \end{aligned}$$

Portanto, foi realizada a expansão do problema até atingir a condição de parada. Adicionando lado a lado e realizando as simplificações, temos: $T(n) = c+c+c+\ldots+c+c = c(n-1)$.

b) $T(n) = \begin{cases} T(n-1) + 2^n & \text{para } n \geq 1, \\ 1 & \text{para } n = 0. \end{cases}$

$$\begin{aligned} T(n) &= T(n-1) + 2^n \\ T(n-1) &= T(n-2) + 2^{n-1} \\ T(n-2) &= T(n-3) + 2^{n-2} \\ &\vdots \\ T(2) &= T(1) + 2^2 \\ T(1) &= T(0) + 2^1 \\ T(0) &= 1 \end{aligned}$$

Portanto, foi realizada a expansão do problema até atingir a condição de parada. Adicionando lado a lado, realizando as simplificações e utilizando o Exercício 1.16(b), temos: $T(n) = \sum_{i=0}^{n} 2^i = 2\frac{2^n-1}{2-1} = 2^{n+1} - 2$.

c) $T(n) = \begin{cases} cT(n-1) & \text{para } n > 0 \text{ e } c = \text{constante}, \\ k & \text{para } n = 0 \text{ e } k = \text{constante}. \end{cases}$

$$\begin{aligned} T(n) &= cT(n-1) \\ T(n-1) &= cT(n-2) \\ T(n-2) &= cT(n-3) \\ &\vdots \\ T(2) &= cT(1) \\ T(1) &= cT(0) \\ T(0) &= k \end{aligned}$$

Portanto, foi realizada a expansão do problema até atingir a condição de parada. Substituindo os valores das equações de baixo para cima temos: $T(n) = kc^n$.

d) $T(n) = \begin{cases} 3T(n/2) + n & \text{para } n > 1, \\ 1 & \text{para } n = 1. \end{cases}$

Suponha que $n = 2^k$ ou $k = \log n$

$$\begin{aligned} T(2^k) &= 3T(2^{k-1}) + 2^k & \times 3^0 \\ T(2^{k-1}) &= 3T(2^{k-2}) + 2^{k-1} & \times 3^1 \\ T(2^{k-2}) &= 3T(2^{k-3}) + 2^{k-2} & \times 3^2 \\ &\vdots \\ T(2) &= 3T(2^0) + 2^1 & \times 3^{k-1} \\ T(1) &= 1 & \times 3^k \end{aligned}$$

Portanto, foi realizada a expansão do problema até atingir a condição de parada. Adicionando lado a lado, temos: $T(n) = 3^k + 2\cdot 3^{k-1} + 2^2 \cdot 3^{k-2} + \cdots + 2^{k-1}\cdot 3 + 2^k \cdot 3^0 = \sum_{i=0}^{k}(3^{k-i}\cdot 2^i) = 3^k \cdot \sum_{i=0}^{k}(\frac{2}{3})^i$. Utilizando o Exercício 1.16(b) e realizando algumas operações algébricas obtemos: $T(n) = 3^{k+1} - 2^{k+1} = 3n^{\log 3} - 2n$.

h) $T(n) = \begin{cases} 2T(\lfloor n/2 \rfloor) + 2n\log n & \text{para } n > 2, \\ 4 & \text{para } n = 2 \end{cases}$

Considere n uma potência de dois. Suponha que $T(n) \leq cn(\log n)^2$:

(i) Passo base ($n = 2$): $4 \leq c2(\log 2)^2$, o que é verdade para $c \geq 2$.

(ii) Passo indutivo: será provado que $T(2n) \leq 2cn(\log 2n)^2$, para $c \geq 2$.

$$\begin{aligned} T(2n) &\leq 2cn(\log 2n)^2 \\ 2T(\lfloor 2n/2 \rfloor) + 2(2n)\log 2n &\leq 2cn(\log 2n)^2 \\ 2T(\lfloor n \rfloor) + 4n\log 2n &\leq 2cn(\log 2n)^2 \\ 2cn(\log n)^2 + 4n\log 2n &\leq 2cn(\log 2n)^2 \\ 2cn(\log n)^2 + 4n\log n + 4n &\leq 2cn(1 + \log n)^2 \\ 2cn(\log n)^2 + 4n\log n + 4n &\leq 2cn(1 + 2\log n + (\log n)^2) \\ 2cn(\log n)^2 + 4n\log n + 4n &\leq 2cn + 4cn\log n + 2cn(\log n)^2 \\ 4n\log n + 4n &\leq 2cn + 4cn\log n \end{aligned}$$

1.18.

a) Podemos escrever a fórmula de recorrência analisando o caso base, quando $n = 1$, então $T(1) = 1$ e para o caso $n > 1$, então $T(n) = n + T(3n/5)$. Dessa forma, temos que:

$$T(n) = \begin{cases} n + T(3n/5) & \text{para } n > 1, \\ 1 & \text{para } n = 1. \end{cases}$$

b) Resolvendo a relação obtida na letra **(a)** temos:

$$\begin{aligned} T(n) &= n + T((3/5)n) \\ T((3/5)n) &= ((3/5)n) + T((3/5)^2 n) \\ T((3/5)^2 n) &= ((3/5)^2 n) + T((3/5)^3 n) \\ &\vdots \\ T((3/5)^k n) &= (\sum_{i=0}^{k}(3/5)^i n) + T((3/5)^{k+1} n) \end{aligned}$$

A cada iteração, são descartados $2/5$ de n. No caso de k iterações, temos que a condição de parada é: $(3/5)^k n \leq 1$. Logo:

$$\begin{aligned} (3/5)^k &\leq 1/n \\ k &\leq \log_{3/5} 1/n \\ k &\leq \log_{3/5} 1 - \log_{3/5} n \\ k &\leq -\log_{3/5} n \end{aligned}$$

Somando temos: $T(n) = \sum_{i=0}^{k}(3/5)^i n = n\sum_{i=0}^{k}(3/5)^i$.

c) Utilizando o Exercício 1.16(b), temos: $S_n = \sum_{i=1}^{n} a^i = a\frac{a^n - 1}{a - 1}$, para o caso em que $a \neq 1$. Fazendo um ajuste no somatório para que i inicie com valor 1 e resolvendo esse somatório, encontramos o seguinte resultado: $T(n) = \frac{5n}{2} - \frac{3}{2}$.

1.19.

a) Sabendo-se que o custo do primeiro *Sort* é $T(n/3)$, o custo do segundo

Sort é $T(n/3)$, o custo do terceiro Sort é $T(n/3)$, e o custo do Merge é $(5n/3) - 2$ no pior caso, podemos obter a seguinte relação de recorrência:

$$T(n) = \begin{cases} 0 & \text{para } n = 1; \\ 3T(n/3) + (5n/3) - 2 & \text{para } n > 1. \end{cases}$$

b) Resolvendo a equação temos:

$$\begin{aligned} T(n) &= 3T(n/3) + ((5n/3) - 2) \\ 3T(n/3) &= 3^2 T(n/3^2) + (3^1 \cdot (5n/3^2) - 2 \cdot 3^1) \\ 3^2 T(n/3^2) &= 3^3 T(n/3^3) + (3^2 \cdot (5n/3^3) - 2 \cdot 3^2) \\ &\vdots \\ 3^{x-1} T(n/3^{x-1}) &= 3^x T(n/3^x) + (3^{x-1} \cdot (5n/3^x) - 2 \cdot 3^{x-1}) \end{aligned}$$

Portanto, foi realizada a expansão do problema até atingir a condição. Adicionando lado a lado e realizando as simplificações, temos:

$$\begin{aligned} T(n) &= \left(\sum_{k=0}^{x-1}(5n/3^{k+1}) \cdot 3^k\right) - 2 \cdot 3^k) + 3^x T(n/3^x) \\ &= \left(\sum_{k=0}^{x-1}(5n/3)\right) - \left(\sum_{k=0}^{x-1} 2 \cdot 3^k\right) + 3^x T(n/3^x) \\ &= \left(5/3 \cdot \sum_{k=0}^{x-1} n\right) - 2 \cdot \left(\sum_{k=0}^{x-1} 3^k\right) + 3^x T(n/3^x) \\ &= (5n/3) \cdot (x) - 2 \cdot \left(\frac{3^x - 1}{3 - 1}\right) + 3^x T(n/3^x) \\ &= (5n/3) \cdot (x) - (3^x - 1) + 3^x T(n/3^x). \end{aligned}$$

Considerando $n = 3^x$, temos que $x = \log_3 n$. Logo:

$$\begin{aligned} T(n) &= (5n/3) \cdot (x) - (n-1) + n \cdot T(1) \\ &= (5n/3) \cdot (\log_3 n) - (n-1) \\ &= (5n/3) \cdot (\log_3 n) - n + 1. \end{aligned}$$

c) A complexidade dessa relação de recorrência é: $T(n) = O(n \log n)$.

1.20.

a) Algoritmo seqüencial, $T(n) = O(n)$

b) Para dois ovos, temos uma busca binária e uma seqüencial. No pior caso: $\frac{(n/2)+1}{2} = \frac{n}{4} + \frac{1}{2}$, temos: $T_2(n) = p + \frac{n}{p} + O(1)$. Balanceando o trabalho: $k = \frac{n}{p}$ ou $p = \sqrt{n}$, temos: $T_2(n) = 2\sqrt{n} + O(1)$.

c) Generalizando para $k < \log n$ ovos, o último ovo faz busca seqüencial em n/p^{k-1}, logo: $T_k(n) = (k-1)p + \frac{n}{p^{k-1}}$. Balanceando o trabalho: $p = n/p^{k-1}$ ou $p = n^{1/k}$, temos: $T_k(n) = kn^{1/k}$. Generalizando para $k = \log n$, temos: $T_k(n) = \log n \times 2^{\log n^{1/k}} = \log n \times 2^{(\log n)/k} = 2 \log n$, resultado próximo de uma pesquisa binária.

Capítulo 2

2.1. O comportamento da função recursiva pode ser expressa por $f_n = f_{n-1} + f_{n-2}$, $f_0 = 0$ e $f_1 = 1$. Vamos utilizar a técnica da **equação característica** usada na resolução de uma **equação de recorrência linear homogênea** de coeficientes constantes, que é uma equação do tipo:

$$a_0 t_n + a_1 t_{n-1} + \ldots + a_k t_{n-k} = 0, \tag{K.1}$$

em que os T_i são os valores que estamos procurando. Essa equação é (i) linear porque não contém termos da forma $t_{n-i} t_{n-j}$ ou t_{n-i}^2; (ii) homogênea porque a combinação linear dos t_{n-i} é igual a zero; (iii) com coeficientes constantes porque os a_i são constantes.

A função recursiva pode ser reescrita como

$$f_n - f_{n-1} - f_{n-2} = 0, \tag{K.2}$$

que é do tipo da Eq. (K.1). Logo, a seqüência de Fibonacci corresponde à equação linear homogênea com coeficientes constantes, na qual $k = 2$, $a_0 = 1$, $a_1 = -1$ e $a_2 = -1$. Se tentarmos solucionar alguns exemplos simples de equações de recorrência da forma da Eq. (K.1) veremos que as soluções são da forma $t_n = x^n$, onde x é uma constante desconhecida até o momento. Se tentarmos essa solução para a Eq. (K.1) temos $a_0 x^n + a_1 x^{n-1} + \ldots + a_k x^{n-k} = 0$. Essa equação é satisfeita se e somente se $a_0 x^k + a_1 x^{k-1} + \ldots + a_k = 0$. Essa equação de grau k é chamada equação característica da Eq. (K.1) e $p(x) = a_0 x^k + a_1 x^{k-1} + \ldots + a_k$ é chamado polinômio característico. O teorema fundamental da álgebra diz que qualquer polinômio $p(x)$ de grau k tem exatamente k raízes (não necessariamente distintas), o que significa que ele pode ser fatorado como um produto de k monômios $p(x) = \prod_{i=1}^{k}(x - r_i)$, onde os r_i podem ser números complexos. Mais ainda, os r_i são as únicas soluções da equação $p(x) = 0$.

Considere qualquer raiz r_i do polinômio característico. Desde que $p(r_i) = 0$, então $x = r_i$ é a solução para a equação característica, e r_i^n é a solução para a equação de recorrência. Desde que qualquer combinação linear de soluções também é uma solução, podemos concluir que $t_n = \sum_{i=1}^{k} c_i r_i^n$ satisfaz a equação de recorrência para qualquer combinação de constantes $c_1, c_2, \ldots, c_k$.

O polinômio característico para a Eq. (K.2) é $x^2 - x - 1 = 0$, cujas raízes são $r_1 = \frac{1+\sqrt{5}}{2}$ e $r_2 = \frac{1-\sqrt{5}}{2}$. A solução geral é da forma

$$f_n = c_1 r_1^n + c_2 r_2^n. \tag{K.3}$$

Agora é necessário utilizar as condições iniciais para determinar as constantes c_1 e c_2. Quando $n = 0$, a Eq. (K.3) leva a $f_0 = c_1 + c_2$. Logo, $c_1 + c_2 = 0$. De forma similar, quando $n = 1$, a Eq. (K.3) junto com a segunda condição inicial diz que $f_1 = c_1 r_1 + c_2 r_2 = 1$. Lembrando que os valores de r_1 e r_2 são conhecidos, isso nos leva a duas equações lineares com duas constantes desconhecidas c_1 e c_2, onde

$$\begin{aligned} c_1 + c_2 &= 0 \\ r_1 c_1 + r_2 c_2 &= 1 \end{aligned}$$

Resolvendo as duas equações, obtemos $c_1 = \frac{1}{\sqrt{5}}$ e $c_2 = -\frac{1}{\sqrt{5}}$. Logo

$$f_n = \frac{1}{\sqrt{5}} \left[\left(\frac{1+\sqrt{5}}{2} \right)^n - \left(\frac{1-\sqrt{5}}{2} \right)^n \right]$$

2.2. (i) Passo base: para $k = 0$, temos: $T(2k+1) = T(1) = 1$, $T(2k) = T(0) = 1$ e $2^{k+1} - 1 = 2^{0+1} - 1 = 1$. (ii) Hipótese de indução: supondo que $T(2k+1) = T(2k) = 2^{k+1} - 1$, queremos provar que $T(2(k+1)+1) = T(2(k+1)) = 2^{(k+1)+1} - 1$. (iii) Passo Indutivo: $T(2(k+1)+1) = T(2k+3)$, por definição, $T(2k+3) = 2T(2k+1) + 1$. Pela hipótese de indução $2T(2k+1) + 1 = 2^{k+2} - 2 + 1 = 2^{k+2} - 1$. $T(2(k+1)) = T(2k+2)$, por definição, $T(2k+2) = 2T(2k) + 1$, pela hipótese de indução $2T(2k) + 1 = 2(2^{k+1} - 1) + 1 = 2^{k+2} - 1$. Logo: $T(2(k+1)+1) = T(2(k+1)) = 2^{(k+1)+1} - 1$.

2.5.

a) Deve-se usar recursividade quando: (i) o objeto é naturalmente recursivo e o custo pode ser mantido baixo e (ii) não existe uma solução óbvia por iteração.

b) Programas recursivos correspondendo ao Esquema 2.2 são facilmente transformáveis em uma versão não recursiva do tipo P = **while** B **do** S.

2.6. A função calcula o valor da seguinte expressão matemática: 2^n.

2.9. O processo pode ser descrito como uma árvore de pesquisa exaustiva, cujos nós correspondem a soluções parciais. Caminhando para as folhas na árvore corresponde a obter soluções parciais na direção da solução final; caminhar em relação à raiz corresponde a **backtracking** para alguma solução parcial geral obtida anteriormente, a partir da qual seja interessante prosseguir em direção às folhas novamente. A técnica geral de calcular limites (*bounds*) sobre soluções parciais para limitar o número de soluções completas a serem examinadas é chamada de **branch and bound**.

2.11 Prova:

$$\begin{aligned} T(n) &= aT(n/b) + cn^k \\ aT(n/b) &= a^2 T(n/b^2) + ac(n/b)^k \\ a^2 T(n/b^2) &= a^3 T(n/b^3) + a^2 c(n/b^2)^k \\ &\vdots \\ a^{i-1} T(n/b^{i-1}) &= a^i T(n/b^i) + a^{i-1} c(n/b^{i-1})^k \end{aligned}$$

Adicionando lado a lado, obtemos:

$$T(n) = a^i T(n/b^i) + c\sum_{j=0}^{i-1} a^j (n/b^j)^k$$

Substituindo n por b^i temos:

$$T(n) = a^i T(1) + c\sum_{j=0}^{i-1} a^j b^{k(i-j)} = a^i c + c\sum_{j=0}^{i-1} a^j b^{k(i-j)}.$$

Note que o termo $a^i c$ representa o último termo do somatório, caso seu índice superior fosse i em vez de $i-1$. Fazendo a manipulação desse índice para incluir o termo independente no somatório chegamos em:

$$T(n) = c\sum_{j=0}^{i} a^j b^{k(i-j)} = c\sum_{j=0}^{i} a^{(i-j)} b^{kj} = c\sum_{j=0}^{i} a^i a^{-j} b^{kj} = ca^i \sum_{j=0}^{i} (b^k/a)^j,$$

que é uma série geométrica com razão igual a b^k/a, cuja solução envolve três casos:

a) $a < b^k$: Nesse caso, a razão b^k/a é maior que 1. Aplicando a fórmula para a série geométrica $\sum_{j=0}^{i} x^j = \frac{x^{i+1}-1}{x-1}$, temos:

$$T(n) = ca^i((b^k/a)^{i+1} - 1)/(b^k/a - 1)) = O(a^i (b^k/a)^i) = O(b^{ki}) = O(n^k).$$

b) $a = b^k$: Nesse caso, a razão b^k/a da série geométrica é igual a 1. Logo:

$$T(n) = ca^i \sum_{j=0}^{i} 1 = ca^i(i+1) = O(a^i i) = O(n^k \log n),$$

uma vez que $a = b^k$, temos que $a^i = b^{ki} = n^k$ e $i = \log_b n$.

c) $a > b$: Nesse caso, a razão b^k/a é menor que 1, então a série geométrica converge para uma constante, mesmo que i tenda ao infinito. Logo:

$$T(n) = O(a^i) = O(n^{\log_b a}),$$

uma vez que $i = \log_b n$, temos que $a^i = a^{\log_b n} = n^{\log_b a}$.

2.12. Falso. Temos que $a = 3$, $b = 3$, $f(n) = O(\log n)$, e $n^{\log_b a} = n^{\log_3 3} = n$. O caso 1 se aplica porque $f(n) = O(n^{\log_b a - \epsilon}) = O(n^{1-\epsilon})$, e $f(n) = O(\log n)$ é assintoticamente menor do que $n^{1-\epsilon}$ para qualquer constante $0 < \epsilon < 1$. Logo, a solução é $T(n) = \Theta(n)$.

Capítulo 3

3.2.

```
public boolean estaNaLista(Object chave) {
  Object obj = this.pesquisa(chave);
  return (obj != null);
}
```

Seja $f(n)$ o número de comparações. No pior caso, temos que $f(n) = n$ e no caso médio, $f(n) = 1 \times p_1 + 2 \times p_2 + 3 \times p_3 + \cdots + n \times p_n$. Para $p_i = 1/n, 1 \leq i \leq n$, o número de comparações é dado por:
$f(n) = \frac{1}{n}(1 + 2 + 3 + \cdots + n) = \frac{1}{n}\left(\frac{n(n+1)}{2}\right) = \frac{n+1}{2}$.

3.3.

a) Estrutura de dados

```
package cap3.autoreferencia;
public class ListaDE {
  public static class Celula {
    Object item;
    Celula prox, ant;
  }
  private Celula L;
}
```

b) Operação *retira*

```
public void retira (Celula p) {
  if (p != this.L) { p.ant.prox = p.prox; p.prox.ant = p.ant; }
  else System.out.println("Lista vazia");
}
```

3.12.

Programa K.1 *Implementação das operações do **tipo abstrato de dados** Area*

```
package cap3.arranjo;
import cap4.Item; // vide Programa 4.1
public class Area {
  private static class Celula {
    Item item;
    int  prox, ant;
  }
  private Celula itens[];
  private int    celulasDisp, primeiro, ultimo;
  private int    numCelOcupadas;
```

Continuação do Programa K.1

```java
// Operações
public Area (int tamArea) { // Cria uma Area vazia
  itens = new Celula[tamArea]; this.numCelOcupadas = 0;
  this.primeiro = -1; this.ultimo = -1;
  this.celulasDisp = 0;
  for (int i = 0; i < itens.length; i++) {
    this.itens[i] = new Celula (); this.itens[i].ant = -1;
    this.itens[i].prox = i + 1;
  }
}
public int obterNumCelOcupadas () {
  return this.numCelOcupadas;
}
public void insereItem (Item item) throws Exception {
  if (this.numCelOcupadas == this.itens.length)
    throw new Exception ("Erro: Tentativa de insercao em Area cheia");
  int disp = this.celulasDisp;
  this.celulasDisp = this.itens[this.celulasDisp].prox;
  this.itens[disp].item = item; this.numCelOcupadas++;
  // Inserção do primeiro item
  if (this.numCelOcupadas == 1) {
    this.primeiro = disp; this.ultimo = this.primeiro;
    this.itens[this.primeiro].prox = -1;
    this.itens[this.primeiro].ant = -1; return;
  }
  int pos = this.primeiro;
  // Inserção realizada na primeira posição
  if (item.compara (this.itens[pos].item) < 0) {
    this.itens[disp].ant = -1; this.itens[disp].prox = pos;
    this.itens[pos].ant = disp; this.primeiro = disp; return;
  }
  int indiceInsercao = this.itens[pos].prox;
  while (indiceInsercao != -1 &&
         this.itens[indiceInsercao].item.compara (item) < 0) {
    pos = indiceInsercao; indiceInsercao = this.itens[pos].prox;
  }
  // Inserção realizada na última posição
  if (indiceInsercao == -1) {
    this.itens[disp].ant = pos; this.itens[disp].prox = -1;
    this.itens[pos].prox = disp; this.ultimo = disp;
    return;
  }
  // Inserção realizada no meio de Area
  this.itens[disp].ant = pos;
  this.itens[disp].prox = this.itens[pos].prox;
  this.itens[pos].prox = disp; pos = this.itens[disp].prox;
  this.itens[pos].ant = disp;
}
```

Continuação do Programa K.1

```java
    public Item retiraPrimeiro () throws Exception {
      if (this.numCelOcupadas == 0)
        throw new Exception ("Erro: Area vazia");
      Item item = this.itens[this.primeiro].item;
      int proxTmp = this.itens[this.primeiro].prox;
      this.itens[this.primeiro].prox = this.celulasDisp;
      this.celulasDisp = this.primeiro;
      this.primeiro = proxTmp;
      if ((this.primeiro >= 0) && (this.primeiro < this.itens.length))
        this.itens[this.primeiro].ant = -1;
      this.numCelOcupadas--;
      return item;
    }
    public Item retiraUltimo () throws Exception {
      if (this.numCelOcupadas == 0)
        throw new Exception ("Erro: Area vazia");
      Item item = this.itens[this.ultimo].item;
      int antTmp = this.itens[this.ultimo].ant;
      this.itens[this.ultimo].prox = this.celulasDisp;
      this.celulasDisp = this.ultimo;
      this.ultimo = antTmp;
      if ((this.ultimo >= 0) && (this.ultimo < this.itens.length))
        this.itens[this.ultimo].prox = -1;
      this.numCelOcupadas--;
      return item;
    }
    public void imprimeArea () throws Exception {
      int pos;
      if (this.numCelOcupadas == 0)
        throw new Exception ("Erro: Area vazia");
      System.out.println ("** LISTA **");
      System.out.println ("Celulas Ocupadas = " + this.numCelOcupadas);
      pos = this.primeiro;
      while (pos != -1) {
        System.out.println (this.itens[pos].item.toString ());
        pos = this.itens[pos].prox;
      }
    }
}
```

Capítulo 4

4.2. $a_1 \quad a_2 \quad a_3$
$\quad$ B $\quad$ B $\quad$ A

- Ache o menor elemento: a_3.
- Troque com a_1: A_{a_3} B_{a_2} B_{a_1}.
- Estabilidade violada entre B_{a_1} B_{a_2}.

4.3.

Programa K.2 *Ordenação por inserção utilizando a busca binária*

```
// Método da classe Ordenacao do Programa 4.3
public static void ordenaPorInsercaoComBuscaBinaria (Item v[], int n) {
  for (int i = 2; i <= n; i++) {
    int meio, ind; Item x = v[i];
    int esq = 1; int dir = i - 1;
    do {
      meio = (esq + dir) / 2;
      int comparacao = x.compara (v[meio]);
      if (comparacao == 0) break;
      if (comparacao > 0) esq = meio + 1;
      else dir = meio - 1;
    } while (esq <= dir);
    if (meio > esq) ind = meio;
    else ind = esq;
    for (int j = i; j >= ind + 1; j--) v[j] = v[j - 1];
    v[ind] = x;
  }
}
```

Para se determinar a complexidade $C(n)$, deve-se contar quantas vezes as comparações *comparacao* $== 0$ e *comparacao* > 0 são executadas. Assim, seja $C_i(n)$ o número de comparações realizadas para um dado i. As duas instruções mencionadas se encontram dentro do anel que implementa a busca binária a um custo $O(\log k)$, onde k representa o tamanho do espaço de busca. Para um dado i, inicialmente, $esq = 1$ e $dir = (i - 1)$. Dessa forma, o anel em questão executa $\log(i-1)$ vezes, realizando 2 comparações por iteração. Logo, $C_i(n) = 2\log(i-1)$. Para obtermos $C(n)$ basta somar os valores de $C_i(n)$ com i variando de 2 a n, veja: $C(n) = \sum_{i=2}^{n} C_i(n) = \sum_{i=2}^{n} 2\log(i - 1) = 2\log(n - 1)!$. Fazendo uso da **aproximação de Stirling**, chega-se a $C(n) = O(n \log n)$.

4.7. Basta alterar o método *particao* do Programa 4.7 para considerar zero como o pivô. Após a partição, deve-se realizar uma nova passada pelo vetor para garantir que os zeros fiquem entre os números negativos e os números positivos. Na nova passada, os elementos vizinhos ao ponto de partição serão trocados pelos zeros encontrados de cada lado do vetor.

4.8. Cada chave poderia ser substituída por um registro contendo dois campos: a chave antiga e um número inteiro com o valor da posição de cada elemento no vetor original. A função de ordenação continua comparando as chaves originais e no caso de chaves iguais, usa-se o campo adicional para determinar a ordem entre os elementos.

4.9.

a) Passo 1: partição para um dos elementos x (o menor); passo 2: partição para outro elemento do arranjo (segundo elemento).

b) Pior caso: $n + n - 1 = 2n - 1$

c) Caso médio: $n + \frac{2}{3}n = \frac{5}{3}n$

4.11.

a)

1	2	3	4	5	6	6
A	B	A	**B**	A	B	A
A	A	A	**B**	A	B	B
A	B	A	B	A	**B**	A

b)

Chaves iniciais:	Q	U	I	C	K	S	O	R	T
1		K	C	I	U	Q	S	O	R	T
2		C	K	I						
3			I	K						
4					U	Q	S	O	R	T
5					R	Q	O	S	U	T
6					O	Q	R			
7								S	T	U

4.14.

a) Construção do *heap*:

	1	2	3	4	5	6	7	8
Chaves iniciais:	H	E	A	P	S	O	R	T
Esq = 4	H	E	A	**T**	S	O	R	**P**
Esq = 3	H	E	**R**	T	S	O	**A**	P
Esq = 2	H	**T**	R	**P**	S	O	A	**E**
Esq = 1	**T**	**S**	R	P	**H**	O	A	E

b) Três iterações do *Heapsort*:

Heap construído:	T	S	R	P	H	O	A	E			
Iteração 1											
Troca:	**E**	S	R	P	H	O	A		**T**		
Refaz:	**S**	P	R	E	H	O	A		T		
Iteração 2											
Troca:	**A**	P	R	E	H	O		**S**	T		
Refaz:	**R**	P	O	E	H	A		S	T		
Iteração 3											
Troca:	**A**	P	O	E	H		**R**	S	T		
Refaz:	**P**	H	O	E	A		R	S	T		

4.17.

a) A classe *FPHeapMin* é a que contém os métodos para operar com um *heap* invertido. Primeiramente é apresentado o construtor da classe, o método para refazer a condição do *heap* e o método para construir uma **fila de prioridades** a partir de um conjunto com n itens:

Programa K.3 *Classe FPHeapMin e métodos para refazer e construir o heap*

```java
package cap4.ordenacaointerna;
import cap4.Item; // vide Programa 4.1
public class FPHeapMin {
  private Item v[];
  private int  n;

  public FPHeapMin (Item v[]) { this.v = v; this.n = this.v.length - 1; }
  public void refaz (int esq, int dir) {
    int j = esq * 2;
    Item x = this.v[esq];
    while (j <= dir) {
      if ((j < dir) && (this.v[j].compara (this.v[j + 1]) > 0)) j++;
      if (x.compara (this.v[j]) <= 0) break;
      this.v[esq] = this.v[j]; esq = j; j = esq * 2;
    }
    this.v[esq] = x;
  }
  public void constroi () {
    int esq = n / 2 + 1;
    while (esq > 1) { esq--; this.refaz (esq, this.n); }
  }
  // Outros métodos
}
```

b) Informa qual é o menor item do conjunto:

Programa K.4 *Informa o item com menor chave*

```java
// Método da classe FPHeapMin do Programa K.3
public Item min () { return this.v[1]; }
```

c) Retira o item com menor chave:

Programa K.5 *Retira o item com menor chave*

```
// Método da classe FPHeapMin do Programa K.3
public Item retiraMin () throws Exception {
  Item minimo;
  if (this.n < 1) throw new Exception ("Erro: heap vazio");
  else {
    minimo = this.v[1]; this.v[1] = this.v[this.n--];
    refaz (1, this.n);
  }
  return minimo;
}
```

d) Insere um novo item:

Programa K.6 *Insere um novo item no heap*

```
// Método da classe FPHeapMin do Programa K.3
public void insere (Item x) throws Exception {
  this.n++;
  if (this.n == this.v.length) throw new Exception ("Erro: heap cheio");
  Object chaveNova = x.recuperaChave (); this.v[this.n] = x;
  this.v[this.n].alteraChave (new Integer (Integer.MAX_VALUE)); // ∞
  this.diminuiChave (this.n, chaveNova);
}
```

e) Diminui o valor da chave do item i para um novo valor que é menor do que o valor atual da chave:

Programa K.7 *Diminui valor da chave do item na posição* i

```
// Método da classe FPHeapMin do Programa K.3
public void diminuiChave (int i, Object chaveNova) throws Exception {
  Item x = this.v[i];
  if (chaveNova == null)
    throw new Exception ("Erro: chaveNova com valor null");
  x.alteraChave (chaveNova);
  while ((i > 1) && (x.compara (this.v[i / 2]) <= 0)) {
    this.v[i] = this.v[i / 2]; i /= 2;
  }
  this.v[i] = x;
}
```

4.18.

a) Primeira etapa: formação dos blocos ordenados

```
fita 1:  B A L A N C E A D A
fita 2:  A B L A D E
fita 3:  A C N A
```

Segunda etapa: intercalação

1.
```
fita 1:   A A B C L N   A A D E
fita 2:
fita 3:
```

2.
```
fita 1:
fita 2:   A A B C L N
fita 3:   A A D E
```

3.
```
fita 1:   A A A A B C D E L N
fita 2:
fita 3:
```

b) Foram realizadas quatro passadas: uma para a formação dos blocos ordenados e três para a intercalação de dois caminhos.

4.19.

a) O algoritmo pedido foi denominado **Davisort** **Parcial** (Reis, 2003). A idéia por trás do algoritmo consiste em percorrer o vetor da esquerda para a direita, como é feito no algoritmo da inserção, utilizando as técnicas do *Quicksort* apenas em porções menores do vetor, em que há maior potencial de se encontrarem os k menores valores do vetor.

A parte fundamental do algoritmo baseia-se no método *encontraPivo*. Esse método recebe um vetor de tamanho n' e divide o vetor em duas partições, a primeira, p_1, de tamanho k, e a segunda, p_2, com os elementos restantes do vetor. O último elemento de p_1, o qual chamaremos de pivô, deve ser o maior elemento de p_1, e todos elementos em p_2 devem ser maiores ou iguais ao pivô. Esse método pode ser escrito de maneira semelhante ao método *ordena* do Programa 4.22, que por sua vez utiliza o método *particao* do Programa 4.7, descartando as partições que se iniciam após k e aquelas que terminam antes de $k-1$. O Programa K.8 mostra a implementação do método *encontraPivo*.

Programa K.8 *Método encontraPivo*

```
// Método da classe OrdenacaoParcial do Programa 4.7
private static void encontraPivo (Item v[], int esq, int dir, int k) {
  LimiteParticoes p = particao (v, esq, dir);
  if (p.j >= k) encontraPivo (v, esq, p.j, k);
  if (p.i <= k) encontraPivo (v, p.i, dir, k);
}
```

O algoritmo *Davisort* parcial percorre o vetor da esquerda para direita, comparando os elementos com o elemento pivô. Todo elemento menor que o pivô é colocado em uma lista de elementos candidatos, ao lado do elemento pivô.

Quando essa lista atinge um tamanho adequado (por exemplo, $2k$), o método *encontraPivo* é chamado para selecionar os k menores elementos dentre os k elementos já encontrados e a lista de candidatos. O maior elemento do vetor de tamanho k resultante passa a ser o novo pivô. O ciclo continua até que sejam percorridos todos os n elementos do vetor. Ao final, basta ordenar os k elementos no início do vetor. O Programa K.9 mostra a implementação do algoritmo *Davisort* parcial.

Programa K.9 Método *davisortParcial*

```
// Utiliza os métodos particao, ordena e encontraPivo
// da classe OrdenacaoParcial do Programa 4.17
public static void davisortParcial (Item v[], int n, int k) {
  if (k * 2 >= n) { ordena (v, 1, n, k); return; }
  encontraPivo (v, 1, k, k); int candidatos = k;
  Item pivo = v[k];
  for (int i = k + 1; i <= n; i++) {
    if (v[i].compara (pivo) <= 0) {
      candidatos++;
      Item x = v[candidatos]; v[candidatos] = v[i]; v[i] = x;
    }
    if (candidatos == k * 2) {
      encontraPivo (v, 1, candidatos, k);
      pivo = v[k]; candidatos = k + 1;
    }
  }
  ordena (v, 1, candidatos, k);
}
```

b) A Tabela K.1 mostra como o algoritmo *Davisort* Parcial se compara aos algoritmos da inserção parcial sem preservação do vetor apresentado no Programa 4.19 e o algoritmo *Quicksort* parcial apresentado no Programa 4.22.

Capítulo 5

5.1.

a)
	Seqüencial	Binária	*Hashing*
Vantagem	simplicidade	eficiência	eficiência
Desvantagem	custo elevado	arranjo deve estar ordenado	não recupera em ordem alfabética

b)
	Seqüencial	Binária	*Hashing*
Pior caso	$O(n)$	$O(\log n)$	$O(n)$
Caso médio	$O(n)$	$O(\log n)$	$O(1)$

Tabela K.1 Comparação do algoritmo *Davisort* parcial com Inserção parcial e *Quicksort* parcial. Ordem aleatória dos registros

n, k	*Davisort* parcial	Inserção parcial	*Quicksort* parcial
$n : 10^1 \ k : 10^0$	2,3	1	2,5
$n : 10^1 \ k : 10^1$	1,6	1	1,9
$n : 10^2 \ k : 10^0$	1,6	1	2,2
$n : 10^2 \ k : 10^1$	2,1	1	1,7
n: 10^2 k: 10^2	1,5	1	1,5
$n : 10^3 \ k : 10^0$	1	1,1	3,2
$n : 10^3 \ k : 10^1$	1,1	1	2,5
$n : 10^3 \ k : 10^2$	1,2	1,1	1
$n : 10^3 \ k : 10^3$	1	4,4	1,1
$n : 10^5 \ k : 10^0$	1	1,1	2,4
$n : 10^5 \ k : 10^1$	1	1,1	2,1
$n : 10^5 \ k : 10^2$	1	1,1	2,3
$n : 10^5 \ k : 10^3$	1	2,2	1,9
$n : 10^5 \ k : 10^4$	1	42,7	1,2
$n : 10^5 \ k : 10^5$	1	∞	1
$n : 10^6 \ k : 10^0$	1	1,1	3
$n : 10^6 \ k : 10^1$	1	1,1	3,1
$n : 10^6 \ k : 10^2$	1	1,1	2,7
$n : 10^6 \ k : 10^3$	1	1,3	2,8
$n : 10^6 \ k : 10^4$	1	13,5	2,2
$n : 10^6 \ k : 10^5$	1	∞	1,1
$n : 10^6 \ k : 10^6$	1	∞	1
$n : 10^7 \ k : 10^0$	1,2	1	3
$n : 10^7 \ k : 10^1$	1,9	1	2,6
$n : 10^7 \ k : 10^2$	2,6	1	2,8
$n : 10^7 \ k : 10^3$	1	1,1	3,1
$n : 10^7 \ k : 10^4$	1	1,4	1,7
$n : 10^7 \ k : 10^5$	1	∞	1,3
$n : 10^7 \ k : 10^6$	1	∞	1,1
$n : 10^7 \ k : 10^7$	1	∞	1

c)

	Seqüencial	Binária	*Hashing*
Memória	boa utilização	boa utilização	$\alpha = \frac{n}{m}$, em geral $\alpha < 80\%$

5.2.

a) Podemos representar o problema por uma **árvore binária de pesquisa** completamente balanceada, na qual o número de nós externos é igual a $n + 1$. Entretanto, o número de nós externos $\leq 2^h$, onde h corresponde à altura da árvore. Combinando as equações, temos: $n + 1 \leq 2^h$, ou $h \geq \log n + 1$, ou $h = \lceil \log n + 1 \rceil$.

b) Ponto importante: existem $n + 1$ respostas possíveis. A lista deve ser dividida igualmente em duas sublistas. Repetir o processo em uma das sublistas, até que sobre um elemento. Neste ponto mais uma comparação é necessária para decidir se a chave está presente. Logo, o limite inferior é $h = \lceil \log n + 1 \rceil$.

c) Sim, o Programa 5.2.

5.3. Para cada nó, todos os registros com chaves menores do que a chave que rotula o nó estão na subárvore à esquerda e todos os registros com chaves maiores estão na subárvore à direita.

5.6.

b) O melhor caso ocorre quando os nós estão o mais próximo possível da raiz, isto é, quando a árvore binária de pesquisa for uma árvore completa. Neste caso, o número de nós n da árvore será no máximo $2^h - 1$ para a altura (nível) h e no máximo $2^{h-1} - 1$ para a altura $h - 1$. Logo: $2^{h-1} - 1 < n \leq 2^h - 1 \Rightarrow 2^{h-1} < n + 1 \leq 2^h \Rightarrow h - 1 < \log(n+1) \leq h \Rightarrow h = \lceil \log n + 1 \rceil$.

5.11.

a) A tabela *hash* deve ser utilizada quando o objetivo é ter eficiência nas operações de pesquisa, inserção e remoção, desde que o número de inserções e remoções não provoque variações grandes no valor de n. A tabela *hash* também é indicada quando não há a necessidade de considerar a ordem das chaves e de saber a posição da chave de pesquisa em relação a outras chaves.

5.13. Chaves: N I V O Z A P Q R S T U. Usando $A = 1, B = 2, \cdots, Z = 26$

a)

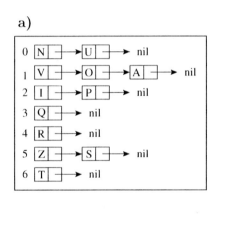

b)

5.21.

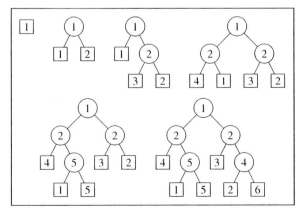

Capítulo 6

6.1.

a) Em um ambiente de **memória virtual** devemos escolher algoritmos que possuam uma **localidade de referência pequena**, isto é, cada referência à memória tem probabilidade alta de ocorrer em uma área relativamente próxima a outras áreas recentemente referenciadas, o que significa que a necessidade de transferir dados da memória externa para a interna é pouco freqüente. Como exemplo, o *Quicksort* tem duas localidades de referência, pois a maioria das referências a dados ocorre em um dos dois apontadores utilizados na partição do arquivo. O algoritmo de Inserção deve funcionar razoavelmente, pois um registro é retirado da seqüência origem e colocado no seu lugar apropriado na seqüência destino, provocando boa localidade de referência (lembrar, entretanto, que o algoritmo é $O(n^2)$).

b) Sim, melhora porque pelo menos o nó raiz e provavelmente a maioria das páginas filhas da raiz estarão residentes na memória principal todo o tempo.

6.2.

a)

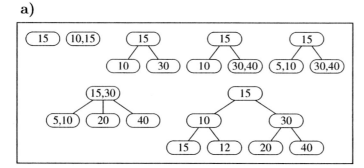

b)

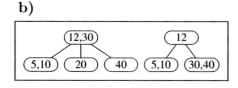

ou

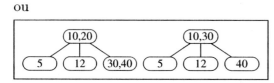

Capítulo 7

7.3.

Programa K.10 *Classificação de arestas*

```java
package cap7;
import cap7.listaadj.autoreferencia.Grafo; // vide Programa 7.3
public class ClassificaArestas {
  public static final byte branco = 0;
  public static final byte cinza  = 1;
  public static final byte preto  = 2;
  private int d[], t[], antecessor[];
  private Grafo grafo;
  public ClassificaArestas (Grafo grafo) {
    this.grafo = grafo; int n = this.grafo.numVertices();
    d = new int[n]; t = new int[n]; antecessor = new int[n];
  }
  private int visitaDfs (int u, int tempo, int cor[]) {
    cor[u] = cinza; this.d[u] = ++tempo;
    if (!this.grafo.listaAdjVazia (u)) {
      Grafo.Aresta a = this.grafo.primeiroListaAdj (u);
      while (a != null) {
        int v = a.v2 ();
        if (cor[v] == branco) {
          System.out.println ("Arvore: "+u+"->"+v+" (branco)");
          this.antecessor[v] = u;
          tempo = this.visitaDfs (v, tempo, cor);
        }
        else if (cor[v] == cinza) {
          System.out.println ("Retorno: "+u+"->"+v+" (cinza)");
        } else if (this.d[u] > this.d[v]) {
          System.out.println ("Cruzamento: "+u+"->"+v+" (preto)");
        } else System.out.println ("Avanco: "+u+"->"+v+" (preto)");
        a = this.grafo.proxAdj (u);
      }
    }
    cor[u] = preto; this.t[u] = ++tempo;
    return tempo;
  }
  public void classificaArestas () {
    int tempo = 0; int cor[] = new int[this.grafo.numVertices ()];
    for (int u = 0; u < grafo.numVertices (); u++) {
      cor[u] = branco; this.antecessor[u] = -1;
    }
    for (int u = 0; u < grafo.numVertices (); u++)
      if (cor[u] == branco) {
        System.out.println ("Raiz da arvore: "+u+" (branco)");
        tempo = this.visitaDfs (u, tempo, cor);
      }
  }
}
```

Continuação do Programa K.10

```
    public int d (int v) { return this.d[v]; }
    public int t (int v) { return this.t[v]; }
    public int antecessor (int v) { return this.antecessor[v]; }
}
```

Programa K.11 *Programa para testar a classe ClassificaArestas do Programa K.10*

```
package cap7;
import java.io.*;
import cap7.listaadj.autoreferencia.Grafo; // vide Programa 7.3
public class TestaClassificaArestas {
  static BufferedReader in = new BufferedReader (
                               new InputStreamReader (System.in));
  public static Grafo.Aresta lerAresta () throws Exception {
    System.out.println ("Aresta:");
    System.out.print ("  V1:");
    int v1 = Integer.parseInt (in.readLine());
    System.out.print ("  V2:");
    int v2 = Integer.parseInt (in.readLine());
    System.out.print ("  Peso:");
    int peso = Integer.parseInt (in.readLine());
    return new Grafo.Aresta (v1, v2, peso);
  }
  public static void main (String[] args) throws Exception {
    System.out.print ("No. vertices:");
    int nVertices = Integer.parseInt (in.readLine());
    System.out.print ("No. arestas:");
    int nArestas = Integer.parseInt (in.readLine());
    Grafo grafo = new Grafo (nVertices);
    for (int i = 0; i < nArestas; i++) {
      Grafo.Aresta a = lerAresta ();
      // Uma chamada porque o grafo é direcionado
      grafo.insereAresta (a.v1 (), a.v2 (), a.peso ());
    }
    grafo.imprime ();
    ClassificaArestas classif = new ClassificaArestas (grafo);
    classif.classificaArestas ();
    for (int v = 0; v < grafo.numVertices(); v++) {
      System.out.println ("d["+v+"]:" + classif.d (v) +
                          " -- t["+v+"]:" + classif.t (v) +
                          " -- antecessor["+v+"]:" +
                          classif.antecessor (v));
    }
  }
}
```

Capítulo 8

8.3.

a) O algoritmo BM original propõe duas heurísticas para calcular o deslocamento: (i) Heurística ocorrência (do inglês *ocurrence*): alinha a posição no texto que causou a colisão com o primeiro caractere no padrão que casa com ele; (ii) Heurística casamento (do inglês *match*): ao mover o padrão para a direita, ele casa com o pedaço do texto anteriormente casado.

A simplificação mais importante é obra de Horspool (1980), conhecida como Boyer-Moore-Horspool (BMH), que executa mais rápido do que o algoritmo BM original. Horspool observou que qualquer caractere já lido do texto a partir do último deslocamento pode ser usado para endereçar a tabela de deslocamentos. Baseado nesse fato, Horspool propôs endereçar a tabela com o caractere no texto correspondente ao último caractere do padrão.

Outra simplificação importante para o algoritmo BM, conhecida como Boyer-Moore-Horspool-Sunday (BMHS), foi apresentada por Sunday (1990). É uma variante do algoritmo BMH. Sunday propôs endereçar a tabela com o caractere no texto correspondente ao próximo caractere após o último caractere do padrão, em vez de deslocar o padrão usando o último caractere como no algoritmo BMH.

b) Tabela de deslocamento - BMH:

$d[\text{M}]$	$d[\text{O}]$	$d[\text{O}]$	$d[\text{R}]$	$d[\text{E}]$	$d[\text{B}]$	$d[\text{Y}]$
$5-1=4$	$5-2=3$	$5-3=2$	$5-4=1$	5	5	5

Tabela de deslocamento - BMHS:

$d[\text{M}]$	$d[\text{O}]$	$d[\text{O}]$	$d[\text{R}]$	$d[\text{E}]$	$d[\text{B}]$	$d[\text{Y}]$
$5+1-1=5$	$5+1-2=4$	$5+1-3=3$	$5+1-4=2$	1	6	6

c) Passos intermediários - BMH:

```
1 2 3 4 5 6 7 8 9 0
M O O R E
B O Y E R M O O R E
    M O O R E
        M O O R E
```

Tabela de deslocamento: $d[\text{R}] = 1$, $d[\text{M}] = 4$.

Passos intermediários - BMHS:

```
1 2 3 4 5 6 7 8 9 0
M O O R E
B O Y E R M O O R E
          M O O R E
```

Tabela de deslocamento: $d[\text{M}] = 5$.

d) Pior caso: $O(n+rm)$, onde r corresponde ao número total de casamentos. Caso esperado: $O(n/m)$, para alfabeto c não muito pequeno e padrão m não muito longo. A complexidade de espaço é: $m + c + O(1)$.

8.4.

a)

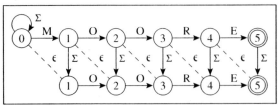

b) Registradores:

	1	2	3	4	5
M[M]	1	0	0	0	0
M[O]	0	1	1	0	0
M[R]	0	0	0	1	0
M[E]	0	0	0	0	1
M[?]	0	0	0	0	0

c) Texto: MOORMOORE

Texto	$R_0 >> 1$					R_0'					$R_1 >> 1$					R_1'				
M	1	0	0	0	0	1	0	0	0	0	0	1	0	0	0	1	1	0	0	0
O	1	1	0	0	0	0	1	0	0	0	0	1	1	0	0	1	1	1	0	0
O	1	0	1	0	0	0	0	1	0	0	0	1	1	1	0	1	1	1	1	0
R	1	0	0	1	0	0	0	0	1	0	0	1	1	1	1	1	0	1	1	1
M	1	0	0	0	1	1	0	0	0	0	0	1	0	1	1	1	1	0	1	0
O	1	1	0	0	0	0	1	0	0	0	0	1	1	0	1	1	1	1	0	0
O	1	0	1	0	0	0	0	1	0	0	0	1	1	1	0	1	1	1	1	0
R	1	0	0	1	0	0	0	0	1	0	0	1	1	1	1	1	0	1	1	1
E	1	0	0	0	1	0	0	0	0	1	0	1	0	1	1	1	0	0	1	1

$R_1' = R_1 >> 1 \text{ \& } M[T[i]] \mid R_0 \mid R_0' >> 1 \mid 10^{m-1}$

$R_0' = ((R_0 >> 1) \mid 10^{m-1}) \text{ \& } M[T[i]]$

8.6.

a) Obter as freqüências de cada caractere no texto: $f(A) = 5$, $f(B) = 2$, $f(R) = 2$, $f(C) = 1$, $f(D) = 1$.

Uma possível **árvore de Huffman** é mostrada na figura a seguir:

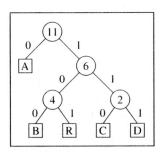

b) Comprimento do texto original: $8 \times 11 = 88$. Desprezando o espaço ocupado pelo vocabulário e a árvore de Huffman, o comprimento do texto codificado é: $5 \times 1 + 3 \times 2 + 3 \times 2 + 3 \times 1 + 3 \times 1 = 23$. Razão de compressão: $23/88 = 0,26 = 26\%$.

8.7. A prova é por contradição. Vamos supor que seja possível que o nó a esteja mais distante da raiz que o nó b e que a freqüência de b ($f(b)$) seja menor que a freqüência de a ($f(a)$). O **algoritmo de Huffman** para a construção da árvore de codificação, a cada passo, seleciona, entre os nós existentes (folhas ou internos), os dois de menor freqüência para serem combinados. Quando o algoritmo for combinar o nó b com algum outro nó, apenas uma das duas situações seguintes pode ocorrer:

1. Existe um nó X (interno ou folha) tal que $f(X) < f(a)$. Logo, o algoritmo irá combinar primeiro os nós b e X, formando o nó interno bX. Nesse caso, apenas em um passo futuro o nó a será combinado, pois estamos supondo $f(b) < f(a)$. Logo, o nó b estará mais distante da raiz que o nó a, o que é uma contradição.

2. Todos os demais nós têm freqüências maiores ou iguais a $f(a)$. Neste caso, o algoritmo pode escolher o nó a para combinar com o nó b, ou escolher outro nó com freqüência igual a $f(a)$. Se ocorrer a primeira possibilidade, o nó a fica no mesmo nível que o nó b na árvore, o que também é uma contradição. Se a segunda possibilidade ocorrer, temos que o nó a estará mais próximo da raiz que o nó b, novamente contradizendo a afirmação inicial.

Logo, podemos concluir que se b está mais próximo da raiz que a não é possível que $f(b) < f(a)$. (Szwarcfiter e Markenzon (1994)).

8.9. Considere uma **árvore de Huffman** T construída para os símbolos s_i, $1 \leq i \leq n$, $n > 1$. Considere s_x, $x \neq 2$ um símbolo que está no último nível de T. Seja T_1 a árvore resultante de T pela troca de posições entre os símbolos s_1 e s_x. Ocorre que $f_1 = f_x$, pois se f_x fosse maior que f_1 a árvore T não seria uma árvore de Huffman (vide resposta do Exercício 8.7). Portanto, $f_x \leq f_1$, mas pelo enunciado, f_1 é a menor freqüência, logo, $f_1 = f_x$.

Considere agora s_y, $y \neq 1$ o símbolo que está no último nível de T_1. De forma análoga, podemos obter a árvore T_2 a partir de T_1, pela troca de posições entre os símbolos s_1 e s_y, de modo semelhante ao que foi feito anteriormente. Pelas mesmas razões, $f_2 = f_y$.

A árvore T_2 é uma **árvore de Huffman**, pois difere da árvore de Huffman T apenas pelos símbolos do último nível, uma vez que as freqüências dos nós do último nível continuam as mesmas. (Szwarcfiter e Markenzon (1994, p. 300)).

8.10. Seja T_m uma **árvore de prefixo mínimo** para essas freqüências. Pela definição, uma árvore de prefixo mínimo produz uma seqüência binária de comprimento mínimo para um dado texto. O tamanho desta seqüência pode ser obtido somando-se os produtos da freqüências $f(s)$ de cada símbolo s pelo comprimento do código gerado para s, isto é, |código(s)|. Ou seja, o comprimento $C(T_m)$ da seqüência binária gerada pela árvore T_m é dado por: $C(T) = \sum_{s=1}^{n} f_i \times |\text{código(s)}|$.

Sem perda de generalidade, podemos considerar $f_1 \leq f_2, \ldots f_n$. Da solução do Exercício 8.9, podemos supor que f_1 e f_2 correspondem a dois nós irmãos no último nível de T_m.

A demonstração é por indução em n. Para $n = 2$, o **algoritmo de Huffman** combina as duas únicas freqüências gerando um digito binário distinto para cada uma como código e, portanto a árvore de prefixo obtida é mínima. Suponha que o algoritmo de Huffman seja capaz de gerar sempre uma árvore de prefixo mínimo quando o número de freqüências é nenor que n. Considere agora as n freqüências $f_1, f_2, \ldots, f_n$. No primeiro passo, o algoritmo de Huffman seleciona as duas menores freqüências f_1 e f_2, gerando o novo nó interno de freqüência $f_1 + f_2$. Após o primeiro passo restam $n - 1$ freqüências, a saber: $(f_1 + f_2), f_3, \ldots, f_n$. Pela hipótese de indução, existe uma árvore de prefixo mínimo T_1 para essas freqüências. Logo o comprimento da seqüência binária gerada pela árvore de prefixo T para as n freqüências é dado por $C(T) = C(T_1) + f_1 + f_2$.

Considere novamente a **árvore de prefixo mínimo** T_m para n freqüências dadas. Seja T_2 árvore obtida de T_m, eliminando-se as folhas correspondentes a f_1 e f_2 e associando-se ao pai delas um novo símbolo de freqüência $f_1 + f_2$. T_2 é uma **árvore binária de prefixo** correspondente as $n - 1$ freqüências $(f_1 + f_2), f_3, \ldots, f_n$. A seqüência binária gerada pela árvore de prefixo T_m para as n freqüências é dado por $C(T_m) = C(T_2) + f_1 + f_2$. Comparando essa equação com a equação ao final do último parágrafo, temos que, $T_1 \leq T_2$, pois T_1 é mínima (pela hipótese de indução) e $T_m \leq T$, pois T_m é mínima. Logo, conclui-se que $C(T) = C(T_m)$, portanto, a árvore de Huffman T é uma árvore binária de prefixo mínimo para as n freqüências. (Szwarcfiter e Markenzon (1994, p. 300)).

Capítulo 9

9.2. Um exemplo é o método Simplex para resolver sistemas de equações lineares que, apesar de exponencial, tem bom comportamento para muitas instâncias práticas.

9.3. Sim. Qualquer problema da classe $\mathcal{NP}$ é polinomialmente transformável no problema da satisfabilidade, ou seja, se $\Pi \in \mathcal{NP}$ então $\Pi \propto SAT$.

Se Π_1 e Π_2 são $\mathcal{NP}$-completo, então $\Pi_1 \in \mathcal{NP}$ e $\Pi_2 \in \mathcal{NP}$, e pelo Teorema de Cook temos que $\Pi_1 \propto SAT$ e $\Pi_2 \propto SAT$. Como a redução $\propto$ é transitiva, e todo problema Π está em $\mathcal{NP}$ quando $SAT \propto \Pi$, então $\Pi_1 \propto SAT$ e $SAT \propto \Pi_2$ temos $\Pi_1 \propto \Pi_2$. Igualmente, $\Pi_2 \propto \Pi_1$.

Em outras palavras, mesmo que a redução seja desconhecida, sabe-se que ela existe (ainda que possa ser difícil de ser obtida).

9.4. Sim, pois:

x_1	x_2	x_3	x_4	x_5	Resultado
0	0	0	0	0	0
1	0	0	0	0	0
0	1	0	0	0	0
1	1	0	0	0	0
0	0	1	0	0	0
1	0	1	0	0	0
0	0	0	1	0	0
1	0	0	1	0	0
1	1	0	1	0	**1**

9.5.

a) Se $k \geq 3$

Redução: SAT geral para o problema SAT com no máximo três ocorrências.

Dada uma fórmula B em CNF, seja x uma variável com exatamente m ocorrências. Substitua a i-ésima ocorrência de x por x_i e adicione a fórmula CNF $(\overline{x_1} + x_2) * (\overline{x_2} + x_3) * \ldots * (\overline{x_m} + x_1)$, que é equivalente à cadeia de implicações: $x_1 \to x_2 \to x_3 \to \ldots \to x_m \to x_1$. Isso força todos os x_i a terem o mesmo valor V em qualquer atribuição que satisfaça x, e, ao mesmo tempo, existem exatamente três ocorrências de cada x_i. Repita esse procedimento para cada variável de B.

Para o restante da prova, basta mostrar um algoritmo polinomial não determinista.

b) Se $k \leq 2$

❑ x aparece apenas positivamente (ou negativamente)

Neste caso basta atribuir o valor *true* (*false*) para satisfazer as cláusulas que contêm x, podendo assim eliminá-los. A nova fórmula é *satisfatível*, se e somente se a fórmula original o for.

❑ x aparece positiva e negativamente

Como há exatamente duas ocorrências de x, há uma ocorrência de cada. Logo

---

if (ocorrências na mesma cláusula)
  cláusula V pode ser eliminada para qualquer atribuição
else if (duas cláusulas não contêm outras variáveis)
  $x * \overline{x}$ não pode ser satisfeita
else {
  aplicar regra da resolução da lógica proposicional:
  para quaisquer fórmulas Booleanas C, D, E e variável x
  que não apareça em C, D, E, a fórmula $(x + C) * (\overline{x} + D) * E$
  é *satisfatível* se e somente se $(C + D) * E$ o for.
  Logo, basta combinar a duas cláusulas e descartar x.
  Exemplo: $(x + y + z) * (\overline{x} + u + v) \to (y + z + u + v)$,
      isto é, a nova fórmula é *satisfatível*
      se e somente se a fórmula original o for.
}

Basta continuar aplicando as regras acima até que apareça uma contradição $x + \bar{x}$ ou então todas as variáveis são eliminadas.

9.6.

a) Falso. Você sempre consegue resolver um problema mais fácil usando um problema mais difícil.

b) Verdadeiro. Pela definição de $\propto$.

c) Falso. Teorema de Cook é o contrário.

d) Verdadeiro. Vide letra (a).

e) Verdadeiro. Pela definição de $\mathcal{NP}$.

f) Verdadeiro. Se a heurística é polinomial então $\mathcal{P} = \mathcal{NP}$.

g) Verdadeiro. Pior caso.

9.9. Não, pois será provado que o algoritmo é exponencial com respeito ao tamanho dos dados de entrada do problema.

O número de subconjuntos com k vértices de um grafo $G = (V, A)$ é dado por: $C_{n,k} = \binom{n}{k} = \frac{n!}{(n-k)!k!} = \frac{n(n-1)\cdots(n-k+1)}{k!}$, onde $n = |V|$. Sabendo que para $0 \leq i \leq k \leq n$, tem-se $\frac{n-i}{k-i} \geq \frac{n}{k}$, logo, esse número pode ser quotado inferiormente da seguinte forma: $C_{n,k} = \frac{n}{k} \times \frac{(n-1)}{(k-1)} \cdots \frac{(n-k+1)}{1} \geq (\frac{n}{k})^k$, logo, $C_{n,k} = \Omega((\frac{n}{k})^k)$. A equação $k-1+k-2+\cdots+1 = \frac{k(k-1)}{2} = \Omega(k^2)$ indica o número de arestas que devem ser verificadas para saber se um subgrafo de G é completo. Portanto, o algoritmo fornecido executa pelo menos $\Omega((\frac{n}{k})^k \times k^2)$ passos. Ou seja, o algoritmo é exponencial no tamanho da entrada.

9.10. Passo I: Mostrar que o problema de **Cobertura de Vértices** (CV) para os grafos em que todos os vértices têm grau par $(CVpar) \in \mathcal{NP}$. Sendo CV $\in \mathcal{NP}$-**Completo**, então existe um algoritmo polinomial não-determinista para CV. Mas tal algoritmo também resolve $CVpar$, que é um caso particular do CV.

Passo II: Vamos usar uma redução do CV para o $CVpar$. Seja $G = (V, A)$ um grafo arbitrário e k um inteiro. Seja U o conjunto de vértices de grau ímpar de G. Basta modificar G por meio da adição de três vértices x, y e z, conectados entre si, sendo x conectado a todos os vértices de U. É fácil ver que agora todos os vértices de G' têm grau par: y e z têm grau par, os vértices de G que tinham grau par, continuam com grau par e os que tinham grau ímpar tiveram um grau acrescido de 1, o vértice x tem grau par porque todo o grafo possui um número par de vértices de grau ímpar. É fácil provar que o grafo modificado tem uma cobertura de vértices de grau k, se e somente se G tem uma cobertura de vértices de grau $k-2$.

9.11.

a) Para provar que o problema de obter o **conjunto independente de vértices de um grafo** (CI) é $\mathcal{NP}$-**Completo**, deve-se mostrar que: (i) $CI \in \mathcal{NP}$, isto é, existe um algoritmo polinomial não-determinista que resolve CI. (ii)

$CI \in \mathcal{NP}$-difícil, isto é, algum problema que seja conhecidamente $\mathcal{NP}$-difícil é polinomialmente redutível a CI. Provam-se as asserções (i) e (ii) mostrando que o problema de obtenção de um clique em um grafo, o qual é $\mathcal{NP}$-**Completo**, é polinomialmente redutível a CI e vice-versa. A demonstração de que o clique é polinomialmente redutível a CI é suficiente para provar a asserção (ii). Ao demonstrar que o CI é polinomialmente redutível ao clique fica provada a asserção (i), pois dessa forma existe um algoritmo polinomial não-determinista para CI, o qual consiste em reduzir o CI ao clique e resolver o clique com o algoritmo polinomial não determinista existente para o mesmo. Dada uma instância para o clique, um grafo $G = (V, A)$ e um inteiro k, constrói-se uma instância para o CI com um grafo $G' = (V, A')$ e o mesmo inteiro k, sendo $A' = \{(i,j)|(i,j) \notin A\}$, ou seja, uma aresta (i, j) unindo vértices de V pertence a A' se e somente se ela não pertencer a A. É fácil ver que todo clique de G corresponde a um conjunto independente de vértices em G' e, portanto, a instância para o clique admite resposta afirmativa se e somente se, a instância para o CI admite resposta afirmativa. Logo, CI é polinomialmente redutível ao clique. De forma análoga, prova-se que o clique é polinomialmente redutível a CI.

9.16.

a) O algoritmo executa em tempo $O(n \times L)$, sendo n o número de itens e L a capacidade da mochila. O algoritmo tem custo pseudopolinomial (custo que é aparentemente polinomial) no tamanho da entrada.

b) O espaço de solução para o **problema da mochila** consiste em 2^n maneiras distintas de escolher os itens de forma a maximizar a utilidade e minimizar o peso L. Outra maneira de verificar o custo exponencial é expressando o tamanho da entrada em termos do número de bits necessários para a representação binária dos inteiros que são parte da entrada. O peso p_i e a utilidade u_i podem ser expressos em termos de $x_i = \log p_i$ e $y_i = \log u_i$. Logo, $p_i = 2^x$ e $u_i = 2^y$, isto é, o peso e a utilidade são funções exponenciais do número de bits x e y utilizados para a entrada p_i e u_i. Logo, o algoritmo tem complexidade exponencial.

9.17.

a) O algoritmo mais eficiente conhecido é aquele que obtém todos os $(n-1)!$ caminhos e depois pega o maior deles.

b) $O(n!)$. São $(n-1)!$ caminhos com n adições em cada caminho. O problema é $\mathcal{NP}$-**completo**. Como não existe prova de que $P \neq \mathcal{NP}$ ou $P = \mathcal{NP}$, a resposta sobre se o algoritmo é ótimo (ou não) ainda não pode ser obtida.

c) O problema é $\mathcal{NP}$-**completo**. Um algoritmo não determinista polinomial é mostrado abaixo:

```
for ( i = 2; i <= |v|; i++) caminho[i] = escolhe(próximo vértice);
if (|maior_caminho| >= k) achou
else não achou
```

Solução I: Transformar o problema em questão no **problema do caixeiro-viajante** clássico multiplicando cada distância por (-1) e obter $G' = (V, A^-)$. Nesse caso, G' tem rota $<= (-k)$ se e somente se G tem rota $>= k$ que inclua todos os vértices. Logo, existe rota $>= k$ que inclua todos os vértices.

Solução II: Transformar **ciclo de Hamilton** de $G = (V, A)$ para o problema do caixeiro-viajante máximo. (Ciclo de Hamilton é $\mathcal{NP}$-completo). Como o grafo é completo, decidir se G tem um ciclo de Hamilton com comprimento $>= k$ (testando todos os ciclos hamiltonianos) é equivalente a resolver o problema em pauta.

Caracteres ASCII

Dec	Car	Dec	Car	Dec	Car	Dec	Car	Dec	Car	Dec	Car	Dec	Car
000	NUL	037	%	074	J	111	o	148	CCH	185	¹	222	Þ
001	SOH	038	&	075	K	112	p	149	MW	186	º	223	ß
002	STX	039	'	076	L	113	q	150	SPA	187	»	224	à
003	ETX	040	(	077	M	114	r	151	EPA	188	1/4	225	á
004	EOT	041	)	078	N	115	s	152	SOS	189	1/2	226	â
005	ENQ	042	*	079	O	116	t	153	SGCI	190	3/4	227	ã
006	ACK	043	+	080	P	117	u	154	SCI	191	¿	228	ä
007	BEL	044	,	081	Q	118	v	155	CSI	192	À	229	å
008	BS	045	-	082	R	119	w	156	ST	193	Á	230	æ
009	TAB	046	.	083	S	120	x	157	OSC	194	Â	231	ç
010	LF	047	/	084	T	121	y	158	PM	195	Ã	232	è
011	VT	048	0	085	U	122	z	159	APC	196	Ä	233	é
012	FF	049	1	086	V	123	{	160		197	Å	234	ê
013	CR	050	2	087	W	124	|	161	¡	198	Æ	235	ë
014	SO	051	3	088	X	125	}	162	¢	199	Ç	236	ì
015	SI	052	4	089	Y	126	~	163	£	200	È	237	í
016	DLE	053	5	090	Z	127	DEL	164	¤	201	É	238	î
017	DC1	054	6	091	[	128	PAD	165	¥	202	Ê	239	ï
018	DC2	055	7	092	\	129	HOP	166	¦	203	Ë	240	ð
019	DC3	056	8	093	]	130	BPH	167	§	204	Ì	241	ñ
020	DC4	057	9	094	^	131	NBH	168	¨	205	Í	242	ò
021	NACK	058	:	095	_	132	IND	169	©	206	Î	243	ó
022	SYN	059	;	096	`	133	NEL	170	ª	207	Ï	244	ô
023	ETB	060	<	097	a	134	SSA	171	«	208	Ð	245	õ
024	CAN	061	=	098	b	135	ESA	172	¬	209	Ñ	246	ö
025	EM	062	>	099	c	136	HTS	173	-	210	Ò	247	÷
026	SUB	063	?	100	d	137	HTJ	174	®	211	Ó	248	ø
027	ESC	064	@	101	e	138	VTS	175	¯	212	Ô	249	ù
028	FS	065	A	102	f	139	PLD	176	°	213	Õ	250	ú
029	GS	066	B	103	g	140	PLU	177	±	214	Ö	251	û
030	RS	067	C	104	h	141	R1	178	²	215	×	252	ü
031	US	068	D	105	i	142	SS2	179	³	216	Ø	253	ý
032		069	E	106	j	143	SS3	180	´	217	Ù	254	þ
033	!	070	F	107	k	144	DCS	181	µ	218	Ú	255	ÿ
034	"	071	G	108	l	145	PV1	182	¶	219	Û		
035	#	072	H	109	m	146	PV2	183	·	220	Ü		
036	$	073	I	110	n	147	STS	184	¸	221	Ý		

Referências Bibliográficas

Adel'son-Vel'skii, G.M. e Landis, E.M. (1962) "An Algorithm for the Organization of Information", *Doklady Akademia Nauk USSR 146* (2), 263–266, Tradução para o Inglês em *Soviet Math. Doklay 3*, 1962, 1259–1263.

Aho, A.V., Hopcroft, J.E. e Ullman, J.D. (1974) *The Design and Analysis of Computer Algorithms*. Addison-Wesley.

Aho, A.V., Hopcroft, J.E. e Ullman, J.D. (1983) *Data Structures and Algorithms*. Addison-Wesley.

Akl, S.G. (1989) *The Design and Analysis of Parallel Algorithms*, Prentice-Hall.

Albuquerque, L.C.A. e Ziviani, N. (1985) "Estudo Empírico de uma Nova Implementação para o Algoritmo de Construção da Árvore Patricia". *V Congresso da Sociedade Brasileira de Computação*, Porto Alegre, RS, 254–267.

Almeida, J.M. (2003) Comunicação Pessoal, Belo Horizonte, MG, Brasil.

Apostolico, A. e Galil, Z. (1997) *Pattern Matching Algorithms*. Oxford University Press.

Árabe, J.N.C. (1992) Comunicação Pessoal, Belo Horizonte, MG, Brasil.

Baeza-Yates, R. (1992) "String Searching Algorithms". Frakes, W. e Baeza-Yates, R. (Eds.) in *Information Retrieval Data Structures and Algorithms*, Prentice Hall, Capítulo 10, 219–239.

Baeza-Yates, R. (1995) "Teaching Algorithms", *SIGACT News 26* (4), 51–59.

Baeza-Yates, R. (1997) "Searching: An Algorithmic Tour". Kent, A. e Williams, G. (Eds.) in *Encyclopedia of Computer Science and Technology*, Vol. 37, Marcel Dekker Inc., 331–359.

Baeza-Yates, R. e Gonnet, G.H. (1989) "A New Approach to Text Searching". Belkin, N.J. e van Rijsbergen, C.J. (eds.) in *Proceedings of the 12th ACM SIGIR International Conference on Research and Development in Information Retrieval*, 168–175.

Baeza-Yates, R. e Navarro, G. (1999) "Faster Approximate String Matching". *Algorithmica 23* (2), 127–158.

Baeza-Yates, R. e Régnier, M. (1992) "Average Running Time of the Boyer-Moore-Horspool Algorithm", *Theoretical Computer Science 92* (1), 19–31.

Baeza-Yates, R. e Ribeiro-Neto, B. (1999) *Modern Information Retrieval*. Addison-Wesley.

Barbosa, E.F. e Ziviani, N. (1992) "Data Structures and Access Methods for Read-Only Optical Disks". Baeza-Yates, R. e Manber, U. (Eds.) in *Computer Science: Research and Applications*, Plenum Publishing Corp., 189–207.

Bayer, R. (1971) "Binary B Trees for Virtual Memory", *ACM SIGFIDET Workshop*, 219–235.

Bayer, R. (1972) "Symmetric Binary B-Trees: Data Structure and Maintenance Algorithms", *Acta Informatica 1* (4), 290–306.

Bayer, R. e McCreight, E.M. (1972) "Organization and Maintenance of Large Ordered Indices". *Acta Informatica 1* (3), 173–189.

Bayer, R. e Schkolnick, M. (1977) "Concurrency of Operations on B-trees". *Acta Informatica 9* (1), 1–21.

Botelho, F.C. (2003) Comunicação Pessoal, Belo Horizonte, MG, Brasil.

Botelho, F.C. e Souza, L.A. (2003) Comunicação Pessoal, Belo Horizonte, MG, Brasil.

Botelho, F.C. (2004) "Estudo comparativo do Uso de Hashing perfeito Mínimo", Dissertação de Mestrado, Departamento de Ciência da Computação, Universidade Federal de Minas Gerais.

Boyer, R.S. e Moore, J.S. (1977) "A Fast String Searching Algorithm", *Communications of the ACM 20* (10), 762–772.

Brassard, G. e Bradley, P. (1996) *Fundamentals of Algorithmics*, Prentice Hall.

Brélaz, D. (1979) "New Methods to Color the Vertices of a Graph", *Communications of the ACM 22* (4), 251–256.

Bron, C. e Kerbosch, J. (1973) "Finding All Cliques of an Undirected Graph", *Communications of the ACM 16* (9), 575–579.

Carvalho, M.L.B. (1992) Comunicação Pessoal, Belo Horizonte, MG, Brasil.

Christodoulakis, S. e Ford, D.A. (1988) "Performance Analysis and Fundamental Trade Offs for Optical Disks", *Proceedings of the ACM SIGMOD International Conference on Management of Data*, Chicago, 286-294.

Christofides, N. (1975) *Graph Theory An Algorithm Approach*, Academic Press.

Cirasella, J., Johnson, D.S., McGeoch, L.A. e Zhang, W. (2001) "The Asymmetric Traveling Salesman Problem: Algorithms, Instance Generators, and Tests". *Third International Workshop ALENEX 2001*, Springer-Verlag Lecture Notes in Computer Science, Vol. 2153, 32–59.

Comer, D. (1979) "The Ubiquitous B-tree," *ACM Computing Surveys 11* (2), 121–137.

Cook, S.A. (1971a) "The Complexity of Theorem Proving Procedures". *Third ACM Symposium on Theory of Computing*, 151–158.

Cook, S.A. (1971) "Linear-Time Simulation of Deterministic Two-Way Pushdown Automata". *Proceedings IFIP Congress*, TA-2, North-Holland, 172–179.

Cormen, T.H., Leiserson, C.E., Rivest, R.L. e Stein, C. (2001) *Introduction to Algorithms.* McGraw-Hill e The Mit Press.

Crochemore, M. e Rytter, W. (1994) *Text Algorithms.* Oxford University Press.

Czech, Z.J., Havas, G. e Majewski, B.S. (1992) "An optimal Algorithm for Generating Minimal Perfect Hash Functions". *Information Processing Letters 43* (10), 257–264.

Czech, Z.J., Havas, G. e Majewski, B.S. (1997) "Perfect Hashing". *Theoretical Computer Science 182*, 1–143.

Dahl, O.J., Dijkstra, E.W. e Hoare, C.A.R. (1972) *Structured Programming.* Academic Press.

Deitel, H.M. e Deitel, P.J. (2005) *Java: Como Programar.* Pearson Prentice Hall, sexta edição.

Deitel, H.M. e Deitel, P.J. (2005b) *The C++ Programming Language.* Pearson Prentice Hall, segunda edição.

Dijkstra, E.W. (1959) "A Note on Two Problems in Connexion with Graphs". *Numerische Mathematik 1*, 269–271.

Dijkstra, E.W. (1965) "Co-operating Sequential Processes". In *Programming Languages* F. Genuys (ed.), Academic Press.

Dijkstra, E.W. (1971) *A Short Introduction to the Art of Programming.* Technological University Endhoven.

Dijkstra, E.W. (1976) *A Discipline of Programming.* Prentice-Hall.

Ebert, J. (1987) "A Versatile Data Structure for Edge Oriented Graph Algorithms", *Communications of the ACM 30* (6), 513-519.

Edmonds, J. (1965) "Paths, Trees and Flowers". *Canadian Journal of Mathematics 17*, 449–467.

Eisenbarth, B., Ziviani, N., Gonnet, G.H., Mehlhorn, K. e Wood, D. (1982) "The Theory of Fringe Analysis and Its Application to 2-3 Trees and B-Trees", *Information and Control 55* (1–3), 125–174.

Feller, W. (1968) *An Introduction to Probability Theory and Its Applications.* Vol. 1, Wiley.

Flajolet, P. e Vitter, J.S. (1987) "Average-case Analysis of Algorithms and Data Structures". Technical Report 718, INRIA, França.

Floyd, R.W. (1964) "Treesort". *Algorithm 245, Communications of the ACM 7* (12), 701.

Fox, E.A., Heath, L., Chen, Q.F. e Daoud, A. (1992) "Practical Minimal Perfect Hash Functions for Large Databases". *Communications of the ACM 35* (1), 105–121.

Furtado, A.L. (1984) Comunicação Pessoal, Rio de Janeiro, RJ.

Garey, M.R. e Johnson, D.S. (1979) *Computers and Intractability A Guide to the Theory of NP-Completeness.* Freeman.

Gibbons, A. e Rytter, W. (1988) *Efficient Parallel Algoritms*, Cambridge University Press.

Gonnet, G.H. e Baeza-Yates, R. (1991) *Handbook of Algorithms and Data Structures.* Addison-Wesley, segunda edição.

Graham, R.L., Knuth, D.E. e Patashnik, O. (1989) *Concrete Mathematics.* Addison-Wesley.

Greene, D.H. e Knuth, D.E. (1982) *Mathematics for the Analysis of Algorithms.* Birkhanser, Boston, Mass.

Guedes Neto, D.O. (2003) Comunicação Pessoal, Belo Horizonte, MG, Brasil.

Guibas, L. e Sedgewick, R. (1978) "A Dichromatic Framework for Balanced Trees", *19th Annual Symposium on Foundations of Computer Science*, IEEE Computer Society, 8–21.

Hibbard, T.N. "Some Combinatorial Properties of Certain Trees with Applications to Searching and Sorting". *Journal of the ACM 9*, 13–28.

Hoare, C.A.R. (1962) "Quicksort". *The Computer Journal 5* (1), 10–15.

Hoare, C.A.R (1969) "Axiomatic Bases of Computer Programming". *Communications of the ACM 12* (10), 576–583.

Hopcroft, J.E. e Ullman, J.D. (1969) *Formal Languages and Their Relation to Automata.* Addison-Wesley.

Horowitz, E. e Sahni, S. (1978) *Fundamentals of Computer Algorithms.* Computer Science Press.

Horspool, R.N. (1980) "Practical Fast Searching in Strings". *Software Practice and Experience 10* (6), 501–506.

Huffman, D. (1952) "A Method for the Construction of Minimum-Redundancy Codes". *Proceedings of the Institute of Electrical and Radio Engineers*, Vol. 40, 1090–1101.

Karp, R.M. (1972) "Reducibility Among Combinatorial Problems". Miller R.E. e Thatcher J.W. (Eds.) in *Complexity of Computer Computations*, 85–103, Plenum Press.

Keehn, D. e Lacy, J. (1974) "VSAM Data Set Design Parameters". *IBM Systems Journal 3*, 186–212.

Knott, G. (1975) "Hashing Functions". *The Computer Journal 18* (3), 265–378.

Knuth, D.E. (1968) *The Art of Computer Programming, Vol. 1: Fundamental Algorithms*. Addison-Wesley.

Knuth, D.E. (1971) "Mathematical Analysis of Algorithms". *Procedings IFIP Congress 71*, vol. 1, North Holland, 135–143.

Knuth, D.E. (1973) *The Art of Computer Programming; Vol. 3: Sorting and Searching*. Addison-Wesley.

Knuth, D.E. (1976) "Big Omicron and Big Omega and Big Theta". *ACM SIGACT News 8* (2), 18–24.

Knuth, D.E. (1981) *The Art of Computer Programming, Vol. 2: Seminumerical Algoritms*. Addison-Wesley, segunda edição.

Knuth, D.E. (1997) *The Art of Computer Programming, Vol. 1: Fundamental Algorithms*. Addison-Wesley, terceira edição.

Knuth, D.E., Morris, J.H. e Pratt, V.R. (1977) "Fast Pattern Matching in Strings". *SIAM Journal on Computing 6* (1), 323–350.

Knuth, D.E. e Pratt, V.R. (1971) "Automata Theory Can be Useful". *Relatório Técnico*, Stanford University.

Kruskal, J.B. (1956) "On the Shortest Spanning Subtree of a Graph and the Traveling Salesman Problem". *Proceedings of the American Mathematical Society*, vol. 7, 48–50.

Lawler, E., Lenstra, J., Rinnooy Kan, A. e Shmoys, D.B. (1985) *The Traveling Salesman Problem*. Wiley, 1985.

Levenshtein, V.I. (1965) "Binary codes Capable of Correcting Spurious Insertions and Deletions of Ones". *Problems of Information Transmission 1*, 8–17.

Lister, A.M. (1975) *Fundamentals of Operating Systems*. Macmillan.

Loureiro, A.A. (2003) Comunicação Pessoal, Belo Horizonte, MG, Brasil.

Lueker, G.S. (1980) "Some Techniques for Solving Recurrences". *ACM Computing Surveys 12* (4), 419–436.

Majewski, B.S., Wormald, N.C., Havas, G. e Czech, Z.J. (1996) "A Family of perfect Hashing Methods". *The Computer Journal 39* (6), 547–554.

Manber, U. (1988) "Using Induction to Design Algorithms". *Communications of the ACM 31* (11), 1300–1313.

Manber, U. (1989) *Introduction to Algorithms A Creative Approach.* Addison-Wesley.

Manber, U. e Myers, G. (1990) "Suffix Arrays: A New Method for On-Line String Searches". *1st ACM-SIAM Symposium on Discrete Algorithms*, 319–327.

Mehlhorm, K. (1984) *Data Structures and Algorithms, Vol. 1: Sorting and Searching.* Springer-Verlaq.

Meira Jr., W. (2003) Comunicação Pessoal, Belo Horizonte, MG, Brasil.

Moffat, A. (1989) "Word-based Text Compression". *Software Practice and Experience 19* (2), 185–198.

Moffat, A. e Katajainen, J. (1995) "In-Place Calculation of Minimum-Redundancy Codes". *Proceedings of the Workshop on Algorithms and Data Structures*, 393–402.

Moffat, A. e Turpin, A. (2002) *Compression and Coding Algorithms.* Kluwer Academic Publishers.

Monard, M.C. (1980) "Projeto e Análise de Algoritmos de Classificação Externa baseados na Estratégia de Quicksort". Tese de Doutorado, Departamento de Informática, Pontifícia Universidade do Rio de Janeiro.

Morrison, D.R. (1968) "PATRICIA – Practical Algorithm To Retrieve Information Coded In Alphanumeric". *Journal of the ACM 15* (4), 514–534.

Moura, E., Navarro, G., Ziviani, N. e Baeza-Yates, R. (1998) "Fast Searching on Compressed Text Allowing Errors". *Proceedings of the 21st International ACM SIGIR Conference on Research and Development in Information Retrieval*, 298–306.

Moura, E., Navarro, G., Ziviani, N. e Baeza-Yates, R. (2000) "Fast and Flexible Word Searching on Compressed Text". *ACM Transactions on Information Systems 18* (2), 113–139.

Murta, C.D. (1992) Comunicação Pessoal. Belo Horizonte, MG, Brasil.

Muntz, R. e Uzgalis, R.C. (1970) "Dynamic Storage Allocation for Binary Trees in Two Level Memory". *Proceedings of the Fourth Annual princeton Conference on Information Science and Systems*, 345–349.

Navarro, G. e Raffinot, M. (2002) *Flexible Pattern Matching in Strings.* Cambridge University Press.

Neubert, M.S. (2000) "Algoritmos Distribuídos para a Construção de Arquivos Invertidos", Dissertação de Mestrado, Departamento de Ciência da Computação, Universidade Federal de Minas Gerais.

Olivié, H. (1980) "Symmetric Binary B-Trees Revisited" , Technical Report 80-01, Interstedelijke Industriële Hogerschool Antwerpen-Mechelen, Bélgica.

Papadimitriou, C.H. e Steiglitz, K. (1982) *Combinatorial Optimization: Algorithms and Complexity*. Prentice-Hall.

Patrocínio Júnior, Z.K.G, (2003) Comunicação Pessoal, Belo Horizonte, MG, Brasil.

Patterson, D.A. e Hennessy, J.L. (1995) *Computer Architecture: A Quantitative Approach*. Morgan Kaufmann Publishers, segunda edição.

Peterson, J. e Silberschatz, A. (1983) *Operating System Concepts*. Addison-Wesley.

Prim, R.C. (1957) "Shortest Connection Networks and Some Generalizations". *Bell System Technical Journal 36*, 1389–1401.

Quinn, M.J. (1994) *Parallel Computing Theory and Practice*. McGraw-Hill.

Rawlins, G. (1991) *Compared to What: An Introduction to Analysis of Algorithms*. Computer Science Press.

Reis, D.C. (2003) Comunicação Pessoal, Belo Horizonte, MG, Brasil.

Rivest, R.L., Shamir, A. e Adleman, L.M. (1978) "A Method for Obtaining Digital Signatures and Public-Key Cryptosystems". *Communications of the ACM 21* (2), 120–126.

Rosenkrantz, D.J., Stearns, R.E. e Lewis II, P.M. (1977) "An Analysis of Several Heuristics for the Traveling Salesman Person". *Siam Journal on Computing 6* (3), 563–581.

Schwartz, E.S. e Kallick, B. (1964) "Generating a Canonical Prefix Encoding". *Communications of the ACM 7*, 166–169.

Sedgewick, R. (1975) "The Analysis of Quicksort Programs". *Acta Informatica 7*, 327–355.

Sedgewick, R. (1978) *Quicksort*. Garland. (Também publicado como tese de doutorado do autor, Stanford University, C.S. Department Techical Report 75-492, 1975.)

Sedgewick, R. (1978a) "Implementing Quicksort Programs". *Communications of the ACM 21* (10), 847–857.

Sedgewick, R. (1988) *Algorithms*. Addison-Wesley, segunda edição.

Sedgewick, R. (2002) *Algorithms in C++*. Addison-Wesley, terceira edição.

Sedgewick, R. e Flajolet, P. (1996) *An Introduction to the Analysis of Algorithms*. Addison-wesley.

Shell, D.L. (1959) "A Highspeed Sorting Procedure". *Communications of the ACM 2* (7), 30–32.

Sleator, D.D. e Tarjan, R.E. (1985) "Self-Adjusting Binary Search Trees". *Journal of the ACM 32* (3), 652–686.

Souza, L.A. (2003) Comunicação Pessoal, Belo Horizonte, MG, Brasil.

Stanat, D.F. e McAllister, D.F. (1977) *Discrete Matematics in Computer Science.* Prentice-Hall, Capítulo 5, 218–274.

Standish, T.A. (1980) *Data Structures Techniques.* Addison-Wesley.

Stroustrup, B. (2000). *The C++ Programming Language.* Addison Wesley.

Sudkamp, T.A. (1997) *Languages and Machines An Introduction to the Theory of Computer Science.* Addison-Wesley.

Sunday, D.M. (1990) "A Very Fast Substring Search Algorithm". *Communications of the ACM 33* (8), 132–142.

Szwarcfiter, J.L. (1984) *Grafos e Algoritmos Computacionais.* Campus.

Szwarcfiter, J.L. e Markenzon, L. (1994) *Estruturas de Dados e seus Algoritmos.* LTC Editora.

Tanenbaum, A.S. (1987) *Operating Systems: Design and Implementation.* Prentice-Hall.

Tarjan, R.E. (1983) *Data Structures and Network Algorithms.* SIAM.

Tarjan, R.E. (1985) "Amortized Computational Complexity". *SIAM Journal on Applied and Discrete Mathematics 6*, 306–318.

Terada, R. (1991) *Desenvolvimento de Algoritmos e Estruturas de Dados.* McGraw-Hill e Makron Books do Brasil.

Verkano, A.I. (1987) "Performance of Quicksort Adapted for Virtual Memory Use". *The Computer Journal 30* (4), 362–371.

Vuillemin, J. (1978) "A Data Structure for Manipulating Priority Queues". *Communications of the ACM 21* (4), 309–314.

Wagner, R. (1973) "Indexing Design Considerations," *IBM Systems Journal 4*, 351–367.

Weide, B. (1977) "A Survey of Analysis Techniques for Discrete Algorithms". *ACM Computing Surveys 9* (4), 291–313.

Williams, J.W.J. (1964) "Algorithm 232". *Communications of the ACM 7* (6), 347–348.

Wirth, N. (1971) "Program Development by Stepwise Refinement". *Communications of the ACM 14* (4), 221–227.

Wirth, N. (1974) "On The Composition of Well-Structured Programs". *ACM Computing Surveys 6* (4), 247–259.

Wirth, N. (1976) *Algorithms + Data Structures = Programs.* Prentice-Hall.

Wirth, N. (1986) *Algorithms and Data Structures.* Prentice-Hall.

Witten, I.H., Moffat, A. e Bell, T.C. (1999) *Managing Gigabytes Compressing and Indexing Documents and Images.* Morgan Kaufmann Publishers, segunda edição.

Wu, S. e Manber, U. (1992) "Fast Text Searching Allowing Errors". *Communications of the ACM 35* (10), 83–91.

Ziviani, N., Moura, E., Navarro, G. e Baeza-Yates, R. (2000) "Compression: A Key for Next-generation Text Retrieval Systems" *IEEE Computer 33* (11), 37–44.

Ziviani, N., Olivié, H. e Gonnet, G.H. (1985) "The Analysis of the Improved Symmetric Binary B-Tree Algorithm". *The Computer Journal 28* (4), 417–425.

Ziviani, N. e Tompa, F.W. (1982) "A Look at Symmetric Binary B-Trees" *INFOR Canadian Journal of Operational Research and Information Processing 20* (2), 65–81.

Índice Remissivo

<< – deslocamento à esquerda, 329
\>\> – deslocamento à direita, 329
O – notação, 12
O – operações, 12, 13
Ω – notação, 13
Θ – notação, 14
ϵ – transição vazia, 327, 338
⌈ ⌉ – teto, 8
⌊ ⌋ – piso, 8
ω – notação, 15
$\sum$ – somatório, 22
o – notação, 15
2-3, árvores, 181, 259
2-3-4, árvores, 181, 215

Adel'son-Vel'skii G.M., 215
Adleman L.M., 389
Agrupamento em tabelas *hashing*, 201
Aho A.V., 2, 13, 20, 44, 69, 74, 82, 100, 160, 215, 306, 317
Akl S.G., 75
Al-Khorezmi, vii
Albuquerque L.C.A., 192
Alfabeto em cadeias de caracteres, 321
Algoritmos
    análise de, 20–24
    aproximados, 59, 74, 77, 390–402
        razão de aproximação, 396
    backtracking, *vide* tentativa e erro, *vide* tentativa e erro
    classes de, 16
    comparação, 15–24
    complexidade, 3–24
    conceito, 1, 565
    deterministas, 381
    escolha de, 1, 11, 114, 171
    exponenciais, 17, 377
    fatoriais, 17
    gulosos, 72–73, 77, 298, 308, 345
    heurística, 59
        definição, 74, 394
    Huffman, 343, 375, 591, 592
    Monte Carlo, 79, 394
    não-deterministas, 381–383
    ótimos, 4, 5, 11, 63
    paradigmas de projeto de, 51–74
    paralelos, 74
    polinomiais, 18, 377
    recursivos, 21–24, 54, 122, 175–193, 241–262
    soluções aproximadas, 74, 395
    tentativa e erro, 58–62, 76, 77, 79, 391–394
        branch-and-bound, 393, 404, 573
        poda, 393
    terminação, 56
Almeida J.M., 412
Alocação
    dinâmica, 259
    encadeada, 87, 95, 106
Altura de árvore, 58, 176, 186

Amortizado, custo, 44, 216
Análise de algoritmos
    caso médio, 6
    de um algoritmo particular, 3, 20
    de uma classe de algoritmos, 3
    melhor caso, 6
    pior caso, 6
    técnicas de, 20–24
Apostolico A., 373
Aproximação de Stirling, 568, 578
Árabe J.N.C., 102, 161, 165, 219
Área de armazenamento, 148, 152, 227, 237
Aresta
    classificação de, 286, 317
    de árvore, 286
    de avanço, 286, 287
    de cruzamento, 286, 287
    de retorno, 286, 287
Arquivo
    conceito, 171
    invertido, 221, 322
        ocorrências, 322
        vocabulário, 322
    semi-estático, 322
Arranjos
    de sufixos, 225
Árvores, 126, 175–193, 240–262, 264
    2-3, 181, 259
    2-3-4, 181, 215
    altura de, 58, 176, 186
    auto-ajustável, 216
    AVL, 215
    B, 181, 241–251, 264
        binárias, 181
        definição, 241
        técnica de *overflow*, 261
    B*, 251–258
        acesso concorrente, 253–258
        deadlock, 258
        definição, 251
        página segura, 256
        processo leitor, 256
        processo modificador, 256
        protocolos, 254
        semáforos, 258
    balanceadas, 180–189, 240–262
    binárias, 175, 226
        completas, 126, 566
        de pesquisa, 54, 176, 584
        de pesquisa com balanceamento, 180–189
        de pesquisa sem balanceamento, 175–180
        de prefixo, 375, 592
        de prefixo mínimo, 375
    caminhamento central, 54, 178
    caminho interno, 180, 215
    completamente balanceadas, 180
    de busca em largura, 289
    de busca em profundidade, 285
    definição, 175
    digitais de pesquisa, 189–193
    estritamente binárias, 375
    geradora mínima, 397
    Huffman, 346, 375, 590, 591
    n-área, 241
    nível de um nó, 176
    Patricia, 191–193
    randômicas, 180, 260
    red-black, 215
    representação de, 126, 176, 242
    SBB, 181–189, 217
        definição, 181
    Trie, 189–191
ASCII, tabela de caracteres, 197, 597
Assintótica
    complexidade, 15
    dominação, 12
Assintótico
    classes de comportamento, 15–19
    funções que expressam, 15
    limite firme, 14
Autômato finito
    acíclico, 327
    cíclico, 327
    casamento de expressões regulares, 327
    definição, 326
    determinista, 326

linguagem de reconhecimento, 327
não-determinista, 326, 372
reconhecimento de cadeias, 327
Auto-ajustável, árvores, 216
AVL, árvores, 215

Backtracking, *vide* tentativa e erro, 573
Baeza-Yates R., viii, 4, 74, 160, 180, 191, 215, 225, 262, 326, 329, 342, 355, 373, 374
Balanceada, intercalação, 143–149
Balanceadas, árvores, 180–189, 240–262
Balanceamento, 66–68
Barbosa E.F., 238, 239
Bayer R., 181, 182, 186, 215, 218, 241, 256, 258–262
Bell T.C., 216
Bin packing, 408
  first-fit, 409
Binária
  árvore, 175–189
  árvore completa, 126
  pesquisa, 174, 371
Blocos
  em fitas, 144
  ordenados, 143, 147
Bolha, método de ordenação, 133
Botelho F.C., xx, 108, 161, 311
Boyer R.S., 332, 373
Brélaz D., 408
Bradley P., 58, 71, 72, 74, 75
Branch-and-bound, 393, 404, 573
Brassard G., 58, 71, 72, 74, 75
breadth-first search, *vide* busca em largura
Bron, C., 408
Bruta, força, 17
Bubblesort, 133
Bucketsort, 112

C++, 40–44
  coleta de lixo, 41
  delete, 41
  diferenças entre Java e C++, 40–44
  alocação dinâmica de memória, 41
  atribuição, 41
  ausência de apontadores, 40
  operador de igualdade, 42
  parâmetros, 42
  sobrecarga de operadores, 43
  tipos primitivos de dados, 43
  namespace, 34
  new, 41
  referências bibliográficas, 45
  using, 35
Cabeça de lista, 85
Cadeias de caracteres, 321–373
  casamento, 321–342
    definição, 321
  casamento aproximado, 336–342
    algoritmo Shift-And, 338–342
    baseado em autômato, 337–338
  casamento exato, 324–336
    algoritmo Boyer-Moore-Horspool, 332–336
    algoritmo força bruta, 325–326
    algoritmo Knuth-Morris-Pratt, 328–329
    algoritmo Shift-And, 329–331
    uso de autômato, 326–327
  compressão, 342–373
Caminhamento em árvores, 54, 178
Caminho
  de Hamilton, 380, 412
  em um grafo, 378
  interno em árvores de pesquisa, 180, 215
Cartões, classificadora de, 112
Cartas, jogo de, 111, 117
Carvalho M.L.B., 46, 404
Casamento de cadeias, 321–342
  aproximado, 336–342
    algoritmo Shift-And, 338–342
    baseado em autômato, 337–338
    distância de edição, 336
  definição, 321

em texto comprimido, 343
exato, 324–336
  algoritmo Boyer-Moore-Horspool, 332–336
  algoritmo força bruta, 325–326
  algoritmo Knuth-Morris-Pratt, 328–329
  algoritmo Shift-And, 329–331
  uso de autômato, 326–327
permitindo erros, *vide* aproximado
Casamento de padrão, *vide* Casamento de cadeias
Caso médio, análise de algoritmos, 6
CD-ROM (Compact Disk Read Only Memory), 237
Central, caminhamento em árvores, 54, 178
Chave
  de ordenação, 112
  de pesquisa, 6, 171
  de tamanho variável, 189
  semi-infinita, 189, 224, 225
  transformação de, 195–214
Chen Q.F., 216
Christodoulakis S., 238
Christofides N., 400, 408
Ciclo de Hamilton, 380, 388, 391, 403, 596
Cilindro
  em discos ópticos, 238
  em discos magnéticos, 236, 238
Cirasella J., 396, 411
Circulares, listas, 98–100
Classes
  $\mathcal{NPI}$, 389
  $\mathcal{NP}$, definição, 383
  $\mathcal{NP}$-completo, 383, 594, 595
  $\mathcal{NP}$-difícil, 383, 595
  $\mathcal{P}$, definição, 383
  de comportamento assintótico, 15–19
  em Java, 26
Classificação, *vide* Ordenação
Classificadoras de cartões, 112
Clique, 385, 403, 407

Cobertura
  de arestas, 380
  de vértices, 380, 403, 407, 594
Colisões, resolução de, 196, 198, 199, 219, 220, 223
Coloração de um grafo, 379, 412
Comer D., 241, 262
Comparação
  de algoritmos, 15
  ordenação por, 111
Completa, árvore binária, 126
Complexidade
  amortizada, 44, 216
  análise de, 20–24
  assintótica, 15
  constante, 16
  cúbica, 17
  de algoritmos, 3–24
  de espaço, 4
  de tempo, 4
  exponencial, 17, 68, 377
  fatorial, 17
  função de, 4
  linear, 16
  logarítmica, 16
  $n\log n$, 16
  polinomial, 68
  quadrática, 17
Compressão, 342–373
  árvore de Huffman, 346
  árvore de Huffman canônica, 346
  codificação canônica, 346, 351, 354
  codificação de Huffman usando palavras, 344–355
  codificação de Huffman usando *bytes*, 355–367
  de textos, 342–367
  Huffman, 343
  pesquisa em texto comprimido, 368–373
    casamento aproximado, 369–373
    casamento exato, 368–369
  porque usar, 342–343
  razão de compressão, 343
  Ziv-Lempel, 344

Computação não-determinista, 381
Concorrente, acesso em árvores B*, 253–258
Conjunto independente
    de vértices de um grafo, 385, 594
    maximal, 407
Conjuntos
    disjuntos, 319
Constante, algoritmos de complexidade, 16
Cook S.A., 328, 387
Cormen T.H., 44, 64, 75, 100, 160, 298, 299, 306, 317, 320, 411
Criptografia, 389
Crochemore M., 373
Cúbicos, algoritmos, 17
Cursores, 82, 108
Custo
    amortizado, 44, 216
    função de, 11
Czech Z.J., 204, 206, 211, 214, 216

Dados
    estruturas de
        conceito, 1
        escolha de, 1, 89
    tipos abstratos de, 2–3, 81, 83, 85, 88–90, 92, 93, 96, 98–100, 124, 126, 171, 172, 272, 274, 276, 279, 313, 555, 575
    tipos de, 2–3, 81, 83, 85, 88–90, 92, 93, 96, 98–100, 124, 126, 171, 172, 272, 274, 276, 279, 313, 555, 575
Dahl O.J., 44
Daoud A., 216
DavisortParcial
    ordenação parcial por, 582
de Moivre, 57
Deadlock, 258
Deitel H.M., 44, 45
Deitel P.J., 44, 45
depth-first search, vide busca em profundidade
Desigualdade triangular, 397, 412
Dicionário, 172

Diferenças entre Java e C++, 40–44
Digital
    árvores de pesquisa, 189–193
    ordenação, 112
Dijkstra E.W., 1, 2, 44, 258, 307, 565
Dinâmica, alocação, 259
Disco óptico, 237–239
    cilindro óptico, 238
    feixe de *laser*, 238
    ponto de âncora, 238
    tempo de busca, 238
    trilha, 237
    varredura estática, 238
Disco magnético, 114, 142, 149, 236
    cilindro, 236, 238
    latência rotacional, 236
    tempo de busca, 236
    trilha, 236
Distância de edição, 336
Distribuição, ordenação por, 111
Divisão e conquista, 62–65, 76, 152
Dominação assintótica, 12
Double hashing, vide *Hashing* duplo

Ebert J., 317
Edmonds, J., 403
Eisenbarth B., 259, 261
Encadeada, alocação, 87, 95, 106
Endereçamento aberto, 199–203
Equação
    característica, 572
    de recorrência, 20, 22, 23, 47, 48
        linear homogênea, 572
Espaço, complexidade, 4
Estável, método de ordenação, 113, 116, 118, 120, 123, 131, 163
Estruturas de dados
    escolha de, 1, 89
Execução, tempo de, 3–19
Exponenciais, algoritmos, 17, 377
Externa
    ordenação, 114, 142–160
    pesquisa em memória, 227–262

Feixe de *laser*, 238
Feller W., 196

Fibonacci
  números de, 57
  números generalizados de, 151
FIFO (first-in-first-out), 98, 231
Filas, 98–100, 290
  de prioridades, 124–125, 134, 145–147, 301, 309, 580
First-fit, 409
Fitas magnéticas, 114, 142–145, 149
Flajolet P., 44, 160
Flajolet, P., 123
Floyd R.W., 127, 161
Força bruta, 17
Ford D.A., 238
Forma normal conjuntiva, 382
Fox E.A., 216
Funções
  comportamento assintótico, 11
  de complexidade, 4, 15–17
  de transformação, 196–198
  de transformação perfeita, 271
  hashing, 196
  piso (⌊ ⌋), 8
  teto (⌈ ⌉), 8
Furtado A.L., 87

Galil Z., 373
Garey M.R., 17, 19, 391, 403, 411
Gibbons A., 75
Gonnet G.H., 4, 160, 180, 191, 215, 218, 225, 259, 262, 329, 373
Grafo
  acíclico, 210, 214, 269, 287, 317
  algoritmo de Kruskal, 304–305, 319
  algoritmo de Prim, 300–304
  algoritmo linear para verificar se grafo é acíclico, 287
  aresta
    classificação, 286
    de árvore, 286
    de avanço, 286, 287
    de cruzamento, 286, 287
    de retorno, 286, 287
    segura, 299
  árvore
    de caminhos mais curtos, 307
    geradora, 271, 298
    geradora mínima, 73, 298
    livre, 271
  bin packing, 408
    first-fit, 409
  bipartido, 271
  busca
    em largura, 288
    em profundidade, 62, 283, 317
  caminho, 378
    de Hamilton, 380, 412
    definição, 269
    Euleriano, 399
    mais curto, 291, 305, 306
    mais curtos a partir de uma origem única, 306
    mais curtos com destino único, 306
    mais curtos entre todos os pares de vértices, 306
    mais curtos entre um par de vértices, 306
    simples, 269, 380
  casamento mínimo, 400
  ciclo
    de Hamilton, 380, 397
    em grafo direcionado, 269
    em grafo não direcionado, 269
    simples, 269, 380
  clique, 385, 407
  cobertura
    de arestas, 380
    de vértices, 380, 407
  coloração, 379, 412
  com ciclo, 287
  completo, 271
  componente
    conectado, 269
    fortemente conectado, 269, 294
  comprimento de um caminho, 269
  conectado, 269
  conjunto independente de vértices, 385
  definição, 268

denso, 274
direcionado
    acíclico, 271, 292
    ciclo, 269
    ciclo simples, 269
    definição, 268
    fortemente conectado, 270
esparso, 276
Euleriano, 399
floresta, 285, 289
    definição, 271
    geradora, 272
fortemente conectado, 269
grau de um vértice, 269
hipergrafo, 213, 271, 311
in-degree, 269, 317
isomorfo, 270
lista de adjacência, 276
matriz de adjacência, 273
número cromático, 379
número total de grafos diferentes, 271
não direcionado, 268
    ciclo, 269
    ciclo simples, 269
    corte, 299
out-degree, 269, 317
peso de um caminho, 305
planar, 77
ponderado, 271
randômico, 204
self-loop, 268
subgrafo, 270
subset sum, 409
transposto, 294, 317
vértice
    adjacente, 268
    alcançável a partir de outro vértice, 269
    não conectado, 269
    vizinho de um vértice, 271
Graham R.L., 44
Greene D.H., 44
Guedes Neto D.O., 163
Guibas L., 181, 215

Halting problem, 386
Hashing, 195–214
    duplo, 220
    endereçamento aberto, 199–203
    funções de transformação, 197–198
        perfeita, 203
        perfeita mínima, 203
        perfeita mínima com ordem preservada, 203, 204
    linear, 199
        agrupamento, 201
        clustering, 201
    listas encadeadas, 198–199
    perfeito, 203–214
Havas G., 204, 206, 211, 214, 216
Heaps, 125–130, 134, 304, 311
    lei de, 322
Heapsort, 124–131, 134
    ordenação parcial, 138–139
Heath L., 216
Hennesy J.L., 343
Herança, 27
Heurística, 59, 74, 394
Hibbard T.N., 215
Hipergrafo, 213, 271, 311
    listas de incidência, 311
Hoare C.A.R., 44, 120, 160
Hopcroft J.E., 2, 13, 20, 44, 69, 74, 82, 92, 100, 160, 215, 306, 317
Horowitz E., 10, 44, 377, 381, 387
Horspool R.N., 332, 334, 589
Huffman
    método de, 343, 375
Huffman D., 343, 355

In situ, ordenação, 114, 152, 153
Índice, 322
    arquivo invertido, 221, 322
        ocorrências, 322
        vocabulário, 322
    arranjo de sufixos, 322
    árvore Patricia, 322
    árvore Trie, 322, 323
    remissivo, xiv, 220

Indireta, ordenação, 134
Indução matemática, 51–53, 75
    hipótese de indução, 52
    passo base, 52
    passo indutivo, 52
Inserção
    em árvores de pesquisa
        com balanceamento, 183
        sem balanceamento, 176
    em árvores B, 243
    em árvores B*, 253
    em filas, 98
    em listas lineares, 82
    em pilhas, 92
    em tabelas *hashing*, 199, 201
    ordenação parcial por, 136–138
    ordenação por, 117–118, 133, 134
Instância de uma classe, em Java, 26
Intercalação
    balanceada, 143–149
    de dois arquivos, 67
    ordenação por, 142–149
    polifásica, 150–151
Interface, 172
ISAM, 259

Java, 24–44
    catch, 37
    class, 5, 26
    classe, 26
    classe abstrata, 32, 192
    classes internas, 36
    coleta de lixo, 41
    como compilar um programa, 31
    Comparable, 112
    compareTo, 112
    construtor, 31
    convenção de codificação, 40
    diferenças entre Java e C++, 40–44
        atribuição, 41
        ausência de apontadores, 40
        operador de igualdade, 42
        parâmetros, 42
        sobrecarga de operadores, 43
        tipos primitivos de dados, 43

double, 40
entrada de dados, 38
    parseInt, 39
    parseLong, 39
    String, 39
equals, 112
Error, 37
exceções, 36
Exception, 37
extends, 27
false, 43, 182
float, 40
herança, 28, 232
import, 35
instância de uma classe, 26
int, 40
interface, 32, 109, 112
métodos, 25
new, 26, 31, 41
Object, 28, 85, 112, 419
objeto genérico, 28, 83, 90
objetos, 25
package, 5, 34
    default, 35
    visibilidade default, 35
pacotes, 34
    visibilidade de, 35
    visibilidade default, 35
polimorfismo, 27, 28, 232
private, 31, 32, 83, 87, 93, 121, 122
programa principal, 30
programação orientada a objetos, 24
protected, 32
public, 5, 31, 32, 83, 87, 93, 155
referências bibliográficas, 44
saída de dados, 38
    print, 38
    println, 38
    String, 38
sobrecarga, 29, 183
sobrescrita, 30, 113
static, 5, 32
String, 325

subclasse, 27
superclasse, 27, 85
this, 36
throw, 37
Throwable, 37
throws, 37
tipo genérico, 28
tipos primitivos de dados, 43
  boolean, 43
  byte, 43
  char, 43
  float, 43
  int, 43
  long, 44
  short, 43
true, 43, 182
try, 37
versão 5, 28
visibilidade de pacote, 35
void, 26
Johnson D.S., 17, 19, 391, 396, 403, 411

Kallick B., 374
Katajainen J., 346, 354
Keehn D., 259
Kerbosch J., 408
Knapsack problem, *vide* Problema da Mochila
Knott G., 197
Knuth D.E., 3, 4, 12, 13, 44, 82, 100, 116, 119, 147, 148, 160, 175, 191, 197–199, 201, 215, 216, 241, 261, 328, 329

Lacy J., 259
Landis E.M., 215
Laser, feixe de, 238
Latência, em disco magnético, 236
Lawler E., 403, 411
Lei de Heaps, 322
Leiserson C.E., 44, 64, 75, 100, 160, 298, 299, 306, 317, 320, 411
Lenstra J., 403, 411
Levenshtein V.I., 336
LFU (least-frequently-used), 231

LIFO (last-in-first-out), 92
Limite
  assintótico firme, 14
  inferior
    conceito, 3, 9
    não-polinomial, 384
    oráculo, 10
    para o problema do caixeiro viajante, 397
    para obter o máximo de um conjunto, 5
    para obter o máximo e o mínimo de um conjunto, 10
  superior
    para o problema do caixeiro-viajante, 398
Lineares, algoritmos, 16
Linguagens procedimentais, 24
Listas
  cabeça de, 85, 102
  circulares, 98–100, 102
  duplamente encadeadas, 102, 108
  encadeadas (em hashing), 198–199
  lineares, 81–100, 108
Lister A.M., 229, 258, 262
Localidade de referência, 167, 232, 586
Lock protocols, *vide* Protocolos para travamento
Logarítmicos, algoritmos, 16
Loureiro A.A., 226
LRU (least-recently-used), 231, 262
Lueker G.S., 44

Máquina de Turing não-determinista, 387
Máquinas de busca na Web, 135, 221
Máximo de um conjunto, 5
Máximo e mínimo de um conjunto, 7–11, 62–63
Majewski B.S., 204, 206, 211, 214, 216
Manber U., 44, 74, 225, 338, 373
Markenzon L., 591, 592
Matrizes esparsas, 102
McAllister D.F., 4, 44

McCreight E.M., 181, 241, 259–261
McGeoch L.A., 396, 411
Mehlhorn K., 215, 259
Meira Jr. W., 412
Melhor caso, análise de algoritmos, 6
Memória virtual, 167, 228–235, 586
Merge, vide intercalação
Mergesort, 67
Mestre, teorema, 64, 76
Métodos, em Java, 25
Módulo (mod), 197
Moffat A., 216, 346, 354, 374
Monard M.C., 159–161
Monte Carlo, algoritmo, 79, 394
Moore J.S., 332, 373
Morris J.H., 328
Morrison D.R., 191
Moura E.S., 342, 355, 374
Muntz R., 241
Murta C.D., 224
Myers G., 225

Navarro G., 329, 337, 342, 355, 373, 374
Neubert M.S., 214
Notação Ω, definição, 13
Notação ω, definição, 15
Notação Θ, definição, 14
Notação O, definição, 12
Notação o, definição, 15
Notação O, operações, 12, 13

Objetos, em linguagens orientadas a objetos, 25
Olivié H., 215, 217, 218
Open addressing, vide Endereçamento aberto
Oráculo, 10
Ordenação, 111–160
    externa, 114, 142–160
        memória virtual, 167
        polifásica, 150–151
        por intercalação, 142–149
        Quicksort, 152–160
    in situ, 114, 152, 153
    interna, 114–142

    bolha, 133
    bubblesort, 133
    bucketsort, 112
    comparação entre os métodos, 131–134
    digital, 112
    estável, 113, 116, 118, 120, 123, 131, 163
    heapsort, 124–131, 134
    indireta, 134
    mergesort, 67
    parcial, 582
    por inserção, 117–118, 133, 134
    por seleção, 115–116, 133
    quicksort, 120–123, 134
    radixsort, 112
    shellsort, 118–120, 133
    topológica, 292
    interna parcial, 135–142
        comparação entre os métodos, 140–142
        Heapsort, 138–139
        por inserção, 136–138
        por seleção, 136
        Quicksort, 139–142
    por comparação, 111
    por distribuição, 111
Ordenadas, listas, 125, 138
Ótimo, algoritmo, 4, 5, 11, 63
Overflow, técnica de inserção em árvores B, 261

Página
    de uma árvore B, 241
    em sistemas de paginação, 229
    moldura de, 229
    segura, 261
    tamanho em uma árvore B, 262
Paginação, 228–235, 262
Parâmetros em Pascal
    passagem por valor, 56
Paradigmas de projeto de algoritmos, 51–74
    algoritmos aproximados, 74
    algoritmos gulosos, 72–73, 308
    algoritmos paralelos, 74

algoritmos tentativa e erro, 58–62, 391–394
balanceamento, 66–68
divisão e conquista, 62–65
indução, 51–53
programação dinâmica, 68–72
recursividade, 54–58
Paradoxo do aniversário, 196
Paralelismo de *bit*
casamento aproximado, 337, 338
definição, 329
máscara de *bits*, 329
repetição de *bits*, 329
Partição, Quicksort, 121
Pat array, 225
Patashnik O., 44
Patricia, árvore, 191–193
Patrocínio Júnior Z.K.G., 161
Patterson D.A., 343
Pesquisa
com sucesso, 171
em listas lineares, 82
em memória externa, 227–262
em árvores B*, 252
em memória interna, 6, 171–214
binária, 174, 371
digital, 189–193
em árvores binárias, 175–189
em árvores binárias com balanceamento, 180–189
em árvores binárias sem balanceamento, 175–180
em árvores Patricia, 191–193
em árvores Trie, 189–191
por comparação de chave, 172–189
por transformação de chave, 195–214
seqüencial, 6, 172–174
seqüencial rápida, 174
sem sucesso, 171
Peterson J., 229
Pilhas, 55, 92–97
Pior caso, análise de algoritmos, 6
Piso, função ($\lfloor \ \rfloor$), 8

Polifásica, intercalação, 150–151
Polinomiais
algoritmos, 18, 377
equivalência, 386
Ponto de âncora, em discos ópticos, 238
Pratt V.R., 328, 329
Previsão, técnica de, 148
Princípio da otimalidade, 71, 72, 405
Prioridades, filas de, 124–125, 145–147, 580
Problema
$\mathcal{NP}$-Difícil, 386, 595
$\mathcal{NP}$-completo, 594, 595
como provar, 387
definição, 386
$\mathcal{P} = \mathcal{NP}$ ou $\mathcal{P} \neq \mathcal{NP}$?, 383
da mochila, 404, 595
da parada, 386
da *satisfabilidade*, 382, 386, 403
do caixeiro-viajante, 19, 74, 377, 388, 596
assimétrico, 396, 410
limite superior, 398
indecidível, 386
Processo
leitor, 256
modificador, 256
Programação dinâmica, 68–72, 76, 377, 405
Programação orientada a objetos, 24
Programas, 1
Protocolos, 254
para processos leitores, 256
para processos modificadores, 256
para travamento, 256

Quadráticos, algoritmos, 17
Quicksort
externo, 152–160
interno, 120–123, 134
mediana de três, 123, 134
ordenação parcial, 139–142
partição, 121
pequenos subarquivos, 134
pivô, 120–122, 134, 140

Quinn M.J., 75

Régnier M., 373
Radixsort, 112
Raffinot M., 329, 337, 342, 373
Randômica, árvore de pesquisa, 180, 260
Randômicos
    grafos, 204
Rawlins G., 44
Razão
    de compressão, 343
    de ouro, 57
Recorrência, equação de, 20, 22, 23, 47, 48
Recursividade, 54–62, 75
    como implementar, 55–56, 92
    quando não usar, 56–58
Recursivos, algoritmos, 21–24, 54, 122, 175–193
Red-black, árvores, 215
Registros, 6, 171
Reis D.C., 161, 582
Relação de recorrência, *vide* Equação de recorrência
Relaxamento, 307
Representação de caracteres
    ASCII, 197
    Unicode, 43, 197
Retirada de itens
    em árvores B, 245
    em árvores B*, 253
    em árvores de pesquisa
        com balanceamento, 186
        sem balanceamento, 177
    em filas, 98
    em listas lineares, 82
    em pilhas, 92
    em tabelas *hashing*, 199, 201
Rinnooy K., 403, 411
Rivest R.L., 44, 64, 75, 100, 160, 298, 299, 306, 317, 320, 389, 411
Rytter W., 75, 373

Sahni S., 10, 44, 377, 381, 387
SBB, árvores, 181–189, 217

Schkolnick M., 256, 258, 261, 262
Schwartz E.S., 374
Sedgewick R., 100, 114, 134, 147, 149, 160, 181, 191, 215, 220, 317
Sedgewick, R., 123
Seek time, *vide* Tempo de busca
Segura, página de uma árvore B*, 256, 261
Seleção
    ordenação parcial por, 136
    ordenação por, 115–116, 133
    por substituição, 145–147
Self adjusting, *vide* Auto ajustável
Semáforo, 258
Semi-infinita, chave, 189, 224, 225
Sentinelas, 115, 117, 119, 173, 174
Seqüencial
    indexado, 235–239, 259
    pesquisa, 6, 172–174
Shamir A., 389
Shell D.L., 118, 160
Shellsort, 118–120, 133
Shmoys D.B., 403, 411
Silberschatz A., 229
Sleator D.D., 216
Smalltalk, linguagem de programação, 25
Souza L.A., 161
Stanat D.F., 4, 44
Standish T.A., 215
Stein C., 44, 64, 75, 100, 160, 298, 299, 317, 320, 411
Stirling, aproximação, 568, 578
Stroustrup, B., 45
Subset sum, 409
Sudkamp T.A., 386
Sunday D.M., 334, 589
Szwarcfiter J.L., 384, 591, 592

Técnicas de análise de algoritmos, 20–24
Tanenbaum A.S., 229
Tarjan R.E., 44, 215, 216
Tempo
    complexidade de, 4
    de busca

em discos ópticos, 238
em discos magnéticos, 236
de execução, 3–19
Tentativa e erro
algoritmos, 58–62, 77, 79, 391–394
Teorema mestre, 64, 76
Terada R., 215
Terminação, em algoritmos, 56
Teto, função (⌈ ⌉), 8
Tipos abstratos de dados, 2–3, 81, 83, 85, 88–90, 92, 93, 96, 98–100, 108, 124, 126, 171, 172, 555, 575
grafo, 272, 274, 276, 279
hipergrafo, 313
Tompa F.W., 189, 215, 218
Transbordamento, *vide overflow*
Transformação de chave, 195–214
endereçamento aberto, 199–203
funções de, 197–198
hashing duplo, 220
hashing perfeito, 203–214
listas encadeadas, 198–199
perfeita, 203
perfeita mínima, 203
perfeita mínima com ordem preservada, 203, 204
Transformação polinomial, 384
Trie, 189–191
Trilha
em disco óptico, 237
em disco magnético, 236
Turpin A., 346, 374

Ullman J.D., 2, 13, 20, 44, 69, 74, 82, 92, 100, 160, 215, 306, 317
União-EncontraConjunto, 320
Unicode, representação de caracteres, 43, 197
Union-find, 320
Uzgalis R., 241

Valor médio de uma distribuição de probabilidades, 6
Variável booleana, 382

Varredura estática, em discos ópticos, 238
Verkano A.I., 167
Virtual, memória, 228–235
Vitter J.S., 44
VSAM, 259
Vuillemin J., 125

Wagner R., 259
Weide B., 44
Williams J.W.J., 125, 161
Wirth N., 1, 2, 44, 160, 177, 215, 218, 241, 262
Witten I.H., 216
Wood D., 259
World Wide Web
máquinas de busca, 135
Wormald G., 214, 216
Wu S., 338, 373

Zhang W., 396, 411
Ziviani N., xix, 189, 192, 215, 218, 238, 239, 259, 342, 355, 374